浙江省副省长王建满到工地视察

杭州市市委书记黄坤明到工地视察

杭州市市长蔡奇到工地视察

浙江省交通运输厅厅长郭剑彪到工地慰问

钱江隧道通泰号世界最大盾构机之一

钱江隧道工地全景

钱江隧道盾构机吊装

钱江隧道内部施工

钱江隧道世界最大直径盾构机始发

钱江隧道盾构机抵达江北工作井

钱江隧道入口外景

钱江隧道工程管理创新与实践

主　编　李宏伟
副主编　张立寒　潘学政　高　兴　周益峰

中国建筑工业出版社

图书在版编目（CIP）数据

钱江隧道工程管理创新与实践/李宏伟主编. —北京：中国建
筑工业出版社，2013.12
ISBN 978-7-112-16154-6

Ⅰ.①钱⋯ Ⅱ.①李⋯ Ⅲ.①钱塘江-水下隧道-隧道施工-盾
构法-工程管理 Ⅳ.①U459.5

中国版本图书馆 CIP 数据核字（2013）第 285400 号

本书是一本可读性很强的大型盾构工程管理技术著作，向读者展示了大型盾
构隧道管理技术的显著成就。理论与实践紧密结合是本书的一大特色，本书共分
11章，全面介绍了钱江隧道工程概况、建设管理体系、决策体系、设计管理体
系、技术创新管理、工程风险管理、信息化管理、安全控制管理以及运营管理等
内容。特别是依托钱江隧道工程，阐述了盾构法管理技术重点：自动化、智能化
和信息化。

本书可作为隧道建设和管理人员的参考用书，也可供大专院校相关专业的师
生参考使用。

* * *

责任编辑：王 跃 吉万旺
责任校对：刘梦然 党 蕾

钱江隧道工程管理创新与实践

主 编 李宏伟
副主编 张立寒 潘学政 高 兴 周益峰

*

中国建筑工业出版社出版、发行（北京西郊百万庄）
各地新华书店、建筑书店经销
北京科地亚盟排版公司制版
北京画中画印刷有限公司印刷

*

开本：880×1230毫米 1/16 印张：20 插页：2 字数：600千字
2013年12月第一版 2013年12月第一次印刷
定价：**68.00**元
ISBN 978-7-112-16154-6
（24859）

本书编委会

顾　问：孙　钧　　徐纪平　　卞钧霈　　杨我清　　杨国祥　　吴世明

　　　　陈韶章　　张金荣　　肖龙鸽　　朱合华　　郭信君　　寇秉厚

　　　　吴惠明　　曹国银　　杨武厂　　蒋瑞钦

主　编：李宏伟

副主编：张立寒　　潘学政　　高　兴　　周益峰

编　委（按姓氏笔画排序）：

　　　　石振明　　叶再棽　　成　晨　　吕颖钏　　朱楚荣　　汤忠平

　　　　李荣顺　　李伟平　　吴敏慧　　宋　茜　　张子新　　张　迪

　　　　张利慧　　张　敏　　陆　伟　　陈国强　　金　磊　　柳崇敏

　　　　侯　健　　顾国兴　　柴剑颖　　徐岱松　　翁　洋　　郭玉军

　　　　梅云峰　　盛寿桥　　储晓文　　薛卫新

序

　　《钱江隧道工程管理创新与实践》是一本可读性很强的大型盾构工程管理技术著作。

　　如果说 20 世纪是桥梁建设的世纪，那么 21 世纪就是地下空间开发的世纪。21 世纪以来，跨江越海隧道的建设日益与人文、自然环境相融合，大型越江盾构隧道的建设进入了一个前所未有的发展阶段。盾构法作为跨江越海的核心技术，已在国内外交通领域得到了广泛应用，它以安全、可靠、劳动强度低及环境影响小等显著优点，受到地下工程和交通工程领域越来越多的关注。在大型盾构施工技术不断提升的今天，管理技术也得到了质的发展。本著作正是适应这一形势而编写的。

　　通览全书，《钱江隧道工程管理创新与实践》不仅再现了盾构法隧道无与伦比的技术发展，而且还向人们展示了大型盾构隧道管理技术的显著成就。它告诉读者，盾构法隧道的关键成功因素，不仅是施工技术的突破，更是致力于追求现代隧道管理技术的有机结合，这一点我们在本书的各个章节都能看到。该书的作者均是隧道工程的直接实践者，有着丰富的隧道工程管理经验。因此，理论与实践紧密结合是本书的一大特色，本书重点论述了钱江隧道工程的建设背景、管理体系、决策机制、设计和施工管理、质量管理和创新体系以及风险和数字化管理等。

　　本书对大型盾构法隧道工程的管理具有非常重要的参考价值，是作序如上，并推荐此书给盾构工程建设技术人员、管理人员和大专院校师生。

2013 年 12 月 18 日

前　言

　　钱江隧道工程长 4.45km，其中江北明挖段 559m，隧道段 3251m，江南明挖段 600m。位于著名的观潮胜地——海宁盐官镇上游约 2.5km，北岸位于海宁市辖区，南岸位于杭州萧山辖区。工程包括江南工作井及明挖段、江北工作井及明挖段及两条过江隧道段。钱江隧道与钱塘江河道呈垂直相交，采用直径 15.43m 超大直径盾构，进行一次折返式长距离掘进，叠次穿越百年历史的防洪大堤，隧道施工过程面临立体化交叉施工的难题，给大型盾构隧道的管理提出了巨大的挑战。在工程建设的五年期间内，通过管理创新，克服了复杂的地质条件、长距离折返掘进、穿越明清大堤及环境保护等诸多难点，未发生一起重大安全责任事故和质量事故，工程造价控制在预算之内，按期建成通车，再一次诠释了隧道人无私奉献的高尚品德和精湛技术。

　　本书还用一定的篇幅论述了盾构法隧道安全运营的数字化管理技术，阐明了盾构法隧道技术由自动化向智能化、信息化发展的趋势。

　　本书各章节均由参与钱江隧道工程的一线管理技术人员编写，其中：第 1 章由李宏伟、张立寒编写；第 2 章由周益峰、顾国兴编写；第 3 章由郭玉军、宋茜编写；第 4 章由潘学政、高兴、张迪编写；第 5 章由吴敏慧、张利慧编写；第 6 章由陈国强、薛卫新、李伟平编写；第 7 章由高兴、柳崇敏、翁洋编写；第 8 章由梅云峰、侯健、张敏编写；第 9 章由朱楚荣、李荣顺、金磊编写；第 10 章由吕颖钊、储晓文、成晨编写；第 11 章由陆伟、柴剑颖、汤忠平编写；附录由吴敏慧编写。在编写过程中参考了国内外大量的技术文献和课题研究成果，并得到了杭州市公路管理局、上海隧道工程股份有限公司、杭州建元隧道发展有限公司、同济大学、中铁第四勘察设计院集团有限公司、浙江省交通规划设计研究院等单位的大力支持和帮助，在此作者一并表示诚挚谢意，并向支持本书出版的各级领导和专家表示衷心感谢。

　　由于时间仓促，水平有限，书中难免有不妥之处，恳请读者批评指正！

编　者

2013 年 12 月于杭州

目　　录

第 1 章　工程总体概况

1.1　工程建设背景

钱江通道及接线工程沿线经过的地区有嘉兴市、杭州市和绍兴市，是浙江省公路水路交通建设规划中"两纵两横十八连三绕三通道"高速公路主骨架的"一通道"，是长三角都市圈高速公路网规划中"七纵之一"江苏盐城至绍兴高速公路的组成部分，在区域公路网中有着极其重要的作用。它的建成将沟通钱塘江南北两岸三市（嘉兴、杭州、绍兴），连接申嘉湖杭高速、沪杭高速、杭浦高速、杭甬高速、杭绍甬高速五条高速公路，为各条高速公路之间的相互连接提供一条快速通道，是环杭州湾地区接轨上海市，北通苏州市及苏州、嘉兴到达萧山国际机场及绍兴市的最快捷通道，将桐乡经济开发区、海宁经济开发区、杭州江东工业园区、临江工业园区及绍兴的柯桥组团连为一体，对于加速环杭州湾产业带的形成、加快"接轨上海、融入长三角"步伐和促进三地社会经济发展都具有十分重要的作用。同时，该项目的建设对加强沿线地区于周边省市间的经济联系和物资、人员交流也具有十分重要的意义。

由于过江隧道直径大、里程长、技术难度大，且地质条件复杂，因此钱江隧道是钱江通道及接线工程项目的控制性工程、关键性工程。钱江隧道的建成将沟通钱塘江南北两岸，对加强钱塘江南北两岸各重要城市的相互联系和经济往来具有十分重要的意义。

钱江隧道工程长 4.45km，其中江北明挖段 605m，隧道段 3245m，江南明挖段 600m。位于著名的观潮胜地——海宁盐官镇上游约 2.5km，北岸位于嘉兴海宁，南岸位于杭州萧山。工程包括江南工作井及明挖段隧道、江北工作井及明挖段隧道及两条过江盾构隧道（见图 1.1）。

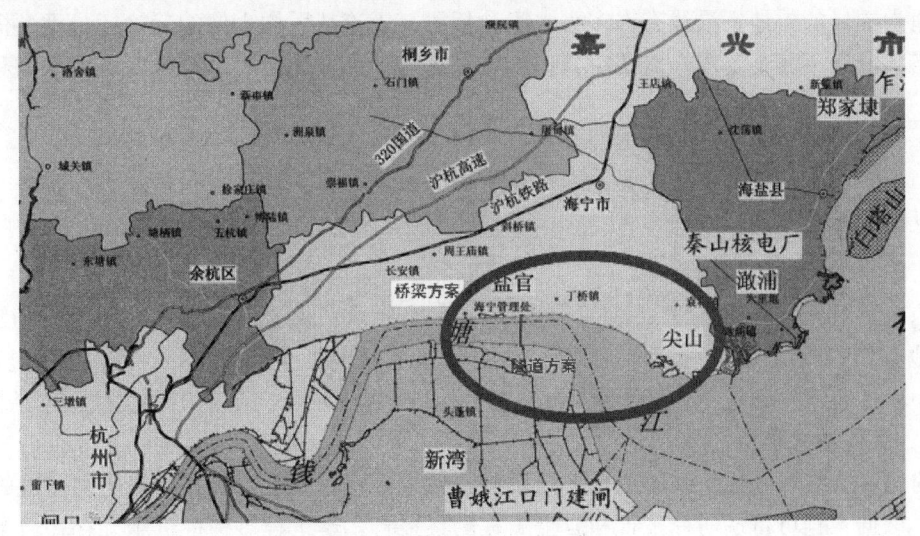

图 1.1　钱江隧道地理位置图

1.2　钱江隧道的科学决策

钱江通道及接线工程是联系嘉兴市、杭州市和绍兴市的主要干线之一，可完善区域高速公路网络结构，也是推动整个长三角区域发展和提高上海作为经济中心辐射范围的关键性工程。该工程的建设将成为长三角地区乃至整个东部沿海经济区发展的助推剂，具有无可比拟的重大意义。因此本工程的建设无论在路网规划方面还是区域经济需求方面，均为兼具必要性和紧迫性的科学决策。

本工程越江方案主要有桥梁方案和盾构隧道方案。工程建设场址自古以来就是观潮胜地，水面结构物的建造必然对"钱江潮"奇观造成很大影响，从文化角度上考虑，则是破坏了上千年的观潮风俗；另一方面，钱塘江作为通航江河，江面上航道密集，桥梁越江方案在经济、安全和风险等方面均面临很多问题，运营期间也易受气象条件限制。同时，桥梁作为人工建筑物，也会对钱塘江的自然风貌造成一定的破坏。

相比之下，如采用盾构隧道越江方案，盾构可从钱塘江一侧岸边出发，在地下推进至对岸，整个施工期对江面产生的影响非常小，不会影响钱江潮和水面通航。隧道运营期间，同样不会影响观潮盛事和正常的船舶通行，而且不受气象条件影响。国内外在大直径越江（海）隧道方面也积累了非常多的经验，尤其是我国近年完成的上海长江隧道工程，更是给本工程越江方案提供了优秀的示范和宝贵的经验。因此，本工程越江方案最终确定为江底隧道。

1.3 钱江隧道建设的挑战和使命

1.3.1 工程重点、难点及对策

钱江隧道工程是一项大型的交通工程，其规模宏大、施工工期紧、涉及领域多、综合性强、工程质量要求高、工程结构复杂、施工技术难度大、施工困难较多。

1.3.1.1 施工条件复杂

（1）防洪堤保护

本工程盾构将两次穿越钱塘江防洪堤，因此对于防洪堤都是两次扰动的过程。同时，隧道掘进引起的地面沉降会对大堤产生一定的影响，如沉降过大会导致大堤的破坏。因此，必须采取措施确保大堤的安全。

（2）交通运输条件较差、盾构大件运输困难

拟建工程虽然周边区域有杭州绕城公路、沪杭甬高速公路、沪杭铁路和钱塘江航道等重要的交通干线，为工程的建设提供了良好的交通运输条件；但是在进场的道路上有满足施工的要求还有一定的困难。施工场地为围垦的土地，沿线有许多小水闸和桥梁，无论从盾构大件的运输还是重型机械及设备到场沿线的道路状况均不满足要求。需要对其运行能力进行评估，然后对不符合要求的水闸和桥梁进行加固和改造。

（3）施工场地多处于河塘低洼地带

拟建工程岸边段施工场地为农田和水塘，给工程带来了很大的困难，施工前必须对施工场地范围的河塘进行整平以满足施工的要求。

（4）施工用水、用电比较困难

沿线水源丰富，但是水质不满足施工和生活用水的要求；由于盾构施工用电量比较大，必须从7km以外的地方接专线到现场。关于施工用水，由于施工场地位于沿海地带，水质的含盐量和矿物质的含量较高，不适合饮用和施工，必须从6km以外接水到施工现场满足施工和生活用水的要求。

1.3.1.2 盾构掘进难点

本工程的过江隧道段采用大型的泥水平衡盾构法掘进，直径大、距离长，在国内建成的越江隧道中无先例可循。根据工程可行性研究报告和岩土工程勘察报告，本工程盾构推进施工存在以下施工技术重点、难点。

（1）大型泥水平衡盾构进出洞

进出洞施工技术是大型泥水平衡盾构最关键的技术之一。其中，止水装置是盾构进出洞顺利与否的关键。止水装置设置不当，泥水平衡体系将无法建立，从而会对前方土体带来较大扰动，地表因此会有较大的沉降甚至坍塌；另一方面，严重的漏浆会造成工作井内泥水大量淤积，正常施工无法得到保证。

（2）不良地质条件和地质勘探孔

本工程将穿越②1粉土层，②2粉砂层，③1、③2淤泥质粉质黏土层，⑤1层状粉土层，⑤2淤泥

质粉质黏土层，⑤4 粉质黏土层，⑥1、⑥2 粉质黏土层，⑦2 粉砂层和⑧1 粉质黏土夹薄层粉砂层等土层，在一定的水力作用下易产生流砂和管涌等现象，会导致开挖面不稳，且土层突发性的涌水和流砂易引起地面沉降，严重时会随着地层空洞的扩大引起地面的突然坍塌。

工程地质范围内⑦层、⑨层为承压水含水层，水量较丰富。由于本工程部分隧道直接埋藏于各土层中，若盾构推进参数控制不当，极易造成盾尾大量漏水、漏浆或严重超挖造成前方土体坍塌，直接威胁盾构施工人员及已建隧道的安全。

根据工程物探报告，据 ZK21 孔（桩号 K15＋150）钻探揭露，有沼气呈气泡状逸出，深度为 27.20～27.70m，该处土层为⑤2 层淤泥质粉质黏土，其中夹有大量贝壳，为浅部储气带。该气体为有毒气体，对盾构机内人体有危害。在盾构掘进施工过程中，沼气会从盾尾与周围土体间的建筑空隙涌入盾构，对盾构的正常施工产生不利影响，同时会引起盾构偏移。

此外，同时根据地质勘探资料中的勘探孔布点与隧道的相对位置可知，有相当多的地质勘探孔位于盾构推进断面内。虽然勘探孔均已进行过填充，但较周边原状土而言仍比较薄弱。在盾构推进至勘探孔位置时，容易通过该薄弱点发生泥水冒顶等不利工况。

（3）钱塘江下长距离掘进

本工程采用大型泥水平衡盾构掘进施工，两条隧道均为 3251m。盾构推进施工绝大部分在钱塘江底进行，存在的风险因素相当多，如由于长距离引起的测量偏差问题、盾尾钢丝刷磨损更换问题等，因此，在盾构推进过程中，如不采取多种风险防范措施，轻则耽误工期，重则可能危害整个工程的安全。

（4）浅覆土施工

本工程在盾构进出洞段覆土浅，江南抢险河南侧的鱼塘最小覆土仅为 5.6m；另外，江南抢险河处的覆土厚度也仅为 7.5m；江中段的覆土也较浅并伴随潮汐对覆土厚度减小的影响；在这些浅覆土地段，若盾构推进施工中的切口水压、轴线控制、泥水质量、同步注浆、盾构姿态以及地面沉降等参数稍有控制不当，就会导致超挖从而造成前方土体坍塌，给施工带来相当大的难度。因此必须采用相应的措施以保证盾构穿越的安全：对抢险河南侧的鱼塘进行回填，并在上面浇筑混凝土板保证覆土厚度的要求；对抢险河采取水中高压旋喷加固或采用钻孔灌注桩加盖混凝土盖板的方案处理。

（5）两隧道间净距小

盾构推进施工时，东线隧道与西线隧道轴线基本平行，两隧道间的净距较小，仅有约 20m，特别是进出洞段，两隧道净距仅有不到 10m，受先行施工的隧道穿越扰动，尚处于非稳定状态，两条隧道的先后施工时相互影响大。

（6）隧道断面大

隧道外径为 15m，内径为 13.7m，为世界上断面最大的软土隧道（与上海长江隧道工程相同）；盾构机外径达到 15.43m，为世界最大直径的超大型泥水平衡盾构机（与上海长江隧道工程相同）。这给施工中的水平运输、地面沉降控制、隧道稳定性控制、隧道安全保证等方面带来了极高的难度。

（7）大直径隧道通用楔形管片错缝拼装

对于大断面管片拼装，特别是采用通用楔形环管片，有几个关键因素必须引起相当重视：一是管片本身的制作精度；二是管片的环纵向拼装精度；三是管片在不同工况下的受力状况；四是管片符合曲线拟合的最佳选型；五是成型隧道走势与盾构姿态的吻合状况。在这几方面都能保证的情况下，管片的拼装质量、渗漏水状况及轴线控制才能得到有效的保证。

（8）长距离泥水输送

对于大断面泥水盾构，长距离泥水输送是制约盾构正常推进的另一关键保证因素。由于实际泥水输送指标有较大差异，而泥水输送计算是按照预设指标进行的，势必要在盾构推进过程中对接力泵的位置按照即时情况进行重新计算，每次都要根据大量经验性公式进行繁琐的人工计算。计算不准确常会造成爆泵或输送能力不足等严重制约盾构推进的危害。

（9）大断面隧道施工期间抗浮问题

根据大型泥水平衡盾构施工经验，施工过程中将使临近盾构工作面的隧道产生"上浮"现象。本工程隧道设计断面尺寸达到15m，在施工中如不采取相应措施的话，隧道管片上浮现象将直接关系到工程的整体质量和安全，必须在施工过程中给予高度的重视。

（10）盾构推进与道路结构同步施工

为确保本工程按要求完成，必须进行盾构推进与道路结构的同步施工。这就带来了交叉作业方面的一系列问题，这也就要求在实际施工中必须全面优化作业流程、合理安排各道工序进行的时间与空间、统一协调指挥、减少两者之间的相互冲突，保证盾构推进与道路结构施工能够高效、优质、安全、顺利的齐头并进。

1.3.1.3 岸边段施工难点

（1）承压水处理

根据本工程岩土工程勘察报告，场区内粉性土层厚、地下水位高、富含潜水和地下承压水。粉性土在饱和状态下具有明显的触变性，施工过程中受机械设备等人为振动影响，易形成液化现象，基坑降水造成的水头差易引起管涌、流砂等不良地质现象；另外，场地多为鱼塘，须填方整平方可施工，这些不利因素给连续墙及开挖施工带来了很大困难，必须制定周密的地下水治理方案，尤其要妥善处理地下水，做到既要适度抽降承压水，防止深基坑施工出现灾害性事故，同时又要防止降水不当引起坑外地面过量沉降。

（2）地下连续墙施工

本工程江南工作井地下连续墙最深达49.5m，江北工作井地下连续墙最深达54m，属于较深的地下墙，技术难度较大，且土层地质复杂。由于软黏土的流变、触变特性和回弹变形，粉性土、砂土可能发生的塌方、流砂及承压水的突涌因素等，给地下连续墙的施工带来风险，为了能克服上述工程难点，必须采取井点降水、深导墙施工、改善泥浆性能、钢笼起吊措施、转角幅钢筋笼吊装措施、地下墙渗漏水预防措施等针对措施，确保地下连续墙的施工质量。

（3）基坑的开挖稳定

本工程的江南工作井的开挖尺寸为46.5m×23m，而且深度达到28.3m，江北工作井与江南工作井相近，都属于超深基坑工程。通过现场的地质条件分析，江南工作井下存在承压水，必须采取有效的措施，否则工程开挖过程中可能会出现下列风险：

① 深挖过程中发生突涌和坑底隆起现象；

② 支撑失稳；

③ 围护结构变形过大。

必须采取措施，在基坑内进行疏干降潜水，同时对基坑外降承压水，降低基坑发生突涌和坑底隆起的危险；另外，做好坑底土层的保护、实行分层分段开挖法、加强支撑保护和监测等措施确保基坑开挖的稳定。

（4）结构防渗、防腐蚀

由于本工程结构埋深最深达28.3m，地下水对地下混凝土结构的压力很大，结构施工时，不但要确保自防水混凝土的材料质量和搅拌质量，严格把好混凝土分层振捣和保温养护的质量关，使结构混凝土的抗渗指标达到设计要求，还要精心施工变形缝、防水卷材与涂料，力求做到结构混凝土内实外光，墙板与接缝滴水不漏。另外，还要立项研究混凝土的防腐蚀特性以确保混凝土对钱塘江特殊水质的腐蚀性要求。

1.3.2 钱江隧道施工技术创新及挑战

为了顺利完成钱江隧道的建设任务，进一步提升我国在大断面盾构隧道领域的施工水平，钱江隧道共开展了施工、环保和运管等领域多个子课题的研究。

（一）钱江流域大型隧道工程施工综合技术及风险控制研究：

（1）开挖面失稳破坏宏、微观机理和强度特征实验研究；

（2）开挖面变形与失稳破坏的颗粒流数值模拟研究；

（3）复杂地层盾构隧道开挖面宏观稳定性研究；

（4）钱江涌潮对盾构隧道开挖面稳定性的影响研究；

（5）钱江隧道盾构掘进全过程前摄性隧道法及工程应用研究；

（6）大型盾构隧道精益施工理论方法和应用研究。

（二）钱江流域大直径盾构泥水处理及环境保护技术：

（1）泥浆三级压滤处理零排放工艺技术研究；

（2）盾构废浆弃土的生态处置和资源化利用。

（三）钱江流域特殊水文地质条件下隧道结构设计及防灾技术研究：

（1）钱江通道盾构对隧道结构的施工力学行为和控制；

（2）钱江涌潮对长大越江隧道结构及施工的影响研究；

（3）钱江隧道火灾排烟及疏散救援技术。

（四）钱江流域大型隧道数值化监控和安全运营管理综合技术研究：

（1）隧道全数字化监控平台研究；

（2）隧道运营综合安全管理研究。

（五）钱江隧道疏散通道设置专题研究。

1.4 钱江通道对经济社会发展的意义

钱江通道及接线工程是萧山接轨上海市，联系江苏苏锡常地区的最快捷通道，未来有望成为萧山又一条新的经济"大动脉"。

钱江通道及接线工程起点接沪杭高速公路，经海宁市周王庙东、郭店西、盐官，穿越钱塘江后进入萧山，经六工段东，跨江东大桥延伸线，经新湾、党湾、益农，在马鞍镇西进入绍兴，终于齐贤北与杭甬高速公路相接，全长约43.6km。

钱江隧道北端进出口在海宁盐官西约2.5km，南端进出口在萧山的临江工业园区，两端各建连接线与沪杭、杭甬高速公路相接。届时，从萧山开车走钱江隧道穿过钱塘江，如果用设计速度80km/h行车，只需5min左右，就可以到达对岸的海宁。

南连接线按双向六车道高速公路标准建设，设计速度为100km/h，共设有六工段、党湾、益农3处互通和新湾、齐贤两处枢纽，彻底改变了萧山东部只有瓜沥一个高速进出口的历史。

钱江通道及接线工程沿线经过众多的经济开发区，特别是嘉兴的桐乡经济开发区和海宁经济开发区、杭州的临江工业园区和江东工业园区，以及绍兴的柯桥组团，不仅保证各经济开发区之间的快速连接，而且可通过高速公路网络快速连接上海、江苏和宁波等地区。项目建设对于强化城市服务功能、改善投资环境、加快沿线各开发区的建设，推动长三角一体化进程，保障区域经济持续、稳定、高速发展具有极其重要的意义。

同时，杭州市、嘉兴市和绍兴市处于浙、沪、苏区域快速旅游圈的主要位置，其自身的旅游资源极其丰富。钱江通道及接线工程的实施，可更为方便和快捷地将上述三市纳入长三角快速旅游圈之中，并将进一步促进区域内旅游一体化的形成，使杭州市、嘉兴市和绍兴市的旅游资源得以充分挖掘，吸引更多的中外游客观光旅游，从而带动旅游这一绿色经济产业的快速发展。

第 2 章　国内外跨江海隧道管理体系

2.1　概述

建设工程管理是工程管理的一个重要分支，它是指通过一定的组织形式，用系统工程的观点、理论和方法对工程建设期内的所有工作，包括项目建议书、项目决策、工程施工、竣工验收等系统运动过程进行决策、计划、组织、协调和控制，以达到保证工程质量、缩短工期、提高投资效益的目的。由此可见，建设工程管理是以建设工程项目目标控制（质量、进度和投资控制）为核心的管理活动。

（一）建设工程管理的具体职能

管理职能是指管理行为由哪些相互作用的因素构成，换言之，要实现管理的目标，提高管理的效益具体应从哪些方面努力。从项目管理的理论和我国的实际情况来看，建设工程管理的具体职能主要包括以下几个方面。

（1）决策职能：决策是建设工程管理者在建设工程项目策划的基础上，通过调查研究、比较分析、论证评估等活动，得出结论性的意见，并付诸实施的过程。由于建设工程通常要经过建设前期工作阶段、设计阶段、施工准备阶段、施工安装阶段和竣工交付使用阶段，其建设过程是一个系统工程。因此，每一个建设阶段的启动都要依靠决策。

（2）计划职能：根据决策作出实施安排、设计出控制目标和实现目标的措施的活动就是计划。计划职能决定项目的实施步骤、搭接关系、起止时间、持续时间、中间目标、最终目标及实施措施。只有执行计划职能，才能使建设工程管理的各项工作可以预见和能够控制。进行建设工程管理要围绕建设工程的全过程、总目标，将其全部活动都纳入计划的轨道，用动态的计划系统协调与控制整个建设工程，保证建设工程协调、有序地实现预期目标。

（3）组织职能：组织职能是管理者把资源合理利用起来，把各种管理活动协调起来，并使管理需要和资源应用结合起来的行为，是管理者按计划进行目标控制的一种依托和手段。建设工程管理需要组织机构的成功建立和有效运行，从而发挥组织职能的作用。建设工程项目业主的组织既包括在项目内部建立管理组织机构，又包括在项目外部选择合适的监理单位、设计单位与施工单位，以完成建设工程项目不同阶段、不同内容的建设任务。

（4）控制职能：控制职能的目标在于使项目按计划运行，它是项目管理活动最活跃的职能，其主要用于项目目标控制。建设工程项目目标控制是指项目管理者在不断变化的动态环境中，为保证既定计划目标的实现而进行的一系列检查和调整活动的过程。建设工程项目目标的实现以控制职能为主要手段，如果没有控制，就谈不上建设工程项目管理。因此，目标控制是建设工程管理的核心。

（5）协调职能：协调职能是指在控制的过程中疏通关系，解决矛盾，排除障碍，从而使控制职能充分发挥作用。协调是控制的动力和保障。由于建设工程实施的各个阶段，各相关的层次、相关的部门之间，存在大量的工作界面，构成了复杂的关系和矛盾，应通过协调职能进行沟通，排除不必要的干扰，确保建设工程的正常运行。

（二）建设工程管理的任务

建设工程管理在工程建设过程中具有十分重要的意义，建设工程管理的任务主要表现在以下几方面。

（1）合同管理：建设工程合同是业主与参与建设工程项目的实施主体之间明确责任、权利以及义务关系的具有法律效应的协议文件，也是运用市场经济体制组织项目实施的基本手段。从某种意义上讲，项目的实施也就是建设工程合同订立和履行的过程。

（2）组织协调：它是实现建设工程项目目标必不可少的方法和手段。在建设工程项目实施过程中，各个项目参与单位需要处理和调整众多复杂的业务组织关系。

（3）目标控制：它是建设工程管理的主要职能。目标控制是工程的管理人员在不断变化的动态环境中为保证既定计划的实现而进行的一系列检查和调整活动。目标控制的主要任务就是在项目前期策划、勘察设计、施工、竣工等各个阶段采用规划、组织、协调等手段，从组织、技术、经济、合同等方面采取措施，以确保工程目标的实现。

（4）风险管理：它是一个确定建设工程的风险，以及制定、选择和管理风险处理方案的过程。目的在于通过风险分析建设过程的不确定性，以便使决策更加科学，以及在工程的建设实施阶段，保证目标控制的顺利进行，以便更好地实现工程的质量、进度和投资控制。

（5）信息管理：它是建设工程管理的基础工作，也是实施工程目标控制的基本保证。

（6）环境保护：建设工程的管理者必须充分地研究和掌握不同国家和地区有关环境保护的法规和规定。对于环境保护方面有要求的建设工程项目在项目可行性研究和决策阶段，必须提出环境影响报告及其对策措施，并评估其措施的可行性和有效性，严格按照建设工程程序向环保部门报批。在工程的实施阶段，做到主体工程与环保措施工程同步设计、同步施工、同步投入运行。在工程的施工过程中，必须把依法做好环保工作列为重要的合同条件加以落实，并在施工方案的审查和施工过程中，始终把落实环保措施、克服建设公害作为重要的内容予以密切关注。

（三）我国项目管理发展的现状及存在的问题

我国市场经济条件下的项目管理已走过 20 余年历程。目前，我国已具备比较成熟的项目管理的理论、方法、计算机辅助管理和信息收集等方面的知识，并逐步形成了具有现代管理意义的项目管理学科理论体系和管理方法体系，涌现了众多从事项目管理研究与实践的学者、专家、工程技术人员和一大批高、大、新的代表作品与典型的项目管理成功案例。但与国外相比，仍然存在着很大差距，具体体现在以下几个方面。

（1）项目管理理论落后

我国自 20 世纪 80 年代末至 90 年代初引进项目管理方法，但是由于起步较晚、投入不足、研究机构与实践单位分离等原因，与国际项目管理相比，我国项目管理的研究还处在不太成熟的阶段，其应用范围主要在建筑业等少数几个领域，对工程项目的管理，应用范围较狭窄。

（2）不重视项目的可行性研究

可行性研究本身是对拟建项目技术上、经济上及其他方面的可行性进行研究。其目的是为了给投资者提供决策依据，同时为银行贷款、合作签约、工程设计等提供依据和基础资料。但是许多投资者普遍不重视项目的可行性研究而盲目投资，往往造成很大的经济损失，也为以后的工程事故埋下了隐患。

（3）管理体制存在缺陷

现行的投资项目管理模式存在缺陷。目前计划立项审批部门、资金筹划部门、项目实施单位各管其事，在项目的执行过程中，缺乏一个行使监督、管理、检查、协调服务职能的中间机构。

（4）缺乏合格的项目管理人才

由于我国引进项目管理理念的时间比较晚，对项目管理的系统研究和实践起步也比较晚，到 1991 年才成立全国性的项目管理研究会，我国项目管理人才培养的理论环境还比较落后。目前，一些项目管理公司项目经理的任命还是以行政任命为主，非竞争上岗，仅按相关业务岗位的标准来任命项目经理。项目管理人员不仅需要具备深厚的专业知识与工作经验，还应熟练掌握和使用计算机等项目管理手段，其竞争从某种意义上讲已成为信息战。目前西方发达国家的一些项目管理公司已经在项目管理中运用了计算机网络技术，开始实现项目管理网络化、虚拟化。

（四）项目管理的主要发展趋势

随着工程项目管理理论及知识体系的逐渐完善，工程项目管理发展趋势主要有如下几个方面。

（1）工程项目管理的集成化

所谓工程项目管理的集成化就是利用项目管理的系统方法、模型、工具对工程项目相关资源进行系统整合，并达到工程项目设定的具体目标和投资效益最大化的过程。即将工程项目的利害关系者集合和工程项目的过程作为一个完整的整体进行研究，工程项目的系统集成是工程项目内在本质的要求。

（2）合作管理

在传统的建设合同中，业主与承包商之间往往视彼此为对手，这导致了效率的降低和成本的增加。因此，业主试图寻找一种新的模式来处理与承包商之间的工作关系。于是合作管理开始为人们所重视和使用。所谓合作管理模式，是指业主与工程参与各方在相互信任、资源共享的基础上达成一种短期或长期的协议；在充分考虑参与各方利益的基础上确定建设工程共同的目标；建立工作小组，及时沟通以避免争议和诉讼的产生，相互合作、共同解决建设工程实施过程中出现的问题，共同分担工程风险和有关费用，以保证参与各方目标和利益的实现。选择合作管理模式，就应抛弃传统的合同各方之间的对立关系，为达到一种"双赢"局面而努力。因此，人际关系、权力的平衡和各方股东的利益的满足是合作管理模式需要解决的问题。合作管理模式有以下特点：①出于自愿；②高层管理的参与；③Partnering 协议不是法律意义上的合同；④信息的开放性。

（3）工程项目总控

工程项目总控模式于 20 世纪 90 年代中期在德国首次出现并形成相应的理论。我国于 1998 年首次引进该模式。工程项目总控是指以独立和公正的方式，对工程项目实施活动进行综合协调，围绕工程项目的费用、进度和质量等目标进行综合系统规划，以使工程项目的实施成为一种可靠安全的目标控制机制。它通过对工程项目实施的所有环节的全过程进行调查、分析、建议和咨询，提出对工程项目实施切实可行的建议方案，供工程项目的管理层决策参考。根据建设工程的特点和业主方组织结构的具体情况，它可以分为单平面和多平面两种类型。工程项目总控模式主要有以下特点。

① 工程项目总控是独立于工程项目实施班子之外的一个组织，是指挥部的高级参谋部，是业主代表旁的一个机构。它不直接面对工程项目设计、材料供应单位，不介入各方之间的矛盾，只面对业主代表。工程项目总控方的核心任务是发现工程项目实施过程中存在的问题，分析产生问题的原因，提出工程项目"诊断"报告，制定解决的方案。

② 工程项目总控是一种高层次的工程项目管理咨询活动，对知识要求较高。其工作主要是通过对工程项目全过程进行目标跟踪、调查和分析，及时向指挥部提出工程项目实施的有关信息与咨询建议，以供决策者参考。

③ 工程项目总控模式中一个很重要的工作是要进行大量的信息处理。工程项目控制离不开计算机，因此要设立工程信息处理中心。

④ 工程项目总控班子的人员组成应是高层次的咨询工作者，其工作产品是有相当价值的信息，包括以书面形式不定期地对重大、关键问题提出分析和控制建议；定期的工程项目控制报告（月度、季度、半年、年度），范围有资金运用情况、工程项目进展情况、工程项目质量以及合同执行的情况、组织协调上的问题、信息处理上的问题等；对影响工程项目目标的风险进行预测，对可能产生的偏差提出纠偏控制建议；以会议的形式，与工程项目各参与方共同讨论有关问题，对决策者提出有价值的建议。

（4）信息化与工程项目管理

随着信息技术和网络技术的发展，其在工程项目管理中的应用越来越广泛，出现了以下几种趋势。

① 工程项目管理信息系统（MPIS）软件的开发，主要包括费用控制、进度控制和合同管理四个子系统，这是计算机技术在工程项目管理中最基础的应用。

② 基于局域网（LAN）的工程项目管理。

③ 基于互联网的工程项目管理。

④ 虚拟建设。虚拟建设的概念是从虚拟企业引申而来的，只是虚拟企业针对的是所有的企业，而

虚拟建设针对的是工程项目。此概念可以分为两个部分来理解：设计和施工相结合，通过电子技术进行沟通；业主方、工程项目管理方、设计方、供货方横向联系的管理技巧。

2.2　国内外典型隧道工程概况

2.2.1　国外典型隧道工程概况

2.2.1.1　青函隧道

（一）工程概况

青函海底隧道因连接日本本州青森地区和北海道函馆地区而得名。

长久以来，日本本州的青森与北海道的函馆两地隔海相望，中间横着水深流急的津轻海峡。两地的旅客往返和货运，除了飞机以外，就只能靠海上轮渡。从青森到海峡对岸的函馆，海上航行要 4.5h，到了台风季节，每年至少要中断海运 80 次。于是，人们迫切希望海峡两岸除飞机和轮渡之外，再能有更经济、更方便的交通把两岸联系起来。青函隧道工程的设想也就应运而生。

1964 年 5 月，青函隧道开始挖调查坑道。经过 7 年的各种海底科学考察，专家们才最终选定了安全的隧道位置，并于 1971 年 4 月正式动工开挖主坑道。经过 12 年的施工，1983 年 1 月 27 日，南起青森县今别町滨名，北至北海道知内町汤里，世界上最长的海底隧道——青函隧道的先导坑道终于打通了。1988 年 3 月 13 日，青函隧道正式通车，从而结束了日本本州与北海道之间只靠海上运输的历史。3 月 13 日清晨，首班电气化列车满载乘客从青森站和函馆站相对发出。电车从海底通过津轻海峡只用了大约 30min。

隧道横越津轻海峡，全长 54km，海底部分 23km。青函海底隧道 1964 年动工，1987 年建成，前后用了 23 年时间。

（二）工程特点

青函隧道由 3 条隧道组成。主隧道全长 53.9km，其中海底部分 23.3km，陆上部分本州一侧为 13.55km，北海道一侧为 17km。主坑道宽 11.9m，高 9m，断面 80m²。除主隧道外，还有两条辅助坑道：一是调查海底地质用的先导坑道；二是搬运器材和运出砂石的作业坑道。这两条坑道高 4m、宽 5m，均处在海底。漏到隧道的海水会被引到先导坑道的水槽，然后再用高压泵排出地面。作业坑道则用作列车修理和轨道维修的场所。

青函隧道最大水深 140m，最小覆盖层厚 100m，采用超前导坑和平行导坑法施工，以便提前探明地质情况并作通风、排水和出渣之用。平行导坑与正洞的中线间距 30m，两者之间每隔 600m 用横向通道连接。陆上部分本州端长 13.55km，北海道端长 17km，各设 3 座斜井和 1 座竖井，由斜井底部开挖位于正洞与平行导坑下方居中的超前导坑。海底复杂的地质断层和软岩构造，曾使工程出现多次严重渗水事故，其中一次仅排水就用 150 多天。为此，创造了防止隧道漏水等先进技术。

海底隧道的开凿，使用巨型掘岩钻机，从两端同时掘进。掘岩机的铲头坚硬而锋利，无坚不摧。钻孔直径与隧道设计直径相当，每掘进数十厘米，立即加工隧道内壁，一气呵成。为保证两端掘进走向的正确，采用激光导向。在海底地质复杂，无法这样掘进的情况下，就采用预制钢筋水泥隧道，沉埋固定在海底的方法。

运营过程中，为确保列车的准时、高速、安全运行，在函馆设指令中心，对列车的运行实施监控，还在隧道内建有两座避难车站和 8 个热感应点，装有火灾探测器、自动喷水灭火装置、地震早期探测系统、漏水探测器等设备。一旦发生危险，列车可迅速就近驶入避难车站，乘客可通过两侧能收容上千人的避难所或倾斜坑道脱离险境。

青函隧道的工期长达 23 年，共耗资 6890 亿日元。修建这条青函隧道的代价是极其高昂的。1971年主隧道动工兴修时，预算工程的全部费用为 8.3 亿美元，但后来多次追加费用，估计到隧道竣工，整个工程需用 27 亿美元，平均每公里 5000 多万美元。

由于工程极其复杂，施工条件又非常差，自隧道动工以来，已有 33 名工人丧生，1300 人伤残。隧道两度被海水淹没，第一次发生在 1969 年，海水将岩缝冲大，每分钟涌入 11t，水在斜井里上升了 150m。工人们花了近 5 个月时间将积水抽出，后来在整个隧道周围灌上一层厚达 4.5m 的水泥浆，并用钢板把岩缝堵住。1976 年，海水再次以每分钟 70t 的流量冲入供应隧道，工人们又足足奋斗了 5 个月才控制住这次水害，共死亡 20 余名工人，仅后一次水害的影响，整个工程至少被推迟了两年。

（三）工程作用

青函隧道是一条十分重要的通道，目前日本铁路当局打算在隧道里铺设具有大容量的光纤通信电缆、高压输电线、天然气管道等，以对隧道加以综合利用，提高经济效益。日本七凿青函隧道，不只是方便民用，还有军事上的考虑。如何维护北海道的安全，一直是日本当局十分头痛的事。一旦有事，津轻海峡被封锁，北海道将成为孤岛。有了这条隧道后，在任何情况下日本都可保证本州和北海道交通畅通，军需品可源源运往北海道。况且海底隧道不占地，不妨碍航行，不影响生态环境，是一种非常安全的全天候的海峡通道。

（四）工程争议

（1）1960 年代，铁路运输占有显著重要性，然而，当 1988 年完工时，空中运输的重要性已大为提高。以 20 年的时间及如此巨大的经费投入，在如今看来，并非绝对必要。

（2）青函隧道不只是方便民用，在军事上也有它的重要作用。它可以在津轻海峡被封锁、北海道将成为孤岛时保证本州和北海道交通畅通，军需品可源源运往北海道。然而，当日本连失海峡制空及水域控制权，北海道已无战略价值；日本亦不可能只为此不可预见的境况斥巨资兴建和维修隧道。而现时自卫队透过这条隧道，利用铁路调动军队及设备来往本州和北海道。

图 2.1　青函隧道纪念币

（五）纪念币的发行

如图 2.1 所示，为庆祝青函海底隧道开通，日本专门发行了面值 500 日元的铜镍合金纪念币（直径 30mm、重 13g，其中含铜 75％、含镍 25％）。该币发行于 1988 年 8 月 29 日，共发行了 2000 万枚。该币正面构图为飞鸟衬托下的海底隧道正面透视景观，并配以用日文汉字题写的国号和面值。整个画面具有很强的装饰风格。币背面的主景图案是标明隧道具体位置的地图，其周边环绕着"青函海底隧道开通"、阿拉伯数字面值以及日本纪年等字样。

2.2.1.2　英吉利海峡隧道

（一）工程概况

英法海底隧道是一条连接英法两国的海底铁路隧道，又称英吉利海峡隧道或欧洲隧道，横跨英吉利海峡。它由三条长 51km 的平行隧洞组成，总长度 153km，其中海底段的隧洞长度为 3×38km，是世界第二长的海底隧道及海底段世界最长的铁路隧道（见图 2.2）。两条铁路洞衬砌后的直径为 7.6m，开挖洞径为 8.36～8.78m；中间一条后勤服务洞衬砌后的直径为 4.8m，开挖洞径为 5.38～5.77m。

自 1986 年 2 月 12 日英法两国政府签订坎特布利条约（Treaty of Canterbury）批准建设起，整个工程历时 8 年多，耗资约 100 亿英镑，是世界上规模最大的利用私人资本建造的工程项目。该工程从设想到最终建设成功历经 200 年的艰苦历程，其曲折经历及成功经验可以为大型公共工程的计划和实施提供丰富的启示。

（二）工程实施

1987 年 12 月 1 日，英法海底隧道工程正式实施。工程进展到海底隧道部分时遭遇了一个关键技术难题：如何在水下数十米深处挖掘通道。这是因为，海底隧道地质勘测困难，单口掘进长度长、地层稳定性低、高水压、大荷载、防水、防腐要求高，所有这些，都要求工程实施者必须对建造技术进行周密选择。

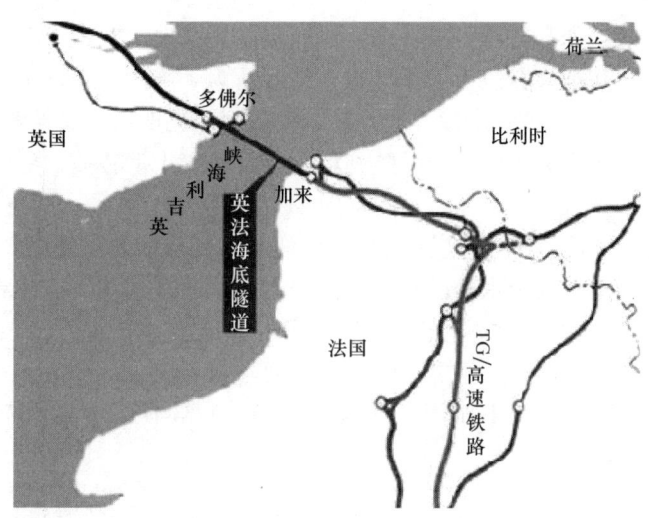

图 2.2   隧道地理位置

水下隧道建造的方法主要有"盾构法"和"沉管法"两种。盾构是一种钢制的活动防护装置或活动支撑，是通过软弱含水层，特别是河底、海底以及城市中心区修建隧道的一种方式。在盾构的掩护下，前端可以安全开挖地层，后端可以装配预制管片或砌块，迅速拼装成隧道永久衬砌，并将衬砌与土层之间的空隙用水泥压浆填实。沉管法亦称预制管段法或沉放法。先制作隧道管段，两端用临时封端墙封闭起来。预制完成后拖运到隧道挖掘地址，并于隧位处预先挖好水底基槽。待管段定位就绪后，向管段内灌水压载，使之下沉，然后把沉放的管段在水下连接起来，经覆土（石）回填后，便筑成隧道。

选择海底隧道建造技术，就必须充分了解海底地质。从 1958 年至 1987 年，通过 94 个钻孔，地质勘探组发现，海底有一层厚度约 30m 的白垩泥灰岩，这种岩层抗渗性好，硬度不大，裂隙也少，易于掘进。这 29 年间的地质勘探为技术选择打下了坚实基础，百年前争论不休的技术选择问题也因此豁然开朗——"沉管法"要求管道所沉放的岩层平整松软，便于沉管的放置，这在英吉利海峡所处的海底岩层中是难以实现的，于是"盾构法"就成了无可争议的选择。确定了实施技术，TML 联营体选用隧道掘进机作为施工工具，从英国的莎士比亚崖和法国的桑洁滩开始，分别沿三条隧洞的两个方向开挖（共有 12 个开挖面，其中 6 个面向陆地方向掘进，另 6 个面向海峡方向掘进）。整个掘进工作按计划完成，只用了三年半时间。

充足的地质资料和正确的判断使英法海底隧道找到了理想的岩层，并且突破了第一个技术选择的壁垒，确定了最合适的建造方法——"盾构法"。

建造技术的正确选择为海底隧道工程的实施迈出了坚实的第一步。接下来必须要考虑的就是如何保证车辆在隧道中的运行安全。英法海底隧道距离长，又位于海底，一旦发生火灾、漏水、停电、堵车或暴力等事件，若不能有效营救，后果将不堪设想。为了冲破这道壁垒，TML 联营体根据隧道建设之初对各种安全问题的充分研究，创新性地实施了一系列安全工程。

首先，为解决隧道内的车辆运行安全，两条铁路隧道完全隔开，列车单向行驶，消除了对撞的危险。第二，隧道网的全部电力由两端的变电站协同提供，如果一座变电站发生故障，另一变电站立即工作，向全线供电。第三，为解决长隧道通风问题，英法海底隧道对空气循环的途径和风机的布置都作了详细规划和研究。不仅设置通风管，而且利用隧洞本身作为通风通道，使开挖面的风量达到 $13.5 m^3/s$，符合社会保障与安全组织和地下工程协会规定的通风标准。第四，为了解决列车高速行驶中产生的压差和空气动力阻抗问题，减少列车的驱动力，在设计阶段对卸压管的作用进行了许多模型研究，使其有较好的空气动力效应，并避免在管中产生气流冲击。第五，为了避免火灾的发生，隧道和车厢都对防火设施作了周密配置。列车车厢由高强度耐火材料制成，车厢内安装温度计、烟尘与一氧化碳探测器以及灭火器。若火势不能迅速控制，列车员还可以将乘客迅速疏散到其他车厢，或者将起火车厢甩掉，前后两段车厢分别驶向两端车站，并把乘客送入工作隧道。最后，为了协调运营，采用三套自动控制系统进行管理，这三大系统的信息总量达34亿比特，全天显示在英国福克斯通中央控制室24m长的巨大显示屏上。另外，隧道内还配备了防震系统，修建了防弹墙，甚至设置了动物捕捉器，以对付因迷路而闯入隧道的动物。

由于采取了以上措施，TML联营体研究认为，乘列车穿越英法海底隧道，比乘巴黎至里昂的高速列车要安全百倍，而高速列车的安全水平已经非常高。通过这一系列的措施，英法海底隧道的实施也就突破了工程创新的安全壁垒。冲破了影响施工顺利进行的财政壁垒，克服了技术上和安全上的重重障碍，通过1.1万名工程技术人员历经8年之久的辛勤劳动，到了1994年5月6日，英法两国最终将200年的梦想变成了现实。英法海底隧道把孤悬大西洋中的英伦三岛与欧洲大陆紧密地连接在一起，由此开辟了欧洲交通史的新篇章。

（三）工程成果

在英法海底隧道的通车典礼上，法国总统密特朗和英国女王伊丽莎白二世在隧道两端——法国的加来和英国的福克斯通共同主持了盛大的通车剪彩仪式。密特朗说，两个多世纪的理想实现了，他本人和法国人民都为这一工程的实现而感到高兴，这一工程将促进欧洲的统一，英法两国之间所做的事不会使欧洲其他地方感到无动于衷。伊丽莎白二世女王希望海底隧道能增加两国人民间的吸引力，希望两国继续进行共同的事业。

海底隧道的开通填补了欧洲铁路网中的一个断环，大大方便了欧洲各大城市之间的来往。英、法、比利时三国铁路部门联营的"欧洲之星"列车车速达300km/h，从伦敦到巴黎只需要3个小时，从伦敦到布鲁塞尔只需3小时10分。如果把从市区到机场的时间算在内，乘飞机都不如乘"欧洲之星"快捷。英法海底隧道还专门设计了一种运送公路车辆的区间列车"乐谢拖"（Le Shuttle），各种大小汽车都可以全天候地通过英吉利海峡，从而使欧洲公路网也连成了一体。因此，人们称誉这项工程"一梦两百年，海峡变通途"。

尽管英法海底隧道的经营存在着财务困扰和偶然的安全问题（2008年9月11日海底隧道发生了第三次较为严重的火灾，仅有少量轻伤者），但是，成功投入运营的英法海底隧道，给整个欧洲大陆，特别是英法两国的经济和社会发展做出了重大贡献。作为世界瞩目的大型工程建设项目，英法海底隧道工程也为今后的大型工程创新提供了丰富经验和重要启示。

（四）工程经验

作为一项由政府牵头，通过私人资本建设运营而取得成功的特大型基础设施工程，英法海底隧道的成功来源于工程共同体克服来自各方面障碍因素的密切协作和艰苦努力。

（1）政治决策：英法海底隧道工程成功的前提条件

英法海底隧道工程的建设决策，不是取决于技术因素，而是取决于政治环境。长期以来，英国方面反对建设海峡隧道的主要原因是军事上的风险，英国人希望利用海峡作为抵御来自欧洲大陆军事入侵的天然屏障。20世纪70年代以来，欧洲一体化进程取得重大进展，英、法两国政府开始对欧洲一体化都持比较积极的态度。在这种情况下，英国首相撒切尔夫人支持把1975年曾被工党政府下令停止的隧道工程重新提上议事日程。当时的法国总统密特朗则把这项工程视为国家强大的象征。于是，在这种政治氛围中，海底隧道工程于1987年得以实施。

从欧盟有关国家政府的观点来看，还有两个因素与隧道建设有关：一是运输政策，即通过建设高速铁路网以达到节约能源和保护环境的目的，这大大扩展了海底隧道的影响范围和增加了它的长期效益；二是地区政策，英、法两国希望通过隧道带动海峡两岸地区的繁荣。这些从政治和经济角度看显然有重大意义，对欧盟的发展，欧洲单一市场的形成以及国际经济、文化合作交流，都具有重大促进作用。可见，英法海底隧道项目既是欧洲一体化进程的产物，又是它的一个推动力，两者相辅相成，几乎是平行发展的。

（2）BOT：英法海底隧道工程的财政基础和组织基础

英法海底隧道第一次尝试被迫停工，是 1882 年因公众阻挠而导致的。而百年之后英法海底隧道的第二次修建已无公众反对和政治障碍之虞，但也发生了停工事件，究其原因，是由于遇到了难以克服的财政问题。

既然修筑英法海底隧道的关键是财务问题，因此，英法两国提出了应用私人资本建设的方案，也就是 BOT（Build-Operate-Transfer），一种主要应用于基础设施建设的新的投资方式。英法海底隧道BOT 项目发起人为欧洲隧道公司，它由英国的海峡隧道工程集团 CTG 和法国的法兰西—曼彻斯特公司FM 联合组成。筹款之初，14 家初期项目承包商和银行首先赞助 8000 万美元。同时，在 4 个发行地点成功地筹集到以英国英镑和法国法郎计算的大量股票投资。英法海底隧道工程成功应用了 BOT 投资方式，较好地解决了大型公共基础设施在建设过程中所必须面对的财务问题，使得工程可以顺利实施，保证了英法海底隧道的建成。

（3）盾构法：英法海底隧道主体工程技术的选择

在 1986 年 1 月 CTG-FM 中标的 26 亿英镑的双孔铁路隧道提案中，公司提出了以盾构法作为此次海底隧道工程施工的主要方法，并成功地应用了先进的技术设备"盾式掘进机"进行掘进工作。在正确的技术选择和先进的设备支持下，当工期对经济效益有重大影响而掘进工作面又受限制的情况下，整个掘进工作只用了三年半时间就按计划完成了。

在英法海底隧道工程实施之前，包括欧洲隧道公司在内的多个部门从 1958 年至 1987 年进行了连续29 年的地质勘探工作，深入分析了海底地形和地貌。有关研究数据的积累为技术的选择打下了坚实基础，为后期找到合适的岩层做好了铺垫。

在创新型工程实施过程中，特别是像英法海底隧道这样的大型基础设施工程施工的过程中，技术手段作为工程实施中的关键，是首先要考虑的问题。在工程实施中，必须考虑实际情况，根据当时当地的条件，选择合适合理的技术加以实施。当然，合理的工程技术的选择，无论是来自于工程师的实践经验，还是借鉴以往同类项目的技术方法，都能够为工程的顺利实施提供切实有效的帮助。

（4）公众参与：英法海底隧道工程的成功离不开公众的支持

在英法海底隧道工程实施的过程中，公众起到了不容忽视的作用。公众作为基础设施的受益者，其意见必然而且也必须影响工程建设的方向。

在英法海底隧道第一次修建的过程中，就出现了公众舆论强烈反对的现象。1882 年，由于当时战争和政治局势的不明朗，英国需要英吉利海峡作为天然屏障以达到"与世隔绝"的效果，因此，公众不愿意因为修建英法海底隧道而丧失战略优势。而泰晤士周刊作为英国知名媒体机构，也撰文支持英国公众的主张。由于舆论界的压力，英法两国被迫停止了海底隧道的修建。

1986 年，国际局势趋于稳定，和平与发展开始成为全球新的主题。在这样的环境下，公众自然迫切需要英法海底隧道的建成以增加出行的便利性、经济发展的空间、旅游休闲的去处等。一时间，支持英法海底隧道的呼声大涨，使得英法海底隧道工程顺利实施完成。可见，作为一项大型公共基础设施建设工程，英法海底隧道工程创新的成功，公众的参与起到了不可忽视的作用。公众积极地参与和支持可以保证工程顺利进行，有效避免因公众舆论的压力而造成的障碍。因此，要想顺利实施大型工程项目，特别是基础设施的建设，必须有效地赢得公众支持。

（5）突破壁垒：英法海底隧道工程成功的重要保证

工程活动是多要素、多环节的过程，可以说，在工程活动的每个要素和每个环节中都会存在许多不确定性、许多风险、许多阻碍因素，而那些阻碍工程活动进行的种种因素就成了工程活动过程中必须克服的一个又一个壁垒，于是，工程活动也就成了一个不断突破壁垒的过程。工程活动要想成功，就必须冲破这些壁垒。

英法海底隧道 200 年从梦想变成现实的曲折历程生动地告诉我们：工程活动所遇到的壁垒不但包括了技术壁垒和经济壁垒，而且包括由于政治、军事和其他社会因素而形成的种种壁垒。如果这些壁垒不能突破，工程活动就要搁置、停顿、失败。只有消除那些形形色色的障碍因素和壁垒，工程活动才能顺利进行和取得成功。

目前我国正在全面建设小康社会，为实现这个目标，我国各地都在规划、设计、建设许许多多或大或小的工程项目。要想在这些数不胜数的工程活动特别是特大型工程活动中取得成功，必须认真总结历史经验包括国外的经验，在这方面，作为特大型公共基础设施建设工程的英法海底隧道工程的历史进程和成功经验值得我们不断思考。

2.2.1.3　拉达尔公路隧道

（一）工程概况

如图 2.3 所示，拉达尔隧道位于挪威西部的拉达尔和艾于兰之间，全长 24.5km，是世界上最长的公路隧道。于 1995 年 3 月开始动工兴建，2000 年 11 月 27 日正式通车。整个工程项目共耗资约 1 亿美元，由挪威国王哈拉尔五世为隧道正式剪彩通车。

图 2.3　拉达尔隧道

（二）建造背景

总人口仅 461 万、面积约为我国台湾九倍的挪威，称得上地广人稀，车流量自然小。尽管人口分散，挪威交通却很发达，山巅水涯皆有公路可达。每当公路从高山来到峡湾地区，高度骤降，汽车屡屡须在陡峭的连续 Z 字形道路上急转弯，同时得分心注意对向来车，其惊险程度胜过台湾北宜公路的九弯十八拐。

虽然山顶白雪放眼皆是，瀑布屡屡从山壁飞扑而下，壮丽的峡湾景观在前，驾驶人恐怕也无法分心欣赏这一番美景了。但困扰不止于此，想继续前行，往往还得静静等候有限的渡轮班期，搭船越过宽阔的峡湾。

挪威自从 1969 年与英、美、意、俄等国家，共同发现北海油田以来，立刻跃身为产油国，成为北欧首富。国家富有之后，首先致力于改善交通等基础设施。

这个昔日海上霸权，在累积多年的隧道经验与技术后，终于在 2000 年 11 月 27 日，建造出世界最长的公路隧道——拉达尔隧道。这条位于索格内峡湾旁、全长 24.5km 的公路隧道，使得挪威西东两大城市——卑尔根与奥斯陆，彼此之间的公路运输从此全年畅通，不必再受限于地形、气候与渡轮班期了。

（三）环境分析

要深入了解这条仅花费 5 年时间、10.82 亿挪威币的公路隧道，必须要对它所处的地理环境有所了解。首先要从挪威独特的地质与东西部交通谈起。挪威地体相当古老而且稳定，岩盘坚硬致密，非常有利于隧道开挖。同时挪威西部地区多峡湾，其中以索格内峡湾最长，自西向东绵延 204km，最深处达 1308m，使得想要跨越峡湾构筑桥梁，抑或沿峭壁修筑公路，几乎不可能实现。

但由于西海岸受墨西哥湾洋流通过与西风吹拂的双重影响，多数峡湾终年不结冰。峡湾具备了如此优越的条件，奠定了它的航海传统。

比如奥斯陆与卑尔根这两座相距约 462km 的城市，近千年来一直在努力争取着首府的地位，即使到了 20 世纪下半叶，两者之间的公路交通依然不甚方便。

倘若想从卑尔根向东开车到奥斯陆，得一路过关斩将。由于挪威西部的哈丹格高原自北而南隔开此两大城市，所有公路都得先征服这座天然屏障。然而，阻挡前行之路的还不仅止于此，壮丽的索格内峡湾和哈丹格峡湾也是一道道难以超越的鸿沟。再比如过去来往于奥斯陆和卑尔根的车辆，不仅要在拉达尔乘 3h 的轮渡横越洛达尔附近的松恩峡湾，还要在拉达尔和艾于兰之间翻越一大段地势非常险峻的山路，这段山路在冬季冰冻时期更禁止通行。洛达尔隧道通车后，奥斯陆与卑尔根之间的交通大为改善，行车时间由以往的 14h 缩短至 7h，车辆在冬季也能通行无阻。根据设计，拉达尔隧道的行车容量为每小时 400 辆，但由于挪威人口较少，这条隧道每昼夜通过的车辆数目仅为 1000 辆。

（四）工程特点

驾车穿越一个如此长的隧道大约需要二三十分钟。在无窗的隧道里驾驶如此长时间，人们肯定会感到无聊和枯燥乏味，甚至会有一种疲倦的感觉，这是相当危险的。为了让驾驶者不至于枯燥乏味，一支由心理学家、建筑设计师和工程师组成的设计团队将这一重要因素考虑进设计方案之中。

每个驱车进入拉达尔隧道的人，想必都有类似以下的奇特经验。途中来到一处大洞穴，在头顶上露出一大片浅蓝色幽光，同时两旁岩壁与路面接触处围绕着一圈金黄色光，这一切像是曙光的迹象，似乎预示着隧道即将穿透厚重覆盖的岩石；不料，迎面而来的却又是一段漆黑隧道，只好耐住性子继续向前开，也令人期待尽快再见到那一大片天顶之光与地平线曙光。

在隧道内经历过如此三回的心情起伏后，第四次见到的阳光肯定是真的，因为车辆已经来到隧道尽头的赫巴肯，左转可至拉达尔索利，右转则接 E16 公路，朝向奥斯陆一路前进。

美国伊利诺斯大学城市与环境工程学教授约瑟夫-哈沙什解释说："人们在隧道中的心理反应是非常重要的。对于这么长的隧道，设计者必须要认真考虑环境和灯光系统的设计。"在拉达尔隧道中，包括了许多独特的设计，如明亮的蓝色灯光和细微的弯曲变化，这些都可以让驾驶者不至于因为枯燥乏味而疲倦。最重要的是，这条隧道被分成了数个不同的部分，每个部分都有不同的外观设计，这样可以使驾驶者感觉是在一系列的较短隧道中穿行。

2.2.2　国内隧道工程概况

2.2.2.1　秦岭终南山公路隧道

（一）隧道概况

秦岭终南山公路隧道（见图 2.4）是国家高速公路网包头至茂名线控制性工程，也是陕西"三纵四横五辐射"公路网西安至安康高速公路重要组成部分。单洞长 18.02km，双洞共长 36.04km，建设规模世界第一，中国公路隧道之最。仅次于挪威长 24.51km 的拉达尔公路隧道。2002 年 3 月，秦岭终南山深处响起了这座旷世巨隧开工建设的第一炮。建设过程中，建设者不断克服断层、涌水、岩爆等施工中的难题和通风、火灾、监控等运营中的重大技术课题，使我国公路隧道建设技术达到了一个新的水平。2007 年 1 月 20 日，隧道正式通车。制约陕南经济发展的秦岭天堑变为通途，西安至柞水的通行里程缩短约 60km，行车时间由原来的 3h 缩短为 40min。

（二）隧道之最

秦岭终南山公路隧道创造了高速公路隧道建设史上的六项之最。

（1）秦岭终南山公路隧道是世界上第一座最长的双洞高速公路隧道。

（2）秦岭终南山公路隧道是第一座由我国自行设计、自行施工、自行监理、自行管理，综合技术水平最高的高速公路特长隧道。

图 2.4 秦岭终南山公路隧道

（3）秦岭终南山公路隧道是目前世界口径最大、深度最深的竖井通风工程。隧道共设置三座通风竖井，最大井深 661m，最大竖井直径达 11.5m，竖井下方均设大型地下风机厂房，工程规模和通风控制理论属国内首创，世界罕见，隧道通风竖井被形象地形容为地球上最大的"烟囱"。

（4）秦岭终南山公路隧道拥有全世界高速公路隧道最完备的监控技术。隧道每 125m 设置一台视频监控摄像机，两洞共有摄像机 288 台，是世界上高速公路摄像机安装最密集的隧道。每 250m 设置一台视频事件检测器和火灾报警系统，对突发事件采用双系统全方位自动跟踪监控，并根据事件类型提供最有效的救援方案；设计水平世界领先，许多关键技术属国内首创。

（5）秦岭终南山公路隧道拥有目前世界上高速公路隧道最先进的特殊灯光带，能缓解驾驶员视觉疲劳，保证行车安全。通过不同的灯光和图案变化，可以将特长隧道演化成几个短隧道，从而消除驾驶员的焦虑情绪和压抑心理，为亚洲首创。

（6）秦岭终南山公路隧道首次创造性提出策略管理理论，并运用了首套策略自动生成软件，在高速公路隧道管理理念中处于国际领先水平。对火火、交通事故、养护等方面发生事件进行自动监测和管理，只要发生一个事件，策略自动生成软件就会自动生成相应的策略程序进行全方位联动指导，保证秦岭终南山高速公路隧道运营管理的准确性和可靠性。

（三）运营管理

秦岭终南山公路隧道是一座超长的世界级山岭高速公路隧道。在项目设计、施工、科研、运营管理等方面缺少建设经验。为慎重决策，本项目成立了由孙钧、王梦恕、郑颖人、钱七虎四位院士组成的秦岭终南山公路隧道专家委员会，对重大设计项目和设计标准进行把关和技术咨询。先后进行了多次重大会议，分别对项目设计、施工、科研工作中重大技术难题进行了咨询研究。其中隧道运营通风采用三竖井纵向分段式通风。隧道设置照明、通风、消防、通信、救援、交通安全控制、供配电、监控八大系统，有效地解决了通风、机电控制、防灾救援以及喷锚支护、人行横通道、行车横通道的设置等技术问题，为项目的设计、施工及运营管理提供了决策依据。

依托秦岭终南山公路隧道的技术难点，在交通部的西部交通建设科技基金支持下，成立《秦岭终南山特长公路隧道关键技术研究》项目，开展了特长隧道通风、防灾救援、监控、定额、环保、运营管理、信息七个方面的课题研究。其中运营通风技术、防灾救援技术、监控技术已有多项成果通过专家鉴定，达到了世界领先水平，并相继应用到工程技术设计、建设管理和后续的运营管理等方面，整体提升了工程项目的技术水平。在技术交流方面，邀请中国香港柏成公司、瑞士瓦特公司、挪威辛泰夫公司三家咨询公司进行技术交流和咨询。分别对运营通风、监控、防灾救援、供配电、照明、运营管理技术交流和咨询，对国内外特长隧道进行调研，分别对日本、美国、奥地利、德国、挪威等国家的特长隧道进行实地考察，从感性认识到专题研究，吸收了欧洲 3 起隧道大火灾经验教训，借鉴先进的控制模式、多种通风方式和照明方式等技术。

秦岭终南山公路隧道是我国高速公路隧道示范工程和标志性工程，是世界双洞最长、技术标准最高、建设规模最大的高速公路隧道，具有国际领先的防灾救援系统、监控管理系统、运营服务系统。

（四）工程建设创新

国家高速公路包茂线穿越秦岭方案的确定及其隧道方案的通风、防灾救援、监控、建设与运营管理等关键技术均属世界性难题。秦岭终南山公路隧道主要从 6 个方面进行了科技创新，走出了一条自主创新与集成创新之路，形成了特长公路隧道建设与运营管理成套技术体系，奠定了我国公路隧道国际领先地位。

第一是创新了可靠、节能、环保的特长公路隧道运营通风技术。首次确定符合我国现用车辆的 CO、烟雾（VI）浓度基准排放量及其修正系数，提出适合我国交通状况的隧道通风设计控制新指标；攻克了隧道复杂通风系统网络计算、送排风口距离和角度等多项关键技术难题，形成节能、高效的超大直径三竖井分段纵向通风成套技术，研究成果达国际领先水平（属公路运输管理技术领域）。

第二是创立了高效、安全的综合防灾救援体系。建立了能模拟多种复杂火灾工况下双洞隧道、三条横通道、两座竖井共同作用的火灾通风试验基地，揭示了火灾时不同工况的温度场、压力场、污染物浓度分布及其流动规律，提出公路隧道火灾模式下考虑火风压、节流效应、烟流阻力等的计算方法，充实了公路隧道防灾理论，构建了集监控、报警、通风、救援和灭火为一体的综合防灾救援技术体系。研究成果达国际领先水平。

第三是建立了完善的智能化隧道监控系统。基于特长公路隧道多因素监控系统规模设计法和安全预警体系与事故防范模式下的软件控制措施，采用数据分布式处理方法建立完善的特长公路隧道智能监控系统，解决了特长隧道设备种类多、数量多、采集和控制信息点数庞大、控制复杂的技术难题。研究成果达国际领先水平（属公路标志、信号、监控工程领域）。

第四是创新了特长公路隧道建设技术。选用 18km 隧道将路线降低至雪线以下，极大地改善了路线线形和通车条件，保证全天候安全通行；建设期间"零死亡"创国内外安全施工先例；创新施工技术，自主研发施工装备，创造大断面隧道月掘进、大直径竖井全断面开挖月进尺等多项建设纪录，授权专利 3 项，国家级工法 1 项，省部级工法 2 项（属隧道工程领域）。

第五是创新了特长公路隧道运营管理体系。创立"编目体系、任务体系、管理体系"三个层次的公路隧道管理模式和工作联动机制，建成基于 GIS、VR 等信息技术的特长公路隧道管理系统软件，设立了多方协作配合的联勤联动救援机制，创新了我国特长公路隧道运营管理技术（属交通运输科学技术领域）。

第六是与国内外同类技术对比，秦岭终南山公路隧道为双洞高速公路隧道，其长度居世界第一；竖井的最大深度达 661m，直径达 12.4m；而目前国内外已建公路隧道竖井最大深度均不超过 400m，最大直径仅为 8.5m。国外特长公路隧道的等级较低、交通量小，本项目为高速公路隧道、交通量大、运营安全难度极大，本项目集成创新特长高速公路隧道建设管理体系，攻克了特长高速公路隧道建设管理世界性难题。

（五）工程作用

秦岭终南山高速公路隧道的建成，对完善国家和陕西省公路网络结构，突破南北交通屏障，改善我国西北、西南交通运输，加强西北、西南以及华北、华南经济文化联系，构建和谐社会，推进西部大开发，加快实施黄河经济圈和长江经济圈政治、经济、金融、文化技术交流具有重大的战略意义。同时，对推动我国高速公路特长隧道建设具有重要意义。

秦岭终南山高速公路隧道建设后，将使西安至柞水 146km 里程缩短约 60km，能够彻底改善陕南地区的交通现状，增强西安市的经济辐射力，极大地促进陕南地区经济发展和产业结构的升级，对发挥陕西省在实施西部开发战略中的区位优势，推动西部开发战略的实施，建设西部强省具有重大的政治意义。

2.2.2.2 厦门翔安海底隧道

（一）工程概况

如图 2.5 所示，厦门翔安海底隧道，全长 8.695km，从厦门岛到达对岸的大陆端，比原来乘船整整节省了 82min。2010 年 4 月 26 日中国大陆第一条海底隧道厦门翔安海底隧道建成通车，双向六车道的厦门翔安海底隧道是厦门岛第五条出入岛通道，兼具公路和城市道路双重功能，它的建成通车使厦门出入岛形成了从海上到海底的全天候立体交通格局。

图 2.5 厦门翔安海底隧道地理位置图

厦门东通道（翔安隧道）工程是厦门市本岛第五条进出岛公路通道，连接厦门市本岛和大陆架翔安区。是一项规模宏大的跨海工程，是国内第一条自主建设的跨海隧道，工程全长 8.695km，其中海底隧道长 6.05km，跨越海域宽约 4.2km，是我国大陆地区第一座海底隧道。设计采用三孔隧道方案，两侧为行车主洞，各设置 3 车道，中孔为服务隧道。主洞隧道建筑限界净宽 13.50m，净高 5.0m。服务隧道建筑限界净宽 6.5m，净高 6m。主洞隧道测设线间距为 52m，服务隧道与主洞隧道净间距为 22m。计算行车速度 80km/h。隧道最深处位于海平面下约 70m，最大纵坡 3％。左、右线隧道各设通风竖井 1 座，隧道全线共设 12 处行人横通道和 5 处行车横通道，横通道间距为 300m。采用钻爆法暗挖方案修建该工程，是中国大陆第一座大断面的海底隧道，是由我国完全自主设计、施工，对我国隧道建设技术的进步和发展，缩小与世界先进水平的差距，将起到里程碑式的作用。

（二）工程施工

全世界已建、在建的跨海隧道有 20 多条，主要分布在欧洲、日本、中国香港，翔安隧道是中国内地第一条海底隧道。厦门翔安海底隧道是国家"863"计划专题项目的重点工程，由中国自主设计、施工建设。以三孔隧道形式穿越海域的厦门翔安海底隧道全长 8.695km，其中海底段隧道长 6.05km，最深处位于海平面下约 70m。从构成上看，翔安隧道和香港海底隧道最大的区别在于前者有服务隧道而后者没有。翔安隧道现场工程师介绍，其实世界上已建或在建的海底隧道，大部分也都没有服务隧道。翔安隧道设置服务隧道是考虑到市政管线需要。隧道分上下部分，上部为检修车通道、逃生通道；下部为市政管廊，用于布排供水管、高压电缆、通信光缆等。服务通道与两个行车主洞之间（左右线隧道）有 12 个人行横通道、5 个行车横通道相通，在抢险救援逃生时，发挥着重要作用，不过平时不能随便进入。双向六车道的厦门翔安海底隧道是厦门岛第五条出入岛通道，兼具公路和城市道路双重功能，它的建成通车，使厦门出入岛形成了从海上到海底的全天候立体交通格局。

从施工工法看，最大不同则在于，香港隧道用的是沉管法，翔安隧道采用的是钻爆法暗挖施工。李工程师表示，沉管法指的是将若干个预制段分别浮运到海面（河面）现场，并一个接一个地沉放安装在已疏浚好的基槽内，以此方法修建水下隧道，是当前较为流行的一种隧道施工方法。不过这种工法对水域环境会造成一定破坏。翔安隧道从保护厦门白海豚生存环境以及保护海洋生态环境、海洋珍稀鱼类、海床现状及弃渣利用考虑，最后放弃沉管法。从开工到建成仅用时 4 年 8 个月，据隧道承建单位相关负责人介绍，这条隧道地质复杂，建设中相继遇到了全强风化地层、富水砂层、风化深槽三道世界性难题，施工过程中坚持科技创新，改进传统施工作业法。值得一提的是在主洞软弱围岩地带连续 6 个月每月掘进超过 60m，刷新了世界特大断面海底隧道施工纪录。据查证，翔安隧道是目前世界上最大断面的钻爆法（俗称"打眼放炮"）海底隧道，施工方法即把海底爆破、机械开挖及人工开挖相结合。

（三）工程特色

世界上断面最大海底隧道——厦门翔安海底隧道是厦门本岛连接岛外翔安区的一条重要通道，承载着巨大的交通负荷。据交通流量分析及预测，翔安隧道在 2010 年的交通量将近 5 万辆/天，2030 年将达到近 10 万辆/天，需按双向六车道高速公路标准（单洞三车道）设计。而目前其他出岛通道的交通量最大的是海沧大桥，进出岛双线合计 8 万辆/天。交通流量大，决定了翔安隧道的断面必须更大。翔安隧道主洞隧道开挖宽 13.5m、高 5m，最大开挖断面达 170.7m²，这使它一跃而成世界上断面最大的海底隧道。

世界上最长的海底隧道是日本青函隧道，全长 53.85km，海底部分 23km。青函隧道是一条双线的海底铁路隧道，也采用钻爆法，但是断面才 80m²，施工难度比翔安隧道小很多。大断面施工中，翔安隧道采用的是双侧壁及 CRD 工法分部开挖。即将大断面分为上下左右 4 个区，分别开挖支护。自 2005 年动工以来，从翔安隧道中开挖、弃运土石约 235 万 m³，几乎可以将埃及大金字塔塞满。而支护用锚杆、钢架、钢筋网、衬砌钢筋等钢材约 5 万 t，相当于 7 座巴黎埃菲尔铁塔。

再者，翔安隧道里装有国内最先进的消防系统，走进翔安隧道，和普通隧道感觉很不一样，除了光线好，洞内有很多消防标志、消防设施、管线、监控探头等。6km 多的翔安隧道，设置了 3374 个消防喷头和 17 个应急通道。翔安隧道机电项目部经理胡宁透露，消防系统装置方面，翔安隧道可以说是国内最先进的——包括泡沫-水喷雾联用灭火系统、消火栓系统及火灾报警系统。洞内路面铺设了 10cm 厚两层沥青，第一层沥青具有阻燃功能。隧道内设置的自动喷淋系统是全省首个，而且在国内这么大断面的隧道里设置也是很少见的。

翔安隧道内的泡沫-水喷雾联用灭火系统，共设 482 个泡沫喷雾控制阀组、3374 个隧道专用水成膜泡沫喷头，并安装了 12800m 隧道泡沫喷雾系统供水主干管。在行车左侧的洞顶，每隔 25m 就有一个自动喷淋设施，一旦隧道里有火，它就自动喷水下来。行车右侧每隔 50m 设有消火栓、灭火器；隧道右侧壁每隔 50m 就有一个火灾报警按钮，用手击碎玻璃报警时，不用担心手会被划伤，因为该玻璃是经过特殊处理的。在翔安隧道内行走，可千万别想着要做什么坏事。因为隧道是全程监控的，洞顶密布着 100 多个摄像头将隧道每个细节全都覆盖着，没有任何死角，监控到的图像则直接传回地面中控室，中控室有 40 个小屏幕和 8 块液晶屏组成的大屏幕。一旦隧道着火，这个监控系统则自动识别火焰和浓烟图像，并自动蜂鸣报警。

（四）重要意义

（1）如果把厦门城市格局比喻为一个展开的"手掌"，掌心是大海，拇指是岛内，其他四指就是岛外的翔安、同安、集美、海沧四个组团，五个组团环海而居、隔海相望，形成大城市的格局。

（2）隧道的开通，意味着翔安这个指头的真正舒展，也意味着海湾型城市框架搭建完成。

（3）实际上，从"九五"期间开始，厦门就开始走出本岛，搭建海湾型城市的构架，海沧大桥，连起了本岛与厦门西部；厦门、集美、杏林三座大桥，连起了本岛与厦门北部；而随着翔安隧道的通车，本岛与厦门东部之间的通道也建设完成。

（4）厦门海湾型城市的主要框架就比较完整了，有了这个框架，厦门的城市功能将逐步转移到岛外，减轻岛内压力，加快岛外特别是东部地区的新城区建设。随着翔安隧道的通车，翔安与厦门本岛紧密地联系在一起，成为厦门市区的一部分。

（5）翔安几乎处于厦、漳、泉、金这个"闽南金四角"的核心位置。翔安隧道通车后，将承接来自泉州、福州等东部方向的交通量，未来厦门岛约有 1/4 的车流将通过翔安隧道进出，翔安将从距离本岛最远的区域，一下成为进出岛重要的门户。

（6）随着翔安隧道的通车，泉州到厦门本岛交通将更方便，为泉州企业总部的运作创造了更好的条件，厦门对周边地区的辐射带动能力将进一步增强，吸引更多的泉州客商来厦投资，发展总部经济。

翔安隧道这一宏伟工程的胜利建成，不仅圆了厦门人民百年来的穿越海底抵达彼岸的梦想，作为具有里程碑意义的国内第一条海底隧道、迄今为止世界上断面最大的钻爆法公路海底隧道，它将永远地载入中国交通的建设史册，也必将在世界海底隧道建设史上留下辉煌的一笔。翔安隧道寄托了几代人的梦想与期盼；承载了建设者们近 1700 个日日夜夜的艰苦奋战；倾注了建设者们超乎寻常的艰辛与心血；凝聚了全体参建单位的万千智慧与力量；体现了国内第一条海底隧道攻坚克险、永不言弃的顽强意志和穿越海底、成就梦想的建设激情；展示了中国海底隧道的建设实力和科技创新成果；是坚持民主决策和科学发展的硕果，是厦门城市建设史上的一大盛事，是我国隧道建设史上的又一座丰碑。

2.2.2.3 上海长江隧道

（一）工程概况

上海长江隧桥（崇明越江通道）工程位于上海东北部长江口南港、北港水域，是我国长江口一项特大型交通基础设施项目，也是上海至西安高速公路的重要组成部分。该工程的建成将改善上海市交通系统结构和布局，加速长三角地区经济一体化，更好地带动长江流域乃至全国经济发展，提升上海在全国经济中的综合竞争力。工程起于上海市浦东新区的五好沟，经长兴岛到达崇明县的陈家镇，全长25.5km。工程采用"西隧东桥"方案，即以隧道形式穿越长江口南港水域，长约8.95km；以桥梁形式跨越长江口北港水域，长约16.65km。工程按高速公路标准，双向六车道，设计荷载公路 I 级，设计车速 80～100km/h。

其中上海长江隧道长 8.95km，西起上海浦东区五号沟郊区环线立交，穿越西南港水域，在长兴岛新开河处登陆，接长兴潘园公路立交。其中穿越水域部分达 7.5km。隧道盾构直径为 15.2m，是世界上最大直径的盾构隧道。已经获得世界纪录协会世界最大直径的盾构隧道项目候选世界纪录。隧道整体断面设计为上下的双管隧道，两单管间净距约为 16m，沿其纵向每隔 800m 左右设一条横向人行联络通道。单管外径为 ϕ1500cm，内径为 1370cm，内设三条（3×3.75m）车道，双向即六车道，设计车速为 80km/h。隧道在浦东侧及长兴岛侧均设有敞开断矩形暗埋段及 22m×48m 深约 25m 的工作井。两台直径为 ϕ1543cm 泥水加气平衡盾构，从浦东侧工作井由西向东依次掘进至长兴岛侧工作井实现隧道贯通。隧道工程共用混凝土 819100m³，使用钢筋 152214t。

这条世界第一的越江隧道，隧道盾构直径也要大过上海已建和在建的任何一条盾构法隧道，并超过目前世界上最大的盾构法隧道——荷兰 GloeneHart 隧道，达到 15.0m，从而问鼎世界之最。也是"以人为本"的人性化工程的典范，从通信信号覆盖，到不伤眼照明，再到防疲劳内饰，再到完善的安全疏散设施，全都是依据人性化要求设计的。宽敞的三车道、柔和的 6000 盏 80 瓦 LED 照明灯，让驾驶员的行车更为舒适。上海长江隧隧道建成后，其路面将在长江水面 40m 以下的深处。江面上波浪滔滔，江底下车轮滚滚，这是怎样一幅壮观的场面。80km/h 的速度让你还没有仔细欣赏浦东段的蓝色腰线，长兴岛段的绿色腰线已经提醒你，此刻的你已经到达长江的彼岸。

（二）应急与服务

如果遇到交通拥堵，市民也不会再因为隧道内闷热的空气而焦躁不安。隧道的车行道上 156 台射流风机、上方烟道板上 4 台排烟风机和 8 台轴流换风风机时刻保证隧道内空气流通。

在隧道的江中段，细心的市民还会发现隧道内壁用搪瓷板拼成了抽象的上海地图，寓意长江隧道将浦东与长兴岛紧密相连。

上海长江隧道不仅为驾驶员提供了舒适的行车环境，还为他们的行程安全提供了可靠的保障。上、下行线圆隧道之间，设置有 8 条连接通道。上、下层隧道之间，设置有逃生通道。万一某处发生事故，市民可通过它们安全迅速逃生。

在长兴岛与浦东段隧道两侧各 1km 多的地方，长江隧道还设置了降温系统，用于自动检测隧道内外温差。当温差较高时，降温系统将自动开启隧道内高压细水雾喷头进行降温，增加人体舒适度。

（三）工程之最

"长"——盾构一次性掘进距离长达 7.5km，在世界上绝无仅有；

"大"——所采用的两台超大盾构的直径达 15.43m，堪称世界之最；

"深"——大部分施工要在江底完成，而最深的隧道深度将达到 55m。

在三年半的施工过程中，上海长江隧道建设者还在平均 40 多米深的长江江底创造出单日单条隧道最快推进 26m 的新纪录，单条隧道每周最高拼装 71 环（142m），两条隧道每周最高拼装 133 环（266m），单条隧道每月最高拼装 278 环（556m），两条隧道每月最高拼装 516 环（1032m）等一个又一个施工建设奇迹。

（四）工程特点

（1）精准

一次"走"完 7.5km 误差小于 2.7cm。

很难想象，在水文、地质条件异常复杂的长江底，5 层楼高的"巨无霸"盾构机承受着巨大水压，竟然一次"走"完了 7.5km。更难以置信的是，贯通后的整条隧道高程误差不超过 2cm，水平误差小于 2.7cm。如此精准的水下穿越是如何做到的呢？

科研人员事先在两台盾构机上安装了大量传感器，施工时，边"走"边看边校正。在三维轴线控制系统的严密"督战"下，"巨无霸"的行走路线几近笔直。国家 863 项目"超大特长越江盾构隧道关键技术研究"课题组副组长、同济大学常务副校长李永盛教授称，此前，国内盾构一次掘进距离一般约为 2km。长江隧道 7.5km 盾构究竟是"一路不停站"还是"中途歇一脚"，也曾几经论证。考虑到此次施工暴露面大，且土层极度不稳定，越停可能沉降越大、阻力越大，最终决定一气呵成。

直径达 15m 的江底"巨龙"堪称庞然大物，可预制、拼装"龙身"的工序却比绣花还精细。据介绍，整条隧道由 4000 多环 2m 宽的混凝土环组成，每环隧道则由 10 块楔形管片拼装而成。为保证每一环都能拼成一个完美正圆，10 块管片的大小、形状均不完全一样，宽度控制在 1.98～2.02m 之间，制作误差必须小于 0.5mm。

（2）精心

"三层楼"和"五间房"让汽车和地铁并驾齐驱。

上海长江隧桥建设发展有限公司副总经理刘千伟向记者展示了一幅隧道剖面图，13.7m 内径的圆形隧道被巧妙分隔为"三层楼"（三层结构）和"五间房"（五个不同的功能区域）：上层，是用于火灾排烟的通风道；中间层，三条 5.2m 高的汽车道宽敞而明亮；下层，被一切为三，中间为规划中的地铁 19 号线预留出轨道空间，左侧是疏散通道，右侧为电缆通道。

如此精心设计的结构，被业界评价为"最有效的空间利用形式"，省去了另行开掘轨交隧道的资源，节约施工费用约 10 亿元。

隧道施工过程中，类似的"斤斤计较"随处可见。比如，两台泥水平衡盾构机每向前挪一步，都需消耗一定量的支护泥水，而同时盾头处的刀盘又会掘出大量成分复杂的江心底泥。能否将前一米挖出的厚浆"稀释"成后一米推进用的薄浆？施工人员围着烂泥堆冥思苦想。终于，课题组开发出一套具有自主知识产权的高效环保型泥水处理系统，成功解决了黏土地层超细颗粒分离难题，使盾构泥水回收率超过 80%。

（3）安全

"8 横 26 纵"逃生系统科学引导疏散。

看似不够用的隧道空间，却为应对突发事件预留了足够多的逃生空间。在上行与下行两条隧道之间，每隔 830m 就留有一条长 15m、宽 1.8m 的横向逃生通道，全程共有 8 条；而在每条隧道的公路层与轨交层之间，每隔 260m 设有一条疏散楼梯，全程共有 26 条，所有逃生口都画有醒目的"括号"。

如此"8 横 26 纵"的立体逃生系统，在现有隧道布局中实为罕见。一旦隧道内有事故发生，50m 一处的智能疏散标识会通过箭头自动告诉驾驶员和乘客，向左还是向右跑，能最快到达逃生口。万一发生火灾，着火点前后的 3 个排烟点会自动打开，迅速把烟雾吸入，尽可能减小乘客中毒、窒息的危险。

兼顾安全和舒适，全长 8.95km 的隧道设计处处以人为本。在进出隧道的几秒钟内，驾驶员总会因光线的忽暗忽亮而感觉不适，此时几盏光线接近太阳光的高压钠灯可减轻类似的"黑洞"和"白洞"效应；隧道内，LED 光源的亮度可根据外部光线变化而适当调节；为缓解视觉疲劳，隧道的腰线颜色被一分为二：前半蓝色，后半绿色。据测算，种种人性化设计可使长江隧道的交通事故发生率降低 20%～30%。

（五）工程意义

上海长江隧道设计建设，借鉴了国际和中国大陆以往隧道工程的先进技术和经验，并针对工程特点，开展了几十项重大科学研究，突破了超大直径、超长距离、深埋于江底复杂软土地层中隧道建设的关键技术，以创新的卓越技术，解决了前所未遇的难题。工程以盾构法形式穿越长江南港主航道，为航运、航道留有可持续发展余地。经过科学论证，取消江中人工岛，采用盾构超长距离连续推进，保护了长江口天然河床与自然生态环境。隧道内整合了道路交通、220kV越江输电电缆、城市轨道交通等功能，高效利用隧道空间和越江通道资源。

上海长江隧道与国内外同类项目相比，在超大特长隧道结构分析、试验研究，隧道结构防水，隧道排烟、废气排放和降温研究，综合逃生救援体系等方面的关键技术，达到国际领先水平。

上海长江隧道工程的成功建设，开创了中国超大直径隧道施工的新纪元。到2010年长江隧桥实现通车后，从上海市区到达生态环境优良的中国第三大岛崇明，仅需20min左右的车程。"一隧、一桥"连接长三角南北两翼，将对长三角经济圈产生强大的辐射效应。

上海长江隧桥建成通车，将对改善长江口越江交通状况，优化上海交通网络体系，打通国家沿海交通大通道，发挥非常重要的作用；对加快崇明现代化生态岛建设，促进上海城乡一体化，推动长江三角洲、长江流域乃至全国经济社会发展，具有十分重大的意义。

2.3 国内外隧道管理体系分析

2.3.1 隧道建设安全管理体系

在国外，安全管理的发展历程主要经历了三个阶段。第一阶段，从早期的事故后管理发展到强化超前、预防型管理，这一阶段的安全管理工作主要是技术层面的被动安全管理，企业和员工对安全的重视仅仅是一种本能的反应，并把安全问题主要归结为技术或者硬件设施设备方面，对已发生的事件和事故做出被动的反应；第二阶段，从近代事故管理发展到现代的风险管理，这一阶段的安全管理工作主要依赖于严格的安全监督手段，强调标准化、规范化管理，通过分析并消除工程施工存在的安全风险（多关注于人为因素的风险），确保工程施工安全；第三阶段，从以事故致因理论为基础发展到现代的科学的系统的管理，这一阶段的安全管理工作为主张"以人为本"的科学系统的管理，安全意识深入人心，企业已建立较为完善的安全管理体系，对工程施工全过程进行系统全面科学的安全管理。

目前我国国内隧道施工安全管理存在问题有：

（1）安全组织机构不完善

目前我国隧道施工组织体系一般采用传统的组织形式，对安全管理缺乏足够的重视，通常把施工的进度、效益放在第一位。另外，一些隧道工程的承包单位把工程分包给民工队伍，对民工队伍的施工又缺乏指导与监督检查，没有建立相应的安全组织机构或是组织机构不完善，不能正确处理工程施工安全与施工进度、安全与效应的关系，使得施工安全没有保障。

（2）施工管理体系不完善

目前我国隧道施工企业基层管理人员比较缺乏，技术干部不足，班组长管理人员组织能力差，工人的技术水平低。在隧道施工现场，施工人员有章不循、纪律松散、无知蛮干。出现隧道施工中支护不及时，衬砌远落后于掘进，锚喷支护不符合设计要求，掘进尺度过大，通风除尘不畅等现象，给施工安全留下很大隐患。

（3）缺乏相应的应急预案与措施

一旦发生隧道施工安全事故时，由于缺少相应的应急预案与措施，其处理方案往往根据经验来进行处理，由于隧道工程地质条件复杂，事故具有多样性、不可预见性特点，在事故发生前如没有做好相应的应急预案，则会陷入无章可循的地步，采取不合理的方式、方法处理事故，有可能造成较大的人员伤亡和财产损失。

为了保证安全管理工作的落实，首先在组织上进行落实，完善管理职能部门。法人负责或法人委派专人分管，经常检查督促各承包商和施工单位及监理单位，做好安全工作。施工单位是具体组织落实各项安全措施的直接责任人，它对安全负有直接的不可推诿的全部责任，施工单位的安全管理是施工管理的重要组成部分。建立安全检查、督查、巡视、会审制度，专职安全部门定期、不定期分析安全形势，处理安全事故时进行详细的登记及记录，专职安全人员具备发现并处理安全事故隐患的能力。

承包人及施工单位为确保安全生产，应采取切实可行的保证措施。

（1）健全保证体系，加强安全管理。实行项目经理部、施工队和作业班组三级安全管理，项目经理部和施工队设置专职安全员，班组设兼职安全员，形成上下齐抓共管的安全管理网络。制订安全措施和目标，定期、不定期组织安全检查，进行安全标准工地、班组建设。

（2）加强思想教育工作，提高全员安全意识。认真贯彻执行安全第一、预防为主的方针和安全生产工作条例及"公路工程施工安全技术规程"。结合工程特点，每分项分部工程开工前，均进行系统的安全教育，并在施工过程中，经常组织安全检查，对忽视安全生产的个人、集体进行处罚。加强安全宣传工作，把安全工作落实到每道工序，每个环节中去，确保工程顺利进行。

（3）项目经理部在计划、布置、检查、评比、总结生产任务的同时，也进行评比安全工作并分析总结安全形势。

（4）安排施工生产计划的同时，针对施工计划应安排安全工作计划，制订目标、措施、安全控制重点，并落实到具体工作人员。

（5）每周召开生产调度会的同时，总结上周安全工作情况，布置一周的安全工作计划。

（6）每月召开施工生产总结会的同时，总结安全工作并布置落实安全工作措施。

（7）根据工程进度和时令的变化，组织施工阶段安全大检查及季节性安全大检查，对不安全情况限期整改，落实到部门和个人。

（8）主要施工部位，关键工种、工序应推行安全岗位责任制、加强安全巡回检查，主管领导亲临现场，深入生产第一线，履行领导职责。安全问题以宣传教育为主，对违规违制人员采取一查、二帮、三劝、四罚的办法，严重者可由公安部门追究其刑事责任。

（9）安全管理"严"字当头，对事故隐患实行百分之百的记录，百分之百的上报，百分之百的加以消除，形成了人人遵守规章制度，创造了良好的安全施工环境，开辟了安全施工的新途径。

（10）推行安全标准化管理，一切安全施工管理均纳入各种规章制度，做到按章办事、依法办事、遵规守法，并用责任制、法治的办法来管理好安全施工。

（11）认真贯彻落实施工安全与经济挂钩的安全工作责任制，做到纵向管理到底，横向管理到边，凡已签订、承诺的事项，不管是书面的或口头的均应兑现，做到取信于民，不可因小失大。

（12）对事故处理应坚持三不放过的原则：

① 事故原因不查清不放过。

② 群众及事故责任者没有受到深刻教育不放过。

③ 对今后事故没有切实可行的防范措施不放过，对事故应及时上报，组织调查分析处理，避免事故的重复性发生。

（13）制订翔实的安全生产技术措施，技术保障措施是安全生产不可缺少的重要一环，重视技术对安全的重要性，在施工组织设计、施工方案制订和具体操作方法时都贯彻安全可靠的指导思想，依靠科技的力量，促进安全上一个新台阶。

监理工作中除三大控制外，安全监督也是一项重要的工作，高级驻地及各专业监理工程师均具有施工安全管理的权限，建立相应的安全监理机构，要求每个监理人员在质量监理的同时，负责监督、检查安全管理。

安全生产领导保证体系框图如图 2.6 所示。

2.3.2　隧道建设成本管理体系

隧道施工成本管理主要是对工、料、机的管理。工程成本通常分为预算成本、实际成本、计划成本。预算成本是计算隧道工程结算利润的依据，也是衡量隧道工程实际成本节约与超支的尺度。预算成本是业主和监理投资控制的重要指标。实际成本是根据隧道工程施工过程实际生产费用所计算的成本，

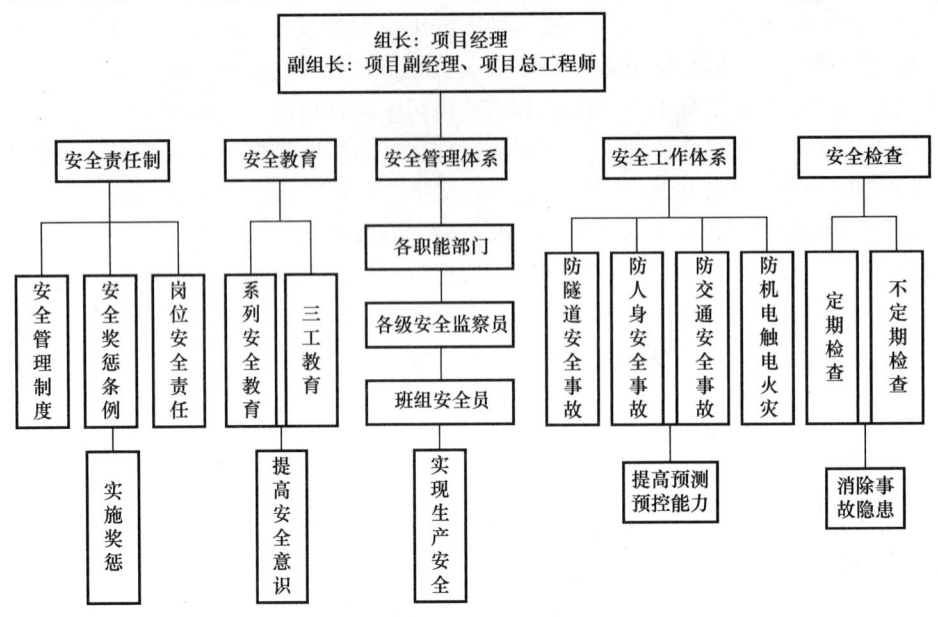

图 2.6　安全生产领导保证体系框图

它反映施工企业一定时期内实际达到所承包隧道工程施工成本管理的水平。计划成本是根据清单报价和施工定额（施工企业的标准定额），考虑施工技术组织措施和适当降低成本之后所确定的成本费。它反映施工企业在隧道施工计划期内应达到的成本水平，也是施工企业在施工计划期内的成本管理目标。

长期以来，很多建设项目实行的是一种以事后核算为重点的算账报账型的工程建设成本管理模式。其弊端主要表现为：

（1）只注意事后控制，忽视事中、事前控制。工程建设成本贯穿于整个工程过程中，但现在项目建设单位对事后的成本核算较严格，但对成本的事前、事中控制却不够。从项目可行性研究中方案的选择，预算编制中材料用量、规格的考虑，施工单位的选择，工程合同的签订，到施工过程中的材料使用，施工队伍的工程完成情况都缺少控制。造成项目建设单位因不能随时掌握项目成本的真实情况，而不能及时进行偏差纠正，最终导致项目成本失控。

（2）建设成本管理制度不完善，基础管理环节薄弱。建设成本管理也仅限于财务人员，没有开展全员成本管理。

（3）建设单位对施工生产中出现的不可预见成本的发生只是顺应其自然、任其发生，而不加以控制。

（4）缺少完善的工程建设成本追踪考核机制，造成工程建设成本的浪费。

在隧道工程建设项目施工过程中，业主和承包商一般对所发生的各种成本信息，通过有组织、有系统地进行预测、计划、控制、核算和分析等一系列工作，促使隧道工程建设项目按照一定的造价目标运行，使项目的实际成本控制在预定的计划成本范围之内。因此，隧道工程成本管理的内容包括成本预测、成本计划、成本控制、成本核算、成本分析和成本考核等。

（1）隧道工程成本预测

隧道工程成本预测是通过成本信息和本项目的具体情况，并应用一定的方法（量本利分析法、详细或近似预测法），对本项目的成本水平及其可能出现的情况做出科学的估计，实际上就是对以往类似的隧道工程项目施工成本进行核算。通过成本预测，选择成本低、效益好的最佳成本方案，并在施工过程中针对薄弱环节加强控制，克服盲目性，提高预见性。

（2）隧道工程成本计划

根据公路隧道工程设计与施工有关定额和施工计划，先编制单位工程成本计划，再汇总编制季节、年度工程成本计划，并分解成各个计划成本指标，按照经济责任制的岗位职责分工，逐级落实到各分公司和职能部门，明确规定各自承担降低成本的职责。在工程计划成本的指标指导下，促使隧道工程施工生产的有序进行，并定期进行工程成本检查和监督，经常进行实际成本与计划成本对照，进行定量计算和定性分析，及时找出原因并加以克服，保证隧道工程成本管理的正常秩序，以达到有效控制计划成本的目的。

（3）隧道施工工程成本控制

成本控制贯穿在隧道项目从招标开始到竣工验收的全过程，是业主和承包商全面成本管理的重要环节。因此，必须明确各级管理组织和各级人员的责任和权限，实行责任成本，建立责任成本中心，是达到有效控制生产成本的重要举措。

隧道工程成本的可控制性，是按照成本管理层次分解责任成本指标，进行归口管理。还要划分责任中心，对每个责任中心确定一个可以衡量的成本目标。正确划分成本责任，考核其经济成果。在责任成本的责任人所能控制的费用发生偏差时，能及时进行调整。成本控制方法包括：以施工图预算控制成本支出；以施工预算控制人力资源和物质资源的消耗；建立资源消耗台账，实行资源消耗的中间控制；成本与进度同步跟踪的方法控制分部分项工程成本；加强质量管理，控制质量成本；坚持现场管理标准化，堵塞浪费漏洞。

（4）隧道工程成本核算与分析

施工企业在隧道施工生产过程中，必须设置各种费用的账册，以手续齐全的原始单据为依据，进行工程成本核算及全面分析成本水平。通过对工程成本进行分析，主要对工程项目的工程量进度和生产费用进行剖析，从横向（生产费用构成比例）与纵向（费用用途）的深入分析对比，系统研究影响成本升降的各种因素，其目的是弄清工程进度与生产费用开支的比例是否经济合理，主要意义是摸索、认识和掌握工程成本变化的经济规律性，实现降低工程成本的目标。

工程成本核算重要的基础工作是：必须建立财产和物资收发、领退、报废、盘点制度；建立各种生产费用的原始记录和工程量统计制度；制订工时、材料、费用定额等，完善各种工程成本核算记录和检测制度。

隧道工程成本核算要划分费用性质和界限，按照生产费用性质归集和分配成本，为成本核算和分析提供真实的成本资料。隧道工程成本核算与分析要正确界定生产费用的归属，应严格按照有关费用科目将各项目生产费用进行归集，并按照规定程序将各个成本核算对象（即生产费用的归集和分配）进行分配和汇总。

施工企业内必须明确各级成本管理人员的职、责、权、利，并要建立一整套工程成本计划、控制、监督、考核、核算制度。重视应用统计核算、业务核算、会计核算等，对企业施工生产成本静态存量和动态流量及其成果进行核算与分析，尽可能减少人力、物力、财力消耗，降低生产成本，获取更好的施工经济效益。

（5）隧道工程成本考核

在隧道项目完成后，对施工项目成本形成中的各责任者，按施工项目成本目标责任制度有关规定，将成本的实际指标与计划、定额、预算进行对比和考核，评定业绩并给予相应的奖励和处罚。成本考核是为了降低成本和增加积累，可充分调动员工的积极性。

总之，隧道工程成本要形成体系，即要求形成施工生产成本的预测、计划、决策、控制、监督、核算及分析等各个环节的系统管理。并根据隧道工程成本的构成及施工生产全过程的因果关系，对完成施工生产任务的工程数量、质量、工期、生产费用与成本管理之间的因果关系，运用科学分析方法，认真学习和掌握隧道工程成本管理方法，提高成本管理水平和掌握整个工程项目的技术经济规律，为施工企业经济管理决策提供科学依据，使施工企业年年保持获得较好的经济效益和社会效益，更有利于为国家的公路交通建设事业做出更大的贡献。

2.3.3　隧道建设技术质量管理体系

长期以来对于城市轨道交通工程建设，西方发达国家的项目管理模式普遍采用建设责任制和建设监理制。尽管同样是实施建设责任制和建设监理制，但在实施过程中，由于具体国情不同，各个国家质量管理模式各具特色。

美国政府的有关部门在工程质量中采取了积极参与的态度，尤其对于政府投资的公共工程，政府主管部门的质量控制更加严格。按照美国《统一建筑法规》的规定，所有需要领取执照的建设工程项目，均应接受政府主管官员的监督和检查，必要时政府主管官员将采取罚款、勒令停工、签订改进协议等方式加以处理。

德国的工程质量监督管理非常成功且极具特色。除了承包单位对其工程质量有其自身的质量控制以外，主要采取由州政府建设主管部门委托国家认可的质量监督公司对所有新建工程和涉及结构安全的改扩建工程的质量实行强制性监督审查。质量监督公司是代表政府而不是代表建设单位进行质量监督。工程质量监督检查费用由建设单位通过纳税形式向建设主管部门缴纳，避免质量监督公司与建设单位之间的雇佣关系，这样就保证了监督工作的独立性、公正性和权威性。

法国的工程质量监督检查强调在企业内部必须建立完整的质量自检体系。法国的许多质量检查机构除了直接检查产品质量外，还要着重检查企业的质量保证体系是否健全。保险公司要求每项工程在建设过程中，必须委托一个质检公司进行质量检查，这样可在收取保险费时给予优惠。因此，法国式的质量检查又包含了一定的鼓励性。

新加坡政府对工程建设的质量问题非常重视，为了促进建筑企业的全面质量管理，新加坡建筑业发展局大力推行建筑业 ISO 9000 系列标准质量保证体系认证工作同时，新加坡建筑业发展局还制定了一系列工程质量评价系统，用来对工程质量进行评定。

西班牙在修建第一条城市轨道时，为了确保工程质量，基础设施总局采用了一种特殊的反馈系统来组织工程的施工管理工作，以便在施工过程不断反馈信息。

在我国国内，有以下现行制度来保证工程实施过程中质量满足国家强制性标准和设计文件要求。

（一）技术责任制

建立和健全技术责任制是保证技术管理工作正常开展的关键。技术责任制应贯彻分工明确、层层负责的原则，明确规定各级工程技术人员对各项工作所负的职责。

（二）施工图纸学习与会审制度

施工图纸学习与会审制度是沟通设计与施工两个环节的有效方式。其实行的目的是为了使施工单位的全体技术人员及有关职能部门充分了解和掌握施工图纸的内容和要求，以便正确无误的施工，避免发生技术上的差错，确保施工顺利进行和工程质量良好。同时，通过图纸学习及会审，亦可发现设计上存在的不足。

图纸会审的主要内容有：平面布置、结构设计是否合理；是否符合地质水文情况；结构设计是否有足够的稳定性；能否保证安全施工；施工工艺、施工技术及设备条件能否满足设计规定的质量要求；有无特殊材料和设备，其品种、规格、数量能否解决；对图纸主要尺寸、位置、轴线高程说明与规定的认识。

（三）技术交底制度

为了使全体工程技术人员和施工人员了解设计、施工的意图和规定的质量标准，必须贯彻技术交底制度。

设计单位必须向施工单位说明设计意图、建筑物的结构特点及设计对施工提出的要求。施工单位对设计文件研究和审定以后要进行逐级交底。

技术交底的内容有施工图纸、质量要求、施工方案、施工程序、施工方法、操作规程、安全技术措施、施工定额和施工进度等。技术交底的关键是交方法、交条件、交重点和难点，同时应发动群众提出合理化建议。

（四）材料和设备检验制度

建立和健全材料试验机构，充实试验人员，认真做好原材料、半成品和设备的检验。试验机构要经过计量认证，试验人员应通过培训，取得资格证书后持证上岗。凡是没有合格证明材料和设备性能不清的，要严格按规定检验，未经检验的设备不得安装，不合格的材料半成品不准使用。

（五）工程质量检查和验收制度

施工单位一方面应履行合同，接受监理工程师对工程质量的监督、检查和验收；另一方面要在施工单位内部建立自己的检查验收制度。

施工单位内部的检查验收制度应贯彻专业检查与群众检查相结合的方法。应设置专职的质量检查工程师，其工作任务包括对质量的监督、量测、试验及做好原始记录；群众检查一般要建立班组自检及交接检查制度。

监理工程师一般是按合同规定分期验收已完工程，以便及时结算工程价款，整个工程完成后，还应进行交工验收。

质量检查最重要的是操作过程中的检查，不论专业检查或群众检查还是监理工程师的监督，都要紧紧地抓住这个环节，把质量事故消灭在萌芽状态。

（六）施工技术档案管理制度

施工过程中的一切技术文件、原始记录、试验检测记录、各种技术总结以及其他有关技术资料，是了解隧道施工情况、隐蔽工程情况、各项工程质量情况、施工中遇到的问题及其解决的情况以及各种定额完成情况等的重要资料，也是以后养护、整修、加固或改建的必要依据，必须分类整理，作为技术档案加以保存。

施工技术档案资料的收集和整理工作必须从施工准备开始，直到工程竣工验收，贯穿于整个施工过程，要设置专门机构，委派专人负责收集，整理和保管工作。

2.3.4　隧道建设进度管理体系

纵观项目进度管理的发展历史，可以看出相比国内研究发展状况，国外的研究已经有十几年的历史，起步较早，理论基础研究深刻，实际运用也较成熟。在众多进度管理工具中，甘特图是最为普遍运用的，其根源要追溯到第二次世界大战时期，当时由美国人发明，由于其使用广泛，一直延续到今日。

迄今为止国外已经产生了大量的研究成果，极大地丰富了项目管理的理论和技术，同时也为项目管理的实践提供了强有力的支持。在项目进度管理的研究中，许多学者在不同方向对其进行了扩展，形成不同的分支。例如，在资源约束上的扩展：可更新资源约束、不更新资源约束、双重资源约束；在优先关系约束上的扩展；在活动执行方式上的扩展；在目标函数上的扩展：项目收益最大化、费用最小化、资源平衡、多重目标。

施工计划管理是根据合同要求，用计划把施工组织设计的内容具体化，使施工过程做到综合平衡、衔接配套，以保证工程项目施工目标的全面实现。施工进度计划管理是施工管理工作的中心环节，目标是实现合同要求，获得最佳经济效益和社会效益。

计划管理的手段包括计划的编制、实施、检查、调整四步程序的不断循环。

隧道工程受地质条件的影响很大，施工实际情况很难预测。因此，在执行过程中，要随时检查计划的完成情况，发现问题要及时采取措施解决，必要时应调整修改计划，使其符合新的客观情况，只有这样不断反复进行管理，才能保证计划顺利实施，最终按施工组织设计的总体规划完成施工任务。

（一）施工进度计划的检查与调整

施工组织设计是一个科学的有机整体，施工进度计划是施工组织设计中的重要组成部分，编制的正确与否直接影响工程的经济效益。施工管理的目的是使施工任务能如期完成，并在企业现有资源条件下均衡地使用人力、物力、财力，力求以最少的消耗取得最大的经济效果。因此，在施工进度计划实施过程中阶段性地按照施工过程的连续性、协调性、均衡性及经济性等基本原则进行检查，并且结合生产实际进行计划调整，使其施工进度计划适应生产实际。

（二）资源需要量计划的管理

（1）劳动力需要量计划的管理

根据已确定的施工进度计划，可计算出各个施工项目每天所需的人工数，将同一时间内所有施工项目的人工数进行累加，即可绘出每日人工数随时间变化的劳动力需要量图。并可编制劳动力需要量计划，附于施工进度图之后，为劳动部门提供劳动力进退时间、保证及时调配，搞好平衡，以满足施工的需要。如现有劳动力不足或过多，应提出相应的解决措施，或者增开工作面，以按时或提前完成任务。

（2）主要材料计划的管理

主要材料包括施工需要的三大材（钢材、水泥、木材），爆破器材，以及有关临时设施和拟采取的各种施工技术措施用材，预制构件及其他半成品亦应列入主要材料计划中。

材料的需要量，可按照工程量和定额规定进行计算，然后根据施工项目的施工进度编制年、季、月主要材料计划表。主要材料（包括预制构件、半成品）计划应包括材料的规格、名称、数量、材料的来源及运输方式等。材料计划是为物资部门提供采购供应、组织运输和筹建仓库及堆料场的依据。

（3）主要施工机具、设备计划的管理

在确定施工方法时，已经考虑了各个施工项目应选择何种施工机具或设备。为了做好机具、设备的供应工作，应根据已确定的施工进度计划，将每个项目采用的施工机械种类、规格和需用数量，以及使用的具体日期等综合起来编制施工机具、设备计划。

主要施工机具、设备需要量包括基本施工过程、辅助施工过程所需的主要机具、设备，并应考虑设备进、出厂（场）所需台班以及使用期间的检修、轮换的备用数量。

（4）临时工程计划的管理

临时工程包括生活房屋、生产房屋、便道、电力和电信设施以及小型临时设施等。要本着实用经济的原则制订临时工程计划，做到既能满足工程需要又能节约开支。

（三）调度的管理

调度工作的任务是监督计划的执行，及时发现并解决执行过程中发生的问题，保证计划顺利实现。计划编制过程中，虽然反复考虑了需要与可能间的关系，并达到了平衡，但计划执行过程中会经常出现新的不平衡，此时就要根据掌握的情况，通过调度工作进行调整，使计划重新获得平衡。调度机构是施工第一线的指挥中心，所有与施工有关的组织和个人都要严格执行调度命令，才能保证施工按计划进行。

调度工作一般以贯彻短期作业计划为中心，围绕完成计划目标进行调度，其日常工作内容主要有：

（1）督促检查施工项目的施工准备工作。

（2）检查和协调各工程队、各班组之间的配合协作关系。

（3）检查和调节施工中劳动力、机具和物质供应的不平衡情况。

（4）及时掌握施工进度情况，检查和推动生产中薄弱环节的改进和加强。

（5）掌握水文、气象的变化情况，督促各有关单位在意外洪水及突变气象情况下，采取防范和抢险措施。

（6）果断处理现场突然发生的紧急事故。

（四）统计的管理

统计报表是反映计划完成情况的系统资料。各级领导和业务部门可以通过统计报表了解和检查计划执行情况，并从中发现问题，总结经验，据以考虑决策和指导工作。

为了便于综合、比较所有基本建设工作完成情况，统一规定了统计报表的格式、内容和报送期限。工程建设的统计报表内容，主要包括工作量完成情况、定额完成情况、劳动力使用情况、机械使用情况和材料消耗情况。统计资料是根据基层的施工原始记录，经过整理、计算、综合得来的。因此，做好基层原始资料的管理，是真实及时地做好统计工作的根本保证。

2.3.5 隧道建设环境保护管理体系

隧道施工建设期是对自然环境影响最大的时期，所以在施工前应加强对施工人员的环保培训教育，贯彻环保思想，提高环保意识，使参加施工人员能自觉地遵守、履行环境保护的法律责任及义务，加强施工中组织管理，设置专门的环境保护机构，专职专责，采取一切可能采取的措施，尽量减少施工对环境的污染，保护好自然环境。

（1）在施工组织设计中应对施工场地进行合理的安排及布局，如拌合场（楼）、料场、生活、办公区的布置要紧凑，尽量少伐树木，有灰、粉飞扬的施工要放在下风区，安装一些吸尘设备，做好生活区及施工现场的污水垃圾及其他污染物的集中管理、排放及处理，搞好环境卫生，不按规定进行污染处理和复耕绿化，业主、监理有权利用经济手段来处置。

（2）在隧道引道路基及洞口施工中，应本着最少开挖、合理开挖的原则，尽量减少开挖量，合理调配土石方，防止弃土随坡流散。为了保护洞口山坡不受大的破坏，亦可以采用先施工明洞的方法，然后在明洞内部用小型爆破开挖进洞成洞，最大限度地保护洞口植被，如果有破坏应及时补植。

（3）隧道掘进采用钻爆施工，开始爆破进洞会产生较大的震动和烟尘、废气，危及其他建筑物及附近村民生活，开始时应采用小断面、小药量的光面爆破，尽量减少震动，随着掘进的深度加长，对外面的震动就会越来越小，这时就可以采用全断面法施工。

施工拌合楼、发电机房、空气压缩机房、排风机械等在居民集中区应有隔声、消声设施。爆破产生的烟尘毒气应进行处理，尽量减少对施工人员的直接损害和对居民的间接危害。施工中规定钻眼为湿钻，利用压力水施工，减少钻眼施工时的岩尘，如果熟练地掌握了炮眼中封水爆破的施工方法，采用注水爆破，水在爆破瞬间雾化，可以大大减少灰尘，在运渣时可以先洒水以减少灰尘和毒气。

（4）施工中产生的污水、油污及泥砂，须沉淀后排出洞外，pH 值不达标时，须采用化学还原处理后再排入江、河、湖、水库。

（5）在施工中应及时进行初期支护和二次衬砌，防止出现冒顶，如果发生冒顶应及时处理，防止进一步扩大，防止地表开裂和对山体的不良影响。在喷射混凝土施工时，应采用湿喷法和除尘防护措施。

（6）在施工前，应做好统筹规划，最大限度地利用弃渣（填方、护砌、碎石、扩大施工场地等）。弃渣场地应设专门的防护阻挡构造物以确保稳定，进行专门植树、植草，绿化、美化环境。砂、石开采应保护好河道、水利设施和山体边坡，并及时恢复植被。

2.3.6　隧道运营管理体系

隧道是高速公路的咽喉地段和重点控制工程，隧道作为地下管状构造物，空间环境狭窄，存在潜在的交通事故危险，且在隧道内发生事故造成的危害较地面上大。另外，为隧道运行提供安全保障服务的机电设备系统，如中央控制系统、火灾报警系统、电视监控系统、通信系统等，技术先进又比较复杂，因此，确立何种隧道运营管理体系，如何对各种资源进行合理使用和科学管理将是有效保障隧道的安全畅通，发挥高速公路高速、高效、舒适、安全作用的关键。

在隧道运营管理体系构成方面，一个完善合理的隧道运营管理体系对于确保隧道安全运营，取得较好的社会效益及经济效益是十分重要的。目前，国内外大多数隧道管理部门只负责隧道的日常运营管理，而将技术要求较高的机电设备维护检修等工作通过签订服务合约，委托给相关的专业维修服务公司进行。这样既能使隧道管理部门集中精力搞好各项安全运营管理工作，又能有效减少维修人员及设备投入，降低运营成本。由于隧道环境条件十分恶劣，运行机电设备受恶劣环境的影响需要进行经常性的维护检修。隧道内各种突发性事故经常造成隧道内设备损坏，需要及时修复。但是由于各种原因维修服务公司并不能满足隧道这种需要随叫随到的维修服务要求，因此这种管理体系存在一定的缺陷，无法保证一些小而频繁的设备故障，以及由于事故造成的设备损坏得到及时处理，以至于影响到隧道的正常运营，尤其是对长大公路隧道安全运营来说应该是弊大于利。为了取得较高的社会效益及经济效益，使维修资源得到更加有效合理的使用，需要对隧道管理体系进行必要的改革，保障隧道设备得到及时的维护检修的同时，又使维修资源得到了充分的利用，以求得社会效益和经济效益最大化。

再者，一个完善的隧道机电系统对确保隧道良好的通行环境、及早发现隧道内事故及灾害、提高隧道的运营管理水平、确保交通舒畅与行车安全具有重要的作用。随着微电子技术、计算机技术、通信技术的迅速发展，隧道机电技术也得到了长足的发展，现在新建的高速公路隧道配置的机电设备系统功能更加完备，运行更加稳定。隧道机电系统的构成应该满足以下原则：要体现操作简单、经济实用、先进可靠、可扩展、易维护；要提高隧道运营自动化、信息化、网络化水平，使隧道管理人员能够及时、准确、全面地了解隧道及机电设备的运行情况，以便更加科学、合理、有效地进行隧道运营管理及服务。目前国内外隧道高速公路的机电设备系统基本上包括电力、监控、通信、机械四大系统及交通控制、火灾报警、通风、照明等众多子系统，广泛使用了各类信息采集装置、信息处理装置、信息发布装置，在完善的功能强大的系统软件的支持下高效运行，以求达到保证隧道行车安全和畅通的目标。在此基础上通过制订一系列规章制度、行为规范，落实运行值班的稽查，加强值班人员的业务技能培训，加强系统设备的巡查、维护、检修等运行管理，确保各系统机电设备的安全运行。

隧道机电设备维护检修工作是提高机电设备运行效率、健康水平，确保设备安全和经济运行的重要措施。由于隧道运行环境较为恶劣，运行设备使用寿命的长短，运行质量的高低等与运行设备的维护检修工作质量密切相关。隧道机电设备随着运行时间的增长其性能、技术状况将会不断地下降，国外（特别是发达国家）高速公路隧道机电设施无论技术状况还是使用寿命都比国内高速公路隧道好，主要原因除设备技术先进、隧道环境较好外，与其维护检修人员比较专业，维护检修工作比较科学，质量较高不无关系。因此，我们应该通过制订科学合理、切实可行的隧道机电设备维护检修制度及作业规范，通过培训、引进等方法来提高机电维修人员的专业化水平，提高隧道机电设备的维护检修质量，从而达到随时使隧道运行设备处于良好的运行状态，延长设备使用寿命，保障隧道安全运营的目的。

在高速公路隧道发生突发事件的响应方面，由于隧道是特殊的地下管状构造物，受气候条件、天气情况、隧道内空气质量，隧道内路况、车况，以及驾驶人员的行为等因素的影响，隧道内存在着发生车辆故障、交通事故甚至隧道火灾等突发事件的危险性，且突发事件造成的危害较大。因此，在隧道内发生突发事件时，怎样提高对隧道内突发事件的应急速度，以最快的速度进行救援、排障，降低由此引起的交通拥挤和时间延误，最大限度减少国家、集体及驾乘人员的损失，对高速公路管理者来说是十分重要和必要的。就高速公路救援工作在人力、物力和财力的投入而言，国内高速公路基本上已超过国外，主要原因是国内行驶车辆车况较差，驾驶人员综合素质较低，导致事故率较高。因此必须有强有力的紧急救援队伍及科学的突发事件应急处置程序，来加强对隧道突发事件的响应，减少隧道突发事件造成的各种危害。

综上，隧道运营管理是一个比较复杂的系统工程，涉及人、设备、技术等多方面的因素。这套管理模式应当具有以下特点：

（1）拥有较为合理的隧道安全运营管理组织结构，从而保证隧道运营管理各方面的工作得以协调、顺畅地进行。

（2）拥有比较齐全的隧道机电设备专业维护维修队伍，有一套完整的机电设备维护检修规范，通过计划检修与故障报修相结合的方式，使隧道机电设备随时处于良好的运行状态，保证隧道机电设备及隧道的运行安全，提高维护维修反应速度，降低运行成本。

（3）有一套比较完整有效的规章制度以及员工培训、考核上岗标准，通过激励手段与处罚措施相结合，有效地促进员工业务技能的提高，提高设备的使用水平，提高运行质量，保证安全运行。

（4）有一支技术过硬的专职救援队伍，使隧道内发生的各种事故能够得到及时的救援及处理，减少扯皮现象，极大地提高对突发事件的响应速度，降低在隧道发生突发事件时给各方面造成的损失，保障隧道的快速畅通。

随着科学技术的不断进步，交通运输形势的不断发展，在隧道运营管理方面还有许多地方有待改进和完善，比如如何对中央控制系统及其他机电系统进行技术上的升级改造以实现高度自动化，减少故障率，使这些系统发挥更加有效的作用；如何采取更加有效的激励措施来促使运行人员自觉提高自己的业务技能，搞好安全运行；如何更加有效地控制隧道运营成本，达到以最低的成本支出体现隧道功能的理想平衡模式等。实践证明充分利用计算机技术、信息技术、自动控制等现代科学技术，采用高度集中、功能完备、技术先进、可扩展性强、易于以后升级换代的自动化监控与信息采集报警智能管理系统；及时进行设备系统的更新换代；构建比较完善的运营管理体系；通过技术保障手段实现部分站点（如变电站等）无人化值班；拥有较专业的隧道运营管理从业人员将是保障隧道安全运营，提高服务质量，降低运营成本，提高运行质量的有效途径。

2.3.7　隧道养护维修管理体系

隧道既是道路工程构造物又是地下工程结构。它涉及工程地质、结构力学、空气动力学、光学、自动控制和工程机械等多种学科，技术较为复杂。而且，隧道一般都处于崇山峻岭之中，无绕行可能，如果隧道内出现严重渗漏水、衬砌开裂或设施故障等情况，就会妨碍交通，进而使整个交通线完全处于中断状态，给公路交通造成恶劣影响。隧道主体结构为永久性建筑物，日本统计的隧道平均寿命为 50 年以上，我国公路隧道的设计寿命为 30 年，但隧道作为地下工程建设，其寿命应该大于 100 年。对隧道运营阶段的病害检测与治理应本着"预防为主、早期发现、及时维护、对症施治"的原则，要经常性的对隧道进行检查，及时发现问题，建立数据库，确定需要整治的技术指标，并采用有效措施整治，对整治完的隧道要制定质量验收标准。力争做到检测程序化，处治规范化，验收标准化。但实现这个目标还有许多专题需要进一步研究。

隧道养护分土建结构和机电系统两部分，高速公路隧道机电系统数量庞大、功能齐全，作用十分重要。可以说，机电系统不能处于完好状态，就无法使隧道运营管理工作正常进行。隧道机电系统在运营过程中，养护的设备或项目近百种，养护难度非常大。如果不及时检修，病害发展到一定程度，要想进行恢复的难度就更大，甚至需要专项工程进行处置，因此树立预防为主的思想显得更加重要。

（1）养护计划：让养护项目不遗漏

《隧道养护技术规范》中规定，机电设施养护应按月制定养护计划，目的就是保证检修保养频率不低于规范标准，因为各个项目的检修频率是不同的，有 1~3 个月 1 次的经常性检修，有每年 1 次的定期检修，有 3~5 年 1 次的分解性检修，也有经常性检修设备中穿插检查频率为一周的项目，不给予足够重视可能引起操作人员的疏漏。因而在计划中充分罗列所有隧道的全部设备或项目，做到全部按规定频率检修。

（2）每日检查：是集中检修的基础

《隧道养护技术规范》中明确了"隧道机电设施检查记录"的表式。这个表应每日一表，依据是"隧道机电设施养护计划"和当日根据计划进行检查的实际情况。检查结果正常的，略述即可，发现机电设施故障或故障隐患的，应在注意事项中详细说明，交内勤处理，消除故障或故障隐患。这个表是机电系统经常性（定期、分解性）检修的基础，因为任何一种集中的检修，都是经过每日的具体操作完成的，当完成了每日的"检查记录"后，就能汇总出经常性、定期和分解性检修记录表。

（3）养护通知：保证养护的时效性

通过养护管理现行制度完成检修闭合，对检修过程中发现的故障及故障隐患，以维修通知单和维修通知单回执为主要内容的日常养护管理规定，确保了维修的时效性。同时，还可以通过隧道"机电设施故障月报表"的形式，做到机电故障信息共享。

（4）检修记录：具有双重保护作用

经常性或定期、分解性检修记录具有双重保护的预防作用。根据机电设施易损的周期设置检查项目，既避免了无谓的重复工作，又可防止长期失养失去预防功能，还可通过检修记录，管理人员可以针对故障或隐患做复核性工作，因为故障在每日的隧道机电系统检查记录和巡查日志中已得以排除，故经常性和定期、分解性检修记录具有复核作用，在预防上做到了双重保护。

第3章　钱江隧道工程建设管理体系

工程建设管理体系是指具备工程项目建设必备的管理功能的系统。工程建设管理体系是连通工程建设理论与工程实践的桥梁。一方面建设管理体系要在工程建设理论指导下进行设计，这体现了理论对实践的指导；另一方面建设管理体系又要对工程实践的具体操作进行规定，使工程建设在实践过程中能够准确体现出工程理论的基本内涵。

钱江隧道建设管理体系的设计施工遵循工程全过程全方位的系统思想，从时间、组织和业务三个维度进行整体框架设计，并以业务维度作为整个管理体系的主导，划分为基础层、管理层和控制层三个管理层次。

钱江隧道建设管理体系是项目管理体系和系统管理体系的完整结合，体现了系统科学与现代项目管理理论和方法的高度融合。

3.1 钱江隧道建设管理体系基本考虑

3.1.1 钱江隧道建设管理体系的特点

钱江隧道工程其规模宏大、施工工期紧、涉及领域多、综合性强、工程质量要求高、工程结构复杂、施工技术难度较大、施工困难较多。

钱江隧道试验井项目（江南工作井）是江底盾构隧道推进的始发井，也是陆上暗埋段隧道施工的起始点，因而江南工作井的施工工期是保证总工期按时完成的关键节点。并且，江南工作井又是岸边段工程中最先进行施工、基坑开挖最深、离钱塘江最近、施工风险最大的关键部位，为此，盾构工作井施工必须采用可靠的施工方案、成熟的施工工艺、精良的施工设备，特派优秀的施工队伍承担施工任务，以此确保工程自身和周边环境的安全，力求早日开工，提前完工。

本项目是杭州市有史以来最大隧道试验井项目工程，也是杭州市重点工程，且采用了"BOT模式"进行投资建设，同时由于各种原因，项目立项时间比较长，且经过较多变化与反复，因此与其他公路项目相比，其建设管理有着不同的特点和难点。

（一）外围协调环境较复杂

本项目建设的社会影响非常大，因此，动拆迁管理、安全和文明施工管理、治安保卫管理等协调工作很复杂，涉及面也非常广，做好相应的协调工作对推进项目的进展至关重要。

（二）造价要求严格按程序和规范执行

合理降低造价是我们追求的目标，为达到这一目标，必须在审核造价方面投入较多的人力，监控程序比较严格，尽量减少失误，严格控制造价。

（1）设计文件阶段：采用多方案从经济性、适用性等方面进行比较，组织权威单位、专家进行审查，在施工图正式会审前完成设计文件的修改。

（2）招标阶段：对设计文件提供的工作量进行详细复核，标底力求准确。

（3）施工阶段：前两个阶段的完成，造价基本得以控制，但如果不严格控制施工阶段的设计变更，可能突破预备费的使用，甚至突破造价控制。而这一过程历经的时间较长，对现场的实际情况项目公司需详细了解，才能最大限度地合理控制。因此，项目公司在设计变更方面做了详细的、难度较高流程，并派驻现场管理部详细了解现场的实际情况。

（三）工期要求尽快建成

由于杭州市近几年的经济发展较快，现有的道路已经不能满足经济高速发展的需求，本项目尽快投入使用对于杭州市的经济发展起到"推波助澜"的作用,并与周边城市形成的"快速通道"。同时,本项目力争早日建成并投入使用,对项目公司而言在投资收益方面将会带来较大的经济效益。因此,在这样的大环境下,"工期"成了我们项目管理的重中之重。

(1) 对于投资控制而言:加快建设步伐,可以达到早投入、早受益的效果,同时可以节约较大的财务费用和管理费用。

(2) 对于风险控制而言:目前物价处于高涨状态,加快建设可以控制其人工、机械、材料等涨价带来的造价控制风险。另外,政策变化、人力资源、公共关系变化的风险对于工程的推进至关重要,合理的建设工期可以减少这些方面带来的风险。

(3) 对于承包人而言:合理的工期使得承包人在成本控制、人员管理上也同样有着诸多的便利。

(四) 安全技术管理风险大

本工程属大型高速公路地下工程,而隧道试验井项目是典型的深基坑工程,是综合性、复杂性很强的地下工程。其施工全过程均伴随着风险因素(如围护结构、深基坑开挖、施工用电、机械设备操作等),一旦发生事故其直接损失和社会影响远大于一般的土建工程。因此,在本工程项目管理上拟采用风险管理的科学方法,全过程、全方位地分析、监督、控制、处置各种风险因素,确保工程安全。

针对本项目可能存在的安全风险因素,特制定了各项应急预案,并真正落实预案涉及的人、财、物。为了有效地控制施工现场安全生产,项目公司在施工现场专设现场管理部,派专人蹲点现场办公,并实行了施工期间法定休息、休假日现场值班的制度,以便加大监控力度。大量的事实证明,应急预案的制定和落实,在处置突发事件中具有非常重要的意义,可以快速地控制险情、最大限度地减少损失。

3.1.2　钱江隧道建设管理体系的指导思想

综合集成是建设管理体系的指导思想。钱江隧道工程的复杂性分析表明钱江隧道工程在立项、规划、设计、建设管理、运营管理各个阶段都存在大量的复杂性问题。例如,隧道建设的目标是多元的,既有定性的目标,又有定量的目标;工程的前期决策既缺少完备的信息,又难以一次性决策解决多个问题;对工程问题很难用一种方法分析清楚,而工程的多个问题的关系更显得复杂而冲突。另外,已有的资源如果不经过优化配置则难以满足工程需求。所有这些集中到一点,就是要组织、管理好这样一个复杂的工程,必然要以综合集成作为指导思想,这里,综合集成既是方法论,又是方法。

综合集成对钱江隧道工程建设管理体系设计的作用表现在以下三个方面:

(1) 产生对工程的认识系统(主要是钱江隧道的复杂性分析);

(2) 产生对工程建设的协调系统(主要是钱江隧道建设管理体系的构建);

(3) 产生对工程管理的操作系统(主要是钱江隧道建设管理体系的现场操作)。

项目管理是建设管理体系的现场表现。建设管理体系在综合集成的指导思想下还需要以项目管理作为现场管理的基础。项目管理是以项目为管理对象,根据项目的内在规律,对项目生命周期全过程进行有效地计划、组织、控制和协调,从而最优地实现项目目标。

单纯的项目管理技术对复杂工程建设各个子系统管理难以发挥协同作用,而综合集成的思维理念,有时又不易表现为现场工作程序性操作,因此钱江隧道工程建设管理体系是以综合集成为指导思想并以项目管理为现场管理实践形式,形成项目管理与系统工程的融合,这是科学和恰当的。这样有利于工程管理不同类型的问题得到针对性的解决,有利于区别对待工程建设中不同层面、不同领域、不同性质的问题。

3.2　钱江隧道建设管理体系

3.2.1　钱江隧道建设管理体系的整体设计

建设管理体系的整体设计在整个钱江隧道工程建设管理过程中是十分关键的基础工作,整体设计是否科学、有效,是否体现系统思想,是否能够整体地组织和推行项目管理是钱江隧道建设工作成败的关键。因此,钱江隧道管理体系的整体设计牢牢地遵循了"一个思想、两项依据、三维结构、四个有利、五个原则、六个目标"的设计原则。

（一）一个指导思想

建设管理体系的指导思想必须服从整个工程建设项目的总目标。针对"安全、优质、高效、创新"的总目标。钱江隧道工程建设管理体系的指导思想是：根据系统原理，运用现代项目管理方法，突出重点，充分体现管理体系功能、结构、机制的开放性和柔性，确保工程总目标的实现。

（二）两项基本依据

钱江隧道建设管理体系以系统工程和项目管理为基本依据。钱江隧道在建设管理过程中，通过系统工程技术使建设者高屋建瓴、综观全局。把钱江隧道工程作为一个系统来看待，强调系统的整体性、综合性、协同性和动态性。

在系统工程指导下的现代项目管理则是根据工程流程，对从项目的前期决策到项目竣工的全过程进行计划、组织和控制，强调工程现场的实时管理与管理的程序化和可操作性。

（三）三维立体结构

钱江隧道建设管理体系可以从业务维、组织维、阶段维来分解。从业务维考虑，可以突出专项业务、对口管理及全局协调；从组织维度考虑，可以工程项目为核心，按照设计、施工、监理等单位进行划分，各个单位之间在全局理念下，既明确责任，又相互协调，在实现各自目标的同时实现工程的整体目标；从阶段维考虑，可以划分为规划管理、设计管理、施工管理、竣工验收管理等阶段，这一划分实现了工程的动态演化，从工程全生命周期的角度，透视出各阶段的主要任务及相关性。如果将组织维、阶段维和业务维集成在一起，则更能体现出工程的整体性，全方位地从工程全生命周期观测每个参与方、每个阶段在工程管理中的角色、任务、责任和目标，实现系统资源的优化配置和目标的均衡与协调。

（四）四个有利

钱江隧道工程建设管理体系在实践中有明确的目的性，即做到四个有利。

一是有利于整体高效运作。随着社会的发展、体制的变革，工程建设项目的规模日益扩大，项目要素不断增加，参与主体也越来越多元化，彼此的关系错综复杂，工程建设许多问题需要协调，如参建单位、过程管理、重要环节等都需要配合与协同。因此，工程建设管理体系必须做到组织科学、结构合理、界面清晰、运作高效，充分体现该体系在工程建设实践中的整体效应。

二是有利于推动创新。随着工程建设的复杂程度日益提高，传统的工程建设管理体系一般已不能满足现代化工程建设的管理需求，工程建设管理体系自身需要进行改革，同时需要通过管理制度、运作机制、管理手段等的创新，实现工程建设多方面的创新任务。

三是有利于提高工程综合品质。优质工程的实现不仅仅需要技术领域的严格把关，还需要工程建设管理的有序操作，需要通过对管理体系中各项业务的组织形式、运作规范、协调机制等的设计，实现工程的精细化管理，提高执行力，促进工程总目标中"安全、优质"的实现。

四是有利于资源整合。大型工程建设管理体系是一个复杂、开放的系统，需要吸纳各类有效资源，资源的简单利用往往是无序而低效的，因此需要通过建设管理体系，对资源进行合理整合和优化配置，并有效发挥资源整合的效果。

（五）五个设计原则

钱江隧道工程建设管理体系设计遵循以下五项原则：

（1）突出工程建设需求原则。钱江隧道工程建设管理的主要目的跟直接目的是确保工程建设目标的实现、提高工程建设管理效率、降低工程建设管理成本等。任何工程建设管理体系的要素与结构都必须以满足钱江隧道工程建设实际需要为第一目标，强调建设管理与工程实际相结合，体现出实效性和时效性。

（2）战略性、创新性原则。钱江隧道采用德国海瑞克生产的 $\phi15.43m$ 大直径泥水平衡盾构进行掘进施工，为目前最大直径的泥水平衡盾构。在钱江隧道盾构法施工中，主要存在管片预制、盾构掘进、管片拼装方面的技术难点。因此在工程建设过程中，需要运用战略性规划来指导工程的建设。另外，钱江隧道设计标准高，控制因素复杂，结构尺度大，现行国内外通用的技术规范难以涵盖，因此在许多方面都必须进行创新，这决定了钱江隧道工程建设管理体系，同样也要具有战略性和创新性的特征。

（3）分层处理原则。钱江隧道建设管理体系总体框架要适应工程管理问题的层次结构，要通过清理工程各个层次之间的问题，分别设计管理体系各个层次相应的职能，保证工程管理的有序进行。

（4）战略规划与实施计划协同原则。钱江隧道工程建设管理不仅需要将整体性战略规划作为指导，更需要制定详细的实施计划。只有按照完善的实施计划逐步完成建设管理的规定性，才能实现预期目标。在建设过程中遵循战略规划与实施计划协同原则，是钱江隧道建设管理体系发挥切实作用的基本保证。

（5）有限目标、重点突破、全面推进的原则。工程管理是一个涵盖前期规划、设计、施工、竣工验收等阶段的贯穿工程建设全过程的系统，在钱江隧道这样一个大型江底交通工程建设过程中更体现了这一点。钱江隧道建设管理体系的功能相互关联、涉及面广、十分复杂，只有坚持有限目标、重点突破、全面推进，才能有序衔接并顺利转换，逐步接近并最终实现工程目标。

（六）六个阶段目标

为更好地保障执行力，钱江隧道建设管理体系在操作层面对目标进行了细分，列出了六个阶段性目标。

（1）通过周密的建设管理总体框架，理顺不同部门和流程之间的关系，在统一的管理平台上，实现部门之间的协作和流程之间的协作，使钱江隧道能够顺利建成。

（2）进一步在规范和优化钱江隧道建设管理工作的基础上，实现管理创新。

（3）在系统工程理论指导下，探索一套符合国情及行业特色的大型复杂交通工程建设管理模式。

（4）通过系统的教育培训，帮助业主在工程建设期内培养出一批具有丰富工程知识和经验，同时掌握系统工程和现代化项目管理理论和方法的高素质工程管理人才。

（5）加强与国际工程管理界的交流与合作。

（6）在工程管理中大力推广信息技术，实现大型交通工程管理的现代化。

3.2.2 钱江隧道建设管理体系的内容

在建设管理体系的指导思想和基本原则的基础上，钱江隧道建设管理体系一方面通过现场管理的规范化和标准化，有效地保障了工程建设管理的精细化、渗透性、执行力和操作性；另一方面将整个体系视为一个大系统，将其下 13 个子系统进行同类分层归纳，既注重各个层次之间的联系，又加强层次内部各个模块间的协同配合。

（一）阶段维划分

钱江隧道作为大型交通工程，可将整个工程建设划分为五个阶段，即前期决策阶段、设计阶段、施工阶段、竣工验收阶段和运营阶段。同时根据钱江隧道工程本身的建设特点，可进一步将每个阶段的主要工作进行细分。

（二）组织维划分

钱江隧道工程将建设、设计、施工、监理、科研、咨询等单位集成为"一隧六方"，形成相互协作和资源整合的整体。这也是当前国情下充分发挥政府职能和利用市场机制建立的一种工程建设多责任主体合作组织的有效模式。

（三）业务维划分

钱江隧道工程以系统观为指导，结合已有建设管理经验，建立了"八层级、十三子系统"蛛网状模型的工程建设管理体系业务维。"八层级"从内到外分别为：第一层级为项目干系人分析；第二层级为项目管理知识；第三层级为工程管理方式；第四层级为工程管理规范；第五层级为工程管理机制；第六层级为工程管理制度；第七层级为工程管理理念；第八层级为隧道工程战略。"十三子系统"为决策管理、设计管理、组织建设、制度建设、文化建设、进度控制、创新管理、招标管理、质量控制、安全控制、投资控制、风险管理和信息管理。该体系还受到第八层级之外，即社会、经济、政治和体制综合环境的影响。

十三个子系统可以划分为三个层次，分别为基础层、管理层和控制层。基础层包括组织建设、制度建设和文化建设三个方面；管理层包括决策管理、设计管理、创新管理、招标管理、信息管理、风险管理六个方面；控制层包括质量控制、安全控制、投资控制、进度控制四个方面。

基础层、管理层、控制层相互协调，互相补充。基础层主要为管理层和控制层的工作提供组织制度保障与基础服务。管理模式是用来处理业主与各工程参与方的关系，一个适合工程本身的组织管理模式，不但能够有效地配置资源、适应工程本身的特点、满足工程参与方的要求，同时能够帮助业主在质量、安全、时间和投资等领域比较顺利地取得预期效果。钱江隧道项目公司在设计过程中对设计工作进行计划、调控，组织实施和审查等一系列管理活动，并对工程质量、进度和投资进行控制管理。各项管理和控制当然离不开管理制度。有序高效的管理和松弛有度的控制都要通过完善、系统、有效的规章制度来保证，实现各项管理和控制工作的科学化、规范化、制度化也体现在各项制度的建设上，制度也只有落实到各项管理和控制活动中，才能发挥其作用。文化是工程建设的强大而深刻的推动力，管理执行力从长远看，不仅依靠强制，更依靠文化。

管理层以基础建设为保障，为隧道建设提供资源和技术支撑。招标采购管理为项目的建设提供物质资源，严格规范的招标采购程序可以使得投资控制更加规范、合理、经济、有效；创新管理为隧道建设提供新的技术资源，为工程建设中的技术难题提供解决方案；高效的信息管理强化工程管理的科学性和规范性，为各项控制工作提供动态、实时的信息数据资料，使得有效实时控制成为可能；风险管理可以让建设者对困难有充分估计，对各种意外有心理准备，对各种潜在危险提早做出防范。决策、设计、招标、信息、创新和风险六大管理模块是协调统一的整体，工程建设任一子项目，都需要这六个模块提供各类资源的支持。从工程初期的决策，到招标采购管理需要提供物质资源，再到信息管理和创新管理需要提供信息和技术资源，而风险管理则贯穿工程的始终，对它们的精细执行最终将落实到四大控制目标上。

控制层在管理层的配合下，主要对关键管理环节实施实时跟踪和约束。隧道的安全、质量、进度、投资各项控制活动是在一定的组织、制度、文化环境下进行的，同时它们需要各管理层的支撑、配合与协作。例如，进度控制在招标采购管理中的适度超前原则中得到体现；安全控制得到风险管理的有力配合等。

钱江隧道建设管理体系在系统工程理论的指导下，围绕着基础、管理、控制三个层次开展具体工作，以"夯实基础层，强化管理层，突出控制层"为思路，通过管理体系的设计与运行，使各管理子系统协调有序，相互配合，实现工程总目标。

3.2.3 钱江隧道建设管理体系的制度建设

正所谓"没有规矩，不成方圆"，而制度就是工程的规矩。由于钱江隧道建设管理难点多，例如技术复杂、参与主体众多、一线员工的规章意识薄弱，要想成功地解决这些管理上的问题，仅依靠"人治"是不够的，还需要形成一套与管理系统协调的制度体系，使工程管理体系有法可依，这样钱江隧道的顺利建成就有了保障，长效管理也有了抓手。

钱江隧道制度建设主要有以下三个特点：

（1）制度环境的滞后性和不稳定性。当前，我国正处于计划经济向市场经济转轨，在整个经济体制的转变下，旧体制遗留的制度已经不能适应新体制的需求，而新体制下的制度还处于重新安排阶段，还需要不断完善，甚至新的制度安排彼此之间还会出现矛盾。例如，现在的招投标法律都规定，评标专家应从专家库中随机抽取，但是由于随机抽出的专家，其研究领域各不相同，有些并不能与某一特定工程标段需要的专业知识完全符合。这就可能会有一些相对并不专业的专家被抽选成招标决策者，一旦如此，不免出现"外行"评"内行"，给工程造成损失。所以对于标段专业跨度领域大、分类庞杂精深的大型复杂工程来说，为了弥补现行法律法规存在的缺陷，需要一定的制度创新来协调。

（2）工程的一次性和独特定。钱江隧道具有项目的一般特征，即一次性和独特性，但钱江隧道又不同于一般的项目，它是一条规模宏大、技术复杂、施工困难的世界级隧道。这样一个一次性和独特性的工程必然会造成现有制度的缺陷。例如，与以往的隧道建设相比，钱江隧道施工技术难度非常大，对于承包商的技术和施工能力都有较高的要求，按照以往的商务分数占主导地位的评标准则，挑选出的承包商虽然能够节约成本，但是很可能根本不具备建设钱江隧道的技术能力。

（3）制度主体间的合作与冲突。钱江隧道参与主体众多，因而制度主体之间（制度的制定主体、实施主体、执行主体两两之间，三者之间，甚至是同类主体内部）的合作冲突比较突出。以钱江隧道工程建设管理制度为例，钱江隧道项目公司既是制度的制定主体又是实施主体，而涉及的参建单位则是执行主体，它们的目标有重合的方面，更有不同的方面；它们的利益既有一致的时候，更有矛盾的时候。这表明制度主体之间存在客观的矛盾和冲突。

以上的这些特点，给钱江隧道的制度建设带来了挑战。

3.2.3.1　钱江隧道建设的指导思想

针对以上三个挑战，钱江隧道的制度建设以"两个有利于"，即有利于总体目标的实现、有利于解决不同利益主体的冲突为指导思想。

（一）有利于总体目标的实现

钱江隧道工程建设的总体目标是隧道工程制度建设的引领，钱江隧道的总体目标是：安全、优质、高效、创新。钱江隧道的制度建设是实现工程总体目标的保障。例如，针对上面提到的评标专家抽选制度的不合理性，钱江隧道在主体结构工程标段评标时，为了更好地确保科学、公正，根据标段的专业特点有针对性地在专家库中挑选专业领域最对口的专家参与评标。实践证明，这一做法更加适应复杂工程单个标段的技术复杂性。为了加强规范执行，钱江隧道项目公司将所有选取经过都报省厅招标办备案，以完善相关制度。

此外，钱江隧道施工技术难度较其他同类工程更大，本着优质、安全的目的，钱江隧道需要找到技术和施工能力都强的承包商。所以与其他隧道评标相比，钱江隧道的评标体系更加突出技术因素。在商务分和技术分的设置上，钱江隧道采用技术分占 75 分，而商务分占 25 分。

（二）有利于解决不同利益主体的冲突

钱江隧道工程有众多的参建单位，钱江隧道项目公司对各参建单位，包括设计单位、施工单位、科研单位、监理单位等进行统一协调和领导。这些参建单位都有各自不同的利益，它们之间都有着利益冲突。每一个利益群体都有自己的个人理性，而大型工程又有其集体理性，个人的理性可能导致集体非理性，所以就要进行相应的制度安排，来解决个人理性与集体理性之间的矛盾，在满足个人理性的前提下达到集体理性。由于人的有限理性与信息不对称等方面的原因，个人不可能处理好竞争与合作的关系，制度安排能有效地弥补这一缺陷。

钱江隧道招标根据各参建单位利益共享、风险共担的原则，进行合理的利益安排，如面对复杂的、不确定的自然环境和技术挑战，需要施工单位开展大量的方案研究来降低施工不确定性与建设风险，确保工程建设质量，而作为企业的施工单位自然要以盈利为目的，大量的方案研究都需要可观的成本，这与施工单位尽量降低成本的原则相违背。因此钱江隧道项目公司在招标的同时，组织建设单位带案投标，并将后期安排试验的费用纳入合同款中，通过这种利益协调制度有效地保证了施工单位在建设过程中开展必要的研究以寻求最优的施工方案。

3.2.3.2　钱江隧道制度的总体框架

钱江隧道工程管理制度建设是一个完整而有序的系统，具有层次性结构。

（一）纵向

钱江隧道制度体系纵向大致可以分为三个层次：上级制定的制度；钱江隧道项目公司各部门制定的制度；参建单位制定的制度。

（1）上级制定的制度。上级制定的制度包括与大型工程建设相关的国家和省、部颁布的法律、规定及管理办法、行业标准、技术规范和规则等。

（2）钱江隧道项目公司各部门制定的制度。钱江隧道的总工室、综合部、计划部、工程部、财务部、安全部六个部门累计颁布的各类办法、制度、规定和细则共 67 项。这些都是在一个特定的制度环境下进行的制度安排，是钱江隧道项目公司根据上级制度的规定，借鉴同类工程的相关制度，再结合自身实际制定的规章制度。

（3）参建单位制定的制度。参建单位制定的制度包括设计单位、施工单位、监理单位、供货单位等参建单位自行制定或应钱江隧道项目公司要求制定的各项与工程技术相关的规章制度。

这些制度是以上两类制度的延伸和细化，由以上两个层次的制度决定，也是最贴近工程建设现场的制度。

总之，上级制度属于基础性制度，相对宏观而稳定，构成了大型工程的制度环境，钱江隧道项目公司各部门制定的制度和参建单位制定的制度属于次级制度，相对于制度环境来说具有较强的动态性。次级制度安排在上级制度环境的框架里进行，即制度环境决定着制度的安排和性质、范围、进程等，但是从长期来看，制度安排也反作用于制度环境。大型工程中的制度建设的重点是第二个制度层，即钱江隧道项目公司各部门制定的制度。

（二）横向

钱江隧道制度体系在横向上又可分为以下三类：

（1）钱江隧道项目公司内部管理制度

钱江隧道项目公司全面负责钱江隧道施工期间的计划和控制，下设五部二室。为了使钱江隧道项目公司日常工作有章可循，提高公司的工作效率，加强项目公司自身的管理，由综合部和财务部等部门制订了一系列关于各部门职责、职工培训、会计、审计等方面的规章制度，如《工程建设奖励考核办法》等仅在钱江隧道项目公司范围内掌握和执行。

（2）工程建设管理制度

工程建设管理制度是总工室、工程部、合约部、安保部、现场部、财务室等部门制定的，涉及参建单位的，需要共同遵守和执行的规章制度，如设计、科研、施工、监理、安全等规章制度。这是钱江隧道制度建设的主要部分，大致可以分为设计科研管理制度、现场管理制度、质量安全管理制度、施工计量管理制度、计划合同招投标管理制度、项目管理制度、档案管理制度七个方面。

3.2.3.3 钱江隧道制度建设的流程

钱江隧道的制度建设有着一套完整的流程，大致可概括为以下三步：

（一）制度产生

钱江隧道的制度按产生方式可以划分为行业的制度、移植的制度和原创的制度。对行业的制度，钱江隧道拿来直接参照。移植的制度中有的制度是完全引用，这样可以大大节约制度建设的成本；而有的制度则需要根据钱江隧道的实际情况加以调整改编。原创的制度则是钱江隧道为了解决隧道特有的管理问题而制定的制度或针对制度环境的变化而做出的新的制度安排。不管是移植的制度还是原创的制度，都有一个建设的过程，该过程包括以下六个步骤。

（1）问题分析。为了保证钱江隧道总体目标的实现，因此在制定制度之前，要明确问题，分析问题产生的原因，特别是制度欠缺的原因。我国自实行市场经济以来，由于原来建设行业经营体制陈旧、法规不健全、市场不规范等方面的原因，施工、监理单位在履行合同条款上存在不少问题。依据工程招标文件、合同文件以及国家有关规范、规程和标准，需要对施工、监理单位履行合同情况进行考核评价，督促其不断改进工作方法，提高工作标准，确保施工、监理单位认真履行合同责任，保质保量完成合同任务。

因此，钱江隧道项目公司以当前施工、监理行业在履约上存在的共性问题为切入点，创新工作思路，适时开展履约考核，及时纠正施工、监理单位各种不良行为，为钱江隧道总体目标的实现提供了保障。

（2）调研起草。每项制度都有负责制定的部门安排专门人员起草。起草人员首先要调研所有制定制度的相关资料，包括相关的国家和省级法律法规、行业标准、同类型工程的相关制度等，然后结合钱江隧道的实际工程特点起草相应制度。

（3）征求意见。制度方案起草完毕后，将初稿发给相关部门征求意见，各部门讨论后形成修改意见。

（4）修改。根据各部门反馈的修改意见，起草人员对初稿进行修改形成讨论稿，将讨论稿再发至各处室，并标明哪些内容已经修改、哪些未修改及其原因。

（5）讨论定稿。钱江隧道项目公司为拟制定的制度召开专题办公会议。会上制定者阐述制度制定的目的、必要性和相关说明，会议进行审查，考虑其全面性、可操作性等，最后形成专题办公会议纪要，并提出意见。

（6）下文试行。将试行稿印成钱江隧道项目公司的红头文件，发到各相关部门，进入制度的试运营阶段。制度的制定过程是一个同步-异步的过程。在问题分析阶段，钱江隧道项目公司发现问题后，认为需要出台制度来解决问题，然后由专门人员收集制定制度的相关资料，这是一个同步阶段。制度起草完毕后发到相关部门，由各部门从不同的角度对管理办法进行讨论分析，并形成修改意见，对制度进行修改、完善和补充，这是一个异步阶段。根据各部门反馈的修改意见，起草人员对草稿修改后，在专题办公会上由领导审查，并从隧道总体建设管理这一更高的层次去权衡综合，最终形成试运行的制度，这又是一个同步阶段。

（二）贯彻执行

制度制定出来了之后，就要贯彻执行。这一环节实施不好，一切工作都是枉然。对于一些重要的关键制度，钱江隧道特别注重对制度的学习，通过学习让人全面地领会制度的精神，以此推动制度的顺利执行。比如，钱江隧道为了让员工了解掌握安全生产的法律法规，也为了提高施工现场员工的安全意识和安全技能，钱江隧道项目公司、各施工、监理单位针对各自情况详细制定了职工教育培训计划，开展了符合实际要求的全面持续的教育培训工作，以制度的形式确定施工、监理单位经营者、安全管理人员、特种作业人员的培训时间、内容和方式，并强制执行。具体主要包括以下五种形式：普及性培训，是对所有员工全面、常规性的培训；分层培训，对不同层次的人员进行分类培训，如领导级、部门级、作业队级和班组级等进行有区别的培训；特殊性培训，按国家规范要求的专业技术的培训，如对特种作业人员的培训；专题性培训，针对某一项工作需要进行的培训，如高空作业、防台培训；针对性培训，对特别岗位的人员，如领导安全管理人员、新员工的培训等。

通过学习培训之后，钱江隧道还分别从组织、文化等方面提供了制度执行的保障。例如，为了有效执行安全管理各项制度，钱江隧道项目公司聘请安全总监为总监办人员；成立以现场总指挥为主任，现场副总指挥、总监助理、各标段总监代表为副主任，各参建单位主要行政责任人为成员的安全生产委员会；各参建单位成立安全生产领导小组，明确了处理日常安全事务的机构和人员，设立了专职或兼职安全员。这些都为安全管理制度的执行提供了强有力的组织保障。

（三）修订完善

钱江隧道的制度建设是一个不断完善的过程。在制度执行过程中，要根据实际的执行效果对制度进行跟踪评估，还要随着环境的变化，对制度加以修订、完善。安全规章制度中的工地督察制度是为了弥补钱江隧道项目公司人员不了解现场情况而制定的。该制度要求各科室人员轮流去现场督促施工单位的质量、安全、环保等方面的情况。该制度在试运行阶段要求每个人每次去一周的时间，但在试验过程中通过对该制度的跟踪检查发现，一周的时间过程，不仅造成了本职工作的积压，还导致了在工地上浪费时间的现象；后来将督察的时间改为每次一天，但实施后又发现一天的时间太短，无法充分地完成现场督察工作；最后将督察的时间改为 3 天，这样一来，督察人员不仅能够很好地完成督察工作，也不会影响到本职工作，有效地兼顾了各方面的要求。

3.2.4　钱江隧道制度建设的重点

钱江隧道制度建设任务繁重，为了提高工作效率，钱江隧道制度建设紧紧围绕工程重点展开，即质量控制、安全控制、技术创新管理和廉政四个方面的制度建设。

3.2.4.1 钱江隧道质量控制制度

钱江隧道的质量控制理念确定了钱江隧道建设过程中的质量"控制点"，同时必须制定相关制度、条例、程序和流程来保障各控制点的工程质量。为此，钱江隧道在五个方面制订了相关制度。

（一）编制专项的技术规范与质量检评标准

根据交通运输部的《公路工程质量检验评定标准》和《盾构法隧道施工与验收规范》等相关设计、施工技术规范，结合本工程的施工特点，项目公司和浙江省交通运输厅工程质量监督局、上海隧道工程股份有限公司共同编制了《钱江通道及接线工程钱江隧道专用质量检验评定标准》及《钱江通道及接线工程钱江隧道专用施工技术规范》，并通过了设计咨询公司的复核、专家评审、省交通运输厅的批准。在施工管理、质量和安全方面的规定内容有较强的针对性和可操作性，对钱江隧道的施工具有指导意义。

（二）完善质量保证体系、健全质量管理网络

项目开工前编制了管理大纲作为项目建设的纲领性文件，制定了《钱江通道及接线工程钱江隧道工程管理文件汇编》，包含了《隧道工程质量、安全、文明施工若干管理办法》、《钱江隧道工程质量创优工作规划》、《钱江隧道工程首件制实施管理办法》、《钱江隧道工程试验监测管理办法》、《钱江隧道工程施工监理管理办法》、《钱江隧道工程设计变更管理办法》等多项管理程序，明确了管理目标，规范了工作程序。

项目组建了各参建方组成的施工质量管理领导小组，建立一体化质量网络，按层次建立质量管理制度和岗位责任制，逐级负责，确保钱江隧道工程质量管理目标的实现。

以质量为中心，完善质量管理体系和运行体制，落实质量创优目标责任制，规范工程质量管理行为。严格执业资格管理，提高人员素质，落实持证上岗制度，根据工程实际情况进一步明确各参建单位主要负责人及质量管理岗位人员的质量责任。

（三）规范质量检查程序

实行全面的、全过程和全员参与的质量控制措施，明确质量目标并制定实现目标的行动方案，强化行动方案的落实，充分发挥各参建方的管理监督作用。

强化现场巡查，重点对监理质量工作、工程实体质量等进行检查和监督，从施工组织、施工工艺、产品质量、产品保护及存在的问题等进行全方位的管理总结，确保工程质量处于受控状态。强化监理单位旁站、巡查力度，确定旁站工序及部位，按规定频率进行自检与抽检。建立健全工地例会制度，检查汇报质量情况及各岗位人员责任落实情况，目前工程质量处于受控状态。

制定了《钱江隧道工程试验检测管理办法》、《钱江隧道工程结构性、功能性材料备案制》，按要求建立了工地试验室。在施工过程中，在施工单位自检的基础上，由监理单位按照检测要求进行平行检测，对所有混凝土配合比进行平行验证。加强工地试验室的日常管理，确保仪器设备符合规定、试验操作符合标准、检测数据真实可靠。

（四）积极开展钱江隧道科研工作，加强技术管理

为能够更好解决钱江流域大型隧道工程建设一系列技术难题及工程风险，开展了《钱塘江流域大断面盾构隧道关键技术研究》这个课题，在论证之初就得到了众多专家、学者的认同，并在浙江省交通运输厅等上级主管部门的督促与推进下，2010年5月交通运输部与隧道公司签订了《钱塘江流域大断面盾构隧道关键技术研究》科技项目任务书，成立了科研领导小组。课题针对钱塘江流域水文地质和周边环境的特殊性，从设计、施工、环保和隧道运管四个方面开展了近10个子课题的研究论证，并积极指导隧道建设。课题采用产学研相结合的方式，积极调动各方研发优势，理论结合实际，共同创新研究，其最终目标是通过研发合理规避钱江隧道建设风险，节约施工成本，减少对环境的影响，攻克钱江隧道建设难点，形成一套完整的可适用于钱塘江流域大直径隧道建设的技术体系，为钱塘江流域的开发提供基础建设领域的技术支撑。目前，整个课题的研究工作进展顺利，结合工程建设进度课题中各子课题均

已进展完成了 60％以上的工作，并在 2011 年 11 月成功召开了课题中间阶段专家咨询会，与会专家在听取了课题中期汇报后，对各子课题的立意及思路做出了肯定，并对课题的后续研究提出了众多创造性的意见和建议，研究的部分成果已经在工程中得以应用。

（五）建立现场质量检查评估体系

钱江隧道项目公司部了为使质量现场监督管理工作更具主动性、系统性，除了要求监理单位在日常工作中严格履行监理细则规定的职责外，钱江隧道项目公司结合国际流行的安全工作评价体系，联系钱江隧道实际，制定并试运行适合钱江隧道工程特点的现场施工质量检查体系，对监理单位每周定期进行现场督察，对施工单位，同时也对监理人员的工作质量进行考核，取得了不错的效果。

浙江省交通运输厅工程质量监督局、杭州市交通工程质量安全监督局、嘉兴市交通工程质量安全监督站对钱江隧道的开工阶段、施工阶段进行了全过程监督与指导，定期不定期对施工单位、监理单位、项目公司的工作程序、工程管理、合同履约、造价管理、质量安全现场情况进行检查，并根据督查或抽查的情况，及时向参建单位反馈《交通工程质量监督抽查意见书》。

3.2.4.2　钱江隧道安全制度

（一）全面落实安全生产责任制，完善安全生产保证体系

为确保钱江隧道工程建设安全生产目标的实现，整个项目全面推行安全生产保证体系，在"安全第一、预防为主、综合治理"总方针的指导下，全面落实各级责任制。同时，项目公司与各参建单位及公司内部各职能部门按签订的安全生产责任制、安全目标责任书、平安工地责任状等，进一步明确各级安全管理目标。根据工程施工实际情况，项目公司按有关规定，要求施工单位配备了足够的专职安全管理人员，各自承担安全目标分解责任，横向到边，纵向到底，使安全生产责任到人，确保工程安全和人身安全。

（二）加强安全监管，消除安全隐患

在施工现场每月由项目公司召开 1～2 次安全施工工作例会，传达上级主管部门安全生产有关文件和指示精神，宣传安全生产法律法规，反馈各类安全问题，制定相关安全措施。为了能有效地管理好施工现场的安全生产工作，项目公司领导特委派现场部和安保部常驻工地现场，日常巡视和检查工地的安全生产情况，监督及配合监理、施工单位共同抓好安全管理工作。在安全隐患排查治理方面，我们会同有关参建单位进行定期和不定期的安全检查，认真做好安全隐患排查记录，提出整改措施，落实责任人，逐条跟踪登记整改，使隐患得到了较好的控制，突出了"治理隐患，防范事故"这一主题。

（三）加强安全教育培训，积极开展安全生产月宣传活动

根据省厅质监局下发的有关开展安全生产月活动的文件通知精神，项目公司牵头各参建单位积极响应组织落实宣传好安全生产月活动，特制订活动实施方案。本次安全生产月活动期间，我们计划组织现场作业人员观看安全警示片、安排当地警官来现场宣讲法制教育、组织安全教育培训班活动、组织隧道内消防逃生演练活动等。通过对施工作业人员进行安全意识和安全技能的教育培训，将提高安全生产意识和安全管理水平，形成"人人关心安全，事事注意安全"的良好安全生产氛围。

（四）落实安全经费

本项目在工程施工安全管理措施方面，为了确保整个项目工程施工安全，项目公司对安全生产费用使用情况进行严格审核，切实做到了专款专用。为了确保整个工程施工的安全生产，本工程投入了大量的安全措施费用。如：施工现场统一采用符合 JGJ 46—2005 用电规范的五芯电缆；隧道内盾构推进施工时每隔 100m 设置一个安全警示灯箱，隧道内所有安全重点部位粘贴反光条和安装可移动式闪光警示灯，施工现场安装视频监控系统对现场安全进行全方位的监控；设立安全生产讲评台和现场危险源告示牌；江南、江北各设立一个防台、防汛、防洪仓库以保证汛期施工安全；施工现场建立了安全经费使用台账，编制了安全经费计划。

（五）严格按要求抓好安全专项方案的落实

施工现场编制了危险性较大的分部分项工程专项方案清单，根据施工进度情况分别编制了临时用电

方案、大型起重吊装、盾构进出洞等13项安全专项方案，并通过了监理审查后实施。针对模板支架施工、基坑开挖、盾构掘进施工等危险性较大工程，按照危险性较大工程安全专项施工方案的要求进行编制并按要求组织专家评审，在专家意见的基础上进行修改完善后报监理审批。

（六）制定应急预案与开展应急演练

为了开展好各安全专项应急预案的工作，我们根据省、市交通系统"安全质量年"、"平安工地"活动等要求，结合本项目的实际情况，相应制定了工作计划和实施方案，始终坚持"安全第一、预防为主、防重于抢、有备无患"的方针。项目公司编制了钱江通道及接线工程钱江隧道综合型应急预案，并将各项应急预案及演练的实施方案告知各参建单位，做好交底工作。每年定期会同各参建单位在施工现场组织消防演练活动，通过演练使现场作业人员学会了正确使用消防器材，加强了消防实战演练的能力。

对于在盾构出洞、穿越钱江大堤等危险性保护要求高的工序，要求对盾构设备进行了全面的维护保养，并邀请质监局安全部门领导参加盾构穿越钱江大堤安全技术交底会。应急抢险设备及物资提前抵达钱江大堤，从人员、设备、物资上做好充分准备。在穿越过程中，参建各方能够密切配合，及时调整施工参数，安全顺利穿越。

3.2.4.3　钱江隧道技术创新管理制度

钱江隧道公司紧密结合工程实际，通过多方努力积极筹措科研试验经费，并通过加强成果及时转化应用，最大限度地发挥科研试验的效能，有力地推动了科研工作的开展。

（一）多元筹集科研试验经费，为科研项目提供有力保障

钱江隧道公司从项目可行性论证开始，就非常注重科技研发的投入。截止到2012年10月，公司科研试验投入总规模已经达到了2000多万元，如此大规模的科研试验投入在许多同类型施工项目中是不多见的。

如此巨大的资金规模，得益于钱江隧道项目公司领导的高度重视，公司通过积极筹措，开辟了多元化的科研试验经费筹集渠道。这主要包括：一是自有资金投入，这部分占绝大部分的比重；二是申请国家有关科研计划立项目，获得资金支持。通过多方面努力，有力地保证了科研试验经费的投入，及时地解决了制约工程建设的一些关键技术问题，极大地促进了钱江隧道工程建设的顺利开展。

（二）紧密结合工程实际，积极拓宽课题来源渠道

钱江隧道工程的科研项目，涉及多层面的立项课题，从而在筹措更多科研经费的同时，在很大程度上地提升了科研水准。具体来看，课题立项来源主要包括两个方面。

一是项目本身的需求，钱江隧道在设计施工过程中有其特殊复杂性，主要表现在规模宏大、涉及领域广、综合性强、周围环境复杂、地层条件特殊、施工工期紧、工程质量要求高、工程结构复杂、施工技术难度大等方面。为能够更好解决钱江流域大型隧道工程建设一系列技术难题及工程风险，开展了《钱塘江流域大断面盾构隧道关键技术研究》这个课题。

二是交通行业的需求。杭州钱江隧道工程的科研工作，始终得到了浙江省、市交通主管部门、公路局的大力支持和具体指导。早在初步设计阶段，针对钱江流域大型隧道数值化监控和安全运营管理综合技术等方面进行专题研究，为工程的运营与维护提供了强有力的技术支持。科研项目在浙江省交通运输厅等上级主管部门的督促与推进下，于2010年5月交通运输部与隧道公司签订了《钱塘江流域大断面盾构隧道关键技术研究》科技项目任务书，并成立了科研领导小组。

（三）及时总结研究成果，推动技术转化应用

钱江隧道项目公司及上海隧道工程股份有限公司非常重视并积极推进创新性科研成果在工程建设中的及时转化、应用，通过加快核心技术的创新与集成，利用技术成果在工程应用中的示范效应，帮助施工企业将技术成果推广应用。在建设过程中，一大批新工艺、新技术成果，如大断面软土盾构隧道计算和设计方法；长大隧道通风、消防和防灾控制方法；长大盾构隧道施工工艺；盾构隧道泥水工艺；盾构隧道同步壁后注浆工艺等30项科技成果及时应用到工程建设中，极大地提高了施工和建设效率。

3.3　钱江隧道建设管理体系组织模式

工程建设是系统工程，而系统工程需要通过与之相适应的管理模式、组织机构、管理机制、管理流程、管理方法、管理技术来实现，也就是说，需要有专门的工程管理组织体系。工程管理的组织体系本质上是建设主题有效地配置资源，满足工程建设各方面的要求，实现工程建设目标的系统和平台。

钱江隧道为 BOT 工程，在我国跨江隧道群中，有明显的创新性，因此，钱江隧道的管理组织设计尤为重要。鉴于钱江隧道的公共基础产品属性、建设环境复杂及我国目前工程建设市场还不成熟和完善的现状，交通运输部和浙江省交通运输厅在充分调研国内外建设市场，在浙江省 10 多年交通工程建设经验的基础上设计了相应的管理组织模式，并在实践过程中进行了一系列的管理创新，使之不仅符合当前中国国情，而且更具备现代国际工程管理特色。

3.3.1　钱江隧道工程建设组织管理新机制

10 多年来，浙江省隧道建设取得了长足的进步，仅在杭州市内就修成了西湖隧道、灵溪隧道、庆春隧道等工程。通过浙江省隧道群的建设，积累了丰富的越江隧道的建设管理经验。

钱江隧道建设所取得的成就得益于浙江交通工程建设组织管理制度和机制的创新。对此，浙江省交通运输厅做了认真的总结，这为钱江隧道的建设提供了宝贵的经验。在此基础上，针对钱江隧道面临的新环境和新问题，浙江省交通运输厅进一步对大型工程项目管理组织体制进行了完善，构建了四大创新机制，着力解决深化政府改革、加强重点工程组织管理、筹措交通发展资金方式和征用建设土地等深层次制约交通事业发展的问题，充分调动了各种有利于交通发展的积极因素，从制度上保证了工程建设的需求。

首先，构建了政府管理创新机制。通过深化政企分开、政事分开的改革，浙江交通系统的工作重心逐步转移到政策引导、行业调控、执法监管和为社会提供优质、高速、便捷的公共服务上来。

其次，构建了交通工程建设管理组织新机制。实行省交通工程建设领导小组下的钱江隧道项目公司负责制，即"省领导小组决策、省高指监管、市高指建设、公司筹资"。而对于规模大、标准高、技术难的重点工程，主要由省交通运输厅负责建设管理，始终坚持部、省联合协调机制，实行科学民主决策，共同研究解决重大问题。

再次，构建了交通建设筹资新机制。逐步完善"政府投资、地方筹资、社会融资"的投融资体制。

浙江省交通工程建设管理组织机制的创新，有利于整合社会资源，打造优质建设平台，同时也有利于管理经验、技术、人才的传承，这为浙江跨江隧道建设始终走在全国前列提供了制度和组织保证。钱江隧道工程管理的组织模式正是在浙江省交通工程建设的组织新机制的基础上建立的，并结合了钱江隧道工程特点进行了一系列的创新，从而使钱江隧道工程管理组织创新站在了一个新的起点和高度上。

3.3.2　钱江隧道建设管理体系组织模式

钱江隧道工程建设的管理模式是集现有若干种管理模式的组合，是传承中的创新，是创新中的发展。

模式的主要实质——以业主（政府）的最高要求为目标，符合项目的建设宗旨，满足社会和人民的需求。

模式的主要内涵——业主全方位掌控项目建设前期、设计、施工、质量、安全、工期、造价、竣工验收、运行管理，可称为项目建设全过程管理。

模式的运行机制——从工程建设管理内在规律出发，全方位、多角度地加强管理协调力度，有技术方面的、经济方面的、组织协调方面的、集成控制方面的，用业主对工程的责任心去促进带动工程承包单位，用承包单位的质量、安全和文明施工来回应业主管理。

模式的主要特征——以施工总承包为基本元素；赋予业主更大的掌控权，始终把握工程建设管理的主动权；着实抓好设计、施工、监理队伍的选择工作，注重实绩、资质和信誉，着力构筑工程建设最根本的第一要素；大宗材料市场招投标，特种材料进入政府采购网招标；投资控制强调设计概算、施工图预算和工程结算三者间的关联和互控，工程款支付突出真实的验工计价和合同履约的程度。

模式的企业文化——创新求实、集聚资源；以人为本、和谐工程。

模式的思辨考量——面对市场经济逐步成熟，国际间交流日趋增强，如何把握社会主义市场经济的脉搏，制订和运用好合同这一载体，维护好自身的权益，规避风险，提高成功率。在处理进口设备的制造中，"做好监管、划定责任、携手共进、掌握主动、确保成功"的处事原则，推进工程建设。

3.3.2.1 钱江隧道建设管理体系组织设计基本原则

我国基本建设程序和交通运输部关于工程建设实行"四制"管理的规定，钱江隧道管理组织系统设计主要考虑两个问题：一是确保政府在钱江隧道建设全过程中高效的领导、有效的监督，并为项目实施提供良好的建设环境；二是保证投资主体的法人地位。为此，钱江隧道工程组织系统设计遵循如下基本原则：

（1）系统性原则。管理组织的系统性是由钱江隧道工程是一个系统和工程建设规律的内在要求所决定的。钱江隧道建设程序复杂，管理内容多，建设过程中涉及建设、设计、施工、监理、科研、咨询等多主体关系。这些不同利益主体构成了一个开放系统，因此在设计钱江隧道建设管理组织系统时，必须考虑开放系统的影响，使其既能够协调"一隧六方"利益关系，又能完成各类管理任务。即系统性是钱江隧道管理组织系统设计的首要原则。

（2）统筹性原则。政府对钱江隧道建设的行政领导和项目法人的市场化管理体现了两种不同的职能，但是二者的工程管理目标是一致的。因此，在设计钱江隧道建设管理组织系统时必须考虑二者的关联性，将两者职能紧密而恰当地统筹在一起。

（3）创新性原则。钱江隧道管理组织系统既要继承浙江大型交通工程建设管理经验，运用好"杭州市钱江通道建设工程领导小组、技术顾问和专家组、隧道建设项目公司等"组织管理模式，还要针对钱江隧道面临的新环境和新问题，与"隧"俱进，积极进行管理机制的创新。

3.3.2.2 钱江隧道建设管理组织系统

钱江隧道管理组织系统包括以下四个子系统：

（1）钱江通道建设工程领导了系统。浙江省、交通运输部成立由省、部领导担任正副组长，浙江省、交通运输部有关部门和杭州市领导参加的"钱江隧道建设协调领导小组"，对钱江隧道建设管理实施全面领导，对建设中的重大问题进行决策和协调。

（2）技术专家支持子系统。该子系统由技术顾问组、技术专家组组成，负责建设全过程的技术支持工作。

（3）钱江隧道项目公司工程实施子系统。钱江隧道建设项目公司对钱江隧道建设进行全面管理，下辖的杭州市钱江隧道项目子公司负责辖区征地拆迁、提供施工保障条件、协调解决工程与当地的有关问题以及接线工程的建设管理。

（4）项目公司融资子系统。杭州建元隧道发展有限公司是钱江隧道建设的项目法人，负责钱江隧道建设资金的筹措，并对钱江隧道建设后的运营、债务和资产实行全过程管理。

3.4 钱江隧道工程管理组织体系和运行机制

钱江隧道实行"钱江通道建设工程小组领导、专家技术支持、公司筹集资金、钱江隧道项目公司建设管理"的组织管理机制，即成立杭州市钱江通道建设工程领导小组，研究解决隧道建设的重大问题；由交通运输部和浙江省政府共同聘请国内隧道界专家，成立技术顾问组和专家组；成立钱江隧道项目公司，综合发挥行政和市场两方面的作用和力量。钱江隧道组织管理机制对钱江隧道项目建设的最大贡献在于降低了工程协调难度，保证了项目的顺利实施。

3.4.1 钱江隧道工程管理组织体系

3.4.1.1 钱江通道建设工程领导小组

钱江隧道是国家重要的交通枢纽工程项目，国家对工程建设中的重大事宜，如前期决策、资金筹措、建设管理等给予了足够的重视和充分的介入，以保证工程的顺利建成。浙江省政府将钱江隧道建设工作纳入政府部门的工作目标，实行统一领导、分级负责，建立了完善的目标管理责任制，并定期检查、按期落实，把隧道建设列为浙江省近期"一号工程"，全力打造浙江省的隧道精品工程。

钱江隧道在建设过程中涉及交通运输部、浙江省政府、杭州市等诸多单位、部门，为了适应隧道建设需要，成立了"钱江通道建设工程领导小组"，该小组是钱江隧道建设期间的最高决策机构，是钱江隧道建设的最高领导层，通过定期和不定期的省部联席会议，对钱江隧道建设中的重大问题进行决策和协调。

"杭州市钱江通道建设工程领导小组"组长为是杭州市长蔡奇，常务副组长为沈坚副市长。小组成员有省政府及其下属的交通运输厅、科技厅、公安厅、国土资源厅、住房和城乡建设厅、水利厅、环境保护厅、发展计划委员会等有关部门的负责人和杭州市长等。强有力的组织机构保证了交通运输部和浙江省人民政府对钱江隧道的最高领导地位和宏观管理，同时也意味着钱江隧道项目的建设得到国家和浙江省的有力支持。

为了配合钱江隧道建设工作，保证接线工程的顺利建设，杭州市钱江通道建设工程领导小组有关部门明确分工，各负其责。市建设领导小组负责各自征地拆迁、"三通一平"等各项施工准备工作以及建设过程中协调和处理地方关系和矛盾，确保钱江隧道及其接线工程建设目标的实现。

"钱江通道建设工程领导小组"为整个工程项目的建设创造了一个良好的建设支持和保障环境，包括技术环境、施工环境、投资控制环境、资源和政策环境等。

（1）技术环境。为确保隧道建设质量，从 2006 年起，浙江省政府和交通运输部联合聘请国内外 30 多名知名隧道专家，组成国内隧道界最高级别的智囊团，为隧道建设提供强有力的技术支持。

（2）施工环境。钱江隧道所在水域航运繁忙，为确保隧道施工和钱塘江通航"两安全"，自钱江隧道正式开工以来，交通部门做了大量的安全围护和保障工作。在交通运输部的直接关怀下，政府投入巨资，全面升级改造了隧道管理系统，利用先进的科技装备 24h 全方位监护钱江水域，为钱江隧道建设提供了良好的施工环境。

（3）投资控制环境。建设初期"钱江通道建设工程领导小组"直接组织了初步设计审查，审定了钱江隧道建设规模、建设方案、总工期和静态总投资，同时制订了工程建设资金的筹措方案；建设过程中，审定了项目法人建设投资计划，对工程动态投资进行宏观控制，协调有关各方解决法人运作中的重大难题，其中包括建设计划、概算调整、计划资金、移民和拆迁政策支持、减免补偿税等重大问题；建设过程中还派出了质量专家检查组和稽查特派员小组对工程质量和资金使用实施监督检查。

（4）资源和政策环境。通过"钱江通道建设工程领导小组"的协调，政府各相关部门及时有效地解决了工程建设过程中所需的资金投入、水、电、通信、环保、税务、物资供应、社会安全等资源和政策上的问题。在隧道工程的建设过程中，杭州市政府给予了足够的支持。他们调动了一切可以调动的力量和资源，"一切服从钱江隧道"，杭州市举全市之力，倾全民之情，关心着隧道，支持着隧道建设。

钱江隧道大工程需要政府的力量来协调和获取多方面的支持，整合全社会资源，保证隧道的建设。没有"钱江通道建设工程领导小组"为隧道工程建设保驾护航，为钱江隧道营造出一个良好的外部建设环境，钱江隧道这个"大工程"不可能如此顺利办成。

3.4.1.2　专家技术支持

钱江隧道是整个浙江省、杭州市交通系统具有重要意义的高速公路项目，为了更好地对工程技术、质量、安全等工作进行服务与控制，杭州市政府在 2010 年 6 月成立了"钱江隧道专家咨询顾问组"，由孙钧院士担任组长。顾问组结合工程进展的各阶段实际存在的技术难题和质量安全控制风险，每季度提前召开一次会议。

目前，顾问组已于 2010 年 6 月、2011 年 1 月、2011 年 8 月、2012 年 1 月分别围绕盾构掘进施工参数的设定、盾构设备管理、防渗漏措施、隧道纵向疏散、旁通道设置问题、盾构浅覆土施工、盾构进出洞施工、盾构穿越大堤、隧道同步立体化施工等关键技术方面召开了 4 次专家会议。各位专家充分发挥了渊博的知识和丰富的经验，为钱江隧道提供了强大的技术支撑，同时降低工程风险，确保钱江隧道工程安全、优质建设。

创新是大型复杂隧道实现穿越江河的力量源泉。钱江隧道建设坚持"自主创新、博采众长"的建设理念，依靠国内外力量进行自主技术联合聘请国内外知名隧道专家为主的钱江隧道技术顾问，并组建技术专家提供技术支持。在专家技术的支持下，钱江隧道攻克了多项关键技术，收获了一大批具有自主知识产权的前沿科技成果，带动了我国基本建设、交通行业的技术进步。

浙江省政府和交通运输部联合聘请了以国内外知名隧道专家为主的钱江隧道技术顾问，并组建了技术专家组。根据钱江隧道工程建设的需要，技术顾问和技术专家组对建设过程中的重大技术方案，关键技术难题，质量控制标准及新技术、新工艺、新材料的运用和建设管理等开展现场技术咨询。

"杭州市钱江通道建设工程领导小组"统一领导技术顾问和技术专家组。在技术咨询过程中，技术顾问和技术专家组分工明确，技术顾问主要是针对隧道建设中的关键技术进行理论研究和指导，对重大工程规划设计提出可行性意见，对施工过程中可能遇到的问题提出指导方案；而技术专家组则偏重于工程建设过程中的现场指导和咨询，技术专家组咨询意见主要是依据技术顾问的理论研究成果，结合钱江隧道建设过程中遇到的实际情况有针对性地提出的解决方案，并指导施工单位进行现场实施。

从钱江隧道前期论证开始，技术顾问和技术专家组就对钱江隧道重大技术方案，关键技术难题，新技术、新工艺、新材料的运用及科学管理等方面提出了指导性的咨询意见，发挥了强大的技术咨询功能。例如，在总体实施计划大纲、钱江隧道越江段、盾构推进施工方案、管片拼装方法、安全评价系统的研究与设计等诸多方面，专家们提出了许多宝贵的意见和建议，对科研、设计和施工给予了巨大的技术支持。

钱江隧道建设的实践表明，技术顾问的理论研究和技术专家组的现场指导，是一种理论与实践紧密结合的技术保障组织模式，该模式不仅很好地解决了工程中的理论和实践结合的问题，保证了钱江隧道工程不因技术障碍而延误工期，并且使得隧道建设理论在实践中不断丰富、修正、完善和提高，为我国隧道工程建设积累了丰富的理论知识和实践经验。

3.4.1.3 钱江隧道项目公司建设管理

建设管理模式是工程项目组织管理体系中的核心内容，选择一个合适工程项目特点的管理模式，是工程项目组织管理的首要任务。建设管理模式的选择对工程项目来讲非常重要，一个适合工程项目特点的管理模式与其他模式相比，应能在现有条件下更有效地实现资源优化配置，克服工程建设中的各种困难。钱江隧道沿用了被浙江前几条大型隧道验证为卓有成效的建设管理模式，通过钱江隧道项目公司对钱江隧道建设实施全面管理。

一般来说，工程项目建设管理模式选择依赖两个条件，一是现时项目所处的外部环境，包括政治、经济、社会及建设行业所处的发展阶段等；二是工程项目本身的特点，包括工程的投资主体、工程规模、工程复杂程度、工程技术创新程度等方面。

钱江隧道项目公司具体负责本项目的建设管理工作。在项目的建设中，认真履行基本建设程序，实行项目法人责任制、招标投标制、工程监理制度和合同管理制度。项目公司依照法律、法规、公路工程技术标准、规范和工程合同的要求，组织设计、施工和监理，项目公司自始至终应起到组织领导作用，对施工全过程中的质量管理要起到督导作用。监理单位受项目公司的委托，对工程质量实施全面的过程控制。

工程项目本身的特点是决定建设管理模式选择的内在因素。工程项目的规模越大、工程越复杂、技术难度越高、不确定因素越多，项目内外部需要协调的工作量和协调难度就越大，工程就更加需要集权性的管理。大型复杂工程建设过程中涉及科研单位、设计单位、施工单位、咨询单位、监理单位、供应商、环境部门等众多利益主体。工程建设期间，这些利益主体需要很好的相互协作才能支撑工程的顺利建设，但利益主体间各自的价值目标不同，直接导致了各利益主体的博弈和利益冲突。钱江隧道项目公司组织模式源于传统的计划体制，但在当前，它具有行政指导能力、整合资源能力强的优点，特别在处理建设过程中多方多层次协调、排除工程环境不完善而形成的工程建设干扰等方面具有其他管理模式不具备的能力和优势。目前中国正处于一个社会全面转型阶段，传统管理模式的一些宏观管理职能，如政策优惠、建设协调、行政干涉等，有其现实合理性和必要性，而这些是普通项目法人难以实现的。因此，如果以钱江隧道项目公司建设管理模式为主，再匹配市场经济运作所需要的组织就可以充分发挥政府行政与市场机制的两重优势，实现优势互补。

3.4.2 钱江隧道工程管理组织体系运行机制

钱江隧道项目公司在杭州设立现场工作室，按照省、部领导的要求，依据《钱江隧道及其接线工程建设管理总承包协议书》，负责管辖区范围内建设条件的落实、征地拆迁、建设环境的协调和接线工程的建设管理等工作，根据授权履行相应职责。

钱江隧道项目公司主要由浙江省交通行业一批工程技术和管理专家组成，大部分工程技术和管理人员来自浙江隧道工程建设一线，参加过浙江很多隧道工程的建设。他们一般都具有领导和参与多条大型隧道工程建设的经历，可以说他们是一批稳定的"职业"隧道建设专家。钱江隧道项目公司管理干部普遍都具有建设多条隧道的工程实践经验，他们不仅对建筑市场非常熟悉，而且工作人员相互之间也十分了解，不需要再经历一个磨合过程就可以迅速地进入工作状态，从而提升了工作效率和降低了管理成本。

3.4.2.1 钱江隧道项目公司组织机构设置和部门职能

钱江隧道项目公司在行政领域下设总工室、安全部、工程部、综合部、计划部、财务部，负责钱江隧道建设的日常具体工程管理工作。由于钱江隧道特殊的建设环境，安全管理责任重大，钱江隧道创新性地在组织机构中专门设立了安全部，由安全部专门负责钱江隧道建设过程中的安全管理工作。钱江隧道项目公司各职能部门的职责如下：

（1）总工室主要职能。总工室主要负责项目技术管理、项目科研管理、项目设计管理。包括工程建设的科学技术管理，隧道建设的设计、科研管理，推动技术创新，组织开展专项试验研究、关键性技术研究及管理和技术咨询等活动，对设计工作的管理和组织设计文件的国内外咨询、审查，组织开展新技术、新设备、新材料、新工艺的研究和在隧道建设中的推广与应用工作，组织技术培训与技术交流活动，组织技术成果褒奖等工作。

（2）计划部主要职能。计划部负责项目招标管理、合同管理、信息管理、年度进度管理等。其中招标管理包括组织工程施工、监理、勘察、设计、科研、咨询服务以及主要材料、设备的采购等招标工作，编制招标文件，制定工作办法，并负责对招标及合同相关条款和问题的解释；项目合同管理包括合同的起草、谈判和签订，并在合同执行过程中对中标人的履约情况进行动态跟踪，协助工程部督促中标人的履约；项目信息管理包括钱江隧道项目信息管理体系的建立，组织实施项目管理系统的研发、运用、围护和信息化管理工作等；项目年度进度管理包括编制工程总体实施计划、年度建设计划和阶段计划，并对计划执行情况进行跟踪和调整等。

（3）工程部主要职能。工程部主要负责项目风险、施工管理、物资管理、质量管理、安全管理以及竣工管理等。其中项目风险、施工管理包括总监办公室的日常管理工作，组织审查施工组织设计、施工计划、施工方案、工程变更和修改，编制专项施工技术标准和施工管理办法，组织重大施工技术科研攻关，组织新技术、新工艺、新材料的推广应用；项目物资管理包括建立工程物资择优体系，会同纪监部门对物资采购活动进行检查监督，制定物资管理制度和办法，负责组织主体工程物资二次采购工作；项目质量、安全管理包括组织编制质量创优计划，组织质量、安全检查，组织工程质量事故、安全事故的处理，负责与有关部门水底施工安全的协调，组织指定安全应急措施，组织各阶段工程质量评定及文件编制、申报优质工程等工作。

（4）安全部主要职能。安全部只要负责组织建立钱江隧道项目公司安全管理体系、指定安全规章制度；负责工程水底安全管理的指导协调工作，协助工程部对水底和平台上的施工安全检查监督工作；负责与航道部门、渔政部门和安全监督部门等单位的安全管理协调工作；组织开展安全宣传、安全教育和安全培训，协调安全演习等工作，协调安全事故的调查处理，参与重大事故的应急救援工作。

（5）财务部主要职能。负责工程财务管理、成本管理、资金筹措管理等。包括指定并执行会计核算、财务管理、会计监督和内部审计监督工作的方针、目标和规章制度，负责建立资金筹措与管理、工程资金拨付业务、工程结算工作，及时编制工程竣工财务决算，组织审计力量对建设资金的收支情况进行审计，协调与税务、金融机构和审计机关的工作联系等。

（6）综合部主要职能。综合部主要职能是负责组织协调、人力资源管理、文化建设、文件管理、会议管理等工作。其中组织协调包括处理日常的文件，负责工作总结、报告、汇报、请示和有关会议的拟稿工作，局域网日常维护工作，兼管党和工会的日常事务工作，房产、办公用品和工地现场办公、生活后勤等行政管理工作等；项目人力资源管理包括员工的考核奖励、人事调配、工资调整、教育培训、职务晋升、纪检监察、计划生育等工作以及员工的集体福利、生活管理和医务保健工作；项目文化建设包括对内、对外宣传和文化建设工作，组织文明施工和建功立业劳动竞赛活动；项目文件管理包括组织收集、反馈、交流工程进度、安全、质量等各种信息，编写信息动态报告和工程建设大事记，组织汇编管理制度，收集、整理、保管文书档案及技术资料档案；负责项目会议管理等工作。

3.4.2.2 钱江隧道项目公司组织运行机制

高效的运行机制是组织模式成功的前提与保证。为了确保钱江隧道工程的成功建设，钱江隧道项目公司在建设期间，建立了完善的组织运行模式，通过信息共享平台，钱江隧道项目公司内部与项目干系人之间建立了完备的组织运行机制和协调措施。

（一）钱江隧道项目公司组织内部的运行机制

钱江隧道项目公司运行机制包括横向运行机制和纵向运行机制。横向运行机制主要是通过直接联系、任务组和信息系统等方式实现。纵向运行机制主要通过定期报告、书面信息以及计算机等联系方式实现。在钱江隧道工程建设实施过程中遇到问题，相关部门的管理者和其他成员可以直接进行沟通。当工程建设中需要多个部门共同协调或决策时，就采用任务组的方式，即由不同部门的代表共同组成临时委员会，并负责将任务组的信息传回本部门。

为了使钱江隧道项目公司内部全体成员顺畅的沟通交流，钱江隧道建立了跨职能的信息系统，各部门之间，各部门上下级之间在信息系统平台上可实现充分的交流。信息平台的建立使得职能部门与组织单元之间的界限变得模糊，组织结构呈现出互相交错的网络化，项目内部信息沟通流畅，钱江隧道项目公司成了互相理解、互相学习、整体互动、协调合作的团队与平台。

（二）钱江隧道项目公司组织与参建方的沟通

钱江隧道参建方包括承包商、分包商、设计机构、材料设备供应商、项目咨询机构等，钱江隧道项目公司以合同为纽带与子建立了经济关系。对这类关系，最重要的是要加强项目各参与方的相互信任、增强工程各参与方对合同条款的理解、增进组织内部和参与方人员的沟通合作，通过有效的监督，促使各参与方均能正确地执行合同。为此，钱江隧道项目公司建立了专人联系制度，对于每个阶段、每个参建单位都明确专人建立工作联系，保证了信息的有效沟通与协调，确保对任务的准确理解。钱江隧道项目公司在加强合同管理的同时，经常帮助工程参建单位切实解决所遇到的困难，做好服务工作，为项目合同顺利实施提供了有力保障。面对突发事件，工程部充分考虑实际情况，灵活地处理问题，给予施工方必要的帮助。钱江隧道项目公司还在合同中明确规定，对按期或提前保质保量完成项目建设的单位，钱江隧道项目公司将给予施工方的集体和个人一定数额的奖励。

（三）钱江隧道项目公司与系统外的协调

钱江隧道项目公司与系统外的协调主要是指钱江隧道项目公司与政府行业主管部门、金融机构、现场环境监督、航道管理、渔业部门的协调。在系统外部协调方面，虽然与政府行业主管部门、金融机构、现场环境监督单位等外部协调方面没有十分严格的程序和方法，但处理好工程系统外部的关系是工程成功的有效保证。钱江隧道十分注重与外部部门和机构的沟通与协调，使得工程在建设过程中获得各级政府以及相关部门的大力支持，受到了社会各界的好评。为了发挥各类信息载体和新闻媒体的功能，钱江隧道项目公司还建立健全了宣传报道网络，充分发挥各类信息载体和新闻媒体的功效，营造了钱江隧道工程建设的良好氛围。

3.4.2.3　钱江隧道项目公司组织制度建设

钱江隧道组织制度建设主要包括以下三个方面：

（1）钱江隧道项目公司组织内部管理制度。为了使钱江隧道项目公司日常工作有章可循，提高公司的工作效率，加强公司自身的管理，由综合处和财务处等部门制订了一系列关于各处室职责、职工培训、会计、审计等方面的规章制度等。

（2）钱江隧道工程建设管理制度。为了保证工程的顺利建设，钱江隧道项目公司相关科室（总工室、工程处、计划处、财务处等部门）制订了工程建设管理制度。工程建设管理制度包括设计科研管理制度、现场管理制度、质量安全管理制度、物资费用管理制度、计划合同招投标管理制度、项目管理制度、档案管理制度七个方面。通过这类制度，钱江隧道项目公司规定了工程参建方项目活动的准则和标准，制度的执行保证了工程建设按照各类计划执行，降低了工程建设风险。

（3）钱江隧道项目公司"阳光工程"的廉政制度。为了加强廉政建设，防止腐败行为发生，钱江隧道项目公司制定了工会、共青团制度和工作办法及廉政建设的一系列制度，如"纪检派驻制"、"现场党建统管制"、"跟踪审计"、"廉政保证金办法"、"新入场单位廉政告知制度"、"廉政合同制度"等。这些制度有效保证了钱江隧道组织和个人行为的规范化、透明化，极大地防范和遏制了腐败行为的产生。

3.5　钱江隧道组织管理经验总结

公路隧道管理在我们国家还是一个新型的管理行业，现今世界上也没有一套完善的管理模式。现在只能靠管理者在管理中不断探索总结，逐步形成一套科学化、程序化的管理体系。

（一）加强制度建设，认真落实各项规章制度

制度是管理工作的灵魂，它就像国家的法律法规一样，如果没有它们来约束人们日常行为，那我们的社会将出现意想不到的局面。人民就不可能安居乐业。俗话说"没有规矩不成方圆"，一个企业的管理和国家治理有异曲同工之处。所以说在企业中制度的健全是至关重要的，而制度的落实是非常关键的。

（二）加强人员的配备力度，努力提高员工的素质

国家现今提倡"以人为本，构建和谐社会"，企业更应该注重这一点。人是企业生存与发展的根本，没有人何谈管理，要想管理好一个企业，必须配备足够的人员力量，这样才能根据所制定的各项规章制度按照 ISO 9001—2000 质量管理体系的标准认真落实各项工作任务，真正做到"做所写，写所做"。从而使每位员工的日常工作从"百分考核"分数中真正体现出来，做到奖罚公明，达到公平、公开、公正的原则。真正发挥员工群策群力的主人翁精神，让员工真正体会到自己是企业的主人，企业的兴衰与自己的命运息息相关。

如今讲求科学管理、人文管理的方针，提出了科学技术在社会发展中的重要作用，从而提出提高员工的综合素质是无可置疑的。企业必须加强员工的再教育力度，营造让员工在工作中学习，在学习中工作的氛围。逐步提高自身的素质，快速领悟现代化新型的技术成果和先进管理经验。

（三）全组织机构，职责明确分工

钱江隧道工程管理的主要职责保障隧道的安全运营。这就必须保障隧道各系统设备的正常运行，充分发挥其最大监控功能。如果没有健全的组织机构，就会出现工作职责不明，工作相互推诿，不仅没有提高工作效率，而且影响工作质量，就会影响隧道所有机电设备的正常维护工作，从而降低机电设备的使用寿命。因此组织机构的健全也是非常重要。

3.5.1　体现时代特色、国情特点，发挥行政与市场共同作用

为建设钱江隧道，成立了钱江隧道项目公司，其负责钱江隧道建设资金的筹措，建成后的运营管理、债务偿还和资产保值增值，钱江隧道项目公司全面负责钱江隧道建设管理工作。钱江隧道项目公

在职责上的"分"和具体办事机构的"合"，实现了大隧建设过程中行政与市场高效统一，使钱江隧道既能够依靠行政权力，高效地整合社会资源，同时又能够建立起市场机制，既管建设，又管运营，消除了建、管脱节的弊端，使建设与运营紧密衔接，有利于整体的协调和控制。

3.5.2 打造综合集成平台，提升驾驭复杂工程能力

坚持自主创新是我国科技进步的战略基点。钱江隧道项目公司在建设过程中，始终站在国家和政府的层面，在努力建设世界一流大隧的同时，把培育企业自主技术创新能力作为一项重要任务，创造条件使企业既为大隧建设做出重要贡献，同时使大隧建设成为企业提升自主技术创新能力的极好机遇。

作为当今世界技术最复杂的隧道工程之一，钱江隧道是重要的战略资源，是一个国家级的创新平台，对提升相关行业的竞争力有重要意义。作为一座代表世界建隧技术最高水平的隧道，钱江隧道为相关行业的技术创新提供了一个大舞台，为相关领域的技术进步提供了一个极好的机会。钱江隧道整合全球技术资源，创造条件让工程建设单位学习国际先进隧道建设技术和管理技术，钱江隧道的建设收获了一大批自主知识产权的前沿技术成果，带动了全行业的技术进步，提升了国家隧道建设的竞争力。

3.5.3 与时俱进，积极探索工程组织管理新模式

细数浙江省跨江大隧的建设，虽然工程的质量、安全、资金使用等各方面都取得了丰硕成果，但是还是存在不少需要提升的地方。例如，江阴大隧的上部结构由英国人总承包；润扬大隧虽然完全是依靠国内力量建设的，并被交通运输部评为"交通建设项目典范"，但工程管理与创新研究尚有不足之处。

继承是创新的基石。钱江隧道沿用了被前几座大隧验证为卓有成效的管理体制，成立杭州市钱江通道建设工程领导小组，研究解决大隧建设的重大组织管理问题；由省政府和交通运输部共同聘请国内外隧道界专家，成立技术顾问组和专家组，充分整合智力资源；成立钱江隧道项目公司，综合发挥行政和市场两方面的作用和力量。把国际先进管理经验和中国国情相结合是钱江隧道在工程管理方面做出的探索。特大型隧道建设是一个多学科、多专业协作的复杂系统工程，国内以往的做法，是把一个大工程切分成许多小单元，设计、施工、监控、监理等各独立成块，但因为任务相互交叉和延伸导致工作界面不清、责任主体不明。鉴于此，钱江隧道吸取当今国际先进经验，在隧道施工中，采用了施工单位总承包模式，就是说，整个施工过程中的所有任务全由施工单位承担，并由总承包企业整合所需资源。这样做系统完整，责任清晰，有利于发挥施工企业的综合能力，并进一步培养其工程总承包的能力。再如，钱江隧道在工程设计阶段，对设计专题及相应科研攻关采取了以设计单位为主体的模式，这种设计单位牵头的科研管理模式有利于实现设计、科研"无缝衔接"，做到科研服务于设计需求。所有这些都充分体现了钱江隧道在工程组织管理方面进行的探索，并且在实践中取得了良好的成效。

第4章 钱江隧道工程决策管理

4.1 钱江隧道决策概述

4.1.1 项目决策的意义

建设项目分为项目决策阶段、项目设计阶段、项目实施阶段和竣工阶段四个阶段。方案的经济技术比选分析在建设项目不同阶段、不同环节有其自己的特点。

投资前期是决定建设项目经济效果的关键时期，是我们研究和控制的重点，如果在实施后才发现工程费用过高、投资不足或原材料不能保证等问题，将会给投资者造成巨大损失。因此，无论是工业发达国家还是发展中国家，都把可行性研究视为工程建设的重要环节。投资者为排除盲目性，减少风险，在竞争中取得最大利润，宁肯在投资前花费一定的代价，也要进行投资项目的可行性研究，以提高投资获利的可靠程度。据有关资料统计，在项目建设各阶段中，投资决策阶段对工程造价的影响程度最高，可达到70％～80％，而在实施阶段影响建设项目造价的可能性仅为5％～25％。控制工程造价的关键就在于项目实施之前的项目决策。工程建设项目决策阶段必须进行对工程造价有重大影响的项目实施方案及各项技术经济指标进行论证和决策，特别是建设标准水平的确定、建设地点的选择、工艺的选择、设备选用等，都直接关系到工程造价的高低。

造价高低、投资多少及工程建设风险是项目决策的关键。项目决策的正确性是工程造价合理、建设风险可控的前提，项目决策的内容是决定工程造价的基础，项目决策的深度影响投资估算的精确度，也影响工程造价控制效果及建设风险大小。同一项工程在项目决策阶段的正确与否，决定着项目建成后使用价值、经济效益及是否可行，由于建筑产品一次性投入大，建成后可变性小，因此在项目决策阶段选择最佳的方案，消除方案选择中的盲目性，缩短工程项目施工期，可以为国家和社会节约大量的人力、物力和财力。在预可行性研究阶段进行详细的方案比选，是建设前期一项重要的组成部分，是建设项目立项和决策的重要依据。

4.1.2 钱江隧道决策内容

钱江隧道是浙江省公路网主骨架的组成部分，项目北接沪杭高速公路（骑塘互通）、南接杭甬高速公路（齐贤互通）。由北接线、过江隧道以及南接线三部分组成，主线建设里程43.59km，其中钱江隧道长4450m，横贯钱江流域，施工难度大，超大的盾构直径（15.43m）以及超长的盾构距离（3856m）是世界工程界所面临的难题之一，鉴于本项目特殊的地理位置以及施工工艺方面所面临的挑战，不可避免的需要在前期对本项目一系列宏观、微观问题进行决策。

宏观方面主要包括必要性分析以及建设线路规划，其中必要性分析指的是修建钱塘江过江通道的必要性，主要考虑新建通道是否符合省交通建设规划的要求，是否能促进浙江省经济的发展、旅游业的发展，能否适应不断增长的交通量等。必要性论证后，则面临着建设线路的选择，更短的跨江距离意味着更少的工程投资，但同时要考虑到接线条件及与公路网的协调性、选定地址的建设条件以及拟建构筑物对原有环境的影响等一系列问题。

待确定了项目建设的必要性以及选定建设地点后，还需结合建址的地质、水文条件，结合投资收益分析以及风险分析，对以下内容做出正确决策。

（1）桥隧比选。本项目跨钱塘江，位于举世闻名的钱江涌潮胜地——盐官观潮点附近，结构物的设计建造必然对观潮景观造成一定的影响，如何从景观、技术、经济、通航安全等方面科学选定跨江结构物方案是本工程的重点和难点，为此，对过江结构物方案进行了重点研究，对桥梁和隧道两种跨江方案进行了综合比较。

（2）隧道工法的选择。本项目经桥隧方案比选最终确定了隧道形式的过江方案，建造水底隧道的工法种类很多，根据工程地质、水文地质、隧道埋深、两端接线情况等条件的不同，选择科学、合理的施工方法是成功修建水下隧道工程的基本前提。常见的隧道施工方法主要有明挖法、矿山法、沉管法及盾构法等几种。经综合比选，最终确定用盾构法。

（3）盾构机的选型。盾构施工法由开挖面的稳定、盾构机掘进和衬砌三大要素组成。盾构从1818年发展到现在，形成了各种各样的盾构机型和盾构工法。按开挖面的闭合程度，可分为开敞式、半开敞式和密封式；按开挖方式可分为手掘式、挤压式和机械式（刀盘旋转切削）；按开挖面稳定和密封方式可分为泥水式和土压式。不同形式的盾构工法各有特点，在施工时如果选错了机型和工法，不仅影响施工进度，而且有发生开挖面坍塌、地层沉降和塌陷、涌水等重大事故的可能。盾构选型既包括整机类型的确定问题，又包括各部件的配置问题，还包括与辅助工法相配合使用的问题。

（4）岸边结构围护方案。钱江隧道工程计划采用两台盾构机，先后从江南盾构工作井向江北盾构工作井掘进，全线分为盾构段和江北、江南明挖段。这三段工程，虽然功能不同，结构形式有所差别，但就施工项目来说基本都是一样的，主要为围护结构、基坑开挖、基坑加固、降水、主体结构等几部分。由于近年来重大工程基坑事故频发，造成重大的经济损失甚至人员伤亡，基坑围护形式的选择必须根据基坑开挖深度和宽度、地质情况、场地条件、环境条件以及施工条件，通过多方案比选确定，所采用的围护结构应安全可靠、技术可行、施工方便、经济合理。包括围护形式比选、支撑形式比选、隔排水方式比选以及基坑加固方式。

（5）盾构段横向联络通道的设置。盾构段横向通道在火灾发生时可以横向疏散人员，会降低火灾造成的人员安全损失，但由于钱塘江高水头、强涌潮、高承压水、砂性土等特殊地质水文条件使隧道在建设阶段存在较大安全隐患，且建成后在长期运营阶段也存在降低圆形盾构隧道的结构整体性、抗震性、耐久性以及防水性等隐患。事实上，上海地铁四号线正是因为联络通道施工而造成重大的安全事故，因此，对于横向通道的设置与否需要针对钱江通道的工程特点进行可行性论证分析。

如图4.1所示为本课题决策内容层次图。

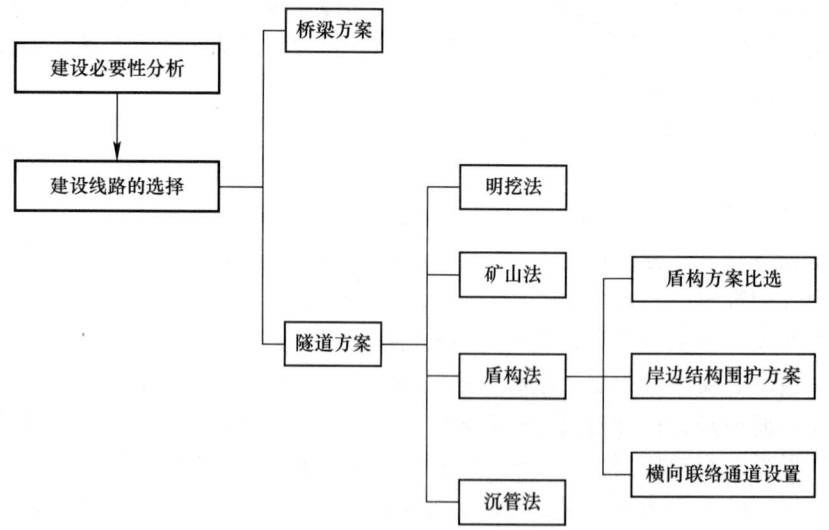

图4.1　钱江通道决策内容层次图

4.1.3　工程特点以及建设风险

通过对钱江隧道水文地质、周边环境、工程建设要求等情况的分析，其存在以下几大工程特点。

（1）工程地质条件。本工程穿越河段处于入海口的交织段，地貌属于河口三角洲平原。工程地质条件差，岸边沿线浅表层均有软土沉积，为厚层淤泥质土，具高压缩性，表层的砂质粉土具液化条件，属不良地质现象，需要对地基采取特殊处理。钱塘江底表层土为砂质粉土、粉砂，松散饱和，受潮水、洪水冲刷影响，表层土极不稳定。工程影响深度范围内地层地层主要为②-1 粉质黏土、②-2 砂质粉土、②-6 粉砂、②-8 淤泥质粉质黏土、②-13 粉质黏土及②-17 粉质黏土，见图 4.2。

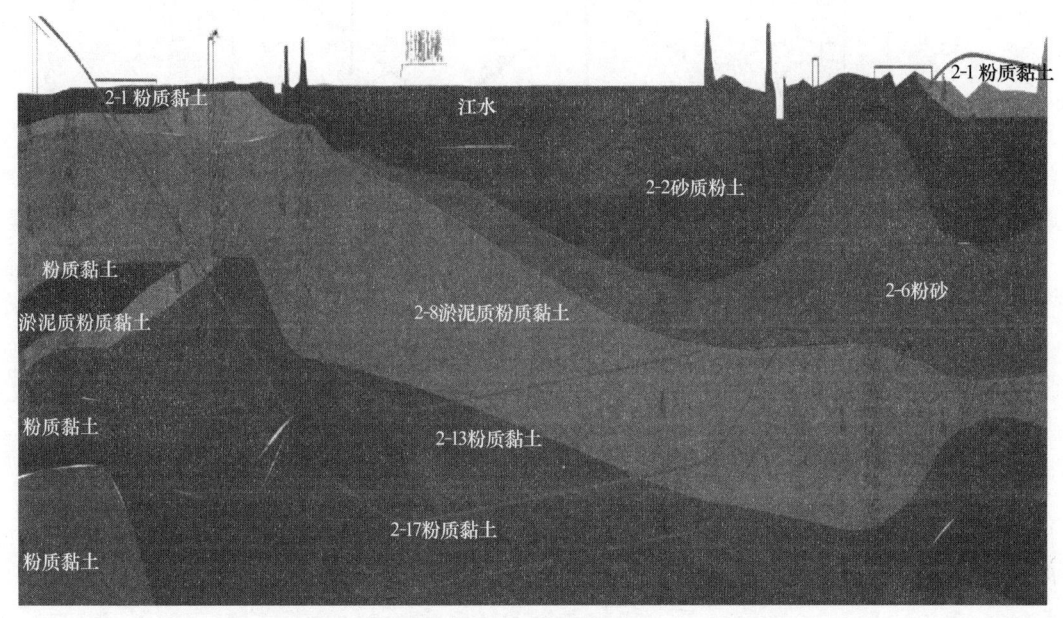

图 4.2　工程地层分布以及过江位置（红线部分）

另外，根据工程勘察资料，近场区主要有三组活动断裂，其分布如图 4.3 所示。近场区的地震活动基本上分布在北东向的马金-乌镇断裂和球川-萧山断裂之间，而沿球川-萧山断裂分布尤为明显。场地附近历史上曾发生过 5 级地震，现今地震活动时有发生，是浙江省地震活动相对较强的地区之一。近场和远场地震对场地的影响烈度曾多次达到Ⅴ度，有的达到Ⅵ度。

钱江通道的工程地质条件很大程度上影响线路选择、桥隧比选、工法选择以及联络通道等重大决策，所以需要着重分析。

（2）气候条件。根据 1949～2000 年共 52 年的台风年鉴资料统计，影响钱江通道工程区域附近的热带气旋个例共 127 个，平均每年 2.5 个。主要集中在 7～9 月，在热带气旋影响下，工程区风力可达 12 级以上，最大过程降水量可达 300～400mm，日最大降水量可达 240～360mm。该地区雾出现频率较高。全年各月均有雾出现，但冬季出现最多，夏季较少出现。累年最多雾日几乎都在 50d 以上。工程区域雾的持续时间一般在 4h 以下，持续时间超过 12h 的雾很少出现。台风、大降水和雾等不利气象条件对桥梁运营期会造成较大的影响，而隧道则几乎不受气象条件的影响。

（3）水文状况。钱塘江径流具有明显的年内和年际变化。年内存在洪枯际之分，3～6 月或 4～7 月为丰水期，径流量占全年的 70%左右，大洪水主要出现在 5～7 月，8 月～次年 2 月或 3 月为枯水期；径流量年际间变化也较大，最大与最小年径流量之比达 4.15，且多年连续丰、枯水文年交替出现。钱江隧道位于强潮河口，河势多变，不利于隧道长期稳定性。实测最大潮差 4.89m，平均潮差 3.50m。涌潮强，潮位高，潮汐吞吐量大，涌潮现象具季节性。隧道选址时应充分考虑到河道岸线的稳定性，弯道、涌潮等对其影响较大。另外，钱塘江大潮作为知名景观成为本次项目重点保护的对象，桥梁方案的桥墩阻水作用会对涌潮造成一定影响。

（4）主要涉水工程。通道附近北岸临江海塘为明清老海塘。该段海塘堤顶高程按百年一遇标准设计，堤顶高程为 8.86m，挡浪墙高程为 9.66m。南岸防洪堤即为萧围北线海塘，堤顶高程按 50 年一遇标准设计，高程为 8.32m，见图 4.4。北岸沿线海塘（海宁盐仓段、海宁段）建有丁坝群，丁坝坝长一般为 50m，坝顶高程为 1.5m 左右，丁坝间距为 250m，通道上游的丁坝距通道位置 30m，下游丁坝距

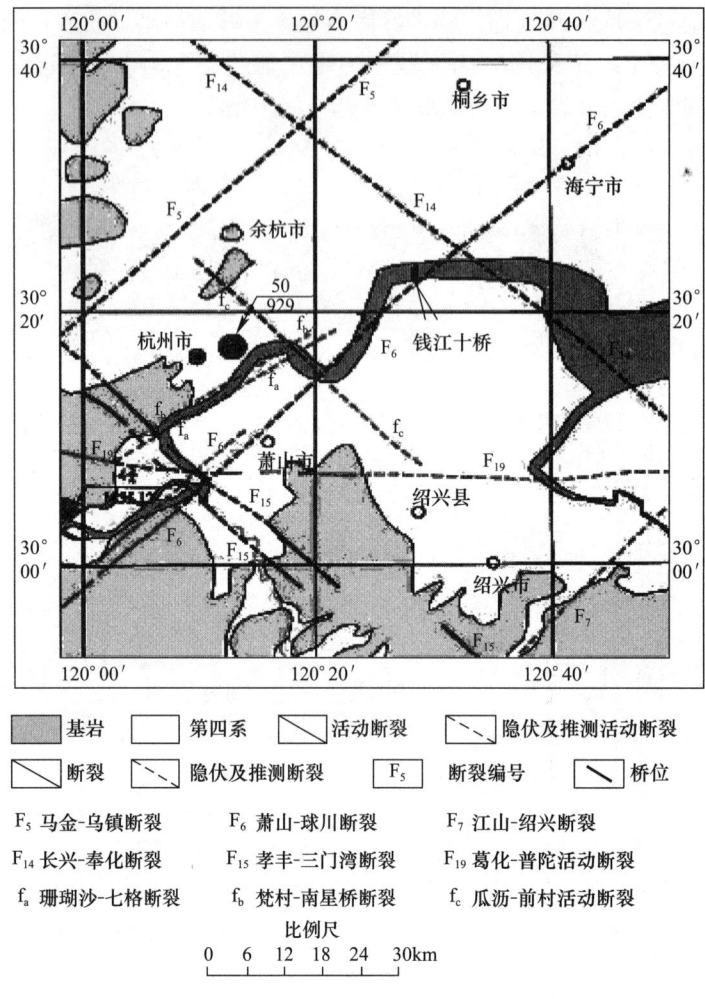

基岩　　第四系　　活动断裂　　隐伏及推测活动断裂

断裂　　隐伏及推测断裂　　F_5 断裂编号　　桥位

F_5 马金-乌镇断裂　　　　F_6 萧山-球川断裂　　　　F_7 江山-绍兴断裂

F_{14} 长兴-奉化断裂　　　F_{15} 孝丰-三门湾断裂　　F_{19} 葛化-普陀活动断裂

f_a 珊瑚沙-七格断裂　　　f_b 梵村-南星桥断裂　　　f_c 瓜沥-前村活动断裂

比例尺

0　6　12　18　24　30km

图 4.3　钱塘江近场区断裂带分布

图 4.4　明清老海塘（左图）和萧山区围堤（右图）

拟建通道为 220m。此外，在通道附近的涉水建筑物主要有：北岸的上河闸和下河闸，分别位于通道下游 1.5km 和 3.0km，南岸的外六工段排涝闸，位于通道上游 1.5km。明清老海塘是同样需要保护的人文景观，另外隧道穿越丁坝下部时由于覆土厚度变化梯度大，从而给地面沉降控制带来困难。

（5）工程工作井较深，地质条件差，靠近钱江，施工难度大。两岸工作井开挖均为一级深基坑，且存在含承压水的粉砂土层，开挖基坑时易引起流砂、涌水等风险，所以需要选择恰当的基坑围护方案来保证结构本身以及周围环境的安全。

（6）高速公路隧道运营易发生火灾、交通事故等，灾情难控制且损失极大，在进行决策时，需要在工程建设风险分析的基础上考虑运营阶段的安全问题。

4.2　决策管理机制

4.2.1　决策的概念以及机制

重大工程项目的决策是指决策者根据国民经济及社会发展规律和国家的经济建设方针政策，考虑重大工程项目有关的各种信息，按照合理的建设程序，采用科学的逻辑和分析方法，对重大工程项目进行分析和综合评价，选择项目建设的最优方案的过程。建设工程项目决策阶段包括从策划到项目确定的整个过程。通过初始策划、调查研究、科学分析、技术经济论证、判断和决定来完成。对不同建设方案进行技术经济比较和科学论证，并做出选择和决定。工程项目决策阶段的主要工作是对工程项目投资的必要性、可行性，即对项目为什么要实施、如何实施等重大问题，进行科学分析和论证。其中必要性分析是指对提出的项目依据、项目背景、项目兴建理由和项目预期目标进行分析论证；可能性分析是指对项目建设和生产运营必需的基本条件及其获得的可能性进行分析论证。在此基础上，即对确实必要且又可能建设的项目继续进行可行性研究。正确决策是合理确定工程造价与控制工程质量的前提。建设项目决策应遵循以下原则：

（1）科学化。所谓科学化，是指每一项决策都要遵循客观规律，充分征求专家意见，建立决策咨询制度，经过详尽和充分的论证，并借鉴和吸收国内外的成熟经验，使决策能经得起时间和实践的检验，符合科学的要求。对重大项目的决策必须坚持"先论证，后决策"的原则，必须做到先对项目进行调查研究和论证，然后进行决策，杜绝"边投资，边论证"，更不准"先决策，后论证"。

（2）民主化。即善于吸纳各种不同意见，分析各种风险，多谋而后慎断。按照民主程序决策，避免长官意志、"拍脑袋工程"、"首长工程"等。

决策的科学化、民主化必须有相应的制度作保证。参照国外经验，建立起一个比较健全的决策咨询制度、决策听证制度、决策后评估制度。

（一）决策咨询制度

决策咨询制度就是把专家咨询及各种咨询研究机构不断纳入决策过程的制度。由于重大项目涉及各个领域，专业化程度高，决策者不可能样样精通，各个领域发展变幻莫测，决策者不可能事事皆晓。决策者的主要作用应当从传统的那种亲自制订详细的决策方案，转移到站在战略的高度对专家制定的各种方案进行择优选择。现代决策者的这种角色转换之所以能够得以实现，前提是必须拥有一个由各类专家组成的决策咨询系统。决策者把决策要求传送给相应的决策咨询研究机构，咨询机构根据决策者的要求进行深入的调研和广泛的论证，在此基础上形成多个政策方案，提交决策机构进行选择。

（二）决策听证制度

决策听证就是在重大项目决策制定之前或实施之后，就决策目的、决策方案或决策效果听取相关人员的意见。决策听证有多种形式，专家听证和利益相关者听证是最基本的形式。这种听证制度有三个方面的重要意义。首先，它可以在相当程度上保证决策的合理性，有效地避免重大漏洞；其次，听证过程本身就是一个利益相关者参与决策的过程，是个民主的过程，它能够在相当程度上保证决策的代表性，不至于在决策制定后面临多数利益相关者的反对和抵触；最后，它可以及时发现决策在实施过程中的重要不足，以便不断调整和完善相关决策。

4.2.2　项目决策的程序和内容

决策是一个提出问题、分析问题、解决问题的完整的动态过程。必须遵循科学的决策程序，才能做出正确的决策。投资项目决策程序一般包括以下四个基本步骤：

（1）确定投资决策目标。所谓目标，是指基于一定的环境条件，在预测的基础上所需要达成的目的。目标是决策的出发点和归宿，决策前必须制定明确、合理的目标，尽量具体化、量化，以便与执行情况进行对比分析。

（2）拟定项目的被选方案。决策目标明确之后，就应该拟定能够完成目标的多种被选方案。被选方案必须是具备实施条件且能保证实现决策目标的可行性方案。对于任何一个问题，都可以用多种途径进行解决，其中哪条途径最合适，需要进行比选，所以要制定各种可供选择的方案。对于复杂的问题，还要邀请有关专家共同商定。

（3）对被选方案进行评价和优选。论证每一个被选方案的实施可行性，并在论证的基础上做出综合评价以选出最优方案。论证要突出技术上的先进性、实现的可能性以及经济上的合理性。不仅要考虑方案的投资效益，也要考虑方案对环境造成的不良影响以及本身存在的风险，从多方案中选取一个较优的方案。决策方法可以采用主观决策方法和计算决策方法，权衡每个被选方案利弊后，由组织决策者挑选一个最优的方案。

（4）方案的实施与反馈。实施的结果是检测决策正确与否的标准，所以有必要在方案实施的过程中建立信息反馈渠道，将每一阶段的决策实施结果与当初的目标进行比较，若有差异当及时更正以保证目标的顺利完成。

从决策深度方面考虑，投资项目决策一般采取分阶段由粗到细、由浅到深地进行。主要阶段按先后顺序排列可分为：投资机会研究阶段、编制项目建议书阶段（也称初步可行性研究阶段）、可行性研究阶段、项目评估阶段以及项目决策审批阶段。项目阶段是项目过程的区分，各阶段之间不能截然分开，而是具有内在逻辑关系，在一定意义上，是一种科学的程序化。各阶段主要工作内容如下：

（1）投资机会研究阶段。机会研究是拟投资建设项目前的准备性调查研究，是把项目的设想变为概略的投资建议，以便进行下一步的深入研究。机会研究的重点是投资环境分析，鉴别投资方向，选定建设项目。

（2）编制项目建议书阶段，也称初步可行性研究阶段。项目建议书是对拟建项目的一个总体轮廓设想，着重从客观上对项目建设的必要性做出分析，并初步分析项目建设的可能性。

（3）可行性研究阶段。在可行性研究中，对拟建项目的市场需求状况、建设条件、生产条件、协作条件、工艺技术、设备、投资、经济效益、环境和社会影响以及风险等问题，进行深入调查研究，充分进行技术经济论证，做出项目是否可行的结论，选择并推荐优化的建设方案，为项目决策单位或业主提供决策依据。由此可见，项目建议书是围绕项目的必要性进行分析研究，可行性研究是围绕项目的可行性进行分析研究，必要时还需对项目的必要性进行进一步论证。

（4）项目评估阶段。在项目可行性研究报告提出后，由具有一定资质的咨询评估单位对拟建项目本身及可行性研究报告进行技术上、经济上的评价论证。这种评价论证是站在客观角度对项目进行分析评价，决定项目可行性研究报告提出的方案是否可行，科学、客观、公正地提出对项目可行性研究报告的评价意见，为决策部门、单位或业主对项目审批决策提供依据。重要的项目在项目建议书编写出来以后也要进行一次评估。

（5）项目决策审批阶段。项目主管单位或业主，根据咨询评估单位对项目可行性研究报告的评价结论，结合国家宏观经济条件，对项目是否建设、何时建设进行审定。

那么，投资项目决策应包括哪些内容呢？项目决策分析与评价的不同阶段，其工作内容与深度会有所不同。如图 4.5 所示为决策程序简图。概括地说，主要包括以下几个方面：通过市场调研，以判断投资项目建设的必要性；进行工艺技术方案的研究，以判断投资项目建设的技术可行性；进行财务和经济

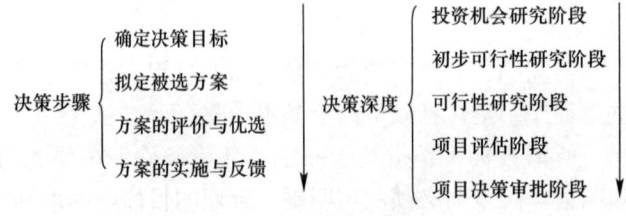

图 4.5　决策程序简图

分析，以判断项目建设的合理性。最后在全面调查、预测、分析的基础上对建设项目进行总体性评估。总体评估要对项目建设的必要性、技术可行性和经济合理性做出判断。在评估过程中，如果发现直接影响项目投资效益发挥的政策规定和体制约束等问题，还应从发展国民经济的全局利益出发，权衡其利弊，提出相应的建议。

4.2.3　方案比选目的以及所需资料

不同方案的比选应在符合国家及行业有关经济建设法规和技术政策的条件下，满足项目决策分析与评价相应阶段的深度要求；满足项目业主的发展战略和对项目的功能、赢利性等投资方面的要求；满足技术先进、适用，且有一定前瞻性的要求；满足技术可得性及技术贸易的合理性要求；满足环境友好和可持续发展的要求；满足资源节约要求；满足风险规避及建设项目可靠性要求；满足节约投资和成本控制的要求等。

建设方案比选应以可靠、可比的数据为基础，需要收集的基础资料和数据随投资项目类别不同而不同。主要有：

（1）国民经济长期规划、行业规划和地区规划。

（2）国家颁布的有关项目评价的基本参数和指标。

（3）有关技术、经济、工程方面的规范、标准、定额等指标，以及国家颁布的技术法规和技术标准。

（4）可靠的自然、地理、气象、水文、地质、社会、经济等基础数据资料，交通运输和环境保护资料。

（5）有关项目本身的市场、原材料、资金来源等各项数据资料。

4.2.4　建设方案比选指标体系

建设方案比选研究，一方面应遵循可持续发展的一般要求；另一方面也必须根据建设项目的自身特点，从建设的成本、功能两方面进行比较。在研究和确定比选指标体系和比选方法时，为了全面、客观、科学地对被选方案进行比选和优化，应遵循如下原则：

（1）整体完备性原则。建设方案比选指标体系作为一个有机整体，不但应该从各个不同角度反映出建设方案的特征和状况，而且还要反映系统的动态变化。同时应该避免指标之间的重叠，选择主要指标，剔除次要指标，使比选目标和比选指标有机联系起来，组成一个层次分明的整体。

（2）客观性原则。评价指标是评价结果客观准确的根本保证。首先应该保证评价指标体系的客观公正。要科学设计，多方面听取专家意见，在反复试验的基础上，在实践中不断调整；其次，要保证数据来源的可靠性、准确性以及数据资料处理方式的科学性，选用科学的评价方法，采用合理的评价模式。

（3）科学性原则。指标体系一定要建立在科学的基础上，即指标的选择、指标权重系数的确定、数据的选取、计算与合成必须以公认的科学理论（统计理论、系统理论、管理与决策科学理论等）为依据。同时具体指标能够反映可持续发展的含义和目标的实现程度，这样才能保证评价结果的真实性和客观性。

（4）可操作性原则。指标体系应该是简易性与复杂性的统一。过于简单，将不能反映评价对象的内涵，对评价结果的精度产生影响；过于复杂则不利于评价工作的正常开展。在保证精度的条件下，指标体系应该难易适中，充分考虑指标量化及数据取得的难易程度和可靠性，尽量利用现有的统计资料和有关规范标准，选择那些有代表性的综合指标和主要指标，这样也有利于指标体系的推广。

（5）层次性原则。按照信息数量的不同，指标可分为三个层次：专家层、管理决策层、公众层。可以看出，随着使用对象的不同，信息的总量依次呈现金字塔形状，但信息的浓缩程度则出现递增现象。这表明，我们在实际设计指标体系时，要尽量符合这一原则，否则，在将来的实施过程中，一方面造成一些政策无法实施；另一方面有些政策可能造成实施对象难以接受。

比选指标体系包括技术层面、经济层面和社会层面（含环境层面）。不同类别的项目比选有不同的比选层面和不同的比选重点。每一个比选层面都包含若干比选因素，不同类别项目，即使比选层面相同，比选因素也可能有较大的差别。因此在进行建设方案比选时，不仅要注重比选层面，还要注重比选因素。市场竞争类项目比选层面侧重技术层面和经济层面；公共产品、基础设施类项目比选侧重社会层面和技术层面。

按照备选方案的实际情况，我们用可以用表 4.1 建立的指标体系进行评价。得到全寿命周期成本和功能两大项准则，二层详细准则有 6 项，分别为：建设成本、环境成本、社会成本、技术功能、使用功能和外观功能。三层指标层具体分为以下 16 项组成完整的指标体系：初始建设成本、未来成本、施工污染成本、建材污染成本、使用能源消耗成本、占用耕地成本、噪声影响成本、搬迁和拆迁成本、工艺成熟性、施工安全性、持久性、方便快捷、安全性、通行能力、美观大方和与周围环境协调能力。

项目决策比选指标体系　　　　　　　　　　　　　　表 4.1

	一层准则	二层准则	三层准则
建设方案（A）	全寿命周期成本（B1）	（C1）建设成本	D1 初始建设成本 D2 未来成本
		（C2）社会成本	D3 占用耕地成本 D4 噪声影响成本 D5 搬迁和拆迁成本
		（C3）环境成本	D6 施工污染成本 D7 建材污染成本 D8 能源消耗成本
	功能（B2）	（C4）技术功能	D9 工艺成熟性 D10 施工安全性 D11 持久性
		（C5）使用功能	D12 方便快捷 D13 安全性 D14 通行能力
		（C6）外观功能	D15 美观大方 D16 环境协调程度

4.2.5　建设方案决策方法

决策分析与评价要注意方法的科学性、合理性，根据不同情况选择不同的方法，并通过多方法进行验证，以保证决策的准确性。方案比选时，应遵循以下原则：

（1）选择合适目标并掌握约束条件。进行科学决策分析首先必须选择目标，目标选择的条件为：一是要选择有价值的目标；二是分析确定实现目标的顺序；三是对选择的目标具体化，要有明确的数量和质量指标；四是确定目标的方向和涉及的幅度；五是确定实现目标的时限。

（2）定性与定量相结合，以定量为主。在项目决策分析与评价时，应遵循定量分析与定性分析相结合的原则，并以定量分析为主，力求能够正确反映项目实施中的所费（即费用，如投资、日常投入费用等）与所得（即效益，如销售收入等），对不能直接进行数量分析比较的，则应实事求是地进行定性分析。

（3）静态分析与动态分析相结合。静态分析和动态分析各自特点不同，动态分析是指在项目决策分析与评价时要考虑资金的时间价值，对项目整个计算期内的费用与效益进行折现现金流量分析；静态分析是指在项目决策分析与评价时不考虑资金的时间价值，把不同时点的现金流入和流出看成是等值的分析方法。在项目决策分析与评价中可以根据工作阶段和深度要求的不同，采用静态分析与动态分析相结合，以动态分析为主、静态分析为辅的决策分析与评价原则。

（4）多方案比较与优化。多个方案的比较与优化是项目决策分析与评价的关键。项目决策分析与评价是在对建设规模与产品方案、工业技术方案、工程方案、厂址选择方案、环境保护治理方案、资源利用方案、融资方案等各方案分别选择的基础上，再从技术和经济相结合的角度进行多方案综合分析论证，比选优化。

传统方法共包括三大类：经验判断法、方案评分法、经济计算法。

经验判断法是利用人们在所处领域的知识、经验和主观判断能力，靠直觉对方案进行评价。较常用的方法有专家检查法、德尔菲法、优缺点列举法。这类方法适用于因素错综复杂、对外界影响较大或具有战略性的方案比选，也适用于一些所给信息不充分、指标难以定量的方案决策中。这种方法的优点是适用性强、决策灵活；缺点是缺乏严格的科学论证，容易导致主观、片面的结果。

方案评分法是在经验判断的基础上发展起来的，这类方法是根据评价指标对方案的重要程度、贡献大小等进行打分，最后根据得分的多少判断方案的优劣。常用的方法有加法评分法、乘法评分法、综合价值系数法。其优点是把评价者对方案的判断用分数加以定量表示，这样比起笼统地用"很好"、"好"、"不好"等诸如此类的字眼评价要更为细致准确。这在一定程度上实现了定量与定性的结合。实际工作中，对于那些资料不全、指标难于数量化、不便理论计算的方案选择来说，这种方法是十分方便的。

经济计算法可应用于较准确地计算各方案的经济效益的场合，如价值工程中的新产品开发方案、技术改造方案、可行性研究中的投资方案等。这类方法多以成本和效益为直接的评价指标，通过指标的大小来判断方案的优劣，是一种准确的方案比选法。

4.3　钱江隧道项目的重大决策

4.3.1　钱江过江通道建设必要性决策

（一）钱江通道及接线工程符合相关规划的要求

根据规划，如图 4.6 所示，拟建项目建成后将连接沪杭、杭浦、杭甬三条高速公路，未来将继续向北延伸，接苏震桃高速公路，向南延伸接诸绍高速（规划中）、并与诸永高速相连，是杭州及其以南地区接轨上海市、联系苏锡常地区以及萧山、绍兴及其以南地区与江苏西部之间联系的最快捷通道。因此拟建项目的实施，将进一步完善区域高速公路网络结构的需要。

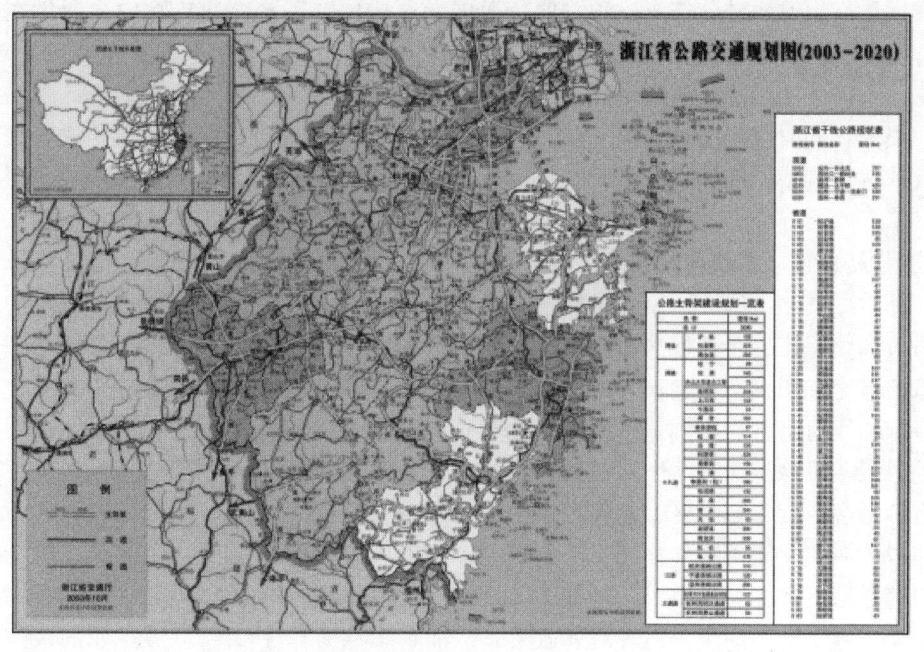

图 4.6　浙江省公路交通规划（2003～2020 年）

（二）本项目是促进区域经济发展的需要

长江三角洲地区是我国最大的经济核心区之一，也是全国经济发展最快、最富有朝气和活力的地区。杭州、嘉兴和绍兴是长江三角洲地区南部的重要城市，也是环杭州湾产业带的中心，改革开放以来，凭借优越的地理位置和区位优势，三市国民经济保持持续快速增长态势。2005 年，嘉兴市国内生产总值达到 1150 亿元，比上年增长 14％，杭州市国内生产总值达到 2918.61 亿元（当年价，下同），比上年增长 12.5％（可比价，下同），绍兴市国内生产总值达到 1440.48 亿元，比上年增长 10％，三市国内生产总值均连续 15 年保持两位数增长。2005 年，三市人均国内生产总值均超过 4000 美元，接近中等发达国家程度，尤其是杭州市，人均国内生产总值达 44487 元，突破 5000 美元大关，达 5431 美元。未来，随着长三角经济一体化发展的进一步深入，一个以上海为龙头的世界第六大城市群将逐渐形成，浙江省也将致力于将杭州湾产业带打造成为世界级城市群"黄金产业带"，这些都为杭州、嘉兴和绍兴三市的经济持续发展创造了良好的机遇，也对交通基础设施的建设提出了较高的要求，根据发达国家的发展经验，经济要发展，交通基础设施要适当超前。

拟建项目起点位于桐乡骑塘接沪杭高速公路，终点在绍兴齐贤接杭甬高速公路，连接了项目沿线众多的经济开发区，特别是嘉兴的桐乡经济开发区和海宁经济开发区、杭州的临江工业园区和江东工业园区及绍兴的柯桥组团，不仅保证各经济开发区之间的快速连接，而且通过高速公路网快速连接上海、江苏和宁波等浙南地区。其建设对于强化城市服务功能、改善投资环境、加快沿线各开发区的建设，推动长三角一体化进程，保障区域经济持续、稳定、高速发展具有极其重要的意义。

（三）本项目是改善区域交通条件，适应不断增长的交通量需求的需要

随着改革开放的不断深入，杭州湾两岸地区经济快速发展，与之相应，区域内各市县的民用汽车保有量也以两位数的速度增长，区域内公路客货运量在综合运输中所占比重愈来愈大，各主要道路交通量也增加迅猛。以沪杭甬高速公路为例，自 1998 年全线开通以来，其交通量以几何级数增长，2004 年全线平均交通量达到 33500 辆（绝对数）以上，与 2003 年相比增长 20.3％，特别是杭州东部入城口道路交通十分繁忙，目前嘉兴至杭州路段、杭州至绍兴路段日交通量均达到 4 万辆以上，个别路段已超过 5 万辆，沪杭甬高速公路堵车现象时有发生。目前项目影响区内只有杭州绕城公路连接沪杭高速、杭甬高速、杭金衢高速、杭新景和杭宁高速，该路刚刚建成交通已非常繁忙。根据交通量调查显示，绕城东线交通量 2003 年折合小汽车最大流量已达 63954 辆/日，目前钱江六桥交通量已达 81570 辆/日，实际交通量和增长率远远高于原绕城公路东段预测值。根据交通量预测，该交通走廊内交通量在今后 20 年内过江交通总量将 32 万辆/日以上，绕城公路东段很快将不能满足交通量快速发展的需要。若再在原有公路上进行改建，不但区域路网结构得不到质的改善，而且影响原有公路上的交通出行，给沿线生产、生活带来不便和损失，同时改建绕城公路东段将会导致互通立交等前期工程废弃，导致工程浪费。因此，另辟新线，且依发展规模，修建一条高速公路是必要的。该项目的建设是区域交通量不断增长的客观需要。

（四）本项目是促进区域旅游经济发展的需要

浙、沪、苏地区的旅游资源丰富，自然景观和人文景观繁多，正在形成 15＋1 城市的快速旅游圈。杭州市、嘉兴市和绍兴市处于区域快速旅游圈的主要位置，其自身的旅游资源极其丰富。杭州市是闻名中外的风景旅游城市和历史文化名城，拥有西湖和"三江两湖一山"，是我国东南部风景名胜荟萃之地，今后杭州市将致力于打造杭州国际休闲旅游区。嘉兴市旅游以潮、湖、河、海、镇为特色，未来将重点建设嘉兴南湖风景名胜旅游区、海宁钱江观潮旅游区、平湖九龙山滨海旅游区、海盐南北湖休闲度假旅游区、桐乡古镇与名人文化旅游区、嘉善古镇与水乡生态旅游区等。绍兴市具有深厚的历史文化内涵，未来将重点建设古越文化旅游区。如图 4.7 所示，拟建项目的实施，可以更为方便和快捷地将上述三市纳入长三角快速旅游圈之中，并将进一步促进区域内旅游一体化的形成，使杭州、嘉兴和绍兴的旅游资源得以充分挖掘，吸引更多的中外游客观光旅游，从而带动旅游这一绿色经济产业的快速发展。因此，本项目的实施是促进区域旅游经济的发展，服务杭州、嘉兴和绍兴旅游业，使之成为新的经济增长点的需要。

综上所述，本项目符合浙江省以及杭州市的公路交通规划并可促进区域的经济发展，改善既有的公路交通条件，适应不断增长的交通量需求，同时对于杭州市、嘉兴市以及绍兴市旅游资源的充分挖掘具有潜在价值。因此，此项目的建设是必要的。

图 4.7 绍兴古镇（左图）和杭州西湖美景（右图）

4.3.2 建设线路的选择

4.3.2.1 可选方案

根据过江结构物位置选择的基本原则，结合区域路网布局及城市规划、航道规划及沿线地方政府意见，通过实地踏勘，并在 1：10000 地形图上进行比较论证，综合考虑工程技术的可行性、合理性、经济性等因素，选择了盐官上游 2.5km 过江结构物位置 B 方案、盐官上游 5km 过江结构物位置 C 方案和盐官下游 5km 过江结构物位置 A 方案，如图 4.8 所示。

图 4.8 过江线路可选方案

（一）B 位置方案（盐官上游 2.5km）

选择盐官上游 2.5km 作为过江结构物 B 位置方案主要考虑：

（1）符合长三角、浙江省路网规划和城市总体规划；

（2）该位置河段河槽较窄，结构物过江长度较短，岸线稳定，河道顺直，不会影响既有及规划岸线、港口；

（3）该位置线位向北延伸与苏震桃高速衔接较为顺畅；

（4）该位置区域构造稳定，覆盖层厚、地质构造简单，具有较好的工程地质条件；

（5）两岸地势开阔，拆迁量小，有利于施工场地的布设。

（二）A 位置方案（盐官下游 5.0km）

选择盐官下游 5.0km 作为过江结构物 A 位置方案主要考虑：

（1）符合与萧山区的城市规划；

（2）岸线稳定，河道顺直，该位置不会影响既有及规划岸线、港口；

（3）该位置靠近上海，到上海方向的过境交通车辆运行里程短，有利于吸引过境交通，营运效益好；

（4）该位置位于海宁市西侧，对海宁的出行有利；

（5）该位置位于杭州市义蓬组团东侧，对组团干扰较少；

（6）该位置区域构造稳定，覆盖层厚、地质构造简单，具有较好的工程地质条件；

（7）两岸地势开阔，拆迁量小，有利于施工场地的布设。

（三）C 位置方案（盐官上游 5.0km）

盐官上游 5.0km 作为过江结构物 C 位置方案有以下不足之处：

（1）对于浙江省路网规划和城市总体规划来讲，符合性较差，由于离钱江六桥和钱江九桥过近，不利于交通量的诱增。

（2）该位置河段处于接近弯道位置，河床相对稳定性较差。

（3）不利于完善经济开发区交通网络，不利于开发区内货物、人员的快速集散。

4.3.2.2 选线原则

过江结构物位置的选择是关系到结构物本身的工程技术可行性、社会使用效益的长久性、经济的相对合理性以及工程安全可靠的重大问题。根据长三角公路交通规划、浙江公路交通规划和杭州市、海宁市城市总体规划要求，选择结构物位置时综合考虑了以下基本原则：

（1）城市规划、公路网协调性。项目应符合长江三角洲社会经济可持续发展战略，符合长三角路网规划，符合浙江省路网规划和城市的总体规划。充分考虑现有公路、城市道路现状，接线布设应综合考虑有利于两岸沿线经济开发，与沿线的城市发展规划及沪杭、杭浦、杭甬、杭绍甬高速公路互通立交的设置情况相适应，结合有关部门的要求，在满足交通运输要求的前提下，统筹兼顾，以求最好的投资效益。

（2）经济合理性。尽量少占耕地，减少拆迁。过江结构物位置的选定既要注意保证营运里程短捷，也要合理地利用有利地形，选用合理的技术指标，以减少工程数量，降低工程造价。

（3）实施可行性。河势稳定对构筑物的设计运营有较大影响，优先选择河道单一且岸线稳定的过江位置，同时需要保证岸线两侧有足够的施工场地。工程地质方面，应优选择上部覆盖层较厚且起伏变化不大的路线以保证在全线范围内有足够的覆盖层厚度。

（4）环境协调性。保护自然环境，并尽量与城镇保持一定距离，减少对当地居民出行的影响。充分利用有利河势、水文、地质、地形等自然条件，减小对钱塘江河势、水利涌潮、航运和防洪的影响。

4.3.2.3 方案比选

比较三个线路位置方案的优缺点，如表 4.2 所示。虽然三个位置都具备建过江构造物条件，但 B 位置方案更为有利。B 位置方案向北可与苏震桃高速公路连接，符合长三角公路网规划和嘉兴城市规划，萧山经济开发区交通过江便捷，有利提高开发区交通运输效率，跨江距离短，工程总体规模小，建设条件好，投资小。C 位置方案不符合浙江省公路网，也不符合城市规划，穿过义蓬工业组团。另外，该线位距老盐仓弯道较近，水流发散，如建桥后对航运有一定的影响。A 位置方案虽然符合杭州城市总体规划，距开发区较远，有利于拉大城市框架，拓展城市发展空间，但不符合嘉兴城市规划；向北无法与苏震桃高速公路连接，不符合长三角公路网规划和桐乡城市规划，且过江距离长，工程总体规模大，实施困难多，投资大。综合考虑以上因素，本报告拟将 B 位置方案作为推荐过江结构物位置。

过江位置方案比较　　　　　　　　　　　　　　　　　　　　　表 4.2

比较项目	B 位置方案	C 位置方案	A 位置方案
与公路网的协调性	向北与苏震桃高速公路连接顺畅，符合长三角公路网规划	与两岸公路网的协调性较差	向北不能与苏震桃高速公路相接时穿越桐乡市规划区，且接线绕行较远，不顺畅，与长三角公路网规划不相符合
与城市规划的协调性	符合嘉兴和杭州城市规划，有利于沿线各开发区交通过江便捷，有利提高开发区交通运输效率	穿过杭州市萧山经济开发区，开发区交通上桥便捷，有利提高开发区交通运输效率	不符合嘉兴城市规划，对杭州城市规划干扰较少
实施可行性及经济合理性	江面较窄，过江距离短，仅 2km，工程总体规模小；两岸均有较好的施工场地，拆迁少，投资相对较小	江面较稍宽，过江距离较短，工程总体规模稍小；两岸均有较好的施工场地，拆迁少，投资相对较小	江面较宽，达 4km，过江距离较长，工程总体规模大；过江位置选取受制约因素多，投资大
河势演变	河道单一，岸线稳定，从河床边界条件及河势演变分析，河势稳定优于下游过江结构物位置	河道岸线受到弯道影响，相对不稳定	距喇叭口河段较近，受钱塘江潮影响较大，整治后岸线相对趋稳定
工程地质条件	覆盖层较厚，基岩埋藏深，起伏变化不大	覆盖层较厚，基岩埋藏深，起伏变化不大	覆盖层较厚，基岩埋藏深，起伏变化不大
推荐意见	推荐方案	比较方案	比较方案

4.3.2.4　接线方案

（一）起点方案

本项目起点接沪杭高速公路，由于受过江（钱塘江）位置、沪杭高速公路现有互通立交及规划路网的衔接等因素的影响，存在三个起点方案，即骑塘起点、屠甸起点和长安起点。

（1）骑塘起点。骑塘起点位于沪杭高速公路桐乡市境内的 K130＋000 附近，距正在建设的高桥互通西约 4.5km，距长安互通东约 6.0km。起点设枢纽互通立交与沪杭高速连接。

（2）屠甸起点。屠甸起点位于沪杭高速公路屠甸互通立交西 4.0km 处（沪杭高速 K120＋000 附近），位于桐乡市境内，距桐乡市区 9.0km，距海宁市区 11km。设枢纽互通立交与沪杭高速公路相连接。

（3）长安起点。长安起点位于沪杭高速公路海宁境内的 K133＋900 附近，距长安互通西约 4.0km 处，起点设枢纽互通立交与沪杭高速连接。

骑塘起点对应的接线方案过江（钱塘江）位置位于盐官镇观潮塔西 2.5km 处，穿越江面距离较短，北岸江堤距杭浦高速 2.1km，向北与嘉兴桐乡的城市总体规划配合较好，向北延伸与江苏的苏震桃高速接线顺畅。屠甸起点对应的接线方案过江（钱塘江）位置位于盐官镇观潮塔东约 5.0km 处，穿越江面距离较长，北岸江堤距杭浦高速 1.7km，距离杭浦高速海宁服务区 1.9km，向北与桐乡市的城市规划干扰较大。长安起点对应的接线方案跨钱塘江大桥位于盐官镇观潮塔西约 5.5km 处，对钱江涌潮景观影响较小，与嘉兴的路网规划相吻合，但距沪杭高速公路在建的服务区相距仅 400m 左右，接线需穿越在建的江东工业区，与萧山的规划冲突大，并且距拟建的钱江九桥较近，整体路网布局不合理。经综合比较，特别是对穿越钱塘江路段和路线向北延伸与苏震桃高速接线顺畅及与桐乡市城市总体规划方面考虑，推荐骑塘起点方案。

（二）终点方案

本项目终点接杭甬高速公路，由于受接线走向、后延工程接线条件、杭甬高速公路柯桥互通位置及柯海路跨杭甬的跨线桥等条件限制，存在齐贤、柯桥和长沙东和长沙西 4 个终点方案。

（1）齐贤终点。齐贤终点位于猫头山东北侧，杭甬高速公路里程 K37＋600 附近，距柯桥互通东 3.6km，柯海跨线桥西 0.5km。本项目设枢纽互通立交与杭甬高速公路相接。

（2）柯桥终点。柯桥终点位于壶瓶山西侧，杭甬高速公路里程 K35＋000 附近，柯桥互通东 1.0km。本项目设枢纽互通立交与杭甬高速公路连接。

（3）长沙东终点。长沙东终点位于烙山北侧，杭甬高速公路里程 K30＋000 附近，柯桥互通西约 4.0km。本项目设枢纽互通立交与杭甬高速公路连接。

（4）长沙西终点。长沙西终点位于烙山西北侧，杭甬高速公路里程 K29＋100 附近，瓜沥互通东约 4.0km。本项目设枢纽互通立交与杭甬高速公路连接。

齐贤终点具有向南与诸绍高速连接时，接线条件好，终点互通立交拆迁工厂少的优点，但齐贤终点互通距杭甬高速公路的柯桥互通间距约 3.5km，又因东边受刚建成的柯海线跨线桥的制约，无法向东偏移；并且后延接线使接线有些绕行。柯桥终点距杭甬高速公路现有的柯桥互通约 1.0km，设置终点互通时可考虑将两个互通合并设置或使两个互通的加减速车道相连，避免了两个互通间距的不足，后延接线时接线顺畅，里程短，但该终点后延接线时穿越柯北工业开发区、齐贤和嘉会，沿线厂房密集，需拆迁的工厂较多，拆迁费用高昂。长沙东和长沙西终点具有终点互通与柯桥互通和瓜沥互通间距合理，接线里程短，拆迁相对较少的优点，但杭甬高速以南是绍兴的柯桥组团，工厂密集，无法直接向南与诸绍高速连接，需利用现有的杭甬高速公路部分路段，然后再向南与诸绍高速连接，路网布局方面不合理。

尽管齐贤终点的互通与柯桥互通间距为 3.5km，但通过标志预告等措施可以解决间距不足的缺陷，经综合考虑，本项目推荐齐贤终点方案。

（三）接线方案布设

通过对拟建项目的踏勘和调查，综合考虑沿线的路网现状及规划、起终点接线条件、过江结构物位置、自然条件、筑路材料、征地拆迁等多方面因素，本项目工作组提出了多条接线方案，经征求市交通局和各级地方政府意见，筛选出有价值的接线方案进行比较，见表4.3。

接线方案比较 表 4.3

序 号	项目名称	单 位	B 线（推荐线）	B1 线	B2 线
1	路线总长	km	43.584	43.226	37.788
2	特大桥	m/座	2944/1	2528/2	0
	平均每公里特大桥长	m	67.548	58.483	0
3	大桥	m/座	6910/10	3864/6	1088/2
	平均每公里大桥长	m	158.544	89.391	28.792
4	中桥	m/座	761/10	948.5/16	670/12
	平均每公里中桥长	m	17.46	21.943	17.730
5	过江隧道（桥梁）	m/座	4010/1	4010/1	4010/1
	平均每公里隧道（桥）长	m	92.006	92.768	106.118
6	涵洞	道	73	38	37
	平均每公里涵洞	道	1.7	0.879	0.979
7	互通式立体交叉工程	处	9	9	9
	平均每公里互通立交	处	0.138	0.185	0.212
8	分离式立体交叉工程	m/处	8023/11	7635/13	10543.5/15
	平均每公里分离立交	m/处	184.08	176.630	279.017
9	通道、天桥	道	35	33	33
	平均每公里通道、天桥	道	0.803	0.763	0.873
10	路基土石方	1000m³	3162.811	5577.887	4912.485
	平均每公里路基土石方	1000m³	72.568	129.040	130.005
11	路基排水与防护	1000m³	45.819	73.841	111.253
	平均每公里路基排水防护	1000m³	1.051	1.708	2.944
12	路面工程	1000m²	629.4	699.70	617.78
	平均每公里路面面积	1000m²	14.441	16.187	16.349

序　号	项目名称	单　位	B线（推荐线）	B1线	B2线
13	占用土地				
	（1）永久占地	亩	5956	5822	5333
	（2）平均每公里永久占地	亩	136.65	134.7	141.1
14	绿化	km	43.584	43.226	37.788
15	通过主要县市区里程				
	（1）桐乡市	km	3.143	3.241	3.241
	（2）海宁区	km	10.457	10.479	10.479
	（3）萧山区	km	27.753	27.141	24.068
	（4）绍兴市	km	2.232	2.365	—
16	投资估算金额	万元	768112.28	666731.33	635529.60
	平均每公里造价	万元	17623.72	15424.31	16818.29
17	国民经济内部收益率	%	14.2		
18	财务内部收益率（税后）	%	9.2		
19	投资回收期（动态）	年	16.7		

　　B线方案线位向西时钱塘江南岸受外六工段排涝闸、化工厂、江东工业园区的影响，北岸受周王庙镇、长安镇规划的影响，使过江（钱塘江）位置在盐官观潮塔西侧的最大距离约在 2.5km 左右；在钱塘江南岸和新湾之间路线向东偏，经农垦二农场、军垦农场、一农场至益农西侧，然后路线向南与村庄分布方向相同，避免与主要村庄的相交，从而减少对居民房屋的拆迁。B1 线方案是在钱塘江以南布设，是按路线的总体走向布设，该方案使钱江通道及接线工程的总体路线走向较为顺直。B2 线方案在钱塘江以南布设，该方案使路线总体走向更顺直，但穿越了早期的围垦区，围垦区内的村庄主要沿南北方向的河道或道路呈线状分布，接线整体走向与村庄的布设方向交角较小，致使穿越村庄时，房屋拆迁量大。

　　由于 B 线方案能够较好地符合嘉兴市、杭州市和绍兴市的城市总体规划，且符合长三角、浙江省、嘉兴市、杭州市和绍兴市的路网规划，向北延伸与苏震桃高速公路连接顺畅，并结合沿线自然条件、征地拆迁工作量、工程造价、地方政府意见等进行多方面综合比选，本课题最终选定 B 线方案为推荐路线方案，见图 4.9。

图 4.9　钱江通道过江位置及接线方案

4.3.3 桥隧方案比选

到目前为止，钱塘江上过江通道的桥隧方案比较工作开展得较晚，且不规范。由于钱塘江在杭州发展史上的重要地位，而穿越它的过江通道工程规模大、造价高、复杂程度高、国内外影响大，因此，越江工程中的桥隧方案选择，必须在前期阶段就进行必要的论证，宜桥建桥，宜隧建隧。反之会造成一定的社会和经济效益损失。

【案例】 在 20 世纪 50 年代和 60 年代末，我国相继建成武汉和南京两座公路铁路两用长江大桥（图 4.10），在我国桥梁史上开创了新的一页。进入 20 世纪 90 年代以后，在长江中、下游已竣工运行的大桥就有 20 余座，在建的长江大桥有 10 座，正在准备开工的有 6 座，共计在长江上将横跨 40 余座大桥。这些桥梁对缓解我国南北交通紧张，促进经济发展，作用十分显著。

图 4.10　武汉长江大桥（左）和南京长江大桥（右）

但是另一方面，在这样一条大河上全部采用桥梁方案，而未进行桥隧方案比较论证，这在世界的越江交通通道史上是十分罕见的，其负面作用也是十分明显的。长江是我国内河航运的大动脉，在世界上享有"黄金水道"之美称，其航运资源优势位居全国大河之首。保护好长江航运资源，对我国经济的可持续发展意义重大。然而，长江中下游众多大桥的建成，使得"黄金水道"的作用不能充分发挥。大桥自 1959 年建成至 1995 年，发生 100 余次碰撞事故。特别是在大桥密集地段（如南京、武汉等地），船舶若在两桥间发生爆炸、火灾、沉船、碰撞等交通事故，因受到水域限制，将难以组织有效救助，造成阻航甚至危及大桥自身安全。另外，大桥建成，其桥墩还改变了河床的自然状态和水流条件。如武汉大桥区内，每年一到枯水季节，枯水河段就使船舶待航，不但耗费了大量人力、物力和财力，还影响了航运。

4.3.3.1 桥隧技术特点比较

近年来，在跨海、跨江、跨河通道工程论证过程中，我国工程界在"建桥"还是"修隧道"两种方案上，一直存在着"桥隧之争"。水底隧道建设与桥梁建设比起来虽起步较晚，但却显示出强大的生命力和前景，其在占用土地资源、满足河流通航条件等方面具有巨大优势。因此在主要的交通枢纽和江、河、湖、海地区，凡是有条件时均应进行桥梁和隧道方案对比。下面就桥梁工程和隧道工程的特点做一个简要的论述，以期从这些论述中得到桥梁工程和隧道工程技术特性的各自特点，对钱塘江越江通道的桥隧技术特性比较有所借鉴。

（1）设计及施工的成熟程度。桥梁建设的历史已有几千年，各种设计规范及理论研究已经系列化、成熟化。加上近年来计算机在结构设计中的运用，目前科学实验手段的更加先进，以及对风、地震响应的研究，对结构防灾的研究也更上一层楼，大跨度桥梁设计的安全可靠性高。我国在修建大桥方面积累了更多的技术和经验。而隧道从设计到施工，技术成熟性有待提高。当前世界上建成的水下隧道采用的基本方法是暗挖钻爆法（矿山法）、盾构法和沉管法。相对桥梁而言，我国建设的隧道比较少，因此从规范制定到相关人员培训都没有桥梁这样系统。没有成熟经验可借鉴，使得设计和施工的风险性大，这也是过去选择方案中较少考虑隧道方案的一个主要原因。

（2）工程造价。一般来说，从单项工程来看，桥梁的造价比隧道要低很多。对于桥梁来说，施工建成多车道无论从设计还是施工来说都是比较容易的，从造价来说，八车道的桥梁和四车道的桥梁在单方造价上增加不多。而对于隧道而言，车道越多会造成工程难度和造价几何级数增加。当然在某些特殊地质情况下隧道造价可比桥梁低。不同地基上建造隧道，造价相差会很大。比如上海是软土地基，比较适合建造盾构隧道，而且有长期的技术经验积累，在修建过江盾构隧道上具备优势，因此建造盾构隧道的造价会相对较小。

（3）景观效果。桥梁在原来空无一物的空间中，创造了新的构筑物，它与桥位处的自然景观及其他人工构筑物一起，构成整体景观，影响着周围的环境，给生活场所带来变化。因为桥梁高、跨度大、气势雄伟，往往可以成为地标和人造景观，会成为新的旅游景点。但也有些桥梁工程会影响到当地景观。隧道则对景观无任何影响。

（4）对航空、航运的影响。桥梁尤其是斜拉桥及悬索桥均具有很高的塔，而如果太高的话会影响到航空安全，在航运比较频繁的江河上，修建桥梁总是对航运有不同程度影响甚至会造成船舶的碰撞事件。桥梁桥墩会对通航造成很大影响，像过去长江上 20 世纪 50 年代建成的武汉长江大桥，通航净高只有 18m，60 年代建成的南京长江大桥，通航净高为 24m。长江未建大桥前，万吨级轮可直达铜陵甚至武汉，1931 年美国万吨级"加利福尼亚"号油轮就曾到达武汉。现在连 4000t 级船舶在高水期也过不了长江大桥，近几年只有 3000t 级左右的船舶能够到达武汉。而隧道由于在水面以下，对于航空无任何影响。对于通航，设计时隧道顶面高程确定需考虑到通航问题，但对通航影响较小。

（5）受气候影响。台风和浓雾时桥上车辆的运营会不安全。在严重时甚至需要暂时切断桥面交通。以杭州钱江四桥工程为例，当"麦沙"台风来临时，桥上健康监测系统及桥上人员均进入紧急阶段，一旦测到桥梁异样，即刻关闭桥上通道。隧道则不受大风、大雪、大雾、暴雨和严重冰冻等气候变化的影响，能做到通道的全天候运营，具有稳定的运行能力。而这正是桥梁所不具备的。例如，1986 年 12 月，在日本山阴本线余部铁桥上发生 25m/s 的强风将正在行驶中的列车吹翻堕海的严重事故。由于长江口及长江三角洲地区和东南沿海地区均为台风侵袭地区，因此过江通道工程必须认真考虑当地气象环境的影响。

4.3.3.2　钱江通道桥隧比选需考虑的工程因素

（1）周边环境及土地开发利用。拟建过江通道位于钱塘江观潮地盐官镇，应尽量减少土地的占用，限制沿线城镇建设的发展，减少对钱江水势（如潮水的涨落等）的影响。

（2）对通航的影响。钱塘江是浙江最大河流，流域面积 55558km²。拟建项目处通航等级为内河 Ⅳ 级航道，并通航 1000t 级海轮。根据通航论证报告，本项目应依据杭州港总体规划并考虑发展趋势，以 1000t 级并兼顾 3000t 级集装箱海轮作为通航的代表船型。选择桥梁方案时应满足通航要求。

（3）经济合理性。需要综合考虑工程难度、工程投资、运营收益、运营和维护费用以及防灾性能等方面内容综合考虑。

（4）建设可行性。钱江通道过江段长约 2.4km，且穿越江南江北大堤。桥梁的形式必须适应河道及航道的布局及发展，目前桥梁形式较多，技术相对成熟，但是其施工由于受到潮水的影响，有一定的难度，必须合理配跨以及选择恰当的桥型来满足要求。隧道方案则由于大直径、超长的过江距离给施工造成一定的难度，且隧道穿越大堤时应特别注意不均匀沉降造成的质量问题。

（5）对钱江涌潮景观的影响。钱江潮以"一线横江"被誉为"天下奇观"、"古今奇观"，如图 4.11 所示，是大自然赋予人类最宝贵的自然遗产。保护这种自然景观是遵循科学发展观及建立和谐社会的重要体现。由于本项目地处"钱江潮"最佳观潮河段，尤其 B 线方案又处于最佳观潮点盐官镇。因此项目建设对涌潮景观的影响是评价拟建项目工程桥隧方案优劣的关键性因素之一。

（6）浙江省位于东南沿海，濒临东海，是东亚季风交替最强盛的地区，受台风影响严重。在有历史记录以来，严重影响浙江的强台风事件有 11 个，包括：5612 号台风"万达"，6214 号台风"艾美"，

图 4.11 钱江大潮"一线横江"景观

6312 号台风"葛乐礼"，7207 号台风"温妮"等。有统计表明，浙江省在登陆我国沿海的强台风和超强台风个数，仅次于台湾，位列我国所有省份中第二位，更要引起注意的是进入 21 世纪以来，台风更强更频繁，危害更大。台风将严重影响桥梁施工、运营期间的安全。

4.3.3.3 桥隧方案比选

项目研究决策阶段基于 2006 年时的桥隧工程技术水平及条件，对越江通道的桥隧方案从人文景观、环境、施工、运营、投资等多方面进行了综合比较，详见表 4.4。

桥隧方案比选　　表 4.4

比较项目		桥梁方案 K9+500~K16+500			隧道方案 K9+500~K16+500		
		特征	措施	评价	特征	措施	评价
人文景观	自身	出露在江面上	合理选择美观桥型	有影响	埋在河床面以下一定深度		对景观无影响
	钱江涌潮	出露在江面上，①桥墩对涌潮的整体性造成破坏；②对观潮者的视线构成较大影响	选择适当桥型	有较大影响	埋在河床面以下一定深度		无影响
	明清古海塘	经过明清古海塘	选择大跨径桥梁	影响小	经过明清古海塘	在海塘下方一定的安全深度通过	影响小
气候条件	台风	最大风速 19m/s	进行抗风设计，台风天气关闭	影响大	最大风速 19m/s	埋在河床面以下一定深度	影响小
	雾	年平均雾天 44.2 天	可能要关闭	影响小	年平均雾天 44.2 天	接线可能要关闭	影响小
对环境的影响	涌潮	桥墩阻水	选择合理配跨及桥型	轻微影响	埋在河床面以下一定深度		无影响
	通航	桥墩	选择合理配跨及桥型，采取助航措施	可以满足通航	埋在河床面以下一定深度		无影响
	涉水工程	桥墩阻水	选择合理配跨及桥型	轻微影响	埋在河床面以下一定深度		无影响
地质		粉砂、砂质粉土，易流动	采取必要的防护措施	影响小	粉砂、砂质粉土，易流动	采取必要的防护措施	影响大
地震		浅层活动断层	易避开断层和采取必要的抗震措施	影响小	浅层活动断层	不易避开断层和采取必要的抗震措施	有一定影响

比较项目		桥梁方案			隧道方案		
		K9＋500～K16＋500			K9＋500～K16＋500		
		特征	措施	评价	特征	措施	评价
施工	施工设备	国内技术成熟	采用国内招标即可	风险小	大直径	采取国际竞标	有风险
	施工工期	技术成熟，能有效控制工期	合理计划工期	风险小	技术处于探索阶段，影响工期的因素复杂，难以预料	合理计划工期	有风险
运营	行车条件	出露在江面上，光线好，侧向有硬路肩	标志、标线	好	埋在河床面以下一定深度，需照明	标志、标线、照明、通风	较差
	火灾风险	出露在江面上	防灾措施	易控制	埋在河床面以下一定深度	防灾措施	难控制
	养护	技术成熟，经验丰富	按规定时间养护	费用低	尚无成熟技术	探索制定养护计划	费用高
耐久性		暴露在江面上	耐久性设计	影响小	埋在河床面以下一定深度	耐久性设计	影响小
总投资（万元）		202512.0			341778.8		
经济指标（万元/m）		28.9303			48.8255		
后期运营费		300（万元/年）			2098（万元/年）		
比选结果		比较方案			推荐方案		

4.3.3.4　桥隧方案决策结果

根据表 4.4 的比选结果，并结合钱江通道特殊的地理位置以及长江大桥、钱江大桥以往的经验教训，本通道方案决策时突出考虑以下几点。

（一）通航要求

近年来，随着长三角地区经济一体化快速推进，建造自己的中型海港，受到省、市政府高度重视，在浙江省和杭州市"水运强省（市）"规划中，都提出了要建设杭州出海航道。根据规划，今后的杭州钱塘江海运码头定位于"喂给港"，航线主要通往上海港、宁波港。随着上海国际航运中心洋山深水港的建成，以及宁波港国际航班的增多，杭州将成为这两个大港的辐射腹地之一，钱塘江出海航道则是沟通这两个港口最便捷的通道。

钱塘江是我国的重要河流，又是航运、水利的重要水道，桥型方案选择除满足行车要求外，必须满足航运、水利、防洪、涌潮等诸多方面的要求，特别是桥址江段深槽摆动幅度较大，桥孔布置要考虑多孔通航，适应高、中、低潮位的通航，并考虑各类型船舶和船队通航的要求，施工期间应具备足够的航道水域以确保正常的航运要求，并尽量减小船舶撞击桥墩的概率。考虑过江位置水文特点：

（1）桥址段主槽变迁大。深泓线受围涂的影响很大，大规模围涂前工程河段宽浅、主槽摆幅、河床冲淤幅度较大；而大规模围涂后，深泓线摆幅及河床容积变化明显减小，河床基本接近平衡状态。围垦后深泓走南的几率减小，而傍北的几率大为增加。隧道附近河段主槽一直稳定在北槽，深泓点离北岸距离 200～350m 出现的频率在 50%，深泓线离北岸距离在 500m 以内的几率也为 50%，目前呈现持续北靠。主槽的变迁意味着航线的变迁，桥梁作为一项稳态工程，桥墩必然会对船舶的航运安全带来巨大风险。

（2）潮位变化幅度大。钱塘江河口，每年 7～10 月台风期间常受风暴潮影响，如果风暴潮与天文大潮相遭遇，每每形成异常高潮位，据盐官、仓前水文站记载，历史高水位中主要由台风暴潮遭遇天文大潮所致。洪水期江道的冲刷是该河段出现最低水位的主要原因。距离工程位置较近的水位站有两个，一个是仓前站；另一个是盐官站。经统计自 1955 年至 2002 年仓前、盐官站 40 多年的潮位资料，潮位特征值见表 4.5。水位的高低频繁变化需要桥梁具有多孔通航的功能，这一方面增加了运营成本，同时对航运效率造成了很大影响。

钱江潮位特征值（m）   表 4.5

频 率	仓前站		盐官站		桥（隧）址断面	
	高水位	低水位	高水位	低水位	高水位	低水位
0.2%	8.82		8.36		8.62	
0.33%	8.63		8.18		8.44	
1%	8.23	0.10	7.81	−1.89	8.07	−1.89
2%	7.98	0.35	7.57	−1.59	7.83	−1.59
5%	7.64	0.85	7.24	−1.14	7.50	−1.14

（3）通航标准提高。从钱塘江航道现状条件和船型预测情况来看，本通道通航采用 1000t 级集装箱船作为代表船型较为合适，但考虑到大桥的通航净空尺度必须适应该地区未来经济发展对航运的需要，在考虑建设规模时应有发展的眼光，留有发展的余地，至少应满足大桥建成后 30～50 年的使用要求，经多方面考虑，确定通航代表船型采用 3000t 级海轮为宜。

鉴于以上分析，并且考虑到拟建桥址距离钱江二桥、钱江三桥距离较近，若采用桥梁方案极易造成船舶在两桥之间的拥堵，增大了船舶相撞、船撞桥的概率，所以，不推荐采用桥梁方案。

【案例】 九江大桥是 325 国道上的一座特大型桥梁，位于广东省南海区九江镇与江门鹤山市之间，跨越珠江水系西江主干流。桥梁全长 1675.2m，桥面宽 16m。2007 年 6 月 15 日凌晨 5 时 10 分，一艘佛山籍运沙船偏离主航道航行撞击九江大桥，导致桥面坍塌约 200m，如图 4.12 所示。这就是闻名中外的"九江大桥 6·15 船撞桥断事故"，也称为"九江大桥事件"。最终鉴定事故原因为：时值涨潮和江面有雾时刻，运沙船偏离主航道，误入非通航孔直接撞击桥墩导致大桥坍塌。

图 4.12 九江大桥相撞事件

（二）对钱江大潮的景观影响

桥梁方案对钱江潮的影响主要体现在以下两点：

（1）由于桥墩建于江面上，桥墩阻水导致对一线潮形态的破坏。一线潮在经过桥墩后数百米内形成紊流，潮态弥合后线形欠佳，使桥位附近失去一线潮的形态特征。

（2）由于桥梁横跨江面，桥型在太阳光线作用下，造成涌潮及大桥桥影相互重叠干扰，影响观潮的景象。因此，采用桥垮方案对钱江涌潮具有较大影响，而隧道方案由于从江底穿过，对涌潮无任何影响。

（三）高流速水流增大了桥梁施工难度

桥址江段江面较窄，流速大，受潮位和涌潮影响较大，修建桥梁深水基础在所难免。由于深水基础施工难度大、工期长，加上桩基护筒抗击涌潮波浪力大，造价昂贵，是控制工期、投资的关键因素。表 4.6 是隧址位置流速特征值。虽然选址时避开了弯道位置，但此处流速仍旧较大，其对桥梁施工的影响不容忽视。

钱江隧址位置流速特征值

表 4.6

频　率	项　目	测量值（m/s）
0.33%	涨潮流速	7.91
	落潮流速	3.39
1%	涨潮流速	7.54
	落潮流速	3.10
2%	涨潮流速	7.23
	落潮流速	3.00
5%	涨潮流速	7.24
	落潮流速	2.86

（四）受气候影响分析

根据 1949～2000 年共 52 年的台风年鉴资料统计，影响钱江通道工程区域附近的热带气旋个例共 127 个，平均每年 2.5 个；最多年份，1959、1989 年，达 6 个；5～11 月各月都有可能受热带气旋影响，但主要集中在 7～9 月，在此时段，52 年中有 105 个热带气旋影响，平均每年 2 个，约占热带气旋影响总数的 81%；其中又以 8 月最多，约占总数的 35%；7 月和 9 月次之，各占影响总数的 23%。在热带气旋影响下，工程区风力可达 12 级以上，最大过程降水量可达 300～400mm，日最大降水量可达 240～360mm。

该地区雾出现频率较高。全年各月均有雾出现，但冬季出现最多，夏季较少出现。累年最多雾日几乎都在 50d 以上。

鉴于此地区频繁的台风、降雨以及雾况，将大大增加施工期的风险以及运营条件，不推荐桥梁方案。

（五）决策结论

综合以上分析，钱江通道采用桥梁或隧道方案在工程技术上均是可行的，但各有优缺点，投资造价方面，桥梁方案虽然明显优于隧道方案，但在景观影响、通航影响、受气候影响方面，桥梁方案则有着自身无法克服的缺点，且桥梁方案受到海宁市政府的坚决反对，2005 年浙江省"两会"期间，部分省人大代表曾提案，在条件允许的情况下，钱江通道最好采用江底隧道越江的建议。经综合考虑，从建立和谐社会及科学发展观出发，及从保护钱江涌潮这一世界奇观和自然文化遗产的高度考虑，本项目确定隧道方案作为过江方案。下面几节将对隧道方案做进一步细节比选以论证其可行性。

4.3.4　隧道方案决策

4.3.4.1　工法比选

（一）常用隧道开挖工法

建造水底隧道的工法种类很多，根据工程地质、水文地质、隧道埋深、两端接线情况等条件的不同，选择科学、合理的施工方法是成功修建水下隧道工程的基本前提。常见的隧道施工方法主要有明挖法、矿山法、沉管法及盾构法等几种。

明挖法：明挖法是一种比较简易的施工方法，主要用于水深不大或有枯水期出现的江河，通过围挡、排水等措施后施工。山西省太原市 20 世纪 70 年代建成的汾河水下公路隧道及杭州市西湖隧道就是采用此工法。本隧址处钱江水位较深，流速大，枯水期时间短，所以不能采用明挖法施工。

矿山法：矿山法适用于在河床自稳性较好的基岩中开挖隧道，开挖采用传统钻爆法或掘进机进行。本方法的典型实例是日本青函海底隧道以及英法海峡隧道。我国已建成通车的厦门东通道翔安海底隧道也是采用矿山法。考虑隧址位置地质水文条件，钱塘江基岩埋深较深（100m 左右），上覆土层为砂质粉土、粉质黏土、中砂、砾砂、卵石层等。若将隧道置于基岩中，则隧道埋深达到 120m 左右；如果隧道从土层中穿过，则施工难度和工程费用会增加很多，因此矿山法从经济、技术上均无比选价值。

沉管法：又称为沉埋管节法，就是在修建隧道的江河或海湾（峡）水底预先挖掘沟槽，将在干坞内预制的沉管从制作场地浮运到江河或海湾（峡）施工现场，依次沉放、连接形成隧道的方法。香港西区隧道（图4.13）、上海外环隧道、广州珠江隧道、宁波甬江常洪隧道均为沉管隧道。其具有以下技术特点：

（1）隧道埋深浅。由于沉管隧道采用先浮运再沉放的施工工艺，故其管节自重较大，同时又采用内部压仓的手段解决隧道抗浮问题，因此沉管法隧道对上部覆土厚度要求较低。由于江中段的埋深浅，故隧道长度短，可改善接线纵坡条件。

（2）实施断面大且断面利用率高。由于是水下放坡开挖基槽，然后采用水力浮运、沉放预制好的管节，因此其截面形式受到的限制较少。对公路隧道一般均采用多车道矩形大断面，其断面形状和建筑限界相似，故截面的利用率高。

（3）防水性能好。管节均为预制构件，防水能力较强；由于管节的长度很长，所以隧道总的接头数量很少，采用可靠的接头形式和防水措施后，使得整条隧道的渗漏水概率大大降低。

（4）工期较难预定。因为沉管法施工时，两岸工程、基槽开挖、管节预制可同时施工，管节的浮运、沉放、水下对接和基础处理等工序相对总工期来讲较短。这些工序完成后，隧道内实施其他工程（如压载水箱的拆除、接头处理、内部装修等）对外部无影响。但是由于管节浮运及沉放施工期间受气候、水文等条件影响很大，故工期较难预定。

（5）施工场地要求高、施工难度大。沉管法的施工工艺对施工场地要求很高。航道条件（能否有足够水深和航道来实施管节浮运、转向等）、是否能够在隧址附近选到合适的干坞（包括水文、地质条件、足够干坞面积等）或是否在隧道口部有可能作为干坞利用建筑物等，都是决定能否采用沉管法的重要条件。

另外，大型沉管管节的预制、浮运、水下对接以及水下基槽开挖等施工节点的难度很大，这一点对大断面沉管隧道尤为突出。

（6）受水文条件限制大。如果存在水的流速过大、河床变化幅度很大、基槽回淤量大或水下地形复杂等问题，沉管法将很难实施。

图4.13　香港西区沉管隧道出入口

盾构法：盾构法是采用特殊盾构机械，在盾壳的保护下开挖地层土体，并以预制衬砌拼装成环形隧道结构的一种暗挖工法。此工法对隧道的埋深、地层条件的适应性很大，且施工场地占用较少。日本东京湾海底隧道便采用此工法。我国现阶段修建的（或在建的）大江大河水底隧道也绝大部分采用此工法。盾构法最大特点是不影响或较少影响地面建筑物和环境。在现阶段，特别是在软弱地层中是最好的修建地下工程的施工方法，加之近年来盾构机械设备和施工工艺的不断发展，使其对各种工程地质和水文地质条件的适应能力大为提高。盾构法隧道施工的主要技术特点是：

（1）对环境影响小。除竖井施工外，其他施工作业均在地下进行，既不影响地面交通，又可减少对附近居民的噪声和振动影响；越江、河、海道时，不影响航道。

（2）施工风险小。在穿越软土地层或江、河、海等水域时，由于是在盾壳的保护下进行土体开挖，故施工风险较小。尤其是近年来随着技术进步和盾构机成本的降低，在水底隧道施工中均使用全机械、封闭式盾构机，这使得施工过程中的风险进一步降低。

（3）施工难度较小。盾构推进、出土、拼装衬砌等主要工序均为机械化作业，循环进行，施工人员较少，施工易于管理。

（4）工期方面。盾构法施工工艺决定了施工期间不受水文及气候条件影响，因而既定工期容易保证。

（5）地层适应性好。盾构法隧道可以适应黏土、粉土、砂土、砾石及基岩等各种地质条件，尤其是在土质差、水位高的地方修建埋深较大的隧道，盾构法有较大的技术经济优势。

（二）本工程需考虑的因素

每个工法的地层适用性以及经济技术指标等各不相同，进行隧道工法比选时（见表 4.7），结合本工程特点，主要考虑以下因素：

（1）环境影响性。盾构法与沉管法施工过程中都无法避免地要穿越两岸防洪大堤，盾构法底部穿越大堤时容易造成大堤的不均匀沉降从而使大堤具有产生裂隙的可能性，而裂隙往往是造成溃坝的影响因素；沉管法施工过程中需要把既有防洪大堤临时破除。这使得护岸工程量大、技术要求高、施工难度大，且施工时间紧。如果汛期施工，则施工风险很大；若汛期不施工，则工期难以保证。且隧址段位于繁忙的航道上，需考虑施工期间对航运的影响。

（2）建设难点。沉管法需要在江底放坡开挖基槽，钱江底部上层覆土主要为淤泥质土与砂质粉土，成槽时边坡不易稳定，开挖土方量大，同时回淤也是影响工程质量与造价的重要因素。管节的浮运与沉放也受到水深、水速条件限制；盾构法隧道需要穿越粉质黏土、砂质粉土以及粉砂层，地层起伏较大，需设计制造合适盾构机以适应不同的土质，而且盾构法对上部覆土厚度要求较高，江中段的埋深浅，需要延长隧道的长度以解决纵坡的问题，增大了工程投资。

表 4.7　隧道工法比选　　　　　　　　　　　　　　　　表 4.7

比较项目	沉管法	盾构法
隧道长度	由于沉管法对上部覆土厚度要求较低，所以可以改善纵坡坡度，隧道长度短	对上部覆土厚度有严格要求，由于江中段埋深较浅，所以盾构法需要较大纵坡，隧道长度长
防水可靠性	由于预制构件防水性能好，且接头数量少，渗漏水概率低	接头较多，存在漏水隐患
截面规格	截面形式受到的限制少，一般为多车道矩形大断面，截面利用率高	截面利用率低
对通航的影响	施工期基槽开挖与管节浮运对航运有干扰，对航运有一定影响	施工期对航运基本无影响
地层适应性	上部淤泥层较厚，需要较大挖方，应注意回淤的影响	穿越多个地层，应按需要改变刀盘布设、掘进速度等
受水文影响	受到水深、流速以及河床变化影响较大	考虑河床深度变化，保证结构抗浮要求
对两岸大堤影响	需临时破除大堤	有造成大堤不均匀沉降的风险

（三）方案比选与决策

由以上分析可知，沉管法相对于盾构法有一些经济上的优势，可是沉管法以下的技术困难制约了其适用性：

（1）基槽成槽困难。沉管法需要在江底放坡开挖基槽。而根据本工程的河床演变分析报告的结论，隧道建设场址处于动力条件较为复杂的钱塘江河口段下游，潮流和径流的作用均较强，同时也是钱塘江涌潮最为壮观的河段之一。河床冲淤剧烈，自然条件下，主槽平面摆动频繁，摆幅较大，且河床预测最大冲刷线在现状河床下约 8m，开挖深度大。根据沉管断面的尺寸，基槽底部宽度约为 37m，通过计算，基槽上口宽度超过 150m，水下基槽开挖量达到 520 万 m^3。

此外，钱塘江河口是喇叭形河口，河口段内有庞大的沙坎使外海传入的潮波剧烈变形。该河段潮流为非正规半日浅海潮流，浅水分潮流的作用显著，往复流中不对称性明显，涨潮流速大于落潮流速，隧址位置涨落潮流速较大（最大达 5.4～8.5m/s），因而回淤极大地增加了基槽施工的难度。

综上所述，基槽的成槽存在很大的困难。

（2）管节浮运、沉放困难。根据水文资料分析，隧址处河道平均水深不到 6m（平均低潮水深 3.2m，平均高潮水深 5m），而沉管管节的高度为 9.35m，因此管节浮运需要专门开挖航道，因而干坞宜选择在隧道附近，否则管节浮运临时航道开挖工程的规模非常大。即使干坞就在明挖段附近，浮运时的河床开挖量也是巨大的。

根据国内外沉管隧道施工的经验，如图 4.14 所示为厄勒海峡沉管隧道管段浮运情况，管节沉放时水流速度不宜大于 1.5m/s，本项目隧址河段水流速较大，平潮时间短，因而管节沉放难度极大。

图 4.14　厄勒海峡沉管隧道管段浮运

（3）对防洪的影响。沉管法施工过程中需要把既有防洪大堤临时破除。这使得护岸工程量大、技术要求高、施工难度大且施工时间紧。如果汛期施工，则施工风险很大；若汛期不施工，则工期难以保证。

综上所述，本工程隧址处的建设条件不适宜采用沉管法施工方案，因此本过江隧道工程研究推荐盾构法。

4.3.4.2 盾构机选型

（一）常用盾构机类型

盾构机选型很大程度上制约着江底隧道工程的施工难易、风险高低、工期长短和投资费用。因此盾构选型应充分考虑工程地质、水文地质条件和环境保护的要求。盾构的主要类型有敞开式盾构、半敞开式盾构、泥水平衡式盾构、土压平衡式盾构等，不同类型的盾构适用的地质类型也是不同的，盾构的选型必须做到针对不同的工程特点及地质特点进行针对性方案设计，才能使盾构更好地适应工程。

敞开式盾构：包括手掘式盾构、半机械式以及机械式盾构，这种盾构机适用于开挖面自稳性强的围岩，对开挖面不能自稳的围岩和渗漏地层，可根据具体情况结合采用压气施工法或采取改良地层、降低地下水位等措施。本工程为江底开挖，软土广泛分布且降水面临较大困难，所以本工程不适合敞开式盾构。

半敞开式盾构：又称挤压式盾构，是在开挖面的稍后方设置隔板，隔板上设有孔口面积可调的排土口。盾构机正面贯入围岩向前推进，使贯入部位土砂流动，由孔口部位绞出，进行排土。挤压式盾构适用于自稳性差、流动性大的软黏土和粉砂质围岩，不适用于含砂率高的围岩和硬质地层。若液性指数过高，则流动性过大，也不能获得稳定的开挖面。由于适用地质范围狭窄，所以很少采用。由此可见挤压式盾构亦不符合本工程要求。

在软土隧道和有水压的情况下，一般采用密封式盾构机，密封式又有泥水式和土压式两种。

土压式盾构主要有两类：一类是将开挖地的土体充填在土舱内，用螺旋输送机调整土压，保持工作面的稳定。这种盾构机仅适用于可用切削刀开挖且含砂量小的塑性流动性软黏土；另一类是向开挖面注入水、泡沫、膨润土、CMC 等添加剂，通过强制搅拌使土砂具有良好的塑性流动性和止水性，较好地传递土压，保持开挖面的稳定和土砂的顺畅排出。这种盾构机适用范围较广，可用于冲积黏土、洪积黏土、砂质土、砂砾、卵石等土层，以及这些土层的互层。对土压式盾构，会出现砂性土排土困难，掘进机刀头、刀盘的磨损，以及在含水砂层透水系数大、孔隙水压高时土舱顶部产生空隙的危险。

泥水式盾构是将泥浆送入泥水室内，在开挖面上用泥浆形成不透水的泥膜来对抗作用于开挖面的土水压力。其工作原理如图 4.15 所示，泥水式盾构机适用的地层范围很大，从软弱砂质土层到砂砾层。

泥水式盾构由于采用管道输送，工作面全密封，安全性高，在软弱互层地段也适用。通过泥浆施加合适压力，控制排土量，可使地层变形小，对环境几乎不产生影响。泥水式盾构特别适用于冲积洪积的砂砾、砂、粉质黏土、黏土层或多水互层的土层；有涌水工作面不稳定的土层；上部有河川、湖沼、海洋等水压高、水量大的地层。泥水式盾构的泥浆处理设备设在地面，需占用较大的面积，这成为在城市密集区应用的不利因素。

图 4.15　泥水式盾构原理图

土压式盾构与泥水式盾构技术特点比较见表 4.8。

土压式盾构与泥水式盾构技术特点比较　　　　　　　　　　　　　　　表 4.8

比较项目	土压平衡盾构		泥水平衡盾构	
	简要说明	评价	简要说明	评价
稳定开挖面	保持切削土舱压力支持开挖面土体稳定	良	有压泥水使开挖面地层保持稳定	优
地质条件适应性	在砂性土等透水性地层中要有特殊的措施	良	适应性较强	优
抵抗水压	靠土舱压力及泥土的不透水性能抵抗水压	良	靠泥水在开挖面形成的泥膜和泥水压力抵抗水压	优
控制地表沉降	保持土舱压力、控制推进速度、维持切削量与出土量相等	良	控制泥浆质量、压力及推进速度、保持进、排泥量的动态平衡	优
渣土处理	直接外运	简单	进行泥水分离处理	复杂
施工场地	占用施工场地较小	良	要有较大的泥水处理场地	差
设备费用		稍低		稍高
工程成本	减少了泥水处理设备，设备及运行费用低	低	增加了泥水制作、输送及泥水分离设备，设备及运转费用高	高

（二）盾构机选型决策

影响盾构施工的因素很多，主要有地层条件（岩土体的强度、软硬程度、颗粒级配、石英的含量、是否含有砂砾和大卵石等）、地下水的含量及水压、隧道长度和线形、后续设备与盾构机的配套能力、工作环境、覆盖层厚度以及有无辅助工法等。盾构机的合理选择要保证开挖面的稳定性，要具有良好的掘进性能，要结合衬砌的类型防止渗漏和坍塌，而且还要与配套系统具有紧凑的配合关系。因此，盾构的选型应该是一个系统问题，需要综合考虑。另外，以盾构机选型为核心的整个施工系统的经济性也是不容忽视的。

（1）盾构类型与地层类别关系

不同类型的盾构对地层有一定的适用范围，土压平衡盾构最适用于细颗粒地层，切削的渣土易获得塑性流动性和不透水性，土压力作用于工作面。而泥水平衡盾构既适用于细颗粒地层也适用于较粗颗粒地层，在砂土地层易形成泥膜，泥水压力作用于工作面，以防止地下水喷出。本工程段中含有约30％以上的砂性地层，且水压较高，因此从地质条件方面分析应采用泥水平衡盾构为最佳，如表4.9所示。

土压平衡盾构和泥水平衡盾构的地层适应性 表4.9

项 目	土压平衡盾构	泥水平衡盾构
粉质黏土层 中密粉土层 中密粉细砂 密实粉细砂 中密中粗砂 密实中粗砂 可塑粉质黏土层卵石层 泥质粉砂岩夹砂岩、页岩	能适用于黏土、砂土、砂砾等各种地质。需要向开挖舱中添加加剂，改善渣土的性能，使其成为具有良好塑流性、低的摩擦系数及止水性的渣土	适用粉质黏土、粉细砂、中粗砂、卵石层、岩层等各种地质。需向开挖舱注入泥浆，适合开挖面难以稳定、滞水砂层、砂砾层、含水量高的地层及隧道上方有水体的场合；对于泥质粉砂岩夹砂岩、页岩开挖破碎可能会有大颗粒渣土，排泥管路需要考虑破碎设施
措施	需采用特殊措施	适用性好
结论	较差	最好

（2）盾构类型与水压、渗透性关系

地层渗透系数对于盾构机的选型是一个很重要的因素。根据欧美和日本的施工经验，两种盾构能够适应的地层渗水系数范围如图4.16所示。当地层的透水系数小于10^{-7}m/s时，可以选用土压平衡盾构；当地层的渗水系数在10^{-7}m/s和10^{-4}m/s之间时，既可以选用土压平衡盾构也可以选用泥水式盾构；当地层的透水系数大于10^{-4}m/s时，宜选用泥水盾构。本工程在隧道洞身上部及通过的地层中水平渗透系数为$8.0 \times 10^{-8} \sim 8.0 \times 10^{-3}$m/s范围变化，垂直渗透系数为$8.0 \times 10^{-9} \sim 9.0 \times 10^{-3}$m/s范围变化，地层的最大透水系数大于$10^{-4}$m/s，且水压较高，超过土压平衡盾构允许的最大范围，故宜采用泥水平衡盾构。

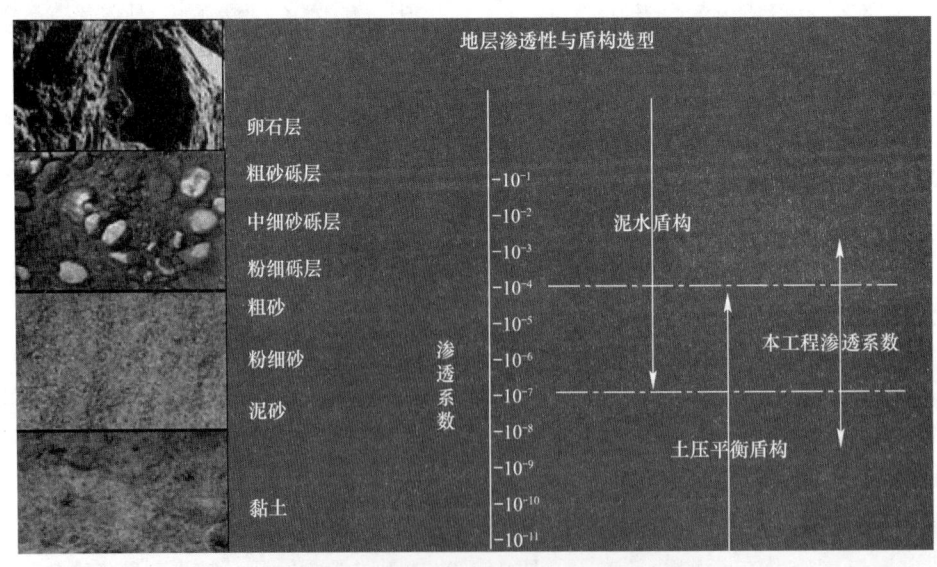

图4.16 两种盾构与地层渗水系数关系

从以上与地层的适用性、与渗透系数渗透性对比分析可知，泥水平衡盾构方式与本工程更适用。泥水盾构方案的可行性将在下文作进一步阐述。

4.3.4.3　盾构横纵断面方案决策

（一）可选方案

为了能够为本工程找出满足交通功能且安全可靠、经济合理的最优盾构隧道方案，在对国内外盾构隧道广泛调研的基础上，根据本项目各种可能的车道布置方式，对过江盾构段进行了多个方案的研究比选，其中包括：双管单层六车道方案、四管单层八车道方案、三管单层六车道方案及双管双层六车道共计四个方案。

（1）盾构方案一

盾构方案一为双管单层双向六车道方案，见图 4.17。

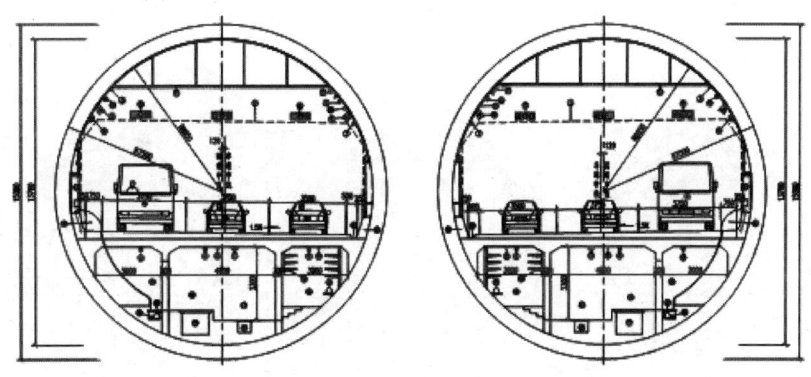

图 4.17　盾构方案一（双管单层双向六车道）

依据《公路工程技术标准》JTG B01—2003 及《公路隧道设计规范》JTG D70—2004，并经隧道建筑限界及车速标准论证，设计车速取为 80km/h，并且不设检修通道和紧急停车带。根据以上所述，建筑限界拟定如下：

车道宽度：2×3.75m＋3.5m；车道净高：5m；

侧向宽度：左侧 0.5m；右侧 0.75m；

左右侧余宽均为 0.25m。

在满足限界的要求，并考虑径向适当预留变形量和施工误差的条件下，管片内径为 13.7m。通过计算分析，管片厚 650mm 可满足结构受力需要，故盾构管片外径为 15.0m。

（2）盾构方案二

盾构方案二为四管双向八车道方案，见图 4.18，设计车速 100km/h。

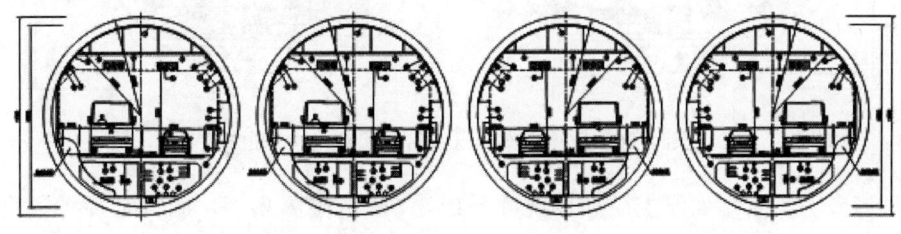

图 4.18　盾构方案二（四管双向八车道）

该方案每管设两个车道，不设检修通道和紧急停车带。根据《公路工程技术标准》JTG B01—2003 及《公路隧道设计规范》JTG D70—2004，建筑限界拟定如下：

车道宽度：2×3.75m；车道净高：5m；

侧向宽度：左侧 0.5m；右侧 1.0m；

左右侧余宽均为 0.25m。

在满足限界的要求，并考虑适当预留变形量和施工误差的条件下，管片内径为 10.7m。通过计算分析，管片厚度 500mm 可满足结构受力需要，故盾构管片外径为 11.7m。

（3）盾构方案三

盾构方案三为三管双向六车道方案，见图 4.19，设计车速 80km/h。其中两侧均为单向双车道；中间管为双向双车道，中间设置隔离带。中间管的建筑限界拟定如下：

车道宽度：2×3.75m；车道净高：5m；

侧向宽度：左侧 0.5m；右侧 0.75m；

右侧余宽：0.25m，两车道中间设置 0.5m 宽隔离带。

中间管在满足限界的要求，并考虑径向适当预留变形量和施工误差的条件下，管片内径为 12.26m。通过计算分析，管片厚度 550mm 可满足结构受力需要，故盾构管片外径为 13.36m，两侧两管内径 10.57m，外径 11.57m。

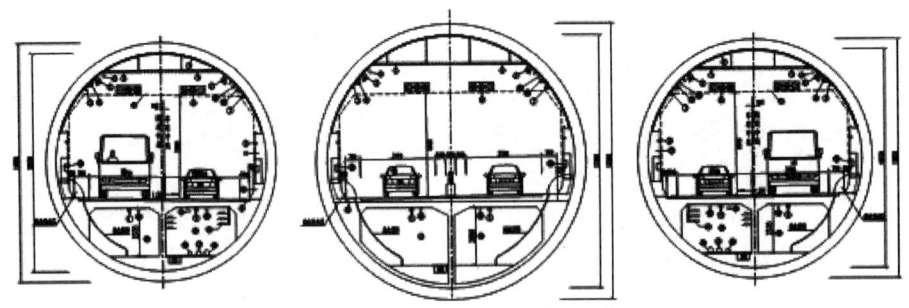

图 4.19　盾构方案三（三管双向六车道方案）

（4）盾构方案四

盾构方案四为双管双层双向六车道方案，见图 4.20，设计车速 80km/h。

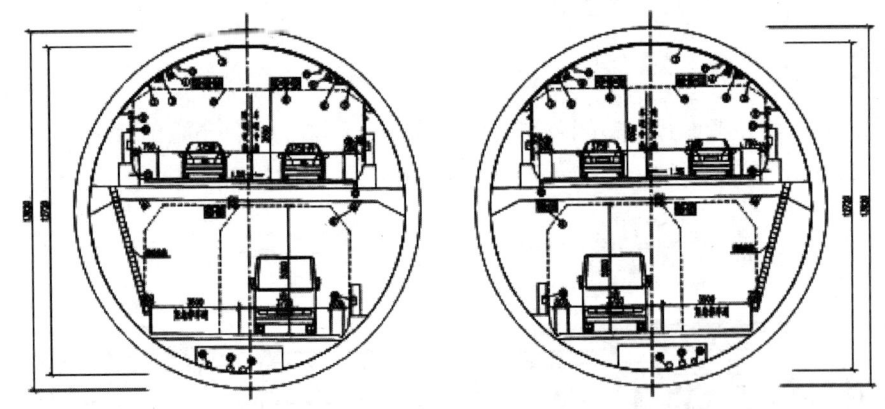

图 4.20　盾构方案四（双管双层双向六车道）

在采用双层双管方案后，如果上层和下层都采用 5.0m 的限界高度，盾构管片外径将达到 15.0m，这与单层三车道的隧道外径一样，但给交通组织和接线工程等方面会带来很大的困难，因此该方案不予考虑。经过分析，设计采用大型车辆和小型车辆分层行驶的交通管理措施，上层限行小型车辆，车道宽度 2×3.75m，限界高度 3.5m；下层限行大型车辆，车道宽 3.75m，并设 3.5m 紧急停车带，限界高度 5.0m。

在满足限界的要求，并考虑径向适当预留变形量和施工误差的条件下，管片内径为 12.72m。通过计算分析，管片厚度 600mm 可满足结构受力需要，故盾构管片外径为 13.92m。

（二）盾构方案比选

盾构方案比选见表 4.10 所示。

盾构方案比选　　　　　　　　　　　　　　　表 4.10

比较项目		盾构方案一	盾构方案二	盾构方案三	盾构方案四
与接线道路的衔接		与接线道路衔接好	与接线道路不匹配,但由于隧道进口附近为一级枢纽互通,二者可以较好地衔接	与接线道路衔接较好	与接线道路衔接较难处理
运营条件		最大纵坡 3%,运营条件一般	最大纵坡 2.5%,运营条件较好	最大纵坡 3%,运营条件一般	最大纵坡 3%,运营条件一般
防灾性能及潜在运营风险		通过设置联络横通道、底部逃生救援通道及滑梯可以确保防灾效果	通过设置联络横通道、底部逃生救援通道及滑梯可以确保防灾效果	通过设置联络横通道、底部逃生救援通道及滑梯可以确保防灾效果	通过上下层联通的方式,上下层互为逃生通道,但防灾效果稍差
施工难度与施工风险	盾构段	盾构隧道外径为 15.0m,为世界上最大的盾构隧道之一,施工难度和风险大,但可实施	盾构隧道外径 11.7m,施工难度和风险相对较小	盾构隧道外径分别为 11.57m 和 13.36m,施工难度和风险相对较大	盾构隧道外径 13.92m,施工难度和风险相对较大
	明挖段及竖井	明挖段长度较短,开挖深度最大约 18m;竖井最大开挖深度约 25m;施工难度较大	明挖段长度短,开挖深度最大约 15m;竖井最大开挖深度约 20m;施工难度相对较小	明挖段长度较长,开挖深度最大约 18m;竖井最大开挖深度约 23m;施工难度相对较小	引道及明挖段长度长,开挖深度最大约 22m,结构复杂;竖井最大开挖深度约 24m;施工难度大
交通组织		与两端接线连接顺畅,交通组织方便	在两端接线范围内应完成六车道与八车道的过渡,交通组织较为方便	在两端接线范围内应完成车辆分流,交通组织不方便	在两端接线范围内应完成车辆分流,交通组织较难实施
分期建设的可能性		为满足道路的功能要求,六车道必须一次建成	近期交通流量不大,四车道可以满足要求,因此四座隧道可以分两期实施,减少资金的集中投入	近期交通流量不大,四车道可以满足要求,因此三座隧道可以分两期实施,减少资金的集中投入	为满足道路的功能要求,六车道必须一次建成
建设工期		总工期受盾构段控制。采用两台盾构机掘进时,总工期为 48 个月	其中中间四车道可先行开通,采用两台盾构机掘进的工期为 42 个月。其余四车道建成的工期为 18 个月,总工期为 60 个月	如果分两期实施,一期工程四车道采用两台盾构机掘进时,工期为 42 个月。六车道全部建成,总工期为 58 个月	总工期受盾构段控制。采用两台盾构机掘进时,总工期为 48 个月
运营管理及养护维修		两管隧道,运营管理工作量相对较小,设备套数少,运营维护费用低	四管隧道,运营管理工作量相对较大,设备套数多,运营维修护费用高	三管隧道,运营管理工作量相对较大,设备套数较多,运营维护费用较高	两层隧道,运营管理工作量相对较大,设备套数多,运营维护费用较高
交通管理的灵活性		当某孔隧道因出现紧急情况而需临时封闭时,对整个通道的通行能力影响较大,交通管理的灵活性一般	当某一孔隧道因出现紧急情况而需临时封闭时,整个通道仍可维持通行,对通行能力影响较小,交通管理的灵活性好	当某一孔隧道因出现紧急情况而需临时封闭时,整个通道仍可维持通行,对通行能力影响较小,交通管理的灵活性较好	当某孔隧道因出现紧急情况而需临时封闭时,对整个通道的通行能力影响较大,交通管理的灵活性一般
投资估算		33.7 亿元	分期建设一期为 22.3 亿元、二期为 19.2 亿元,合计为 41.6 亿元	26.38 亿元	28.72 亿元

从以上的比较可以看出,四个盾构方案各有优缺点。但是从与接线道路的衔接、运能匹配状况、交通组织、长期运营管理以及建设成本等方面来看,方案三和方案四的缺点较多,从而难以采用,在此不作进一步讨论,方案一与方案二都有各自的优势:

(1) 隧道纵坡:双管六车道方案单管隧道直径大,江中深泓段埋深大,隧道纵面指标稍差;四管八车道方案单管隧道直径小,江中深泓段埋深小,隧道纵面指标较高。

（2）施工难度与风险：双管六车道方案盾构隧道外径为 15m，是世界上最大盾构隧道之一，施工难度和风险较大；四管八车道方案盾构隧道外径为 11m，施工难度和风险较小。

（3）运营管理与养护维修：双管六车道方案运营管理工作量相对较小，设备套数少，运营费用低；四管八车道方案运营管理工作量相对较大，设备套数多，运营费用高。

（4）总投资：双管六车道方案为 33.7 亿元；四管八车道方案一次建成为 39.9 亿元，分期建设一期为 22.3 亿元、二期为 19.2 亿元，合计为 41.6 亿元。

针对大直径盾构隧道长距离掘进的可行性以及深基坑设计与施工的安全性，可研决策阶段进行了专题论证。论证表明方案一虽然面临着施工难度，但在现有的工程条件下是可行的，综合考虑方案一经济上的优势，最终决定将方案一双管单层六车道作为推荐方案。

4.3.4.4 大型（超大型）盾构机制造的可行性

（一）大直径盾构隧道建设现状

大直径盾构隧道的建设主要取决于盾构机的制造水平，因此国内外大直径隧道的建设也是近 20 年来随着机械制造水平的提高才逐渐发展起来的。截至项目分析决策的 2006 年，国内外比较有代表性的大直径盾构隧道见表 4.11 及图 4.21 和图 4.22。

大直径盾构隧道简况   表 4.11

工程名称	建造时间	隧道简况
英吉利海峡隧道	1986～1993	隧道长 38km，双线铁路隧道，隧道外径 6.3m，采用 12 台 TBM 施工
东京湾横断公路隧道	1989～1996	隧道长 9.6km，双向四车道：3.5m×2+2.5m，设计车速 80km/h，隧道外径 13.9m。采用 8 台泥水平衡盾构施工
德国易北河第四隧道	1995～2003	盾构段长 2.56km，双向四车道：3.5m×2+2.5m，设计车速 80km/h，隧道外径 13.75m。采用泥水平衡盾构施工
荷兰西斯海尔特河隧道	1997～2003	隧道长 6.3km，双向四车道：3.5m×2，设计车速 80km/h，盾构隧道外径 11m。采用两台泥水平衡盾构
上海大连路隧道	2001.5～2003.9	盾构段长 1.27km，双向四车道，设计车速 40km/h，采用 11.22m 泥水平衡盾构机施工
上海翔殷路隧道	2003.6～2005.12	盾构段长 1.24km，双向四车道：3.75m×2，设计时速 80km/h，隧道外径 11.36m，采用直径为 11.58m 的泥水平衡盾构掘进
德国万德斯曼北隧道	1997～2000	铁路隧道，隧道一、二号洞盾构段总长 1752m，隧道外径 11.3m，双层衬砌，采用一台敞开式盾构机掘进
荷兰绿色心脏隧道	2001～2005	隧道长约 6.16km，双线高速铁路隧道，隧道外径 14.5m。所用泥水平衡盾构
马来西亚 Smart 隧道	2001～2006	盾构机外径 13.5m，采用复合式泥水平衡盾构施工
上海崇明越江隧道	2004～2009	盾构段长 7.5km，双向六车道：3.75m×2+3.5m，设计车速 80km/h，隧道外径 15m。采用泥水平衡盾构施工
上海上中路隧道	2004～2008	盾构段长 1.25km，双层双向八车道，设计车速 80km/h，隧道外径 14.5m。采用泥水平衡盾构施工
南京长江纬七路隧道	2005～2009	盾构段长 2.99km，双向六车道：3.75m+3.5m×2，设计车速 80km/h，隧道外径 14.5m。采用两台复合式泥水平衡盾构施工
武汉长江隧道	2004～2008	盾构段长 2.55km，双向四车道：3.5m×2，设计车速 50km/h，隧道外径 11m。采用复合式泥水平衡盾构施工
马德里 M30 项目南旁通隧道	2005～2008	盾构段长 3.6km，双向六车道：3.5m×3，隧道内径 13.45m，外径 15.01m。采用两台土压平衡盾构施工
广深港客运专线狮子洋隧道	2006～2010	盾构段长 9.4km，双线铁路隧道，隧道外径 10.8m，采用 4 台泥水平衡盾构施工

图 4.21　东京湾横断公路隧道（外径 14.14m）和荷兰绿色心脏隧道（外径 14.87m）盾构机

图 4.22　马德里 M-30 项目两台盾构机（外径 15.20m）

当然日本还建造了许多各种用途的直径为 12m 左右的盾构隧道。从统计资料看盾构直径大于 13m 的隧道基本上都是截至本项目分析论证时期的近十年建造的，这也说明现在直径在 10～14m 之间的大型泥水平衡盾构机制造技术已经比较成熟，并且在直径超过 14m 的超大型泥水平衡盾构机的制造技术上也有了成功的经验。

（二）盾构方案所用盾构机制造的可行性

本次研究盾构方案一盾构隧道外径 15.0m，盾构机直径约为 15.4m，仅比荷兰绿色心脏隧道和南京越江隧道大 0.5m，与上海崇明越江隧道（目前世界最大直径盾构隧道）外径相同。从市场调研来看，这种直径的超大型盾构机的制造在技术上是可行的，并且国际上能够生产这种规模盾构机的厂家不止一家。综上所述，盾构方案一采用的超大型盾构机的制造不是制约因素。

4.3.4.5　大直径盾构机长距离掘进的可靠性

盾构隧道能否实现长距离掘进，主要取决于盾构机设备、泥浆运输、处理设备的使用寿命，要求盾构机具备很长的耐用性，能保持较好的开挖面稳定性和施工精度，以及在物资、机器、材料运输和排土等输送工作上具有高自动化、高效率。其中，盾构机的耐久性和高速施工最为重要，是能否实现长距离掘进的关键。

泥水加压式盾构机的耐久性主要取决于刀盘、刀头、刀具驱动部位、盾尾密封等部位的耐久性和密封性。刀头是由母材和刀尖构成，寿命取决于刀尖的磨耗、缺损和剥落。刀头寿命一般是根据刀尖允许磨耗量、各种地质条件的磨耗系数、盾构机直径、刀具转速和掘进速度等与掘进距离的关系进行估算。对于大直径盾构，由于掘进时刀盘外侧的线速度与刀盘中心的线速度相差很大，使得面板边缘处和边缘处刀具磨损严重。但是目前随着新材料新工艺的出现，刀头的质量已能够实现长距离掘进，极大减少刀头更换次数，且机械检修和更换刀头方法相对简便。

由于开始掘进后盾尾土砂密封装置就几乎不可能在机内更换，所以对密封唇口及移动面耐磨耗材料的特性、密封形状和段数进行了大量研究，有很多改进方法，并已经研制出采用高水压下也可更换的密封充填材料，能使长距离盾构机的盾尾密封获得较高的耐压和耐久特性。通过缩短工期来延长施工距离是实现长距离施工的另一方面。通过快速施工缩短工期可从多方面着手，如提高千斤顶速率，实现管片的快速拼装，加强排泥系统，提高处理泥水处理能力，健全快速施工所需的施工管理系统等。

国内外有很多实现长距离盾构机掘进的例子，如西斯海尔特河隧道、绿色心脏隧道、东京湾横断公路隧道等。因此对本工程每台盾构约 3.5km 的掘进长度，是可以实现的。

4.3.5　岸边段围护结构方案决策

4.3.5.1　岸边段隧道工程概况

钱江隧道工程采用两台盾构机，先后从江南盾构工作井向江北盾构工作井掘进。全线分为盾构段和江北、江南明挖段，可研阶段具体工程段划分见表 4.12。

路线分段长度组成表　　　　　　　　　　　　　　　　　表 4.12

名　　称	分段里程	长度（m）
江北引道敞开段	K11＋400～K11＋750	350
江北明挖暗埋段	K11＋750～K11＋977	227
江北工作井	K11＋977～K12＋000	23
盾构段	K12＋000～K15＋200	3200
江南工作井	K15＋200～K15＋225	25
江南明挖暗埋段	K15＋225～K15＋575	350
江南引道敞开段	K15＋575～K15＋850	275

江北段里程 K11＋380～K11＋925，长 595m。结构主要位于①层素填土、②-1 层粉质黏土、②-8 淤泥质粉质黏土、②-12 层淤泥质（粉）黏土、②-13 层粉质黏土。江南段主线段里程：K15＋270～K15＋900，长 630m。结构主要位于①层素填土、②-1 层粉质黏土、②-2 层砂质粉土、②-6 层粉砂、②-8 淤泥质粉质黏土。

本工程明挖段分为江北、江南两部分，其中又分别包括盾构工作井、明挖暗埋段和引道段。盾构工作井在施工阶段是作为施工作业基地使用，即盾构机的吊入或吊出、组装或拆卸、始发或到达等；盾构工作井在运营阶段除了设置车道板外，还根据需要设置安全通道、消防泵房、变电所、风机房等。根据规划要求和线路方案，盾构方案一（双管六车道隧道方案）在江北、江南各设一个盾构工作井，两个工作井均埋深 25m，其中江北工作井平面尺寸为 25m×40m，江南工作井 30m×40m。

江北暗埋段结构底板埋深 9.9～17.6m，引道段主体结构采用 U 形结构，结构底板最大埋深为＋9.9m。江南暗埋段构底板埋深 9.9～17.6m，引道段主体结构采用 U 形结构，结构底板最大埋深为＋9.00m。

4.3.5.2　方案比选原则

在开展基坑工程的总体方案设计时，应首先对基坑工程在安全性、周边环境保护以及技术经济方面的要求进行充分研究，同时，基坑支护结构方案设计也应利于节约资源、符合可持续发展的要求，实现综合的经济和社会效益。

（1）安全性要求：由于影响基坑工程的不确定性因素众多，基坑工程又是一项风险性很大的工程，稍有不慎就可能酿成巨大的工程事故。因此，确保基坑工程的安全是总体方案设计的首要目标。应结合工程当地的施工经验与技术能力进行具体分析，选择成熟、可靠的总体设计方案；设计时确保满足规范与工程对支护结构的承载能力、稳定性与变形计算（验算）的要求；并对施工工艺、挖土、降水等各环节进行充分的研究和论证，选择工程当地成熟、可靠的施工方案，降低基坑工程的风险。

（2）环境保护要求：我国大型基坑工程主要集中于沿海、沿江经济发达地区，工程场地周边一般都分布有建（构）筑物、地下管线、市政道路等环境保护对象。当基坑邻近轨道交通设施、保护建筑、共同管沟等敏感而重要的保护对象时，环境保护要求更为严格。当基坑周边存在环境保护对象时，要在充分了解环境保护对象的保护要求与变形控制要求的基础上，使基坑的变形能满足环境保护对象的变形控制要求，必要时在基坑内、外采取适当的加固与加强措施，减小基坑支护结构的变形。

（3）技术经济性要求：基坑工程总体方案设计应采取合理、有效的支护结构形式与技术措施以控制工程造价和实现工期目标，必要时，对于技术上均可行的多个设计方案，应从工程量、工期、对主体建筑的影响等各角度进行定性、定量的分析和对比，以确定最适合的方案。在工程量方面，一般应综合比较支护结构的工程费用、土方开挖、降水与监测等工程费用以及施工技术措施费；在工期方面，应比较工期的长短及由其带来的经济性差异；基坑设计方案对主体建筑的影响方面，主要考虑不同基坑围护结构占地要求而影响主体结构建筑面积，以及对主体结构的防水、承载能力等方面的影响。

【案例】 2005 年 7 月 21 日中午 12 时许，广州海珠区江南大道中海珠广场工地基坑挡土墙突然发生坍塌，导致邻近两幢建筑物出现不同程度的倾斜、部分墙体开裂，事故造成 5 人被困，如图 4.23 所示。同时，塌方事故引起邻近一幢 9 层楼宾馆和一幢 8 层居民楼出现倾斜，部分墙面开裂。事后调查事故原因，是因为施工中超出了设计开挖深度而造成基坑失稳破坏。

图 4.23 广州海珠广场基坑坍塌事故

4.3.5.3 围护结构选型、降水及基坑加固

基坑围护形式的选择必须根据基坑开挖深度、地质情况、场地条件、环境条件以及施工条件，通过多方案比选确定，所采用的围护结构应安全可靠、技术可行、施工方便、经济合理。根据《建筑基坑工程技术规范》YB 9258—97 及《建筑基坑支护技术规程》JGJ 120—99 规定，基坑侧壁安全等级及重要性系数为二级。基坑的安全等级基坑的安全等级综合考虑了水文地质、基坑深宽度、周边环境等条件确定如下：基坑深度大于或等于 14m 时为一级；基坑深度小于 14m 且大于或等于 8m 时为二级；基坑深度小于 8m 时为三级。

（一）围护结构形式

在基坑工程实践中周边围护结构形成了多种成熟的类型，每种类型在适用条件、工程经济性和工期等方面各有侧重，且周边围护结构形式的选用直接关系到工程的安全性、工期和造价，而对于每个基坑而言，其工程规模、周边环境、工程水文地质条件以及业主要求等也各不相同，因此在基坑周边围护结构设计中需根据每个工程特性和每种围护结构的特点，综合考虑各种因素，合理选用周边围护结构类型。常见基坑围护形式如图 4.24 所示。

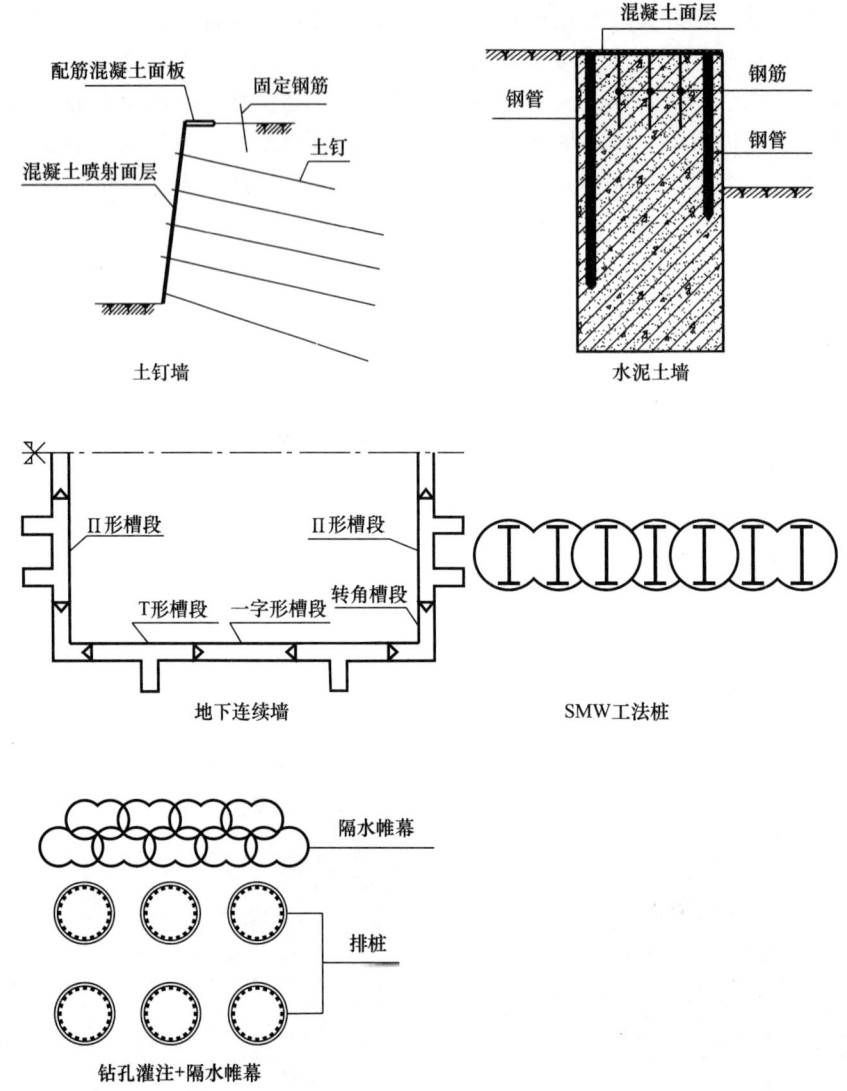

图 4.24 常见的基坑围护形式

放坡开挖：最简单的基坑围护形式，技术工艺简单，经济优势明显，要求具有较大的开挖空间，一般适用于开挖深度小于 6m 的浅基坑。对于本工程引道段挖深较浅的部分可以采用此种开挖形式。

土钉墙：土钉墙是用于土体开挖时保持基坑侧壁或边坡稳定的一种挡土结构，主要由密布于原位土体中的细长杆件——土钉、粘附于土体表面的钢筋混凝土面层及土钉之间的被加固土体组成，是具有自稳能力的原位挡土墙。此方法要求周围土体具有一定的黏聚性。岸边段地质多为淤泥质土与粉砂，不符合土钉墙工法的要求。

水泥土墙：水泥土重力式围护墙是以水泥系材料为固化剂，通过搅拌机械采用喷浆施工将固化剂和地基土强行搅拌，形成具有一定厚度的连续搭接的水泥土柱状加固体挡墙。由于其控制变形能力比较差，一般适用于软土地层中开挖深度不超过 7.0m、周边环境保护要求不高的基坑工程。暗埋段与竖井均为大于 10m 的深基坑，此种围护形式不适用。而引道段采用此种围护形式相比于放坡开挖增加了工程投资和施工风险，所以此次项目没有采用水泥土墙的工法。

地下连续墙：地下连续墙可分为现浇地下连续墙和预制地下连续墙两大类，目前在工程中应用的现浇地下连续墙的槽段形式主要有壁板式、T 形和 Π 形等，并可通过将各种形式槽段组合，形成格形、圆筒形等结构形式。地下连续墙可兼作围护与阻水两种功能，控制变形能力强，对于超深基坑，只有此类围护形式方能满足土体变形要求，但其价格较为昂贵。

钻孔灌注桩：灌注桩排桩围护墙是采用连续的柱列式排列的灌注桩形成了围护结构。软土地层中一般适用于开挖深度不大于 20m 的深基坑工程。地层适用性广，对于从软黏土到粉砂性土、卵砾石、岩层中的基坑均适用。控制变形能力强，在有隔水要求的工程中需另行设置隔水帷幕。其隔水帷幕可根据工程的土层情况、周边环境特点、基坑开挖深度以及经济性等要求的综合选用。

SMW 工法桩：型钢水泥土搅拌墙是一种在连续套接的三轴水泥土搅拌桩内插入型钢形成的复合挡土隔水结构。从黏性土到砂性土，从软弱的淤泥和淤泥质土到较硬、较密实的砂性土，甚至在含有砂卵石的地层中经过适当的处理都能够进行施工。但其刚度相对较小，控制变形能力较差，软土地区一般用于开挖深度小于 13m 的基坑工程。因其取材方便，造价较钻孔桩比较节省。

本工程段结构主要处于①层素填土、②-1 层粉质黏土、②-8 淤泥质粉质黏土、②-12 层淤泥质（粉质）黏土、②-13 层粉质黏土，结合基坑深度主要采用 SMW、钻孔桩加旋喷桩止水帷幕以及地下连续墙的围护结构形式，其中盾构工作井基坑深 25.3m，采用地下连续墙做围护结构。周围环境比较简单，环境保护要求等级低且有足够的施工空间。

根据以上的分析，按开挖深度的不同，经工程经济、技术综合比较后，可研阶段推荐推荐采用的基坑围护形式见表 4.13 和表 4.14。

江北岸边段围护结构形式表　　　　　　　　　表 4.13

工程段	里程	基坑深度（m）	支护类型
引道段	K11＋330～＋430	1.5～4	1：2.5 放坡
	K11＋430～＋630	4～10.1	SMW
暗埋段	K11＋630～＋700	10.1～13	SMW
	K11＋700～＋760	13～15	钻孔桩
	K11＋760～＋900	15m 以上	连续墙
竖井	K11＋900～＋925	25.3	连续墙

江南岸边段围护结构形式表　　　　　　　　　表 4.14

工程段	里程	基坑深度（m）	支护类型
引道段	K15＋800～K15＋900	1.5～4	1：2.5 放坡
	K15＋640～＋800	4～10	SMW
暗埋段	K15＋580～＋640	10～13	SMW
	K15＋530～＋580	13～15	钻孔桩
	K15＋300～＋530	15m 以上	连续墙
竖井	K15＋270～＋300	25.3	连续墙

（二）支撑形式比选

支撑常用的形式用锚杆方案、钢管对撑方案。

锚杆方案：由于本基坑所在土层以淤泥质类土或砂质类土为主，且位于水位以下，淤泥质类土，锚杆成孔困难，且锚固效果较难保证。另外，施作锚杆对周围地块造成地下空间长期"污染"且锚具处结构防水处理较困难。另外，相对可回收的钢管支撑，使用锚杆也不经济。

钢管对撑方案：钢管支撑安全可靠，且钢支撑可倒换多次使用，用钢量较省，经济适用，适用于大型深基坑。

设计采用钢管内支撑的支护方案。主体隧道基坑跨度较大，支撑中间设置 1～2 排格构柱。竖井宽度较大，根据实际需要设计格构柱。

引道段及明挖暗埋段采用钢管内支撑，工作井主要采用钢筋混凝土支撑，支撑布置见各段围护结构布置图。引道段及明挖暗埋段基坑跨度较大，约 30～37m，根据计算考虑钢管支撑强度及稳定性的要求，分别设置一或两排格构柱。工作井同样根据支撑的受力及稳定性设置相应的格构柱。

（三）基坑防降水和基坑加固

本工程江北与江南两岸明挖段，所处场地地势空旷，周边基本无建筑物和重要管线，对基坑引起的地表沉降无特殊要求。设计采用基坑内井点降水方式。降水深度为基坑底以下 1m。基坑深度小于及等于 6m，采用轻型井点降水。基坑深度大于 6m，采用深井井点降水。

根据本工程地质条件，结合基坑的稳定及受力计算、基底承载力等要求，对淤泥质土层采用水泥土搅拌桩加固。

4.3.5.4 优选方案验算

岸边段与工作井结构采用明挖顺作法施工。围护结构的设计按地质情况、水文情况、周边环境以及基坑安全等级的不同，根据工程实践，结合结构计算分析确定。

结构计算分析分施工阶段和使用阶段进行。施工阶段按"先变形、后支撑"的原则，模拟施工开挖、支撑全过程分工况进行结构计算。支护形式为多支点桩结构，即采用弹性支点杆系有限元法计算。钻孔灌注桩在施工阶段，按施工过程进行受力计算分析，开挖期间围护结构作为支挡结构，承受全部的水土压力及路面超载引起的侧压力。结构的位移及内力采用有限元方法计算，考虑分步开挖施工各工况实际状态下的位移变化，并按弹性情况考虑。

图 4.25 所示为基坑最深位置地下连续墙的计算结果，江北工作井基坑深 25.3m，采用 1.2m 地下连续墙作为围护结构，支撑体系采用 4 道混凝土支撑和最底下一道钢支撑结合。从计算结果可知，拟定的基坑围护方案及参数是合适的，满足围护结构整体稳定性、抗管涌、抗隆起、墙底承载力等方面的安全要求。

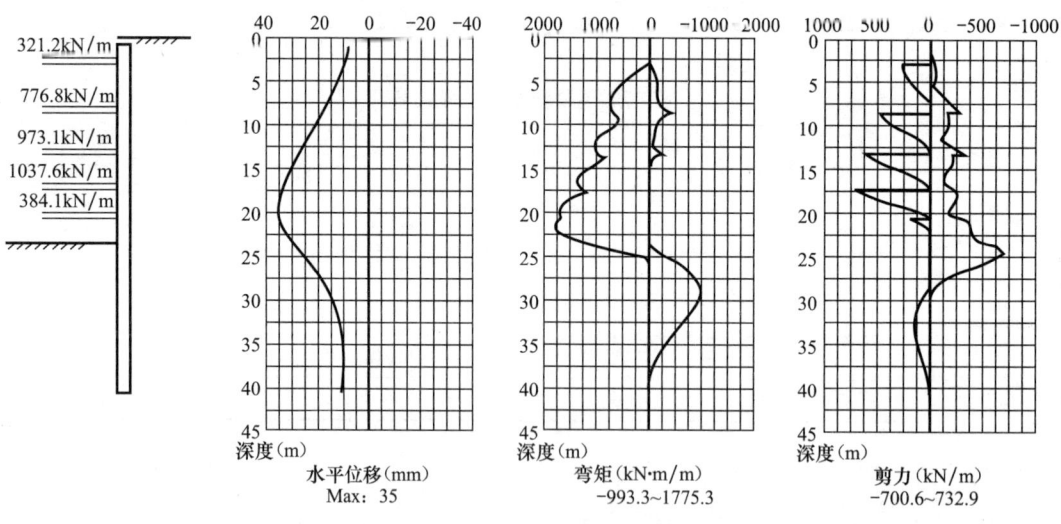

图 4.25 围护结构验算

4.3.6 横向联络通道的设置

4.3.6.1 钱江隧道火灾风险分析

水下公路隧道是一个封闭在水下的建筑物，一旦发生车辆碰撞交通事故或意外火灾，不像在地上道路与桥梁，易于疏散人员和车辆，以便抢险救灾，所以首先必须注意安全。在设计时应采用双洞单向行驶车辆，洞内、外要有多种和充分的消防、救急设施和组织保证，在运营期间要实行 24h 全天候监视和通信广播联系设施，便于及时发现问题和处理问题。近年来，欧洲的勃朗峰和圣哥达两座特长隧道先后在洞内发生火灾，人员伤亡和车辆损毁严重，损失巨大，对其交通和经济均产生影响。人、隧道结构设计以及车等几方面是隧道火灾发生的主要原因，在运营阶段对火灾损失的控制取决于一些子系统的相互协调作用，包括火灾探测、报警、事故定位、通风控制、人员疏散、烟流的通风控制和灭火系统等。

隧道的特殊性使得消防安全非常重要。隧道的外围是土壤或岩石，只有内部空间，发生火灾时，热烟气不能及时排除，热量聚集，内部温度上升快，可能较早出现轰燃。日本消防研究所进行的模型隧道火灾试验结果表明，隧道内燃料的燃烧速度是敞开空间的 3 倍，隧道内的温度最高可达到 1000℃。而且，因隧道内通风不足，燃烧不充分，CO、CO_2 及其他有毒气体浓度也迅速增加。所以往往隧道内火灾会造成灾难性后果，若处理措施不当将会造成重大的人员伤亡。如图 4.26 所示为隧运营期火灾风险情况示意图。

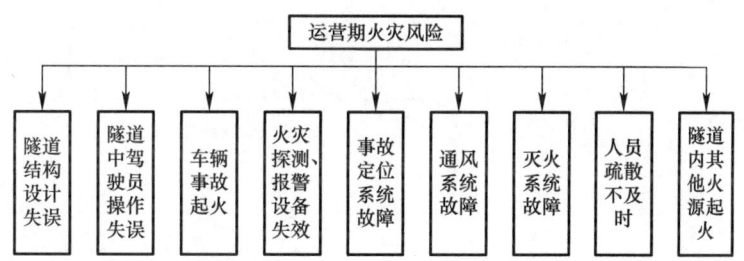

图 4.26　运营期火灾风险

4.3.6.2　设置横向联络通道所面临的挑战

横向通道作为救援设施的一部分，在面临火灾时可以起到一定的人员疏散的作用，若按《预可报告》所给的横向通道设计施工方案，施工期间将面临着极大的施工风险。

施工图设计阶段确定圆形隧道段共 3245m，在江中设置 3 条人行横通道，平均间距 811m。横通道施工建议采用冷冻法土体加固下的暗挖法施工。

水平冻结技术就是在隧道内利用水平孔和部分倾斜孔冻结加固地层，使联络通道及集水井外围土体冻结，形成强度高、封闭性好的冻土帷幕，然后根据"新奥法"的基本原理，在冻土中采用矿山法进行联络通道及泵站的开挖构筑施工，如图 4.27 所示。其中水平冻结孔施工是人工地层冻结的关键，若施工错误将会造成重大的工程损失。

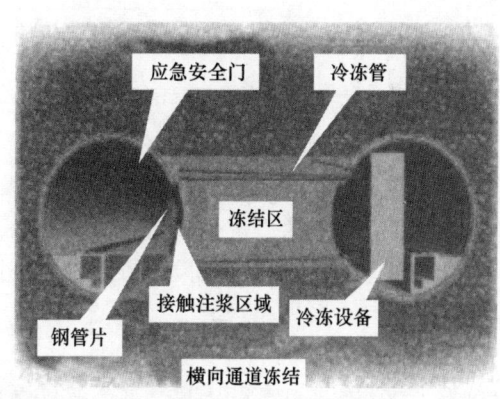

图 4.27　水平冻结技术施工

土体冻结加固暗挖法在施工过程中，依据冷冻法施工的工序分冷冻管施工风险、冷冻施工风险、通道挖掘及结构施工风险及解冻施工风险四部分，其风险评价如表 4.15 所示。

冷冻法施工风险评价 表 4.15

序　号		风险事故	发生概率	损失后果	风险等级	
1	冷冻管施工	结构受损（钢筋凿断，混凝土开裂）	D	2	三级	四级
2		喷水喷沙	C	4	四级	
3		盐水漏失	D	3	四级	
4		冷冻壁缺陷（厚度、交圈不够）	D	5	五级	
5	冷冻施工	冷量损失	D	2	三级	五级
6		冻圈厚度与强度受影响	D	3	四级	
7		盐水漏失	D	4	四级	
8		隧道结构受损	D	3	四级	
9		冷冻监控不当	E	4	五级	
10	通道挖掘及结构施工	开口环变形过大	D	3	四级	五级
11		洞壁裂缝坍塌	D	3	四级	
12		洞壁不稳定	D	4	四级	
13		冻壁强度厚度受影响	D	2	三级	
14		冻壁裂缝破坏	D	5	五级	
15		衬砌结构裂缝	D	3	四级	
16		应急措施设置不当	D	5	五级	
17	解冻施工	长期不均匀变形	C	3	三级	三级
18		注浆控制	D	2	三级	
19	冷冻设备	冷冻机可靠性	C	3	三级	四级
20		冷冻管破裂	C	4	四级	
21		冷冻管接头渗漏	D	2	三级	
22		设备仪表失灵	C	4	四级	
23	水文地质	冻结范围存在障碍物	C	3	三级	三级
24		地下水流速异常	C	3	三级	
25		流砂地层	C	3	三级	
26		气囊	D	2	三级	
27		承压水	D	4	四级	
28	其他	突然断电	C	2	二级	三级
29		冷冻液断货或备料不足	C	3	三级	
30		冷冻液质量问题	C	3	三级	
31		温度表失灵	C	2	二级	

　　根据以上对土体冻结法施工中可能存在的各种风险事故进行综合汇总分析，并采用"层次分析法"，依照风险接受准则对其等级进行评定得出如下结论：冷冻管施工可能出现喷水喷沙（四级）、盐水漏失（四级）和冷冻壁缺陷（五级）三个极大的风险；冷冻施工风险为五级，本阶段为横向通道关键点，一旦有所疏忽将带来灾难性后果，其中冷冻监控技术不确定性因素大，发生概率相当高；通道挖掘机结构施工为横通道风险存在直接原因，风险为五级，其中冻壁裂缝破坏和应急措施设置不当风险事故带来的损失相当大，可能直接导致隧道报废；其他如解冻施工、冷冻设备、水文地质等也存在很大风险。

　　【案例】 2003 年 7 月 1 日凌晨，上海轨道交通 4 号线在越江隧道联络通道的施工作业面内，因大量的水和流砂涌入，引起隧道部分结构损坏及周边地区地面沉降，造成 3 栋建筑物严重倾斜，黄浦江防汛墙局部坍塌并引起管涌，如图 4.28 所示。据调查，引发事故的原因是：施工单位在用于冷冻法施工的制冷设备发生故障、险情征兆出现、工程已经停工的情况下，没有及时采取有效措施，排除险情，现场管理人员违章指挥施工，直接导致了这起事故的发生。

图 4.28 上海地铁 4 号线联络通道事故

在重点研究分析钱江隧道交通事故处置、防灾救援、运营风险及工程经济等方面内容的基础上，2011 年 8 月杭州市交通运输局组织召开了钱江隧道疏散通道设置专题研究报告论证会，经充分讨论，最终决定：钱江隧道由于地质水文条件复杂，隧道盾构段横向联络通道施工存在较大风险，且运营阶段无法避免不均匀沉降、渗漏水等问题，鉴于钱江隧道设有纵向排烟和救援通道，且发生特大火灾事故概率很小，在优化综合防灾疏散体系的前提下，决定取消隧道盾构段横向联络通道。

4.3.6.3 联络通道设置与否对火灾影响评价

为对比横通道设置与否隧道火灾风险大小，以下分别分析设置和不设横通道的两种情况：

（1）设置横通道火灾风险：设置横通道后火灾风险情况体现为横通道故障概率为 A 级（即不可能发生），横通道故障损失为 3 级（即严重），判定设置横通道后火灾风险为三级。综合《钱江隧道风险分析专题》评价结果，采用层次分析方法得到设置横通道后整体隧道火灾综合风险等级为三级风险，具体结论见表 4.16。

设置横向通道火灾风险评估 表 4.16

序 号	风险事故			发生概率	损失后果	风险等级		
1	隧道结构设计失误（W1=0.2）			B	4	三级		
2	驾驶员操作失误（W2=0.2）			B	4	三级		
3	高速隧道内的车辆状况差（W3=0.3）			C	4	四级		
4	隧道防火救援设备故障（W4=0.3）	消防设备（W41=0.35）	水喷雾/泡沫联用灭火系统（W4，11=0.35）	B	4	三级	三级	三级（3.3）
			消火栓系统（W4，12=0.35）	B	4	三级		
			灭火器（W4，13=0.3）	B	4	三级		
		通风设备（W42=0.35）		B	4	三级	三级	
		人员救援设备（W43=0.3）	纵向逃生通道（W4，31=0.3）	B	4	三级	三级	
			横向逃生通道（W4，32=0.3）	A	4	三级		
			应急照明（W4，33=0.05）	C	2	二级		
			疏散指示光电标志（W4，34=0.1）	B	3	二级		
			逃生口光电标志（W4，35=0.1）	B	3	二级		
			监控系统（W4，36=0.05）	B	3	二级		
			通信系统（W4，37=0.1）	B	3	二级		

（2）不设置横通道火灾风险：不设置横通道后火灾风险情况体现在表 4.17，纵向通道可能发生故障的频率为 B 级（即很少发生），损失后果为 4 级（很严重），判定不设置横通道的火灾风险为三级。综合《钱江隧道风险分析专题》评价结果，综采用层次分析方法得到不设置横通道后整体隧道火灾风险等级仍为三级风险，具体结论见表 4.17。

无横通道隧道火灾风险评估 表4.17

序 号	风险事故			发生概率	损失后果	风险等级		
1	隧道结构设计失误（W1＝0.2）			B	4	三级		
2	驾驶员操作失误（W2＝0.2）			B	4	三级		
3	高速隧道内的车辆状况差（W3＝0.3）			C	4	四级		
4	隧道防火救援设备故障（W4＝0.3）	消防设备（W41＝0.35）	水喷雾/泡沫联用灭火系统（W4, 11＝0.35）	B	4	三级	三级	三级（3.3）
			消火栓系统（W4, 12＝0.35）	B	4	三级		
			灭火器（W4, 13＝0.3）	B	4	三级		
		通风设备（W42＝0.35）		B	4	三级	三级	
		人员救援设备（W43＝0.3）	纵向逃生通道（W4, 31＝0.3）	B	4	三级	三级	
			横向逃生通道（W4, 32＝0.3）	E	4	五级		
			应急照明（W4, 33＝0.05）	C	2	二级		
			疏散指示光电标志（W4, 34＝0.1）	B	3	二级		
			逃生口光电标志（W4, 35＝0.1）	B	3	二级		
			监控系统（W4, 36＝0.05）	B	3	二级		
			通信系统（W4, 37＝0.1）	B	3	二级		

就分析而言，横通道作为救援设备的一部分对隧道的火灾风险并没起主导作用，添加或不添加隧道火灾风险等级均为三级。所以横向通道设置与否对火灾风险影响不大。

4.3.6.4　火灾风险控制措施

《钱江隧道防灾及综合疏散救援研究》专题报告认为：盾构段修建横通道的施工风险最高，属于灾难性的风险，一旦发生事故将导致整座隧道的报废，是应该规避的风险，且横向通道设置与否对火灾风险等级影响不大，经过对国内外江底隧道安全疏散通道案例分析，结合本工程具体条件，推荐本隧道盾构段采用纵向疏散的方式（隧道两管盾构段不设置联络横通道，利用盾构段车道下空间作为纵向疏散救援通道（安全通道），下层疏散通道与上层行车道之间由滑梯及楼梯连接）；明挖隧道段横通道设置方便、施工基本无风险且成本低，按250m左右间距设置横向联络通道。此外，为方便车辆疏散，于两端盾构工作井设置车行横通道，该横通道兼具有疏散车辆和人员的功能。

安全通道内应保持正压，避免烟气进入其中；疏散滑梯口间距不大于120m；设置于行车方向右侧的车道板处，并间距不大于240m设置疏散楼梯，疏散滑梯与救援楼梯交替设置的分布模式，以便于消防救援人员从车道板底下安全通道通过救援楼梯进入受火区域，进行灭火与救援。隧道内发生火灾后，管理人员采取措施禁止隧道入口进入车辆，火灾下游车辆继续前行，从隧道出口离开；火灾上游车辆人员进行整体疏散，隧道入口附近人员可直接由入口离开，而盾构隧道内部人员从逃生滑梯或楼梯进入安全通道疏散，明挖暗埋段人员利用横通道或通过工作井车行道进入相邻安全通道疏散；火灾下游开启绿色通行灯引导车辆前行，迅速远离火源，离开隧道；而上游开启红色禁行灯要求车辆停止前行，人员下车进行疏散。

4.4　钱江隧道工程决策总结

本课题针对钱江过江通道及其接线工程项目，结合决策的基本理论以及方法等，在客观分析钱江通道特有的工程特点后，从宏观以及微观方面对此项目进行了以下内容的决策：

（1）建设必要性。项目符合浙江省以及杭州市的公路交通规划并可促进区域的经济发展，改善既有的公路交通条件，适应不断增长的交通量需求，同时对于杭州市、嘉兴市以及绍兴市旅游资源的充分挖掘具有潜在价值。因此，此项目的建设是必要的。

（2）建设线路的选择。针对三个过江位置方案：盐官上游 2.5km 过江结构物位置 B 方案、盐官上游 5km 过江结构物位置 C 方案和盐官下游 5km 过江结构物位置 A 方案进行比选，分别分析了三个地址的工程地质条件以及与城市规划的协调性，最终认为：B 方案比较符合省、市的规划且能与路网较好衔接，且 B 方案过江位置最短、岸线稳定，在经济、技术方面均有比较大的优势，拟定 B 位置为过江通道位置，并比选了通过此过江位置的 B、B1、B2 三条接线方案，最终确定了以骑塘为起点、齐贤为终点的连接杭甬、沪杭高速的 B 方案，主要控制点为：骑塘、周王庙、盐官西、六工段、新湾、党湾、益农、齐贤。

（3）桥隧比选：钱江通道采用桥梁或隧道方案在工程技术上均是可行的，但各有优缺点，投资造价方面，桥梁方案虽然明显优于隧道方案，但在景观影响、通航影响、受气候影响方面，桥梁方案则有着自身无法克服的缺点，经综合考虑，从建立和谐社会与科学发展观出发，以及从保护钱江涌潮这一世界奇观和自然文化遗产的高度考虑，本项目确定隧道方案作为过江方案。

（4）隧道方案的确定：可研阶段主要进行了沉管法与盾构法比选、盾构施工中土压平衡盾构和泥水平衡盾构的比选以及隧道的平纵面设计方案比选，鉴于钱江通道特殊的工程特点，最终决定采用泥水平衡盾构机施工，并根据双管六车道标准进行平纵断面的设计，另外结合中外已建、在建的工程实例分析了大直径、长距离隧道施工的可行性，分析表明，最终决策方案是可行的。

（5）岸边段围护结构决策：岸边段工作井深达 25m，若没有采用恰当的围护便实施开挖极易造成重大的基坑事故。本课题针对竖井段、暗埋段以及引道段不同的开挖深度分别选择了合适的围护形式并在结构内部选择钢管作为内支撑，并通过软件分析验算了竖井段（开挖深度最深）围护结构的安全性。

（6）鉴于上海地铁 4 号线盾构区间横向通道施工时发生了重大的安全事故，可研阶段针对盾构隧道横向通道的施工方法——水平冻结技术进行了施工风险性评价，分析表明，施工阶段存在多处四级、五级风险，一旦有所疏忽将带来灾难性后果，除此之外，盾构段设置横向联络通道对减少火灾损失作用有限，且盾构段采用逃生滑、楼梯及纵向专门逃生通道结合工作井车行横通道、明挖暗埋段人行横通道的综合疏散救援系统可满足火灾时的人员疏散救援逃生要求，因此最终决定取消横向联络通道的设置。

第 5 章　钱江隧道工程设计管理

勘察设计是公路建设的前提，是工程质量的基础。这项工作搞得好不好，不仅影响到公路建设的各个环节，还直接影响到后期的运营管理。可以说，设计是整个公路建设的"纲"，纲举才能目张。没有好的设计，就不可能有高品质的建设成果；设计工作做好了，才能为整个公路项目的建设管理奠定良好的基础。

筑路如此，修隧道更是如此！

设计是对工程建设的规定，是设计单位按照合同规定，吸收国内外先进的科技成果和实践经验，选择满意的方案，生产出设计文件和图纸作为工程建设的依据，并为项目提供施工安装、使用服务的整个活动过程。工程设计作为设计科学的一个重要分支，是一个涉及多学科的系统工程，其中设计指导原则、设计水平和设计质量决定着所设计的工程结构的合理性、科学性、安全性、耐久性和经济性等。因此在一定意义上，设计是工程建设成败的关键，是工程施工、工程投资的主要决定因素之一。

钱江隧道建设工期紧，而且设计过程中涉及科研、设计、咨询等单位，因此设计工作具有难度大、要求高、时间紧、协调任务重等特点。

钱江隧道设计工作的总目标是：高质量、高水平、高效益，争创国家优秀设计。针对钱江隧道设计工作的特点和要求，统筹考虑工程各方面因素，钱江隧道项目公司和设计单位精心组织、坚持创新、充分借鉴和应用国内外隧道设计宝贵经验、重视工程建设条件和专题研究工作、对重大方案和重要结构部位进行深入研究和全面比选，积极处理好与相关行业的协调，出色地完成了隧道设计任务。

5.1　钱江隧道设计管理的难点和目标

5.1.1　钱江隧道设计的阶段和内容

钱江隧道建设条件复杂、设计标准高、技术难点多、现有规范不能涵盖、缺乏类似工程经验，需要经过大量的专题及科研工作，全面、深入地研究解决技术问题，才能提出设计和施工对策。因此钱江隧道针对关键技术难点和工程质量要求，从一开始就进行了设计工作总体策划，分阶段、分步骤组织完成设计任务。

钱江隧道设计采用了三阶段设计法：首先进行初步设计，然后依据批准的初步设计和补充资料编制技术设计，最后依据批准的技术设计和定测资料编制施工图设计。

（1）初步设计

初步设计的主要工作是根据设计任务书的要求，拟定修建原则，选定设计方案，计算主要工程量，提出施工方案的意见，编制设计概算，提供文字说明及图表资料。初步设计文件经审查批准后成为订购工程材料、机具设备、安排重大科研试验、征用土地、进行施工准备、编制施工图设计及控制项目投资的基本依据。

（2）技术设计

技术设计的主要工作是根据批准的初步设计及审批意见，对重大、复杂的技术问题通过科学试验、专题研究、深入勘探调查及分析比较、解决初步设计中未能解决的问题、落实技术方案、计算工程量、提出修正的施工方案、修正设计概算，批准后即为编制施工图设计的依据。

（3）施工图设计

施工图设计则根据批准的初步设计和技术设计，进一步对所审定的修建原则、设计方案、技术方案具体和深化，最终确定各项工程量，提出文字说明和施工需要的图表资料以及施工组织计划，并编制施工图预算。

钱江隧道的设计工作，已经不是传统意义上的一般项目的设计工作和过程，它是一个结合钱江隧道特点，综合和借鉴国内外设计经验，结合科研试验结果，通过全面、深入、细致地研究和比选，择优确定设计方案和经过不断优化、完善而完成的综合设计过程。

5.1.2　钱江隧道设计管理的难点

设计的过程是一个输入—处理—输出的转换过程，输入要素包括需求、基础资料、科研资料、标准、规范等；处理就是在给定时间、资金等资源的约束下，确定多个可能的方案，并进行深入研究、比选；输出则是给出阶段设计方案。设计管理的任务就是明确输入要素，在给定约束条件下得出设计方案。

钱江隧道建设条件复杂，对地质、气象、水文等材料的掌握不是单靠设计单位就能解决的，还要依托其他的科研单位，工程技术挑战多，在设计过程中缺乏成熟而可靠的标准和规范，必须开展一系列专题研究。由于工程建设的复杂性，在每个设计阶段都面临着较大的挑战，而且前后阶段的工作不都具有后效性，即使充分注意到施工单位资源的整合，但也由于深度和广度的有限性，而需要对设计方案不断进行持续优化和改进。

因此，钱江隧道的设计管理一方面面临着要求高、缺乏技术标准等难题；另一方面还面临着需对科研单位、设计单位、咨询单位、施工单位之间的协调问题，主要难点如下：

（1）技术挑战大

目前，我国的设计单位还缺乏设计这类大型隧道的经验，因此在面对如此多的技术挑战时，自身力量尚显不足。针对这种情况，钱江隧道项目公司一方面提前组织相关单位开展大量的专题研究，为设计提供第一手的准确资料，在此过程中，钱江隧道项目公司超前组织设计单位介入，开展隧道位置论证、过江隧道工程方案论证、隧道关键技术研究等工作，较为全面、深入地认识和了解工程，不仅为顺利承担设计工作创造了良好条件，而且为高效率、高质量完成设计任务打下了基础；另一方面钱江隧道项目公司鼓励设计单位之间组成设计联合体，充分整合资源，共同完成钱江隧道设计任务。

（2）设计标准缺乏

作为国家重点干线公路穿越钱塘江的重要通道，钱江隧道设计标准要求高，主要源于交通量大，环保要求严格等。钱江隧道在设计过程中遵守国家公路、隧道建设已有规范，但鉴于钱江隧道建设规模宏大，技术复杂，不可预见因素多，国内既有标准、规范尚不能满足设计、施工、监理、检测的要求，为保证工程建设质量和安全，领导部门同意参考国外相应标准、规范进行，最终形成《钱江隧道工程设计指南》，作为工程设计最直接的技术性指导文件和操作文件。

（3）协调任务重

设计是一个多单位相互协作的过程，选择好的设计单位是保证设计质量的基础，而科研、关联施工、咨询审查、设计后服务等则是保证设计精良的关键，这就决定了钱江隧道的工程设计是一个跨阶段、跨组织和跨层次的系统工程。

为了弥补设计单位能力不足，钱江隧道采取了由中铁第四勘察设计院集团有限公司、浙江省交通规划设计院组成的设计联合体来共同完成任务。在设计过程中，不仅需要协调联合体内各成员单位之间的关系，调集设计联合体内各单位资源，对实施过程中出现的重大事项进行决策，而且还需要协调联合体和业主、各科研单位、咨询审查单位以及与接线工程设计、交通工程设计、航道及防护工程等专项设计等单位的关系。为了促进各单位有序工作，钱江隧道建立了设计项目组对设计单位实行统一管理，采取设计单位牵头的科研管理模式来协调与其他相关单位关系，促进向设计后服务与施工的延伸。

（4）方案设计的动态性

钱江隧道设计过程面临着较多的不确定性，故需要对设计方案不断调整优化，原有的设计方案不能满足施工要求以及施工过程中出现新的情况等都会导致设计方案调整和变更。

而对设计不断调整、完善，需要设计单位联合业主、科研、咨询、施工等单位和专家进行科学试验、调整、修正、评审设计方案，确定修改方案。在这一过程中，需要对方案目标不断凝练、对不同方案不断进行整合并由此衍生出新的方案。

另外，针对设计过程中的设计变更和施工过程中的设计后服务，钱江隧道专门制订了《钱江隧道设计变更管理办法》和《钱江隧道设计后服务管理办法》来规范相关工作。

5.1.3 钱江隧道设计管理的目标

钱江隧道设计的总体目标是："高质量、高水平、高效益，争创国家优秀设计。"

（1）"高质量"的内涵

① 设计基础资料齐全、可靠；

② 深入研究、全面比选、精心设计；

③ 论据充足、结论可靠合理、决策科学；

④ 设计文件符合规定要求，手段和效果达到新水平、新高度。

（2）"高水平"的内涵

① 在结构设计、分析手段、施工方案、施工工艺、材料使用等方面达到新的技术高度；

② 结合设计，逐步开展一批专题和科研，创新一批领先成果，突破一些关键技术，提高隧道的设计水平、建设水平和技术含量；

③ 提高计算机辅助设计技术的应用水平；

④ 强调人文景观、重视景观设计，将钱江隧道设计成世界一流的现代化隧道。

（3）"高效益"的内涵

① 通力合作、精心组织，在保证质量的前提下努力缩短设计周期；

② 精心设计、科学优化，努力降低工程造价；

③ 认真做好造价分析，对工程投资把好"设计关"。

（4）"争创国家优秀设计"的内涵

使钱江隧道的设计具有国际领先水平，争创国家设计金奖。

钱江隧道项目公司和设计单位通过"精心组织、精心设计、坚持创新"的路径完成了"设计一个一流项目，培养一批优秀人才，探索一套先进方法，创新一批领先成果"的目标。

5.2 钱江隧道设计管理的理念和原则

5.2.1 钱江隧道设计管理的理念

工程就实体而言，可从科学、技术和工程"三元论"进行定位，从"外部"来看，工程还与产业、经济、社会等紧密关联。工程设计是对工程建设的规定，它直接影响到后面的进度、风险、质量、安全等工程品质，因此在设计过程中必须以"大工程观"为指导，精心组织、科学设计。多年来，我国建造了不少大型工程，但在设计理念、设计体制等方面还存在着一些问题。

一是设计理念还不能适应社会进步和时代发展的要求，考虑工程自身需求多，对社会和谐、环境保护节约资源考虑少。

二是"用心"设计不够，设计"制作"多于"创作"、"粗放"多余"精细"，有特点、有特色的设计少，照抄照搬现象较多；在技术标准掌握上，不能因地制宜，生搬硬套现象较普遍；在一些项目中，地质勘测深度不够，而在某些专业设计中又趋于保守，在应用新技术、新方法、新工艺上缺乏内在动力，创新意识不强。

三是部分设计单位片面追求企业经济效益，质量意识、责任意识淡薄，内部质量保证体系不健全，违规分包、转让资质，后续服务不到位。

四是交通主管部门还不能较好地适应社会主义市场经济体制的要求，市场体系建设和市场监管有待加强。

五是有的业主对设计干预过多，尊重科学不够，压缩合理的设计周期，基础工作不到位，致使设计质量受到影响。

针对以上情况，钱江隧道确定了如下的设计管理理念。

（1）系统思考，全面规划

钱江隧道在设计时不仅充分考虑工程本身的需求，而且充分考虑环境因素（气象、水文、地质等）、文化因素、风险因素以及资金和施工问题。

（2）精心组织，精心设计

钱江隧道工程在设计过程中，加强了全过程的组织和控制，如精心选择设计单位、超前准备基础资料、编制工程设计指南、加强设计、科研和施工的结合、开展专家咨询和国际合作、严格设计评审和验证控制等。

（3）尊重科学，争取创新

建设钱江隧道光有雄心壮志是不够的，冒险、盲干不是建隧道人应有的品质。作为公共产品的隧道不像一般工业产品，允许有一定的次品率，必须要确保一次施工达到预期标准。另外，钱江隧道工程存在许多"第一次"，这就要求隧道在设计过程中尊重科学，争取创新。

5.2.2　钱江隧道设计的基本原则

钱江隧道设计工作确定了以下的基本原则：

（1）认真遵守工程建设基本原则

在满足使用功能的前提下，隧道设计力求"技术先进、安全可靠、适用耐久、经济合理、美观协调"，富有时代风貌，要充分体现当今世界现代化隧道建设的新理念、新技术、新水平，将钱江隧道建成一条代表我国 21 世纪建设隧道水平的新的人文景观工程。

（2）充分借鉴和应用国内外隧道建设的先进经验

引进、消化、吸收国内外特大长度隧道建设的先进技术和宝贵经验，并有所创新，力争将钱江隧道建成技术先进、安全可靠、经久耐用、水平一流的现代化隧道。

（3）重视建设条件专题工作，掌握可靠的设计基础资料

根据隧道建设条件特点和难点，要有针对性地深入开展相应的建设条件专题工作，包括必要的试验工作，保证设计基础资料可靠、实用。

（4）认真抓紧、抓好科研工作

根据钱江隧道建设条件复杂、设计施工技术难度大等特点，始终抓紧、抓好科研工作，紧密结合设计工作需要，规划、安排好科研项目，选择强有力的科研队伍和先进可靠的设备，为正确决策提供依据。

（5）深入研究、全面比选、精心设计

在全面、深入分析建设条件、设计基础资料的基础上，根据各阶段的工作任务和重点，采取多种途径，积极学习、借鉴国内外先进经验，结合科研，对重要结构部位，深入研究、全面比选、精心设计。

5.3　钱江隧道设计管理的实践与应用

5.3.1　统一管理的设计组织体系

钱江隧道的设计工作以中铁第四勘察设计院集团有限公司为主体设计单位、浙江省交通规划设计院为合作设计单位，共同组成钱江隧道设计联合体来完成工程设计。

中铁第四勘察设计院集团有限公司为主体设计单位，主持设计联合体的工作，负责内、外协调，对该项目的技术设计和施工图设计全面负责。浙江省交通规划设计院和同济大学建筑设计研究院作为合作参加设计单位，派出专门设计人员参加所分担的部分设计工作。

为了加强对设计工作的总体协调和管理，设计联合体建立了三个管理层次：

第一，成立"设计联合体领导小组"（以下简称领导小组），负责设计联合体内各成员单位之间的协调，快捷调集设计联合体内各单位资源，并对设计过程中的重大事项进行决策。

第二，中铁第四勘察设计集团有限公司作为主体设计单位，统一负责设计联合体的对外协调。

第三，设计联合体建立紧密型的设计队伍——"钱江隧道设计项目组"（以下简称设计项目组），并通过合同管理模式对项目组组成人员进行管理。设计项目组实行项目人员、设备、技术质量、进度和成本控制统一管理，设计成果、技术文件统一标识，人员工作业绩统一考核，领导小组给予设计项目组奖惩权。具体运作如下：

（1）设计项目组由设计联合体各成员单位的有关参加人员和根据工作需要外聘的人员组成。分项设计组是设计项目组的主要组成部分，无特殊原因和未经项目总负责人同意、领导小组组长批准，不得更换。

（2）设计项目组设置总体组和若干个分项设计组。另外根据设计项目组管理需要，设立总务组。

由设计联合体各成员单位具有资格的专家和根据工作需要由设计项目组外聘的专家组成项目技术审核班子。

专题和科研承担单位受设计项目组专题和科研管理组的领导。与分承包单位和专题、科研承担单位签订的合同，均通过主体设计单位中铁第四勘察设计集团有限公司与承担单位签订。

（3）设计项目组组成人员实行聘任合同制。项目总负责人、项目副总负责人、项目主管总工程师、项目主管副总工程师由领导小组组长聘任；各分项设计组分项负责人（副分项负责人）、专业负责人、总体组成员、总务组负责人和项目主管主任工程师及技术审核班子其他成员，由项目总负责人和项目主管总工程师提名，报领导小组组长批准后，由项目总负责人聘任；各分项设计组成员及其他人员由各分项设计组分项负责人、专业负责人、总务组组长提名，报项目总负责人批准并聘任。

（4）工作方式。设计项目组实行统一管理的工作方式，即在整个聘任合同周期内，按照合同的有关规定，设计项目组人员原则上均归设计项目组统一管理，服从设计项目组的领导。在项目设计任务完成以前，未征得项目总负责人的同意，不得从事其他项目的设计工作。

副分项负责人以上人员是参加施工配合工作和派驻现场设计代表的主要组成人员，应服从设计项目组的统一工作安排，保证完成所承担的工作任务。

根据工作进展情况和需要，设计项目组在一定时期内实行集中设计现场办公，也可视情况分散办公，具体由设计项目组决定。

根据工作需要，设计项目组实行加班、调休工作制度，设计项目组人员应服从工作需要和安排。

设计联合体制定专门的《钱江隧道工程施工图设计联合体管理办法》，作为对设计工作管理的依据。

5.3.2　多方合作的协调体系

钱江隧道设计工作除了涉及中铁第四勘察设计集团有限公司、浙江省交通规划设计院以外，还涉及业主、咨询审查单位、施工单位等。为了保证设计质量，钱江隧道作为业主单位，联合设计单位，充分做好各单位的协调工作。

（1）与业主的工作协调与配合

除项目总负责人、副总负责人外，设计项目组与业主经常保持密切联系，按时上报工作简表、旬报、月报，对业主的要求及时反馈和落实，认真做好配合、服务工作。

（2）与设计委托咨询审查单位的协调和配合

与设计单位委托的咨询审查单位的协调、配合由设计项目组负责进行。

（3）与业主委托咨询审查单位的协调和配合

设计项目组积极配合业主委托的设计咨询审查单位开展本项目的设计咨询审查，其具体配合和合作在业主的统一指导和协调下进行。

（4）与其他单位的协调与配合

与接线工程设计、交通工程设计等专项设计单位的协调，在业主的统一指导和协调组织下，发挥总体设计协调的作用，积极做好有关配合工作，根据工作需要及时参加相关的设计协调工作会议，明确有关工作界面和工作关系等。

5.4　钱江隧道设计的质量控制

5.4.1　集成设计行业优势力量

设计质量首要取决于设计单位、技术人员的知识、能力和水平。钱江隧道通过超前组织设计单位介入并按国家招标办法确定优秀的设计单位。

（1）超前组织设计单位介入

中铁第四勘察设计集团有限公司、浙江省交通规划设计院这两家单位组成的联合体通过开展建设条件、投资估算、交通经济和经济评价、隧道关键技术研究等工作，较为全面、深入地认识和理解了工程，不仅为顺利承担设计工作创造了良好的条件，而且为高效率、高质量地完成设计任务打下了基础。

在项目工可阶段甚至更早时间组织勘察设计单位介入，承担相应任务，优点比较明显：有利于真实考察勘察设计单位的信誉和经验、项目负责人的水平和能力、项目主要人员组成和相关专业人员配备情况、后续服务等，能够为项目设计择优选定勘察设计单位奠定基础；有利于勘察设计单位尽快进入工作角色，节约熟悉、适应项目的时间，把主要精力用在项目设计难点、重点的深入研究上，提出应对措施，为编制一流的设计文件争取主动。

（2）国际竞争招标选择设计联合体

勘察设计是一项技术性极强的工作，有关从业单位良莠不齐，不同单位针对同一项目投标报价往往相差很大；有的不知道是否要开展科研试验，不清楚要开展哪些试验研究、获取何种数据，因而设计质量安全没有保障；有的超前研究不够，技术储备不足或者不具有项目设计所需要的专有技术等。因此，在设计招标时，应区别对象，针对工程的特殊性有的放矢地进行公开招标或邀请招标。

交通行业推行勘察设计招标管理办法，其目的就是要引进竞争，运用市场机制选择有设计创新能力的设计单位。钱江隧道充分利用这一契机，创造提高设计质量的工作机制，充分调动设计单位工作积极性，圆满完成了设计任务。主要做法如下：

① 重视投标单位资质等级和业绩，要求投标单位必须具备甲级资质，具有丰富的大型隧道项目设计、科研及管理经验，且外聘人员比例应控制在勘察设计单位在编技术人员的 30% 以内，并纳入勘察设计单位统一管理；

② 关注投资单位对项目的理解，如项目的难点、重点及技术分析、设计方案的编制及措施、四新技术的应用及质量保证措施等；

③ 评标时以技术为主，报价为辅，不过分关注投标报价的高低。

钱江隧道设计通过招标，最终选择以中铁第四勘察设计集团有限公司为主体单位，浙江省交通规划设计院为合作参加单位，共同组成钱江隧道设计联合体，承担隧道工程设计任务。这两家设计单位各具特色：

① 中铁第四勘察设计院集团有限公司（简称铁四院）具备国家首批工程设计综合资质，拥有国家甲级勘察设计、环境评价、工程总包、施工监理和多项专业甲级设计证书。主持了数十项国家、行业规范、标准编写。铁四院树立了路网规划、铁路枢纽、高标准铁路、复杂山区铁路、铁路站房、水底隧道、轻轨、地铁、桥梁、软基处理和环境评价等为标志的设计品牌。持有国家 A 级设计信誉证书，并经国家对外经济贸易合作部批准，具有对外经营权。

② 浙江省交通规划设计院是一家具有公路行业设计（公路、特大桥梁、特大隧道、交通工程）甲级资质的科技型咨询设计企业，自建院以来一直从事浙江省公路规划研究工作，对全省河势、水文等情况较为熟悉，设计基础资料占有率高。

钱江隧道采用国内联合体设计承包模式，对工程而言，有利于全面解决隧道建设关键技术；对钱江隧道项目公司而言，合同结构简单、协调工作量小、有利于设计进度、质量和投资控制，各协作方之间方便沟通和交流；对设计联合体而言，既能集中各成员单位人员、技术专长和管理等方面的优势，形成综合的设计能力和抗风险能力，又能为这些设计单位创造机遇，培育其企业核心竞争力。

5.4.2 认真抓好设计输入的控制管理

设计输入是设计的关键控制环节，控制的关键是确定设计输入的内容、要求和标准。钱江隧道针对工程特点和设计工作实际需要，借鉴国内外设计规范和同类隧道的设计经验，总结、归纳本项目的科研成果，专门编制了《钱江隧道工程设计指南》，经专家和咨询审查单位审查，进行多次修改、完善后，作为设计遵照执行的标准和依据。

设计指南是工程设计的纲领性文件，对专用标准、设计参数、结构设计等进行明确规定。既是开展具体设计工作的依据，又是有效控制设计过程和设计质量的保障，同时也是展示设计理念和科技创新的平台。

（1）设计前全面收集资料

为了能够高起点、高标准地开展设计工作，在设计开始前需要全面收集、系统整理与设计相关的基础资料和技术资料。

① 设计基础资料收集

初步设计前，组织收集工可阶段各专题研究报告、工可报告及各级审查评估意见、钱江隧道专家组专家意见等，系统清理水文、地质、地震、气象等设计基础资料；对编制概算的资料如主材价格、资金筹措方式、征地和拆迁补偿标准、补充定额资料进行收集；对国内外与项目设计有关的规程、规范、标准、文集、同类工程信息、"四新"技术的应用等资料进行收集。

② 现场调研

针对一些关键问题，组织人员到材料、设备厂家、公司、同类工程建设现场调研材料设备性能、生产和应用情况、分析费用、加工及施工可行性；征求航道、水利、环保部门对项目设计、施工的意见等。

（2）设计中不断补充完善

在设计工程中，对基础资料的要求随着设计不断深入而不同，需要根据设计进展不断补充完善。在设计中需做好相关安排，以便掌握可靠的数据，为下一阶段深入论证设计方案提供依据。

① 设计专题及科研逐步深入

钱江隧道初步设计在工可阶段专题研究基础上，进一步开展了水文、地质、地震等专题研究工作，并再一次补充和深化了技术和施工图设计。

② 进一步收集设计资料

在初步设计资料收集的基础上，进一步整理收集了设计基础资料，包括初步设计文件、各专题及科研报告、初步设计咨询审查及评审意见等，审查、确认资料的完整性、可靠性。

（3）严格资料审查

基础资料质量很大程度上决定了工程设计质量，必须严把审查关，确保资料达到规定的深度和广度。钱江隧道设计资料审查工作主要有：

① 设计单位在全面清理设计资料的基础上，对资料的完整性和可靠性进行清查、审查和确认；

② 设计单位需要对设计中有关设计专题及研究成果，组织必要的计算和综合分析，完备相应手续后才能作为设计的依据；

③ 钱江隧道项目公司委托设计咨询审查单位适时查验设计单位整理的资料，对资料的完整性、可靠性进行评价，确保设计资料的质量；

④ 设计资料随设计成果文件同步接受审查，确保专题及科研成果提供准确资料，如初步设计评审时，交通运输部组织专家首先对基础资料进行逐项审查，然后再进行设计文件评审。

5.4.3 抓好结构设计及计算分析的控制管理

结构设计及计算分析是设计的又一个关键控制点。在确定设计标准、设计规定后，结合结构方案比选和详细设计，即进行详细设计及计算分析，并结合科研成果和专家意见加以优化、完善。为保证质量、解决关键技术问题，采取多次、分阶段、多手段和方法进行控制。此外，还采用国际上流行的软件进行计算或复核验算。

（1）同等深度方案研究

方案设计是结构设计工作的核心和重点，经过研究确定的设计方案是开展详细设计的依据。方案设计的实质是通过对各种可行方案研究论证、选择比较和评价确定，以保证所选方案技术优、质量好、安全度高、投资少、易实施。

钱江隧道方案设计是在工可研究成果和技术预测基础上，集中做好各具体方案比选工作和关键技术的研究工作，包括各个单项工程的外形方案、结构方案和施工方案设计。单项工程设计方案是独立的，结合推荐的外形方案即可进行结构方案研究，再根据明确的外形方案和结构方案展开相应的施工方案研究；各工程方案之间又是相互联系的，方案研究中应从工程整体出发，考虑隧道整体项目方案的统一协调。

方案设计工程中，通常将大的项目分解为较小的子项目，再对子项目进行方案研究。

钱江隧道方案设计体现在初步设计和技术设计两个阶段，在初步设计阶段全面、广泛的研究基础上，技术设计经深入比选核心技术方案，确定最终拟采用的方案，并以此为依据进行施工图设计与局部的更改和优化。遵循"确定问题、选定指标、方案综合、方案分析、方案选优、方案实施"的系统工程方法。钱江隧道设计方案研究归结为下列四步：

① 根据具体的项目和确认的设计基础资料，拟出一系列初步方案；

② 结合该项目的主要控制条件和因素，初选可行方案，剔除那些无须经过详细评价就可判明对于实现既定目标明显较差的方案，只把那些不能通过简单判断决定其优劣的方案留待专门处理；

③ 对剩下的方案进行同等深度的研究、比较，包括详细设计和计算分析，同时初步研究主要的施工方案；

④ 从技术经济合理性、水文地质条件、施工可行性、景观协调等方面评价，选择推荐方案。

（2）方案比选

① 逐层推进式方案比选

所谓逐层推进式方案比选即顺次构成方案时，剔除那些明显较差的方案，对剩下的方案进行同等深度研究，同时结合成果审查、批复情况，随着设计进展步步推进，形成最佳方案。

采用逐层推进比选需进行方案的同等深度研究，当比选从上一层过渡到下一层时，对方案的选择则有相应的限制，因此，自然要接受或拒绝某个方案，这样，产生方案的速度快，但同时也会带来决策风险。

逐层推进是方案比选的基本方法，钱江隧道在设计中，其许多方案都是采用该方法，通过提出方案、同等深度研究、逐层推进确定的。

② 反馈调整式方案比选

所谓反馈调整式方案比选即当选择出现风险、方案研究不能继续进行下去时，回到方案研究的前一层次，从其他同等深度方案中寻求解决问题的途径。

反馈调整式是方案比选的常用方法，技术先进、高度创新的工程设计方案大多需要经历多次反复才能形成。

③ 反馈补充式方案比选

所谓反馈补充式方案比选即当已选择方案出现风险、方案研究不能继续进行下去时，回到方案研究的前一层次，并补充新方案逐层进行同等深度研究以寻找最佳方案。

反馈补充式是方案研究的必要方法，一些项目条件复杂、传统做法技术经济效果不佳，或者设计中考虑不全面，目标存在偏差，需要重新拟订方案深入研究。这种方式可能导致设计周期延长，但只要合理组织、加强攻关、全局考虑，增强各项目设计间的有机联系，就能够找到综合效益好的方案。

（3）采用顶级设计软件

结构设计是设计中非常关键的环节，包括结构总体布置与选型、结构分析与计算、构造处理等。结构设计不仅能够为优选设计方案提供有力依据，而且对设计是否安全可靠、耐久适用、技术先进等起着决定性作用。

结构设计需要进行大量的结构计算，以分析结构的可靠性、安全度、抗震减灾、耐久性等，特别是大型工程设计，结构计算分析极其复杂、综合性强，传统的常规设计工具和方法往往不能满足需要。

大型隧道设计工作必须依靠科技进步，借助现代化的设计手段和方法，钱江隧道项目公司为此专门引进世界先进隧道设计软件，以提高设计工效、精确度和可靠性、缩短设计周期、降低设计成本、增强设计品质。

这些软件先进、成熟，在国内外大型隧道工程设计中得到了多次成功应用，代表着当今隧道工程设计软件的最高水平。钱江隧道在设计中选择使用这些计算软件，为隧道设计一流品质提供了保证。

5.4.4　加强设计与科研相互推进

科学研究在钱江隧道工程中发挥了重要作用，主要体现在以下几个方面：

（1）通过有针对性的深入研究和试验，及时突破设计中遇到的技术难题，为设计提供有力的技术支持；

（2）根据科学理论成果，实现了对设计方案的优化；

（3）以科研成果为基础，增加了设计科技含量，提高设计品质；

（4）结合施工工艺开展科学研究试验，为有效解决工程施工重点及关键部位的技术难点提供了手段和方法；

（5）增强了工程科研人员的实践经验，探索了设计、科研单位之间的协作、配合以及综合管理水平。

钱江隧道建设条件复杂，在许多方面均面临新的难度和技术课题。设计中需要积极组织开展设计专题及科研工作，结合科研试验结果，全面、深入、细致地研究和比选，择优确定设计方案和不断优化、完善设计。

钱江隧道项目公司在实施设计与科研相互推进的过程中，加强了设计管理的计划性与系统性，主要表现在以下四个方面。

（1）提前规划、落实专题及科研项目

各阶段设计工作正式开始前，设计单位在钱江隧道项目公司指导下，根据需要提出专题及科研工作规划，待钱江隧道项目公司组织审查核准后予以落实。

① 初步设计阶段

在初步设计阶段，结合工可研究成果，针对本阶段比选的隧道外形和结构方案，开展相应的专题及科研项目。

② 技术和施工图设计阶段

钱江隧道技术和施工图设计阶段，依据上阶段推荐的隧道外形及结构方案，并超前考虑了施工需要，继续开展或深化专题和科研工作，深入掌握建设条件，为设计和施工进一步提供正确、可靠的基础设计资料。

（2）控制专题及科研成果提交时间

专题和研究工作确定后，即刻组织各专题及科研单位开展研究，钱江隧道项目公司与设计单位做好指导、协调与服务工作，并及时审查验收各项成果，作为编制各阶段设计文件的依据。

在专题完成的时间安排上，要服从各阶段设计进度的需求，总体要求包括以下两个方面。

① 初步设计阶段

测绘专题成果应在总体设计时提供，地勘、水文等其他专题中间成果（或正式成果）以及科研项目阶段成果应在结构设计时、设计中间成果形成前提供，设计专题及科研正式成果应在设计文件形成前提供，以便深化、完善设计。

② 技术和施工图设计阶段

各项专题及科研成果应在结构设计和计算分析时提供，便于结合科研成果进行结构详细设计和计算分析，确定安全度和结构受力的合理性、可靠性，及时调整、优化结构设计方案。

（3）以设计单位为主体的科研管理模式

钱江隧道设计管理采用钱江隧道项目公司主导、设计单位引导、科研单位实施、技术专家支持的管理模式，引导设计单位增强创新意识，成为科研管理的主体并提高自身的科研管理能力和水平。

① 钱江隧道项目公司是设计管理的主体。选择科研单位并做好设计单位与科研单位的协调，对科研活动中的立项、大纲评审、成果审查等关键节点进行控制。

② 设计单位是设计的主体。由设计单位协助钱江隧道项目公司对专题专项科研项目的实施进行管理。

③ 科研单位是实施的主体。科研单位全面负责专题和研究项目的实施与具体管理。

④ 技术专家支持。相关的技术专家团队负责审查项目总体方案、预期成果等，对研究成果的科学性和可行性进行把关。

以上设计管理模式的优点在于：

（1）有利于设计、科研承担单位之间进行更便捷的沟通和协调，使专题及科研工作的服务作用更有效地适应设计工作的需要。

（2）设计单位不同程度地负责科研管理工作，相应承担了一部分成果责任，有利于调动设计单位的工作主动性和积极性。

（3）有利于钱江隧道项目公司集中精力抓全局、抓大事、抓关键，保证设计专题及科研工作有序展开并有效整合各种资源。

（4）有利于形成具有自主知识产权的核心科技能力，增强我国设计、科研单位参与国际重大工程项目的竞争能力。

5.4.5　集成设计与施工

设计是施工的依据和指导，施工是把设计变成现实的途径，因此设计必须与施工紧密联系。在设计方案比选中，应将施工方案同建筑方案、结构方案综合考虑，深入研究施工的可行性和可操作性等。长期以来，由于我国原有工程建设管理体制的影响，勘察、设计、施工及其他一些专业性强的单位通常独立工作，各单位业务常被分割成相对狭小的空间，不同单位相互之间配合较差，导致勘察、设计与施工脱节严重，"设计人员不懂施工，施工技术人员不懂设计"、"专业间打架，相互矛盾"等问题大量存在，设计经常不能满足施工需要，施工中设计变更多，导致工程进度、质量安全、工程成本等都受影响。近年来，随着我国加入WTO和建筑市场的逐步对外开放，我国也出现了一些从勘察、设计到施工的总承包企业，但同国外总承包商相比，在勘察、设计、施工一体化的综合能力方面仍相差甚远。

钱江隧道作为特大隧道工程，工程设计必然是设计单位、专题科研单位及业主、承包商共同智慧的结晶，远非个别单位、少数人员能够独立完成。因此，应当做好设计与施工的结合，即通过设计方案选择好的施工方案，同时通过施工方案来进一步优化设计方案。

5.4.6　集成国内外著名咨询审查公司和专家智慧

设计咨询审查是政府、业主确保公路工程勘察设计质量的重要举措。设计咨询审查主要分为业主、设计单位咨询审查和政府审查两类。

政府审查是有关部门依据基本建设程序和勘察设计文件管理办法，对项目勘察设计进行宏观的质量监督和管理。目前，有的工程设计文件审查流于形式、深度不足，导致达不到设计深度的文件产生，把本阶段应该完成的工作内容和深度留给下一阶段，产生遗憾工程。

设计单位的自查、复核和咨询以及业主的咨询审查是面向过程的设计管理方法，是控制设计质量的根本途径。一般工程、常规性项目由于计算模型、标准规范等较为成熟，可以直接引用，再加之设计单位和业主、承包商的经验，就能较好地完成设计和指导施工，通常不需要咨询审查；但对于大型项目和非常规工程，往往工程比较复杂和特殊，对于设计单位报送的成果，尤其是结构计算时模型的选择和建立、标准规范和参数的选用等，需要第三方单位针对设计文件进行计算分析和复核验算，设计单位再通过吸取咨询审查方和专家的意见,进一步整合、优化设计,确保计算的精确度和设计精良。

钱江隧道项目建设条件差、技术创新多、设计和施工难度大,在国内外没有其他工程的设计可以参照,仅凭设计单位自查复核,其准确度、可信度、可靠度均无法把握,必须委托第三方甚至第四方独立复核验证来保证设计质量,具体做法如下。

(1)国内外技术支持

根据各阶段设计工作特点,聘请专业咨询公司以及专家、学者组成支持团队,进行技术指导和把关,保证设计质量。

根据上述原则,钱江隧道项目公司、设计单位各自独立聘请国内外著名隧道公司、科研院所和知名专家担任技术支持,充分发挥他们的专长,全面跟踪设计,进行第三方技术咨询和指导,共同破解世界级隧道的设计难题。

① 国内外著名咨询机构支持

在初步设计阶段,钱江隧道项目公司委托中铁第四勘测设计院、浙江省交通规划设计研究院分别承担主体工程、交通工程设计咨询审查。设计咨询公司为上海市隧道工程轨道交通设计研究院及浙江公路水运工程咨询公司。

大型复杂交通工程建设通过与国际著名工程技术咨询机构签订合同,开创浙江省重点工程引进和利用国际智力资源新模式,是确保钱江隧道设计、施工和管理能够创造国际一流水平的有益尝试。具体地说,钱江隧道委托的咨询机构主要职能为,跟踪监督设计单位的设计活动,定时汇报工作进度、意见和建议,审查验证钱江隧道项目公司委托的设计成果、科研中间成果和最终成果并提交相应的审查报告,参加项目公司组织的咨询审查单位与项目承担单位的协商与交流,参加技术协商、成果验收会议等。

② 国内外顾问专家支持

在技术和施工图设计中期,杭州市政府聘请了以国际隧道界知名专家、中国科学院及中国工程院院士为主的技术顾问10人,并组建了26人的钱江隧道技术专家组,参与钱江隧道的建设管理工作,为设计工作提供有力支撑。

聘请国际隧道界知名专家、"两院"院士,组建钱江隧道技术顾问和技术专家组,有利于充分借鉴和应用国内外隧道建设的先进技术和宝贵经验,依靠专家,群策群力,正确把握设计方向,有力地支持和推动钱江隧道建设。具体的工作职能为:对设计中的重大技术方案、关键技术难题、质量控制标准、科研课题、新技术、新工艺、新材料运用等开展技术咨询,定期参加钱江隧道技术顾问、技术专家会议,参加钱江隧道设计、施工、科研、建设管理等技术问题研究、提出建议意见,审查设计文件及招标文件技术规范、质量检验评定标准、设计变更等,参加重大工程技术问题的研究处理等。

(2)三院制审查

一直以来,业主对设计质量的审查主要是通过组织审查会的形式加以判断和确认,但由于审查对象多为最终成果,且审查会一般时间较短,与会专家不可能对整个设计进行全面细致的论证或复核,使审查会难以达到预期的效果。

钱江隧道改革传统的设计成果审查方法,创新审查方式,加大审查力度,各阶段设计审查实行"三院制":设计单位在自控的基础上,单独聘请社会咨询机构开展技术咨询和成果审查;在设计单位自查及咨询审查并完善设计的基础上,钱江隧道项目公司再委托1~2家高水平的国内外专业咨询机构审查,如委托长大公司承担抗震设计审查,委托丹英泰克工程顾问(上海)有限公司和浙江公路水运工程监理有限公司全面负责技术和施工图设计审查等,形成全方位、多层次的监控网络。

钱江隧道项目公司委托咨询审查采取前期介入、全过程参与、分期分批的方式进行,变单纯的事后控制为事前预防、事中检查与事后控制相结合,加大工作力度,跟踪监督设计全过程,不仅审查最终结果,而且审查设计输入和中间成果,使设计在过程中就不断优化和完善,避免事后补救、事倍功半。

钱江隧道设计咨询审查管理的关键包括以下三个方面。

① 前期介入

钱江隧道各阶段设计、专题及科研项目审查均由钱江隧道项目公司根据项目特点委托社会咨询审查单位承担。咨询审查单位向钱江隧道项目公司提交咨询项目负责人以及投入技术力量与设备的书面说明，咨询负责人及各专业主要审查人员经确认后应固定。

咨询审查单位在收到钱江隧道项目公司委托函后即开始工作，投入足够的技术力量与设备，确保咨询审查工作的质量与进度要求。在钱江隧道项目公司指定日期内提交咨询审查工作计划和工作大纲，评审通过后作为开展咨询工作的依据。

咨询审查单位在收到钱江隧道项目公司提供的勘察设计、专题科研资料前必须深入了解钱江隧道前期的建设情况及工程技术要求，并将了解的情况以及对项目的理解写成书面材料提交钱江隧道项目公司。

② 过程参与

咨询审查单位选派专人跟踪项目，深入现场，对设计的基础资料进行认真查验，对设计中的重点技术方案进行验算校核，参加钱江隧道项目公司组织的咨询审查单位与项目承担单位的协商与交流，保证咨询审查深度。

咨询审查实行"旬报"和"月报"制，即咨询审查单位每旬书面报告工作进展情况，每月 28 日前填报咨询审查进度报表，书面汇报本月咨询审查工作情况，便于钱江隧道项目公司动态控制项目设计及科研活动。

咨询审查单位在收到中间成果后半个月内完成相应的审查报告，在收到完整的勘察设计、专题科研成果后半个月内提交最终汇总审查报告。

咨询审查单位在规定的时间内回答钱江隧道项目公司的有关问题，提出合理的解决意见，参加钱江隧道项目公司组织的技术协商、成果验收、工作检查等会议。

工程施工期间，咨询审查单位根据现场需要和钱江隧道项目公司要求派驻地代表，负责设计变更的审查和相关的配合、服务工作。

③ 成果文件提交

钱江隧道设计咨询审查成果必须是完整、翔实、可靠的成果文件，涵盖咨询审查的各部分、各阶段，审查报告、复核资料、计算书等成果应当独立装订成册，必要时应附有关图表，成果文件需要附有责任人及单位的签章的责任页。

（3）多层次专家评审

专家评审是在宏观层面上解决技术性问题的重要手段。通过对设计成果进行全面、系统地检查和评价，发现并纠正可能存在的缺陷和不足，进一步修正、完善设计，确保整体的设计思路不偏离，保证设计结果的适宜性、充分性和有效性。

专家评审对设计质量起着最后的把关作用，有利于科学、正确地设计决策。钱江隧道设计根据项目特点，邀请国内外相关专家，实行设计单位、钱江隧道项目公司、交通运输部（交通运输厅）逐级评审，分阶段、分批实施。

设计单位成立有资格的专家及外聘人员组成的项目技术审核班子，负责设计成果上报钱江隧道项目公司前的内审，在委托咨询审查的基础上，钱江隧道项目公司根据情况组织钱江隧道技术顾问和专家组成员或邀请其他国内外专家评审，设计单位根据评审意见对设计进行修改、完善后协助钱江隧道项目公司报送上级主管部门审查，上级主管部门组织各阶段设计文件专家评审，钱江隧道初步设计由交通运输部审查和批复，浙江省交通运输厅根据交通部的委托承担技术设计、施工图设计文件审查和批复。

钱江隧道设计采取逐级专家评审的好处：有利于充分利用专家的知识和经验，针对钱江隧道特点从不同的角度提出各种有益的意见和建议，为设计提供有力的技术支持；有利于钱江隧道项目公司、专家、设计单位及其他参会单位直接沟通，快速形成经充分讨论的统一的评审意见；有利于上级主管部门、钱江隧道项目公司、设计单位从各自的位置和角度审视设计成果，共同为项目技术和质量把关。

5.4.7 开展设计后服务，持续优化、改进

设计后服务是设计工作在施工阶段的延伸，做好设计服务以及与施工配合，对于检验、修正、优化设计，提高设计质量具有重要意义。近年来，一些设计单位受经济利益等的驱使，对施工中的设计服务工作不够重视，或者敷衍应付业主对施工中设计服务的要求，而有的项目业主也认为这项工作可有可无，导致变更设计极不严肃，存在变更过多、过滥、甚至出现损害工程耐久性和安全系数等现象。

钱江隧道工程在施工阶段，钱江隧道项目公司要求设计单位成立项目设计代表处，根据各施工阶段实际情况安排现场设计代表，驻地服务以保证提供优质、及时的服务。为此，钱江隧道项目公司制定了《钱江隧道设计后服务管理办法》，规范设计代表处的现场服务工作，确保工程施工质量。按照管理办法要求，承包商进场后要主动与代表处建立联系，共同对相关施工技术问题及时研究解决，并根据工程需要及时完成优化和变更设计。《隧道设计变更管理办法》规范了设计变更工作的程序，对于由钱江隧道项目公司、监理、承包商提出的设计变更，由钱江隧道项目公司组织设计代表、监理和承包商共同研究，经确定同意后，形成会议纪要并由钱江隧道项目公司下达变更设计通知，由设计代表处组织完成变更设计或在有关处理文件上签署意见；对于由设计单位提出的设计变更，由设计代表处完成变更设计，并在上报变更文件中说明变更理由和内容。

在优化设计方面，项目公司非常重视设计优化的管理工作，专门制定钱江隧道工程设计优化管理办法，以加强钱江隧道工程的设计优化管理工作、规范设计变更工作的操作流程，使工程建设投资得到有效控制，保证工程质量与安全。设计优化以提高设计质量、节省建设资金和节约资源、推动技术进步为目标，符合国家有关公路工程强制性标准及技术规范，符合公路工程质量和使用功能要求，符合环境保护要求。在设计优化过程中，监理、设计、项目公司、跟踪审计单位分别按各自职责对设计变更进行审核及控制，在保证工程安全和质量的基础上进行设计优化的控制。

在动态设计方面，例如，北岸海宁险段标准塘工程是杭嘉湖平原防洪潮的重要屏障，后无二线堤防，一旦堤防出事，危害极大。由于隧道开挖可能会引起石塘沉降变位等导致海塘稳定度降低，因此需采取塘前抛块石预防措施，以对石塘滑动起到镇压抗滑作用，即在该段海塘前采用船抛块石混合料（表层为块石）作镇压平台，抛石范围为隧道工程岸段（约50m）及其相邻上下游岸段（各100m），共长约250m，抛石宽度为塘脚至塘前10～15m之间，抛石厚度1.0～1.5m，预计抛石量约5000m³。由于该岸段位于强涌潮作用地段，塘前抛石层稳定性差，故抛石时间宜安排在隧道开挖施工前1～2个月完成。因在隧道穿堤后，仍会存在沉降变形现象，故需继续进行变形观测分析工作，同时结合巡视检查和进行地质静探孔对比判别，针对发现问题视轻重程度可待沉降基本稳定后（估计1～2个月）一并处理。一般来讲，当堤塘出现较大沉降后会出现裂缝、错位等迹象，采用工程措施补救作处理。如采用塘身灌浆、混凝土结构返修或部分重新浇筑，在堤塘脚趾可采用建镇压护脚工程等。

在整个隧道施工过程中，由于施工环境不断变化，施工水位、流速等均有一定的随机性，从而使防洪工程的实施存在不可预测性，因此动态设计是本项目的一大特点。动态设计的核心内容即以形成整体有效防洪工程的为目的，适时进行设计变更，调整施工方案，合理安排施工程序，辅以必要的试验研究，进行边施工、边监测、边调整设计，解决施工中出现的问题，以保证工程的顺利实施和防护工程的整体有效。

要实现钱江隧道工程防洪动态设计并确保其有效实施，必须各方关注、积极参与、主动控制。

（1）针对防洪工程的复杂性，钱江隧道项目公司专门成立钱江隧道防洪工程领导小组，通过适时召集会议、通报情况，组织设计、科研试验、咨询、施工等单位协同工作。

（2）邀请有关专家成立专题技术组，负责审查防洪工程实施方案和监测方案，指导完善试验及工艺，召开工作例会，对设计、施工中出现的技术问题进行针对性讨论，实现动态设计与施工跟踪，做到全过程控制。

（3）委托英泰克工程顾问（上海）有限公司公司承担冲刷防护设计咨询审查工作，充分发挥国际专家的经验和智慧，为冲刷防护设计和施工提供强有力的技术支持。

（4）以科研为龙头，组织各方力量、密切合作，解决各项重大关键技术，实现科研试验为生产技术服务、科研和生产力互动的良性循环。

（5）对现场施工每一过程和环节运用高精度的监测仪器，采取多种方法进行跟踪监测研究，提供可靠的信息，完善设计、指导施工。

5.5 钱江隧道设计管理的经验和总结

设计单位必须建立健全设计质量保证体系，加强设计全过程的质量控制，建立完整的设计文件的编制、复核、审核、会签和批准制度，明确各阶段的责任人，并对工程设计质量负责。

设计文件必须符合下列要求：

（1）设计文件的编制应该符合有关公路工程建设法律、法规、规章、标准、规程和合同的要求；

（2）设计依据的基本资料应完整、准确、可靠，设计方案论证充分，计算成果可靠，并符合结构安全要求；

（3）设计文件的深度应满足相应设计阶段的有关规定要求，并符合相关规范的要求；

（4）设计文件必须保证公路工程质量和安全的要求，符合安全、适用、经济、美观的综合要求；

（5）设计文件选用的材料、配件和设备，应当注明其性能及技术标准，其质量要求必须符合国家规定的标准，但不得指定生产厂、供应商。

设计单位应按合同规定及时提供设计文件及施工图纸；开工前做好设计文件的交底工作；并应在施工现场派驻设计代表，随时掌握施工现场情况，解决设计的有关问题。设计单位应对工程质量是否满足设计要求提出评价意见，尤其对地基承载力等关键指标要做出必要的鉴定。

施工图提交后，由钱江隧道项目公司组织对设计进行必要的审查，设计单位应根据审查意见对设计进行修改，施工期间出现的变更设计，必须有设计单位的签署意见。设计单位对审查意见或变更设计如有疑问，应及时提出。按审查意见或变更意见修改后的施工图设计文件，设计质量责任仍由设计单位负责。设计质量管理及变更设计管理应严格按双方的合同协议和现行国家有关规定执行。

工程完工后，对本项目的设计工作进行总结，并提供 5 套完整的设计文件（包括一套电子文件）交项目公司。为配合咨询审查和审批工作，不断完善设计成果文件，整个设计过程中的设计成果文件均按初稿、送审稿、正式稿分阶段、分不同版本进行编制，因而设计文件的实际编制、出版工作量是上述数据的 2～3 倍。为配合审查工作，在各个审查阶段还编制了大量设计汇报材料和 PPT 文件等，取得了丰富的设计成果。

钱江隧道建设条件复杂、技术难度大、设计工作涉及单位多、协调任务重、设计周期短、任务艰巨。钱江隧道项目公司高度重视项目设计，工作中以系统和系统方法为指导，设计前超前统筹规划，设计中积极协调各参与单位科学、合理、高效运作，设计后认真评价反馈，有力保证了各项设计工作顺利完成。

设计项目组历时两年半，顺利地完成了全部设计工作，受到交通运输部、浙江省交通运输厅、钱江隧道项目公司和国内外专家的好评。分析、归纳和总结钱江隧道设计管理工作，可以用"围绕设计总体目标，夯实三项基础，狠抓五项控制，强化四项保证，实现五项跨越"来总结概括。

5.5.1 围绕设计总体目标

工程质量是项目设计关注的焦点，业主设计目标主要体现为质量目标。结合工程建设要求，钱江隧道项目公司组织制定"技术先进、安全可靠、适用耐久、经济合理，富有时代风貌，充分体现当今世界现代化隧道建设新理念、新技术、新水平，力求造型美观、有所创新"的设计目标，这个目标是钱江隧道各设计参与单位与全体人员的共同追求和奋斗方向。

5.5.2 夯实三项基础

（1）构建学习型钱江隧道项目公司

钱江隧道项目公司作为钱江隧道设计管理的主体和核心，在错综复杂的各种条件、困难和挑战面前，唯有树立正确的学习理念，努力构建学习型组织，才能顺利完成设计管理各项工作。钱江隧道项目公司强调全员学习、全过程学习，把学习融入工作，创造一种善于学习、不断进步的氛围和环境。

（2）选择优秀设计队伍

设计单位及科研承担单位、咨询审查单位、监测单位等都是设计工作或相关工作的具体实施者。他们的工作质量直接影响设计成果的质量。钱江隧道项目公司积极推行设计招标，采取招标发包方式选择设计单位，对少数专业性、管理性强的项目直接发包；通过市场竞争机制，择优选择有设计创新能力和技术创造性的勘察设计、科研单位；同时结合工程特点，聘请国内外著名隧道公司、科研院所和知名专家担当技术顾问，充分发挥各自专长，全面跟踪设计，共同为大隧道工程设计的质量保驾护航。

（3）制定规章制度

规章制度是实施规范化管理、确保设计顺利进行的基本保障。钱江隧道项目公司在设计开始前，结合国家、行业有关法规与钱江隧道实际，制定完善的勘察设计、咨询审查、技术交流等管理办法，并对工作流程、信息沟通、相互间配合协调进行规定；同时监督设计单位建立健全质量保证体系，颁布质量手册、程序文件及岗位责任制度，把质量责任逐级分解，落实到人头，并使设计质量保障体系持续有效运行。

5.5.3 狠抓五项控制

（1）基础资料控制

基础资料是开展设计工作的依据，它影响着设计质量和工程寿命，必须保证全面性、准确性、可靠性和时效性。钱江隧道设计基础资料通过考察调研、钱江隧道项目公司提供、设计专题及科研获取，并要求设计单位对收集整理的资料质量负责（钱江隧道项目公司提供的资料除外）。设计单位在设计前要全面清理相关资料，审核和确认其完整性和可靠性；要对设计专题及研究成果组织必要的计算和综合分析，完备相应手续后才能作为设计的依据；同时钱江隧道项目公司组织咨询审查单位适时查验资料，确保输入资料的质量。

（2）设计指南控制

结合钱江隧道项目特点编制专用设计指南，它是设计的专用规范与准则，也是衡量该工程设计质量的尺度。钱江隧道技术复杂、科技含量高，国内外现行技术标准、规范不能满足需要，一些关键部位和工况采用现有计算手段和方法不能适应设计需要。立足国内外现有规范和标准，结合设计专题和科研成果，在设计过程中逐步完善并形成《钱江隧道设计指南》，组织咨询单位和专家独立审查，确保科学性和合理性，并作为设计最直接的指导性和操作文件。

（3）方案比选控制

方案设计是设计的关键，通过对各种可行方案论证评价，选择总体优势最佳的方案。钱江隧道项目公司组织设计单位科学细化工程子目，针对子目特点设置不同的评价指标体系，采用定性和定量相结合的方法深入展开同等深度的方案研究、比选，从技术、经济、景观、施工等方面综合权衡选择主隧道、辅隧道和引隧道的隧道方案、各部位结构方案及相应的施工方案。对初步设计不能确定或研究深度不够的关键技术问题，在技术设计中组织进一步深入研究，最终确定钱江隧道设计方案。

（4）设计审查控制

设计审查是业主实施质量管理的重要举措。钱江隧道设计审查改进传统做法，坚持咨询审查和专家评审并重、微观与宏观并重，加大工作力度，实施事前主动预防、中间检查指导、事后控制评估相结合。设计各阶段审查实行"双院制"甚至"三院制"，组织咨询单位采取前期介入、全过程参与、分期分批的方式跟踪监督设计全程，不仅审查最终结果，而且审查工作大纲、设计输入和中间成果，采用变换计算、验算复核、试验验证，邀请国内外专家进行咨询、审核，形成全方位、多层次的监控网络，使设计得到不断优化和完善。

（5）动态设计控制

在钱江隧道设计过程中，动态设计属于施工中优化设计范畴，可以有效避免勘察结论失误，确保工程质量和安全施工。在施工阶段，钱江隧道项目公司要求设计单位成立设计代表处，安排现场设计代表，保证及时处理设计与施工之间的协调问题。针对整个单项工程需要动态设计的情况，专门成立领导小组和专题专家组，加强信息沟通和反馈，使项目设计在动态过程中不断补充、完善。

5.5.4　强化四项保证

（1）专题及科研保证

设计中根据需要开展专题及科研活动，既解决了技术难题、为设计提供有力支撑，又保证了设计质量和进度。钱江隧道设计按照"内容满足要求，时间适当超前，技术必须领先"的原则，采取"钱江隧道项目公司宏观管理、设计单位负责管理或协助管理、科研单位具体实施"的模式，针对各阶段设计需要有计划的安排科研课题，并及时将科研成果运用到设计中。科研过程中钱江隧道项目公司重点抓好课题立项，工作大纲制定，中间成果、最终成果的审查，协调各方关系，以及检查考核等。

（2）技术交流保证

钱江隧道设计已经不是一般项目传统意义上的设计，除了依靠大量的科研试验成果支持外，还需要充分借鉴和应用国内外隧道建设的先进技术和宝贵经验。设计前，钱江隧道项目公司就召开国内外顾问、专家技术咨询研讨会，广泛听取、吸纳意见和建议；设计中，除设计单位自行邀请科研院所进行技术研讨外，钱江隧道项目公司还有计划地组织设计单位出国调研和考察，跟国内外公司与专家进行交流等。

（3）设计周期保证

合理的设计周期是保证设计质量的前提，也是降低建设成本的必要条件。钱江隧道项目公司正确处理进度与质量、成本的关系，给勘察设计留出足够的工作周期；实施节点控制，确保设计进度能够满足施工招标、咨询审查以及施工供图的需要。

（4）有效激励保证

为了确保设计任务按时、优质完成，在设计过程中采取适当的激励措施是必要的。钱江隧道设计的激励机制主要体现在合同条款上，如在合同内容中约定设计进度费用的支付方式、优秀设计成果和设计人员报奖、工期索赔、质量索赔等；另外，以组织劳动竞赛为牵引，钱江隧道项目公司对提前并优质完成阶段性任务的设计单位进行奖励，对未能完成任务或因深度不够内容不全造成设计返工的单位给予必要的经济惩罚，增强了各参与单位、各级各类人员的工作积极性。

5.5.5　实现五项跨越

（1）设计理念的跨越

进行系统设计、全寿命周期谋划，即在满足使用功能的前提下选用综合情况最好的隧道型和结构方案，同时重视隧道的耐久性设计和运营阶段检查、维护设施的设计；制定科学、合理的专用设计标准，进行设计创作，大胆、灵活地运用技术指标，精雕细刻、抓住重点，突出功能实效，重视线形、结构以及每个局部、细节的技术处理；以尊重自然、保护环境为导向，自始至终深入研究景观设计，进行多方案比选，追求建设与自然景观达到完美结合；将工程安全放在首位，采取有效措施，增加结构安全储备，实现工程使用寿命更长、环境更美、行车更畅、投资更省的目标。

（2）组织模式的跨越

设计采用联合体承包模式，联合体成立设计项目组现场设计、集中办公，实行统一管理，既能扬长避短、优势互补，又有利于团结协作、密切配合；结合各阶段设计特点，钱江隧道项目公司、设计单位各自独立聘请国内外著名咨询机构、科研院所和专家担任技术支持，全面跟踪设计，进行第三方技术咨询和指导，多道关口把牢设计质量；科研课题采用钱江隧道项目公司主导、设计单位引导、科研单位实施、技术专家支持的管理模式，使设计单位分担部分科研风险，有利于其增强创新意识，提高自主创新能力。

（3）管理程序的跨越

在不违背基本建设程序、设计文件编制有关办法的前提下，合理利用各阶段设计文件审查批复、审批等待时间，超前安排后续基础性工作，为项目建设赢得时间、争取主动。

（4）工程技术的跨越

钱江隧道设计阶段技术创新主要体现在以下方面：超大规模深水群桩基础设计，主墩基础冲刷防护设计，基础防撞设计，超高索塔设计，主隧道结构抗风设计，千米斜拉索减振设计，主隧道上部结构架设方案，辅隧道连续钢构隧道设计。

（5）方法手段的跨越

结合设计需要，整合国内外隧道建设人才、技术和经验，寻求国际化的技术咨询、技术交流和技术合作；借助现代化的设计手段和方法，引进世界先进的隧道设计软件与 ADCP 水文测流系统等。

第 6 章 钱江隧道工程技术创新管理

创新是不断追求发展和超越，创新是一个民族进步的灵魂。技术创新越来越成为社会竞争力发展的重要标志，在现代经济增长中起着重要作用，成为综合竞争力的核心。技术作为改造自然的手段，不仅要合理、先进、可行，还要成熟、有效，必须转化为生产力才能获得经济效益。要实现科技研究活动向生产及商业活动过渡，要使科技成果向生产力转化，就必须通过技术创新过程来实现。

6.1 钱江隧道技术创新的背景

在复杂的建设条件下，钱江隧道工程建设面临众多难题，工程具有高度的复杂性与不确定性。近年来，水下大直径隧道建设日趋增多，但是各地工程地质情况不同，施工复杂度不同，积累的经验零散且有限，可供钱江隧道借鉴的建设经验相对缺乏，因此工程建设主体的能力与实际需要之间仍存在较大差距。工程建设的迫切需求使得技术创新成为钱江隧道顺利完成的唯一途径。钱江隧道作为长三角区域高速公路规划的关键性控制工程，它一方面承担着促进长三角地区产业结构调整、经济格局升级的任务，另一方面还承载着培育企业创新能力、带动相关产业发展以及优化长三角地区投资环境的战略任务。钱江隧道的技术创新，从某种意义上讲，既是工程建设的需要，也是工程对于历史责任的主动承担。

6.1.1 工程层面的挑战

（1）复杂的建设条件

钱江隧道工程地处钱塘江河口，涌潮强、潮位高，不利于隧道长期稳定性；工程地质条件差，土层复杂，多为淤泥质黏土、粉砂、砂质粉土，土中还存在部分沼气，且场地区域内存在萧山-球川深活动断裂带，曾发生过 5 级地震，是浙江省地震活动较强的地区。

（2）超大直径盾构长距离施工

钱江隧道采用超过 15m 的超大直径盾构施工，盾构始发与接收井需要开挖巨大的基坑，然而基坑靠近钱江，土层中存在含承压水的粉砂土层，开挖基坑时易引起流砂、涌水等风险。盾构直径大，掘进过程中，浆液压力控制、盾构施工距离长（3250m），对盾构设备耐久性和可靠性要求高操控难度极大。

（3）复杂的隧道风险管理现状

火灾是水底隧道面临的最大灾害，隧道中一旦发生火灾，产生高温、浓烟会对隧道内人员造成极大的伤害，同时烟气会降低隧道内的可见度，给隧道内人员疏散和救援人员快速到达出事位置带来极大的困难。为快速疏散人员，隧道通常设置逃生通道，但是横向逃生通道受隧道的不均匀沉降影响严重，极易造成接头部位开裂渗水。

（4）重大的环境保护责任

钱江隧道所在的位置是萧山规划的生态湿地，环境要求较高。隧道开挖采用泥水盾构施工，盾构废弃泥浆浆液处理不当会造成很大的污染，同时盾构施工开挖方量大，盾构废浆弃土不适合外运，为了生态保护，需对废浆进行环保处理和生态处置，并实现资源化利用。

所以，钱江隧道面临着气象、水文、地质、机械控制、社会环境等众多方面的考验。

6.1.2 行业层面的任务

钱江隧道工程作为长三角地区重要的通道工程，南连杭州萧山、北接嘉兴海宁，隧道截弯取直，向北延伸与沪杭高速公路连接，向南延伸与杭甬高速沟通，隧道建成改变了从萧山至钱江以北需要往西从杭州绕行的现状，是国家发展的重要战略资源，是服务长三角地区产业结构调整、产业升级的基础工程。钱江隧道施工工艺复杂、技术含量高、与诸多产业关联度大、带动性强，其技术创新不仅有助于本工程建设，同时为今后类似工程提供了指导和借鉴。

跨越江河海峡的交通工程通常采用桥梁或水底隧道，相比桥梁来说隧道建在水下可以不受通航条件制约，并且由于隧道不在露天之下，因此使用中几乎不受天气条件影响，但是其不足就是建设成本高、周期长、施工难度大。近几十年来，国外修建了一些著名的水下隧道，如英吉利海峡隧道、日本的青函海底隧道，它们的建成都极大地改变了当地的交通状况，为地区发展做出了重大贡献。随着我国的经济实力和技术水平不断提升，我国在众多跨江河项目方案制定时开始倾向于采用隧道方案，一大批水底隧道已经建成，如上海长江隧桥隧道段、青岛胶州湾海底隧道、厦门翔安海底隧道、武汉长江隧道等，还有诸如渤海湾隧道、琼州海峡隧道也以提上日程。经过多年的摸索，我国的水底隧道修建经历了研究、实践和跨越发展的三个阶段，技术水平已经有了飞跃式的提高。

虽然我国水下隧道工程建设取得了巨大成就，但是在现代工程管理体制、关键技术突破、企业自主创新能力、科研与工程结合、具有与总承包能力企业的数量方面均有诸多不足。

每一个大型工程的建设，均是提高我国水下隧道建设水平的良好契机，正因为每个工程特殊的建设环境，每一次通过技术创新克服工程面临技术难题都为完善隧道修建理论提供了难得的机遇。依托钱江隧道工程，探索复杂水文地质条件下大直径水下盾构隧道施工技术，探究重大工程技术创新模式，培育企业创新能力，系统形成关键技术成果是工程需要，更是时代赋予我们的任务。

钱江隧道针对大直径水下盾构隧道重大工程技术问题，开展了一系列研究：

(1) 钱江流域大型隧道工程施工综合技术及风险控制研究；

(2) 钱江流域大直径盾构泥水处理及环境保护技术；

(3) 钱江流域特殊水文地质条件下隧道结构设计及防灾技术研究；

(4) 钱江流域大型隧道数值化监控和安全运营管理综合技术研究；

(5) 钱江隧道疏散通道设置专题研究。

6.1.3　社会层面的职责

随着现代化进程的不断深化和经济建设的快速发展，我国正以前所未有的速度进行国家的基础设施建设。一方面，我国正成为世界工程人国和建设工地；另一方面，现代工程长期、大规模、高投入建设对自然生态环境造成的巨大影响也日益突出。工程建设是改造自然的过程，目的是改善现有生存环境，因此工程建设过程中，决策者和设计者必须有正确的价值观和理念，要有以国家利益为上、坚持科学发展为核心的大局观。若是理念发生了偏差，就工程论工程、以经济利益为向导建设工程，将会造成工程与社会、环境的极不协调。可持续发展的工程建设强调工程的经济功能、科技功能、社会功能、文化功能、生态功能的互相协调。在钱江隧道选型之初，曾提出以大桥作为越江方案，但是工程北岸邻近观潮胜地——盐官镇，为保护钱塘江潮涌的自然奇观，项目决策者经过反复论证最终决定采用钱江隧道过江方案。

在上海经济高速发展带动下，作为长三角经济组成部分的浙江也呈现出蓬勃的经济实力。杭州的发展已经从西湖时代迈向了钱塘江时代，钱江隧道的建设成为了杭州经济发展的重要枢纽。借鉴上海城市发展的成功经验，隧道连通钱江两岸将逐渐成为杭州交通发展的首选。

因此，钱江隧道的建设承载着巨大的社会责任。钱江隧道的建设是钱塘江流域隧道建设的一次重大挑战，更是一次难得的机遇。钱江隧道建设者通过对一批关键技术难题的突破，形成了系统性的关键技术成果，包括专项设计标准、规范与成套施工技术、发明专利、工程应用软件、计算理论与计算方法、专著、论文等成果，同时培养了一大批有作为的青年工程师，带动了整个行业和相关产业的跨越式发展，为形成我国在大直径水下盾构隧道建设领域的核心竞争力发挥了重要的作用。

6.2　钱江隧道技术创新的战略选择

近几十年来，我国工程建设行业发展迅速，企业规模不断壮大，但是企业技术仍处于较低水平。施工企业主要为劳动密集型企业，其主要竞争手段为靠低价赢得市场份额。随着环境复杂度、工程难度提高，原先的竞争模式已经越来越不适应当前的发展，严重损害了工程建设行业自身的可持续发展，也威胁到大型重点工程的建设质量。钱江隧道建设选择技术创新作为基本战略，一方面使隧道得以安全、高效建成，另一方面也使得建设企业的市场竞争力水平大幅提升。

6.2.1 工程为本，科技当先

科学技术通常被定义为人类为满足社会需要，利用自然规律，在改造自然过程中创造的由物质手段、工艺方法、劳动技能以及相关知识等要素构成的体系。技术即为生产力，是自然属性与社会属性的统一，其应用是具有科学、社会政治、经济、伦理文化意涵的。现阶段技术水平取决于过去对于自然探索、研究的高度。科学认识与科学实践之间的矛盾是贯穿于科学技术发展过程中的基本矛盾，是科学技术发展的基本动力。生产实践是科学认识的基础和动力，实践一方面为科学实践提供丰富的材料与新启示，另一方面又检验了科学认识的正确性。而科学认识又为科学实践提供了有力的理论指导，故二者相辅相成，缺一不可。

对于工程建设而言，技术创新的本质就是增强建设者对于自然规律与工程规律的认识，增强建设主体对于工程建造物的控制、协调和整合能力。工程技术创新的最根本目的是实现工程的建设目标，故工程技术创新点必须来源于工程实际困难，工程技术创新成果必须面向生产实际，由生产实际检验创新成果，这是科学认识与科学实践关系的最恰切体现。因此，相比一般的工业产品创新，实际工程需求引导创新发展方向的特征更为突出。

技术创新，广泛意义上指发明的首次商业化应用成果。技术创新是以技术为基础与向导，以促进技术成果产业化和商业化为宗旨的创新活动。对于工程建设技术创新而言，技术创新为以满足工程建设需要的有目的、有组织的技术经济活动，其创新成果的价值一方面取决于是否解决当前工程实际问题，另一方面要看它是否能够作为普遍技术应用于其他工程建设中。

国家重点大型工程具有特殊的战略地位和巨大的社会影响力，其建设只能成功不能失败。因而，在有限资源、有限时间内以最高效率探索并掌握工程客观规律、解决关键技术难题同时圆满完成工程建设十分重要。技术创新应以生产实际需求为根本、符合当前生产力水平，不能一味求大求新，任何超越工程实际需求的创新不仅会增加成本、延长工期，给安全、质量管理带来困难，而且由于对新技术认识的不全面性可能会带来工程风险。因此工程创新必须以工程建设为根本，尊重科学规律，认识与实践相结合，时刻秉承实事求是、尊重科学的基本原则。

6.2.2 博采众长，自主创新

科学技术的任何一项发现和发明，都是以已有的科技成果为前提和起点的。不在已有的科技成果上，要有新的发现和发明是不可能的。科学的继承，既包括对已有理论知识和经验知识的继承，又包括科学思想、科学方法、科学问题的继承。科学、批判地吸纳继承已有成果，将有价值的成果为自己所用，同时倡导创新思维和开拓精神。在继承的基础上创新，以创新作为继承的延伸和发展。自主创新所需的核心技术是企业内部的技术突破，是企业依靠自身力量，通过独立的研究开发活动而获得的。这样不仅有助于企业形成较强的技术壁垒，而且很可能会导致一系列的技术创新，形成创新的集群现象，推动新兴产业的发展。要发挥自主创新的优势，只有在技术与市场方面都具有领先的优势，因此率先性是自主创新的目标。这种率先性不仅有利于积累生产技术和管理方面的经验，获得产品成本和质量控制等方面的竞争优势，取得超额利润，而且企业所制定的产品标准和技术规范可演变为本行业或相关行业统一认定的标准，增强企业的知名度和市场竞争力。创新与知识和能力之间具有相辅相成的关系。知识和能力支持是创新成功的内在基础和必要条件，技术创新的主体工作及主要过程都是通过企业自身知识与能力支持实现的；自主创新过程本身也为企业提供了独特的知识与能力积累的良好环境。

在工程建设领域，相对于技术引进和模仿而言，自主创新是指通过拥有自主知识产权的独创的核心技术及在此基础上实现工程价值的过程。即工程所需的核心技术来源于自己的技术突破，摆脱技术引进、技术模仿等对外部技术的依赖，依靠自身力量、通过独立的研发活动而获得，本质为把握关键技术创新的主动权，掌握核心技术的所有权。自主创新，是提升我国隧道建设企业工程技术水平和国际竞争力的唯一途径。

一般意义上，技术创新包括原始创新、集成创新和引进技术再创新三种基本模式。

钱江隧道的原始创新是指针对钱江地区独有的水文、地质、社会环境条件，完全通过自主研究开发出适应于本工程的针对性创新技术。原始性创新是最能体现钱江隧道建设者智慧的创新，是钱江隧道建设者对人类文明进步做出贡献的重要体现。

钱江隧道的集成创新是指通过对国内外现有的大直径水下盾构隧道建设技术的有效集成，对各个创新要素和创新内容进行合理选择、集成和优化，形成优势互补的有机整体，对关键技术进行组合升级并形成新的技术能力，相比原始创新，集成创新的开发成本更低、技术可靠性更高。

在当前我国技术水平有限的条件下，引进国外先进技术是迅速提高我国工程建设水平的有效途径。钱江隧道建设者在引进国内外先进技术的基础上，学习、分析、借鉴，进行再创新，形成具有自主知识产权的新技术。向发达国家直接引进先进技术，经过消化吸收实现自主创新，不仅大大缩短了创新时间，而且降低了创新风险。

6.2.3　钱江隧道项目公司引导，企业创新

技术创新是一个过程，需要许多部门的配合与合作，但技术创新必须有一个主体，这就是企业。企业是研发的主体、利益分配的主体和市场的主体。企业成为技术创新的主体，首先是科技成果转化为生产力的客观要求。因为只有企业，特别是大企业，才有承担风险的能力和从事技术创新的实力；也只有企业，才能把技术创新的成果迅速转化为生产力、产业和商品。同时企业成为创新的主体，还是由于市场经济条件下企业生存与发展的必然需要。市场经济条件下，价值规律起主要作用，各生产要素进入市场，形成竞争，企业只有努力改进生产技术才能更好地创造利润并带来高附加值。

当前我国正处于紧张的经济转型期和产业升级期，过去以密集劳动力为主导的产业必将被淘汰。在这个时期，必须强化政府和业主在大型工程建设中的市场引导和培育企业创新能力的作用。2005年12月，为贯彻党的十六届五中全会和全国科技大会精神，进一步增强企业自主创新能力，加快建立以企业为主体、市场为导向、产学研相结合的技术创新体系，科学技术部、国务院国资委、中华全国总工会三个部门，针对当前制约我国技术创新能力提升的薄弱环节，决定联合实施"技术创新引导工程"。

国家通过大型工程的建设，可以为骨干企业提供了更大的创新平台。在政府的指导精神的引领下，钱江隧道项目公司高度重视对工程建设参与企业科研创新与科研管理能力的培养。本着设计指导施工，施工印证设计，科研服务全局的原则，开展了大量的科研工作，为施工、设计服务。通过系统的论证，对成果进行提炼融合，使这些科研成果形成了一个有机的整体，有效地降低了项目建设、管理风险和成本，从而使科研创新有机地引领了项目建设的全过程。政府和业主部门在大型工程中起到了整合各方面资源，组织多个行业、多个专业、多个部门协同创新的重要作用。钱江隧道项目公司在创新体系中的定位是引导者、服务者和培育者，以提升国家隧道建设技术核心竞争力为己任。

6.3　钱江隧道技术创新

以重大工程为平台，培育企业创新能力是钱江隧道项目公司的重要使命。钱江隧道建设者坚持以工程需求为根本，自主创新、博采众长，以科技集成创新为主，辅以引进消化吸收在创新的技术创新模式，实现了我国在复杂地质水文环境条件下大直径水下盾构隧道建设能力的飞跃。

6.3.1　自主创新——攻克世界盾构技术难题

钱江隧道因其超长的掘进距离、超大盾构直径决定了其施工的高难度。由于此类隧道建成项目少，国内可参考经验更少，许多问题都是首次遇到，自主创新解决这些难题意味着可以使我国的隧道建设能力达到世界领先水平。因此对于建设团队而言，技术创新不仅可以实现建一条优质隧道的目标，而且可以实现提升我国隧道技术竞争力的目标。

6.3.1.1　单台盾构立体化高效施工

钱江隧道为大直径双线公路隧道，和市政建设中常用的小直径盾构相比，具有许多新的特点，最重

要的一点在于大型盾构隧道的施工工期较长。两台盾构机同时开掘将大大缩短工期，但是由于现实条件的限制，本工程只有一台大型盾构机大直径盾构施工，往返进行总长超过 8km 的隧道施工，工期更加紧张。而钱江通道及接线工程是浙江省的重点工程，工期要求高，需要在最短时间内优质完成隧道建设成为摆在施工人员面前的一道难题。由于可供参考的经验不多，自主创新解决困难成为唯一的选择。科研人员查阅大量资料，分析常规盾构的施工特点，预判钱江隧道工程中可能面临的难题，对比常规盾构与大直径盾构不同点，创新性地提出了单台盾构立体化施工的方案。

（1）常规盾构施工特点

为了应对复杂的施工环境，针对具体工程不同特点，不同盾构隧道工程的施工流程有所差别。采用泥水盾构和土压盾构的工程在掘进压力控制、出渣方式上也有所不同。但盾构隧道施工全过程均可以分为盾构始发（盾构始发）、正常掘进、内部结构施工、盾构到达（盾构进洞）、盾构调头等部分。以下以常见的盾构施工方法为例，阐述盾构施工全过程。

① 盾构始发

盾构始发是指在始发工作井内利用临时组装的负环管片、反力支撑等设备，使盾构机从工作井基座始发，沿指定路线推进的一系列作业过程。图 6.1 为盾构始发流程图。

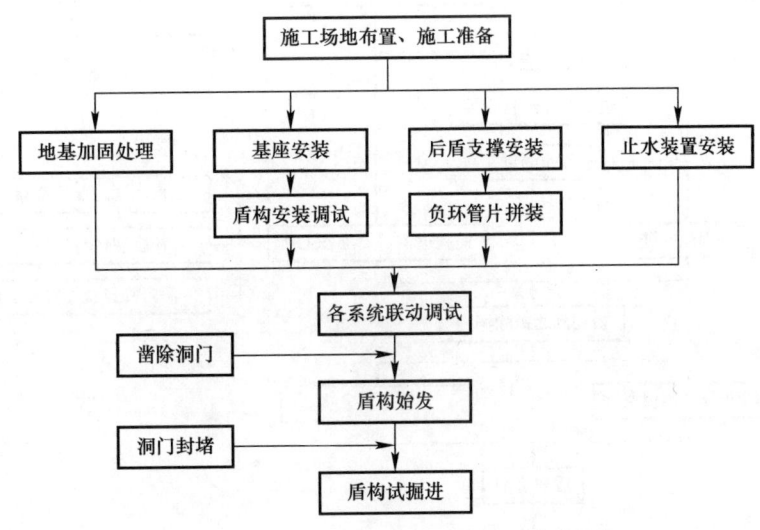

图 6.1　盾构始发流程图

盾构始发之后即开始试掘进。试掘进阶段是为了更好地掌握盾构的各类参数，为盾构进入正常掘进做好准备。在此阶段应该用最短的时间掌握盾构机操作方法、机械性能；了解和认识掘进土层地质条件；通过对各项数据的采集、统计、分析，掌握推进压力以及注浆量等数据。

② 正常掘进及内部结构施工

盾构正常掘进阶段的工作可以分为三部分：

a. 盾构推进

在盾构正常掘进阶段，采用始发试掘进阶段获得的最佳施工技术参数，结合具体地质情况，进行隧道的施工。盾构掘进过程中，掘进速度、隧道埋深、地层参数都在不停地变化中，这要求配套的工序也要密切的同掘进配合。实时检测出土或出泥量，调整千斤顶推进力，同步注浆参数等。

b. 管片拼装

在每完成一环管片掘进后，紧接着进行该环管片的拼装作业。管片的拼装一般从底部开始，先拼装标准块，依次左右对称安装相邻块，最后安装封顶块。

c. 隧道内部结构施工

地铁盾构隧道在掘进完成后，需进行铺轨。轨道铺设需经过铺轨基标测设、铺轨龙门吊走行线安装、轨排组装、轨排吊装、运输、铺设、轨道调整、混凝土浇筑、道床养护等十多道工序。

公路隧道的内部结构施工则比地铁盾构隧道更为复杂，包括道路浇筑，通风、供电等电气设备安装等内容。仅道路浇筑一项就涉及复杂工序及施工安排。

由于隧道断面普遍较小，在盾构掘进过程中，管片、泥土、浆液的运输都要在狭窄的隧道内完成，若后续内部结构和掘进同步施工会遇到复杂的交叉立体化施工安排，对施工管理的要求较高。因此许多的盾构隧道采取整条隧道掘进完成之后再进行内部结构施工的方法。但是这样会导致施工周期较长，尤其在长距离隧道工程中，很难满足工期要求。

③ 盾构到达

盾构达到是指盾构沿预设线路，在隧道贯通前100m掘进至入洞，进入到达工作井的过程，其工作内容包括盾构机定位及接受洞门位置复核测量、土层加固、安装洞门密封装置、安装接收基座等，如图6.2所示。

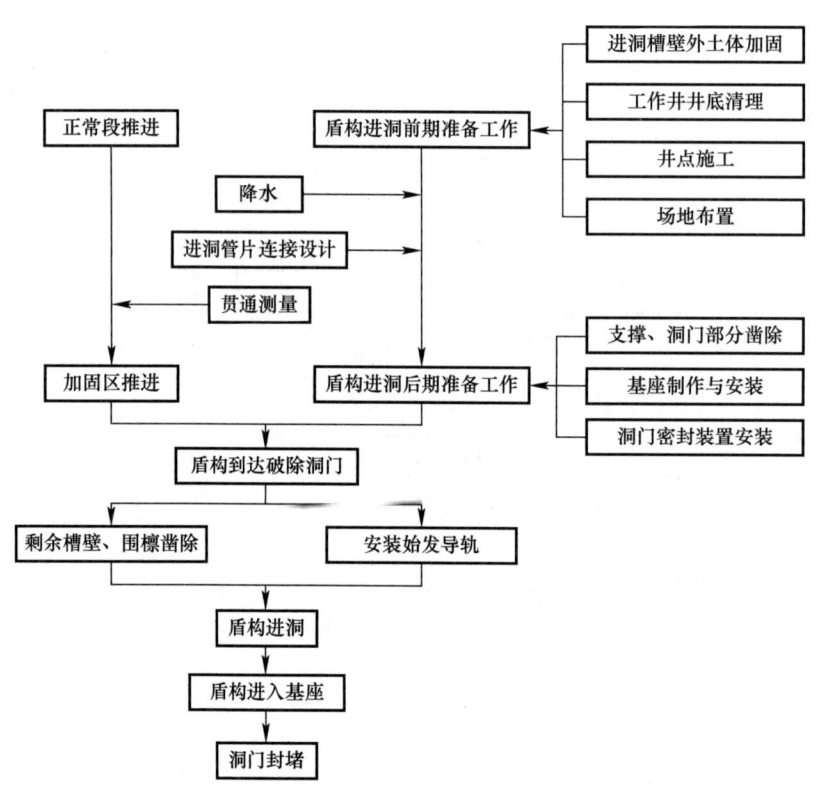

图 6.2　盾构到达流程图

盾构到达过程是整个施工过程的重点、难点，也是高风险工况之一，如有不慎，轻则影响整体工程质量，延误工期；重则可能造成掌子面失稳、冒顶、地表变形过大、接收井渗漏水等重大事故。因此，在盾构到达过程中，应根据以往的工程经验并结合钱江隧道的特点，选择合理掘进参数，逐渐放慢掘进速度，降低推力，缓慢均匀切削洞口土层。在达到阶段，应加强地表沉降观测，并及时反馈信息，据此动态调整所有掘进参数以指导掘进，最大限度地保证工程安全。

④ 盾构调头

隧道工程的两条线采用同一台盾构机施工，则盾构机完成一条隧道掘进后还要调头反向继续掘进另一条线。盾构调头就是盾构进入工作井后，将盾构机反向平移调整至第二条隧道轴线的过程。

（2）钱江隧道立体化施工技术

从盾构机调头来说，这一步分为盾构主机调头和后配套调头两部分，在盾构主机调头完成后，后配套设备解体，逐个移动至第二条隧道轴线上，这大大延长了盾构施工周期，也给施工带来困难。为节约工期，钱江隧道建设者对隧道内各工作面各专业施工内容进行分析，提出了进行立体化施工的构想。对比常规盾构施工的顺序，立体化施工是在盾构同步施工的基础上将路面以上结构施工路面铺装层及防撞墙施工机电设备安装及隧道内装饰等工序提前，充分利用空间，同时进行施工，形成从盾构头到隧道口，从隧道底部到隧道顶，全断面多层次的立体施工，最大限度缩短工期。立体化施工除道路结构施工与盾构推进同步进行，其他各工序依次在不同阶段进入施工，各工序之间的时间间隔视具体施工情况而定。立体化施工的前提条件是必须为盾构法施工的公路隧道，因为其不适用地铁或者铁路隧道，也不适用矿山法公路隧道，施工工艺相差甚远。要想采用立体化施工，盾构直径不能太小，直径太小没有空间安装预制路面，设计车道的盾构宜采用再者隧道不能太短，否则无法形成立体化施工的效果，立体化施工也就失去了意义。综上所述，立体化施工适用于大直径超长距离的盾构法公路隧道的施工。

①　立体化施工内容

大型越江公路隧道是一种复杂的综合性工程，施工内容繁多，横断面上纳入立体化施工的内容如图 6.3 所示。

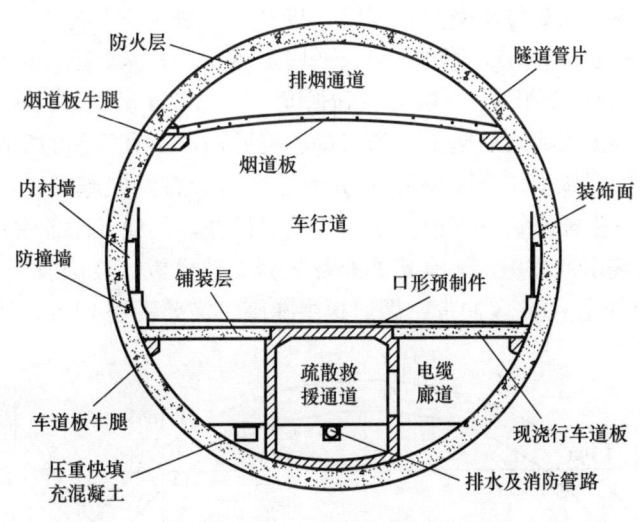

图 6.3　立体化施工断面

按开始施工的先后顺序可以分为 7 个主要的施工作业面，如图 6.4 所示，依次是盾构推进、口字形预制件安装、现浇车道板施工、烟道板牛腿施工、烟道板安装道路二次结构（包括铺装层、防撞墙、内衬墙）施工、机电安装等施工内容。

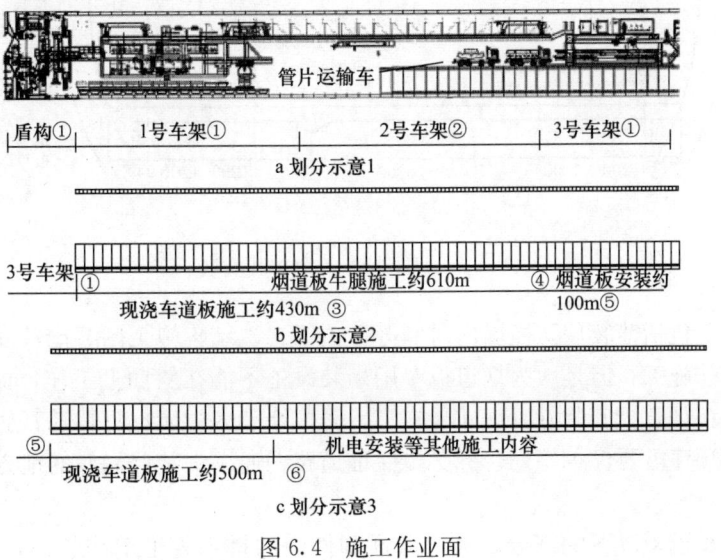

图 6.4　施工作业面

　　盾构推进是隧道施工中的重点，在确保盾构正常推进的前提下再安排其他施工作业。盾构推进计划平均 5 环（10m）/d，安排 2 辆管片运输车辆和 1 辆盾构注浆液运输车辆，运输距离超过 2km，视推进速度可考虑增加管片运输车辆。盾构推进施工集中在盾构、1 号车架及 3 号车架位置，管片吊装与口形预制件有所交叉，管片运输至 2 号车架位置然后进行起吊。3 号车架尾部设置一个车辆调头平台，管片运输车辆、盾构注浆液车辆、混凝土运输车辆都要到这里调头。

　　口形预制件安装是仅次于盾构推进的关键环节，在盾构 2 号车架位置完成安装盾构设计时专为口形预制件安装配备了专用吊具，由此可见同步施工工艺需要盾构设备配套使用，是不可单独成立的一个系统口形预制件需要盾构上的专用设备才能安装，而口形预制件为盾构推进提供运输通道，否则盾构同样无法向前推进口形预制件用专用车运至 2 号车架位置，专用吊具起吊运至 2 号车架最前方，90°转向后放到隧道底部拼装。

　　现浇车道板施工在盾构推进 300m 后进行，紧跟盾构 3 号车架，现浇车道板施工也是由多道工序组成，依次为：放样→牛腿凿毛→牛腿及压重块植筋→压重块浇筑→车道板支架施工→牛腿浇筑→车道板浇筑→养护。放样、牛腿凿毛在 2 号车架位置完成，与口形预制件基本同步完成，其后 5 道工序形成流水作业，每 5 道工序占用一节（30m），养护 28d，平均 5 环/d，需养护段，整个现浇车道板施工要占用约 430m。车道板拆模强度为 1.2MPa，一般可达到强度，需配备 4 套支架模板。

　　烟道板牛腿在现浇车道板完成之后施工，为保持道路通畅，左右两侧的牛腿不能在同一段施工，要交错开来，并且左右两侧牛腿施工作业面保持 50m 的缓冲带。右侧先施工，放样→牛腿凿毛→牛腿植筋→烟道板牛腿支架施工→牛腿浇筑→养护。除放样及养护外，其他工序各占一节流水作业，混凝土强度达到 80% 时拆模，通常需养护 14d，保险起见配备 5 套支架模板，养护段 140m，一侧施工需要占用 280m，量测交错施工，再加上 50m 缓冲带，烟道板牛腿施工需要占用 610m（见图 6.5）。

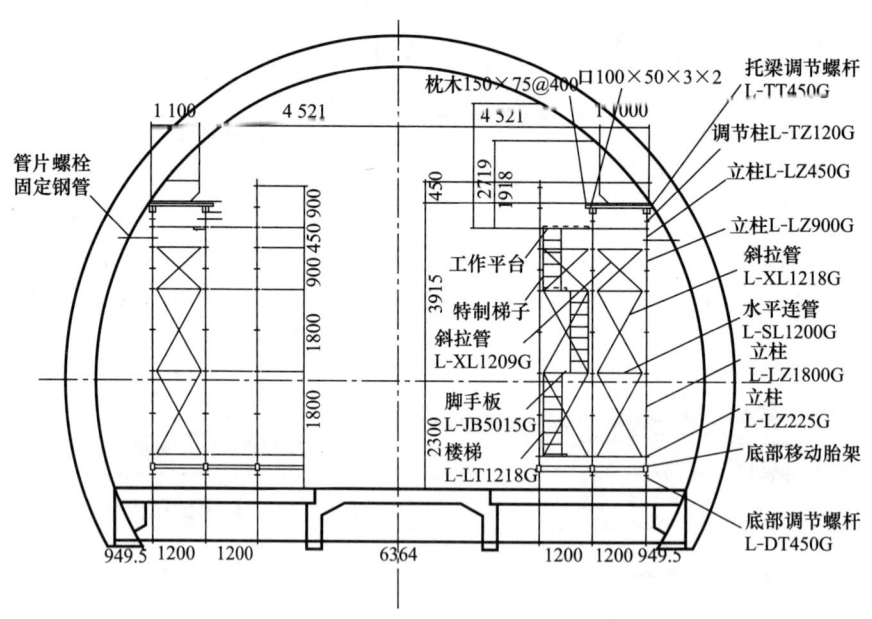

图 6.5　烟道板施工及牛腿安装

　　道路二次结构施工包括铺装层防撞墙内衬墙等。由于二次结构施工内容比较多，周期也比较长，原考虑在烟道板安装之前施工。但是因为烟道板专用吊装设备不能在斜面上工作，而铺装层有 1.5% 的坡度，因此铺装层必须在烟道板安装好以后才能施工，防撞墙和内衬墙也只能随其后。为保证通车，铺装层需翻交施工，施工顺序需要仔细筹划，务必要保证道路畅通。铺装层做好的地方接着做防撞墙，延后一节即可。

　　机电安装主要指车道板以下的部分，如口形预制件中的排水管道消防管道，电缆廊道内的电缆桥架，车道板以下的照明系统等。这些施工内容在车道板模板拆除后即可进行，相对独立，与其他施工内容没有太多相互影响。越早施工越有利，如车道板以下的正式照明系统可以代替临时照明系统，节约成本；再如隧道最低点正式排水泵尽早启用，隧道内淤积的泥浆就可尽早清理干净。

② 立体化施工的基础

盾构施工时一项复杂的系统工程，需要多个部门的密切配合，同时工程中每一步的顺利完成都至关重要，而立体化施工的施工组织较常规盾构更为复杂。为做到经济、高效完成施工，建设者发挥聪明才智，通过优化地面场地布置、优化隧道内运输方式、建立规范化施工标准为立体化施工的实现打下良好的基础，使得立体化施工理念在钱江隧道得以成功运用。

施工场地规划是确定各功能部分的空间位置，在节约用地和便于施工之间取得平衡。一个好的场地规划要保持材料和人员的流通顺畅、场地工作人员的安全、充分利用空间、方便场地控制和监控等。优化施工场地中临时设施的位置，让各个临时设施的物料、信息的流通量（运输费）最小，以便达到减小成本的目的。

a. 场地功能分区优化

合理是对现场初期规划安排的要求。合理场地规划的第一要点就是要明确分区，将生活、施工场地分离；不同材料堆放相互分离。

钱江隧道江南场地总体上分为生活办公区和施工区两部分。生活办公区包括了所有生活设施、总包办公楼、监理办公楼、试验中心和展示厅等。生活办公区布置于靠近工地入口西北角。工地人员及外访人员可方便进出生活办公区域而不和施工区域产生交叉。同时施工车辆出入工地也不经过生活办公区。实现了生活办公和施工场地分离，江南施工现场布置如图 6.7 所示。

在施工区设置泥水处理场、混凝土搅拌站、烟道板生产场地、钢筋车间等部分。钱江隧道现场大型构件如管片、口子件等均设置特定的存储地点。小型机械工具等存放于机械工具仓库内，分类放置，做好标识。混凝土搅拌站需要的水泥、砂石等配料则储存于搅拌站内，便于使用的同时也避免了对其他区域可能造成的污染。

b. 合理设置场地道路

合理的道路设置有利于畅通的运输。同时从图 6.6 可以看到，钱江隧道施工现场设置一南北向的主要施工干道。将重要的功能分区布置于干道两边，便于大型车辆行驶。在场地西南角构件生产区域则设计便于行驶的回路，减少因车辆掉头引起的交通拥挤。机械维修和工作井之间的空地作为工程各种车辆的临时停放场所，同时也可为大型运输车辆调头提供场地。

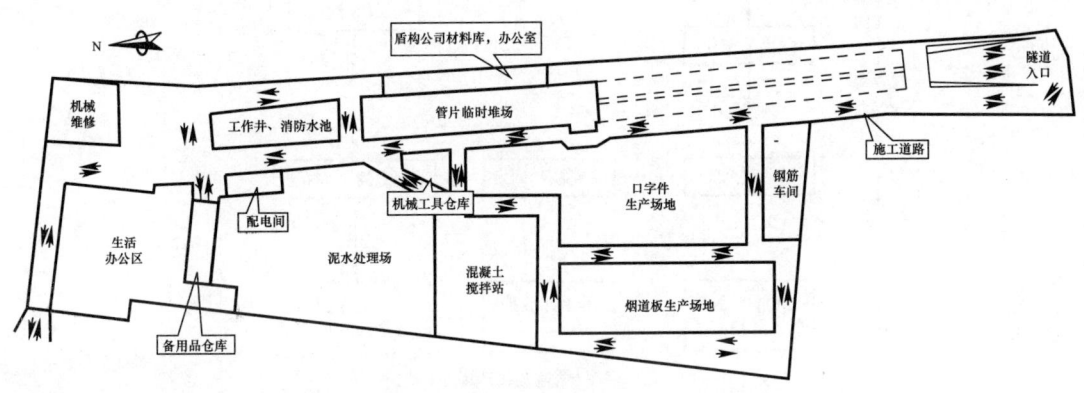

图 6.6　场地道路设置

c. 场地物料流动

钱江隧道施工现场不同物料的存储按照盾构隧道立体化施工价值流动方向安排，形成类似于生产工厂流水线的形式。构件生产所需材料则遵循尽量靠近使用地点的原则储存。

（a）口字件生产场地

（b）混凝土搅拌站

（c）管片临时堆场

（d）运输干道

图 6.7　江南施工现场布置

口字件和烟道板生产的生产制作流程如图 6.8 所示，虚线框表示不同的生产分区。钢筋车间进行所有的钢筋工作，包括钢筋下料、钢筋笼制作等。混凝土搅拌站则负责生产商品混凝土。在钢筋车间和混凝土搅拌站完成上游工序生产后，将生产的钢筋笼和商品混凝土运送至口字件和烟道板生产场地。在生产场地完成构件的钢筋笼吊装，立模固定，混凝土浇筑、养护等全部工作。钢筋和混凝土生产可视作两个并行的上游工序，通过下游的构件生产指令来拉动。

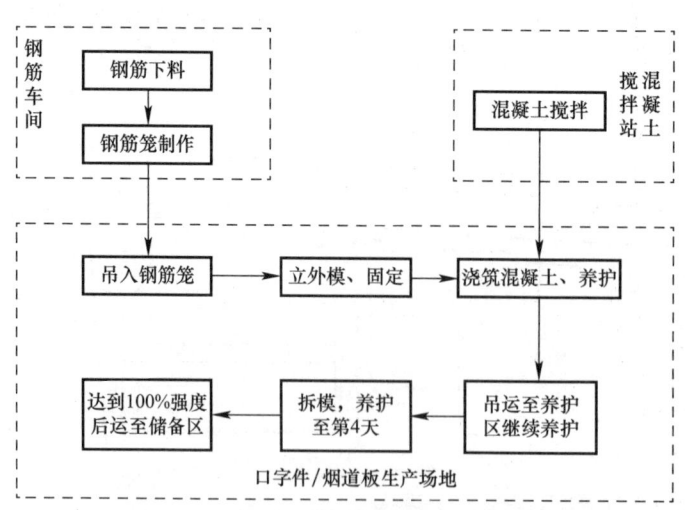

图 6.8　口字件/烟道板生产

遵循盾构隧道立体化施工的流动原则，现场规划将口字件和烟道板生产场地布置在搅拌站、钢筋车间之间，使得构件生产所需的混凝土和钢筋笼运输距离减小到了最短。

管片在管片生产场完成生产后，根据掘进的要求将一定量的管片运输到施工现场储存。在现场完成质量检验、编号及贴止水条后，再运输至隧道内部拼装。管片运输到隧道内的方法在工程前后期有所不同。工程前期，管片通过工作井吊运至隧道平面，再通过内部车辆转运至开挖面。明挖段完成施工后，则直接采用车辆从管片临时堆场运输到隧道内部施工面。

为了便于两阶段的管片运输。在钱江工程现场，将管片临时堆场设置在工作井旁靠近运输干道的位置。工程前期，管片可以通过工作井水平、垂直吊运。明挖段完成后，运输车辆也可以方便地在干道上装载管片。盾构公司办公室、材料库设置在管片临时堆场东侧，便于材料的取用。此外，盾构公司办公室和管片临时堆场相邻设置还能让管理人员直观观察到管片的消耗情况，若管片的消耗速度产生变化，可以及时做出针对性的计划变更。

d. 隧道横向运输模式

盾构机掘进速度是决定隧道施工速度的关键因素。在地层条件一定的情况下，盾构机正常工作时掘进速度是基本固定的，因此很难通过加快掘进缩短工期，而且这样做也是不安全的。盾构隧道施工时，盾构机完成土体掘削、管片拼装的任务，渣土运输、管片运输、材料补给则需要后方通过隧道内的水平运输完成。水平运输有两种运输方式，分别为无轨运输和有轨运输。两种方法中，泥水均由泥浆输送管道系统运输。区别在于有轨运输的盾构隧道施工中，管片、砂浆及其他材料采用在轨道上行驶的机车运输：随施工推进铺设临时轨道，由机车牵引斗车在窄轨上行驶（图 6.9）。而无轨运输则直接使用运输车辆运载原材料，在隧道内部铺设的道路上行驶（图 6.10）。

图 6.9　盾构隧道有轨运输　　　　　　　　　　图 6.10　盾构隧道无轨运输

目前国内外盾构法施工广泛采用工作井吊装加隧道内部有轨运输系统的方式，尤其是城市地铁盾构隧道施工基本都采用有轨运输系统。有轨运输耗能较小，在长线隧道中，运输车辆进入隧道内产生的污染大，增大了隧道的通风压力，有轨运输能显著减少污染。此外，隧道内部空间狭小，有轨运输将人员通道和运输轨道分离，较为安全。但有轨运输的运能受到轨道设置的限制，在长线隧道中需要通过单轨加岔道或者多轨的方法来增加运能，许多学者也对隧道施工有轨运输最优化进行了研究。有轨运输的缺点在于固定的轨道灵活性较差，运输速度较慢，效率不高，工程初期设计的轨道系统基本决定了其运能，若在实际施工中出现运能短缺，想增加运输能力较为困难。

隧道内部无轨运输在工程中的运用较少。这是因为各种车辆行驶入隧道客观要求盾构的断面较大，小断面的隧道缺乏无轨运输的条件。无轨运输车辆成本比有轨运输高，需要购置或租用较多的车辆，且车辆日常运营费用比采用有轨运输大。此外，采用无轨运输时，由相同车辆完成材料从地面到隧道内部需求面的全过程运输显然较为合理，即垂直运输采用前文提到的第二种方法。这要求明挖段提前完成施工，使车辆能直接驶入盾构隧道内部。无轨运输的最大优势则在于其灵活性强，当出现运输不能满足施工对原材料需求的情况时，实时增加运输车辆即可提高运能。

钱江隧道建设者考虑到在已建成的隧道内铺设轨道，由小型运输车完成水平运输的结果是在隧道贯通时，还需要很长的时间来拆除临时轨道、安装口子件、路面板、铺设路面以及安装通风、照明、通信等设备，既延长了工期，又造成隧道贯通前有大量的施工人员滞待，是一种很不经济合理的做法，不符合经济、高效指导思想。而无轨运输能彻底解决上面提到的以单台盾构立体化施工的问题，通过克服隧道内空间狭小、通风困难、施工不便等问题，优化施工流程，优化隧道掘进与后续施工步骤的配合，在盾构管片安装完毕后，立即施工路面结构，使得新施工的路面可以在最短时间内投入使用，服务后续施工。优化后一个断面的内部施工流程如图 6.11 所示。

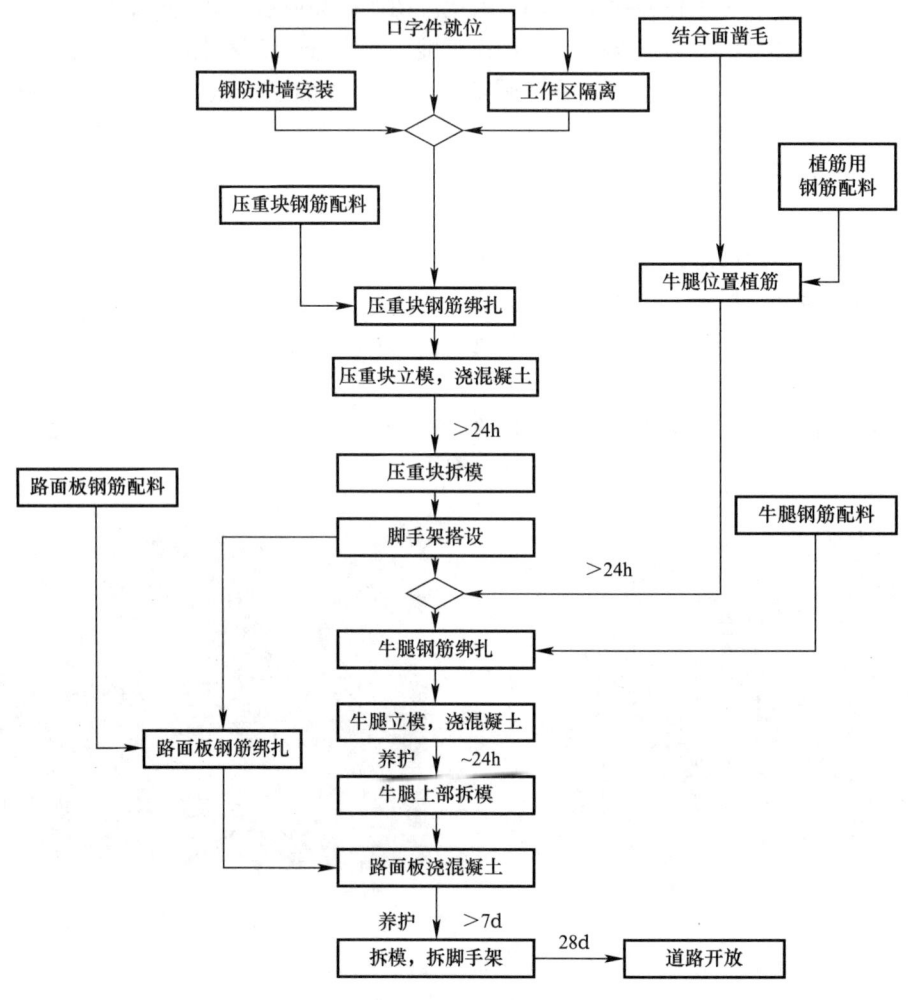

图 6.11　内部结构施工流程

③ 立体化施工难点

立体化施工是我们在钱江隧道工程中首次提出的施工组织方法，其相较于传统方法具有优越性，同时根植于同步施工，具有丰富的经验，但是作为新生事物，钱江隧道在实践立体化施工的过程中仍遇到了一些难点，解决这些难点将是未来立体化施工水平提高的关键。

交通组织问题：交通组织问题是采用同步施工工法施工的隧道面临的一个重大考验，立体化施工更甚。现浇车道板施工作业面是喉咙口，只能靠口形构件安装形成的通道，通道宽 4m，只能单向通行。现浇车道板施工中有 3 道工序需要浇筑混凝土，而且多数情况下每道工序都需要浇筑不止一次，且道路不能通行。管片运输及盾构注浆液运输不能长时间中断，既要不影响盾构推进又要解决现浇车道板混凝土浇筑难度大的问题。烟道板牛腿施工浇筑混凝土也影响道路通行，烟道板安装时道路不通，铺装层施工浇筑混凝土道路也不通，线路越长，影响道路通畅的因素也就越多，协调起来也就越难。另外，隧道内有较多施工车辆，隧道内照明又不如地面上，交通安全问题突出。

空气质量问题：隧道是一个狭长的结构，空气不流通，虽然有通风措施，但是隧道内的空气质量还是很难控制，有很多因素造成空气质量恶化：a. 隧道内施工车辆很多，排放的尾气和卷起的尘土；

b. 盾构推进和现浇混凝土释放的热量；c. 电焊机等电力设备施工过程中释放的有害气体；d. 立体化施工有多个工作面，多道工序有混凝土凿毛植筋作业产生大量混凝土粉尘；e. 隧道内使用的化学品也污染空气，如油漆、模板脱模剂、盾构油脂等。

泥浆清理问题：盾构泥浆管接管时有大量泥浆漏进隧道内，每推进一段长度就要接一次管，泥浆数量巨大。在口形预制件安装和现浇车道板压重块施工前都要清理泥浆，工作环境差，劳动强度高。

隧道沉降与隧道内结构施工的矛盾：立体化施工旨在节约工期，各工作面最好是紧凑排列，一环套一环，但是隧道需要一段较长的时间沉降才能稳定，在沉降差没达到要求前结构施工不能进行，这限制了立体化施工的进程。

④ 钱江隧道西线立体化施工实际效果

钱江隧道先实施的是西线隧道，从江南往江北推进，盾构于 2010 年 5 月开始掘进到 2011 年 4 月靠上门洞，历时 12 个月。西线盾构段总计 1621 环，日平均推进 4.5 环，原计划平均推进 5 环。立体化施工中确立以盾构推进为主线，其他环节施工都服从于盾构推进，推进比较顺利，但是在不同土质条件下，推进速度有明显差异。口形件与盾构设计匹配，口形预制件安装十分顺利。

现浇车道板施工：由于隧道内温度高，14d 混凝土强度基本可达到设计值，但为保证车道板使用寿命，还是养护 28d 后再开放使用。混凝土浇筑环节经常要避让管片盾构注浆液运输车辆，所以应尽量在盾构拼装时间浇筑，以保证顺利施工，紧跟盾构推进。

烟道板牛腿施工：烟道板支架模板开始施工时只配备了 4 套，进度一度落后现浇车道板 800m，而后增加一套模板，以追赶车道板施工进度。

烟道板安装：烟道板安装专用设备进场时间没控制好，派专人在这个工作面维持交通，效果比较理想。

道路二次结构施工：二次结构只施工了铺装层，防撞墙因盾构用管路的影响不能施工。在原设想中已考虑盾构用管路的影响，但是没有留足余量，盾构推进过程中整个隧道可能随盾构一起旋转，造成管路距离车道板高度不固定，防撞墙施工空间不够，只能等管路管线拆除后再施工。

机电安装施工：机电安装设施施工的主要内容是隧道最低点的排水泵及排水管路，因为排水管路铺设速度相对较快，在江中泵房结构开始施工时开始管道铺设，消防管道、电缆桥架、照明系统也开始同时进行施工。江中泵房使用的排水泵等设备订货周期较长，要提前准备，排水泵的投入使用对泥浆清理起到了很大作用。照明系统线路逐步替代临时照明系统，考虑到使用寿命，灯具只能用临时的。

⑤ 钱江隧道西线立体化施工经验总结

钱江隧道立体化施工的理念得以实施，至 2011 年 5 月西线隧道贯通，施工过程中某些地方值得改进和优化。

a. 盾构泥浆管接管设备需要改进，排放出来的泥浆数量太大，给后续工作增加了很多麻烦，耗费大量人力物力；

b. 口形预制件拼装精度不如管片高，而使用的螺栓精度要求高，造成拼装困难；

c. 若车道板牛腿和烟道板牛腿与管片一起预制，可以省去大部分植筋工作，降低成本的同时也减少了空气污染，牛腿与管片一起预制的技术曾用于上海复兴路越江隧道，这需要改进盾构管片拼装设备，且需配套使用；

d. 各工作面的衔接不够紧密，协调筹划工作有待进一步细致。

西线隧道的实施为钱江隧道东线隧道以及其他相类似的隧道施工积累了宝贵经验。东线隧道施工中，切实解决了西线隧道施工中出现的种种问题，施工效率有了极大提高，使得立体化施工的优点更加突出。

这是大型公路盾构隧道立体化施工技术的第一次探索，仍有许多问题需要在以后的工程中进一步研究解决，但是钱江隧道工程的高效完成证明立体化施工的思路是科学合理的，是未来发展的一个正确方向。

6.3.1.2 超深基坑工作井施工

钱江隧道采用世界最大直径的盾构机（$\phi=15.43m$）进行江中圆隧道推进，如图 6.12 所示，盾构施工的第一步就是基坑工作井来完成盾构的始发。钱江隧道工作井采用地下连续墙作为围护结构，为符合工程要求，需要建设深达 49.5m 的地下连续墙，这是杭州地区首次施工如此深度的连续墙，工程施工难度大，技术要求高，可参考经验少。同时，勘察得出现场地质条件较差，工地地处钱塘江边，在工作区有大片的鱼塘，即使回填后，土体欠密实，地基软弱，影响地下墙施工时重型机械行走作业；在地面以下有 21m 左右厚度的砂质粉土层，且水平渗透系数和垂直渗透系数均较大，在地下连续墙成槽施工时易发生塌方；地下墙深度深，根据以往类似土层工程实践经验，常规液压抓斗工法在该层土闭斗抓土时存在严重的斗体上浮现象，成槽效率下，控制成槽效率较为困难。同时由于常常要靠抓斗自重冲击力成槽，成槽垂直度控制困难。本工程采用十字板接头，其先行槽段钢筋笼和十字板焊接好后重量达到 70t 左右，对起吊设备要求和工艺要求非常高。十字板接头是隔板式刚性接头的一种，能有效传递基坑外水土压力和竖向力，整体性好。然而十字钢板接头也存在一些弱点，主要是当先行槽段局部坍方时，浇筑的混凝土往往绕过十字钢板与回填物混合，形成"绕管混凝土"，且与十字钢板粘连，难以清除，既能产生夹泥造成基坑渗漏水

图 6.12 盾构机始发

现象，又造成相邻一幅地下墙施工的困难，因此，必须采用新工艺、新设备处理好地下墙的接缝，确保地下墙接缝防渗漏要求。

为了解决上面提到的种种施工难点，科研人员、施工人员结合以往的施工经验有针对性地将难点各个击破，通过先期实施的钱江隧道试验工作井（包括江南工作井和四段暗埋段，如表 6.1 项目），通过科研、实践相结合的手段，从施工方案、施工设备、施工工艺方面，融合已有的施工经验开辟出一条软弱土地区超深基坑施工的全新道路。

钱江隧道试验井结构分段概况表　　　　　　　　　　　　表 6.1

分　段	长度（m）	挖深（m）	围护结构	支撑形式
工作井	23.005	28.3	地下连续墙厚 1.2m，深 49.5m	5 道混凝土支撑＋1 道钢支撑
JN01	28.995	24.8～23.6	地下连续墙厚 1.0m，深 45.5m	2 道混凝土支撑＋4 道钢支撑
JN02	30	23.6～18.7	地下连续墙厚 0.8m，深 44.5m	2 道混凝土支撑＋3 道钢支撑
JN03	30	18.7～18.0	地下连续墙厚 0.8m，深 44.5m	2 道混凝土支撑＋3 道钢支撑
JN04	30	18.0～17.3	地下连续墙厚 0.8m，深 47.5m	2 道混凝土支撑＋2～3 道钢支撑

施工方案方面，以加固、防水为主要指导思想。首先对导墙两侧的土体进行搅拌加固，对处于导墙两侧宽为 1.45m、深 8m 的范围内土体进行搅拌加固，搅拌桩的形式为每侧双排直径为 850mm 搅拌桩，搭接长度为 200mm。为确保在成槽过程中粉质砂土的稳定，采取了控制泥浆指标和地下墙预降水措施。隧道股份通过大量的试验，研制出了适合钱江地区的黏度大、失水分量小、形成护壁泥皮薄而韧性强的优质泥浆，确保槽段在成槽机械反复上下运动过程中土壁稳定。针对本工程厚达 21m 的粉质砂土，由

于该土层的渗透系数相当大，在动水作用下很容易发生蠕变或坍方现象，单纯采用泥浆是无法满足成槽护壁要求的，因此在地下连续墙施工前采取井点降水方案，将地下水降至地面以下 6m 左右的深度，通过降水，一方面提高了泥浆液面与地下水头的压力差，增加了槽段的稳定，另一方面固结粉质砂土层，从而保证该土层在成槽中的稳定。

施工机械方面，成槽设备选型要保证成槽效率，提高施工效率，减少槽孔暴露的时间。施工人员经过反复比选，确定采用德国 LIEBHERR HS855HD 液压抓斗，该抓斗具有切土能力强、成槽效率高、成槽垂直度高、控制能力强的优势，精度可达 1/1000，成槽最大深度可达 70m，适合于本工程地下墙成槽施工，且该机型在上海轨道交通 4 号线修复工程中施工深为 65m、厚度 1.2m 地下连续墙时效果良好。

施工工艺是施工方案发挥作用的基本保障。为保证十字钢板接头满足防渗漏要求，施工人员通过防坍方、防漏浆、多次刷壁三道防线来保证槽段接头质量。防坍方主要事先对地下墙稳定性进行验算，确定合理的泥浆配比和严密的泥浆管理来实现；防漏浆主要通过先行槽段钢筋笼外包覆止浆铁皮实现；多次刷壁通过"刮、冲、刷"三道工序保证接头质量。地下墙先行钢筋笼连十字钢板重达 70t，后继标准幅重量也达 60t 左右，现场使用 280t 吊车作为主吊，100t 吊车作为副吊，采用双机多点抬吊钢筋笼。对于转角幅及特殊幅钢筋笼除设置纵、横向起吊桁架和吊点之外，另增设"人字"桁架和斜拉杆进行加强，以防钢筋笼在空中翻转角度时发生变形。钢筋笼上设置纵、横向起吊桁架和吊点，使钢筋笼起吊时有足够的刚度防止钢筋笼产生不可复原的变形。施工的另一难点为复杂的地下水条件。根据勘探结果，结合区域地质资料，江南试验井沿线第四纪空隙承压水含水层主要有两层，第 1 承压水层赋存与⑤3 层粉土，第二承压水层主要赋存于⑦层粉细砂、含泥圆砾、含泥卵石层，上覆盖粉质黏土，构成了相对隔水的承压顶板。由于基坑主要受第一承压水的影响，采用深地下连续墙将第 1 承压水与外部水力联系全部隔断。考虑到施工条件的不确定性，先施工地下连续墙，待 142m 范围内的连续墙全部施工完毕后再进行降水试验取得水力参数，然后确定连续墙隔断是否达到预期效果，最后进行基坑开挖。经过现场降水试验后，表明地下连续墙的止水效果比较好，可以保证工作井施工的安全。工作井主体结构由钢筋混凝土底板、内衬墙、各层框架梁等构成，由于工作井范围内开挖深度最深，采用"逆筑法"施工，先施工第 1 道钢筋混凝土支撑，再开挖到第 2 道支撑，浇筑第 2 道支撑，随即施工两道钢筋混凝土支撑间的侧墙后再向下挖土，由于墙体和支撑共同承受侧向土压力盒空隙水压力，这样可以大大减小基坑的变形，保证基坑安全。

盾构进始发施工时盾构始发至隧道贯通过程中最重要的风险点，造成风险发生的未知因素也很多，采取合理有效的加固措施，将大大降低盾构进、始发风险。本工程盾构推进至江南工作井西线始发，到江北工作井掉头后，从东线推回到江南工作井。江南工作井盾构始发侧端头厚度为 12m，宽度为 49m，加固深度为 30m，根据现场条件和工艺要求，进始发加固采用三轴搅拌桩（桩径为 850mm），梅花形布桩，搅拌桩与地下连续墙之间 700mm 间隙采用三重管高压旋喷桩，基坑开挖前，对工作井北侧进始发加固先行实施，可减小北侧土体对工作井的侧压力，减小基坑的变形，提高基坑的稳定性。本工程基坑开挖采用水冲法为主、机械设备为辅的取土方式。根据地质勘察报告，本基坑上部约 22m 深度范围内土层依次为素填土、粉质砂土和粉砂，占基坑土方总量的 80%，这些土层黏塑性低，土层渗透系数大，采用水冲法开挖土方是对土方开挖新方法的探索。水冲法的主要设备是泥浆泵、水枪及高压潜水泵，在水冲过程中，吸泥水泵安装在浮筒平台上，每个浮筒平台用 2 只浮筒绑扎而成，形成的泥浆会利用泥浆泵及时连同土颗粒一起外运输出。利用水冲法进行基坑取土，与传统机械挖土相比，其主要优点为：①可以不受气候条件制约，保证连续作业；②减少了施工过程中土方垂直起吊及水平土方车运输的环节，降低了基坑开挖负高空作业的风险；③由于采用泥浆泵进行土方输送，减少了土渣泥块等对现场道路、环境的污染，有利于保障施工现场安全、文明施工；④取土速度快，一套水冲系统每天可以平均取土 800m³/d。当开挖至 22m 深度后，底部土层主要为淤泥质粉质黏土，必须用机械设备开挖。

钱江隧道深基坑施工过程中严格按照方案实施，从实际的监测情况来看，围护最大水平位移小于理论值，开挖至基坑底，素混凝土垫层完成后基坑变形趋于稳定，至底板完成，围护结构最大位移量远小于设计最大值，说明所采用施工方案是切实有效的，所采取的施工方法是踏实可靠的，对今后钱塘江流域同类工程具有较大的参考价值和借鉴意义。

6.3.1.3 环境保护，百年大计

中国的国情是地大物博，人口众多，但是人均资源短缺。中国的国情决定了我们必须走社会、经济、资源协调发展的可持续发展之路。可持续发展的价值取向与社会主义的价值取向是一致的。《马克思恩格斯全集》中提到"共产主义绝不是人所创造的对象世界的即人的采取对象形式的本质力量的消逝、抽象和丧失，绝不是返回到违反自然的、不发达的、简单状态去的贫困。"我国政府对于可持续发展非常重视，制定了一系列的环境与发展对策，建立环境保护法规，并与2004年提出以可持续发展为中心思想的"科学发展观"。科学发展观强调科学发展是既要满足当代人的需要，又不对后代人满足其需要的能力构成危害的发展。我们需要通过科学技术的发展来加速开发有利于环境保护的生产和生活方式，遵循生态规律，保护生态平衡，在开发和改造过程中自觉保护自然环境。

任何工程建设都是人类改造自然的一个过程，不可避免地造成自然环境的改变，钱江隧道也不例外。钱江隧道项目部始终坚持保护环境的指导思想，积极引导施工企业进行技术革新，减少工程建设给自然环境带来的破坏。

在泥水盾构中，开挖土料与泥水混合形成高密度泥浆，由排浆泵及管道输送至地面处理泥水盾构的出浆量一般为掘土体积的多倍，伴随着施工会产生大量的废弃泥浆，若不经妥善处理，必将危及周围的生态环境。钱江隧道地处杭州市萧山规划的生态湿地，环境要求较高，但因钱塘江潮汐特征突出，不具备泥浆外运的条件，因此，须对盾构废弃泥浆进行分离后再做进一步处理。在此之前，隧道盾构废弃泥浆泥水分离的研究较少，没有可借鉴的案例。针对泥浆分离处理环节，科研人员参考石油钻探领域的废泥浆固液分离技术采用混凝分离的方法对盾构废弃泥浆进行试验研究，主要是利用絮凝剂使泥浆中的悬浮胶体颗粒形成大的絮团，辅助机械搅拌使絮团更易沉降分离，有效地减少泥浆体积，同时也在很大程度上减弱了废弃泥浆对周围环境的影响。

（1）泥浆三级压滤处埋零排放工艺技术

通过现场工况的实态缩小模型试验，确定了处理直接排放的二级旋流器分离后的上溢流、底流泥浆以及调浆池内的多余泥浆的工艺流程。通过现场工况的实态缩小模型试验，确定了两次的泥浆改良和压滤分离技术为核心的三级泥浆处理工艺的综合使用成本，并通过试验得出用本研究工法处理该工程泥浆的工作参数。开发并在现场建立了泥浆处理系统，现场实际使用验证了通过本工法处理该工程泥浆的可行性。

① 废浆处理机械设备系统

如图6.13所示为使用于本工程的泥浆处理系统工业流程图。本系统将工程废浆集中处理为可堆积的渣土与滤液。系统在旋流筛分、进料、压滤、排水、卸料过程采用自动控制及监测。具有应用范围广、自动化程度高、检修及维护方便的特点。

结合钱江隧道工程的施工条件，本系统设置了中央控制室，将系统动力柜与控制柜放置其中，能够避免外界不良气候条件对电气元件的影响，并在中央控制室中安装空调，使操作人员及控制设备有一个相对舒适和安全的工作环境。设备顶部设有遮阳顶棚，四周通透，保证了设备具有良好的通风散热条件，使整套设备能够在较高的环境温度条件下正常工作。本系统布局紧凑，采用模块化设计，各功能模块采用标准集装箱的外形和连接方式，能够方便的起吊、运输及安装。

泥浆处理过程分为以下几个步骤：污浆改性→筛分→旋流处理→压滤→滤液酸碱中和。

待处理的废浆由外接泥浆泵泵送至泥浆罐中，同时用制浆机将制备好污浆改性药剂送至泥浆罐，搅拌后进入泥浆净化装置，经旋流筛分后的浆液自流入待压泥浆罐，筛分出的渣料由振动筛前端筛除。

泥浆泵将待压泥浆罐中的泥浆泵送至压滤机滤板间的密闭腔室，泥浆中的固相颗粒被滤布拦截并逐渐富集形成滤饼，滤液透过滤布流出进入滤液收集箱。泵送泥浆过程中滤饼逐渐增厚，压力逐渐升高，

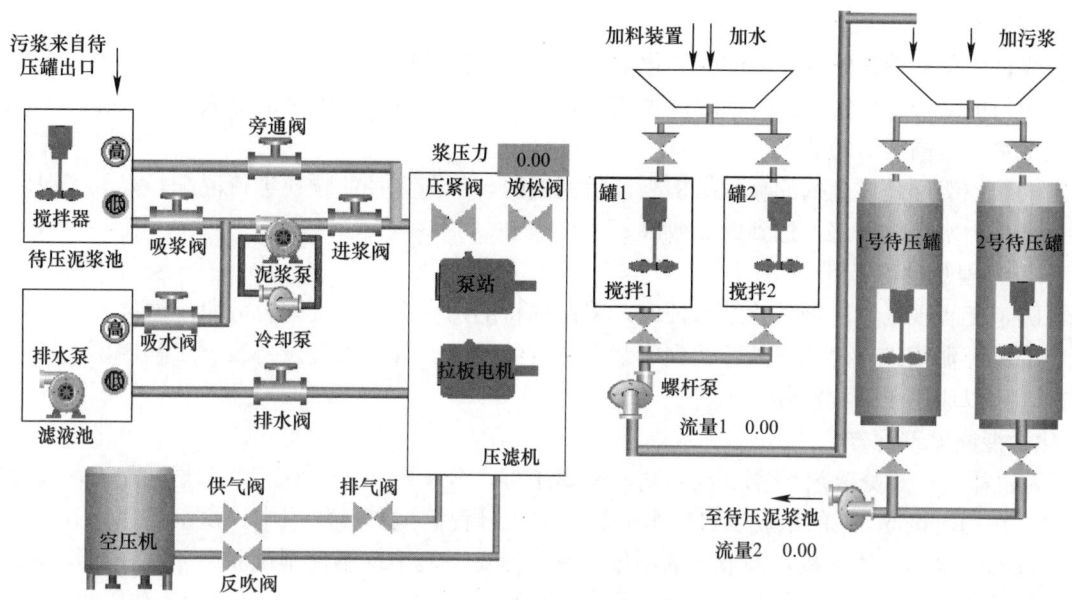

图 6.13　泥浆处理系统效果图

泵送泥浆流量逐渐减小。当压力达到设定值、过滤出水量很少时，说明滤饼形成，此时压滤机滤板拉开卸料。

泥浆处理自动化系统包含了在泥水盾构工程的地面泥浆体系中与泥浆处理有关的全部功能数据和控制。主要包括以下几个功能单元：浆液混凝剂的自动制备；浆液改良：混凝剂及助滤剂自动添加；压滤流程自动控制。

处理现场模型设备外观见图 6.14。

图 6.14　泥浆处理设备

a. 压滤处理技术的工艺特点

盾构泥浆的泥浆改良及压滤处理特别是对于黏细物的分离，有其独特的优越性。两次泥浆改良过程，并不是将泥浆从极低相对密度提高至高相对密度的传统意义上的浓缩概念。这种反应是通过在泥浆反应罐与待压泥浆罐中先后两次加入不同的化学药剂实现的。此时泥浆改良的目的是将泥浆中的细微颗粒聚集成团，使之产生混凝沉降的效果，并辅之以助滤剂，使其形成透水通道，将难压泥浆变得好压，以提高压滤效率。带有泥浆改良的压滤系统与其他固液分离设备相比，过滤后的泥饼有更高的含固率、更高的分离效率，对于盾构泥浆经过压滤处理后泥饼含水率小于 27%，滤液清澈透明，可作为清水重新返回调浆池使用。

b. 化学改良技术特点

化学改良，是对待压滤的泥浆改变其化学物理性能，使其便于压滤。

混凝剂与助滤剂配合使用，可使之产生快速化学或物理反应，使泥浆的滤失量大大提高，在压滤处理时快速出水，提高压滤的效率。

一定的颗粒级配是对合剂的显微结构表征后完成的，不同直径的颗粒进行混配，降低了泥块体相的密实性，也是为水提供通道，达到助滤效果。

c. 压滤流程及设备

钱江隧道工程现场小比例试验结果证明，采用独特的两次泥浆改良配合分段压滤技术对钱江隧道盾构施工中的废弃泥浆进行处理，能够达到废浆零排放的要求。若对处理设备根据工程规模进行同比例放大或增加，可以应用于工程实际。

d. 化学混凝试剂配方

A（无机盐，也是分散剂）+X（高聚物，阴离子型，分子量400～800万），复配配方，放置过程中注意防潮。使用时按6.5‰的浓度以自来水配制，配置过程需搅拌。使用中，试剂的用量在34L/m³泥浆左右，按照泥浆的具体参数，调节试剂用量，具体参见下文中现场模型试验结果。在泥浆混凝试剂加入后，适量添加助滤剂（低成本的工业副产物），直接进入压滤机，能达到理想的压滤脱水效果。

② 浆液三级压滤处理零排放工艺使用效果

在整个盾构施工过程中滤液应作为一种资源加以利用，滤液的回用一是作为循环泥浆的比重调节；二是用于混凝剂配制；三是用于配置浆液；四是用于冲洗管路。在实验过程中少量滤液用于制备药剂和冲洗管路，其余全部用于调节泥浆的相对密度，既节约了水源，又降低了循环泥浆的相对密度，起到了良好的效果。

通过 ICP-MS 对泥浆及滤饼中的重金属情况进行了检测，检测情况如表6.2。

废浆及滤饼中主要环保指标 表6.2

检测指标	处理前废浆	滤饼	农用污泥限量	
pH	6.5		<6.5	≥6.5
含水率		28%		
有机成分				
总氮	28.29	23.5		
总磷	8.5	3.08		
总硼			150mg/kg	150mg/kg
总铬	244.85mg/kg	315.36mg/kg	600mg/kg	1000mg/kg
总锰				
总镍			100mg/kg	200mg/kg
总铜	43.69mg/kg	28.29mg/kg	250mg/kg	500mg/kg
总锌	135.17mg/kg	62.97mg/kg	500mg/kg	1000mg/kg
总砷	106.48mg/kg	12.84mg/kg	75mg/kg	75mg/kg
总银				
总镉	0.75mg/kg	0.22mg/kg	5mg/kg	20mg/kg
总汞			5mg/kg	15mg/kg
总铅	21.75mg/kg	20.81mg/kg	300mg/kg	1000mg/kg

结果表明：工程泥浆经过压滤后，滤饼的主要环境指标，尤其是重金属污染均未超标，不属于污染土，可以进行资源化利用，经简单的处理就可作为建筑填料。

（2）盾构废浆弃土的生态处置和资源化利用

盾构推进时，旋转刀盘切削下来的土砂经搅拌装置搅拌后形成高浓度泥浆，用流体输送方式送到地面泥水分离系统。泥浆经过滚动筛、除砂器等物理分离处理后形成低浓度薄浆和高浓度厚浆。薄浆回用于泥水平衡盾构，厚浆排入弃浆池，久而久之表面干化为弃土。钱江隧道所在的位置是萧山规划的生态湿地，环境要求较高，盾构废浆弃土不适合外运，为了生态保护，需对废浆进行环保处理和生态处置，并实现资源化利用。

科研人员通过对盾构废浆的泥水分离及脱水，并将废水进行生态净化处理，并分别针对废浆弃土消纳人工湿地示范工程和暗埋段弃土消纳工程，考察植物在盾构废浆和弃土上直接种植的生长情况，用美人蕉盆栽试验分析评价废浆弃土作为农用土或者植物培植土对农作物和植物生长的影响，并尽量改善其种植效，研究了废浆弃土的农用资源化得可行性。试验结果表明纯土组、碎石组和沸石组的美人蕉普遍都长高了 8～10cm，如图 6.15 所示，粉煤灰组生长也很健康，但是增高没有另外三组的明显，可能是由于摆放的位置所限，接受的阳光照射没有另外三组那么充足。总体来说，各组的美人蕉都很苗壮，长势良好，而且各组之间并没有由于添加了填料或者基质表现出明显的长势差异，故而可以说明在经过本技术处理后盾构弃土上直接种植植物是可行的，不需要在弃土表面再铺设土壤层。不过还是建议在种植的植物周围铺撒一定的营养土，以保证各种植物都能健康生长。这一技术的创新，对于保护钱江地区自然环境具有重要意义。

5月15日生长状况　　　　　　　5月20日生长状况　　　　　　　5月26日生长状况

图 6.15　不同组植物生长状况

6.3.2　集成创新—协同合作铸就百年工程（无联络通道立体逃生模式）

集成创新的目的是有效集成各种资源和要素，最大限度降低工程建设的成本与风险，保证工程的顺利建成。集成创新包括技术集成和组织集成，技术集成是集成创新的基础和核心，对于工程建设而言，通过技术集成，合理而有效地利用已有成熟的技术成果，并在此基础上进行创新是工程技术创新的主要途径。组织集成，是技术集成创新的保障。严格来讲，工程建设不仅是一个技术创新的过程，也是一个组织创新的过程。技术创新是在有效合理的组织架构的基础上完成的，没有良好的组织支撑，或者组织创新与技术集成不协调，技术创新很难获得成功。而良好的组织结构可以优化技术创新资源的配置，协调好技术创新团队的关系，为工程建设技术创新提供良好的环境和文化。

钱江隧道工程从建设之初就构建了架构合理的集成创新体系，通过组织集成实现技术创新。钱江隧道的集成创新覆盖科研、设计、施工、咨询等整个建设过程，提高了集成创新的效率和效果。

从工程预可行研究之初，钱江隧道项目公司就整合了强大的设计、咨询、施工力量为本工程的顺利实现奠定了良好的基础。如中国公路工程咨询总公司和杭州市交通规划设计研究院组成项目组完成了预可行性研究报告的编制。随后，中国公路工程咨询总公司和杭州市交通规划设计研究院及中铁第四勘察设计院集团有限公司联合完成了本工程可行性研究报告，使得钱江工程初见雏形。随后中铁第四勘察设计院集团有限公司作为主体设计单位，完成了钱江隧道工程的初步设计、技术设计和施工图设计工作，上海城建集团隧道股份公司调集最精英的施工队伍、最先进的施工设备完成了隧道施工，包括同济大学、西南交通大学在内的多所大学的多位专家也在隧道建设期间共同研讨，解决了多个技术性难题，使得隧道建设顺利进行。所以说，钱江隧道的建成是集各方专家智慧与力量而实现的。

为保证设计、施工、科研单位之间有效的交流沟通，使科研方向和科研成果更加符合工程建设的实际需求，钱江隧道采取了以施工企业牵头开展的相关课题研究，多次组织现场会议，切实做到了科研服务工程、需求引领科研。

6.3.2.1　钱江隧道火灾排烟及疏散救援技术

　　由上海隧道工程股份有限公司、上海防灾救灾研究所、西南交通大学共同完成的钱江隧道火灾排烟及疏散救援技术研究及其提出的无联络通道立体逃生系统就是本工程集成创新的代表。钱江隧道项目公司始终坚持"安全至上，铸百年放心工程"的原则，国内外在过去的几十年内已经发生了数次隧道内火灾并造成了严重的后果，前面惊心的事故仍旧历历在目，使得钱江隧道项目公司对安全问题不敢有一丝一毫的懈怠，在钱江隧道规划之初就将隧道的建设、运营安全的问题摆在最重要的位置并贯彻于整个规划、设计过程。

　　隧道环境的封闭性，使得水下隧道内发生火灾时的人员逃生成为难以解决的重大问题。1979 年，西班牙 Nihonzaka 隧道由于汽车追尾引发火灾，火灾时长达 4h，导致 7 人死亡，1100m 长隧道范围内隧道结构受损严重；1982 年，美国 Caldecott 隧道一辆载有 33000L 汽油的油罐车起火，火灾持续 2h，导致 7 人死亡，580m 长范围内隧道结构受损严重；1997 年，瑞士 St.Gotthard 隧道一辆重型货车引擎起火引起火灾，火灾时长 50min，导致 100m 长范围内隧道结构受损严重；1999 年，奥地利 Tauern 隧道在维护时，油漆泄露引起火灾，火灾持续 15h，导致 12 人死亡，隧道结构严重受损；2003 年，韩国大邱市地铁一号线中央路车站，人为纵火引发火灾，造成 198 人死亡，289 人失踪的严重后果。著名的英法海底隧道内曾发生过三起火灾，全部发生在载重汽车摆渡列车上，且严重至须关闭隧道。1994 年12 月 9 日，在"内部邀请限定"的测试运行阶段，当一辆福特 Escort 正在被主人装载到旅客摆渡列车的上层甲板时着火，约 40min 后火灾被扑灭，无乘客受伤。1996 年 11 月 18 日，隧道内的一节载重汽车摆渡车厢着火，但无人严重受伤。尽管不是欧洲隧道公司的设备或车辆所引发，具体原因仍未知，可能是由对一辆载重汽车的纵火所引致。据估计火场中心温度达到了 1000°C，46m 长的隧道严重受损，另有 500m 受到波及。火灾后 6 个月服务全面重开。当 2006 年 8 月 21 日载重汽车摆渡列车中的一辆卡车着火时，隧道关闭了数小时。2008 年 9 月 11 日，发生在一列载着货运汽车开往法国的列车起火，火灾发生在隧道内距法国侧出口 11km 处。无人死广但数人因吸入烟雾、轻微割伤和瘀伤送院，全面服务于 2009 年 2 月 9 日恢复，事后修复耗费了 6000 万欧元。

　　隧道发生火灾时，需要最快速地将隧道内乘员撤出，避免烟气、高温对成员造成伤害，并使消防人员快速到达出事地点扑灭火灾，减小火灾对隧道结构的破坏。在隧道内设立疏散通道是最好的解决办法，目前国内外水底隧道建设中，经常采用的疏散通道有三种类型。

　　（1）水平辅助隧道疏散方式

　　该方式适用于一般地质条件不太好的水底隧道，施工时一般先期开挖一条小型导洞，利用导洞勘探地质条件，同时也作为施工的服务通道，后期即可作为人员疏散及维修通道使用。主隧道每隔一定间距与水平辅助隧道相连，人员从安全门进入辅助隧道后，沿辅助隧道纵向疏散至隧道两端，或沿中部塔井楼梯到达安全区域，见图 6.16。这种疏散方式属于水平纵向疏散方式。典型案例如英法海峡隧道、日本青函隧道。该方式对于特殊的长大隧道比较合适，需要修建 1～2 条隧道，工程成本大。

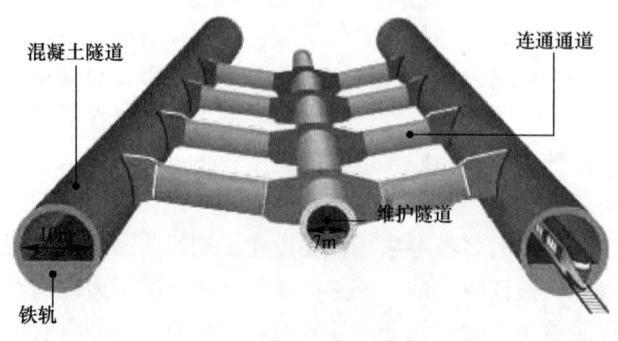

图 6.16　水平辅助疏散隧道

（2）双孔隧道横向联络通道疏散方式

该方式适用于地质条件较好的隧道，施工多以冻结法、钻爆法为主，其中在软土地区多采用冻结法，在矿山法施工的隧道中多采用钻爆法。横向联络通道逃生救援方式可视做服务通道逃生救援方式的一种简化。火灾发生时，两管主隧道应及时封闭禁止通行，疏散人员由横向联络通道进入另一主隧道，至安全区，见图 6.17。横通道疏散效率高、速度快，而且通

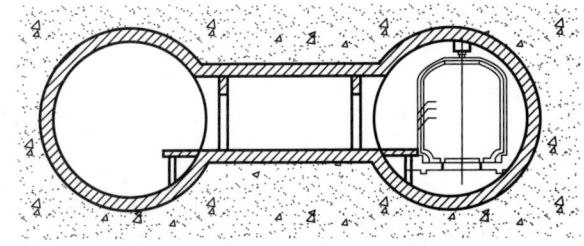

图 6.17　双孔隧道横向联络通道

风较顺畅，但开横通道对原隧道的受力机构不利，在结构上形成缺陷，特别是难以满足抗震的要求，而且裂缝较易纵向展开。与服务通道相比，联络横通道的造价低，但在软土地区施工难度高，火灾发生时对相邻隧道通行有较大影响。这种方式在一些地质条件较好的水底隧道应用较广。如丹麦大海峡隧道、荷兰的 Westerschelde 隧道等。

（3）纵向通道疏散方式

该逃生方式利用隧道内行车道路面以下的空间建成纵向逃生通道，每隔一定间距设置紧急出口及滑行坡道或者下行楼梯，与路面之下的逃生通道连通，并沿下部的逃生通道进入塔井或隧道两端逃生。该疏散方式入口通行量较小，疏散能力、通道空间尺寸受隧道直径影响较大，见图 6.18。不过，火灾发生时，人员疏散对相邻隧道没有影响。纵向疏散方式适用于地质条件恶劣，采用盾构法施工的大断面水下隧道，可以充分利用盾构断面下部空间作为人员疏散通道和设备通道。典型案例如日本东京湾海底隧道、开罗 EIAzhar 隧道、莫斯科 Lefortovo 隧道等。

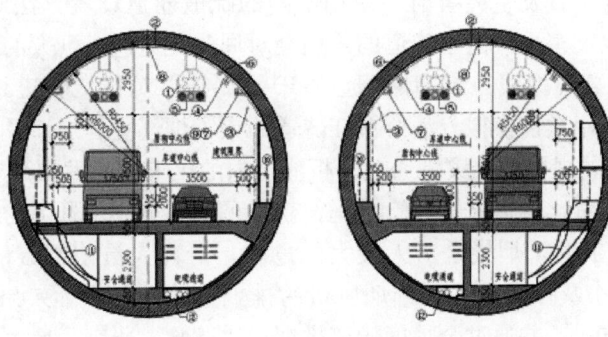

图 6.18　纵向通道疏散方式

对于水底隧道，地质及水文条件一般都比较恶劣，给隧道疏散通道带来较高的施工风险及潜在的运营期风险。从国内外已有情况来看，疏散通道的设置是比较灵活的，确定疏散通道的设置方案，需从日常运营风险、防灾救援、施工风险、工程经济等进行综合考虑。表 6.3 对各种疏散通道设置方式进行了比较。

水底隧道安全疏散通道设置比较　　　　　　　　　　　　　　　　　　　表 6.3

比较项目	设置方式			
	水平辅助通道疏散	双孔隧道横向联络通道疏散	纵向通道疏散	
			滑行坡道向下纵向疏散	隧道内上下层互通疏散
应用情况	部分长大海底隧道，如英法海底隧道、日本清函隧道、厦门翔安海底隧道	大部分山岭隧道、地铁隧道	有部分应用，如东京湾海底隧道、南京长江隧道、开罗 ELAzhar 隧道、莫斯科 Lefortovo 隧道	应用较少，如法国 A86 公路隧道、上海上中路隧道
疏散效果	通过横通道水平疏散，进入辅助通道内，疏散环境好，避难效率高	水平方向的避难比竖向的车道板下方式的避难效率高	通过缩短逃生口的设置间距可以得到与水平方向同样的避难效率	待检验

续表

比较项目	设置方式			
	水平辅助通道疏散	双孔隧道横向联络通道疏散	纵向通道疏散	
			滑行坡道向下纵向疏散	隧道内上下层互通疏散
施工风险	借助先期施工导洞形成，联络横通道施工存在一定风险	一般采用冻结法施工，地层条件恶劣时风险很高	两条隧道之间不打通，几乎不存在施工风险	两条隧道之间不打通，同一条隧道内几乎不存在施工风险
救急车辆	辅助隧道兼作服务隧道，小型救援车辆可以经辅助隧道到达	救急车辆通过行走车道到达事故地点，须进行交通控制	专用车辆通过车道板下的专用救援通道可到达，空间受限	救急车辆通过行走车道到达事故地点须进行交通控制
结构受力影响	主隧道与辅助隧道连接处产生集中应力，易开裂，止水难度大	易使接口部位产生局部附加应力和变形，开裂漏水，地层软弱、不均时尤为明显	主隧道不开口，不产生附加应力和变形	主隧道不开口，不产生附加应力和变形
施工经济性	可以利用施工先期导洞，增加一条隧道，增加工程投资	横通道施工，地层加固引起工期延长，增大工程风险，增加工程投资	在一条隧道内施工作紧急出口及滑行道，经济性较好	在一条隧道内施作上下通道，经济性较好，但仅适用于大断面隧道

　　为得出最适合钱江隧道的疏散通道设置模式，科研人员首先进行了钱江隧道运营状况评估，得出对未来目标年的正常运营状态交通评估和事故灾害下运营状态评估，为后续研究做了充分的准备。而后，采用假想灾害的模式，计算位置发生灾害时，使用不同的疏散通道设置方法对灾害救援响应时间的影响。同时，考虑到隧道发生灾害后，由于隧道的停用会对周边交通造成巨大的影响，研究人员使用微观交通模拟软件 AIMSUN 仿真模拟钱江封闭路网，基于仿真结果对钱江隧道封闭时对路网进行影响评价，优化交通解决方案。采用数值模拟方法对钱江隧道的火灾烟气蔓延规律及危害性进行了分析，选取了 20MW 和 50MW 两种不同规模的火灾，通过分析隧道内的火灾烟气发展趋势、火场能见度和温度变化以及烟气层高度变化等，对比隧道火灾危险判据，获得了不同火灾场景下的可利用人员安全疏散时间 ASET。考虑到在大多数火灾时，烟气是对人最大的危害，研究人员使用数值模拟方法分析主要因素（排烟口的间距、排烟口大小及截面形式、排烟风机的排烟量等）对排烟效果的影响，确定影响权重，给出效率相对较高的排烟方式，并通过全尺度隧道排烟对比试验，研究了增大排烟口面积对提高集中排烟系统的排烟效果的影响作用。灾害时会引起人的慌乱，从而降低疏散效果，采用 FDS＋Evac 软件开展隧道人员安全疏散模拟研究人的行为，针对钱江隧道疏散设施设计现状，模拟分析三类疏散情况在不同人员密度情况下的疏散时间，比较了不同疏散方式下疏散功效，并分析了火灾条件下的人员疏散性安全性。

　　防灾减灾研究是一项复杂的系统工程，涉及多个单位、多个部门、多个学科，没有各方面的通力合作，设计出有效的防灾减灾方案。各方科研人员在水底隧道疏散通道设置方式、钱江隧道运营状态、交通事故响应时间、隧道封闭对路网影响、交通事故下的交通组织、隧道火灾危险性和危害性、隧道防灾通风系统的优化设置、隧道人员安全疏散、横通道运营风险以及隧道防灾救援系统开展专题研究，对钱江隧道疏散通道的设置合理性进行综合论证。根据钱江隧道的实际情况，对设置横向疏散通道和采用纵向疏散通道的优缺点进行了综合比较，如表 6.4，得出从交通事故处置、防灾救援、运营风险及工程经济进行综合考虑，在完善事故预警、监控、消防等设备系统及应急管理措施前提下，钱江隧道有条件充分利用盾构隧道车道板下部的较大空间构筑纵向逃生、救援通道，在明挖段设置横向联络通道，江南、江北工作井设置可供车辆掉头的车行横通道，使工程设计、施工、运营及经济性更趋于合理。

钱江隧道疏散通道设置方式比较　　　　　　　　　　　　　　表 6.4

		人行横通道＋疏散滑梯	疏散滑梯＋车道板下专用疏散救援通道
交通事故响应	响应方式（右线事故）	四种方式： (1) 经左线行驶至距离事故地点最近的人行横通道，进入右线，行驶至事故现场； (2) 直接进入右线纵向通道，行驶至距离事故地点最近的救援楼梯，然后步行至现场； (3) 驶入右线逆向行驶至事故现场； (4) 经左线行驶至江北竖井车行横通道，驶入隧道右线，顺向到达事故现场	三种方式： (1) 直接进入右线纵向通道，行驶至距离事故地点最近的救援楼梯，然后步行至现场； (2) 驶入右线逆向行驶至事故现场； (3) 经左线行驶至江北竖井车行横通道，驶入隧道右线，顺向到达事故现场
	响应时间（右线事故）	针对不同事故位置，四种方式的到场时间控制在 9min 之内，人行横通道对到场时间没有明显影响	
	响应方式（左线事故）	(1) 直接进入左线纵向通道，行驶至距离事故地点最近的救援楼梯，然后步行至现场； (2) 驶入左线顺向行驶至事故现场	
	响应时间（左线事故）	到场较容易	
火灾事故响应	疏散效率	(1) 在高密度堵塞交通状态下，采用人行横通道疏散比采用疏散滑梯疏散时间要短，提高幅度约为 5%～8%； (2) 火灾发生在人行横通道附近，人行横通道不可用时，在其左右 200m 范围人员疏散均受影响，疏散时间会增加	在高密度堵塞交通状态下比采用人行横通道低，中密度近乎堵塞交通状态下两者作用相当；低密度流动状态和自由流动状态下疏散滑梯和人行横通道在疏散作用方面等效
	行走车辆控制	(1) 需对无火灾隧道播放事故发生广播，并进行恰当的交通管制； (2) 向无火灾隧道疏散时容易与行走中的车辆发生撞车事故，必须采取相应措施	发生火灾隧道内进行避难和救援，无火灾隧道影响较小
	救急车辆到达便捷性	救援车辆通过行走车道到达事故地点，因此必须进行交通控制，一旦火灾上游阻塞严重，救援力量难以及时到达	大型救急车辆通过行走车道到达事故地点，小型专用救援车辆通过车道板下专用疏散救援通道到达。即使火灾上游阻塞严重，救援人员也可携带小型设备到达事故现场进行救援
	对隧道消防设施的依赖程度	依赖于隧道消防系统给隧道人员疏散提供充足的可用疏散时间和给消防救援人员必需的维生条件	依赖程度增加，需要同时依赖隧道和疏散救援通道消防系统的协同作用
运营期风险	对隧道断面的影响	对连接部需要加固，影响建筑界限和车辆通行	车道板下有足够空间设置滑梯，对隧道断面几乎无影响，车辆通行对滑梯盖打开会有影响
	不均匀沉降风险	当有不均匀沉降发生时，无论是横向不均匀沉降还是纵向不均匀沉降，联络通道和主隧道相接部位均会有应力集中现象发生，且局部的拉应力很大。该接头位置如果处理不当，有可能会造成管片局部受拉破坏或联络通道衬砌受拉破坏，对隧道的长期运营使用造成安全隐患	无
	抗震风险	结构受到横向地震波激振时，主隧道与联络通道结合处下部、盾构隧道顶部和底部是抗震薄弱部位，应力较大；当受到纵向地震波激振时，结合部位联络通道截面两侧的盾构隧道局部和盾构隧道远离通道的一侧且与结合部正对部位是抗震薄弱区域。就联络通道而言，不管是横向还是纵向地震波激振，结合部位的顶部都是抗震最薄弱的部位，其次是联络通道两侧。结合部联络通道部位一般受到较大拉应力可能超过混凝土的轴心抗拉强度标准值，如果采用刚性连接，则该位置很可能会发生破坏	无
	渗水风险	根据与钱江隧道处于同类地质条件下的上海隧道表明，主通道-横通道在运营期的渗水风险较大，不仅增加运营维护费用，更会影响隧道通行，缩短了隧道使用寿命	无
经济性	工期、费用	(1) 较大风险可能使工期延长； (2) 工程费用较高	(1) 对工期无影响； (2) 与横通道方式相比费用低廉

6.3.2.2 钱江隧道数字化监控平台

建立大型隧道综合监控指挥中心，将监视控制管理进行集中，是近几年才日益增多的应用需求，而目前国内外诸多系统集成商提供的解决方案中，在中央监控系统的实现上，还基本上仍旧采用物理位置上相对集中，但各个子系统相互独立的孤岛方式，或根据特定的需求定制化的进行点对点的数据交换，各个系统间的信息互通没有实现真正意义的数据共享，系统综合集成程度较低，导致在操作和管理上效率不高，尤其在面对突发事件时，需要人工的协调各子系统的控制功能，通过对不同的各子系统的操作，来完成一套应急流程，这势必会影响到监控指挥中心的职能作用的正常发挥。另外当大部分的系统集成商面对于不同领域用户进行的监控指挥中心建设时，对相同功能需求的子系统，由于设备选型的不一致或者用户在子系统集成种类和数量上的变化，都会导致系统控制软件的重新开发，这大大增加了工程成本，延长了工程实施周期。

钱江隧道项目公司为实现建设现代化、数字化、高科技工程的目标。联合各科研单位积极开发钱江隧道数字化监控平台，实现了隧道内现场情况实时化、指挥信息传递便捷化、应急处理准确化。建成的钱江隧道数字化监控平台采用典型的性能高、可弹性扩展的分布式 C/S 架构，结构上分为三层：

采集层：专用于数据采集，完成与外部系统之间的数据交换；

服务层：专用于配置管理、数据管理和高级应用功能；

展示层：主要用于 HMI（人机交互工作站节点）功能，在操作员工作站上实现。系统层次如图 6.19 所示。

图 6.19　平台架构图

全数字化监控平台的数据采集层支持多种数据源，比如实时数据库 iHyperDB、一体化监控指挥平台全数字化监控平台、OPCServer 等，并且可方便地进行扩展。本系统中主要采用的是 OPC 数据源采集。

在这个架构上，各类异构系统进行集成对平台各功能模块进行实现，全数字化监控平台应具备如下功能模块：授权管理服务模块、数据采集服务模块、数据处理服务模块、控制服务模块、数据转储服务模块、事件报警服务模块、联动服务模块、冗余管理服务模块、多媒体服务模块（包括视频监控、DLP 大屏幕、交通 LED 情报板等）、集中配置服务模块、过程数据库服务模块、HMI 模块（包括组态子模块、趋势子模块、集中配置客户模块）等。

其中，各大服务模块是系统运行的核心，HMI 是用户展示的窗口，服务的安全稳定、高效可靠，

HMI 界面美观易用，以及三维仿真模块能够反映隧道结构体的实际情况，保证了用户对于全数字化监控平台产品的使用体验。

6.3.3　引进消化吸收再创新——跨越式发展的捷径

在国际技术转移的浪潮中，发展中国家的政府和企业逐渐意识到技术已成为企业生存和竞争的重要资源并积极制定技术战略。试图通过先进技术的引进和充分利用建立有别于其他企业的竞争优势，然而随着时间的推移和企业实践的经验增加，人们认识到技术引进并不是简单地购买一个解决方案，技术引进数量和种类的增多，并不代表着技术能力的提高。只有通过不断的技术学习应用和创新，充分挖掘出引进技术的内在潜能，才能实现真正意义上的技术进步和技术赶超。此时引进消化吸收再创新开始作为一个整体性概念进入政策制定者、企业家和学者们的研究视野。

我国技术引进从 20 世纪 50 年代开始，但一直缓慢发展直到 20 世纪 90 年代，技术引进的总体规模才有了大幅度的提高，技术引进的方式和内容也逐渐多样化，丰富和深化了引进消化吸收再创新的理论研究学者们从受囿于传统的封闭、静态的技术引进→消化吸收→创新观点到切实认识引进与创新的关系，提出模仿创新→创造性模仿→改进型创新→后二次创新的进化动态模型，接着从系统论的角度提出引进消化吸收再创新系统的概念，认为它是企业与技术供应者、风险投资者、中介机构、政府等多个主体多个要素相互作用，通过整合企业内部知识、资金、人才等各种资源，实现企业从技术引进到消化吸收二次创新的完整过程，是一系列活动相继或交织开展与不断反馈的动态的系统运动过程实现企业从引进技术到技术跨越的综合体系。

相比欧洲、日本在大直径水下隧道建设方面的成就，我国的水下盾构隧道建设仍在起步阶段，虽然近些年已有长足的发展，但是我们必须认识到我们与发达国家之间仍有差距，这就决定了我们必须学习国外的先进技术为我所用，不能为创新而创新，闭门造车不仅无益于自身技术提高，还可能为工程建设带来巨大的风险。引进先进技术消化吸收再创新是跨越式发展的一条捷径，同时再创新能力也体现了一个企业自身的技术能力，表明企业有足够的技术水平来对引进技术消化吸收，从原理层面掌握先进技术而非进行简单的技术应用。

6.3.3.1　技术引进

目前我国对于隧道建设技术的引进主要来自以下三个方面：

（1）施工技术引进

盾构法修建隧道已有 150 余年的历史，在 1818 年开始研究盾构法施工，并于 1825 年在英国伦敦泰晤士河下，用一个矩形盾构建造世界上第一条水底隧道（宽 11.4m、高 6.8m）。国外盾构法隧道工程技术在近 20 年来向大深度、大断面、长距离的方向发展并建成一批超大直径的海底隧道和城市道路隧道。世界上第一个直径大于 14m 的超大直径盾构隧道工程是日本东京湾的海底道路隧道工程，长 9.4km 的隧道采用 8 台 ϕ14.14m 泥水盾构掘进施工，见图 6.20。于 1996 年竣工。1997 年 6 月，日本东京营团地铁 7 号线麻布站工程，采用 1 台 ϕ14.18m 母子式泥水盾构掘进机，掘进一条长 364m 的 3 线地铁隧道后进入通风井，然后从大盾构中推出 ϕ9.70m 的盾构掘进 777m 的双线隧道。这是世界是第一台大直径的母子式盾构，体现了盾构技术的新发展。

1997 年开工的德国汉堡易北河第 4 隧道工程，长度 2.6km，河底最小覆土仅为 7m（小于 0.5D），采用海瑞克公司制造的 ϕ14.2m 复合型泥水盾构，如图 6.21 所示。穿越的地层为坚硬的黏土、砾石，含水丰富，透水系数大，掘进施工十分困难。盾构机中心设有 3m 直径的先行小刀盘，泥水舱下部设有可破碎直径达 1200mm 巨砾的破碎机；另一项新技术是地震测量系统，称为"声波软土测探系统"（SSP），可为整条隧道推进过程采集数据测量，提供盾构前 20～30m 的三维反射图像。这台盾构掘进机还设计了在常压状态下的刀盘更换设施。该盾构技术体现了国际先进水平。易北河第 4 隧道工程于 2003 年竣工，该 ϕ14.2m 复合型泥水盾构经维修保养后于 2003 年用于俄罗斯莫斯科 lefortovo 地下道路隧道工程，掘进长度 2.5km，为单管 3 车道隧道；以后又在莫斯科西部掘进 2 条 2.2km 的道路隧道，ϕ14.2m 复合型泥水盾构总共掘进 4 条道路隧道，总长度 9.5km。

图 6.20　东京湾道路隧道 14.14m 泥水盾构

图 6.21　易北河第 4 隧道复合型泥水盾构

荷兰格累恩哈特隧道，是阿姆斯特丹到布鲁塞尔高速铁路隧道工程，长度 7156m，中间设 3 座工作竖井，穿越地层为砂土，隧道埋深 30m，采用法国 NFM 厂制造的外径 14.87m 泥水气平衡盾构掘进机。掘进施工相当顺利，日掘进速度约 10m，隧道于 2005 年竣工。

马德里 M30 地下道路隧道工程一期南环线，2 条 3 来 3 去隧道各长 3.67km，穿越地层为坚硬、有裂隙的灰色或绿色泥灰岩质黏土和石膏。北隧道采用德国海瑞克制作的 φ15.2m 世界最大双子星土压盾构，于 2005 年 11 月盾构始发施工，2007 年 3 月北隧道建成通车。南隧道采用日本三菱重工制作的 15.2m 土压盾构掘进了 3664m，创日进度 46m 的纪录。

国外直径超过 14m 的盾构隧道工程完成 7 项，掘进长度约 43.7km。采用盾构 13 台，其中 11 台为泥水平衡盾构，仅 2 台为土压盾构。7 项工程中，5 项为道路隧道，1 项为铁路隧道，1 项为地铁隧道，见表 6.5。

国外超大直径盾构隧道工程 一览表　　　　　　　　　　　　　　　表 6.5

工程名称	盾构直径、机型	隧道长度（km）	埋深（m）	建设时间
东京湾道路隧道	8 台 14.14m 泥水盾构	9.4×2	60	1989～1996
东京地铁 7 号线	14.18m 母子泥水盾构	1.1	42	1997～1999
易北河第 4 隧道 莫斯科地下道路隧道	14.2m 泥水盾构	2.56 2.5＋2.2×2	41	1995～2003 2003～2009
绿色心脏隧道	14.9m 泥水盾构	7	35	2001～2006
马德里 M30 环线隧道	2 台 15.01m 土压盾构	3.67×2		2004～2007
总计	13 台	43.7		

虽然我国应用盾构技术施工隧道已有很多年，但是对于大型盾构技术的掌握仍有欠缺。而国外多年来众多大型工程的盾构法施工，积累了大量的经验、数据，为我们提供了很好的学习平台，便于我们吸取国外工程施工中的教训。总结已有工程中得到的经验，向国外专家学习可以避免我们进行盲目的探索，这既符合发展中国家的基本国情，也是我们快速发展的需要。

（2）机械技术引进

盾构法施工隧道，关键之一在于盾构机械。

盾构隧道掘进机，简称盾构机。是一种隧道掘进的专用工程机械，现代盾构掘进机集光、机、电、液、传感、信息技术于一体，具有开挖切削土体、输送土渣、拼装隧道衬砌、测量导向纠偏等功能，涉及地质、土木、机械、力学、液压、电气、控制、测量等多门学科技术，而且要按照不同的地质进行"量体裁衣"式的设计制造，可靠性要求极高。盾构掘进机已广泛用于地铁、铁路、公路、市政、水电等隧道工程。盾构机代替传统的钻爆法，在相同的条件下，其掘进速度约为常规钻爆法的 4～10 倍，最佳日进尺可达 150m；具有快速、优质、安全、经济、有利于环境保护和劳动力保护等优点。

用盾构机进行隧洞施工具有自动化程度高、节省人力、施工速度快、一次成洞、不受气候影响、开挖时可控制地面沉降、减少对地面建筑物的影响和在水下开挖时不影响水面交通等特点，在隧洞洞线较长、埋深较大的情况下，用盾构机施工更为经济合理。

盾构机问世至今已有近 180 年的历史，其始于英国，发展于日本、德国。盾构机尤其是土压平衡式和泥水式盾构机在日本，由于经济的快速发展及实际工程的需要发展很快。近 30 年来，通过对土压平衡式、泥水式盾构机中的关键技术，如盾构机的有效密封，确保开挖面的稳定、控制地表隆起及塌陷在规定范围之内，刀具的使用寿命以及在密封条件下的刀具更换，对一些恶劣地质如高水压条件的处理技术等方面的探索和研究解决，使盾构机有了很快的发展。德国的盾构机技术也有独到之处，尤其是在地下施工过程中，保证密封的前提以及高达 0.3MPa 气压的情况下更换刀盘上的刀具，从而提高盾构机的一次掘进长度。德国还独创了在密封条件下，直接从大直径刀盘内侧常压空间内更换被磨损的刀具技术。

据不完全统计，目前国外盾构机的主要制造厂有 18 家，集中在日本和欧美，如日本的三菱重工、川崎重工、小松制作所、日立造船、石川岛播磨重工，德国的海瑞克公司、维尔特公司，美国的罗宾斯公司，加拿大的罗法特公司等。各个厂家可以根据不同的地质条件和不同的工程对象以及使用单位的不同要求，设计、生产出不同直径、不同类型以及有特殊要求的盾构机，以满足用户的需要，其工艺和设备先进。

我国大约有 90％的盾构掘进机依赖进口，欧洲和日本等公司的地铁盾构机基本上垄断了中国的盾构掘进机市场（光德国的海瑞克就占据国内盾构机市场的 70％以上）。我国盾构技术的研究从 20 世纪 50 年代开始，由于受到各种因素的制约，未能取得明显进步，长期以来盾构掘进装备几乎全部依赖进口，直至 20 世纪 90 年代我国盾构技术才取得了一些进展，自主研发了挤压式盾构、气压式盾构，重点开展了土压平衡盾构、泥水加压盾构的研究工作。为了满足国内盾构市场的大量需求，创造具有自主知识产权的国产盾构机，2001 年科技部将盾构国产化列入国家计划，盾构技术的发展也因此得到了国家的政策性保障。2004 年，钱江隧道工程的施工单位上海隧道工程股份有限公司和中铁隧道集团有限公司设计制造了我国第 1 台具有自主知识产权的适用于软土地层的土压平衡盾构机——先行号，其综合指标达到了国际先进水平。同年 12 月，上海隧道工程股份有限公司研制的具有自主知识产权的大直径泥水平衡盾构及复合型盾构，总体技术水平达到国际先进水平，国产盾构机产业化步伐又成功地迈出一步。

我国盾构技术在关键技术上已经取得突破性进展，实现了盾构机的中国制造，综合指标达到了国际先进水平并取得了相应的自主知识产权，但我国盾构装备的地质适应性较差，尤其在机电液控制系统的研究与开发系统集成技术等方面与发达国家仍然存在差距。目前，中国盾构机制造与国外的差距主要在设计技术上，即各种技术设计集成的掌握，土压平衡式、泥水式盾构机中的关键技术，如盾构机的有效密封，确保开挖面的稳定、控制地表隆起及塌陷在规定范围之内，刀具的使用寿命以及在密封条件下的刀具更换，对一些恶劣地质如高水压条件的处理技术。归根到底是在设计人才的差距上。尤其是国内企业目前普遍缺乏盾构机图纸设计的领军人才，造成绝大多数公司都是为国外公司贴牌制造生产，来图制造加工，缺乏自有的核心技术能力。

我国盾构机生产技术的落后使得我们在重大型工程中对国产盾构仍然缺乏信心。图 6.22 为钱江隧道采用的一台德国海瑞克生产的 $\phi15.43m$ 大直径泥水平衡盾构，相同的盾构机已在上海长江隧桥工程中得到了成功应用。隧道股份根据已有的经验对盾构机进行了合理的改进，使得该机型对于钱江地区土质的适应性更好。实践证明改装是成功的，大大提高了施工效率，避免了无谓的施工间歇。

（3）仿真技术引进

计算机仿真技术利用计算机科学和技术的成果建立被仿真的系统模型，并在某些实验条件下对模型进行动态实验的一门综合性技术。它具有高效、安全、受环境条件的约束较少、可改变时间比例尺等优点，已成为分析、设计、运行、评价、培训系统（尤其是复杂系统）的重要工具。

图 6.22　德国海瑞克生产的 ϕ15.43m 大直径泥水平衡盾构

　　20 世纪 40 年代由于电子计算机的发明和差分方法的提出，以及随后的有限元方法和有限体积法，为数值求解微分方程、准确认识自然规律创造了客观条件。从而产生了人类认识自然的第三种手段——数值试验与数值模拟仿真。这种新手段相比现场试验和实验室模拟手段更优越且更没有局限性。但是由于当时计算机能力的限制，人们对自然规律的认识主要还是依靠实践经验和物理实验，数值模拟还只能起到参考与辅助的作用。随着计算机的迅猛发展以及计算数学与应用数学的长足进步，尤其是以并行计算机和并行计算为基础的高性能计算在 20 世纪 80 年代的兴起，使得计算能力大幅度提高，从而能够精确求解各种复杂的微分方程问题，数值模拟正逐渐成为人类认识自然规律的主要手段，物理实验逐渐变成辅助手段。

　　21 世纪高性能计算已成为高科技的核心，基于高性能计算的数值模拟已成为经济竞争力和国家安全的关键。高性能计算应用的水平已成为衡量企业、大学和研究院所高科技水平的试金石。发达国家纷纷投入巨资开展高性能计算的研究及其在各种领域的应用。数值模拟平台除需要高性能计算还需要成熟的数值模拟软件平台。数值模拟主要就是求偏微分方程的数值解，当今世界上求解偏微分方程最主要的有三种数值方法：有限元方法、有限体积法和差分方法。差分方法由于其适应性比较差，商业软件极少采用。基于有限元方法的数值模拟商业软件最多，它们主要面向固体力学和结构力学问题，基于有限体积法的商业软件也不少，它们主要面向流体力学和传热传质学问题。目前数值模拟商业软件以通用软件为主，它们适用于许多领域和不同的企业，专用软件较少，它们只适用于某个领域和某些企业。通用软件庞大复杂，一般有几十万行至几百万行代码量，适用面广但维护困难，使用不方便。专用软件相对比较简单，代码量一般在几万行至几十万行，适用面窄，但维护较简单，使用方便。开发一个通用软件需要几百甚至几千人年，投资大，时间长，维护费用很高。随着高性能计算的兴起，软件的并行化在所难免，基于 MPI 的并行软件要比串行软件复杂得多，困难得多，维护与修改将更加困难，费用更高。船大调头难，通用软件由于其庞大与复杂，阅读与改动十分困难，专用软件相对短小与简单，易理解，易改变，使用方便，很受用户欢迎，但由于适用面窄，其用户数远远少于通用软件。

　　从数值模拟概念提出的那一天直到今天，数值模拟技术的发展一直是理论技术与计算机技术的共同发展，随着计算机计算能力的不断提高，我们运用数值模拟技术来仿真科学问题的能力也在不断加强，其应用局限也越来越小。但是不可否认，目前我国的数值仿真技术水平与国外仍有较大差距，无论是硬件平台还是计算软件平台及计算方法，我们基本都是在引进国外的技术。但是这并不妨碍我们吸收国外的先进技术来解决我们面临的工程问题，将国外先进的数值仿真技术应用于我们的工程是我们提升自身水平的良好机遇。

6.3.3.2　吸收再创新

　　引进国外技术是缩小我们与国外先进技术差距的理想方法，但是如果只是一味地引进技术而不进行吸收创新及技术本地化，那我们的技术水平就不会有提高，也永远不会达到国际先进水平。钱江隧道建设过程中，科研人员借助国外先进的机械设备、科研方法、钻研国外已有的技术，消化吸收并进行了深度开发，创新性地提出适用于钱江地区的开挖面稳定性理论，同时从宏观、微观方面对开挖面稳定性理论进行了多尺度研究，并考虑了钱江潮以及特殊地层对开挖面稳定性的影响，我们的研究使得我国盾构理论水平又上了一个新的台阶。

（1）开挖面失稳破坏宏微观机理创新研究

泥水盾构通常在机械式盾构刀盘后方设置一道封闭隔板，隔板与刀盘间的空间称为泥水舱。把水、黏土及各种添加剂混合而成的泥浆经输送管道压入泥水舱，待泥浆充满泥水舱，如盾构机的推进系统（推进千斤顶）工作进发，则推进力经舱内泥浆传递到掘削面的土体上，即泥浆对掘削面上的土体作用有一定压力（与推进力对应），该压力称为泥浆压力。泥水盾构开挖面的稳定是依靠密封舱的压力泥浆来达到的。在开挖面，随着加压后的泥浆不断渗入土体，泥浆中的细粒成分填入土体孔隙形成渗透系数非常小的泥膜，泥膜形成后支承正面土体，并减小开挖面泥浆压力损失，施加的一定压力的泥浆即可有效地作用于开挖面。当泥水压力大于地下水压力时，泥水按达西定律渗入开挖面土体中，形成与土壤间隙成一定比例的悬浮颗粒。这些颗粒随泥水渗入到土体颗粒间的孔隙中，在"阻塞"和"架桥"效应的作用下，渗透到土体颗粒间隙的成一定比例的悬浮颗粒受分子间范德华力作用而被捕获，并积聚于土壤与泥水的接触表面形成泥膜。随着时间的推移，泥膜厚度不断增加，渗透抵抗力逐渐增强，产生平衡前方水土压力的泥水平衡效果。因此，泥水盾构开挖面无论是在推进阶段还是管片的拼装阶段都应该始终保持着一定厚度的泥膜，可防止开挖面的变形和崩塌，确保开挖面的稳定。但是，一定压力的泥浆渗入开挖面前方的深度、体积以及形成泥膜的质量，在盾构的推进过程中一般是无法观测到的。此外，在泥水盾构工程领域的泥浆研制中，由于盾构推进处于不同特性的地层和埋深，即处于复杂的应力状态下，不同的应力水平对泥浆特性有较大影响，同时影响泥浆的渗透性和保持开挖面稳定的泥膜特性和质量。因此，能否寻求一种直观而有效的方法来评判施工中泥浆质量是否满足开挖面稳定性的要求，并同时考虑不同地层条件及复杂的应力状态显得尤为重要。

泥浆在压力作用下所形成的附于掘削面表面的泥膜，有助于胶结并稳定单个的土颗粒，但是泥膜在结构上并不具有足够的强度，来满足土体的整体稳定。在科研中我们引入泥浆土的概念：在不同地层条件、不同应力水平下，泥水在一定压力作用下向开挖面渗入，包括泥膜在内一定影响深度范围内的土体即定义为泥浆土。通过分析泥水盾构推进过程中泥浆土结构性的改变，其外在表现即为土体强度的变化来评判施工中泥浆质量是否满足开挖面稳定性的要求。一定压力的泥浆作用在开挖面上，泥浆中的水与细粒成分将通过地层间隙流入掘削地层，泥浆中的水向具有空隙的地层渗透，这对于土体和土粒骨架的稳定性将发生破坏作用，此外，渗透造成了泥浆失水，使得作用于开挖面有效支护压力的减少；而另一方面在泥浆中水分渗入地层的同时，泥浆中的一部分黏土细颗粒进入地层空隙，填补了部分空隙，使地层的渗透系数变小，并且可增加土的黏聚力。对于透水性差的过滤地层，由于过滤解质间水流产生解质摩擦力，引起过滤解质的压缩，透水性进一步降低，这都使得开挖面前方土体的空隙比发生改变，过滤量减少，同时引起土样各种力学特性的变化。所以，泥浆对开挖面前方土体的渗入、土体空隙大小的变化以及有效支护压力的大小三者相互作用对土体整体强度影响作用如何？是提高或是降低了土体的强度？另一方面，上述土的抗剪强度参数（如代表性的土体黏聚力 c、内摩擦角 φ）一般仅依据常规三轴压缩实验确定，该假定土的应力状态是轴对称的，但这往往与实际工程中土体的复杂受力情况不相同，尤其是对于超大直径的盾构隧道更不适用。

钱江隧道科研人员采用真三轴—微观耦合实验基本理念，探究了不同地层情况在不同的应力条件下泥浆渗入对泥水盾构开挖面土体强度及变形特性的影响规律，并同时定量刻画了剪切强度变化对开挖面有效支护压力的影响程度，解决并合理诠释了国内外已有研究成果的争议（即泥浆渗透对原土体强度的影响），提出了以下观点：

① 对于砂性土，泥浆渗透作用以及中主应力的影响均制约着有效泥浆支护压力的取值，而泥浆作用的影响要更为显著，且中主应力系数的变化同样制约着泥浆作用对有效泥浆压力取值的影响程度。

② 同时考虑一般应力条件和泥浆作用下的土体强度参数能更真实的反映泥水盾构开挖面土体的实际状态，因此，在开挖面泥浆支护压力的计算、稳定性评价以及数值模拟分析中宜以一般应力状态下泥浆土的强度指标为参考对象，该值相对于天然土体强度指标的变化量可作为一种直观而有效的参数来评判施工中泥浆质量是否满足开挖面稳定性的要求。

③ 过滤解质挤压作用的发挥取决于一定的支护压力区间范围，当支护压力小于其压力下限值时，泥浆作用对土体强度和变形的影响均不大；当支护压力大于其压力上限值时，泥浆中水的渗透开始逐渐软化土体，导致了土体强度的降低、变形增大；而当支护压力处于上、下限之间时，挤压作用的发挥使得过滤解质的压缩，相互间的范德华力增大，透水性降低，外在表现为泥浆作用使得土体强度提高，变形量减小。

④ 应力水平的提高能有效地控制开挖面土体的侧向变形，但当考虑泥浆作用时，随着支护压力提高，泥浆中水的渗透软化作用超过了应力水平提高对土体强度的提高作用时，整体表现即为泥浆土强度的降低。因此，开挖面的稳定决定于多项因素，如隧道不同的埋深以及支护压力取值的范围等。

⑤ 由于泥浆水与地层接触时，黏性土会发生软化，强度降低，且软化与时间有关，因此，泥水盾构在长时间停止掘削时，不宜单纯采用泥浆压力来保持开挖面的稳定，而应充分利用盾构本体正面挡板来保持地层的稳定。

⑥ 无论排水或不排水条件下，泥浆渗入对砂性土体的强度和变形均有较大影响，泥水盾构推进过程中不同的泥浆均存在有效泥浆支护压力上、下限值，且变化范围与复杂应力水平密切相关，这种特殊现象是由于泥浆渗透的主导作用，直接决定着复杂应力水平下泥水盾构开挖面的稳定和土体强度的大小。

⑦ 对于上软下硬复合地层情况，低应力水平条件下泥浆的渗入能在一定程度上提高土体的强度，减缓侧向变形的发展，但是，该地层条件所对应的有效泥浆支护压力上、下限值波动范围较小，即在泥水盾构施工中，有效泥浆支护压力宜控制在较小的区间取值，且不宜过大，并应充分利用盾构本体正面挡板来保持地层的稳定。

（2）复杂地层盾构隧道开挖面宏观稳定性创新研究

盾构隧道整体稳定性分析模型包括塑性极限分析法及极限平衡法两种常见的分析方法，但对于前者，求解过程较为烦琐，且很难满足盾构工程多样性条件，因此，基于极限平衡理论的三维楔形体模型，因其较为直观且相对简单而广泛应用于计算维持开挖面稳定的盾构支护力，成为被工程界广泛接受的方法之一。

本书在前人研究基础上，并结合开挖面破坏机理及对比失稳滑动面模式的数值模拟结果，提出了改进的楔形体计算模型并推导了复杂地层开挖面临界支护压力解析解。通过对隧道开挖面上部土体拱效应滑动位移的研究，对普遍采用的二维太沙基土压力计算公式进行了改进及三维推广，建议了考虑土柱不同张开角的松动土压力计算方法并应用于临界支护压力计算模型中。基于数值模拟结果及前人所做的相关研究成果对改进的楔形体计算模型及其临界支护压力计算公式进行了验证，证明了本章所提出的复杂地层改进楔形体计算模型及其临界支护压力解析解是合理且可行的，并结合钱江隧道进行了初步的实例分析，为前摄性隧道法的建立打下了坚实基础，大大提升了我国盾构隧道开挖面稳定性理论水平。

（3）钱江潮涌的影响的数值模拟创新研究

潮高、潮差大是钱江涌潮的典型特点。当盾构隧道开挖穿越粉、砂性等高透水性土层时，由于开挖形成的凌空面造成了水头的重分布，易于发生地下水渗流而导致开挖面的失稳破坏。同时，江面涌潮使得隧道穿越地层中孔压及开挖面处水头差产生剧烈变化，从而影响地下水渗流特性，为开挖面稳定性控制带来极其不利影响。所以，进行涌潮荷载下隧道穿越地层孔压、水头变化规律及渗流场分布特性研究，而且进行考虑渗流影响的开挖面稳定性分析，是保证盾构掘进施工安全的关键问题。

涌潮是一种复杂的自然现象，难以通过实验室进行模拟，即使模拟也存在费用巨大的问题，而数值仿真模拟则是解决这一问题的好方法。通过有限元数值模拟技术，并结合极限平衡法及极限分析上限法，科研人员从二维简化及三维角度研究了钱江涌潮对盾构隧道开挖面稳定性的影响，分析结果表明：

① 根据数值模拟得到盾构隧道开挖引起的渗流场，将渗流力叠加于塌落破坏和隆起破坏条件下的极限支护压力计算，获得了开挖面土体达到主动极限破坏和被动极限破坏时的支护压力值，实际施工时盾构密闭舱内实际的支护压力介于两者之间，能维持开挖面的稳定性。

② 涌潮时，江水水位提高并形成稳定渗流场对开挖面稳定性影响要大于尚未形成稳定的渗流场，形成稳定渗流时对开挖面稳定性的影响较大，且渗流力随水位线呈近似线性关系。

③ 泥浆渗透的影响与开挖面上的支护压力有关，泥浆渗透的影响随极限支护压力的增大而增大。

6.4 钱江隧道技术创新经验总结

钱江隧道项目公司把重大工程作为培育企业技术创新的重要契机，着眼于国家经济社会发展全局战略，以提高我国隧道工程建设企业自主创新能力为使命，着力构建了以钱江隧道项目公司为主导，以企业为主体、面向工程实际、产学研相结合的技术创新体系和保障机制，走出了一条具有中国特色的大型工程技术创新之路。总结钱江隧道技术创新的经验如下。

6.4.1 树立科学创新观念

国家大型工程建设是需要确定以国家战略目标为宗旨、科学发展观为核心的全局工程观。钱江隧道是国家和地区的重大民生工程，是国民经济和社会发展的重要基础设施，对于长三角地区的经济一体化具有重要的历史意义，可以加快长三角地区城市一体化进程。钱江隧道项目公司除了工程的直接目标外，还有企业目标、国家战略目标等更高层次的目标定位，将提升我国大直径水下盾构隧道建设技术实力作为重要责任，把培育企业创新能力放在重要的位置。

全局工程观是以工程目标、企业目标、行业目标及国家目标的高度统一的多层次工程观。首先是"安全、优质、高效"建成世界一流的大直径水下盾构公路隧道，促进长三角地区的经济与社会一体化，这是工程的直接目标；其次是依托工程，构件新的创新体系，培育企业的创新能力，这是行业层次的目标；最后是通过对于钱江隧道工程技术的研究，形成新的技术标准、技术规范、成熟工法等系统性成果，带动相关产业的发展，提高国家的核心竞争力，摆脱西方对于高难度隧道施工技术的把控，这是国家层面的目标。

隧道是一种默默无闻的工程，它不像桥梁一样可以高调的成为城市繁华的一部分，但是它却同样担负起了时空的转变。隧道建设者也是如此，从几十年前隧道股份工程师开始倾心于隧道技术的那一刻起，他们一直在幕后担负起了为祖国经济发展、繁荣昌盛打基础的重任。钱江隧道工程作为当今世界最大直径水下盾构隧道之一，它的完成代表着我国由工程建设大国到工程建设强国的迈进。钱江隧道的全局工程观为国家重大工程建设新理念和创新模式提供了示范作用。

6.4.2 工程需求引导创新

隧道目前已经成为我国跨江、跨河、跨海峡的主流交通设施，我国隧道修建的数量、质量都已达到国际最高水平，但是在修建技术上与国际先进水平仍有差距。隧道股份一直以敢于创新而闻名，多年来一直致力于盾构技术开发，钱江隧道修建中遇到的问题更加激发了隧道股份人克服困难勇于创新的精神。钱江隧道修建过程中有许多理念、技术都是世界上首次开发运用的，钱江隧道是我国水下隧道修建史上一个重要的里程碑。钱江隧道的技术实践表明，工程技术的创新来源于工程实际需求，是工程建设过程中的质量、进度、安全以及环境挑战等的需求，只有技术创新，才能实现工程的按时、高效、高质量完成。

由于随着世界各国经济实力的增加以及城市化进程的不断加快，越江跨海盾构隧道建设规模会日益扩大。同时，未来的隧道建设将呈现"更大断面、更大深度、更难环境"的发展趋势，因此，该课题的研究成果也对其他在建和待建相似工程具有很好的应用和参考价值，具有广阔的推广应用前景。

钱江隧道的技术创新成果可以总结为以下方面：

（1）立体化施工策略，突破了传统盾构施工的局限性，大大提高了物料运输效率，减少了施工等待，实现了单台盾构高效贯通双向隧道的突破。

（2）基于施工期实际工况和运营期最不利受力状况，开展的现场原位整环拼装试验，验证并优化了钱江隧道工程隧道结构的设计，所建立的盾构隧道设计方法和全过程试验系统为其他盾构隧道结构设计提供可靠依据。

（3）基于全过程施工力学行为的隧道断面与结构优化设计方法，已成功运用到钱江隧道工程。在以后的隧道实际工程设计中，设计者可采用此方法，根据具体工程特点，合理的选取设计变量、目标函数以及约束条件，来实现隧道断面与结构设计的合理性、高效性与经济性。

（4）首次创新提出的超大隧道立体逃生和疏散的防灾体系，在钱江隧道得到了成功应用，在未来的一系列超大隧道中具有重要的推广应用价值。

（5）提出的前摄性隧道法，为今后盾构隧道施工提供一个全新的动态设计理念，成功地解决盾构推进与开挖面稳定性和施工参数匹配技术难题。

（6）研发的模块化、集成化和环保型泥水处理设备，作为盾构隧道施工的先行者，在泥水处理设备方面走在该领域的前列。

（7）隧道立体防灾设计，科学地完成了钱江隧道防灾体系设计，其研究成果将融入《道路隧道设计规范》中。

（8）根据超大隧道火灾特性、防火抗爆技术研究，提出了超大隧道智能防灾体系，实现了超大隧道全数字化的智能监控。

钱江隧道工程的自主创新不仅为隧道修建完成做出巨大贡献，同样创造了巨大的经济效益：

（1）隧道结构施工力学行为和防水措施的研究达到了钱江隧道渗漏水调查"未见湿迹"的结果，认为已达到防水等级一级的标准，可以预测未来15年不必集中堵水与防腐蚀整治，因而节约的维修费为9000万，至于间接地避免了维修造成的各类经济损失，难以估量。

（2）在横向人行连接通道（连接通道）设置中，根据研究成果，对4个设计方案从结构安全性、疏散方式特点、辅助疏散方式对行车道的影响、疏散风险、救援便利性、施工风险等多方面比选后，采用的推荐方案——创新的立体尤联络通道模式，节省投资，避免风险效益数亿元。

（3）在隧道推进过程中，基于全过程施工力学行为的有效控制，提出了前摄性隧道法，保证了钱江隧道的顺利贯通，创造的效益数千万元。

（4）泥浆处理技术实现了零排放，废浆弃土也实现了生态处置和资源化处理。有效保护了钱江地区的自然生态环境，真正达到了可持续发展的要求。

钱江隧道施工关键技术的研究不但使隧道工程的总投资节省3%～5%的经济指标，而且保证了钱江隧道的顺利完成和施工安全。其先进的施工技术和质量控制技术，大大减少了对环境的影响；大量的科学试验和结构优化设计提高了隧道的使用寿命和隧道结构的耐久性、安全性；以人为本的超大盾构隧道立体防灾体系降低了发生火灾的危险性，保证了超大隧道的安全运行。

6.4.3　技术创新的有效途径

钱江隧道是一个复杂的系统，具有技术的高度集成特点。它的复杂性不仅体现在工程建设过程所处的自然环境的开放性和复杂性，更在于其技术的复杂性、多层次目标冲突性和资源需求的多样性。钱江隧道在建设过程中利用综合集成的办法，有效地集成各种资源，包括智力资源、技术资源、政治资源、社会资源等去解决钱江隧道建设过程中所遇到的复杂问题。

钱江隧道建设者在解决困难的过程中，始终坚持需求引导创新的理念，坚持以自主创新为主，同时广泛吸取国外先进技术消化吸收再创新，并且十分注重集成创新的方式。始终遵循科研与实际相结合的创新模式，使实验室的成果可以顺利转化为实际应用，所有的科研成果都在隧道工程得到运用，并根据实际使用效果进行了二次开发，顺利完成了科技创新的产业化开发过程。

6.4.4　建立企业为主体的创新培养模式

工程领域的创新体系建设与建设管理体系密切相关。钱江隧道项目公司在钱江隧道创新体系建设中的定位是引导者、服务者、培养者和责任者；坚持把培育龙头施工企业能力作为钱江隧道建设的一项重要任务，对企业实施培育，同时把技术创新成果归企业所有，将企业创新产生的投资和工期节省效益作为企业的应得利益。钱江隧道项目公司作为技术创新的培育者，为企业搭建了技术创新的舞台，将国内企业推到了自主创新的前台，并且整合国外先进技术，博采众长。

钱江隧道以"钱江隧道项目公司引导、企业为创新主体"的技术创新模式的成功表明，在国家重大基础建设中，政府对于企业的支持可以帮助企业整合各方资源，企业才能成为创新的主体，敢于怀着敢为天下先的创新精神去发明创造。

我国是以技术创新为经济社会发展核心驱动力的国家。交通事业是国家社会经济发展的基础，要实现交通事业的稳步发展，必须全面推进创新，以创新带动发展。只有坚定不移地走中国特色交通事业自主创新之路、全面提高交通行业自主创新能力，才能形成交通事业的核心竞争力并带动国家的核心竞争力的提高。

第7章 钱江隧道工程技术风险管理

7.1 钱江隧道风险管理概述

根据钱江隧道工程特点，其工程地理位置重要，隧道距离长、直径大、工程投资高、地质条件复杂，对施工技术和设备要求高，工程施工环境风险多且大。如何在隧道施工前避免考虑不周使得规划、设计、施工和运营阶段发生事故，避免不必要的重大的损失和社会负面影响，对工程进行全方面地风险评估就显得十分迫切。

针对钱江隧道工程本次风险评估的目的主要有：

（1）减少不确定性因素的影响，整理出钱江隧道施工、运营期风险点，评估风险大小，作为业主和有关部门决策的依据。

（2）针对分析得到钱江隧道工程风险点，提出风险控制措施降低各种风险，以达到安全、经济、高效的管理目标。

7.2 钱江隧道风险管理体系

7.2.1 风险管理流程

风险管理通常分为四个主要步骤：

（1）风险辨识，也即找风险：分析工程施工期所有的潜在风险因素，并进行归类整理，然后进行筛选，重点考虑那些对目标参数影响较大的风险因素。

（2）风险分析：对风险因素发生概率和后果进行分析和估计，给出风险的概率分布。

（3）风险评价：对日标参数的风险结果参照一定标准进行评判。

（4）风险控制：主要针对不同的风险大小，结合实际情况，给出风险处理的合理对策。

依据《地铁及地下工程风险管理指南》和《城市轨道交通地下工程建设风险管理规范》，工程风险管理的流程如图 7.1 所示。

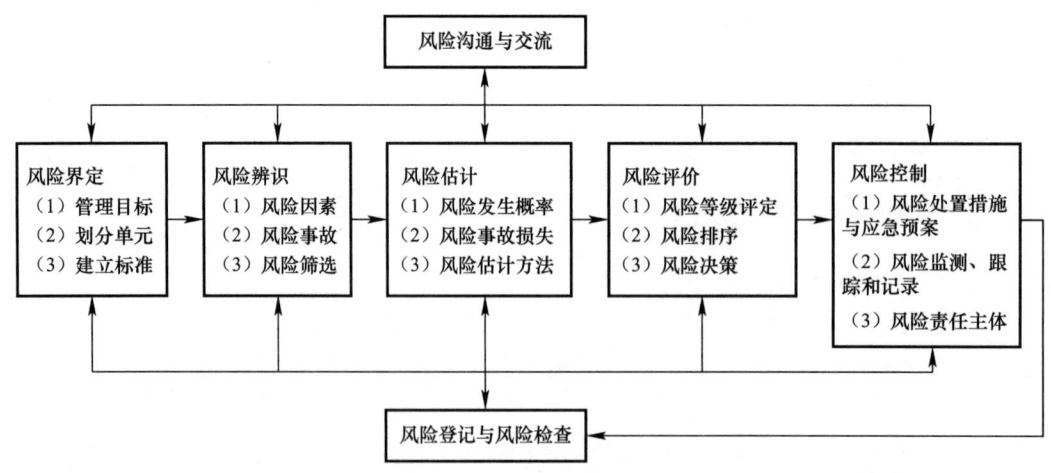

图 7.1 风险评估流程图

7.2.2 常用风险评估方法

7.2.2.1 基于信心指数的专家调查法

（一）专家调查法的基本理论

其应用由两步组成：首先辨识出某一特定项目可能遇到的所有风险，列出风险调查表（Checklist）；

然后利用专家经验对可能的风险因素的重要性进行评价，综合成整个项目风险。

本评估报告采用了一种改进的专家调查法，称为"信心指数法"。该方法的前提是要在调查中引入"信心指数"这个参数。所谓信心指数就是专家在做出相应判断时的信心程度，也可以理解为该数据的客观可靠程度。这意味着将由专家自己进行数据的可靠性或客观性评价，这就会大大提高数据的可用性，也可以扩大数据采集对象的范围。通过这种方法，可以挖掘出专家调研数据的深层信息。即使数据采集对象并非该领域的专家，只要他对所做出的判断能够有一个正确的评价，那么这个数据就应该视为有效信息。

（二）基于信心指数的专家调查法的操作流程

第一步：设定专家权重；

第二步：确定单个专家的区间概率分布曲线；

第三步：初步确定目标参数的区间概率函数曲线；

第四步：数据筛选及验证；

第五步：获得事故发生后各类损失的概率密度函数分布曲线；

第六步：获得各事故发生前损失的概率函数和分布函数曲线；

第七步：获得不同工程不同层次上的总体损失的概率函数和分布函数曲线。

7.2.2.2　模糊综合评判方法

所谓模糊综合评判，说得通俗一点，就是权衡各种因素项目，给出一个总概括式的优劣评价或取舍来，属于多目标决策方法。

设给定两个有限论域：

$$U = (u_1, u_2, \cdots, u_n), V = (v_1, v_2, \cdots, v_m)$$

其中 U 代表模糊综合评判的因素所组成的集合，V 代表评语所组成的集合。给定模糊矩阵 $K = (k_{ij})_{m \times n}, 0 \leqslant k_{ij} \leqslant 1$，进行模糊变换，即利用 U 的子集 X 得到评判的结果 Y，Y 是 V 上的模糊子集，模糊变换参照下式进行：

$$X \circ K = Y$$

$$y_i = \bigvee_{j=1}^{m} (x_j \wedge k_{ij}), i = 1, 2, \cdots, n$$

式中的"$\circ$"运算符为模糊合成运算，可以采用"小中取大"进行运算，也可进行简单矩阵乘运算，应视具体情况而定。X 可以视为 U 中各因素的相对权重，K 可利用专家调查法和统计资料获得。

在研究复杂的问题时，需要考虑的因素很多，而且这些因素往往不在一个层次上，因此大多数情况需要进行分级综合评定，此时，就要借助另一种风险评估的方法——层次分析法来进行分析。

7.2.2.3　层次分析法

美国著名数学家萨蒂教授在 20 世纪 70 年代提出了层次分析方法。该方法能把定性因素定量化，并能在一定程度上检验和减少主观影响，使评价更趋科学化。该方法通过风险因素间的两两比较，形成判断矩阵，从而计算同层风险因素的相对权重。分析步骤如下：

（1）确定判断矩阵；

（2）计算矩阵 A 的最大特征值和对应的特征向量；

（3）一致性检验。

7.2.2.4　故障树法

故障树分析法（FTA）是一种评价复杂系统可靠性与安全性的方法，20 世纪 60 年代初期由美国贝尔研究所首先提出，并成功运用于对民兵式导弹发射控制系统的随机失效概率问题的预测上，且逐步在各个工业领域得到推广应用。

故障树就是将系统的失效事件（称为顶部事件）分解成许多子事件的串、并联组合。在系统中各个基本事件的失效概率已知时，沿故障树图的逻辑关系逆向求解系统的失效概率。故障树是一种特殊的树状逻辑因果关系图，它用规定的逻辑门和事件符号描述系统中各种事物之间的关系。故障树的编制要求分析人员十分熟悉工程系统情况，包括工作程序、各种参数、作业条件、环境影响因素及过去常发事故情况等。

故障树解决问题的步骤大致如图 7.2 所示。

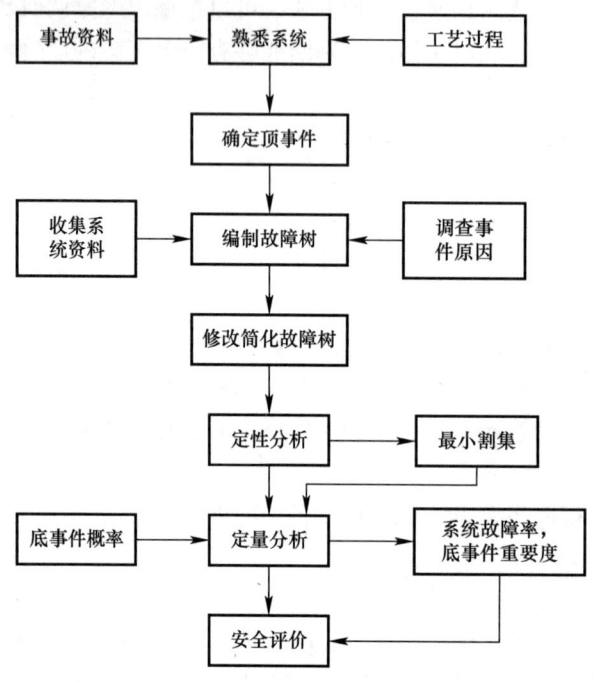

图 7.2　故障树分析流程图

7.2.3　风险评价标准

钱江隧道风险评估与管理研究所采用的风险评估方法和评价准则均依据国际隧道协会（ITA）2004年制定的隧道风险评估指南 "Guidelines for Tunnelling Risk Management" 及住房和城乡建设部《地铁及地下工程风险管理指南》。

7.2.3.1　风险等级标准

依据风险发生的概率（频率）的大小，风险的发生概率分为五级，见表 7.1。

风险发生概率等级标准　　　　　　　　　　　　表 7.1

等　级	一　级	二　级	三　级	四　级	五　级
事故描述	不可能	很少发生	偶尔发生	可能发生	频繁
区间概率	$P<0.01\%$	$0.01\%\leqslant P<0.1\%$	$0.1\%\leqslant P<1\%$	$1\%\leqslant P<10\%$	$P\geqslant10\%$

注：P 为事故发生概率。

地铁及地下工程中，一旦发生风险就会对工程项目、第三方或周边环境造成损失，考虑不同损失严重程度的不同，建立风险损失的等级标准，具体不同风险承险体对象（工程项目、第三方或周边环境）的风险损失等级标准见表 7.2。

风险事故损失等级标准　　　　　　　　　　　　表 7.2

等　级	一　级	二　级	三　级	四　级	五　级
描述	可忽略	需考虑	严重	非常严重	灾难性

7.2.3.2　风险矩阵

根据不同的风险发生等级和事故损失，建立风险等级评价矩阵，见表 7.3。

风险评估矩阵 表7.3

风 险		事故损失				
		可忽略	需考虑	严重	非常严重	灾难性
发生概率	A：$P<0.01\%$	1A	2A	3A	4A	5A
	B：$0.01\%\leqslant P<0.1\%$	1B	2B	3B	4B	5B
	C：$0.1\%\leqslant P<1\%$	1C	2C	3C	4C	5C
	D：$1\%\leqslant P<10\%$	1D	2D	3D	4D	5D
	E：$P\geqslant10\%$	1E	2E	3E	4E	5E

7.2.3.3 风险接受准则

不同的风险需采用不同的风险管理和控制措施，结合风险评估矩阵，建议不同等级风险的接受准则和相应的控制对策，见表7.4。

风险接受准则 表7.4

等 级	风 险	接受准则	控制对策
一级	1A，2A，1B，1C	可忽略的	不必进行管理、审视
二级	3A，2B，3B，2C，1D，1E	可容许的	引起注意，需常规管理审视
三级	4A，5A，4B，3C，2D，2E	可接受的	引起重视，需防范、监控措施
四级	5B，4C，5C，3D，4D，3E	不可接受的	需高层决策，需控制、预警措施
五级	5D，4E，5E	拒绝接受的	立即停止，需整改、规避或预案措施

为了使风险评估结果更直观，可采用不同的颜色标识表示不同的风险等级，见表7.5。

风险等级标准颜色标识 表7.5

风险等级	一 级	二 级	三 级	四 级	五 级
颜色	绿色	蓝色	黄色	橙色	红色
标识					

7.3 钱江隧道风险管理

根据确定的工程特点和研究思路，满足工程可行性研究的深度要求，对于隧道建设方案在建设期和运营期可能存在的风险均应进行探讨，同时具有一定的针对性，将本章分为九个风险部分展开风险管理研究，包括钱江隧道地质状况、盾构隧道施工、河势演变状况、地面构筑物及区域性人工活动、工作井和明挖段施工、盾构机设备选型、生态环境影响、人员安全和隧道运营期。本章将对钱江隧道地质状况风险和盾构隧道施工风险两部分按照风险管理流程进行详细介绍，其余其7个部分将只介绍风险管理的结论。

7.3.1 地质状况风险

钱江隧道所经地区属平原地貌，位于杭州东部钱塘江平原和围垦区，残山零星分布。平原区地面高程一般2.0～4.0m。由于受人类活动影响，原始微地貌受到改造，钱塘江南岸附近围垦区地段，表层有厚度不一的填土。

根据钻孔揭露的地层结构、岩性特征、埋藏条件及物理力学性质，结合静力触探曲线和区域地质资料，勘探深度内（勘探孔最深120.30m，高程-115.48m）上部为第四系冲海积、海相及河流相沉积物，北岸下伏基岩（⑩层）为白垩系下统朝川组下段（K1C）泥质粉砂岩为主，南岸下伏基岩（⑪层）为侏罗系下统劳村组下段（J3L）含砾凝灰岩。可分为①、②、③、⑤、⑥、⑦、⑧、⑨、⑩、⑪等8个工程地质层组，细划为28个亚层。

本项目所在地区主要为钱塘江冲海积平原，第四系覆盖层较厚。本工程路线较长，穿越地貌单元主要为钱塘江冲海积平原及滴渚一带低山丘陵区，区内地形高差较小，地表径流条件一般，勘察区水文地质条件简单，地下水类型主要为第四系松散岩类孔隙潜水和孔隙承压水，深部为基岩裂隙水。

根据地形、水文、地质资料并结合钱江隧道建设方案，工程所面临的地质风险主要有地层变异性风险，活动断裂带、地震的风险，饱和砂土层对工程影响风险，不良地质对隧道影响风险和承压水对工程影响风险，下面分别予以阐述。

7.3.1.1 地层变异性风险

（一）风险辨识与分析

地基土层空间分布的变异性是指勘察资料对地基土层空间分布的描述与实际状况的吻合程度。地基土层空间分布变异性的风险评估就是对未来施工期或运营期所遇到的实际地层分布与目前勘察资料所提供的结论不一致的可能性进行分析评估，并提出相应的对策。勘察资料对地基土层分布的描述如与实际状况不一致，称为对地基土层分布的误判。只要存在地基土层分布误判的可能性，势必给岩土工程设计与施工造成风险。因此，地基土层分布的误判是越江工程岩土工程设计与施工的重要风险来源之一。

合理准确划分地基土层、描述各土层的空间分布状况，是工程勘察的首要任务。要提高勘探孔之间地基土层分布描述的准确性，勘探孔间距是一个重要因素，过大的勘探孔间距易导致勘探孔之间地基土层分布推断的失误。但一个工程项目的不同勘察阶段，对勘探孔间距给出不同的规定。可行性研究勘察阶段的勘探孔间距非常大，且各孔之间距离的差异也相当大，一般并非均匀布置的，由此造成的勘探孔之间地基土层分布推断的不准确，主要靠后期勘察阶段加密勘探孔、缩小孔间距来消除或降低。

根据地质钻孔数据（ZK1～ZK19），将其绘制成统一的钻孔柱状图形，如图7.3所示。并根据钻孔图形的实际情况，场地内土层种类多，各层变化明显，隧道施工要穿越多种土层，场地地层变异性风险大，需进一步勘察，减少地质风险。

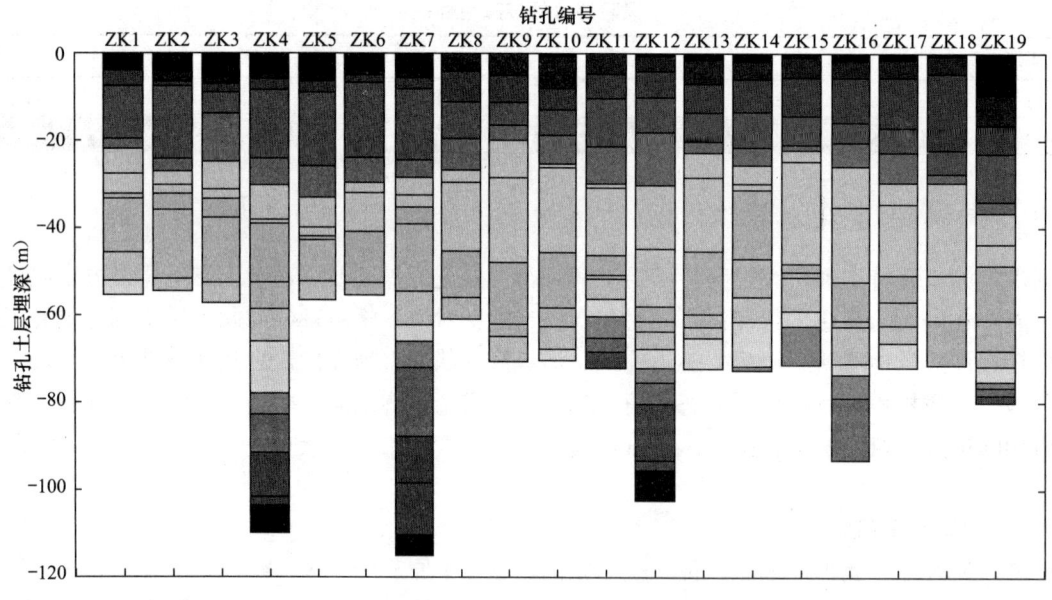

图7.3　钻孔柱状图（ZK1～ZK19）

（二）风险评估

根据以上对地层变异性中可能存在的各种风险事故进行综合汇总分析，并采用"信心指数法"和层次分析法对其等级进行评定，最后得出地层的变异性的风险等级为三级，即可接受的、应引起重视、需防范，采取监控措施。

（三）风险控制措施

合理准确划分地基土层、描述各土层的空间分布状况，是工程勘察的首要任务。要提高勘探孔之间地基土层分布描述的准确性，采取具体措施为：

（1）为了准确查明越江工程区域地基土层的空间分布规律，后期勘察的首要问题是准确界定层底界线和各亚层的划分定名；

（2）应加强原位测试手段，包括静力触探和标准贯入试验；

（3）在比较重要的深度范围内可适当缩小标准贯入试验及取土试样的间距；

（4）现场钻探过程中对于比较重要的深度范围，应加强对土的描述与鉴定；

（5）还应查明盾构推进路线可能遇到的粉土或粉砂层。

7.3.1.2　活动断裂带、地震的风险

（一）风险辨识与分析

场区地震活动主要受下扬子—南黄海地震带控制，根据文献记载，杭州市自公元 929～2001 年以来，近场区曾发生 3 级以上有感地震 55 次，其中 $M \geqslant 4$ 级地震 4 次，$M \geqslant 4\frac{3}{4}$ 级以上地震 2 次，分别为 929 年发生在浙江杭州（纬度 30.3°、经度 120.2°）的 5 级地震、1855 年发生在浙江富阳（纬度 30.1°、经度 120.0°）的 $4\frac{3}{4}$ 级地震。地震活动水平较弱，自 1970 年以来，地震仪器仅记录到近场区 $M_L \geqslant 1.0$ 级地震 10 次，其中 2.0 级以上地震 6 次，最大为 $M_L 2.7$ 级，杭州地区附近自 1970 年来仪器记录到地震为 20 次，其中 $M_L \geqslant 2.0$ 主要有 6 次（见表 7.6）。

近场区现今地震目录（$M_L \geqslant 2.0$）　　　　表 7.6

发震日期	纬度	经度	震级 M	参考地名
1976.09.15	30.15°	120.32°	2.4	萧山
1977.04.15	30.37°	120.40°	2.7	萧山
1979.05.19	30.20°	120.12°	2.2	杭州
1989.03.11	30.27°	120.42°	2.2	萧山南阳镇
2002.08.05	30.43°	120.32°	2.2	余杭临平镇
2005.08.30	30.32°	120.25°	2.1	杭州

综上所述，工程区域新构造运动不明显，工程区及周边地区近代地震皆为微震，震级均在 4 级以下。近场区构造活动微弱，地震震级小，强度弱，频度低。根据《中国地震动参数区划图》GB 18306—2001，本地区地震动峰值加速度为 0.05g，地震基本烈度为 6 度，区域构造稳定性较好。根据本场地地震安全性评价报告，本工程场地北岸 50 年超越概率 10% 的地表地震动峰值加速度为 0.067g，南岸 50 年超越概率 10% 的地表地震动峰值加速度为 0.076g，相应的地震烈度为 6 度，两者是基本吻合的。

拟建工程建筑抗震设防分类为乙类，北岸场地上部为淤泥质土，仅零星分布河道，无大面积暗浜分布区域；江中隧道——江南盾构井段埋深在 20m 以下，隧道底板位于淤泥质土或粉质黏土，可不考虑场地液化的影响，北岸和江中均属可进行建设的一般场地。

南岸江南盾构井以南场地上部为粉性土，地震液化时对引道段和暗埋段的隧道路基和地面道路有影响，属建筑抗震不利地段。

工程区属钱塘江冲海相沉积平原区，其大地构造位置属于扬子准地台（Ⅰ）钱塘台褶带（Ⅰ₁），新构造运动主要以震荡性升降运动为主；近场区区域断裂中有近东西走向的昌化——普陀断裂（F_{19}），北东向的苏州——安吉断裂（F_3），湖州——临安断裂（F_4）、马金——乌镇断裂（F_5）及次级断层珊瑚砂——七格断层（fa）、梵村——南星桥断层（fb），北西向的孝丰－三门湾断裂（F_{15}）、长兴——奉化断裂（F_{14}）在工程区外围通过，距工程区有一定距离；北东向的萧山——球川深断裂（F_6）在工程场地内与隧道线斜交通过，详见图 4.3。

浙江省地震局在对拟建钱江通道（隧道）场地地震安全性评价中采用浅层人工地震勘探，通过钱江通道（隧道）工程场地的断层有 3 条，3 条次级断层中的 F8-1 和 F8-2 的活动年代为晚更新世早期，F8-

3 的活动年代为晚更新世前，这些断层与钱江通道（隧道）斜交。次断层 F8-1 斜穿隧道于 K12＋500 处，在钻孔 ZK8 附近；次断层 F8-2 斜穿隧道于 K12＋745 处，在钻孔 ZK9 附近；次断层 F8-3 斜穿隧道于 K13＋986 处，在钻孔 ZK8 附近。三条次级断裂带的走向列于表 7.7。

通过钱江通道（隧道）断层一览表　　　　　　　　　　　　　　　　　表 7.7

编　　号	断层产状	通道处上断点埋深(m)	断层性质	断层的最新活动时代	断点在通道处的大地坐标	
					X	Y
F8-1	N40°E，SE∠50°	107.0	逆	Q₃ 早期	549531.0	3364617.0
F8-2	N45°E，NW∠70°	98.0	逆	Q₃ 早期	549550.0	3364415.0
F8-3	N50°E，NW∠70°	110.0	正	Q₃ 前	549658.0	3363265.0

地震时隧道的可能破坏形式有三种：地震液化引起的隧道上浮，变形振幅过大造成隧道破坏，刚度变化造成隧道破坏。具体内容如下：

（1）地震液化引起隧道上浮。由于隧道修建在地下水位较高的松散砂土层内，地震可能会造成砂土地基的液化。由于地基液化使得围岩的有效应力显著降低最后失去强度，这时隧道上部所作用的土体荷载降低，同时超静孔隙水压力形成由下向上的渗流作用于隧道，加上隧道的等效重度较低，容易发生隧道上浮。另外，部分地基液化也会造成荷载平衡关系的变化使得隧道结构断面应力增加而造成破坏。因此，对地下工程场地，若存在可能液化土层，应从影响液化的各种宏观因素结合原位、室内测试进行综合判别，以便采取安全合理的抗液化措施。

【案例】　1964 年新潟地震时大量的地下埋设管道发生了上浮，造成了很大的破坏。

（2）变形振幅过大造成隧道破坏。钱江隧道为盾构法隧道，当这种隧道处于大厚度的软弱地基中，若地震时软弱地基的变形振幅很大，使得隧道在纵向上产生了较大的相对变形，从而造成隧道衬砌的局部破坏。这种地基的变形振幅过大所造成的只是一种局部的破坏，隧道仍然可以保持其圆形的形状和结构稳定性，通过修补可以恢复正常使用。

【案例】　阪神大地震中盾构隧道便遭到局部破坏，直径 3m 左右的盾构隧道，由于地震时地基的过大变形而在顶部 45°位置产生了裂缝。

（3）刚度变化所造成的隧道破坏。刚度变化包括两个方面：①隧道自身的刚度发生较大的变化，比如在竖井和隧道的连接部位、有横向连接隧道、通道的部位、管片采用不同类型的结构变化部位或者隧道线路急转弯的部位等；②围岩的刚度发生较大的变化，比如基底深度发生变化底部位、软弱底层厚度发生变化的部位或覆土厚度发生急变的部分等。地震时，在结构刚度的变化部分会发生较大的断面应力而造成局部的破坏。围岩刚度的变化部位容易在纵断面和横断面上出现相对变化，从而使隧道发生局部刚度变化。

【案例】　阪神大地震发生后，发现一些盾构隧道在与竖井的连接处出现裂缝和漏水。

在所查文献中，由断裂带引起灾害的隧道，大多是公路岩石隧道，断裂带引起的灾害为：隧道洞身开挖中发生大的坍塌、掉块、冒顶、地表陷落、山体开裂、滑坡等地质灾害，造成人员伤亡、机械设备的毁坏、施工期延长。岩石公路隧道的断裂带引起灾害的防治措施：超前预报，施工采用超前大管棚压注水泥——水玻璃浆液加固围岩预支护，加双侧壁导洞进洞和超前小导管加格栅拱联合支护，上、下导洞和二次衬砌紧跟施作工艺。

根据该项目可行性研究报告和地震分析报告，钱江隧道主要受北东向的萧山——球川深断裂（F₆）影响，该断裂带在工程场地内与隧道线斜交通过。三条次级断裂带 F8-1、F8-2、F8-3 在通道处上断点埋深分别为 107m、98m、110m；三条次级断裂带斜交通道位置在Ⅲ区内，具体里程桩号分别在 K12＋500 处、K12＋745 附近、K13＋986 附近。断层上断点埋深在 100m 左右，通道盾构段的层位最大埋深在 38m 左右，断层没有伸入该层位（在盾构层位以下），适合隧道建设（采用抗震设防措施）。

（二）风险评估

根据以上活动断裂带、地震对隧道影响的可能存在的各种风险事故进行综合汇总分析，并采用"信心指数法"对其等级进行评定，具体结论如下：隧道处的断裂带引起的风险等级为二级，可容许的；地震风险等级为三级，可接受的，应引起重视，需防范，采取监控措施。

（三）风险控制措施

在《地质初勘补勘报告》中，拟建工程建筑抗震设防分类为乙类，北岸场地上部为淤泥质土，仅零星分布河道，无大面积暗浜分布区域；江中隧道——江南盾构井段埋深在 20m 以下，隧道底板位于淤泥质土或粉质黏土，可不考虑场地液化的影响，北岸和江中均属可进行建设的一般场地。南岸江南盾构井以南场地上部为粉性土，地震液化时对引道段和暗埋段的隧道路基和地面道路有影响，属建筑抗震不利地段。所以本工程在江北段和江中盾构段可按规范要求进行抗震设计，江南段应加强抗震设计。但由于地质勘察的不准确性，还要适当考虑江北和江中盾构的抗震设计，其中在液化判别时 ZK13（江中钻孔）的砂土层液化等级为严重。

江中盾构段风险控制应从两个方面着手，一是地基的抗震问题；二是隧道结构本身抗震问题。另外还要重点考虑盾构段和江南竖井的连接处。

（1）地基的抗震。地震时最为危险的莫过于地基的液化问题，因此，在进行风险控制时，地基是否会发生液化，液化的范围是整体还是局部，局部的液化是否可以通过结构和围岩的处理措施来保证，结构的安全是最为主要的。

① 地基液化的控制：根据上述分析结果，综合考虑场地的砂土液化等级确定为轻微液化和部分中等液化。由于地基的液化将会给隧道带来危险，应该采取抗液化措施进行防治，对于局部地基液化可以采取地基加固措施；由于液化土层位于地面下较深处，可用挤密砂桩、振冲桩等法处理。

② 震陷引起隧道变形控制：地震液化后产生的震陷会引起隧道不均匀沉降，为了增加隧道抵御震陷的能力，可通过适当减薄构件厚度，加大截面的钢筋率，合理增加受压钢筋，以加大构件的韧性和结构延性。

（2）隧道结构本身的风险控制。闭管段结合部分是水下管道的薄弱部位，也是抗震加固的重点。地震发生时如接头错动将导致江水渗透甚至涌水，造成严重后果。另外，在隧道或周围土体的刚度发生变化的部位，例如，盾构隧道与竖井的连接部位，由于结构刚度的完全不同，在地震作用下，该部位与隧道的其他部位相比可能产生相对大的断面动应力。

管段纵向接缝可采用柔性抗震缝，除了设置有抵抗压力的橡胶垫片外，加用抵抗拉力的 Ω 形钢板，从而使接缝的变形量可达到极限状态，接缝所具有的弹性变形能力能容许地震所导致的足够大的变形量，并能充分吸收因温度变化产生的伸缩变形。另外，还可以抵抗受压垫圈的反作用抗力。

管段和竖井连接段的柔性接缝可采用不连续可动式抗震接头装置，除采用橡胶垫圈接缝外，沿纵向加用预应力钢拉索作为地震时的限位装置，设置垂直和水平剪切键。此外，隧道与竖井间的抗震接头，可以配置多个油减震器。

在断裂带对隧道影响方面，加强隧道自身的抗震，并在以后的工作中应加强实时监控。

7.3.1.3　饱和砂土层对工程影响的风险

（一）风险辨识与分析

杭州市抗震设防烈度为 6 度区，本工程建筑抗震设防类别为乙类，根据国标《建筑抗震设计规范》，对抗震设防烈度为 6 度地区，可按 7 度的要求进行饱和砂土、粉土液化判别。根据《建筑抗震设计规范》GB 50011—2001 的规定，工程区 20m 以内分布有饱和的 ②$_1$ 层粉土、②$_2$ 层粉砂、③$_夹$ 层粉土，其黏粒（粒径小于 0.005mm 含量）小于 10%，属液化判别范围。

对场地内 11 个钻孔饱和粉砂、砂质粉土进行液化判别，判别结果表明：2 个钻孔判为轻微液化，8 个钻孔判为中等液化，1 个钻孔判为严重液化。由于北岸仅 ZK3 孔处一带存在 ③$_3$ 粉土，盾构段埋深在 20m 以下，地基土液化对工程影响小，可不考虑液化的影响。南岸设计可根据本工程抗震设防等级决定是否采取抗液化措施。钱江通道各工程点因饱和砂土层产生影响的风险地段为：

江北工作井：基坑开挖内土层上部以淤泥质粉质黏土为主，底部段为⑤₁层层状粉土，易产生管涌、流砂等不良地质现象。

江南工作井：基坑开挖内土层上部以②₁层粉土、②₂层粉砂为主，易产生管涌、流砂等不良地质现象。

江南引道段：②₁层粉土、②₂层粉砂易产生管涌、流砂等不良地质现象，孔壁易坍塌，不宜对基坑进行垂直开挖。

钱江隧道工程沿线存在：主要分布于钱塘江江中及南岸②₂粉砂、分布于Ⅰ区及Ⅲ区 ZK8、ZK19～J8 孔一线⑦₂粉砂、全区分布⑧₁粉质黏土夹薄层粉砂和仅分布于 ZK11 孔，层厚 0.70m 的⑧夹中细砂。当盾构穿越该土层时，可能存在流砂、突涌等不良地质现象。

江北工作井的⑤₁层层状粉土、江南工作井的基坑开挖内土层上部②₁层粉土和②₂层粉砂、江南引道段的②₁层粉土和②₂层粉砂，都易产生管涌、流砂等不良地质现象。

盾构段：②₂粉砂，中密为主，中等透水，易产生流砂、管涌现象，分布于 ZK20、J6、ZK21、J7 孔一带；⑦₂层粉砂为河流相沉积的粉砂，稍密—中密，中等压缩性，中等透水性，工程性质较好，易产生流砂现象，分布于 ZK8、ZK18、ZK19、ZK20、J6 孔一带（桩号约 K12＋400～K12＋600 和桩号 K14＋200～K15＋000）；⑧夹中细砂，中等压缩性，中等透水性，工程性质较好，易产生流砂现象仅分布于 ZK14 孔，厚度薄。其主要问题有以下三个方面。

（1）盾构正面饱和砂土的液化或流砂问题与引发的风险事故

在粉砂层中施工时盾构正面地下水位与盾构螺旋出土器出口水平的高程相差值，形成土舱和螺旋排土器中，砂性土发生液化或流砂的动水压力，而使水土由螺旋排土器出土口中涌出，并引起盾构上方地面大幅度沉陷，并可能引起隧道轴线变形的工程事故。

（2）砂性土由螺旋机排出的问题

盾构切削下来砂土体透水性强，但流动性很差，在舱内外水头压力等作用下极易产生由螺旋排土机出口喷砂现象，引发施工安全事故。

当施工扰动使砂土层产生液化或流砂问题克服后，砂性土层又因其缺乏塑性而不能由螺旋排土器排出，随着盾构推力增大使盾构正面土体密实，使盾构无法推进施工的工程事故。

（3）正面刀盘摩阻和盾构姿态控制问题

盾构穿越地层断面砂质土，由于砂土摩阻力较大，且饱和含水，土体一旦受到刀盘挤压后随着水分的快速消散，土体的强度也迅速提高，因而增大刀盘摩阻力。依靠盾构推力和切削刀盘扭矩较难控制盾构姿态，进而影响工程质量。

（二）风险评估

根据钱江通道工程穿越饱和含水砂层时可能存在的各种风险事故进行汇总分析，并采用"信心指数法"对其等级进行评定，具体结论如表 7.8 所示。

钱江通道饱和砂土层的风险评价 表 7.8

序 号	风险事故	发生概率	损失后果	风险等级	
1	江北工作井管涌、流砂现象	C	3	三级	
2	盾构段饱和砂土层产生的问题	C	3	三级	
3	江南工作井管涌、流砂现象	C	3	三级	三级
4	江南引道段的管涌、流砂现象	C	2	二级	

（三）风险控制措施

（1）江北工作井：由于基坑内土层上部以淤泥质粉质黏土为主，底部段为⑤₁层层状粉土，易产生管涌、流砂等不良地质现象，因此要做好隔水、止水措施保证基坑的安全施工与使用，预估地下水量较小——一般，基坑开挖前可在基坑内采用井点降水降低地下水位。本段基坑围护方案可采用地下连续墙加内支撑的围护形式，围护墙的入土深度应通过坑底土体的抗隆起稳定性、抗渗流稳定性以及考虑围护墙结构的稳定性和变形等验算后确定。

（2）江南工作井：由于②$_1$层粉土、②$_2$层粉砂易产生管涌、流砂等不良地质现象，③$_1$层、⑤$_2$层淤泥质粉质黏土，呈流塑状，具流变特性，孔壁易坍塌，工程性能差，需对基坑进行支护后开挖。本段基坑围护方案可采用地下连续墙加内支撑的围护形式，围护墙的入土深度应通过坑底土体的抗隆起稳定性、抗渗流或抗管涌稳定性以及考虑围护墙结构的稳定性和变形等验算后确定。

（3）江南引道段：②$_1$层粉土、②$_2$层粉砂易产生管涌、流砂等不良地质现象，孔壁易坍塌，需对基坑进行支护后开挖。本段基坑围护方案可采用钻孔咬合桩加水平内支撑的围护形式，也可采用钻孔灌注桩与高压旋喷桩联合支护加水平内支撑的支护结构；也可采用地下连续墙加支撑的围护形式。围护桩的入土深度应通过坑底土体的抗隆起稳定性、抗渗流稳定性以及考虑围护墙结构的稳定性和变形等验算后确定。由于开挖深度内均为粉土、粉砂潜水含水层，根据类似工程经验，预估地下水量较大，基坑开挖前需采用深井降水降低地下水位。

（4）盾构段：

① 为防止流砂工程问题，采用的有效措施为采取提高土舱压力，土舱压力一般在黏性土中采用的 1.0～1.2P_s（静止土压力）提高到 1.5～2.0P_s。具体提高到何种程度要视砂土中黏粒的含量而定，但应以砂土在施工时不致液化而产生流动为原则。

② 当施工扰动使砂土层产生液化或流砂问题克服后，砂性土又因其缺乏塑性而不能由螺旋排土器排出。此问题可利用两套加泥装置分别向开挖面和密封土舱内注入高浓度泥浆，并进行充分搅拌等措施来保证与泥浆混合后正面砂性土可由螺旋机正常排土。盾构掘进中按该处正面砂性土土性经过不断调整优化得到适应该处地质的泥浆最佳配比，通过施加适当比例的泥浆，盾构正面土体性质有所改良而基本呈塑流状态，可由螺旋排土器排出。

③ 砂土在施工时不致液化而产生流动，为解决正面刀盘摩阻力和盾构姿态控制问题，在设计中应适当提高切削刀盘扭力并在施工中向正面注入适当的泥浆。这可降低刀盘摩阻而又能软化正面土体利于控制盾构姿态。

7.3.1.4　不良地质对隧道影响的风险分析

场区位于冲积海积平原区，不存在发生滑坡、泥石流等地质灾害的地形地质条件，也未发现岩溶等不良地质作用。

工程场地内地下障碍物及不良地质现象有：

（1）工程钻孔内均未发现大片抛石、防洪堤等地下障碍物，但钱塘江两岸存在防洪堤及丁坝、木桩、抛石等地下障碍物，需进行专项调查对盾构段有无影响，用钻探和物探等多种手段详细查明。

（2）桩号 K11＋324～K11＋344 为长乐江河，桩号 K12＋220～K12＋235 为新塘河；南岸桩号 K15＋705～K15＋770 为长乐江河，桩号 K16＋195～K17＋220 为河道，河底沉积了一定厚度的淤泥，工程性能差。

（3）据 ZK21 孔（桩号 K15＋150）钻探揭露，有沼气呈气泡状逸出，深度为 27.20～27.70m，该处土层为⑤$_2$层淤泥质粉质黏土中夹有多量贝壳，为储气带。

（4）据 1：250000 浙江省杭嘉湖沉降量等值线图，工程场地 2004 年地面累计沉降 10～20cm，主要是过量开采深部地下水（承压水）引起的，沉降漏斗中心为长安镇和崇福镇。

（一）风险辨识

（1）沼气的分布

据 ZK21 孔（桩号 K15＋150）钻探揭露，有沼气呈气泡状逸出，深度为 27.20～27.70m，该处土层为⑤$_2$层淤泥质粉质黏土中夹有多量贝壳，为储气带。

沼气对隧道施工产生影响。大概位置如图 7.4 所示。

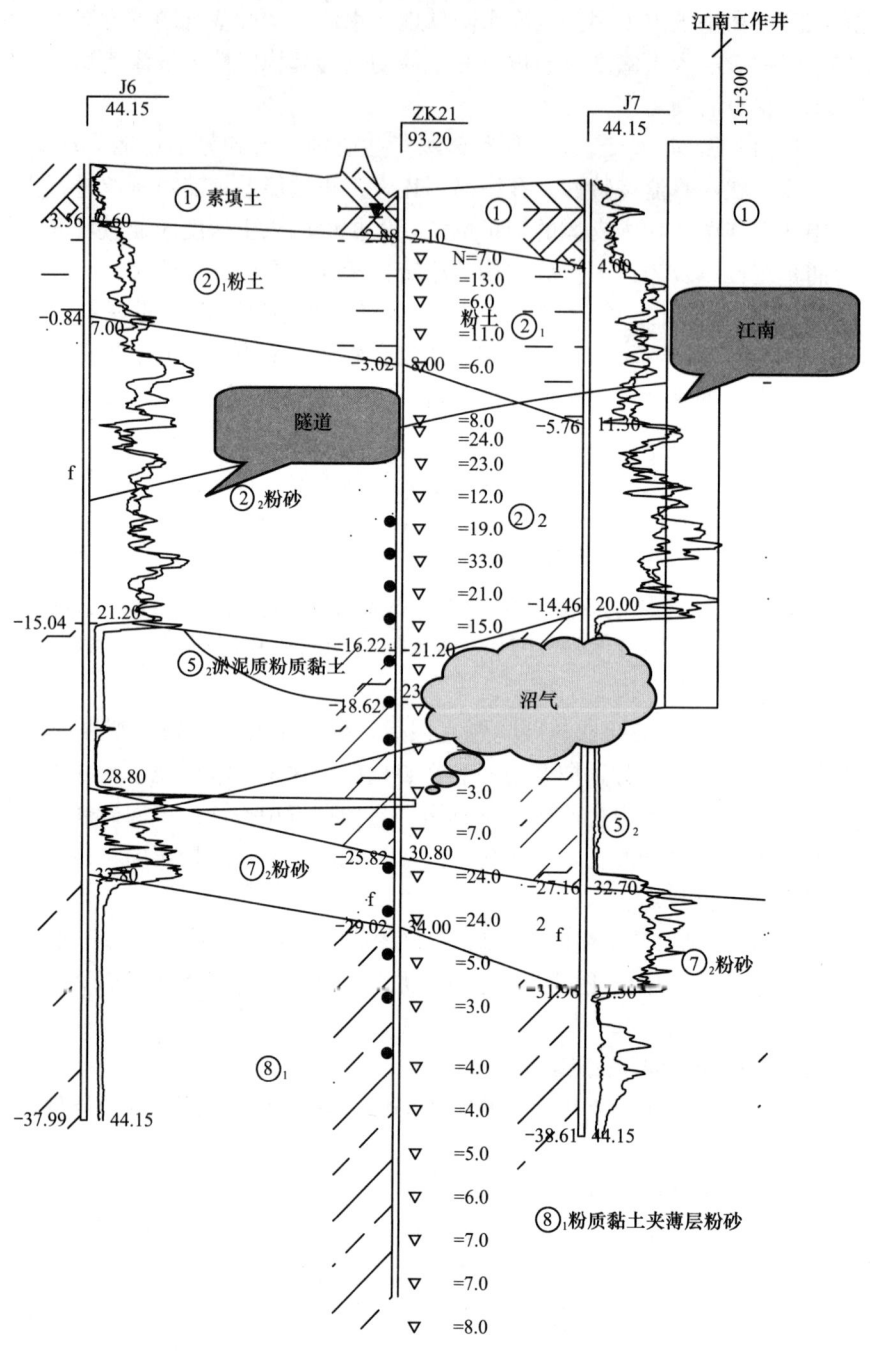

图 7.4　沼气的大概位置

（2）抛石

钱塘江是举世闻名的强涌潮河流，涌潮动力强劲，对海塘塘脚的破坏力极大。钱塘江杭州段位于杭州市区的东南部，所在江道是钱塘江河口段的上游段。历史上在涌潮急流和洪水的作用下，常常发生海塘塘脚淘空，基础下沉，从而危及塘身安全，成为海塘的薄弱环节。以传统方法是在塘脚进行大量抛石防冲，不失为一种既经济又方便的工程措施，闻家堰段海塘塘脚就是用抛石防冲的成功例子。在洪水与涌潮共同作用的河段，历史上仍采用抛石护底的方法，但实际效果不佳，因为在塘脚坍塌处抛大量的块石、装石钢筋笼等措施保护海塘，但由于抛石比较浅，随抛随冲，只能作为临时措施，不能长久解决问题，若抢修不及时或出现严重刷深，会酿成大的灾难。1996 年起，杭州市开始实施新一轮的堤塘加固工程，设计单位经多方案研究比较后采用小沉井、板桩墙等垂直防冲结构。

（二）风险分析与评估

浅部地层中隧道施工轴线上及其周围的沼气囊体对隧道的安全施工带来严重的危害，必须慎重对待。比如沼气囊的破坏，会引起沼气的喷发。在沼气喷发以后，土体产生扰动、蠕动，使盾构工作面不能正常开挖。抛石等地下障碍物影响盾构的开挖，可能破坏刀头，影响盾构的正常开挖。

根据钱江通道不良地质可能存在的各种风险事故进行汇总分析，并采用"信心指数法"对其等级进行评定，其风险等级为二级，可容许的，引起注意，需常规管理审视。

（三）风险控制措施

（1）沼气处理的措施：

① 在盾构隧道线位经过的区域对含沼气地层的详细勘察，摸清含沼气地层的分布范围及分布形式；

② 隧道施工前进行沼气前期钻探排放；

③ 隧道施工时隧道内沼气含量控制指标；

④ 盾构法施工隧道的盾构刀盘位置的沼气超前触探导引；

⑤ 盾构法施工隧道的密封措施；

⑥ 隧道内加强通风；

⑦ 加强隧道施工工作面的测试手段；

⑧ 制定隧道施工安全规则。

（2）抛石等地下障碍物的处理措施：

① 从历史上防洪护堤的方法看，抛石护底是最传统常用的方法，因此钱塘江底抛石等障碍物的存在性很大，应进行详勘；

② 在施工时对开挖面前方 20m 超声波障碍物探测，及时查出存在木桩、抛石等地下障碍物；

③ 附设从密封舱隔板中向工作面延伸的钻机，对障碍物破除。

7.3.1.5　承压水对工程影响的风险分析

（一）风险辨识与分析

（1）工程段承压水情况

孔隙承压水：第一微承压水含水层赋存于南北两岸⑦$_1$层粉土、⑦$_2$层粉砂中，由于古河道的切割作用，使得⑦$_1$层、⑦$_2$层残缺不全，各土层之间可能产生局部越流的现象，故承压水头不大；第二承压水含水层赋存于⑨$_1$层粉土、⑨$_2$中砂、⑨$_{3a}$层含泥圆砾、⑨$_{3b}$含泥卵石、⑨$_{3c}$层粉细砂中，分布广泛，尤以⑨$_{3a}$层、⑨$_{3b}$含水量丰富，渗透性较好。⑨层以上覆盖⑧$_1$、⑧$_2$、⑧$_3$层粉质黏土，构成了相对隔水的承压顶板。承压水受气候影响不明显，其主要补给来源为上游侧向潜水，侧向径流缓慢，一般以人工深井开采为主要排泄途径。本次勘察在北岸 ZK6、ZK7 钻孔和南岸的 ZK20、ZK21 中进行了承压水水头测试，ZK6 承压水头埋深 27.30m，相应高程-23.17m；ZK7 承压水头埋深 29.37m，相应高程-24.88m，其位置如图 7.5 所示；ZK20 承压水头埋深 12.66m，相应高程-6.88m；ZK21 承压水头埋深 13.55m，相应高程-8.57m，如图 7.6 所示。

基岩裂隙水：赋存于强风化、中风化基岩中，含水量主要受构造和节理裂隙控制。由于场地基岩裂隙不发育，故基岩裂隙水水量不大。

隧道区地表水为钱塘江江水，钱塘江内上部的②$_1$层粉土、②$_2$层粉砂含水层，与江水水力联系密切。

（2）工程点的承压水情况

① 江北工作井：对本工程深度 27m 的基坑，坑底开挖面以下至⑨$_1$层承压水含水层顶面覆盖土层的自重压力 P_{cz} 大于承压水压力 P_{wy}，本基坑可以不考虑承压水突涌的可能性。

② 盾构段：隧道以下存在⑨$_1$层粉土、⑨$_2$层中砂、⑨$_3$层圆砾、卵石层，为承压含水层，须考虑承压水对隧道施工和运营的影响。由于基坑底板距承压含水层顶板尚有 16m（本次勘探揭示的最小厚度）左右，且南北两岸已有实测承压水水位资料，本次勘察由于工期限制，江中段未实测承压水头。以

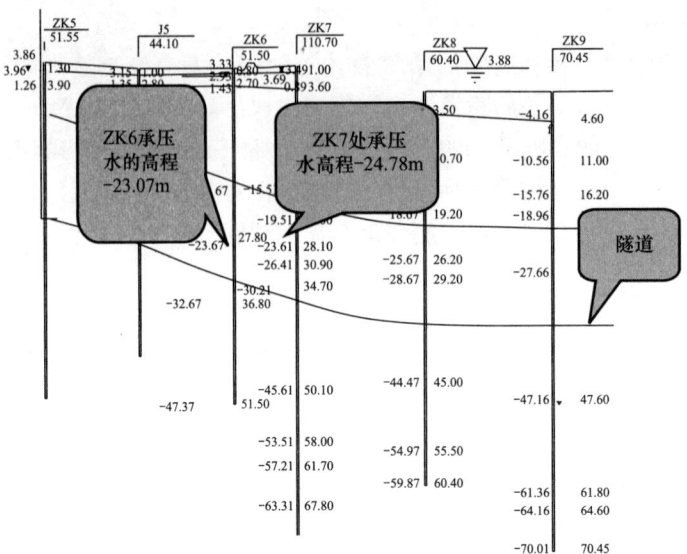

图 7.5　ZK6、ZK7 处承压水位置

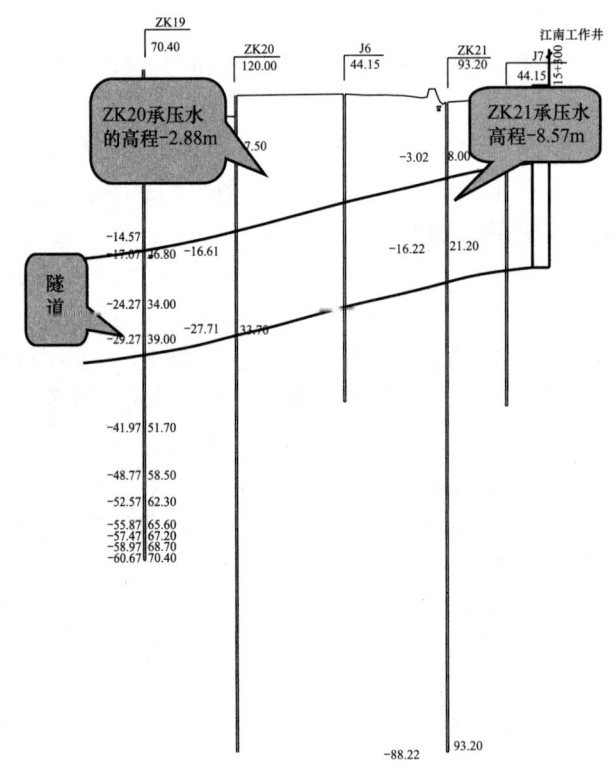

图 7.6　ZK20、ZK21 处承压水位置

ZK14 孔计算，该孔承压水位据南北岸 ZK7 和 ZK20 孔实测承压水位高程内插法－15.88m 计，盾构隧道底板以下至 ⑨$_1$ 层承压水含水层顶面覆盖土层的自重压力 P_{cz} 小于承压水压力 P_{wy}，盾构隧道底板需考虑承压水突涌的可能性，下阶段详勘需重点查明江中段准确的承压水头。隧道埋深的选择应结合工程区河流冲刷线，及隧道影响范围土层性质和承压水的影响综合确定。

　　③ 江南工作井：对本工程深度 28.3m 的基坑，坑底开挖面以下至 ⑨$_1$ 层承压水含水层顶面覆盖土层的自重压力 P_{cz} 大于承压水压力 P_{wy}，本基坑可以不考虑承压水突涌的可能性。

（二）风险分析与评估

通过上述分析，江北工作井和江南工作井的承压水含水层顶面覆盖土层的自重压力 P_{cz} 大于承压水压力 P_{wy}，本基坑可以不考虑承压水突涌的可能性。

而对于盾构段，须考虑承压水对隧道施工和运营的影响。本次勘察由于工期限制，江中段未实测承压水头。但以 ZK14 孔计算，该孔承压水位据南北岸 ZK7 和 ZK20 孔实测承压水位高程内插法 $-15.88m$ 计，盾构隧道底板以下至⑨$_1$层承压水含水层顶面覆盖土层的自重压力 P_{cz} 小于承压水压力 P_{wy}，盾构隧道底板需考虑承压水突涌的可能性，下阶段详勘需重点查明江中段准确的承压水头。且盾构两端头都在承压水层通过，风险较大。

根据以上对承压水可能存在的各种风险因素进行综合汇总分析，并采用"信心指数法"和层次分析法对其等级进行评定，得到承压水对工程影响的风险级别为四级，部分可接受，需高层参与，采取控制、预警措施。

（三）风险分析与评估

（1）对承压水的影响需加强高层决策和重视，加强下阶段的勘察，确定江中段准确的承压水头；

（2）隧道的埋深应考虑到承压水的影响，尽量远离承压水层，防止承压水的突涌现象发生；

（3）对江南北岸过承压水头区，应加强施工等方面的处理。

7.3.1.6　地质状况风险评估结论

通过对钱江隧道隧址地质状况风险因素：地层的变异性、场区活动断裂带、地震、饱和含水砂土层、不良地质现象、承压水的综合汇总分析，采用"信心指数法"，并参考《地铁及地下工程风险管理指南》，对其等级进行评定，得出钱江隧道地质状况风险分析结果如表 7.9 所示，钱江通道总的地质状况风险等级为三级，是可接受风险，应引起重视，需防范，采取监控措施。

钱江隧道地质状况风险综合评价　　　　　　　　　　　　表 7.9

序　号	风险事故	发生概率	损失后果	风险等级
1	地层的变异性	C	3	三级
2	场区地质活动断裂带	A	3	二级
3	地震	A	4	三级
4	饱和含水砂土层	C	3	三级
5	不良地质现象	E	2	三级
6	承压水	C	4	四级

（1）由于土体的空间变异性、试验方法的不确定性、计算公式的不确定性、土体特性参数的统计误差，对地质勘察的准确度和可靠度产生很大影响。因此，针对地质变异性大的方面，应采取相应措施：准确查明越江工程区域地基土层的空间分布规律，准确界定层底界线和各亚层的划分定名；在比较重要的深度范围内可适当缩小标准贯入试验及取土试样的间距；现场钻探过程中对于比较重要的深度范围，应加强对土的描述与鉴定等。

（2）由于自然因素（如②$_3$粉质黏土、⑤$_4$粉质黏土、⑥$_1$粉质黏土、⑥$_2$粉质黏土、⑦$_1$粉土、⑧$_1$粉质黏土夹薄层粉砂、⑧$_3$粉质黏土和⑨$_1$粉土，易产生液化，有的对摇振反应剧烈），勘察不准确度或误判、设计的不合理和施工中的误操作等因素，隧道上覆土层厚度等，都会影响通道的抗震问题。对不同的工程段应采取相应的抗震措施，一方面是加强地基的抗震；另一方面是加强隧道结构本身的抗震。

（3）隧道位置处包含粉质黏土和粉砂等，易产生管涌、流砂现象，并且在地震、机器的振动以及海洋的波浪等作用下都可能引起砂土液化，因此需要对基坑进行支护处理，盾构段要采取防止流砂的措施，还要考虑到砂性土排出、正面刀盘摩阻力和盾构姿态控制问题。

（4）沼气、抛石等不良地质，对隧道带来风险，影响工程的正常进行，所以应采取措施加以控制，比如：对开挖面前方 20m 超声波障碍物探测，及时查出存在木桩、抛石等地下障碍物；含沼气地层的详细勘察，在盾构隧道线位经过的区域对含沼气地层的详细勘察，摸清含沼气地层的分布范围及分布形式；隧道施工前进行沼气前期钻探排放；隧道内加强通风等。

（5）通过 ZK6、ZK7、ZK20、ZK21 四个钻孔承压水的位置分析，处于隧道开挖面或附近，对工程产生很大的影响，造成承压水突涌的可能性。为了防止承压水对工程造成危害，应采取相应的措施：下阶段详勘重点需查明江中段准确的承压水头；隧道的埋深应考虑到承压水的影响；对江南北岸过承压水头区，应加强施工等方面的处理。

7.3.2 盾构隧道施工风险分析

隧道下穿钱塘江盐官段江域，北接杭浦高速公路，南连杭甬高速，全长 4550m。隧道采用双管六车道方案，盾构段长 3200m，直径 15m，为目前世界上超大盾构隧道之一，一台泥水平衡盾构调头施工。隧道断面布置如图 7.7 所示。

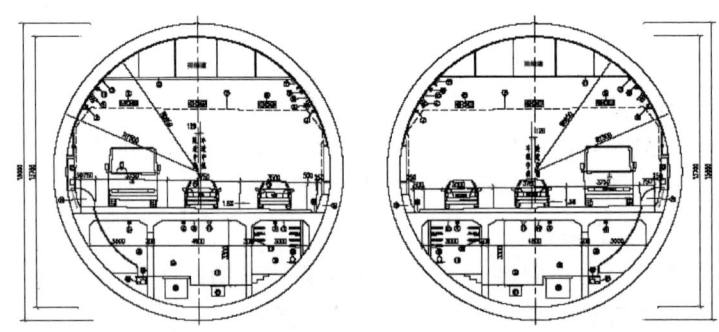

图 7.7　盾构方案横断面布置图

盾构片外径取为 15.0m，管片内径 13.7m，管片厚度 650mm。预工可报告推荐管片采用通用楔形错缝拼装，衬砌环楔形量为 40mm，见图 7.8。管片采用 9+1 的分块方式，封顶块 12.8574°，标准块 38.5714°。

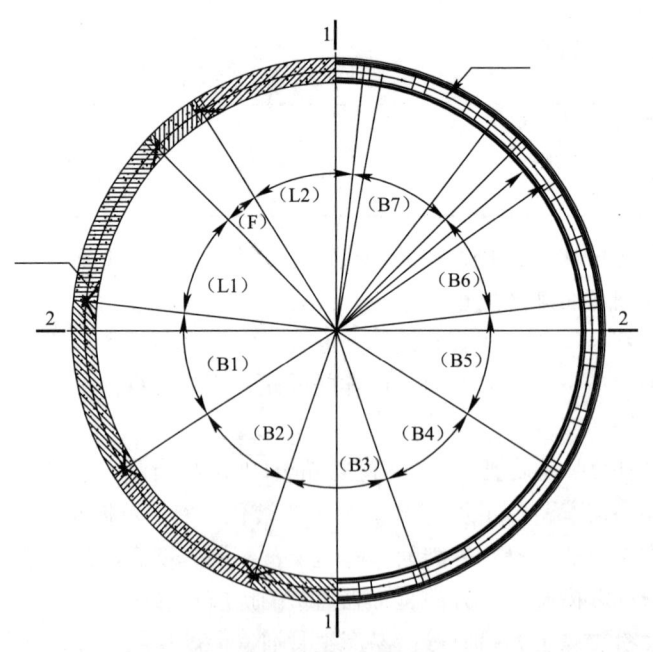

图 7.8　衬砌结构图

盾构在进出工作井、盾构掘进施工过程中需要着重考虑以下几个工程特点：

（1）工作井深。钱江盾构隧道工作井深度大于 25m，这给盾构进出工作井施工带来很多不确定因素，如塌方、盾构机上浮、渗漏水等。

（2）隧道盾构推进段长。3250m 的盾构段推进将带来很多不确定因素。首先是线段长，穿越区域广增大了地下障碍物和不良地质出现的概率；其次，对于盾构推进一些构件的耐久性来说，也带来很多问题，如刀盘磨损，盾尾密封刷磨损等。

（3）盾构直径大。直径达到 15m 的超大隧道，在世界上也是屈指可数的。盾构隧道随着直径增大，其推进风险并不与之成简单的线性变化，而是非线性甚至跳跃式地增加，同时也将不良地质、设备故障以及操作失误带来的风险损失，按相应比例扩大。

（4）穿越南北两岸堤防。钱塘江江口似喇叭形，致使涨潮时大量潮水挤入上游，由于江面迅速缩小，使潮水来不及均匀上升，潮水规模瞬时增大。钱塘江这一特点对防潮江堤质量要求很高，所以在盾构段穿越堤岸下部时，由于不良地质或者操作失误等因素，存在损坏江堤的风险。

（5）障碍物和不良地质不确定因素多。障碍物有沉船、抛石和钻杆等；不良地质包括沼气区、流砂等，将会给盾构推进带来阻碍甚至灾难性的损失。

（6）一台泥水平衡盾构调头施工。第一条隧道施工时，对周围土体已经产生了扰动。而且，后行盾构推进时，也对先行隧道管片衬砌造成不利影响。

（7）盾构隧道调头施工。本项目为单台盾构推进，即盾构由江南工作井至江北工作井，然后调头后由江北至江南，本工程除了要考虑一般特大直径盾构特点外，但也需考虑两条超大隧道彼此之间的影响。

7.3.2.1　盾构进出工作井风险分析

（一）风险辨识

盾构进出工作井阶段的风险主要包括盾构机械的吊装和拼装、盾构出发、盾构到达及临时工程和设备四部分风险事故。其风险事故见图 7.9～图 7.12：

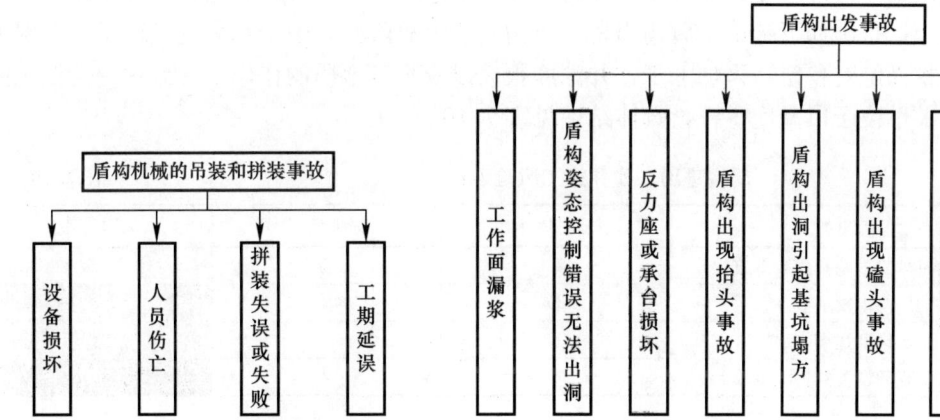

图 7.9　盾构机械的安装和吊装风险辨识　　　　图 7.10　盾构出发风险辨识

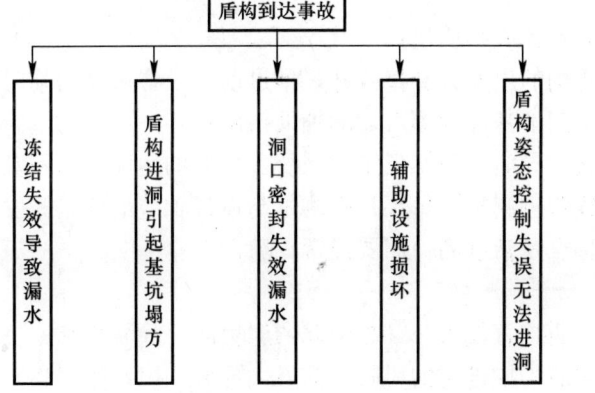

图 7.11　盾构到达风险辨识

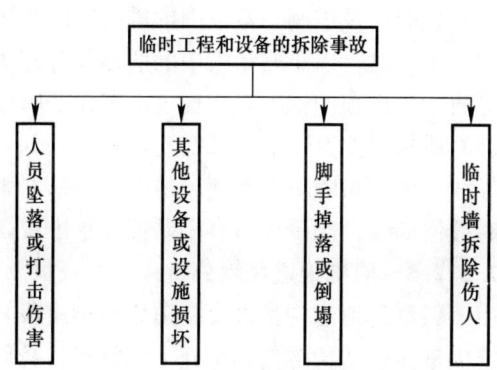

图 7.12　临时工程和设备拆除风险辨识

（二）风险分析

盾构进出工作井风险事故及可能原因分析如下：

（1）盾构机械的吊装和拼装事故：由于采用大直径盾构，机械只能分块吊装后在工作井内拼装，且拼装需要相当一段时间。由于拼装时间较长，在此阶段可能遭遇暴雨或特大暴雨等灾害性天气，同时未做好工作井的排水工作造成事故的发生；南京地铁施工时曾发生过类似案例。

发生此类事故的原因还可能是现场管理混乱，未按图纸要求安装，设备吊装过程中指挥不当，施工人员安全意识淡薄等。

（2）盾构出发事故：在凿开工作面时，可能由于土体加固失效引起工作面漏浆，泥水进洞；由于采用大直径盾构，工作面凿开后土压力非常大。盾构机械可能由于土压力过大而无法正常推进，甚至可能由于逆向推力过大导致盾构后退，引起事故的发生；在盾构机械进去到一定程度以后，由于采用大直径盾构，开挖土体量非常大，开挖土体量大于上覆土体量时盾构隧道可能上浮；上海某大型地铁在施工期曾经发生过类似案例。

发生此类事故的原因还可能是临时挡土墙拆除不当，地层加固不当、止水帷幕失效，导口垫圈密封失效，反力装置施工质量差，盾构姿态控制不当和轴线控制不当。

（3）盾构到达事故：发生此类事故的主要原因是临时挡土墙拆除不当，地层加固不当、止水帷幕失效，盾构到达时推力和掘进速度不当，盾构姿态控制不当和轴线控制不当等。

（4）临时工程和设备的拆除事故：发生此事故的原因大多是现场管理混乱，施工工序不当，施工人员安全意识淡薄等。

（三）风险评价

根据以上对盾构进出工作井阶段施工中可能存在的各种风险事故进行综合汇总分析，并采用风险接受准则对其等级进行评定，得出如下结论：盾构出发、盾构到达事故阶段，由于超大直径对工作井壁大面积开挖，很难保证开挖面绝对稳定，再加上工作井深度很大以及不良地质的作用，导致这一阶段风险很高，为四级，希望相关单位予以高度重视，具体结论见表7.10。

盾构进出工作井施工风险评价   表 7.10

序 号	风险事故	发生概率	损失后果	风险等级
1	盾构机械的吊装和拼装事故	C	3	三级
2	盾构出发事故	D	3	四级
3	盾构到达事故	D	3	四级
4	临时工程和设备的拆除事故	C	2	二级

（四）风险控制措施

（1）严格按地下工程防水施工验收规范标准要求施工；

（2）加强工作井的降水、排水措施；

（3）在洞口及进洞一定范围内进行冻结加固，保证冻结质量；

（4）施工时，以车站结构中的两端头井作为盾构的出发井及接收井，推进前需设置可靠的临时支座来承受盾构千斤顶的推力，盾构进出工作井时应采用地基加固等可靠的辅助措施；

（5）盾构机要有可靠的轴线定位系统，如：激光导向，陀螺仪定位系统。可靠的地面三角网及井下引进导线系统，每隔一定距离设吊架（栏）对轴线跟进测量。每环衬砌测量与设计轴线的偏差。发现偏差及时缓慢纠偏。测量仪器有全站仪和水准仪，特点是精度高，需要经常校验。

7.3.2.2 盾构推进风险分析

由于钱江隧道盾构推进时隧道盾构推进段长、盾构直径大、穿越南北两岸堤防、障碍物和不良地质不确定因素多、盾构隧道调头施工的特点，我们将盾构推进时的风险分为五大部分：（1）障碍物和不良地质风险；（2）设备故障风险；（3）操作失误风险；（4）穿越堤防风险；（5）盾构隧道调头施工影响风险。

7.3.2.2.1　障碍物和不良地质风险

（一）风险辨识

障碍物和不良地质风险包括障碍物、承压水或涌水、暗浜或孔洞、有害气体、全断面流砂、浅覆土层、地质钻孔回填不密实等七大风险点，如图 7.13 所示。

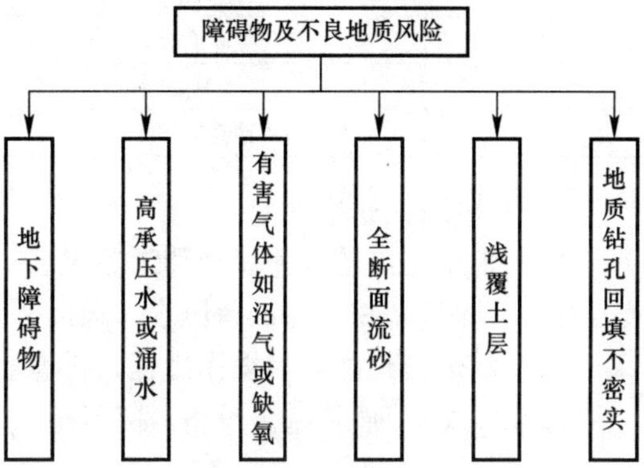

（二）风险分析

（1）地下障碍物。地下障碍物的存在会给盾构机的正常推进带来不利影响：首先导致可能引起刀盘磨损，从而不能正常开挖，影响工期。而更换刀盘不仅耗费不必要的资金，而且由于地下隧道特殊的条件，使刀盘更换难度增加，耗费不少时间；其次，障碍物可能致使扭矩突然增大，导致主轴承断裂，机器瘫痪。地下障碍物主要有沉船、木桩、抛石、防洪堤及丁坝等。

（2）高承压水或涌水。勘察在北岸 ZK6、ZK7 钻孔

图 7.13　障碍物及不良地质风险辨识

和南岸的 ZK20、ZK21 中进行了承压水水头测试，ZK6 承压水头埋深 27.30m，相应高程 −23.17m；ZK7 承压水头埋深 29.37m，相应高程 −24.88m；ZK20 承压水头埋深 12.66m，相应高程 −6.88m；ZK21 承压水头埋深 13.55m，相应高程 −8.57m。由以上数据可以看出，承压水风险确实存在。承压水的存在可能导致管片渗水、变形，致使工作面涌水、失稳，在砂性土区域甚至导致流砂、管涌等工程事故。

（3）有害气体如沼气或缺氧。据 ZK21 孔（桩号 K15+150）钻探揭露，有沼气呈气泡状逸出，深度为 27.20～27.70m，该处土层为层淤泥质粉质黏土中夹有多量贝壳，为储气带。有害气体一方面会对施工人员的人员安全造成影响，而缺氧条件亦严重危害施工人员身体健康；另一方面，可能造成盾构机的突然下沉或冒顶，会给盾构推进的轴线控制、掌子面的稳定带来很大的控制难度。

（4）全断面流砂。由地层分布图我们可以看出盾构隧道主要穿越在砂质粉土和粉砂土地层，加上承压水作用，存在流砂风险可能性很大。流砂对工程施工风险主要为：流砂在基坑工程施工中能造成大量的土体流动，致使地表塌陷或建筑物地基破坏，给施工带来很大困难，甚至造成特大工程事故。

（5）浅覆土层。盾构顶部覆土厚度：施工期江中段一般不小于 1D（D 为隧道外径）；局部地段不小于 0.7D；运营期在考虑最不利冲刷后应满足抗浮安全要求。覆土厚度太小时，由于大直径盾构开挖土方量过大，导致下层土体卸载，当上覆土厚度过小时，容易导致盾构上浮（抬头），影响隧道主线控制。

（6）地质钻孔回填不严实。盾构推进到地质钻孔时，如果钻孔回填不严实，当开挖泥浆压力较小时，由于大区域地层被开挖，可能导致江水或地下承压水通过钻孔涌入隧道；当泥浆压力过大时，泥浆顺孔上冲，无法形成泥膜而影响盾构开挖。

（三）风险评价

根据以上对盾构推进阶段施工中由于障碍物和不良地质的作用，对其风险事故进行综合汇总分析，并采用风险接受准则对其等级进行评定，得出如下结论：地下障碍物的存在使盾构机不能正常推进，定为三级；高承压水或涌水尽管发生概率不大，一旦发生损失特别大，定为三级；全断面流砂事故，由于工程特殊地层特点，加上承压水作用，导致全断面流砂事故不仅概率大，损失也特别严重，定位四级；浅覆土的存在对盾构威胁很大，严重时引起盾构上浮、地面隆起，若在江底，很可能导致江水涌入隧道，其风险定位四级；地质钻孔密封不严是一项非常容易被忽视的风险，因此发生概率较大，风险定位三级。具体风险评价结果如表 7.11 所示。

障碍物和不良地质风险评价　　　　　　　　　　　　　　表 7.11

序　号	风险事故	发生概率	损失后果	风险等级
1	地下障碍物	C	3	三级
2	高承压水或涌水	B	4	三级
3	有害气体如沼气或缺氧	B	3	二级
4	全断面流砂	C	4	四级
5	浅覆土层	C	4	四级
6	地质钻孔回填不严实	C	2	三级

（四）风险控制措施

（1）采用先进的勘测仪器和试验设备，减少勘测误差和错误；对风险较大的区段应采取相关措施（需及时清除障碍物、降低承压水、通风顺畅、加固软弱地层等等）；

（2）制定详细的盾构操作规程，科学规范的施工，并定期对施工设备进行检查维修。

7.3.2.2.2　盾构施工设备故障风险

（一）风险辨识

钱江隧道施工采用泥水平衡盾构，根据泥水盾构组成将盾构施工设备故障分为开挖器械故障、泥水处理系统故障、顶进系统故障、注浆系统故障四大部分。具体如图 7.14 所示。

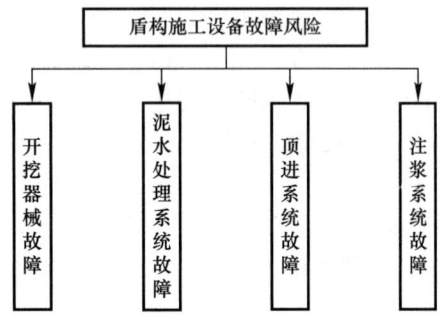

图 7.14　盾构施工设备故障风险辨识

（二）风险分析

（1）开挖器械故障。盾构开挖器械包括刀盘刀头、主轴承及主轴密封件。因而开挖器械故障包括：①刀盘刀头磨损风险，长距离推进或遇到障碍物可能导致刀盘刀头磨损，影响正常开挖；②主轴承断裂，由于障碍物存在或者地层性质突变，使得扭矩突然变化，有可能导致主轴承断裂，造成盾构机瘫痪；③主轴密封件防水实效。由于长距离推进导致土轴承磨损，密封件防水失效，密封舱内泥浆向盾构机内渗漏，不能保证工作面土压力。

（2）泥水处理系统故障。泥浆处理包括泥浆配比，泥浆加压传输。从而泥浆处理系统故障可能引起的风险有：①泥浆处理机电设备故障，由于电机烧坏或者有东西卡入引起机电设备出现故障；②泥浆输送管线堵塞，长距离隧道施工中，泥浆在泥水排送管路中长时间流动使得管路磨损较大并在局部沉积造成管路堵塞，致使泥浆运输中断，无法保证工作面正常的压力。

（3）顶进系统故障。盾构顶进是在推进过程中，将千斤顶作用在已拼装管片上，从而将顶力施加到掌子面上来推动盾构前进。在这一过程中可能出现的风险有千斤顶漏油或油压系统故障。千斤顶漏油或油压系统故障，致使不能提供正常的顶推力导致盾构停顿或后退。

（4）注浆系统故障。盾构管片拼装后在管片和涂层之间出现空洞，这是需要注入浆液来填充这一空隙，稳定底层变形。注浆系统故障包括：①注浆管堵塞，注浆管堵塞或断裂导致注浆停止、延误注浆时机及事故处理以及施工进度；②注浆设备故障，由于电机烧坏或者异物卡入而引起注浆设备故障，将导致注浆不及时，引起过大沉降。

（三）风险评价

根据以上对盾构推进阶段由于盾构设备故障引起的风险进行分析，并采用风险接受准则对其等级进行评定，得出如下结论：开挖器械故障风险由于长距离推进，以及潜在障碍物的存在，导致这一风险不容忽视，定为三级；尽管顶进系统故障这一风险，由于众多施工经验发生概率不大，但是一旦发生，将延误工期甚至破坏结构，后果比较严重，风险等级定为三级；注浆系统故障带来的后果主要是导致盾构开挖后不能及时注浆，从而引起地面过大沉降，风险等级为三级。具体发生概率和损失后果见表 7.12。

盾构施工设备故障风险评价　　　　　　　　　　　　　表 7.12

序　号	风险事故	发生概率	损失后果	风险等级
1	开挖器械故障	C	3	三级
2	泥水处理系统故障	B	2	二级
3	顶进系统故障	B	4	三级
4	注浆系统故障	C	3	三级

（四）控制措施

（1）及时清除盾构开挖前方障碍物，清除土块或石块，防止堵塞管道；

（2）定时检查设备，对有问题的设备及时维修或更换；

（3）及时监视顶进时管片性能，压力过大或者出现明显偏压时停止顶进并予以纠正。

7.3.2.2.3　盾构推进操作失误风险

（一）风险辨识

由于盾构推进是一项极其复杂、巨大的施工工作，所以在其过程中难免会出现操作失误。操作失误是由于主观因素在特殊客观条件变化时引起的对机械设备的失误操作，损失小时可以忽略不计，损失大时很可能是灾难性的。根据盾构施工流程，我们将操作失误风险分为：开挖和顶进控制失误、轴线控制不当、泥浆处理失误、注浆控制不当和密封防水失误五大部分，如图 7.15 所示。

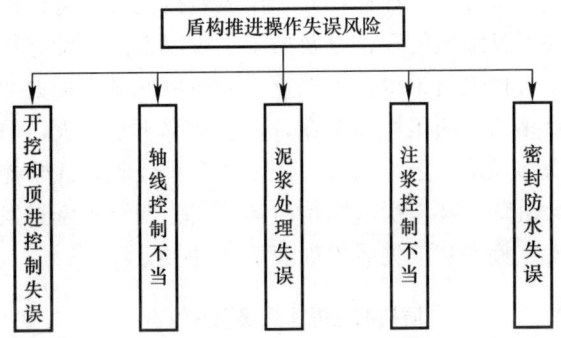

图 7.15　盾构推进操作失误风险

（二）风险分析

（1）开挖和顶进控制失误。开挖和顶进是隧道推进的主要部分，因为直接作用在最脆弱、敏感的掌子面上，所以对工作人员的规范操作要求很高。这类风险不仅概率高，而且损失往往也相当大，主要包括：①当前方出现障碍物而没有及时停止开挖，致使刀盘刀头磨损或大轴承断裂；②当前方出现软弱地层或空洞时没有及时加固，致使盾构"磕头"甚至沉陷；③管片破损，由于偏压作用或者因为前方障碍物的存在导致顶进压力增大而引起管片被压至破损；④工作面失稳。盾构开挖时工作面失稳原因很多，主要有：土仓压力选择不当，致使前方地表产生较大的隆起或沉陷；遇到流砂或底层空洞等灾害性地质；泥浆性能较差不能有效的保证正面土体稳定，使得地表产生较大的变形；承压水引起突然涌水回灌，盾构正面大面积塌方，致使盾构机被淹；推进过程中出现超浅覆土将导致通透、冒顶、江水回灌，泥水冒溢严重事故。

（2）轴线控制不当。盾构隧道在地层深处推进，使得它轴线控制难度本来就比较大，再加上地层结构的不确定性，更加增大这类风险的发生概率，主要包括：①开挖时轴线控制失误，盾构施工过程中，轴线控制不当导致隧道轴线标高偏离设计线路过多或左右偏差过大，影响隧道的使用；②纠偏不当，当隧道轴线已有一定程度偏离时，就要及时进行纠偏，但纠偏措施不当导致管片破裂等事故；③盾构"抬头"或者"磕头"，当隧道上层出现浅覆土时，盾构由于已开挖隧道地层隆起而导致盾构"抬头"。而当开挖面出现软弱地层或者底层空洞时，很可能会发生盾构"磕头"事故。

（3）泥浆处理失误。泥水盾构一个很重要的特点就是它开挖时要在掌子面形成一层开挖泥膜，然后将开挖土方混合泥浆一起取出。这样当泥浆处理出现问题时，就可能给盾构顺利开挖带来风险，主要包括：①泥浆性能较差或泥浆压力控制不当，泥浆性能较差不能有效地保证正面土体稳定，使得地表产生较大的变形，泥浆压力太大可能影响掌子面稳定，太小致使开挖速度太慢；②泥浆处理过程造成环境污染。泥浆处理造成的环境污染包括渣土运输过程中对环境的污染以及泥浆对地下水质的污染。

（4）注浆控制不当。盾构注浆形成衬砌防止开挖区域引起较大沉降，主要风险包括：①浆液压力或注浆量控制不当，注浆压力或注浆量不当造成地表不正常的隆起或沉陷，注浆压力过大时江底施工可能导致冒浆冒顶；②浆液配比不当，浆液配比不当，不能有效地填补盾尾间隙使得地层变形过大，隧道上浮，不良地质处理不当；③二次注浆不及时，二次注浆不及时致使地表沉降过大，并引起地面沉降，导致周边管线破坏、房屋开裂。

（5）密封防水失误。由于隧道处于江底深层，周围土层基本上是饱和土，再加上承压水的作用，致使防水成为一项必不可少的工作。而防水失误可能导致隧道渗水甚至江水涌入，主要风险包括：①盾尾密封失效，由于未能及时的添加油脂或更换盾尾密封件，致使盾尾密封系统失效，注浆浆液以及流砂地层中水、砂向机内回流，造成地表过大沉降；②管片密封失效，管片密封失效致使管片接头处漏水漏浆，在承压水作用下，将导致隧道内突然涌水，及引起过大的地表沉陷。

（三）风险评价

根据对盾构推进操作失误风险分析、计算，并采用风险接受准则进行评定，得出如下结论：由于盾构直径特别大、潜在障碍物和不良地质的存在以及由于主观因素的不确定性，导致开挖和顶进控制失误风险不仅发生概率特别大，而且损失后果也特别严重，为典型的概率损失"双高"风险，必须引起高度重视；轴线控制风险因为有众多盾构施工经验存在，发生概率不是太大，但如果发生后将极大地影响工期，也为以后盾构纠偏带来众多风险，定为三级；依以往工程经验，注浆控制风险发生概率较大，其带来的后果和可能导致地层过大沉降，甚至引起结构破坏，定为四级；密封发生概率较大，不过损失相对较小，定为三级。具体风险发生概率和损失后果如表 7.13 所示。

盾构推进操作失误风险评价　　　　　　　　　　　　表 7.13

序　号	风险事故	发生概率	损失后果	风险等级
1	开挖和顶进控制失误	D	4	四级
2	轴线控制不当	B	4	三级
3	泥浆处理失误	C	2	二级
4	注浆控制不当	D	3	四级
5	密封防水失误	D	2	三级

（四）控制措施

（1）对开挖面前方 20m 超声波障碍物探测，及时查出大石块、沉船、哑炮弹；附设从密封舱隔板中向工作面延伸的钻机，对障碍物破除。

（2）合理地开动分组千斤顶的工作状态，推进时千斤顶的压力均匀作用在盾尾管片侧端，避免管片碎裂。

（3）浆液配比、和易性、流动性配比要适当；控制注浆压力。同步注浆管路设置备用管，防止堵塞、挤扁失效；对注浆管路有检修保护系统。

（4）至少设四排密封刷，有紧急止水装置，集钢弹簧、钢丝刷、不锈钢金属网于一体。在钢弹簧板和钢丝刷上涂氟树脂防锈剂。建议每 2000m 换一次密封刷。

（5）盾构机有可靠的轴线定位，如：激光导向，陀螺仪定位系统；可靠的地面三角网及井下引进导线系统，每 50m 设吊架（栏）对轴线跟进测量；每环衬砌测量与设计轴线的偏差，发现偏差及时缓慢纠偏，并要求全站仪、水准仪精度高，经常校验。

（6）正确地计算选择合理的舱压，舱压应采用静止水土压力的 1.2 倍左右；掘进由膨润土悬胶液稳定，水压力可以精细调节。膨润土悬胶液由空气控制，随时补偿正面压力的变化。

（7）流砂地质条件时，要及时补充新鲜泥浆。事前检验泥浆物理性质，包括流变试验、渗透试验、成泥膜的检验。测定固体颗粒的密度、泥浆密度、屈服应力、塑性黏滞度、颗粒大小分布。泥浆可渗入砂性土层一定的深度，在很短时间内形成一层泥膜。这种泥膜有助于提高土层的自立能力，从而使泥水舱土压力泥浆对整个开挖面发挥有效的支护作用。对透水性小的黏性土可用原状土造浆，并使泥浆压力同开挖面土层始终动态平衡。

7.3.2.3　盾构穿越堤防及丁坝风险

钱塘江河口两岸的海塘，是卫护太湖平原、宁绍平原免受洪、潮侵袭的屏障。两岸海塘所承受的动力，除山洪、海潮、风浪之外，更有破坏力极大的涌潮。钱塘江海塘历史悠久，代有修筑，规模宏伟，是我国古代著名水利工程之一，通道附近北岸临江海塘为明清老海塘。该段海塘堤顶高程按百年遇标准设计，堤顶高程为 8.86m，挡浪墙高程为 9.66m。南岸防洪堤即为萧围北线海塘，堤顶高程按 50 年一遇标准设计，高程为 8.32m。该段海塘于 2003 年初闭合，现为抛石堆体，还未作护面。为保护海塘塘脚免受涌潮破坏，北岸沿线海塘（海宁盐仓段、海宁段）建有丁坝群，丁坝坝长一般为 50m，坝顶高程为 1.5m 左右，丁坝间距为 250m，双管六车道方案穿越恰好在一处丁坝正下方附近，与丁坝平行穿越钱江，因此盾构推进时有可能对丁坝带来不利影响。

（一）风险辨识

由于钱塘江特殊的地理环境因素，导致钱塘江潮水具有超强的破坏力，这样对防潮堤性能有很高的要求。而钱江隧道正好垂直穿越南北防潮堤，由于隧道直径大，而且两条同时推进，这样很可能给现有堤岸带来不利影响。正是因为问题的重要性，我们特意把它列作专题来进行分析。其主要风险有：工程地质勘察不清、扰动堤防及丁坝基础、盾构穿越引起堤岸及丁坝变形、施工期间突遇特大海潮四大部分，如图 7.16 所示。

（二）风险分析

（1）工程地质勘察不清。在穿越南北两岸堤防时，工程地质勘察不准确和地基处理不充分，有可能导致盾构推进过程中遇到未查明的障碍物，容易造成盾构机出现过大磨损甚至无法正常推进；其次，若盾构出穿越堤防基础下方或者直接穿越部分基础时，由于没有探明地质，很可能由于没有加固堤防基础而强行穿越，从而导致堤防破损。

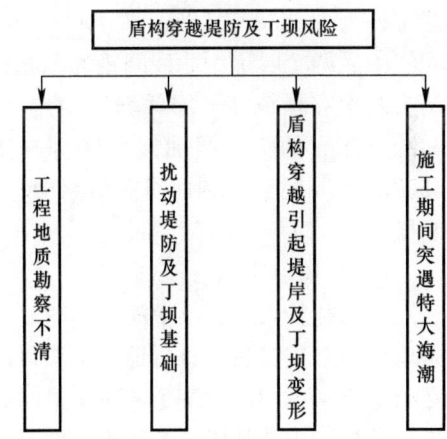

图 7.16　盾构穿越堤防及丁坝风险辨识

（2）扰动堤防及丁坝基础。由于盾构直径非常大，推进时造成地下很大区域地层空洞，在管片拼装之前，由于过大沉降可能引起上面堤防及丁坝基础扰动，甚至导致上面堤防及丁坝沉陷；或者由于基础承载能力下降造成堤岸在海潮作用下整体滑动以及丁坝抗潮水冲击承载力下降。造成这些风险的原因主要有：①突遇软弱地层或地层空洞，软弱地层或地层空洞导致盾构"磕头"或沉陷从而不能提供对上层土体的支撑；②在盾构由江底抬升时，可能在堤防及丁坝影响范围内出现浅覆土，由于大直径盾构开挖导致大面积卸载，引起隧道地层隆起，盾构上浮，从而破坏上层堤防及丁坝。

（3）盾构穿越引起堤防及丁坝变形。超大直径盾构穿越地层时，由于没有及时加衬或者遇到不良地质会引起较大沉降或明显不均匀沉降，从而导致堤防及丁坝开裂，致使江水渗出甚至涌出，丁坝承受海潮冲击力下降。严重时可能因为超大海潮而破坏江堤，酿成灾难。

（4）施工期间突遇特大海潮。盾构穿越可能会对堤防基础造成扰动，当此时突遇特大海潮，由于堤岸及丁坝承受能力降低而被特大海潮破坏，致使潮水涌入市区，造成特大损失。

（三）风险评价

根据对盾构穿越堤防风险分析、计算，依照风险接受准则进行风险等级评定，得出如下结论：因为工程地质勘察不清，引起对堤防损坏风险由较大的发生概率，相应损失后果亦不容忽视，风险等级定位三级；由于盾构直径、不良地质、浅覆土等因素存在，导致扰动堤防及丁坝基础风险、盾构穿越引起堤防及丁坝变形风险都有着较大发生概率，而且由于钱塘江水文特性，可能带来较大损失，风险等级定为三级。具体发生概率和损失后果如表 7.14 所示。

盾构穿越堤防风险评估 表 7.14

序　号	风险事故	发生概率	损失后果	风险等级
1	工程地质勘查不清	C	3	三级
2	扰动堤防及丁坝基础	C	3	三级
3	盾构穿越引起堤防及丁坝变形	C	3	三级
4	施工期间突遇特大海潮	B	3	二级

（四）控制措施

（1）加强隧道工程技术研究，精心设计，精心施工。

（2）建立堤塘沉降网点监测系统，及时掌握位移动态，控制沉降变形在允许值范围。

（3）做好穿堤后的变形观测及检查工作，针对出现的堤塘损害，实施跟踪注浆等补救措施。

（4）合理安排施工计划，避开汛期穿堤施工，总结经验，减小工程施工风险，确保堤防及丁坝安全。具体的防洪评价及采取的针对性措施，有待于下一阶段根据防洪影响评价报告完成后进行。

7.3.2.4　盾构隧道调头施工影响风险

经研究比选，推荐双管六车道方案，每管设置单向三个车道。为满足盾构隧道江中段隧道净距大于 1D（D 为盾构外直径），工作井处隧道间净距不小于 0.5D，在洞口位置处两个盾构中心线分别通过设置半径为 $R=6805.58m$（左），$R=6275.380m$（右）的圆曲线向两侧分散，拉开左右行车道的间距，到江中后两个隧道中心线间距为 35m。江中段盾构机以直线过江，与钱塘江基本垂直相交，一条盾构机调头两次穿越钱江。穿钱塘江对岸两个隧道中心线向内收缩，左线通过设半径为 $R=10000m$、$R=5492.125m$ 的两个圆曲线向道路中心线靠拢，右线通过设半径为 $R=5000m$、$R=10000m$、$R=5507.875m$ 的三个圆曲线向道路中心线靠拢，至江南接地点 K15＋900 处回归到路基标准双向六车道断面。

（一）风险辨识

与以往特大工程（上海崇明越江隧道、上海上中路隧道等）实例相比，本工程最大的特点在于，它是盾构机开挖完成一条隧道后调头再次穿越钱江。因此本工程除了要考虑一般特大直径盾构特点外，还必须着重考虑两超大隧道同时推进时彼此之间的影响。本节重点从以下几个方面对可能发生的风险事故进行分析：土体加固失效风险、隧道上面地层总沉降量过大、先建隧道周围土体再次受到扰动、先建隧道衬砌出现位移和变形过大、后建隧道工作土体再次扰动。具体如图 7.17 所示。

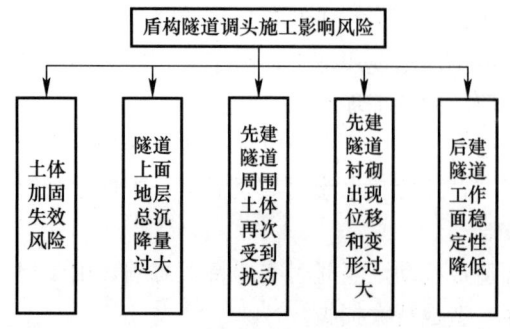

图 7.17　两隧道互相影响风险评估

（二）风险分析

（1）土体加固失效风险

为了控制地面沉降，同时考虑到两条隧道的盾构推进在时间上有先后顺序，要保护先建隧道，使其受后建隧道推进时的影响较小，则需要对土体进行加固。对于本工程而言可以采用压力注浆加固。

压力注浆法是利用液压或气压把凝固的浆液均匀地注入岩土层中，以填充、渗透和挤密的方式驱走岩石裂隙中或土颗粒间的水分和气体，并填充其位置，硬化后将岩土胶结成一个整体，形成一个强度大、压缩性低、抗渗性高和稳定性良好的新岩土体，从而使土体得到加固，并防止或减少渗漏和不均匀沉降。

注入浆液必须是不易流动的坍落度趋于零的惰性浆材，这是压密注浆工法成功的关键因素之一。浆液通常由水泥、粉煤灰、砂、石灰粉掺入适量膨润土，再添加少量的缓凝剂、膨胀剂及适量的水配制而成。

但是由于国内现有的注浆加固技术不能完全满足注浆工程设计的技术指标和施工工程质量的管理要求（主要表现在注浆材料、注浆设备和检测效果的局限性），有时不能很好地达到注浆加固的目的。因此土体加固后强度有可能达不到推进时所需的强度要求，因此存在一定的风险。

（2）隧道上面地层总沉降量过大

地表沉降归根结底是由于盾构施工对土体的扰动，在本工程中，由于地下盾构开挖两条隧道，因此对于土体的扰动较之单条隧道开挖必然更大。另外，由于盾构调头推进，在时空上的综合影响，地面最大沉降必然会明显大于单条隧道盾构推进引起的量值。

（3）先建隧道周围土体再次受到扰动

盾构在地层中推进及土体向盾构空隙挤入，必然使周围的土层受到扰动，在隧道周围形成超孔隙水压力区，随着开挖面的推进，土体表面应力释放，孔隙水压力下降，地层发生排水固结，引起固结变形，因此后建隧道盾构推进，使得周围土体受到扰动，这种扰动必然会影响到先建隧道已经稳定的受力平衡状态。

（4）先建隧道衬砌出现位移和变形过大

后建隧道盾构推进过程中会引起周围土体的位移，并将波及先建隧道，引起先建隧道衬砌的位移和变形，且先建隧道的位移和变形的大小和方向随两隧道的相对位置和距离而变化。

衬砌是盾构隧道主要承重结构，其受力性能的好坏直接影响到隧道安全，并且施工阶段作用在盾构衬砌的荷载与使用阶段相比存在很大差异，如果在施工阶段衬砌变形较大，则会使今后隧道的使用安全大打折扣。

（5）后建隧道工作面稳定性降低

由于先建隧道对相邻土体已经有了一定程度的扰动，导致地层承载力和稳定性受到不利影响。而且不等土体有足够时间稳定，后建隧道调头施工，这样，后建隧道开挖面稳定性将打折扣，风险概率明显增加，必须引起高度重视。

（三）风险评价

盾构调头推进是本工程一大重要特点，由经过对此风险分析、计算，依照风险接受准则，得到如下结论：土体加固由于若采用压力注浆加固，由于浆液性质、注浆技术以及主观操作等不确定因素，导致这一风险概率相当大，同时带来的后果可能引起先建隧道结构破坏，风险等级为四级；由于两次扰动土体，致使隧道上面地层沉降风险加大，为三级；后建隧道对先建隧道影响，如土体扰动以及衬砌变形风险在概率和损失上都有较大数值，为三级；先建隧道通过后，已经对周围土体造成扰动，当后建隧道推进时，掌子面和可能由于两次扰动而发生塌方、失稳等事故，对上面地层、建筑以及对隧道本身的损失都无法估量，在江中时很可能导致江水灌入隧道。具体发生概率和后果等级如表 7.15 所示。

盾构隧道调头施工影响风险评估　表 7.15

序　号	风险事故	发生概率	损失后果	风险等级
1	土体加固失效风险	D	4	四级
2	隧道上面地层总沉降量过大	C	3	三级
3	先建隧道周围土体再次受到扰动	C	3	三级
4	先建隧道衬砌出现位移和变形过大	C	3	三级
5	后建隧道工作面稳定性降低	C	4	四级

（四）控制措施

（1）施工过程中严格控制注浆参数（浆液配比、注浆速率、注浆压力），详细认真地进行记录；工程中所用水泥要进行复检，合格后才投入使用，其他材料均有合格证；严格执行浆液配比。严格控制注浆压力和注浆速率，注浆过程中发现串浆要及时停注，并进行二次注浆。

（2）在盾构进入叠交穿越施工时，严格控制盾构机掘进参数，确保同步注浆效果，主要施工参数包括土仓压力、推进速度、螺旋输送机转速、推力、盾构姿态、同步注浆参数，各项掘进参数的设定要根据地层情况、埋深以及现场监测数据分析反馈来确定。

（3）随着隧道水平投影间距的不断减小，分阶段、有计划、逐渐降低推进速度和推力，尽量避免因施工对先建隧道产生过大的附加应力。

（4）严格渣土管理，做到不超挖、不过量出渣，掘进过程注意改良渣土性能，提高渣土的止水性。

（5）为提高同步注浆浆液的止水性和强度，控制先建隧道位移，并根据隧道之间的净间距变化情况，适当缩短浆液胶凝时间，施工过程注浆压力不宜过高，变化不宜过快，幅度不宜不大。

（6）施工过程坚持信息监测与反馈制度，并将监测信息及时反馈到现场施工负责人和主要施工岗位。

7.3.2.5 拼装阶段风险分析

（一）风险辨识

预工可报告推荐盾构方案为双管六车道方案；隧道内径13.7m，衬砌环厚度65cm，环宽2.0m。

管片采用通用楔形错缝拼装，衬砌环楔形量为40mm。管片采用9＋1的分块方式，封顶块12.8574°，标准块38.5714°。

拼装阶段的风险主要包括管片设计与制作风险、管片运输风险和管片拼装风险三部分。其风险事故如图7.18～图7.20所示。

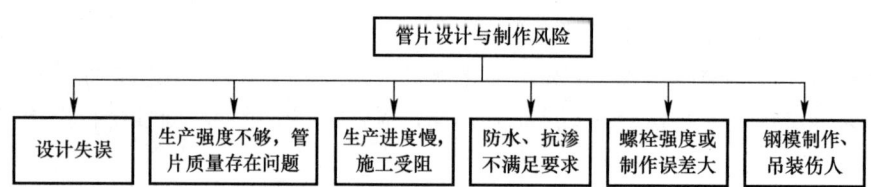

图7.18 管片设计与制作风险

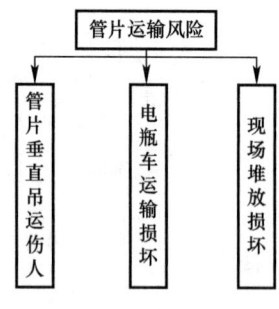

图7.19 管片运输风险

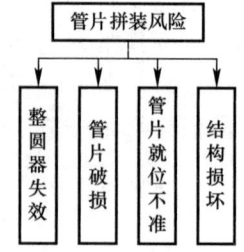

图7.20 管片拼装风险

（二）风险分析

拼装阶段相关风险事故及可能原因见表7.16。

拼装阶段风险事故及可能原因　　　　　　　　　　　　　　　　　　　　表 7.16

风险事故	可能原因
管片设计与制作风险	设计失误
	生产材料质量有问题
	螺栓等制作误差过大
管片运输风险	堆放、运输不当
	未足够重视安全运输
	运输设备出现故障

管片拼装事故：盾构整圆器失效使管片组装不准确，后面的管片拼装困难，影响隧道质量。吊起的管片掉落或与其他管片碰撞或拼装工作不当引起管片拼装过程中管片之间相互挤压可能造成管片损伤；吸盘就位不准导致管片破损；拼装时管片就位不准，形成的环面不平整，管片容易被顶裂，后面的管片拼装困难。螺栓穿入过程中的施工不当以及螺栓没有紧固将形成渗水的通道，最终螺栓锈蚀，隧道结构破坏。

（三）风险评价

根据对以上管片中可能存在的各种风险事故进行综合汇总分析、计算，并采用风险接受准则对其等级进行评定，具体如下结论：管片设计与制作风险发生概率不大，但是由此带来的经济损失和工期延误不可估量，定为三级；由于规模很大，致使管片拼装事故有较大的概率和损失，定为三级。具体发生概率和损失后果如表 7.17 所示。

拼装阶段风险评价　　　　　　　　　　　　　　　　　　　　　　　　表 7.17

序　号	风险事故	发生概率	损失后果	风险等级
1	管片设计与制作风险	B	4	三级
2	管片运输风险	C	2	二级
3	管片拼装风险	C	3	三级

（四）风险控制措施

（1）拼装机卡具牢固的夹紧管片，管片预埋起吊螺栓有足够的安全系数；

（2）对管片拼装质量加以控制，避免碰撞；

（3）设置柔性缓冲材料，防止挤压破损；

（4）设置整圆器，要求每环拼装后及时校正；

（5）对盾构推进的轴线加以严格控制，避免管片就位不准；

（6）螺栓穿进到位，及时紧固螺栓，不能遗漏防水密封垫圈。

7.3.2.6　联络通道施工风险分析（作为取消联络通道的依据）

本方案圆形隧道段共 3345m，曾考虑在江中设置 4 条人行横通道的可行性。横通道施工通常采用冷冻法土体加固下的暗挖法施工，见图 7.21。实际工程中取消了联络通道的设置，本章讨论联络通道施工的风险，作为取消联络通道决策的依据。

（一）风险辨识

水平冻结技术就是在隧道内利用水平孔和部分倾斜孔冻结加固地层，使联络通道及集水井外围土体冻结，形成强度高、封闭性好的冻土帷幕，然后根据"新奥法"的基本原理，在冻土中采用矿山法进行联络通道及泵站的开挖构筑施工，其中水平冻结孔施工是人工地层冻结的关键，充分考虑冻结孔施工中可能存在的问题，并采取相应的措施，保证冻结孔施工质量就显得特别重要。

依据冷冻法施工的工序分冷冻管施工风险、冷冻施工风险、通道挖掘及结构施工风险、解冻施工及客观风险五部分，见图 7.22～图 7.24 及表 7.18 和表 7.19。

图 7.21　横通道冷冻法施工

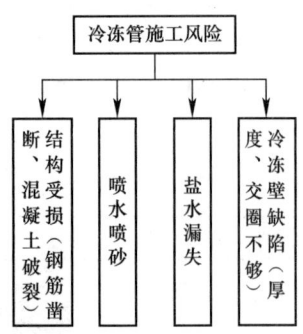

图 7.22　冷冻管施工风险

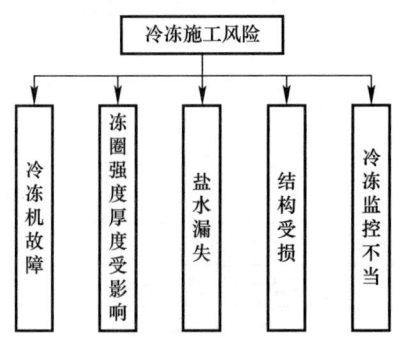

图 7.23　冷冻阶段施工风险

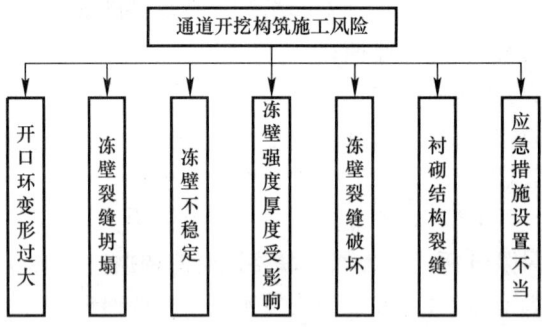

图 7.24　通道开挖构筑施工阶段风险

解冻阶段施工风险　　　　　　　　　　　　　　表 7.18

施工阶段	风险事故
解冻施工	长期不均匀变形
	注浆控制不当

客观风险　　　　　　　　　　　　　　　　　　　　　　　表7.19

序　号	项　目	风险事故
1	冷冻设备	冷冻机可靠性
2		冷冻管破裂
3		冷冻管接头渗漏
4		设备仪表失灵
5	水文地质	冻结范围存在障碍物
6		地下水流速异常
7		流砂地层
8		气囊
9		承压水
10	其他	突然断电
11		冷冻液断货或备料不足
12		冷冻液质量问题
13		温度表失灵
14		其他不可预见

（二）风险分析

土体冻结加固暗挖法在施工过程中，依据冷冻法施工的工序分冷冻管施工风险、冷冻施工风险、通道挖掘及结构施工风险及解冻施工风险四部分，可能遇到的其他风险事故及可能原因如表7.20～表7.23所示。

冷冻管施工阶段风险事故及可能原因　　　　　　　　　　表7.20

序　号	风险事故	可能原因
1	结构受损（钢筋凿断，混凝土开裂）	管片开孔不当
2	喷水喷砂	孔口密封不严实
3	盐水漏失	冷冻管受扭断裂
4	冷冻壁缺陷（厚度、交圈不够）	冷冻管偏差

冷冻施工阶段风险事故及可能原因　　　　　　　　　　　表7.21

序　号	风险事故	可能原因
1	冷量损失	管片开孔不当
2	冻圈厚度与强度受影响	温度（大小、分布）控制不当
3	盐水漏失	管路密封不当、冻裂
4	隧道结构受损	冻胀影响

通道开挖构筑施工风险事故及可能原因　　　　　　　　　表7.22

序　号	风险事故	可能原因
1	开口环变形过大	洞口支护不足
2	洞壁裂缝坍塌	临时支护不及时
3	洞壁不稳定	堵漏不及时，渗漏发展
4	冻壁强度厚度受影响	冷冻管损坏
5	冻壁裂缝破坏	冻壁被损坏
6	衬砌结构裂缝	拆模过早

解冻施工阶段风险事故及可能原因　　　　　　　　　　　表7.23

序　号	风险事故	可能原因
1	长期不均匀变形	融沉影响
2	注浆控制	注浆控制不当

（三）风险评价

根据以上对土体冻结法施工中可能存在的各种风险事故进行综合汇总分析，并采用"层次分析法"，依照风险接受准则对其等级进行评定得出如下结论：冷冻管施工可能出现喷水喷沙（四级）、盐水漏失（四级）和冷冻壁缺陷（五级）三个极大的风险；冷冻施工风险为五级，本阶段为横向通道关键点，一旦有所疏忽将带来灾难性后果，其中冷冻监控技术不确定性因素大，发生概率相当高；通道挖掘机结构施工为横通道风险存在直接原因，风险为五级，其中冻壁裂缝破坏和应急措施设置不当风险事故带来的损失相当大，可能直接导致隧道报废；其他风险如解冻施工、冷冻设备、水文地质等也存在很大风险。具体风险事故的发生概率和损失后果如表 7.24 所示。

冻结法施工风险评价 表 7.24

序 号		风险事故	发生概率	损失后果	风险等级	
1	冷冻管施工	结构受损（钢筋凿断、混凝土开裂）	D	2	三级	
2		喷水喷砂	C	4	四级	四级
3		盐水漏失	D	3	四级	
4		冷冻壁缺陷（厚度、交圈不够）	D	5	五级	
5	冷冻施工	冷量损失	D	2	三级	
6		冻圈厚度与强度受影响	D	3	四级	
7		盐水漏失	D	4	四级	五级
8		隧道结构受损	D	3	四级	
9		冷冻监控不当	E	4	五级	
10	通道挖掘及结构施工	开口环变形过大	D	3	四级	
11		洞壁裂缝坍塌	D	3	四级	
12		洞壁不稳定	D	4	四级	
13		冻壁强度厚度受影响	D	2	三级	五级
14		冻壁裂缝破坏	D	5	五级	
15		衬砌结构裂缝	D	3	四级	
16		应急措施设置不当	D	5	五级	
17	解冻施工	长期不均匀变形	C	3	三级	三级
18		注浆控制	D	2	三级	
19	冷冻设备	冷冻机可靠性	C	3	三级	
20		冷冻管破裂	C	4	四级	四级
21		冷冻管接头渗漏	D	2	三级	
22		设备仪表失灵	C	4	四级	
23	水文地质	冻结范围存在障碍物	C	3	三级	
24		地下水流速异常	C	3	三级	
25		流砂地层	C	3	三级	三级
26		气囊	D	2	三级	
27		承压水	D	4	四级	
28	其他	突然断电	C	2	二级	
29		冷冻液断货或备料不足	C	3	三级	三级
30		冷冻液质量问题	C	3	三级	
31		温度表失灵	C	2	二级	

7.3.2.7 结论

（1）盾构隧道段及联络通道施工风险汇总如表 7.25 所示。联络通道施工风险极大，因此建议工程项目取消联络通道设置。实际工程采纳了本建议。

盾构隧道段施工风险 表 7.25

序 号	风险事故		风险等级
1	盾构进出工作井施工风险		四级
2	盾构推进阶段施工风险	障碍物和不良地质风险	四级
3		盾构施工设备故障风险	三级
4		盾构施工操作失误风险	四级
5		盾构穿越堤防风险	三级
6		盾构隧道调头施工影响风险	四级
7	拼装阶段风险		三级
8	横通道施工风险（已取消）		五级

（2）盾构进出工作井阶段。在凿开工作面时，可能由于冻结失效引起工作面漏浆，泥水进洞；由于采用大直径盾构，工作面凿开后土压力非常大。盾构机械可能由于土压力过大而无法正常推进，甚至可能由于逆向推力过大导致盾构后退，引起事故的发生。在盾构机械进去到一定程度以后，开挖土体量非常大，开挖土体量大于上覆土体量时盾构隧道可能上浮。建议在洞口及进洞一定范围内进行冻结加固，保证冻结质量；盾构机要有可靠的轴线定位系统。

（3）盾构推进阶段由于障碍物或不良地质的存在，如沉船、抛石以及承压水、地层空洞、流砂和浅覆土等，导致盾构无法正常推进，甚至造成灾难性后果。强烈建议有关单位重视地质勘察，并准备相应的规避措施，将风险损失降低到最小。

（4）盾构推进操作失误是一项较大的风险，开挖和顶进控制失误往往导致管片破损、掌子面失稳等严重后果。同步注浆要及时而且充分，否则将会引起上层土体较大沉降。

（5）钱塘江两岸堤防保护是本工程的一项重要任务。15m 大直径盾构推进难免会给两岸江堤带来不利影响，希望有关负责单位重视数据监测，及时反馈信息并采取相关规避措施。

（6）盾构隧道调头施工也是本工程的一大难点。建议设计单位能通过数值模拟，确定最佳间距；同时注意隧道监测，重视监测反馈信息。

（7）超大直径盾构隧道的管片拼装有很高的技术难度，拼装不好可能引起管片接缝渗水、因为管片受力不均匀而导致管片破损的后果。建议操作人员严格按规范流程合理施工。

（8）横通道施工具有最大风险，可以作为取消联络通道设置的依据。开始施工时，由于通道处管片成"C"字形，引起应力不合理分布从而导致管片破损；其次横通道之间的冻结法施工有高技术难度，控制不当可能引起流砂等灾害性事故，上海地铁 4 号线便是一例。

（9）在设计车速 80km/h 时，左右侧余宽 0.25m，左侧向净宽 0.5m，右侧向宽度 0.75m，盾构隧道建筑限界宽 12.75m，外径为 15.0m，属于目前世界最大的盾构隧道之一。如加设紧急停车带后，盾构隧道建筑限界宽约 15m，相应盾构隧道外径达 18m，超过目前世界上最大盾构隧道，隧道施工和运营的风险极大。在上述文献资料调研的基础上，根据本通道通行能力的计算结果，建议本项目可不设紧急停车带，而通过合理的交通管理方式，来最大限度地挖掘通道的通行能力。

7.3.3 其他专项风险分析

7.3.3.1 钱塘江河势演变状况风险分析

（一）河势演变状况概述

钱塘江是浙江省第一大河，发源于安徽省休宁县六股尖，钱塘江河口段自福春江电站至杭州湾湾口全长 281km。其中，福春江电站至萧山闻家堰 78km 江道主要受径流作用，潮汐影响较小，称河流段（又称进口段）；闻家堰至海盐澉浦 115km 江道受径流和潮流作用都较大，称河口段；澉浦以下的杭州湾主要受海洋动力作用，是钱塘江河口的潮流段（又称口外海滨段）。拟建的杭州湾第三（萧山）通道工程的位置处于动力条件较为复杂的河口的中下游段。

钱塘江河口纵剖面上存在一庞大沙坎，上起闻家堰，与河口段上游边界相同，下至杭州湾乍浦，长达 130km。沙坎顶端在七堡—老盐仓一带变动，其高程比闻家堰—乍浦的河床连线高出 10m 左右。河口段河床冲淤剧烈，自然条件下，主槽平面摆动频繁，摆幅较大。

1960 年新安江水库的建成并投入使用和 1968 年后以围垦缩窄江道为主要形成的大规模河口整治，对钱塘江河口有较大的影响，使河口段的水沙运动及边界条件发生了显著变化。

杭州湾第三（萧山）通道所在的老盐仓—尖山河段，长 34.5km，称之为海宁河段，沿江北岸是著名的明清老海塘。20 世纪 60 年代开始的大规模治江围涂，该河段河宽大幅大缩窄，河道特性发生较大的变化。主要表现在缩窄加强了洪水的造床作用、约束了深泓摆动、增强了新仓下游的弯道效应等三个方面。

大规模围涂之前，海宁河段宽浅，马牧港、盐官及新仓三断面河宽分别达 8.6km、11.6km 及 23.6km。河道主槽摆动剧烈，幅度分别达 8.2km、10.0km 及 22.5km 之巨，最大摆动速率每年 7.7km、9.9km、22.4km。海宁河段整治开始于 20 世纪 60 年代，1968 年 4 月，老盐仓一带河段深泓猛然北摆，近南岸形成大片高滩，该年 11 月建成萧山新围乡围区（六八丘），马牧港河宽从 8.6km 收缩至 4.2km。自此以后，老盐仓一带深泓稳定傍北，该处下游南岸河床高滩渐有增长，从 1970 年始，渐次建成六工段、八工段、外六工段及外八工段等围堤。盐官河宽从 1970 年的 11.6km 缩至 7.4km。1972 年进一步缩带至 4.2km。1979 年新乡进一步扩展，马牧港河宽再缩至 2.6km。1986 年，新仓断面深泓又一次逼迫北岸，近南岸河床逐渐形成更广阔的高滩。高滩围涂 5.2 万亩土地，建成萧山八六丘。在 2003 年新桥址南端附近岸边又向江中推进约 300m，形成目前的临江海塘。

通道附近北岸临江海塘为明清老海塘。该段海塘堤顶高程按百年遇标准设计，堤顶高程为 8.86m，挡浪墙高程为 9.66m。南岸防洪堤即为萧围北线海塘，堤顶高程按 50 年一遇标准设计，高程为 8.32m。该段海塘于 2003 年初闭合，现为抛石堆体，还未作护面。为保护海塘塘脚免受涌潮破坏，北岸沿线海塘（海宁盐仓段、海宁段）建有丁坝群，丁坝坝长一般为 50m，坝顶高程为 1.5m 左右，丁坝间距为 250m，通道上游的丁坝距通道位置 30m，下游丁坝距拟建通道为 220m。

（二）河势演变状况风险评估

通过对钱塘江河势演变风险因素：河床冲淤变化风险，深泓线摆动风险，主槽摆动风险，潮汐、潮流、涌潮风险和断面最低冲刷高程风险的综合汇总分析，采用"信心指数法"，并参考《地铁及地下工程风险管理指南》，对其等级进行评定，得出钱塘江河势演变状况风险分析结果如表 7.26 所示，总的河势演变状况风险等级为三级，是可接受风险，应引起重视，需防范、监控措施。

河势演变对隧道影响风险的评价   表 7.26

编　号	风险因素	发生概率	损失后果	风险等级
1	河床冲淤变化	B	2	二级
2	深泓线摆动	C	2	二级
3	主槽摆动	C	2	二级
4	潮汐、潮流和涌潮	D	2	三级
5	断面最低冲刷高程	C	3	三级

（1）潮汐出现过的最高潮水位是 7.76m，潮汐引起的隧道附加沉降为 9.8mm，所以隧道设计时应考虑到潮流动力和高潮位，应考虑浪差对隧道施工和运营的影响，施工时尽量避开钱江潮流高潮位季节；施工过程中应尽量减少河床底部土层的扰动。

（2）综合实测资料分析、数学模型计算及水槽局部动床试验等研究手段的初步成果得到隧道断面百年一遇设计条件下最低冲刷高程为 $-6.5 \sim 7.0$m，推荐取为 -7.0m 左右；三百年一遇的最低高程比百年一遇冲刷高程要深 0.5m 左右，推荐取为 -7.5m。再考虑到隧道上覆土层厚度不小于 $1D$（D 为隧道外径）和河床冲刷作用，隧道顶板埋深宜在冲刷线以下一定深度（深度约 20m 以下）；在隧道的运营期考虑到最低冲刷高程后，应满足隧道的抗浮安全要求；建议在工程可行性研究阶段，结合隧道断面历史实测下包络线，对隧道附近断面的地质情况进行加密钻探，以便在初步设计阶段进行深入的分析；考虑到钱塘江河口河床冲淤变化的复杂性，建议在隧道附近河段加强地形测量和汛期洪水和秋季大潮期冲淤观测，以便即时采取工程防护措施。

（3）年内汛期 4 月径流和潮流动力均较弱，此时河床容积也最小，发生淤积；7 月份工程河段受洪水冲刷，11 月则是大潮期潮流冲刷，河床容积均较大；丰水年径流丰沛，河床冲刷，河床冲刷使纳潮量增大，从而大潮期的潮流动力也较强，工程河段仍表现为冲刷；枯水年径流小，河床容积小，纳潮量相应也较小，大潮期的潮流动力弱，工程河段河床高程较高，上覆土层增厚。所以在隧道的设计中，需要考虑上覆土受河床冲淤变化的影响；施工、运营阶段做好控制监测，制定应急预案；防止人为对河床的大范围剧烈改变（如泄洪等对河床的冲刷）。

（4）深泓线受围涂的影响很大，大规模围涂前工程河段宽浅、主槽摆幅、河床冲淤幅度较大；而大规模围涂后，深泓线摆幅及河床容积变化明显减小，河床基本接近平衡状态。同时，由于围涂区均是在钱塘江游荡工程中，趁南岸出现高滩时围垦的，因而围垦后深泓走南的概率减小，而傍北的概率大为增加。因此工程应重点考虑江北深泓线的影响；在隧道设计阶段应考虑深泓线的变化幅度，确保隧道上覆土层厚度满足隧道的抗浮要求；对隧道两端，深泓线变化范围内，应重点考虑。

（5）隧址河段主槽一致稳定在北槽，深泓点离北岸距离 200～350m 出现的频率在 50%，深泓线离北岸距离在 500m 以内的概率也为 50%，而南槽无论在时间上还是在空间上都是间断的，而且在上游四工段附近的滩地多年也一直存在。工程河段在整治规划完成后的断面形态与目前形态差别不会太大，北槽稳定存在，洪水期北槽略深，大潮期南槽冲深。因此在钱塘江河道中修建隧道，尽量避开主槽区，若不能避开，应在隧道设计和施工时采取有效措施。

7.3.3.2　工作井和明挖段施工风险

（一）概述

钱江隧道工程采用两台盾构机，先后从江南盾构工作井向江北盾构工作井掘进。全线分为盾构段和江北、江南明挖段，具体工程段划分见表 7.27。

路线分段长度组成表（左/东线）　　　　　　　　　　　　　　　　表 7.27

名　称	分段里程	长度（m）
江北引道（敞开段）	LK11+400.0～LK11+650.5	250.5
江北明挖暗埋段	LK11+650.5～LK11+978.0	327.5
江北工作井	LK11+978.0～LK12+005.0	27.0
盾构段	LK12+005.0～LK15+250.0	3245.0
江南工作井	LK15+250.0～LK15+273.0	23.0
江南明挖暗埋段	LK15+273.0～LK15+599.5	326.5
江南引道敞开段	LK15+599.5～LK15+850.0	250.5
隧道总长度		4450.0

本专题分析盾构工作井和明挖段，包括明挖暗埋段和引道段。这三段工程，虽然功能不同，结构形式有所差别，但就施工项目来说基本都是一样的，主要为围护结构、基坑开挖、基坑加固、降水、主体结构等几部分。因此，本章首先从这几部分总体考虑这些施工中可能出现的风险，再具体到各明挖工程段采用的具体结构形式、施工工法等分析各工程段的施工风险。

总体说来，工程存在以下几个特点：

（1）工作井开挖深度深、面积大。江南工作井长度 23m，最大开挖深度约 27m；江北工作井长度 25m，最大开挖深度约 29m。

（2）工程地质条件差，开挖土层主要为淤泥质黏土层和粉砂、砂质层，并靠近钱塘江，地下水位高，且与江水水力关系密切，施工难度大。存在含承压水的粉砂土层，开挖基坑时易引起流砂、涌水等风险。

（二）风险评估

为方便工程施工时参考，本报告还根据各工程段实际情况和前面研究成果，运用层次分析法对明挖段和工作井工程进行综合风险评价，得出各工程段的风险等级，如表 7.28 所示。

明挖工程段和工作井综合评价　　　　　　　　　　　　　　　表 7.28

序号	工程段	风险等级		综合评价等级
		风险点	风险等级	
1	江北引道段	围护结构施工	二级	二级
		基坑加固	二级	
		基坑降水	二级	
		基坑开挖	二级	
2	江北明挖暗埋段	围护结构施工	二级	三级
		基坑加固	二级	
		基坑降水	三级	
		基坑开挖	三级	
3	江北工作井	围护结构施工	三级	四级
		基坑加固	三级	
		基坑降水	四级	
		基坑开挖	四级	
4	江南工作井	围护结构施工	三级	四级
		基坑加固	四级	
		基坑降水	四级	
		基坑开挖	四级	
5	江南明挖暗埋段	围护结构施工	二级	三级
		基坑加固	二级	
		基坑降水	四级	
		基坑开挖	三级	
6	江南引道段	围护结构施工	二级	二级
		基坑加固	二级	
		基坑降水	三级	
		基坑开挖	二级	

为更好在各工程段施工时给予参考，图 7.25 给出了各工程段风险占总体风险百分比。

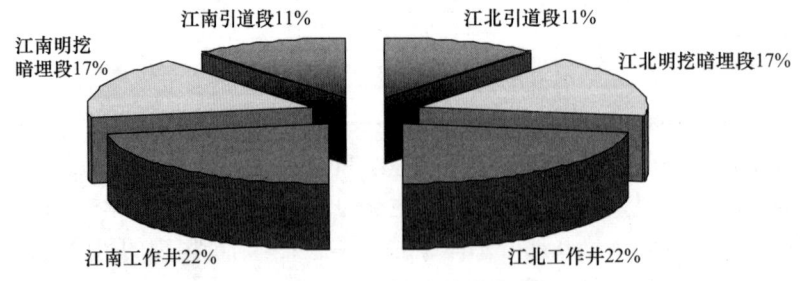

图 7.25　明挖段和工作井施工风险综合评价

综合明挖段风险评价成果，结合层次分析法，从技术可行性方面的风险水平而言，明挖段风险占工程整体风险比重较大，不容忽视。为方便决策单位参考，除评出具体工程段的风险等级外，下面总结出明挖段的主要风险点：

（1）综合地下段风险评价成果，结合模糊综合评判方法和层次分析法，从技术可行性方面的风险水平而言，南北两岸工作井属于四级风险，风险较大，须采取一定的控制措施方可接受，应引起建设各方的高度重视。其余四段明挖段风险不大于三级，风险相对较小。但其中降水风险普遍很大，需要得到重视，在施工中要采取有效降水措施。

（2）江南、北两岸工作井，埋深达到 29m，浅层孔隙潜水与钱塘江江水补给关系密切，且地质条件也不利，施工基坑施工难度很大。在深厚粉土、砂层中的基坑支护工程，止水防渗是工程成败的关键，设计与施工必须周密了解地质、地貌，正确地分析与判断，做出切实可靠的方案，确保基坑工程万无一失。另外，设计及施工单位必须密切合作，在深基坑开挖之前采取严密的防护措施，构筑兼有挡土及防渗功能的支护结构，同时要加强场地环境和现场监测，做到信息化施工。

（3）江南北两岸基坑开挖区多含淤泥质粉质黏土或砂质粉土、粉土等不良地层。因此，基坑开挖时要遵守时空效应和及时采取加固、降水等措施，同时对基坑监测，及时反馈协助施工。

（4）江南明挖段位于围垦区，部分围垦还在进行建设中，在工程施工与围垦开发的关系还需注意协调，以免相互影响。

以上明挖段的建设施工应引起各建设部门的高度重视，采取必要的风险控制措施进行监测与控制，防止各种风险事故或损失的发生。

7.3.3.3　地面构筑物及区域性人工活动引起的风险分析

（一）概述

近几年，对主要建筑项目的环境影响的评估已经逐渐成为一种趋势，越来越成为各方关注的热点。钱江隧道采用盾构工法进行施工，虽然盾构工法相对矿山法等其他工法来说安全性和对土体的扰动都要小，但仍然会对周边环境造成不小的影响，在一定的情况下，还可能会造成灾难性的后果。钱江隧道盾构施工影响的主要构筑物有河堤、丁坝等，同时这些构筑物的存在对盾构施工和隧道运营也会产生影响，如丁坝与隧址位置过近时，由于丁坝挡水作用而产生的下降水流所形成环绕坝头的涡流共同作用，在坝头处的泥沙河床发生冲刷最甚，此冲刷坑可能减少隧道顶部覆土厚度，有可能引起隧道上浮。此外，人类活动也会对盾构隧道的施工和运营产生影响，如长期大量开采地下水引起的不均匀沉降会对隧道质量产生影响，特别是对运营隧道质量的影响很大。

（二）风险评估

通过对上述风险的汇总分析，采用"信心指数法"，并参考《地铁及地下工程风险管理指南》，对其等级进行评定，总体风险等级为二级可容许的，引起注意，需常规管理审视。地面构筑物及区域人工活动对隧道影响风险的评估结果列于表 7.29。

地面构筑物及区域性人工活动对隧道影响风险的评价　　　　　　　　　　　　　　　　表 7.29

序　号	风险因素	发生概率	损失后果	风险等级
1	河堤	C	3	二级
2	丁坝	C	2	二级
3	围涂	B	1	一级
4	大量开采地下水	C	3	三级

（1）由于长期地面沉降速率受地下水开采量的大小控制，开采量大的地方地面沉降量大，开采量小的地方地面沉降量小。该工程地段开采地下水引起的沉降已达 10～20cm，因此，本工程应对地面沉降及不均匀沉降问题予以足够重视，在工程设计中应予充分考虑；调整用水结构和加强地下水资源的监管；严格控制地下水的开采，建立、完善地下水动态监测体系及地面沉降监测网络，使地下水位下降得到控制或减缓，地面沉降速率得到控制；针对高程失真问题，对整条线路高程进行准确的测量；在工程设计时，在修正现状高程的基础上，应根据地面沉降趋势预测结果及工程设计的使用年限，将未来地面沉降损失的高程在设计时给予预留，并应有足够的安全系数。

（2）为了保护通道附近北岸临江海塘，盾构开挖经过海塘堤时，为了保护海塘堤不受破坏，一方面保证堤脚出最小覆土按 0.7D 控制；另一方面在隧道掘进的过程中，控制开挖的速度，进行实时量测，制定应急预案。

（3）丁坝与隧址位置过近时，由于丁坝挡水作用而产生的下降水流所形成环绕坝头的涡流共同作用，在坝头处的泥砂床发生冲刷最甚。因此明确丁坝与隧址的确切位置；丁坝端部形成的冲刷坑对隧道上覆土层有一定的影响，查明冲刷坑的大小；在施工时，控制盾构推进速度，避免对丁坝产生影响。

（4）大规模的围涂主要表现在缩窄加强了洪水的造床作用、约束了深泓摆动、增强了新仓下游的弯道效应等三个方面。在工程河段，围涂已基本完成，故其对河势的影响减小，进而对隧道影响减小。所以围涂对过江隧道的影响可忽略，不需要采取措施。

7.3.3.4 盾构机设备选型风险分析

（一）概述

在江河湖海等水体下进行水底隧道规划设计时，常常面临地质条件、地层分布与土体性质难以准确把握，水文条件尤其是外海海域海洋水文条件极其复杂多变的情况，由此决定了盾构机选型对于超大直径、超长距离、水下江底隧道工程设计施工的极端重要性。可以说，盾构机选型很大程度上制约着江底隧道工程的施工难易、风险高低、工期长短和投资费用。因此盾构选型应充分考虑工程地质、水文地质条件和环境保护的要求。同时，由于盾构机在较高水压下作业，也增添了施工难度。所以应选择合适的泥水压力和掘进参数、制定合理的隧道防水方案、选择合适的浆液配比和注浆方式，防止盾构在掘进过程中出现土体坍塌、隧道上浮等，保证盾构隧道施工安全。上海合流污水治理 9.1 标排放口隧道发生的左线隧道断裂、沉陷事故，除了全断面流砂和局部沼气包突然释放等原因之外，小刀盘搅削拖板式前进盾构机选型不合理，也是主要原因之一。当盾构机穿越的土体为砂层时，更应该根据土层性质及地下水压力的大小选择合适的掘进参数并制定针对性的措施防止开挖面前方土体在高水压作用下发生土体坍塌甚至流砂等工程事故。对施工进度、技术经济水平等综合因素，应首先选择高性能、现代化泥水平衡盾构，用于长距离的砂砾层、岩层中隧道施工。盾构机选型正确则可达到事半功倍的效果，否则有可能事倍功半，甚至造成工程失败。泥水盾构的简图如图 7.26 所示。

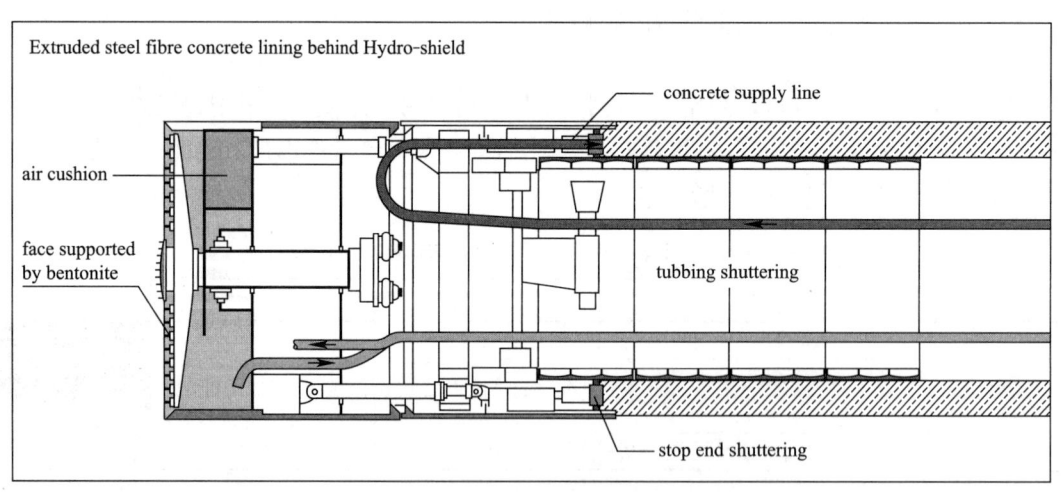

图 7.26　泥水盾构简图

影响盾构施工的因素很多，主要有地层条件（岩土体的强度、软硬程度、颗粒级配、石英的含量、是否含有砂砾和大卵石等）、地下水的含量及水压、隧道长度和线形、后续设备与盾构机的配套能力、工作环境、覆盖层厚度以及有无辅助工法等。盾构机的合理选择要保证开挖面的稳定性，要具有良好的掘进性能，要结合衬砌的类型防止渗漏和坍塌，而且还要与配套系统具有紧凑的配合关系。因此，盾构的选型应该是一个系统问题，需要综合考虑。另外，以盾构机选型为核心的整个施工系统的经济性也是不容忽视的。图 7.27 表示了以盾构选型为核心的各因素的影响及其相互作用关系。

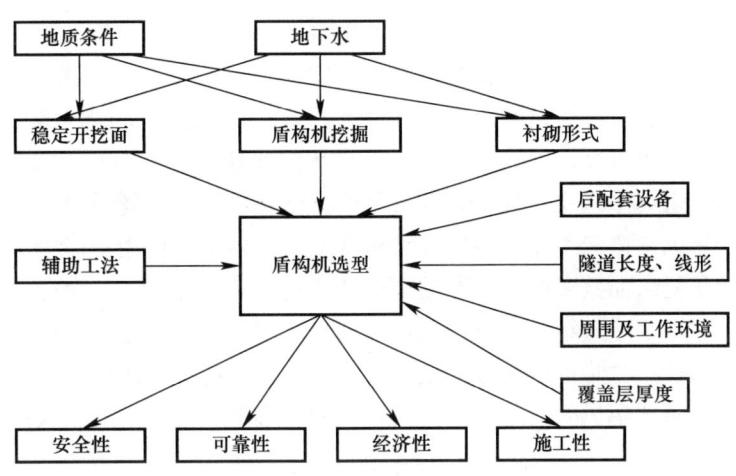

图 7.27 盾构机选型关系图

（二）风险评估

盾构机作为盾构法施工的大型专用机械设备，不同于一般的施工机械，其选型既涉及地层条件，又涉及盾构机本身的设计和各部件的配置，以及盾构对地层条件的适应性。由于盾构机的造价很高，其选型还必须考虑我国的国情以及企业的承受能力，我国盾构机的选用应该走一条从引进设备、技术到消化吸收、自主开发、生产适合国情、适合我国地层条件的盾构机的路子。盾构机的选型正确与否，无论是对于盾构施工的技术水平，还是对于盾构施工的成本和效益均起着至关重要的作用。因此，应高度重视盾构机的选型工作。

（1）盾构机选型必须在充分完成前期调查分析的基础上，审慎确定盾构机类型与直径，借鉴成功先例，通过工程类比或经验法设计盾构机的各项性能参数。

（2）选型时必须明确考虑大直径泥水平衡盾构机施工中涉及的施工参数匹配、水底浅覆土段施工、近距离穿越地中构筑物底板或建筑物桩基、地下管线、推进中隧道抗浮、出洞或入洞施工、特殊地层中施工、近距离盾构隧道施工及泥水系统运行调试与施工管理等重点与难点问题。

（3）盾构机选型必须兼顾工期、造价、环境、动力供应、场地条件等其他制约因素。

通过风险调研及分析，虽然盾构机选型风险较大，但由于该工程可以借鉴武汉长江隧道工程，故将风险等级定为三级，需引起一定的重视。各风险事件的等级评定如表 7.30 所示。

盾构机选型风险分析　　　　表 7.30

序　号	风险事故	风险等级
1	刀盘对不同地层的适用性和耐久性风险	四级
2	推进系统可靠性风险	三级
3	泥水平衡舱可靠性风险	二级
4	盾尾密封装置可靠性风险	四级
5	盾构同步压浆系统可靠性风险	三级
6	辅助系统可靠性风险	二级

7.3.3.5 隧道运营期风险评估

（一）概述

拟建的钱江隧道工程，地理位置重要，社会影响大。它是长三角都市圈高速公路网规划、浙江省公路交通规划所确定的公路主骨架的重要组成部分，沟通钱塘江南北两岸，连接沪杭高速、杭浦高速、杭甬高速、杭绍甬高速，其运营情况直接影响嘉兴、杭州和绍兴市三省市高速公路网的畅通，评估其运营期可能的风险非常必要。

公路隧道存在火灾风险。本高速公路隧道全长 4.45km，设计车速 80km/h。钱江隧道设有车行火灾灭火系统，采用纵向疏散相结合的逃生路径。目前随着各地隧道越来越长，设计车速越来越快，隧道火灾事故发生频率也逐渐变高。据统计公路隧道发生火灾的频率约为 10～17 次/(亿车·公里)。由于隧道结构的特殊性，一旦发生火灾可能给隧道带来毁灭性的重创，引起巨大的经济损失和社会影响。

对结构防水和耐久性系统可靠性要求高。隧道垂直下穿钱塘江强潮河口，长期位于地下水位以下，受潮汐作用。此外，本隧道周围地质条件差，含有具液化条件粉砂层，隧道受运营时循环荷载的作用结合周围地层影响，会产生纵、横向不均匀沉降和结构变形，缩减隧道使用寿命。

总之运营期的风险是复杂而繁多的，本专题根据钱江隧道地质、水文、交通量等情况，主要从三方面考虑隧道运营期风险：一是隧道结构自身内在运营期的风险，包括隧道结构稳定性、高水压下隧道防水可靠性、隧道结构耐久性；二是运营中隧道设备的风险，主要讨论对隧道运营安全影响比较大的隧道通风情况；三是使隧道运营产生风险的外在作用，包括地震影响、交通事故、火灾、潮汐和运营期循环荷载。

（二）风险评估

综合考虑全线运营期各类风险，运用信心指数法和层次分析法，得到钱江隧道工程运营期风险综合评估结果列于表 7.31。

运营期风险综合评估 表 7.31

序　号	风险事故	风险等级
1	隧道结构稳定性风险分析	三级
2	水下隧道防水可靠性	三级
3	地震	三级
4	隧道结构耐久性	三级
5	交通事故	四级
6	通风系统	三级
7	火灾	四级
8	沉船和抛锚	一级
9	循环荷载	三级
10	潮汐	二级

由以上评估结果可见，钱江隧道在运营期总的风险等级为三级，属于可接受范围。其各子项的风险见图 7.28。

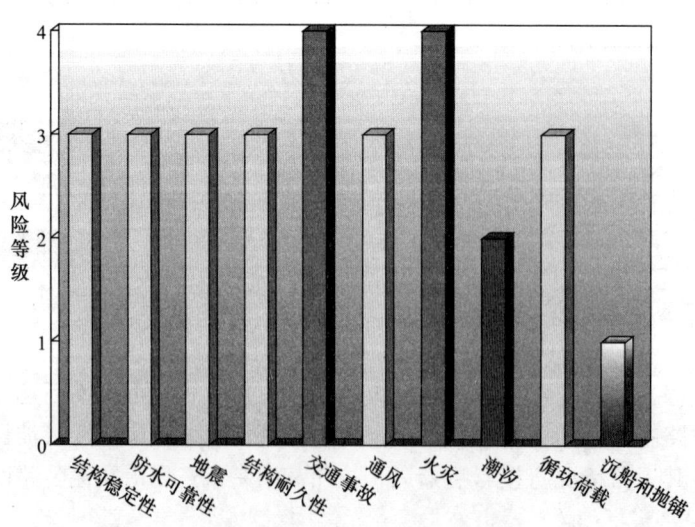

图 7.28　钱江隧道运营风险

（1）隧道运营期风险等级为三级，即可接受风险，建议对其采取有效的控制措施，尽量减小风险，达到安全运营的目的。由于隧道是一个运营的整体，各风险并不是完全独立的，又很多会相互影响，比如结构耐久性对隧道稳定性也有一定影响，因此，建议运营中选取风险控制措施时多方面综合考虑各类子风险。

（2）隧道运营期火灾风险、交通事故风险为四级，这些运营中灾害事故对隧道正常使用影响巨大。水下公路隧道是一个封闭在水下的建筑物，一旦发生灾害难于控制，且后果严重，一定要重视。建议采用现代化的管理手段和科学的管理方法，建立完善的灾害应急救援联动方案。

（3）运营期隧道结构稳定性等级为三级，其中隧道结构纵向稳定性是一个时效性的、影响因素复杂的问题，却对隧道的整体结构稳定性影响较大。因为钱江隧道地理位置重要、建设意义重大，但水文、地质环境复杂，为确保其安全运营，建议除采取有效措施控制风险外，还需对其纵向稳定性列出专题深入研究。此外，隧道结构失稳事故是多类风险共同作用的体现，要综合考虑进行控制。

（4）隧道运营期通风系统风险为三级，这里除了包括隧道正常运营时通风系统发生故障的风险，更重要的是在隧道发生灾害时通风系统发生故障的风险，此时通风系统的作用更为重要。建议隧道管理人员重视通风系统安全，不能麻痹大意，时刻保障其通风能力。

（5）就目前分析而言，横通道作为救援设备的一部分对隧道的火灾风险并没起主导作用，添加或不添加隧道火灾风险等级均为三级。但由于只是初步分析，还需结合火灾应急预案及纵向通道结构的火灾特点与防灾模式进一步探讨。

（6）地面沉降是浙江省沿海平原区主要的地质灾害，嘉兴地区地面沉降较为严重。由于沿线为经济较发达地区，工业及农业用水时间较长，长时间超量的开采地下水导致地下水水位急剧下降，含水层因补给来源不足，上覆土层的释水压缩，造成区域性地面沉降问题。目前沿线 K11+400～K12+900 段现状累计地面沉降量小于 200mm，沉降速率分别约小于 10mm/a，对隧道危害较小，但随着江南岸围垦区的开发，工业、农业及生活用水量一定会剧增，由于其地层结构和地下水开采层次影响，可能会导致区域性地表沉降，继而对隧道结构稳定性产生极不利影响。

（7）隧道位于浙江省地震活动相对较强的地区之一，由于隧道沿线表层砂质粉土和隧道周围土体中夹杂的粉砂层具液化条件，如果隧道处或周边临近地区发生地震，会产生砂土液化，引起隧道上浮或发生不均匀沉降，破坏隧道主体结构，因此建议采取相应措施减小地震影响风险。

（8）由于本隧道采用泥水平衡盾构开挖，隧道上覆土层较厚，且钱塘江目前设计通航标准不高于5000t，目前沉船和抛锚对隧道影响较小，风险等级为一级。但随着钱江隧道的开发以及河床冲刷等引起的隧道上覆土层变薄，可能要考虑其影响。

以上隧道运营期风险应引起各建设部门的高度重视，采取必要的风险控制措施进行监测与控制，防止各种风险事故或损失的发生。

7.3.3.6　人员安全风险分析

（一）概述

钱江通道及接线工程沿线经过的地区有嘉兴市、杭州市和绍兴市，是长三角都市圈高速公路网规划、浙江省公路交通规划所确定的公路主骨架的重要组成部分，在区域公路网中有着极其重要的作用。该项目建设规模大，使得在建设过程中可能出现的人员伤亡风险也较大。图 7.29 表示人员安全风险分析技术路线。

本章主要针对本工程，分析工程施工中和运营后可能造成人员伤亡的主要风险点。其中施工中人员伤亡主要包括施工过程中的客观伤亡以及人员职业健康，运营期人员安全主要包括人的不安全因素以及设备因素。

（二）风险评估

整个施工及运营过程中，人员安全是个不容忽视的重要问题。施工过程中除了需要注意意外事故及机械伤亡之外，还要注意个人因素及系统因素引起的人员不适感，例如噪声、振动及高温环境对人的影响。后期的运营过程中，更要加强管理，把损失降到最小。

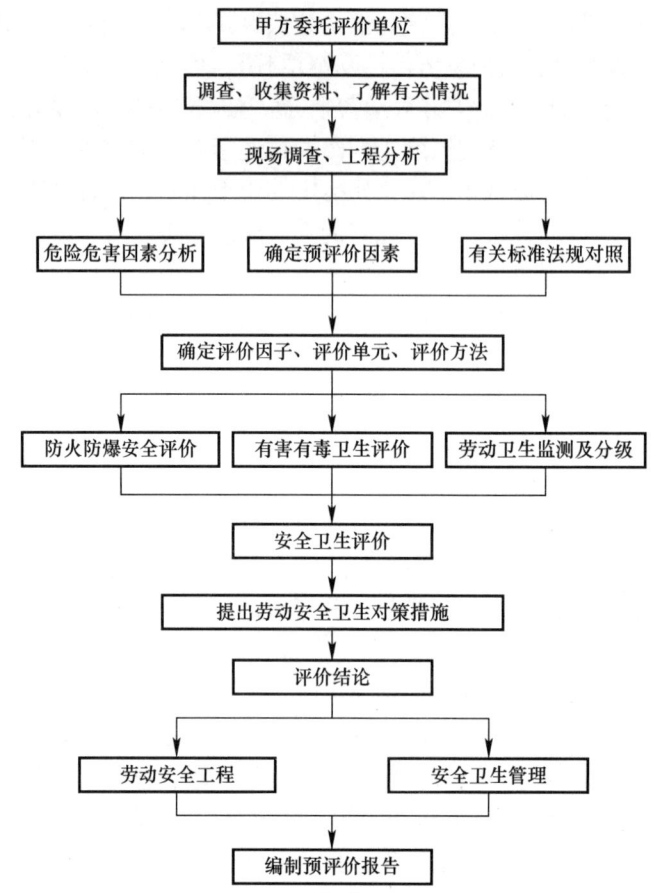

图 7.29 人员伤亡风险分析技术路线图

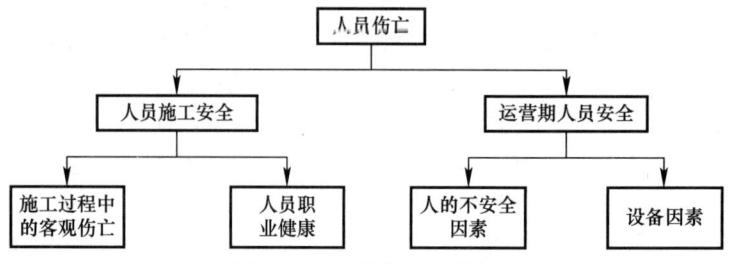

图 7.30 人员伤亡风险点

通过风险调研及分析，人员伤亡影响风险等级为二级。各风险事件的等级评定如表 7.32 所示。

人员伤亡风险评价 表 7.32

序 号	风险事故	风险等级
1	施工过程中的客观伤亡	二级
2	施工过程中人员职业健康	二级
3	运营期人员伤亡	三级

7.3.3.7 生态环境影响风险分析

（一）概述

该项目投资巨大，穿越钱塘江，且线路长，所以建设及运营期间对周围环境的影响范围较大。根据我国对项目类别的规定，需要对该项目进行环境影响风险分析。环境影响风险分析对该项目可能给环境造成的潜在影响和工程中采取的防治措施进行评价，拟定环境保护对策与措施，论证和选择技术经济合理、对环境有害影响较小的最佳方案，为领导部门决策提供科学依据。本研究主要对施工期污泥的排放对环境的影响以及施工及运营期间受影响严重的声环境、空气环境和水环境进行风险分析。

编制该环境影响风险分析的依据是：①项目建议书；②评价大纲及其审查意见；③评价委托书或任务书；④建设项目预可行性研究报告；⑤建设项目可行性研究报告；⑥《中华人民共和国环境保护法》。本项目控制环境污染的总目标是：保护和改善生态环境，防治污染和其他公害，保障人体健康，实现绿色隧道盾构施工。

钱江通道及接线工程沿线经过的地区有嘉兴市、杭州市和绍兴市。目前，项目影响区内有杭甬高速公路、沪杭高速公路、杭宁高速公路和杭金衢高速公路。拟建公路沿线地区没有野生动物保护区和原始森林，建设项目在施工期和运营期对生物环境的影响主要表现为土石方填挖等工程行为对沿途地形地貌的改变及原有植被的破坏。由于整个项目工程量较大，应注意水土流失，尤其是路线经过湖泊和河流时更应注意，否则会造成土壤肥力下降、水质变差等。

（二）风险评价

根据以上风险辨识和风险开展风险调研，采用"信心指数法"对所列的风险点进行专家调研和资料整理收集，结合调研数据得到风险评价如表 7.33 所示：

环境影响风险等级表　　　　　　　　　　　　　　　表 7.33

序　号	风险事故	发生概率	损失后果	风险等级
1	废泥浆排放的影响	D	3	四级
2	声环境影响	B	3	二级
3	空气环境影响	C	2	二级
4	水环境影响	B	3	二级

7.4　钱江隧道风险管理经验总结

7.4.1　风险因素综合评价

根据国际隧协（ITA）推荐风险评估方法，并结合我们已经完成的隧道工程风险评估成果和专业技术手段，根据钱江隧道及接线工程的预工可报告、地质勘察资料及其他规范、规程和指南，对钱江隧道项目展开风险评估，包括地质状况风险分析、河势演变状况风险分析、地面构筑物及区域性人工活动引起的风险分析、工作井及隧道明挖段施工风险分析、盾构机设备选型风险分析、盾构隧道段-联络通道及紧急停车带施工风险分析、运营期风险分析、人员安全风险分析和生态环境风险分析等，风险分析结果汇总见本章附表 7.1。对专题风险点进行层次分析和专家评判，得出专题的风险等级见图 7.31。

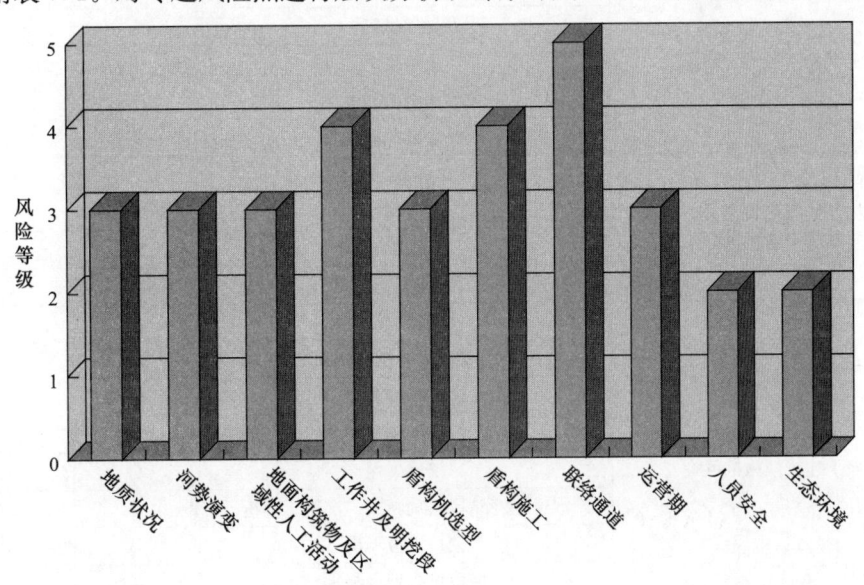

图 7.31　专题风险结果

7.4.2 结论

（1）通过 9 个专题的风险分析，从钱江隧道的地质、技术等方面对其风险进行评估，评估结论将用于工程的设计、施工、运营等各个阶段，为工程决策者提供参考依据，为隧道的安全施工和运营提供系统的风险管理，为实现绿色、安全隧道施工提供管理保障。

（2）通过系统的风险评估，钱江隧道工程总体风险在设置横通道情况时风险等级为四级，即"风险不可接受，需高层决策，并进行有效控制，制定详细预警措施和应急预案"。通过系统的风险评估，在不设置横通道情况下风险等级为三级，即"风险可接受，应引起重视，并制定相应的防范、监控措施"。根据风险评估的结果，实际工程中取消了联络通道设置。

（3）从 9 个专题风险评估结果看，盾构施工阶段存在较大风险，包括盾构机进出工作井、盾构施工及前期的盾构机选型都因为本工程的"长大"特点而风险很大。特别是盾构开挖面稳定性（特别是不良地质条件）、长距离掘进刀盘刀具磨损、盾构穿越江堤、无联络通道的火灾事故等应引起重视。

（4）钱江潮汐对隧道的施工和运营都有重要影响，从数值计算和风险评估结果看，在隧道设计和施工时都需要认真考虑潮汐的影响。

（5）盾构工作井属于一级深大基坑，考虑土层条件和承压水特点，其风险等级同样较大，因此在开挖、维护、加固以及排水等方面都需要制定应急措施，确实做到风险心中有数，风险贯穿管理，安全、健康施工。

（6）由于杭州是国际旅游城市，旅游产业占有很大的经济比例。因此钱江隧道工程需要对环境风险给予足够的重视，尽量减少工程建设破坏城市环境和各旅游景点。

钱江隧道风险评价汇总 附表 7.1

序号	一级风险因素	二级风险因素	发生概率	损失后果	风险等级
1	地质状况风险	地层的变异性	C	3	三级
2		场区地质活动断裂带	A	3	二级
3		地震	A	4	三级
4		饱和含水砂土层	C	3	三级
5		不良地质现象	E	2	三级
6		承压水	C	4	四级
7	河势演变对隧道影响风险	河床冲淤变化	B	2	二级
8		深泓线摆动	C	2	二级
9		主槽摆动	C	2	二级
10		潮汐、潮流和涌潮	D	2	三级
11		断面最低冲刷高程	C	3	三级
12	地面构筑物及区域性人工活动对隧道影响风险	河堤	C	3	三级
13		丁坝	C	2	二级
14		围涂	C	2	二级
15		大量开采地下水	C	3	三级
16	地下连续墙施工风险	槽壁坍塌	C	3	三级
17		钢筋笼难以放入槽孔内或上浮	B	3	二级
18		遇地下障碍物	B	3	二级
19		锁口管平移或倾斜	C	3	三级
20		墙体夹泥	C	4	四级
21		混凝土浇筑中出现断层、混凝土离析	C	3	三级
22		锁口管拔不出	B	3	二级
23		槽段接头处渗漏水	C	3	三级
24		钢筋笼体下放时间过长	B	2	二级

续表

序　号	一级风险因素	二级风险因素	发生概率	损失后果	风险等级
25	地下连续墙施工风险	钢筋笼体变位	B	3	二级
26		卡管	C	2	二级
27		浇筑导管拔不出	B	3	二级
28		地下墙的垂直度及线形不符合要求	C	2	二级
29		导墙变形或坍塌	B	3	二级
30		漏浆	B	2	二级
31		槽段的精度不符合要求	B	3	二级
32		预埋件位置不正确	C	3	三级
33	钻孔灌注桩施工风险	护壁泥浆质量不符合要求	C	3	三级
34		钻杆折断	B	3	二级
35		扩孔和缩孔	C	3	三级
36		坍孔	C	3	三级
37		断桩、夹泥	C	3	三级
38		桩身混凝土混进泥土	C	3	三级
39		清孔不彻底，孔底沉淀厚度大	C	3	三级
40		浇短桩头	B	3	二级
41		钢筋骨架露出、偏斜	C	3	三级
42		钻机发生位移或沉陷	B	3	二级
43		钻孔孔身偏斜、弯曲	C	2	二级
44		掉钻	B	3	二级
45		钻孔漏浆	B	2	二级
46		梅花孔	C	2	二级
47		糊钻、埋钻	B	3	二级
48		卡钻	B	3	二级
49		骨架变形	B	3	二级
50		吊就位时骨架摆动碰撞孔壁	C	2	二级
51		吊放后骨架标高不符合要求	C	2	二级
52		导管进水	C	2	二级
53		卡管	C	2	二级
54		埋管	B	3	二级
55		连接时焊接质量差	C	2	二级
56	SMW工法施工风险	桩体偏斜、弯曲	C	3	三级
57		桩体夹泥、夹砂、断桩	C	3	三级
58		搅拌机失稳倾覆	B	4	三级
59		桩体咬合不好，出现漏桩开叉	C	3	三级
60		桩体水泥土强度达不到设计要求	C	3	三级
61		施工冷缝	B	3	二级
62		渗漏水	C	3	三级
63		搅拌钻杆折断	B	3	二级
64		存在地下障碍物	B	3	二级
65		桩孔位置有偏差	B	3	二级
66		导轨及定位卡位置偏差	C	2	二级
67		H型钢掉落	B	3	二级
68		H型钢出现扭曲和弯曲	C	2	二级
69		H型钢插放达不到设计标高	C	2	二级
70		H型钢插入倾斜	C	2	二级
71		H型钢起拔破坏	C	2	二级

序　号	一级风险因素	二级风险因素	发生概率	损失后果	风险等级
72	支撑体系施工风险	支撑断裂	B	4	三级
73		支撑失稳	B	4	三级
74		施加预应力不符合要求	B	3	二级
75		围檩或支撑体系位置安装错误	A	2	一级
76		围檩被压坏、扭曲	B	3	二级
77		支撑被撞歪	C	2	二级
78		立柱破坏	B	2	二级
79		立柱与支撑连接处破坏	B	2	二级
80		其他附属构件破坏	C	2	二级
81	深基坑降水风险	周围建（构）筑物倾斜、开裂	C	5	四级
82		附近地下管道的开裂和错位	C	5	四级
83		附近路面沉陷、开裂	C	4	四级
84		挡土结构失稳及管涌、流砂	C	3	三级
85		疏不干	B	4	三级
86		抽水管口无水	B	3	二级
87		水位降不下去	B	4	三级
88	深基坑加固风险	附近地下管道的开裂和错位	B	5	四级
89		附近路面隆起、开裂	B	4	三级
90		坑底隆起	B	4	三级
91		坑底管涌、流砂	D	4	四级
92		踢脚破坏	B	3	二级
93	深基坑开挖风险	基坑围护渗漏	D	3	四级
94		坑底隆起破坏	C	3	三级
95		坑底管涌、流砂	C	3	三级
96		踢脚破坏	C	3	三级
97		基坑系统失稳	B	4	三级
98		围护结构折断或大变形	C	4	四级
99		坑内滑坡	B	3	三级
100		内倾破坏	B	4	三级
101		支护结构整体失稳	B	4	三级
102	盾构机选型风险	刀盘对不同地层的适用性和耐久性风险	C	4	四级
103		推进系统可靠性风险	C	3	三级
104		泥水平衡舱可靠性风险	B	3	二级
105		盾尾密封装置可靠性风险	B	5	四级
106		盾构同步压浆系统可靠性风险	B	3	二级
107		辅助系统可靠性风险	B	3	二级
108	盾构进出工作井施工风险	盾构机械的吊装和拼装事故	C	3	三级
109		盾构出发事故	D	3	四级
110		盾构到达事故	D	3	四级
111		临时工程和设备的拆除事故	C	2	二级
112	障碍物和不良地质风险	地下障碍物	C	3	三级
113		高承压水或涌水	B	4	三级
114		有害气体如沼气或缺氧	B	3	二级
115		全断面流砂	C	4	四级
116		浅覆土层	C	4	四级
117		地质钻孔回填不严实	C	2	三级

续表

序　号	一级风险因素	二级风险因素	发生概率	损失后果	风险等级
118	盾构施工设备故障风险	开挖器械故障	C	3	三级
119		泥水处理系统故障	B	2	二级
120		顶进系统故障	B	4	三级
121		注浆系统故障	C	3	三级
122	盾构推进操作失误风险	开挖和顶进控制失误	D	4	四级
123		轴线控制不当	B	4	三级
124		泥浆处理失误	C	2	二级
125		注浆控制不当	D	3	四级
126		密封防水失误	D	2	三级
127	盾构穿越堤防风险	工程地质勘查不清	C	3	三级
128		扰动堤防及丁坝基础	C	3	三级
129		盾构穿越引起堤防及丁坝变形	C	3	三级
130		施工期间突遇特大海潮	B	3	二级
131	盾构隧道调头施工影响风险	土体加固失效风险	D	4	四级
132		隧道上面地层总沉降量过大	C	3	三级
133		先建隧道周围土体再次受到扰动	C	3	三级
134		先建隧道衬砌出现位移和变形过大	C	3	三级
135		后建隧道工作面稳定性降低	C	4	四级
136	拼装阶段风险	管片设计与制作风险	B	4	三级
137		管片运输风险	C	2	二级
138		管片拼装风险	C	3	三级
139	横通道冻结法施工风险（作为取消联络通道的依据）	结构受损（钢筋凿断，混凝土开裂）	D	2	三级
140		喷水喷沙	C	4	四级
141		盐水漏失	D	3	四级
142		冷冻壁缺陷（厚度、交圈不够）	D	5	五级
143		冷量损失	D	2	三级
144		冻圈厚度与强度受影响	D	3	四级
145		盐水漏失	D	4	四级
146		隧道结构受损	D	3	四级
147		冷冻监控不当	E	4	五级
148		开口环变形过大	D	3	四级
149		洞壁裂缝坍塌	D	3	四级
150		洞壁不稳定	D	4	四级
151		冻壁强度厚度受影响	D	2	三级
152		冻壁裂缝破坏	D	5	五级
153		衬砌结构裂缝	D	3	四级
154		应急措施设置不当	D	5	五级
155		长期不均匀变形	C	3	三级
156		注浆控制	D	2	三级
157		冷冻机可靠性	C	3	三级
158		冷冻管破裂	C	4	四级
159		冷冻管接头渗漏	D	2	三级
160		设备仪表失灵	C	4	四级
161		冻结范围存在障碍物	C	3	三级
162		地下水流速异常	C	3	三级
163		流砂地层	C	3	三级

序　号	一级风险因素	二级风险因素	发生概率	损失后果	风险等级
164	横通道冻结法施工风险（作为取消联络通道的依据）	气囊	D	2	三级
165		承压水	D	4	四级
166		突然断电	C	2	二级
167		冷冻液断货或备料不足	C	3	三级
168		冷冻液质量问题	C	3	三级
169		温度表失灵	C	2	二级
170	钱江隧道设置紧急停车带风险	施工风险	D	5	五级
171		工程造价及投资风险	C	3	三级
172		隧道运营能耗风险	C	3	三级
173	隧道结构稳定性风险	火灾	B	5	四级
174		衬砌结构设计	C	3	三级
175		构件腐蚀	B	2	二级
176		隧道施工失误	C	3	三级
177		不良地质水文环境条件	C	3	三级
178		材料老化	C	2	二级
179		地震	A	5	三级
180		隧道的循环载荷	C	2	二级
181		隧道结构维护不当	D	2	三级
182	水下隧道防水可靠性风险	勘查风险	C	2	二级
183		设计风险	B	4	三级
184		施工风险	C	3	三级
185		建设期渗水	B	2	二级
186		结构稳定性风险	B	4	三级
187		材料老化	C	3	三级
188		结构维护不当	C	2	二级
189		意外灾害	A	5	三级
190	盾构隧道结构耐久性风险	沉船荷载	B	1	一级
191		纵向不均匀沉降	D	2	三级
192		结构渗流	C	3	三级
193		设计基准期	B	2	二级
194		金属构件腐蚀	D	2	三级
195		防水材料老化	D	2	三级
196		江水腐蚀性	A	1	一级
197		混凝土材料缺陷	B	2	二级
198	隧道通风系统风险	隧道通风系统失效引起空气质量下降	C	3	三级
199		通风系统故障	B	4	三级
200		操作故障	A	3	二级
201		人为因素	C	2	二级
202		交通事故	B	4	三级
203	地震对隧道影响风险	自然因素	A	5	三级
204		结构设计失误	B	4	三级
205		勘查失误	C	3	三级
206		隧道施工失误	B	2	二级
207		不良地质水文环境条件	C	3	三级
208	隧道交通事故风险	驾驶员操作失误	C	3	三级
209		结构设计失误	A	3	二级

续表

序　号	一级风险因素	二级风险因素	发生概率	损失后果	风险等级
210	隧道交通事故风险	车辆引发事故	B	4	三级
211		不良天气	B	4	三级
212	设置横通道后隧道火灾风险	隧道结构设计失误（$W_1=0.2$）	B	4	三级
213		驾驶员操作失误（$W_2=0.2$）	B	4	三级
214		高速隧道内的车辆状况差（$W_3=0.3$）	C	4	四级
215		水喷雾/泡沫联用灭火系统（$W_{4,11}=0.35$）	B	4	三级
216		消火栓系统（$W_{4,12}=0.35$）	B	4	三级
217		灭火器（$W_{4,13}=0.3$）	B	4	三级
218		通风设备（$W_{42}=0.35$）	B	4	三级
219		纵向逃生通道（$W_{4,31}=0.3$）	B	4	三级
220		横向逃生通道（$W_{4,32}=0.3$）	A	4	三级
221		应急照明（$W_{4,33}=0.05$）	C	2	二级
222		疏散指示光电标志（$W_{4,34}=0.1$）	B	3	二级
223		逃生口光电标志（$W_{4,35}=0.1$）	B	3	二级
224		监控系统（$W_{4,36}=0.05$）	B	3	二级
225		通信系统（$W_{4,37}=0.1$）	B	3	二级
226	无横通道隧道火灾风险	隧道结构设计失误（$W_1=0.2$）	B	4	三级
227		驾驶员操作失误（$W_2=0.2$）	B	4	三级
228		高速隧道内的车辆状况差（$W_3=0.3$）	C	4	四级
229		水喷雾/泡沫联用灭火系统（$W_{4,11}=0.35$）	B	4	三级
230		消火栓系统（$W_{4,12}=0.35$）	B	4	三级
231		灭火器（$W_{4,13}=0.3$）	B	4	三级
232		通风设备（$W_{42}=0.35$）	B	4	三级
233		纵向逃生通道（$W_{4,31}=0.3$）	B	4	三级
234		横向逃生通道（$W_{4,32}=0.3$）	E	4	五级
235		应急照明（$W_{4,33}=0.05$）	C	2	二级
236		疏散指示光电标志（$W_{4,34}=0.1$）	B	3	二级
237		逃生口光电标志（$W_{4,35}=0.1$）	B	3	二级
238		监控系统（$W_{4,36}=0.05$）	B	3	二级
239		通信系统（$W_{4,37}=0.1$）	B	3	二级
240	隧道循环荷载引起的风险	潮汐荷载	C	3	三级
241		地下水位往复变化	C	2	二级
242		交通振动荷载	C	3	三级
243		隧道结构存在破坏	B	4	三级
244		隧道结构设计失误	B	3	二级
245	沉船和抛锚荷载的风险		C	B	二级
246	施工过程中的客观伤亡风险	物体打击造成人员伤亡	C	2	二级
247		机械伤害造成人员伤亡	C	2	二级
248		高处坠落	C	2	二级
249		坍塌造成人员伤亡	B	2	二级
250		交通事故造成人员伤亡	B	3	三级
251		起重伤害	B	2	二级
252		淹溺	B	2	二级
253		接触有害物	A	2	一级
254		人为主动撞碰	B	2	二级
255		动作不当	C	2	二级

序　号	一级风险因素	二级风险因素	发生概率	损失后果	风险等级
256	施工过程中人员职业健康风险	体能/生理结构能力不足	B	2	二级
257		生理压力	C	2	二级
258		思维或心理压力	B	2	二级
259		缺乏技能	C	2	二级
260		不正确的驱动力	C	2	二级
261		噪声环境作业造成人员伤亡	C	2	二级
262		振动环境作业造成人员伤亡	C	2	二级
263		高温环境作业造成人员伤亡	B	2	二级
264	运营期人员安全风险	人的不安全因素	C	2	二级
265		设备不安全因素	C	3	三级
266	环境影响风险	废泥浆排放的影响	D	2	三级
267		声环境影响	B	3	二级
268		空气环境影响	C	2	二级
269		水环境影响	B	3	二级

第8章 钱江隧道工程信息化管理

8.1 概述

随着步入信息化时代以及计算机、互联网的飞速发展，各行各业均开始实施信息化管理，在越江隧道工程中，信息化管理也已获得了较大的进步。秦岭终南山隧道、上海长江隧桥、武汉长江隧道、南京长江隧道、厦门翔安隧道等工程相继建成通车，信息化工程在隧道项目上的作用日益重要，主要体现在隧道的施工期、运营期两个方面：一是在施工期应不断地获取盾构机、隧道以及周边环境的各种信息和数据，并对如此大量的数据做出快速处理和分析，以优化设计和施工；二是工程竣工后还应继续监测隧道、周边的基础信息，并在交通管理、防灾报警方面引入信息化管理系统。钱江隧道工程将信息化管理贯彻隧道工程全周期，极大地提升了施工、运营管理的效率。

钱江隧道工程信息化面临如下的难题：

（1）施工难度大、地面沉降风险大

长距离、大直径盾构一直是工程界面临的技术难题。钱江隧道外径为15m，内径为13.7m，为世界最大直径的盾构隧道。这给施工中的地面沉降控制、隧道稳定性控制、隧道安全保证等方面带来了极高的难度；本工程采用大型泥水平衡盾构掘进施工，两条隧道均为3245m。盾构推进施工绝大部分在钱塘江底进行，存在由于长距离引起的测量偏差问题，因此，在盾构推进过程中，必须做好实时测量，保证工程安全顺利。

（2）交通流量大、火灾风险高

钱江通道及接线工程连接沪杭、杭甬高速公路，时速设计80km/h，交通流量大，车辆速度高，尤其隧道段相比较于路面段具有环境密闭、可视程度低等不利特点，这些因素都增大了隧道内车辆堵塞、碰撞的可能性，所以运营期对车辆交通的管理尤为重要。车辆碰撞极易造成隧道内火灾风险，由于环境密闭，火灾极易蔓延扩展，造成的损失巨大，所以除对交通流量进行实时监督、调节外，防灾报警系统的建立也是必要的。

（3）隧道环保节能要求迫切，设备维护成本高

隧道运营管理过程中，通排风、给排水、照明等需求，使其成为能源消耗大户，根据对长三角地区公路隧道用电量统计，每公里隧道一年的电费平均高达40余万元，隧道的环保节能的需求十分迫切；隧道运营管理过程中，由于设备数量众多，如果使用不当或者管理不善，必然导致设备故障多、寿命短；钱江隧道作为大型隧道，里程较长，其通排风、给排水、照明等设备多，能源消耗也相应更大，设备的使用和管理要求更高，因而节能和降本的潜力也更大。

鉴于钱江隧道面临的复杂问题以及巨大的风险，出于对工程安全、加快施工进度以及隧道运营养护成本等因素的考虑，必须对钱江隧道工程实施信息化施工、信息化运营。

8.2 工程建设期信息系统

8.2.1 信息化施工简介

信息化施工是利用施工中所获取的岩土工程信息反馈用以调整施工的工作。由于在施工过程中可获得大量的岩土工程信息，因此，在大型建筑现代化施工中，常安装各种监测系统，用以采集施工中岩土体的各种水文工程地址信息，如地下水位、水质、岩土体的变形、土压力的变化等数据。根据这些信息及时调整数据，反馈到施工中。一方面可保证施工安全，另一方面可使设计更加合理。

信息传输及处理网络如图 8.1 所示。

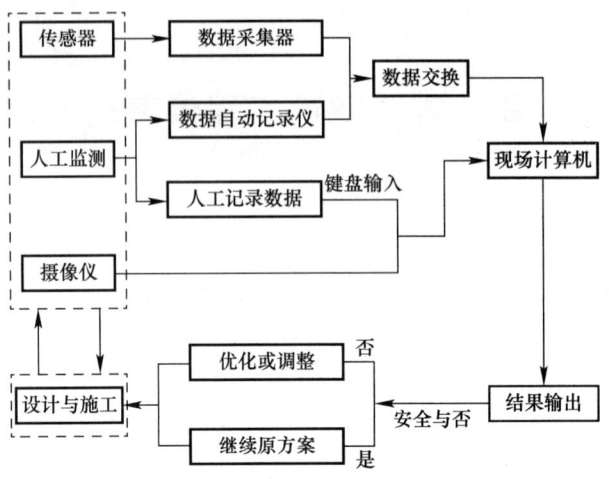

图 8.1　信息传输、处理网络图

在本工程应用先进的《盾构隧道信息化施工实时智能管理系统》，如图 8.2 和图 8.3 所示。该软件构建于先进的计算机网络平台上，一方面，盾构工作面施工参数、信息及时传输至地面监控室，为施工参数的及时优化调整提供方便；另一方面，工地现场工程信息将实时传输至信息处理中心，为相关专家分析各类工程问题并及时提出对策提供了畅通的信息通道，有效实现了施工过程动态控制，真正做到了对隧道施工现场的实时远程管理，从而为工程的顺利施工保驾护航。另外，此系统可以同步实施多项目的管理，既可监测到施工期间盾构机各项指标，同时也可兼顾施工对周围环境的影响情况。

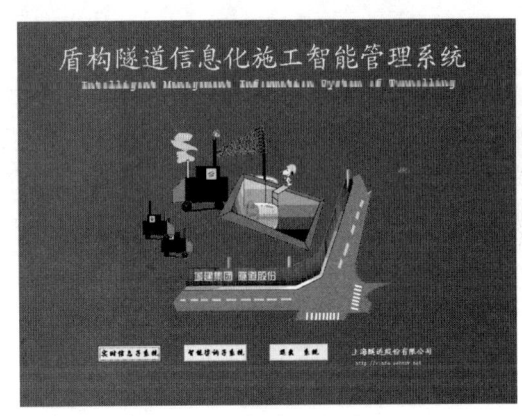

图 8.2　智能管理系统主界面

图 8.3　系统同步实施多项目管理

8.2.2　盾构施工测量

盾构施工测量是在地下施工导线上进行的，包括当前盾构姿态、管片姿态等内容，本工程采用德国 VMT 公司出品的 SLS-T 自动引导系统。

盾构推进过程中，盾构司机需要有关机器轴线相对于隧道设计轴线的位置及方位的连续信息。SLS-T 隧道引导系统能为操作者提供有关盾构空间位置及方位的连续更新的信息，从而保证盾构司机能够随时调整盾构推进方向及姿态，保证隧道施工的精度。SLS-T 引导系统为全自动系统，每分钟可以完成数次全自动测量。其由控制单元控制全站仪的测量工作，使全站仪自动扫描目标，从而既节省了人工，又提高了工作效率。

该系统具备以下优点：

（1）计算并以数字和图形两种方式显示当前盾构位置；

（2）计算并显示已拼装管片的位置，此步过程在管片拼装之后立即完成；

（3）计算并显示盾构在水平和竖直两个方向的趋势；

（4）计算能使盾构机向隧道设计轴线回归的平滑曲线；

（5）预先计算适应新曲线的管片类型；

（6）输出盾构掘进的全面文档；

（7）自动间隔测量；

（8）自动控制激光束方向；

（9）舒适的系统操作界面。

SLS-HR BASIC 自动引导系统包含以下组件：全站仪、激光感应装置、工业电脑、监控单元、黄盒子、激光仪和调制解调器。各部分连接、组成方式如图 8.4 所示。

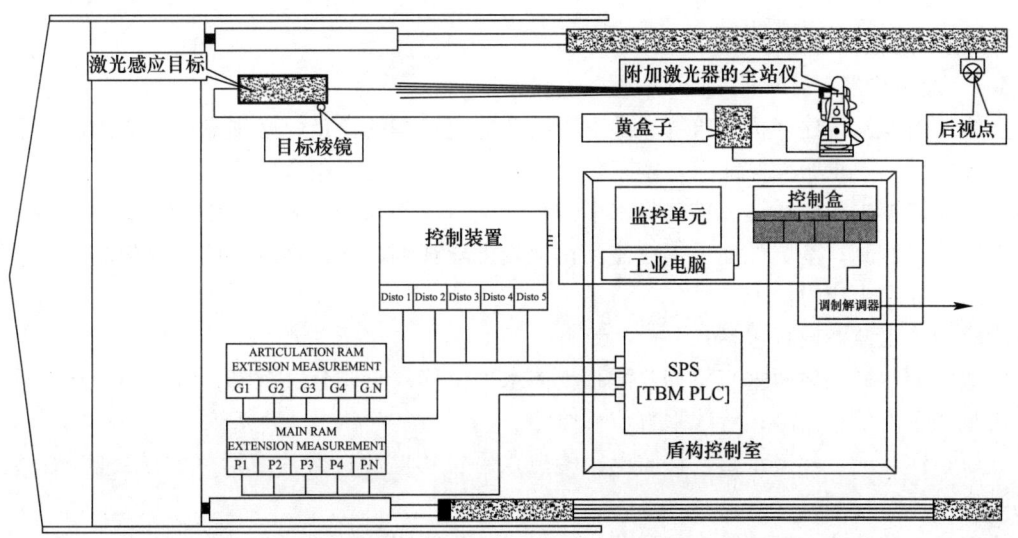

图 8.4　SLS-T 系统部分连接、组成方式

全站仪采用 LEICA TCA1203。施工过程中，全站仪安装在固定于隧道管片的观测站上，由机载软件控制全站仪的观测程序；后视已知点，自动扫描激光感应目标；附加测距仪测量与目标间距离；附加激光仪发射激光；通过转换装置和传输装置将数据传至工业电脑进行处理。

激光感应装置（ELS），固定安装在盾构前端。测量入射激光束的入射点、入射角及反射角，从而计算盾构相对于设计轴线的转角；内置双重倾斜仪测量盾构的滚动角和坡度。并将数据返回至工业电脑。

黄盒子，负责为全站仪及激光仪提供电源供应。

TBM 控制单元，包括监控单元及工业电脑，位于 TBM 操作室里，负责数据处理及显示。预装 SLS-T 处理软件，是整个引导系统的核心。控制单元接收 ELS 返回的数据，由处理软件进行运算，计算盾构相对隧道设计轴线的水平及竖直偏差，以及盾构的转角、坡度等；并预计盾构前进的趋势；最终以图形和数字两种形式显示在界面上，见图 8.5 和图 8.6。

地面控制单元，负责两项功能。

（1）将隧道设计轴线的数据、常规测量所得的数据（如观测台坐标高程等）输入电脑，并利用通信装置将这些数据传输至 TBM 控制单元；

（2）接收 TBM 控制单元传回的数据，方便地面的测量人员及管理人员监控。

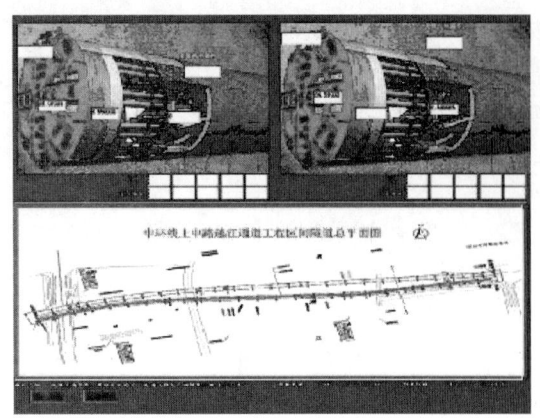
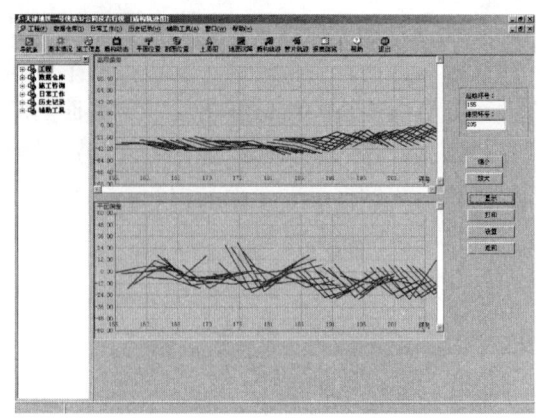

图 8.5　盾构施工参数监控界面图　　　　　　图 8.6　盾构姿态轨迹监控界面图

8.2.3　施工过程安全监控

8.2.3.1　监测内容

为保证施工阶段沿线建（构）筑物、地下管线及隧道结构的稳定，必须采取相应的监测手段来指导隧道施工，按照设计要求布设监测点，本工程分为岸边段监测和江中段监测。

岸边段主要监测内容包括：围护桩身水平位移监测（测斜）；围护体顶水平位移监测；围护体顶沉降监测；支撑轴力监测；基坑外地下水位监测；地表沉降观测；立柱隆沉；坑底隆起监测；围护体结构应力；围护体内外水土压力。

江中段盾构施工监测内容包括：

（1）陆地监测：周围地面垂直位移监测；土体水平位移；土体分层沉降；钱江两岸江堤垂直位移监测；建、构筑物垂直位移监测；管线垂直位移监测。

（2）隧道本体监测：隧道垂直位移监测；隧道水平位移监测；管片变形（收敛）监测；管片内力；管片外侧土压力；管片裂缝。

（3）钱塘江水域监测：河床垂直位移监测；水位变化监测。

（4）旁通道施工监测：隧道垂直位移监测；隧道水平位移监测；管片变形（收敛）监测；支撑轴力；管片裂缝。

如图 8.7 所示为地面沉降监控界面图。

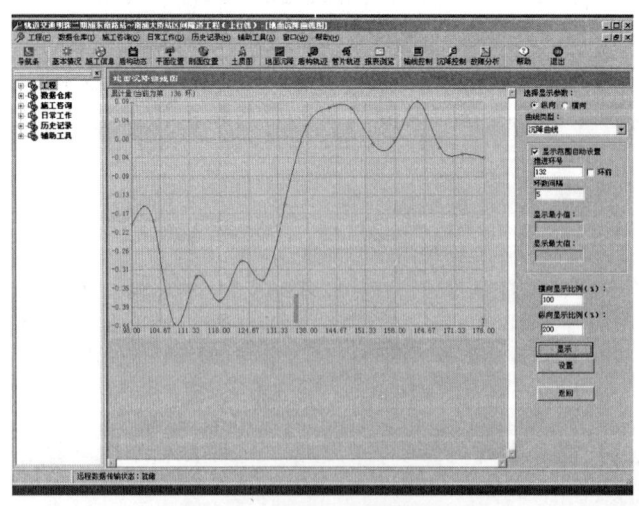

图 8.7　地面沉降监控界面图

8.2.3.2　监测期和频率

基坑工程监测频率的确定应满足能系统反应监测对象所测项目的重要变化过程而又不遗漏其变化时

刻的要求；监测工作应贯穿于基坑工程和地下工程施工全过程；监测期应从基坑工程施工前开始，直至地下工程完成为止；对有特殊要求的基坑周边环境的监测应根据需要延续至变形趋于稳定后结束。

监测项目的监测频率应综合考虑基坑类别、基坑及地下工程的不同施工阶段以及周边环境、自然条件的变化和当地经验而确定，当监测值相对稳定时，可适当降低监测频率。当监测值处于报警值或者变化幅度较大等数据异常时，应增大监测频率。

在无数据异常和事故征兆的情况下，开挖后现场仪器监测频率依据设计要求，参照表 8.1 和表 8.2 进行：

江中段监测频率　　　　　　　　　　　　　　表 8.1

序　号	监测项目	量测频率
1	管片变形、开裂、地表沉降	推进后立即进行
2	地面垂直位移、土体水平位移、分层沉降	推进前后<20m 时 1～2 次/天；推进前后<50m 时 1 次/天；推进前后>50m 时 1 次/周
3	隧道水平、垂直位移	推进前后<20m 时 1～2 次/天；推进前后<50m 时 1 次/天；推进前后>50m 时 1 次/周
4	管片收敛变形	推进前后<20m 时 1～2 次/天；推进前后<50m 时 1 次/天；推进前后>50m 时 1 次/周
5	管片内力	推进前后<20m 时 1～2 次/天；推进前后<50m 时 1 次/天；推进前后>50m 时 1 次/周
6	土压力	推进前后<20m 时 1～2 次/天；推进前后<50m 时 1 次/天；推进前后>50m 时 1 次/周
7	水域监测	枯水期每 15 天一次，测段长度为推进面前 25 天预计推进长度；汛期每 7 天一次，测段长度为推进面前 15 天预计推进长度

岸边段监测频率　　　　　　　　　　　　　　表 8.2

序　号	监测项目	监测周期	监测频率
1	桩墙顶（支护结构圈梁围檩、冠梁、基坑坡顶等）水平位移、垂直沉降	全过程	开挖深度≤5m 及基础底板完成后，1 次/2 天；其他 1 次/天
2	支撑轴力	支撑设置至拆除	
3	桩体侧向变形	全过程	
4	钢筋应力	全过程	
5	邻近房屋沉降、倾斜、裂缝	开挖至±0.00	
6	地下管线沉降与水平位移		
7	坑外地下水位、坑内地下水及基坑渗漏水状况	降水过程	1 次/天
8	围护结构深层水平位移	全过程	1 次/天
9	基坑周围地表沉降、裂缝、地面超载状况	开挖至回填	开挖深度≤5m 及基础底板完成后，1 次/2 天；其他 1 次/天
10	基坑底部回弹和隆起	开挖至基础底板完	1 次/天

8.2.3.3　监测报警

（1）内力、位移监测报警值：根据规范、设计要求和以往经验提出，由监测项目的累计变化量和变化速率制共同控制。

（2）基坑风险控制：根据监测内容，选用钢支撑轴力及围护结构水平位移两项设定预警值，作为围护结构施工风险控制的标准，其判别标准如下：

F＝实测值/容许值；

$F \geq 1$：报警；$1 > F > 0.8$：预警；$F \leq 0.8$：安全。

当安全性为预警时，应加密观测次数；当安全性为预警时，应立即停止对结构不利的施工行为，随时监测，并及时召集设计、施工及监测单位等进行会诊，对可能出现的各种情况做出估计和决策，并采取有效措施，不断完善与优化下一步的设计与施工。

（3）报警制度：监测数据接近报警值时，在监测日报表上作预警记号，报告相关部门。监测数据达到报警值时，以最快速度通知有关单位，并在监测日报表上盖报警专章，报告相关部门，提出相关建议。监测数据持续大于报警值时，在监测日报表上盖报警专章，请相关单位召开现场专题讨论会。

8.2.4 信息化施工保证措施

（一）人员组织

建立健全的信息传递组织体系，确保工程的渠道始终畅通无阻。

每班的井下班组、盾构施工控制室班组、泥水控制室班组、同步注浆班组、测量班组等基层班组都有专门负责传递信息的人员，基层班组必须加强现场巡视，不放过任何异常情况，并及时向上级部门进行反馈，同时相关班组之间也要进行全面的信息交流。

项目经理部成立专门的信息管理组，对各类施工信息、数据进行实时化收集、处理与分析，并根据既定施工组织设计、专项方案和应急预案做出快速反应，下达处理指令，协调各班组和部门的施工作业与工程管理。同时还要及时向业主、监理和上级部门及时准确的汇报工程动态信息。

施工信息管理及相关部门则在对工程进行实时化监控的基础上，针对现场传递来的其他信息进行分析，并针对重点和难点问题，集中精英技术力量重点攻关，力求以最佳方案予以妥善解决。

（二）建立信息沟通平台

在所有作业面安装电话机，盾构施工控制室等关键位置则安装专线直通电话，确保各类信息的及时传递。同时，为泥水处理等无固定施工位置的作业人员配备无线通信工具（对讲机等），确保本工程的信息沟通网络没有任何盲点。以全覆盖、高效率的信息沟通平台全面保证工程动态尽在掌握之中。

（三）多媒体监控

在管片拼装工作面、工作井口、泥水处理场地以及车架等施工关键位置，安装监控摄像机，在盾构施工控制室设置图像接收终端，结合盾构本身自带的多媒体监控设备，对工程进行全方位的可视化、实时化监控。进一步加强施工过程控制的广度与力度，为工程的安全文明优质高效提供有力保障。

8.3 工程运营期管理系统和数字化平台

8.3.1 结构体健康监测

钱江隧道工程规模大，投资大，地质条件复杂多变。因而需对隧道进行健康监测，以确保隧道运营期的安全稳定性。过江通道结构体健康监测系统通过布设监测设备，对过江通道在运营期的结构行为及影响进行监测和数据分析，对过江通道的健康状况以及使用寿命进行评估，得出过江通道的安全程度指导运营，同时给出实时的安全报警以合理配置过江通道养护资源，降低成本、及时高效保证过江通道的运营状态健康和安全。结构体健康监测系统包括前端测量传感设备，编解码设备，实时数据采集处理设备，监测工作站及数据管理分析系统等。

（一）主要监测项目

在地质条件明显变化处、中心处、最大荷载断面等过江通道典型断面预埋监测仪器，通过监测仪器得到的数据可以分析过江通道的运营状态，对于发生的病害或者可能发生的病害提出相应的维护补强措施，确保过江通道的正常使用和耐久性。主要采集以下监测仪器的信息：

（1）用在过江通道结构体上的土压监测：该项主要用于探明过江通道在安装等施工过程中，以及长期作用在过江通道外侧上土压力量值及分布规律。测试仪器采用土压力计，采集信息转化为数据信号。

（2）用在过江通道结构体上的水压监测：该项主要用于探明过江通道在安装、注浆等施工过程中，以及长期作用在过江通道外侧上水压力量值及分布规律。测试仪器采用水压力计，采集信息转化为数据信号。

（3）过江通道结构内力监测：本项目用于探明在施工期间及长期运营阶段，过江通道结构在外侧荷载作用下所产生的内力值及其分布规律。测试断面内外侧各布置一个应变仪，应变仪和环向主筋在高度一致，将测试传输电缆导入专用走线孔。

（4）过江通道断面收敛变形监测：用以测定过江通道断面的椭圆度。采用光波测距仪对过江通道断面形状以及建筑限界的富裕量进行测定。

（5）过江通道纵向不均匀沉降和水平位移监测：本过江通道推荐采用光纤测试系统。

（6）漏水、水质、土砂流入量监测：若在运营过程中发生漏水，应该对漏水的范围、漏水量、水温、水质以及污浊度进行监测。对水质的检查主要是判定衬砌有无劣化的可能。人工输入数据信息。

（二）实时数据采集系统

实时数据采集系统由测量控制单元 MCU 和网络模块等组成，负责对过江通道结构体的变位、位移、渗压等数据的采集并传送至控制中心的监测工作站；监测工作站负责完成所有数据的处理，实施显示结构体的安全信息，并对危险信号进行声光报警。

（三）数据管理分析系统

在中控室设置结构体健康检测工作站，接受监控网络自动传送或人工输入的现场设备采集的数据信息，实时检测过江通道结构体信息，打印、分析、比较及储存数据，结合专家分析，给出相应报警提示等处理。数据管理分析系统包括监测数据管理，以及可视化和数据分析预测等模块。在过江通道工程的勘察、设计和施工过程中需要获取各种各样的信息和数据，并对这些数量大、种类多的信息和数据进行快速处理。数据管理分析系统必须具备的主要功能有以下几点：建立施工和运行监测数据库；监测数据自动分析处理；监测工程平面图显示；监测点布置图显示；绘制各种数据散点图及回归曲线图；进行围岩变形预测；监测报告的生成。

监测信息系统的功能结构如图 8.8 所示。

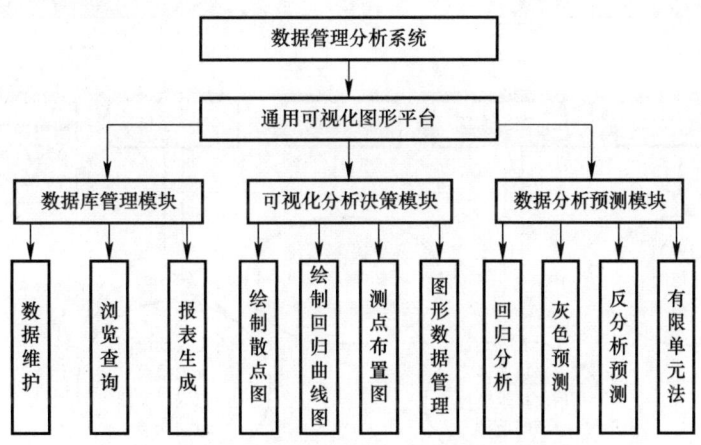

图 8.8　数据管理分析系统功能结构图

监测数据库是监测数据管理系统的重点，它存储各项监测数据、施工工况、工程地质及工程设计等工程数据。监测数据库主要包括工程信息库、量测断面库、监测仪器库以及各监测项目量测数据库等。

监测数据库管理系统包含以下几部分：

（1）监测数据。监测数据主要包括位移类、应力应变类及地质雷达探测数据等。其中位移类包括过江通道洞室收敛、拱顶下沉、地表下沉、建筑物倾斜、三维变形、地层与围岩多点位移、地下水位移等；应力应变类包括钢筋内力、土压力、锚杆轴力、锚杆抗拉拔力、孔隙水压力、围岩原位应力、混凝土应变等；地质雷达探测数据主要有围岩及工作面前方的地质超前探测和混凝土结构的质量检测数据等。此外根据工程需要，亦可进行爆破震动监测，它主要用于爆破参数设计的优化、控制超欠挖和减少对围岩的扰动等。

（2）施工工况。施工工况主要是对施工情况的记录，用于量测数据的分析，尤其是岩土层与支护结构的时空变化规律的分析。

（3）工程地质数据。工程中岩土层与支护结构的破坏与地质条件及其变化密切相关，工程地质特殊地段往往也是监测的重点，监测数据常常需结合地质情况进行分析。钱江通道工程地质数据主要包括：周围岩体物理力学性质；工程范围内的岩土层地质构造、地下水分布以及隧址附近钱塘江水势变化等。

（4）工程设计。数据工程设计数据主要包括岩土工程结构断面设计参数、结构形式、支护方法、施工工艺等，可用于基于监测数据的有限元模拟分析，如过江通道与基坑施工的动态模拟。

8.3.2 综合监控系统

监控系统监控范围包括隧道、两岸工作井、接线道路及隧道控制中心等区域，见图 8.9，综合监控系统应实现对以上范围的统一监控、集中管理，在疏导交通、防灾、消灾、保障隧道内交通安全等方面发挥非常重要的作用。

综合监控系统包括以下子系统：

（1）中央计算机系统；

（2）交通监控系统；

（3）机电设备监控系统；

（4）通信系统；

（5）闭路电视监视系统及交通流视频监视系统；

（6）火灾自动报警系统。

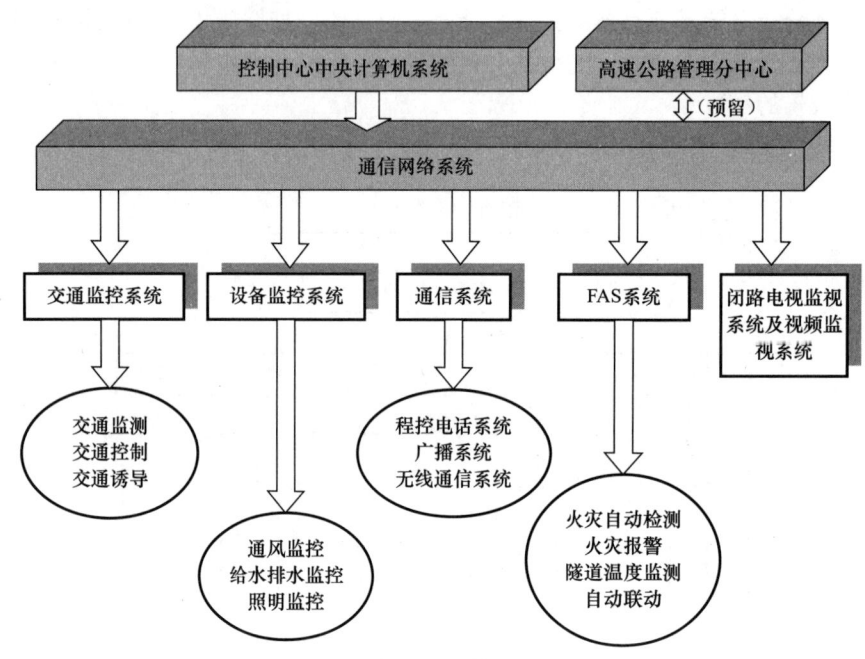

图 8.9 监控系统总体框架结构图

8.3.2.1 中央计算机系统

中央计算机系统是钱江隧道工程的智能管理中心，是集数据通信、处理、采集、控制、协调、图文显示为一体的综合监控系统，能在各种情况下准确、可靠、迅捷地作出反应，及时处理、协调各系统工作，达到实时监控的目的。中央计算机系统通过统一集成平台将各系统操作界面加以集成，通过统一数据库系统收集和管理所有监控信息，以提高运行效率，实现信息共享。

本次投标的中央监控系统在隧道管理中真正意义上实现了各个系统的高度集成，全部的监控管理工作，都可在一台工作站上完成；特有的系统联动功能可以根据设备报警自动联动视频、音频和具体设备，这样可以极大地提高监管人员的工作效率，降低他们劳动强度。原先需要在各个子系统分别设置冗余工作站来完成系统安全性保证，现在得益于高度集成化后，仅需要两台工作站即可完成，极大地提高了设备利用率。本中央计算机系统具有以下功能：

（1）在控制中心实现统一监控、集中管理。疏导交通，实现隧道交通、车辆一体化管理，确保车辆便捷、顺利、安全地通过。

（2）对隧道内以及相关设备实现远程遥测、遥控和遥信管理。

（3）对隧道内的供电系统实行监控优化管理，满足隧道动力、照明及其他设备用电正常供给和照度的适应性控制。

（4）实时分析记录隧道环境情况，联动相应设备，改善隧道环境状况。

（5）实现隧道全区及相关区域的通信功能，正确、及时地传输隧道内外的信息。协调管理隧道与相关部门实时通信。

（6）使用多级、分功能、多系统集成的中央计算机网络，完成智能监控、操作、维护、通信、资源共享等功能。系统具有降级使用功能。

（7）通过千兆以太网将隧道的交通及运行信息向相关部门传送信息，并接收其控制信息，为将来实现道路交通统一管理预留网络接口和通信接口。

（8）系统结构简单，人机界面友好，操作方便，能随意地增加、改进或升级有关功能，满足日后的运行需求。

中央计算机系统由中央数据服务器，通信服务器，系统工作站，数据存储设备，多媒体大屏幕综合显示设备和网络组成，见图 8.10。系统工作站可通过权限登录分为交通监控、设备监控、电力监控、火灾报警、闭路电视（CCTV）多媒体监视工作站，且互为备份。

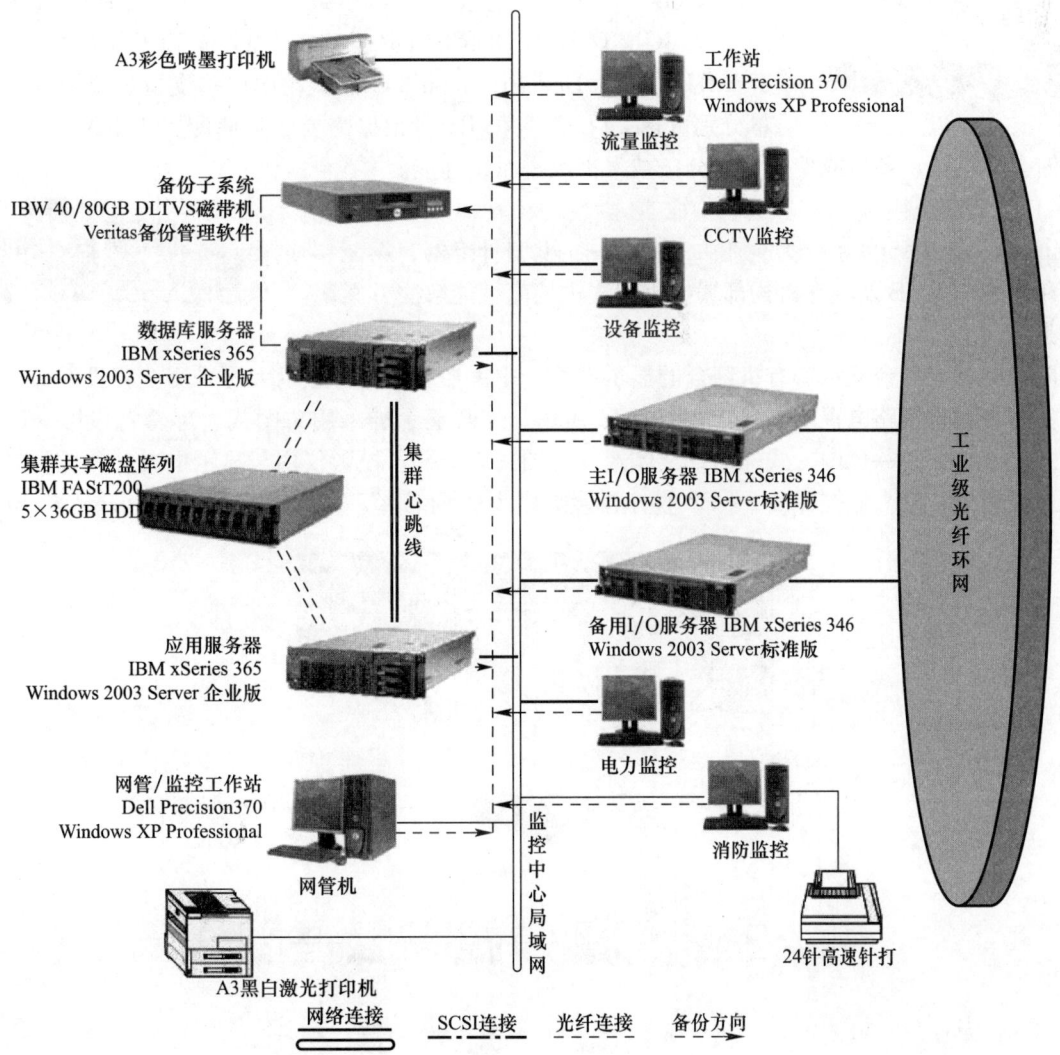

图 8.10　中央计算机系统架构示意

（一）主、备服务器

IBMxSeries 365 服务器为机架式服务器，提供性能、可用性和灵活性的完美组合，适用于各种数据中心环境、关键业务计算的服务器工作负荷。

IBMxSeries 365 服务器最多可同时使用 4 个带有 512kB L2 缓存和 1MB L3 缓存的 3.0GHz 英特尔至强 MP 处理器，在同类产品中具有最高的性能，英特尔至强处理器采用多处理器服务器技术领域中的创新技术。英特尔芯片组采用了 NetBurst 微架构，因此性能得到增强，可以为多线程应用程序或多任务环境提供 400MHz 的系统总线。该芯片组还具有 2 路内存交叉存取功能，并可通过成对使用相同的内存扩充容量。

（二）I/O 服务器

I/O 服务器选用 IBM xSeries 346 机架式服务器。I/O 服务器对交通监控、设备监控和火灾报警等系统的下层设备所需的隧道中的各种信息，由本系统指挥和协调数据的流向，由各工作站读取且分别处理、运算后，向上、向下发布指令，并存入统一的数据库中，供值班人员随时调用、显示、打印。

（三）工作站

Dell Precision390 工作站拥有杰出的双核英特尔®酷睿 2 E6700（2.66GHz、1066 前端总线、2MB 二级高速缓存）。四个 DIMM 插槽最高支持 8GB 双通道 DDR2 SDRAM ECC 或非 ECC DDR2 533MHz/677MHz 内存。Dell Precision 390 在机箱中最多支持三块硬盘，潜在容量分别可达 2TB 和 1.5TB。可根据需要将存储配置为 RAID 0、1 和 5，轻松存储大型文件、备份或使用数据分条技术来改进系统性能。

（四）以太网交换机

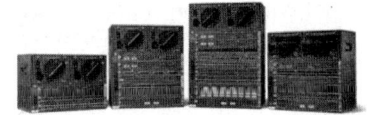

Cisco Catalyst 4500 系列为企业 LAN 接入、小型骨干网、第三层分布点和集成化 SMB 及分支机构部署提供了先进的高性能解决方案。

（五）综合显示屏（OPS）

采用大屏和控制台显示器有机结合的显示方式。中央控制室综合显示大屏采用全背投方式，显示交通、设备、电力、闭路电视等信息，如图 8.11 所示。综合显示屏采用拼图式大屏幕背投影（DLP）屏显示方式，嵌装在统一色调、式样的骨架体上。拼图式大屏幕背投影仪用于显示中央计算机网络各站点界面和视频信号、电力监控界面。OPS 整体拼接规模为 2（行）×7（列），共 14 个显示单元，整体尺寸

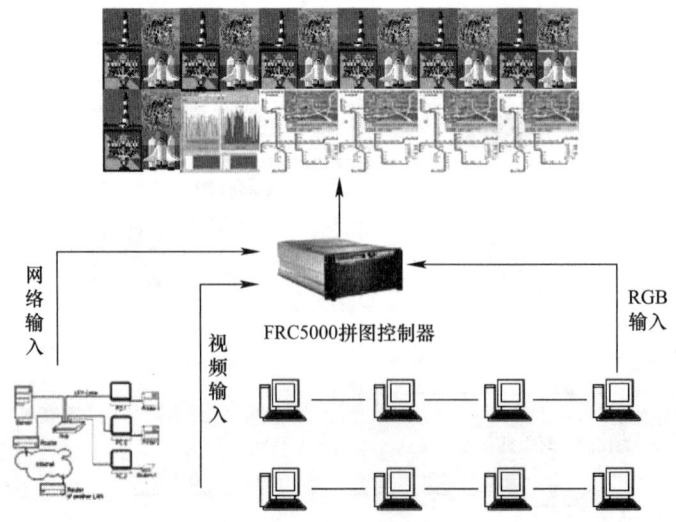

图 8.11　综合显示屏示意图

约为：10000（宽）×3000（高）×1000（深）mm。投影单元的单屏对角线尺寸为 67 英寸，分辨率：1280×1024；MTBF＞20000h。采用世界先进的无缝拼接技术，屏幕安装拼缝小于 0.8mm。

8.3.2.2　交通监控系统

交通监控系统包括交通流检测设备和信息显示设备，主要包括可变情报板、可变限速标志、隧道用车道信号灯、路面用交通信号灯、疏散指示灯和声光报警器。交通流量检测包括车辆检测器及超高检测器等。交通监控系统可以实现下述功能：

（1）交通和设备监控区域控制器（ACU）通过现场设备网完成对现场信息的采集和对现场设备的自动控制；现场光环网通过交换机将 ACU 互联，并与中央计算机服务器和工作站建立联系。现场控制光环网采用 100Mbps 工业以太网。

（2）系统通过区域控制器、车辆检测器、超高车辆检测器等现场设备，实时、准确地获取各车道交通运行参数（车速、流量、占有率等），经预处理后，通过现场光环网送至交通监控计算机，并存入数据库。系统具有控制、疏导车流的功能，通过在接线道路区、引道区、隧道及其出入口区的信号指示，达到分流、启闭车道、迫使车辆改道等作用。

（3）通过中央计算机网络得到其他机电系统的如 CO/VI 检测、火警、交通事故、供电故障等现场数据信息及历史交通参数，按照确定的模型推断出隧道内各区段的交通状态（正常、拥挤、阻塞），并提供预先设定多种不同的交通控制模式供操作员参考、使用，还提供经分析处理后的控制决策；由区域控制器执行命令，通过信号灯、可变情报板、限速标志对车辆的运行实施动态诱导控制；同时将相关的交通信息上网发布。隧道内可变情报板可与火灾报警系统联动，实时发布救援、疏散信息。

（4）针对隧道交通运行要求，交通监控程序设计主要提供了车道正常运行的预设方案和异常警告，以及交通信号灯系列控制管理方案，以便于控制室操作员对合适的方案作出选择。程序亦设有弹性操作模式，使操作员可以调控超出预设方案之外的方案。

（5）交通监控程序含有短暂快捷的车道封闭及重开运作模式；程序预设置车速的分级指标，在测量车速超出范围时，能发出指示，警告操作员注意，并可通过 CCTV 系统监视路况，分析原因，采取相应的交通措施，防止事态进一步恶化。

（6）交通分析功能包括：交通资料的统计功能、遥控功能、系统故障处理和自检功能、打印功能、查询功能，生成小时交通量、直方图、拥挤、阻塞时间、事故时间等信息。

（7）交通监控的相关信息可在中控室显示终端或大屏幕上显示，使操作人员直接获取信息；当中央计算机网络发生故障时，通过区域控制器箱可直接对交通设备进行操作。设置移动式电子警察。

8.3.2.3　通信系统

通信系统是为隧道运营管理服务的，是运营管理、抢险救灾和公务联络的重要手段。在正常情况下为隧道工作人员之间以及隧道工作人员与外界有关业务部门之间建立可靠的通信联络；在紧急情况下为隧道内工作人员及车辆驾乘人员与中央控制室（以下简称中控室）管理人员、杭州市有关抢险部门（如消防、公安等）建立快速、可靠的通信联络，中控室管理人员还可以通过广播系统对隧道内工作人员及车辆驾乘人员进行疏散指导。通信系统包括有线电话子系统、广播子系统及无线通信子系统。

（一）有线电话子系统

有线电话子系统包括紧急电话、调度电话和公务电话。紧急电话主要用于隧道口及隧道内报警、抢险救灾及各种特殊情况下的通信联络。各紧急电话分机均直通控制中心中控室的紧急话务台，属无键热线电话。紧急话务台允许多个操作员同时使用，当紧急电话分机呼叫时，操作台具有声、光报警功能，能自动显示呼叫分机位置。本系统可通过与中央计算机的接口将分机呼叫信号传至地图板系统显示地理位置，并联动电视监视系统，显示呼叫地区摄像机图像，同时进行录像。紧急电话能自动录音，呼叫过程可以记录及打印。调度电话主要用于隧道电力供应、日常维护、防灾救护及运营管理等方面的调度联络，要求迅速、直达，不允许与运营无关的其他用户接入该系统。调度电话总机具有组呼、全呼等功能，调度电话系统能够自动录音。公务电话用于隧道管理系统内部及对外的公务联络，能将"119"、"110"和"120"等特种业务呼叫自动转移至公用电话网的"119"、"110"和"120"上。具有等待提示、中继遇忙回叫、分机遇忙回叫、内部缩位编号、强插、热线、呼出限制、呼入限制、呼叫等待、呼叫转移、缩位拨号、ISDN业务、多方会议电话、计费等功能；程控话务台具有强拆强插、监听、自动选组、全呼、直拨外线、会议电话等业务功能。

（二）广播子系统

广播子系统用于隧道日常业务管理广播和紧急疏散、急救广播。系统平时用于向隧道内发布交通信息、通知或工作指令，进行日常业务和管理广播；当收到火灾报警信号时，能自动切换至火灾紧急广播状态，实现与FAS的联动，实施紧急疏散、急救广播；当隧道内发生阻塞、车辆违章、交通事故或灾害等情况时，中控室值班人员可通过本系统对在隧道内任何区域的有关人员发布指令、通知，进行调度、组织疏散等工作。系统具有程序控制自动广播、人工控制自动广播、FAS联动自动广播和监控系统联动协同广播等功能。系统设置广播呼叫站，中控室可以通过广播呼叫站对隧道内、引道、工作井和管理中心大楼用话筒、预先录制的语音信息和其他信源进行选区广播。在微机控制下，任一信源可以播向一个或多个广播区域，多个信源可同时播向不同的负载区域。在隧道内能单音区或多音区广播，且左线隧道和右线隧道可播放不同的语音内容。

系统具有有线和无线调频两种广播方式，有线广播可通过音频接口接入，无线子系统实现无线调频广播（具体描述见无线通信子系统）。系统能够自动选信、选路，自动核算负载大小，自动确定扩音机介入数量，并具有语音合成功能。系统具有自我检测功能，能监测系统的工作状态并对系统内部的设备进行故障大致定位，系统的操作维护功能可以集成到中央计算机系统中。

（三）无线通信子系统

无线通信子系统分为隧道专用移动调度通信系统、公安及消防用无线信号引入系统及民用通信信号引入系统。

由于隧道专用移动调度通信系统和公安及消防用无线信号引入系统在频段上较接近，故可将两系统传播平台合并，统一满足隧道内治安、消防、调度、运营、安全的需求，称为专用移动通信系统。本设计将无线通信子系统分为专用移动通信系统及民用通信信号引入系统两部分考虑。

（1）专用移动通信系统

专用移动调度通信系统为在隧道内维修、抢救、巡逻等人员与控制管理人员之间建立灵活的通信联络，同时可通过调频广播发射台与车载FM接收机向驾驶员进行无线调频广播；公安及消防用无线信号引入系统为在火灾及其他紧急情况下提供隧道内消防人员与消防中心通信、隧道内公安人员与公安中心通信的信号中继。

专用移动调度通信系统可考虑在民用通信信号引入系统实施后直接购置各运营商业网的手机或电信PHS无线市话手机，加入其运营商业网。但过江隧道民用通信无线信号引入系统存在诸多不定因素，在隧道运营后不一定立即投入建设，加上运营商移动网本身出现故障或在隧道内设施出现故障均影响隧道专用移动调度通信效果，且从长远费用考虑，自建隧道专用移动调度通信系统维护费用较话费低，故本设计按隧道专用移动调度通信系统自建考虑。隧道专用移动调度通信系统工作频段暂按采用150MHz设计，必须向杭州市无线电管理委员会申请频点，由杭州市无线电管理委员会根据无线电频率规划批准所采用的频段及频点，以最终批复为准。隧道内部移动人员设置手持台，管理中心内部用基地台能选呼、全呼、组呼内部专用无线手持台，采用双向异频半双工方式通信；手持台之间可相互通话，采用异频单工方式通信。工作频段采用150MHz。系统可实现管理中心对隧道内来往车辆上的车载收音机FM频道提供信号源，播放隧道信息、通知和命令。调频广播发射机工作频段为87～108MHz，采用单频单向单工方式工作，与有线广播系统互补。系统可实现消防手持台与消防中心基地台及移动消防指挥车之间以及消防手持台之间在隧道内的通信；可实现公安手持台与公安中心基地台及移动公安指挥车之间以及公安手持台之间在隧道内的通信；工作频段为 350～370MHz，均采用异频半双工方式、异频单工方式通信。专用移动通信系统由发射基地台（350MHz 公安消防用中继转发台、350MHz 公安消防用模拟集群基站、内部用管理中心基地台、调频广播发射机）、中继器、光纤直放站、合路器、功分器、漏泄同轴电缆及其连接器件、手持台组成。350MHz 公安消防用模拟集群基站、公安及消防用中继转发台、内部用管理中心基地台、调频广播发射机、光纤直放站近端机、合路器设置于管理中心大楼；在工作井内设置光纤直放站远端机，使各发射基地台的射频信号延伸至江北工作井。

隧道内无线电波传播方式采用漏泄同轴电缆辐射方式，漏泄同轴电缆的频率范围为 60～900MHz。各发射基地台通过低损耗射频电缆连接江南工作井内的功分器，将信号分成两路进入隧道内的漏泄同轴电缆，在每条隧道中根据需要各设双向中继器以提高上行和下行信号传播功率。各频段无线系统的信号通过敷设于隧道内的漏泄同轴电缆达到隧道内及引道场强覆盖，通过天线达到管理中心大楼、江南工作井、江北工作井的场强覆盖，实现各频段专用无线系统的隧道内通信联络。

（2）民用通信信号引入系统

民用通信信号引入系统为提供隧道内各运营商业网的移动电话、电信 PHS 无线市话的引入系统，满足隧道内各移动手机的通信需要；系统提供转接隧道外 900MHz 频段数字蜂窝系统和 800MHz 频段 CDMA 系统和电信 PHS 无线市话移动用户间的通信服务接口，满足隧道内各运营商业网移动手机的通信需要。并预留将来 GSM1800MHz、CDMA1900MHz 或 3G 信号引入。

民用通信信号引入系统由 GSM 基站、CDMA 基站、PHS 小灵通无线市话基站、直放站、接口设备、滤波器、漏泄同轴电缆及其连接器件组成。其中各 GSM 基站、CDMA 基站、PHS 小灵通无线市话基站由各运营商自行提供并安装，分别设置于江北工作井及江南工作井，本系统提供接口。

根据我国公用移动电话通信网工作频段的划分，在漏泄电缆中，无线信号辐射方式可采用两种方式：一是上、下行信号共用同一条漏泄电缆辐射；二是上、下行信号通过不同的漏泄电缆辐射。上、下行信号共用同一条漏泄电缆辐射方式与通过不同的漏泄电缆辐射方式比较可节省二分之一的漏泄电缆，造价相对便宜。但是，随着 GSM 移动网的高速发展，GSM 系统工作频段间隔更小，中国移动和联通两个 GSM 的工作频段的上行频段高端与下行频段低端间隔只有 33MHz。当采用同缆辐射方式，上、下行之间信号的干扰难以彻底隔离，并且在功率较大情况下各系统还会产生严重的互调干扰。因此，本系统漏泄电缆采用上、下行信号分缆辐射、单向中继器中继的方式。隧道内无线电波传播方式采用漏泄同轴电缆辐射方式，漏泄同轴电缆的频率范围为 800～2400MHz，分别敷设于两条隧道内顶部。隧道两端的 GSM、CDMA 基站各负责隧道内场强覆盖的一半，各基站通过接口设备及二路功分器，将信号分成两路进入隧道内的漏泄同轴电缆，在每条隧道中根据需要各设中继器以提高上行和下行信号传播功率。

各频段无线系统的信号通过敷设于隧道内的漏泄同轴电缆达到隧道内场强覆盖的目的，实现各频段无线系统的隧道内通信联络。本设计按隧道建成后，由隧道运营部门自行建立民用通信信号引入系统。隧道两端的江北工作井及江南工作井内均预留与移动 GSM 基站、联通 GSM 基站、联通 CDMA 基站及 PHS 小灵通无线市话基站相连的接口设备，以便隧道建成后，各移动公网运营商增加基站使信号延伸，具体引入方式有待下一步落实。

8.3.2.4 闭路电视监视系统（CCTV）

闭路电视监视系统是保证人员、车辆和隧道安全的必要手段，主要用于中控室值班员对整个隧道、引道及所辖地面道路等处的交通运行状况实行全范围、全断面的监视以及对管理中心、工作井和变电所的工作状况实行监视，为隧道交通管理提供全面、直观的视频监视手段。在发生紧急情况时，为中控室值班员及时了解现场情况及进行指挥提供直观有效的帮助。

此外，闭路电视监视系统还可为交通流视频检测系统提供基础视频信号。本系统通过视频矩阵控制器的以太网接口与中央计算机系统进行通信。通过软件在多媒体工作站上显示实时图像信息，并可通过视频矩阵控制设备，在工作站上进行视频画面的切换与控制，同时对于带有云台的一体化摄像机进行远程控制。此外，本系统还可以在接收到联动信号时做出联动反应，完成详情监视器画面和大屏幕信号源的切换，方便中控室管理人员及时了解、核实紧急事件现场的情况。系统内所有摄像机的图像均可叠加编号、日期与时间等信息，并可通过硬盘录像机进行数字化存储，以便一段时间内的备案及检索。系统具有自动切换、循环和定点显示等功能。系统预留将图像信息传送到公安、市政交管等部门的条件。

8.3.2.5 交通流视频检测系统

交通流视频检测是一套独立于区域控制器控制的交通检测系统。本系统在隧道全线范围内实时收集各类交通运行信息，对全线交通流的变化进行检测，作为中央控制中心实行交通引导控制的参考依据，并通过实时图像监视的配合，给出控制交通的命令。在发生交通事故时本系统能够自动报警，提示中控室值班员及时采取措施，疏通阻塞，畅通全线交通。交通流检测系统可以实现事故检测（包括车辆停止、交通堵塞、行人进入隧道、车辆逆行、火灾检测）和交通参数检测（包括交通流量、速度、占有率、车距、排队长度）等。系统能即时报警，自动录像，大大提高事故的应急处理能力，减少了事故发生后带来的损失；不但减轻了操作人员的工作量，而且弥补了事故的遗漏。通过交通事故再现可及时判断事故产生的原因，正确采取合适的事故救援方式。系统存储的交通事故再现信息还可作为事故责任判定的依据。交通参数检测包括：每一车道交通流量（辆/h）、速度（km/h）、占有率（％）、车距（m）、排队长度（m）。视频检测系统需提供检测数据的显示、打印，可实时用图表显示。可提供交通参数日、月、年历史数据的查询、显示、打印。交通参数可由存储设备备份。

8.3.2.6 设备监控系统（BAS）

（一）系统基本功能

（1）系统具有降级处理功能，当中央计算机或网络发生故障，下一级的站端机（RTU）能根据具体设置，自动升级，独立完成对设备的控制。

（2）实时数据管理：主机可按预定的程序，对数据进行压缩处理存盘，建立历史数据记录文件，供查询、统计、打印。

（3）人机界面：依靠图控软件，能方便地显示系统运行工况图，包括隧道内照明、风机、泵房的运行工况，水位状态图，事故报警点，报警参量图等各种用户需要的画面。

（4）报警功能：对报警事件设有时间标签。对于全部的报警，操作员对它确认的报警信息均予以登录，按类型或按级别列入动态的报警一览表。

（5）打印功能：实时、定时报表打印；随机文件记录打印和追印；设备故障打印。

（6）在线自诊断功能，并在 CRT 上及时显示故障信号。

（7）设备维修管理：建有设备档案（生产厂、型号、参数、技术条件）。记录所有设备的运行时间、动作次数等。在线维护任务的数据库，打印预防性保养报告。

（二）系统监控功能

（1）通风系统

通风监控分正常和异常（如交通堵塞、火灾）工况，当隧道内发生异常情况时，通过对异常情况的监控，使异常情况的规模得到控制，并尽快恢复正常的运营环境。

正常运营模式：通风控制程序采用自动与手动相结合的方式，具有远程（中央控制室）和就地（隧道内）二级监控功能。一方面可根据 CO 浓度、VI 烟雾浓度、风向风速仪及交通量等综合数据，与预设置或历史等指标比较，决定风机开启的数量，在现场设备网上实现自动调节风量，以达到环保的标准；另一方面也可不考虑 CO、VI 浓度及交通量的变化情况，而是按时间段（如白昼与夜晚，节假日与平时）预先编成程序来控制风机。当自动控制出现异常情况下，可通过手动模式实现控制。

异常运营模式：当隧道内出现交通堵塞时，执行堵塞通风模式，设备监控系统根据交通监控系统送来的交通信息，对风机实现监控；当隧道内发生火灾时，通风控制程序设计提供了紧急运行模式，设备监控系统能根据 FAS 火灾信息，确定火灾地点，使隧道内风机自动执行防烟排烟模式，并停止隧道内非消防风机运行。

（2）给水排水系统

对隧道、控制中心内设置的给排水、水消防系统实施水位监测、危险水位报警；显示雨水抽升泵、污水泵、废水泵等工作状态；能在就地和中央控制室对雨水抽升泵、污水泵、废水泵实施控制。

（3）照明系统

在照明监控中，既要保证隧道的舒适度、亮度要求，又要充分节约能源、降低运行费用。隧道基本照明控制采用时控、就地和遥控三种方式；出、入口照明采用照明控制仪进行光控、就地控制和遥控。根据洞外环境亮度、交通量的变化，按白天（晴朗）、傍晚（多云）、阴雨天、重阴、夜间、深夜六级标准对洞内照度进行控制。晴朗的白天基本照明和加强照明灯具全部开启，傍晚或多云天气加强照明灯减半，阴雨天加强照明灯开启 1/4，重阴天加强照明灯开启 1/8，夜间加强照明灯全部关闭，深夜交通量较小时基本照明灯具减半。当隧道正常照明供电出现故障时，该区域的应急照明立即投入运行；当隧道发生火灾时，按事件控制程序关闭有关区域的照明设备，应急照明和疏散指示系统起到诱导疏散作用。

（4）隧道管理中心

管理控制中心的通风、空调系统、给排水、电梯及楼内照明纳入本系统，通过设置在管理控制中心内 RTU 对楼内设备进行合理化以及节能方面的管理。

8.3.2.7　防灾报警系统（FAS）

本系统具有报警、显示及联动等功能，且为独立系统。通过 FAS 工作站的网卡，将确认报警信息送往中央控制系统，可在综合屏上显示，并作为相关系统及消防设备联动的依据。火灾报警的地址信息与相应的风机、广播音区、水喷雾分区、摄像机对应起来。

（一）报警

系统接受隧道内的火焰探测器、线性感温探测器以及手动报警按钮等自动和手动报警信号；接受隧道工作井及管理中心内管理用房智能光电式感烟、感温探测器和手动报警按钮等自动和手动报警信号；接受隧道内变电所、泵房以及管理用智能光电式感烟、感温探测器和手动报警按钮等自动和手动报警信号。

（二）联动控制

消火栓泵、水喷雾泵、泡沫泵、专用排烟轴流风机、电动排烟口、电动卷帘门为火灾专用设备，由 FAS 直接联动。其中消火栓泵、水喷雾泵、泡沫泵、专用排烟轴流风机除采用总线编码模块控制外，还在中央控制室设置手动直接控制装置。

（1）对消火栓系统的控制显示功能：

① 控制消防水泵的启、停；

② 显示启动水泵按钮的位置；

③ 显示消防水泵的工作、故障状态。

（2）对水喷雾灭火系统的控制显示功能：

① 控制水喷雾泵的启、停；

② 显示雨淋阀及水流指示器状态；

③ 显示水喷雾泵的工作及故障状态。

（3）对泡沫消防灭火系统的控制显示功能：

① 控制泡沫泵及消防水泵的启、停；

② 显示系统工作状态。

（4）对专用排烟轴流风机的控制显示功能：

① 控制消防水泵的启、停；

② 显示系统工作状态。

（5）对电动排烟口的控制显示功能：

① 控制电动排烟口的开、合；

② 显示设备工作状态。

（6）对电动卷帘门的控制功能：

按程序控制电动卷帘门分两步下降。

车道射流风机、废水泵为正常工况和火灾工况兼用的设备通过 BAS 联动控制；BAS 系统通过供电照明系统切除非消防电源，启动火灾应急照明和疏散标志灯。由 FAS 发布火灾模式指令，BAS 优先执行相应的控制程序。

参与联动的其他相关系统：

① 通过中央控制系统将广播系统强切进入火灾紧急广播状态；

② 通过中央控制系统，对发生火灾区域，FAS 指令 CCTV 系统将相应的摄像机摄取的图像切换至详情监视器并录像。

（三）显示

报警点及消防设备状态可在中央控制室 FAS 工作站以及综合显示屏上显示。

（四）与其他系统的接口

部分不具有以太网接口的实时数据采集设备，可通过附近的监控系统区域控制器 ACU/RTU 的 RS485/422 接口进入设备控制光环网或通过光缆直接接入中央计算机系统。具有以太网接口的实时数据采集设备直接连接到设备控制光环网的以太网交换机上。监控专业与过江通道专业的接口在结构体健康监测数据采集设备箱以及 ACU/RTU 机柜的接线端子处。

8.3.3　钱江隧道数字化平台

针对国内外的隧道监控平台目前的发展情况展开调研，调研结果如下：

（1）国内外大部分的系统集成商所提供的解决方案中，在监控系统的实现上，还基本上采用物理位置上相对集中，但各个子系统仍然相互独立、自成系统方式，或根据特定的需求定制化地进行点对点的数据交换，各个系统间的信息互通没有实现真正意义的数据共享，而是事实上的一个个信息孤岛，系统综合集成程度较低，导致在操作和管理上效率不高，尤其在面对突发事件时，需要人工实施对各子系统的控制，通过对不同的各子系统的操作，来完成一套应急流程，这势必会影响到监控指挥中心的职能作用的正常发挥。

（2）隧道作为一种交通设施的特殊构造物，空间小而封闭，环境恶劣，其安全性保障和运营管理均有一定的复杂性和难度。指挥中心采用传统的基于二维平面示意图的设备监控系统进行隧道设备的监控，已不能满足于隧道监控直观、简捷、灵活、高效的要求，在发生灾害的时候，计算机系统对人的帮助比较有限。

鉴于目前市场上隧道监控平台所存在的上述问题，本次课题对大型隧道集成监控系统中的信息获取、显示方式进行了研究，对一些关键的设备进行无缝集成，对一些重要数据进行进一步挖掘、归纳和抽象，对隧道应用系统全新的展示模式进行进一步科研尝试，建立了一套适用于钱江隧道的准确、高效的信息化管理系统。

8.3.3.1　钱江隧道数字化监控平台简介

针对隧道功能所需，建立了一套集存储、监视、控制、报警、联动、指挥等众多功能为一体，具有"集中管理、分散控制、全面监控、安全联动"等特点的全数字化信息监控平台。平台在隧道施工、运营期间得到了很好的应用，保证了隧道施工运营的高效、安全。

平台的稳定运营需要合格的硬件、软件环境作支撑，本平台运行环境技术指标见表 8.3。

数字化平台运行环境　　　　　　　　　　　　　　　　　　　　表 8.3

		应用服务器	数据库服务器	客户端
硬件环境	处理器	2CPU 或以上，≥2.4GHz	2CPU 或以上，≥2.4GHz	≥1.8GHz 的 X86 兼容的处理器
	内存	≥4G	≥4G	≥2G
	硬盘	≥80G	≥1TB	≥80G
	网卡	100M/1000M 自适应	100M/1000M 自适应	100M/1000M 自适应
	显卡			显存 1GB 或以上
	显示器			支持最高分辨率为 1920×1080
软件环境	操作系统	Microsoft Windows 2003/2008 Server	Microsoft Windows 2003/2008 Server	Microsoft Windows XP＋SP2 及以上/Microsoft Windows 7
	数据库		SQL Server2008 Oracle10g、11g IBM DB2 PostgreSql9	

平台采用典型的性能高、可弹性扩展的分布式 C/S 架构，结构上分为三层：

采集层：专用于数据采集，完成与外部系统之间的数据交换；

服务层：专用于配置管理、数据管理和高级应用功能；

展示层：主要用于 HMI（人机交互工作站节点）功能，在操作员工作站上实现。系统层次如图 8.12 所示。

图 8.12　平台架构图（注：本系统中数据采集层主要采用的是 OPC 数据源采集）

在这个架构上，各类异构系统进行集成对平台各功能模块进行实现，经过分析认为，全数字化监控平台应至少具备如下功能模块：授权管理服务模块、数据采集服务模块、数据处理服务模块、控制服务模块、数据转储服务模块、事件报警服务模块、联动服务模块、冗余管理服务模块、多媒体服务模块（包括视频监控、DLP 大屏幕、交通 LED 情报板等）、集中配置服务模块、过程数据库服务模块、HMI（人机接口）模块（包括组态子模块、趋势子模块、集中配置客户模块）等，见图 8.13。

其中，各大服务模块是系统运行的核心，HMI 是用户展示的窗口，服务的安全稳定、高效可靠，HMI 界面是否美观易用，以及三维仿真模块是否能够反映隧道结构体的实际情况，直接决定了用户对于全数字化监控平台产品的使用体验。因此，做好平台服务、HMI 模块和三维仿真模块的开发和实现技术的研究，是整个全数字化监控平台规划研究的关键。

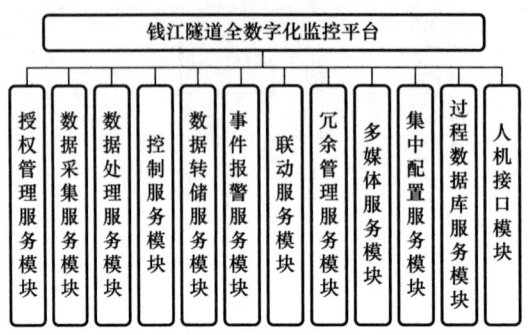

图 8.13　平台功能模块构成图

8.3.3.2　监控平台服务功能模块

（一）授权管理服务模块

包括用户管理、群组管理、授权项管理、权限控制，该模块主要实现将系统内的各种资源（如画面、菜单项、按钮、分区等）的访问权限授予特定群组或者特定用户，用户使用用户名和密码能够登录到数字化平台所创建的系统，并根据预先授予的权限对系统进行操作。

授权管理系统提供了一套专门面向监控领域的高性能和高安全性授权系统。它可对监控系统中需要授权的各类资源，如变量、联动动作、视频摄像头等进行集中配置和管理，并能在客户端和服务端实现高性能授权，满足实现监控的高安全性要求，实现分布式授权验证。

在授权管理系统中，既可以设置系统授权项，如群组管理、用户管理、组态编辑、部署等，也可以设置自定义的授权项，见图 8.14。

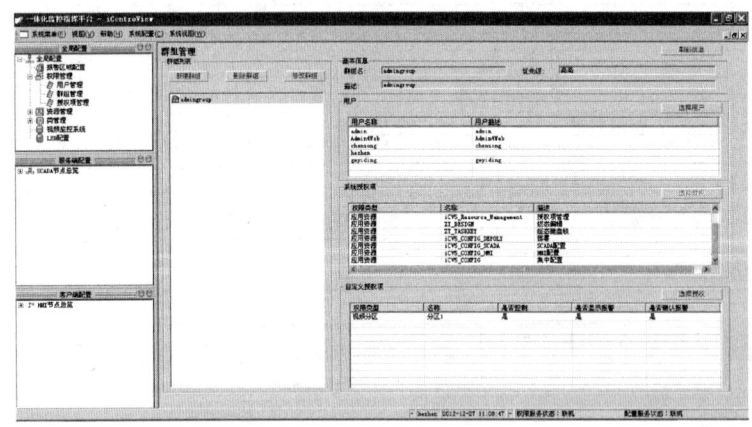

图 8.14　授权管理

（二）数据采集服务模块

数据采集服务模块与设备层设备进行数据通信，实现设备数据的采集和下发，该服务模块本身是一个框架，能够载入各种驱动子模块，包括平台本身支持的通用接口协议驱动（如 MODBUS/TCP、OPC、SNMP 等），以及平台提供的驱动开发框架所开发的非标设备的驱动程序，载入这些驱动子模块后，数据采集服务模块能够与设备层设备进行数据交互、指令下发等。

（三）数据处理服务模块

数据处理模块实现平台上层服务（事件报警服务、数据转储服务等）与数据采集模块之间的沟通，数据采集模块所采集上来的设备状态信息通过本模块实现 TAG 点信息的生成，供平台上层模块使用。同时本模块也接收平台上层模块（如控制服务）的指令，通过设置 TAG 点的方式，下发给数据采集模块，实现对设备的参数设置和控制。

平台的数据处理，主要由数据采集和数据处理两个模块配合实现，数据采集模块主要负责将各种不同类型的设备中的数据，按照统一的接口提供给过程数据库。过程数据库模块则担负着过程数据的采集、控制指令的下发、时间及报警的判断和生成等功能。历史趋势模块可以根据配置对过程数据库中的实时数据压缩并保存下来，可以支持超过 3 个月的保存周期，同时为整个系统提供统一的数据访问接口，使得系统能够将历史数据统一保存下来，供客户端显示和查询，也提供给历史数据转储服务、事件报警服务等模块使用。

（四）控制服务模块

接收来自客户端的用户操作命令，转换成控制指令，通过数据处理模块下发给数据采集模块，进行设备参数设置和控制。

（五）数据转储服务模块

实现监控历史数据、事件及报警的转储，根据配置的数据存储目标信息将需要转储的数据存储到相应的数据源（各种关系型数据库如 Oracle、DB2、SQLServer 等），以满足用户进行历史监控过程的追溯、制作报表等需求。

（六）事件报警服务模块

在平台中设置设备监控点的报警条件，或者设置设备报警点，当监控点满足报警条件时，平台通过报警 TIPS 的方式提示用户，并且报警列表控件中实时更新显示报警内容（如节点名称、设备、点位、监控值等），提供用户确认的手段，并将报警的时间、用户确认的事件、报警恢复的时间记录下来，以便事后追溯。

（七）联动服务模块

提供自动联动服务、手动联动服务、定时联动服务、延时启动联动服务等，以便平台收到报警时，运行着的应用系统做出相应的反应。

本系统具有强大的联动机制。当发生某种事件或者报警时，联动机制将自动触发已经配置好的各种自动或手动的动作项，大大提高了系统的自动化、智能化。在联动时不仅可以完全自动执行，也可以由用户进行直接干预（手动模式），判断及确认是否执行联动预案，功能非常强大。

图 8.15 是本系统中的一个消防报警的案例。当任一节点感知发生火灾事件时，会通过系统的联动服务，将触发交通灯、风机、大屏幕、广播等设备的已经配置的报警预案。同时将所有信息及状态同步通知到每一个子节点，见图 8.16。

对于每一次的报警或者重大事件的发生时，所有的重要信息，包括时间、操作人、事件的描述等，将实时显现，并写入数据库，方便事后查阅。

（八）冗余管理服务模块

本模块是为了保证系统运行可靠性而设计的，当运行在服务器上的平台服务端程序发生异常时，或者因某些硬件环境的原因（如服务器 CPU、硬盘、内存、操作系统、网络环境等）导致平台宕机时，系统能够通过本模块实现冗余切换，将整个系统平台和应用切换到备用服务器上继续运行。

钱江隧道综合监控系统 SCADA 节点可通过平台的冗余管理系统，实现双机热备，即可以实现在两台服务器上同时部署监控系统的服务端软件，使用其中一台为主服务器节点，另一台为备用服务器节点（即冗余节点），当主节点发生故障时（操作系统故障、网络故障、硬盘故障、掉电等），在线监控应用立即切换至备用节点上，继续运行，冗余管理配置相关界面如图 8.17 所示。

（九）多媒体服务模块

本模块需提供视频监控、DLP 大屏幕、交通 LED 情报板等多媒体设备的支持，为客户端提供多媒体服务，使得客户端能够实现隧道内视频监控、大屏幕的控制、隧道内 LED 情报板的控制等应用。

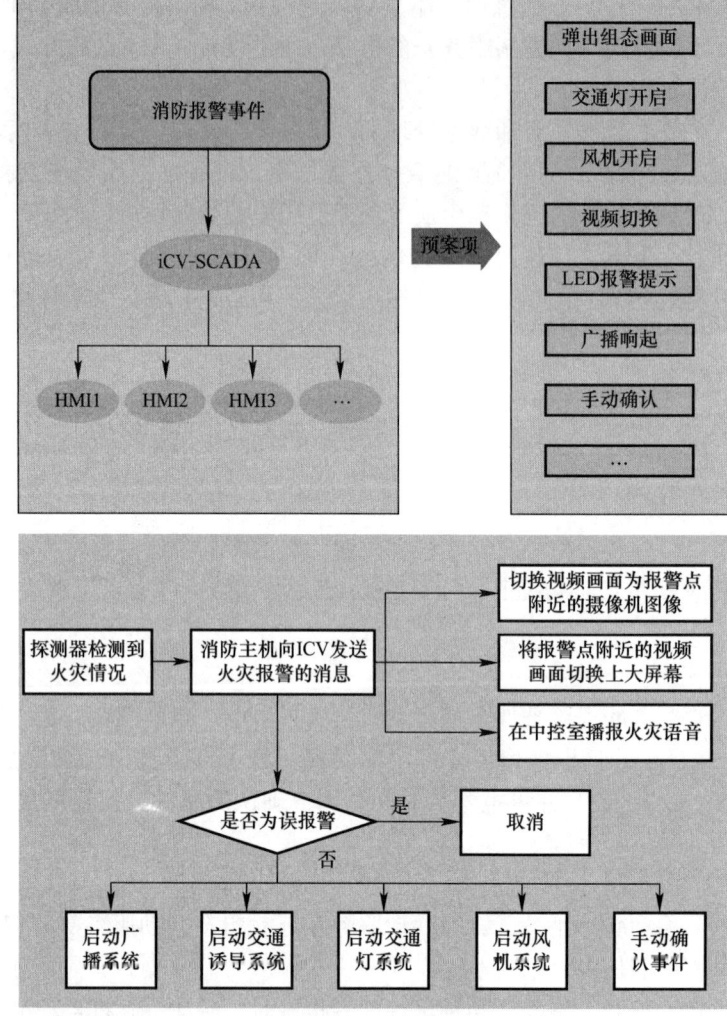

图 8.15　联动举例

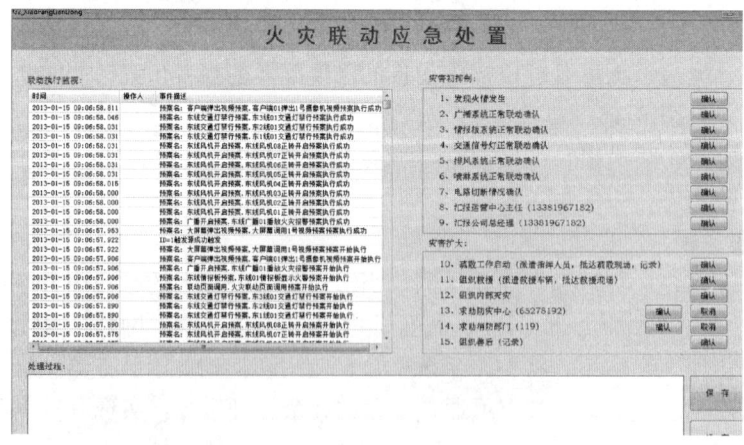

图 8.16　联动应急处置举例

　　多媒体系统包含视频监控（图 8.19），大屏幕监控，LED屏监控（图 8.18），语音广播等，其中视频监控和大屏幕监控是其特色和强项。这些监控模块不仅功能强大，而且都设计为独立模块，既可以很好地集成在本系统中，也可以独立运行，或者和第三方监控系统集成。同时，它们在结构上支持多种硬件部署方案，允许不同类型的硬件混合使用。此外，多媒体监控服务还可以根据登录用户的优先级进行冲突处理。

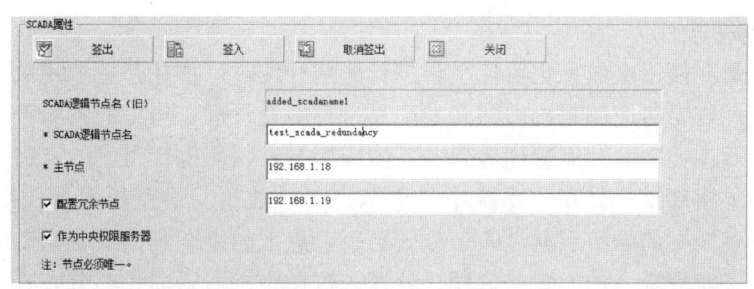

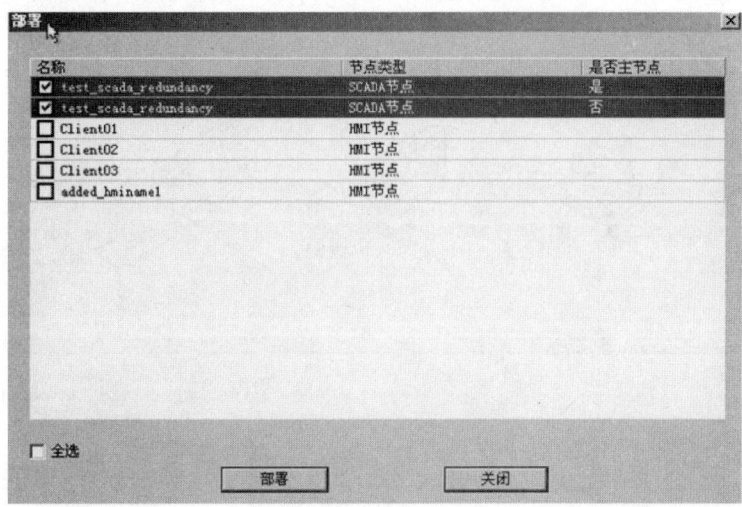

图 8.17　冗余管理

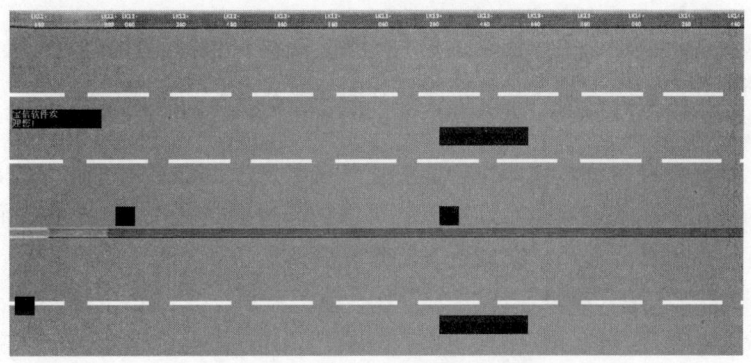

图 8.18　可变情报板 LED 屏的监控

图 8.19　视频监控

通过配置管理工具，可以配置视频监控、大屏幕监控、LED 屏和广播等功能。

（十）集中配置服务模块

应用系统开发人员在使用全数字化监控平台进行应用开发时，往往是一个团队联合开发，而不是一两个人单独开发，因此需要对应用系统内的开发产品进行配置管理，集中配置服务模块将很好地解决团队开发中资源共享、版本控制、冲突管理等问题，为应用开发团队提供很好的支持。

集中配置系统能够实现整个分布式系统中各个节点上的数据、组态画面等应用系统资源的统一管理，用户不再需要到各个不同的节点通过人工方式更新节点上的组态画面或者驱动及变量。所有的工作都可以由集中配置服务实现统一的配置、管理、分发。这样不但可以简化在分布式系统下的数据、画面的配置管理工作，更能通过集中管理保证在应用开发过程中开发产品版本的一致性和统一性。此外还支持多用户的协同工作，设计了多用户操作的配置冲突管理机制。如图 8.20 所示为集中配置系统原理图。

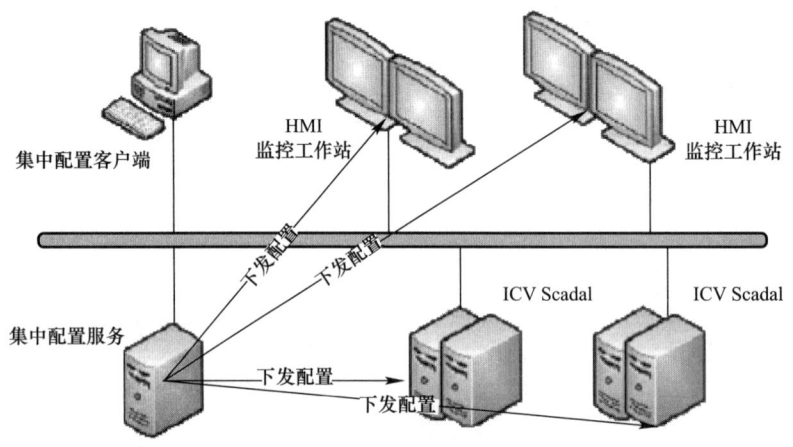

图 8.20　集中配置系统原理图

所有的配置信息存储到数据库中，便于维护、冗余、备份、恢复、迁移。

所有配置相关的操作保留历史记录，并记录操作日志，便于回溯。

（十一）过程数据库服务模块

设备实时监控信息保存在过程数据库中，能够使系统的实时性得到很好的保证，同时也实现信息的充分共享，服务端的应用程序能够通过本地接口就可以访问过程数据库中的数据，而远程系统也能够通过本模块所提供的远程数据访问接口，实现远程的数据共享。

8.3.3.3　人机界面（HMI）模块

包括组态子模块、趋势子模块、集中配置客户模块等，组态的设计思路是工业控制软件中比较常用的方式，其好处在于：（1）无须复杂编程即可实现较为复杂的设备监控功能和较好的动态界面展示效果，用户通过鼠标拖拽、简单配置、少量脚本编制，即能完成画面制作；（2）趋势模块设计成通用 ActiveX 控件，加载在组态画面上，通过 TAG 点的简单配置，即能实现某一个或几个同类的监控点的趋势显示和趋势分析；（3）集中配置的客户模块在支持传统设备模式的基础上，加入了支持对象模式的设计，将设备看成一个个对象，其监控点看成对象的属性，而控制操作则为对象的操作方法，并且支持对象的继承，使得监控系统的实现更加符合人的一般思维，具有面向对象软件开发的特点。

人机界面系统可以非常直观地将现场控制设备与所制作的应用子系统监控页面内组态对象对应起来。更好地还原现场的设备分布和工作状态，同时对控制设备的控制接口做了透明化的封装，使用者无须关心如何对设备的控制，只需轻松点击按钮就可实现对设备的操控。由于对设备状态改变的同步刷新，不仅在界面上能看到设备的实时状态，同时具备动画效果。

另外，作为平台软件，系统具有可扩展性，即平台在支持众多类型、众多品牌、众多型号的设备的驱动外，如选择驱动列表之外的硬件设备、新的接口、新的协议，平台应能提供针对新设备的驱动的开发方法，以及驱动开发完成后能够模块化地被载入平台内运行，从而与原有系统合为一个有机整体。

作为一个通用的软件平台，本平台同时具有开放性的特点，通过研究对平台服务器资源的远程访问接口，第三方用户能够通过平台提供的 API，访问由平台搭建的监控系统中的资源，比如系统内的设备的监控信息（TAG 点数值等），第三方的编程人员也能通过平台 API 编写软件，向设备发送控制指令。当然在满足开放性的同时，远程数据访问接口也具备一定的安全性，比如调用远程接口之前必须进行身份验证，同时对于 API 的保密性也应有相应的措施等。

下面将介绍几例 HMI 模块的应用。

（一）总貌图

该系统中，以总貌图（图 8.21）作为登陆页面，将系统中主要信息状态第一时间展现在使用者面前。总貌图中涵盖了 6 大功能区域，因为本着简单友好的界面设计原则，所以有些功能和三维界面中的极为相似，让人使用起来简单明了。

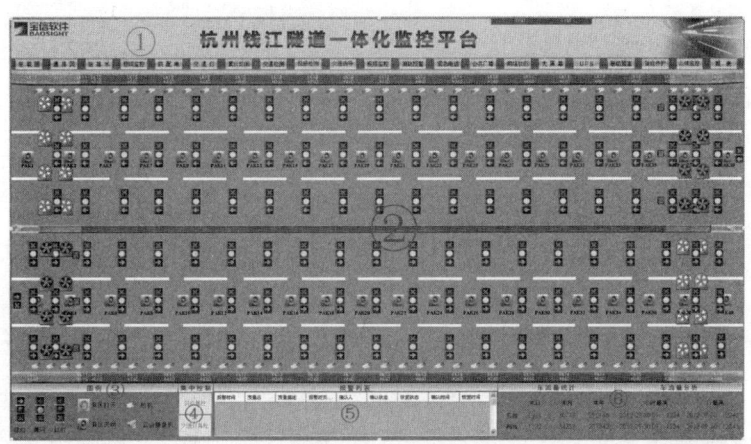

图 8.21　总貌图

图 8.21 中：

① 在总貌图中的区域为主菜单区域，主要是系统中其他子功能系统的连接，例如通排风子系统、交通灯子系统、监控子系统等。

② 在图中所展示的为系统中主要设备的实时状态界面，可让使用者对系统现有主要设备的状态一目了然。

③ 为图例，可对各种设备状态的显示做一个说明。

④ 此区域为风机和交通灯的集中控制操作接口，点击进入集中控制面板，可对风机或者交通灯进行批量操作。

⑤ 为报警状态提示窗口，包含一些报警事件的重要信息。

⑥ 该区域是车流信息的实时显示与分析。

（二）交通信号灯监控界面

如图 8.22 所示为交通信号灯状态监视界面，由于系统中的界面设计本着简洁美观、操作简单、见图识意的原则。所以在此仅列举一个较为常用的交通控制子系统作为说明案例。

在此界面中主要是对交通灯的控制。当使用者点击界面中任一交通灯图标时，将会弹出交通灯单一控制对话框，如图 8.23 所示。

在控制对话框中，将显示正在操作的交通灯序号，点击其中黄色的按钮就会控制此交通灯的状态，并且实时显示在界面上。

同时单击集中控制面板中的交通灯集控，将会弹出集中控制对话框。在集中控制对话框中可以对交通灯进行批量操作，如图 8.24 所示。

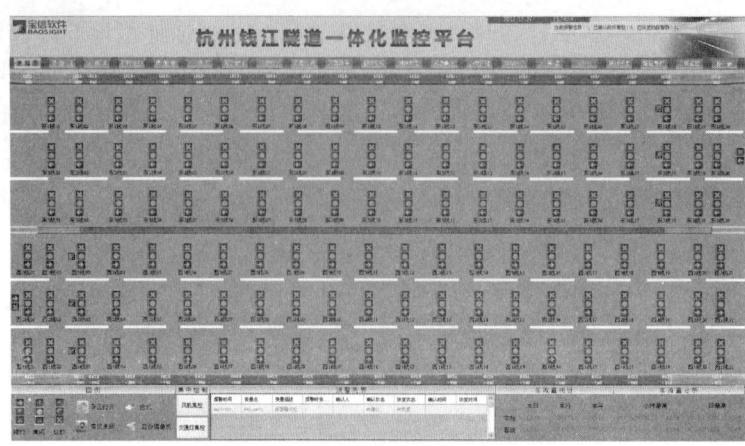

图 8.22　交通信号灯状态监视界面

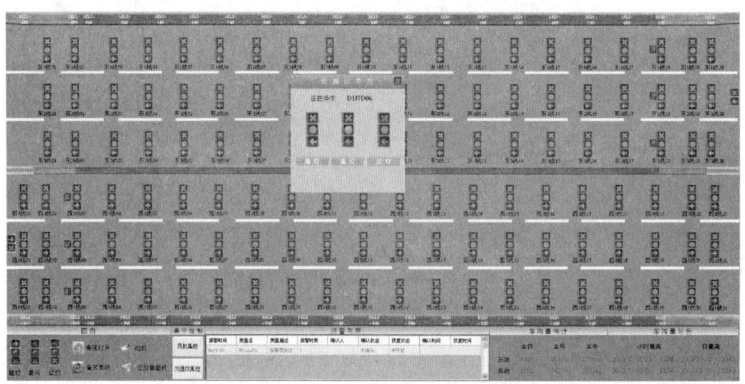

图 8.23　交通信号灯单控界面

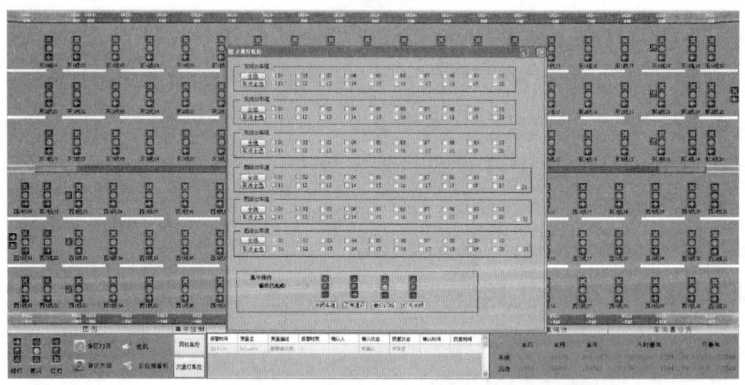

图 8.24　交通信号灯集中控制界面

8.3.4　虚拟现实技术引入平台

以往的隧道综合监控系统主要基于组态技术、数据库技术和多媒体技术等，在计算机系统中上对各子系统进行集成，本次课题将引入虚拟现实技术，对隧道进行三维建模，实现三维监控应用，使得在中央控制室的管理和监控操作人员能够通过三维系统，对设备进行监控。

8.3.4.1　三维仿真模块的总体界面布局结构

如图 8.25 所示为三维仿真模块界面布局，图中：

① 是三维效果隧道效果主界面展示区域，主要展示隧道内设备安装位置、运行及故障情况，并可点击相关设备进行控制操作，同时可以从不同角度对隧道进行观看和浏览；其三维立体效果，能带给用户身临其境的感觉。

图 8.25 三维仿真模块界面布局

② 区域为视频监控实时画面。

③ 区域为实时显示车流信息的显示与分析数据。

④ 处为集中控制区域，主要是对于风机和交通灯的集中控制。

⑤ 为信息统计功能，主要用于展示交通信息流量统计，统计内容主要是历史的车流量总量，除数字统计界面外，还可以切换至趋势图；除一些控制功能较多的子系统外，该界面将始终展示。

⑥ 为报警状态提示窗口，包含一些报警事件的重要信息。

8.3.4.2　三维仿真系统的框架设计

本三维仿真系统具有以下特点：

（一）高效内核

平台的内核采用高效的场景图引擎 OSG，而 OSG 本身就具备了许多其他仿真软件目前并不具备的先进特性，通过对各类遍历场景图的算法进行优化，具备了高效率的场景图结构与访问方法。

（二）高度开放性

平台运用了插件技术使平台高度开放，可在内核之上挂接多种仿真引擎。目前已经成功集成了声音引擎 OpenAl、物理引擎 NvPhysx、骨骼动画 Cal3D、三维界面引擎 CEGUI 等。除此之外还可以针对不同行业编写领域仿真模块。

（三）易扩展性

通过用 C＋＋编写 DLL 实现二次开发，可使仿真平台支持数据库操作，集成网络通信模块，与自动化控制系统结合，访问 PLC 系统控制信号，与其他软件系统无缝集成等。

（四）易用性

平台将基础实用的各种仿真功能封装进 ActiveX 控件，以 OCX 控件的形式提供功能接口，使得快速开发仿真系统成为可能，也给那些对三维虚拟仿真并不是很了解的行业领域专业人士提供了开发自己专业领域内的仿真软件的途径。

（五）多建模工具支持

平台支持当今最为先进的几大三维建模及动画软件 3DSMAX、MAYA 等，通过对应的模型读取插件可以直接支持与读入这些三维软件的工作结果，无论在模型的生产效率还是场景的真实性方面都有很好的保障。此外，由 Autodesk 系列软件设计的模型可经过转换导入 3DSMAX 为平台提供支持。

（六）多语言环境支持

平台支持 C＋＋、C♯、VB 等语言的编程环境。如图 8.26 所示为系统虚拟平台框架图，系统应用框架见图 8.27 和图 8.28。

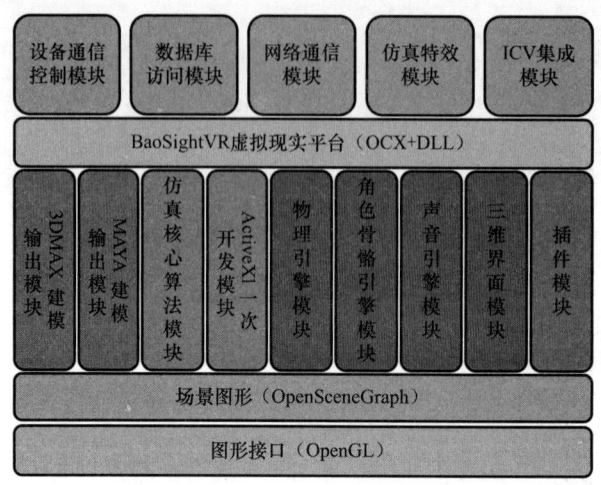

图 8.26　系统虚拟平台框架图

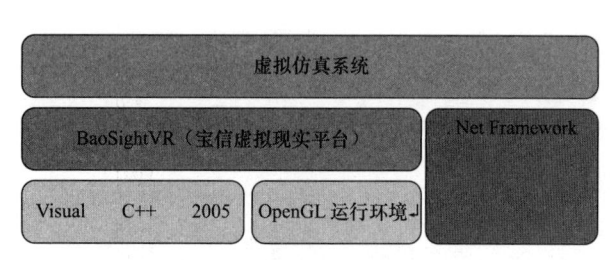

图 8.27　系统应用框架（1）

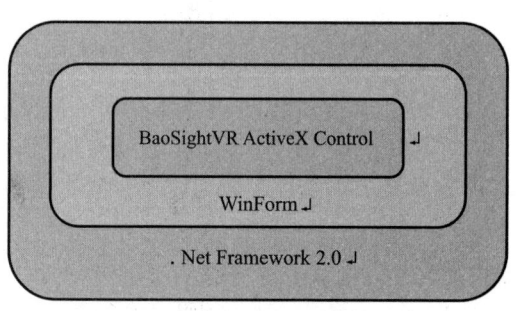

图 8.28　系统应用框架（2）

8.3.4.3　三维仿真系统与平台的集成方案

（一）宝信虚拟现实平台 BaoSightVR 与 ICV 的集成

BaoSightVR 虚拟仿真以一个 ActiveX 控件的形式嵌入到 ICV 平台的组态画面中，并提供一系列三维仿真接口。

（二）信息交互

ActiveX 提供一些属性及方法，ICV 通过这些属性或方法将信息传递给三维，比如三维展示源文件的路径。

三维 ActiveX 控件提供一些事件，事件的参数及参数内容与 ICV 约定好。三维展示需要与 ICV 交互时就触发事件。ICV 在组态脚本中响应这些事件，按照业务要求编写脚本。

（三）三维原始数据读写

三维控件数据的读写，由三维控件直接调用 CVRDA 提供的接口。ICV 提供接口说明，并在开发过程中提供技术支持。

项目负责人负责提供详细的数据范围、动作逻辑给三维开发的负责人，双方约定好 TAG 点名称。

（四）多媒体集成

三维场景中的多媒体展示不展示实际内容，仅作示意；点击三维场景中的多媒体部分，进入具体的多媒体监控画面，多媒体监控画面用以下方式实现：三维控件触发事件，并将多媒体相关的操作信息作为参数传递给组态脚本，其他逻辑由组态实现。

8.3.4.4　功能模块

通过对三维仿真技术进行研究，收集钱江双管隧道相关数据，运用三维造型技术，将整个钱江双管隧道的环境三维化，该模型将按照实际环境尺寸来建立，见图 8.29。该功能模块也同时实现隧道虚拟游历功能、隧道内设备定位和设备导航功能、实现与隧道综合监控平台的无缝集成、信息交互接口开发（设备对象 TAG 点配置，交互事件消息字符串信息配置）、监控设备的监控信号数据收集、设备 TAG 点数据关联、仿真对象封装、TAG 数据三维显示功能以及设备的控制功能。

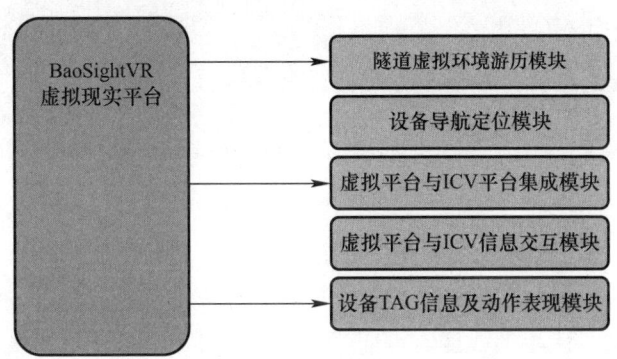

图 8.29　三维仿真应用系统模块结构

（一）隧道环境游历模块

如图 8.30 所示为隧道环境游历模块界面。在本系统中用户可以通过键盘的"W、S、A、D、Q、E"等键位来控制视角前、后、左、右、上、下的移动；通过键盘方向键"Left、Right、Up、Down"控制视角的旋转；并且可以穿越各种设备、厂房来查看被遮挡住的设备，提供导航图功能使用户可以在虚拟的环境中掌握方向。

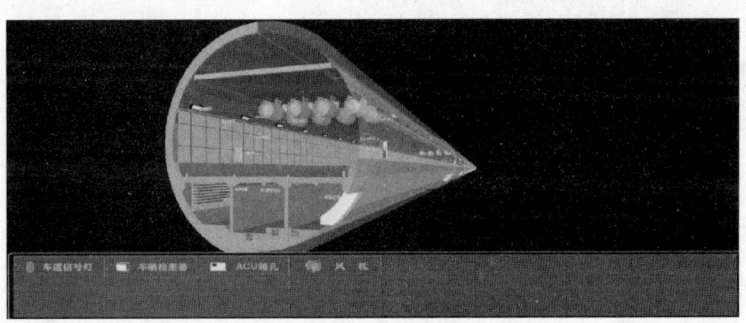

图 8.30　隧道环境游历模块界面

（二）监控设备导航定位

在隧道内存在很多类型的箱柜、标记等设备，设备导航定位模块主要是解决对隧道内物体的快速查找、定位。在平面导航图上选择某一类型的设备后，点击设备图标后三维视图可快速切换到该设备所在的位置。如图 8.31 和图 8.32 所示为监控设备寻航定位界面。

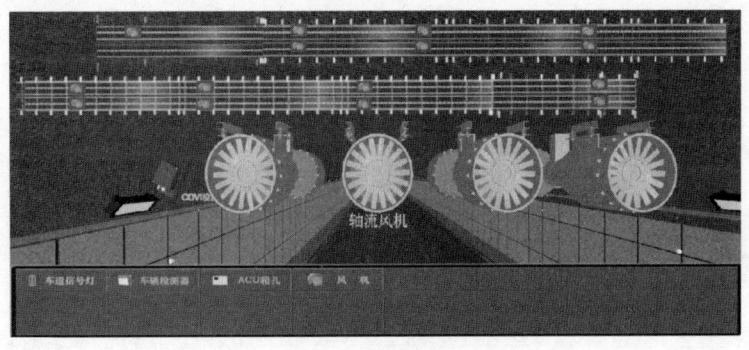

图 8.31　监控设备导航定位界面（1）

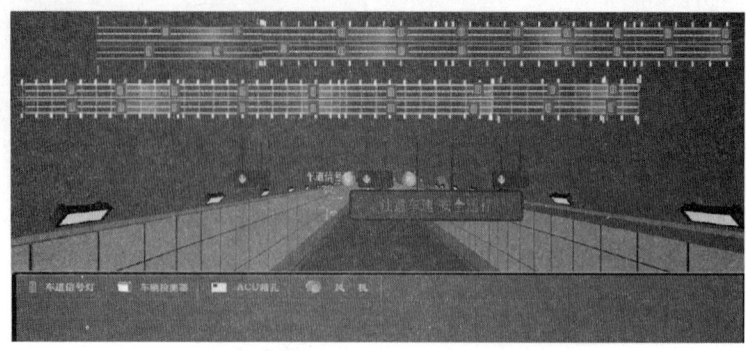

图 8.32　监控设备导航定位界面（2）

（三）虚拟平台与一体化监控指挥平台集成模块

在电脑系统中注册 BaoSightVR 控件后，可在组态画面中插入该控件，控件的大小可以随意调节，控件内显示内容应能适应控件大小的改变，可通过脚本编辑器编写脚本的方式调用执行控件的相关仿真接口。ActiveX 控件载入界面见图 8.33，ActiveX 控件脚本编辑界面如图 8.34 所示。

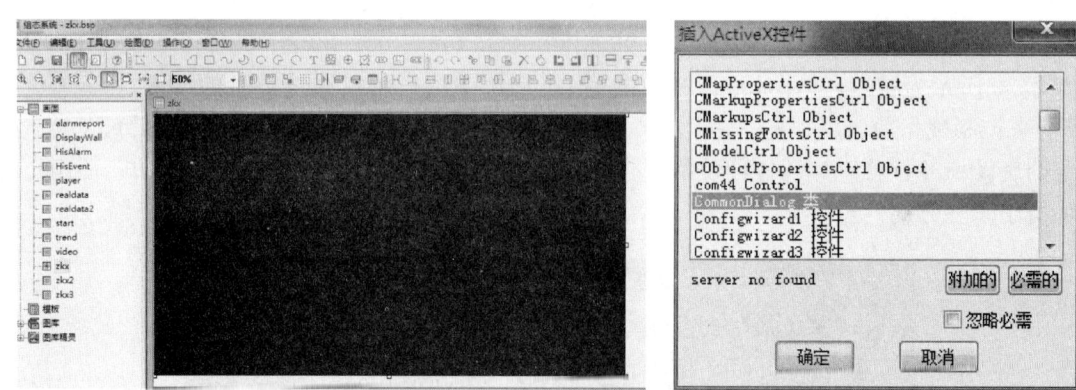

图 8.33　ActiveX 控件载入界面

图 8.34　ActiveX 控件脚本编辑界面

216

（四）虚拟平台与一体化监控平台信息交互模块的设计

（1）虚拟组件调用一体化监控平台接口：

在虚拟平台内部通过调用 CVRDA 提供的接口执行一体化监控平台的相关 TAG 信息读取功能（RDA_Init、RDA_Page_RegisterNTF、RDA_Page_Read_Ascii 等相关函数）。

（2）虚拟平台触发事件反馈给一体化监控平台作相关调用：

通过脚本响应虚拟平台的事件反馈接口 com441_CommonEvent（），可获取虚拟平台相关交互信息，双击监控设备可返回该仿真设备的名称给一体化监控平台。

（五）监控设备 TAG 信息表现及动作表现举例

三维仿真模块主要包括以下设备的建模：

（1）车行通道内的里程标记、风机、交通灯、情报板、LED 照明灯、视频摄像机、车检器、CO/VI 检测仪、各类设备箱体等。

（2）疏散滑梯通道内的照明灯、逃生滑道、风机等。

（3）救援逃生通道内的照明灯、风机等。

（4）电缆通道内的照明灯、桥架、电缆等。

下面举例说明说明监控设备 TAG 信息变现和动作表现：

（1）车检器检测数据的表现，信号灯的红绿状态表现与其实际 TAG 值相对应，见图 8.35。

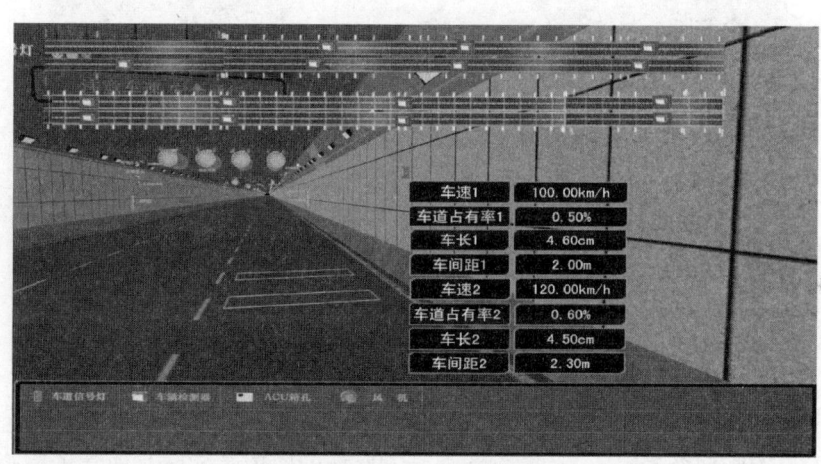

图 8.35　车检器 TAG 信息表现

（2）车道信号灯 TAG 信号表现，信号灯的红绿状态表现与其实际 TAG 值相对应，见图 8.36。

图 8.36　信号灯状态表现

（3）仿真风机模型的正转、反转及停转，CO/VI 检测设备的监控值，与 TAG 信号实际值相对应，见图 8.37。

图 8.37　风机和 CO/VI 设备 TAG 信号表现

8.4　钱江通道信息化管理经验总结

钱江隧道信息化管理在隧道施工、运营阶段得到了成功的应用，配合其他管理措施，攻克了一个又一个的施工难点，养护运营阶段信息化监控平台以及各监控子系统性能稳定，是隧道交通安全、规范运行的保障，不但节省了大量的人力、物力，而且相比来讲，本信息化管理平台更具经济性、高效性。

8.4.1　钱江隧道信息化管理的创新点

8.4.1.1　盾构过程中全方位、多层次的监测

SLS-T 自动引导系统指导盾构施工，控制隧道的盾构姿态、管片姿态等内容，高精度的姿态控制保证了超浅覆土施工的可行性。另外，在施工期间，对钱江隧道开展了全方位、多层次的监测措施，包括盾构机本身监测，管片、隧道结构监测，水位监测，周围土体的沉降变形监测，岸边段基坑结构的监测以及后行通道施工时对先行通道的监测等。监测方法多种多样，包括人工测量、传感器采集以及多媒体摄像等技术都得到了很好的应用，可以更加系统、直观地观测到施工过程中结构的健康度信息。

8.4.1.2　异构系统在同一平台上一体化集成

钱江隧道综合监控系统所集成的弱电子系统种类繁多，且为异构系统，分为交通监控子系统（包括交通信号灯子系统、交通检测子系统、交通诱导子系统）、设备监控子系统（通排风子系统、给排水子系统、电力监控子系统、照明监控子系统、环境监测子系统）、通信子系统（紧急电话子系统、公共广播子系统）、视频监控子系统、消防报警子系统、中控室设备监控子系统（大屏监控子系统、中控室LED控制子系统）、不间断电源 UPS 监测子系统等，且硬件接口类型、通信协议类型均种类繁杂。这

样众多异构系统，需要在同一平台上进行完整地无缝集成，需要研究一个先进的平台架构，并且抽象适合于这些异构系统集成的平台功能子模块，进行设计和开发实现。

全数字化监控平台集存储、监视、控制、报警、联动、指挥等众多功能为一体，具有"集中管理、分散控制、全面监控、安全联动"等特点，中央计算机系统下设各个子系统的工作站进行统一管理，并在运营期间发生紧急情况时进行联动控制，大大提高了灾情反应速度与救援效率。

8.4.1.3　三维仿真技术的应用

传统的二维平台有其优越性，通过对设备的平面布置图的处理，能将整条隧道的某一类设备设计在同一监控界面上进行状态展现，供操作人员进行操作控制，但是这种表现方式在直观性、易理解性上则有所欠缺。在二维的一体化监控的基础上，引入三维仿真技术进行监控界面的展现，能使操作人员更加直观地看到隧道的建筑结构，设备安装的位置、箱体的布置、线缆的走向，通过键盘鼠标的操作，在三维界面上进行视角的改变、位置的漫游，使得操作人员有身临其境的感受。

8.4.2　钱江隧道信息化管理的重要意义

隧道综合监控系统和安全运营管理系统的建立，可使指挥中心的管理人员能对隧道内部实施交通流量和交通运行状况的监视，及时发现各种异常情况并采取应急处理措施，将防灾、救灾方案的研究成果，通过计算机系统来高效执行，从而进行有效地指挥调度，确保隧道的正常运营。

同时，数字化监控也有助于管养单位掌握隧道本体以及隧道中各类机电设备的健康度信息，及时了解隧道的运行状态，合理使用隧道设备，为隧道管养降本增效。此外，计算机系统中的监控信息，也有助于实现全省其他路段的交通信息共享，有效地调配交通资源。

对于钱江隧道这样重要的高速公路隧道，使用一流的全数字化的监控管理平台和运营管理平台来支撑，进行一流的交通组织管理，营造人、车、路环境的和谐与畅通，保护国家和人民的财产免受损失，同时先进的平台能够达到隧道节能降耗、延长设备寿命等目的，有很好的社会经济效益。

第9章　钱江隧道工程安全控制管理

9.1　钱江隧道安全控制面临的挑战

目前我国隧道施工安全管理存在的问题主要有：

（1）安全组织机构不完善。目前我国隧道施工的组织体系一般采用传统的组织形式，传统的组织机构对安全管理缺乏足够的重视，通常把施工的进度、效益放在第一位。另外，一些隧道工程的承包商把工程分包给民工队伍，对民工队伍的施工又缺乏指导与监督检查，没有建立相应的安全组织机构或是组织机构不完善，不能正确处理工程施工安全与施工进度、安全与效益的关系，使得施工安全没有保障。

（2）施工管理体系不完善。目前我国隧道施工企业基层管理人员比较缺乏，技术干部不足，班组长管理人员组织能力差，工人的技术水平低。在隧道施工现场，施工人员有章不循、纪律松散、无知蛮干。出现隧道施工中支护不及时，衬砌远落后于掘进，锚喷支护不符合设计要求，掘进尺度过大，通风除尘不畅等现象，给施工安全留下了很大隐患。

（3）缺乏相应的应急预案与措施。一旦发生隧道施工安全事故时，由于缺少相应的应急预案与措施，其处理方案往往根据经验来进行处理，由于隧道工程的地质条件复杂，事故具有多样性、不可预见性的特点，在事故发生前如没有做好相应的应急预案，则往往会陷入无章可循的地步，采取不合理的方式来处理事故，有可能造成更大的人员伤亡和财产损失。

9.2　钱江隧道安全控制理念与体系设计

9.2.1　钱江隧道工程安全控制理念

钱江隧道作为特大型公路隧道，施工安全至关重要，而工程安全的控制理念是安全控制的指导思想。本工程安全控制理念主要有：

（一）以人为本

以往隧道工程建设一般更关注工程本身的安全，将安全控制的重点放在工程的实施等方面，而对项目人员的安全有所忽视。但在这种理念下，安全管理制度难以落到实处。安全控制的主导因素是人，安全控制的最关键目的也是保障人员的安全，因此本工程提出"以人为本"作为安全控制理念。施工过程中所有的管理活动、建设活动都必须以人为本展开，一切安全活动围绕建设者的安全。另外，在建设过程中采用激励体制，激发每位建设者参与安全控制的积极性，使所有建设者成为安全控制活动的主角，在施工过程中自我管理，使工程安全深入到每位建设者的心中。最终使以人为本的安全理念渗入到企业的文化之中，对建设人员进行人文关怀，缓解建设人员的压力和长期施工造成的压抑，切实保障人员安全。

（二）安全第一、预防为主、综合治理

本工程中，建设指挥部、设计单位、施工单位、监理单位都确立了"安全第一、预防为主、综合治理"的基本理念。任何施工环节、所有建设人员都必须树立此基本理念，在建设过程把安全放在第一位。所有施工措施必须考虑到安全隐患，能切实预防安全事故，杜绝"轻事前管理，重事后处理的现象"，将事故隐患消灭在萌芽状态。同时，要求在各个单位必须协调合作，综合管理，保证工程安全。

（三）依法管理

隧道施工中必须遵守国家在建设工程方面相关的法律法规，树立依法管理新理念。必须时刻绷紧法规这根弦，做到有法必依。现阶段的施工安全相关法律法规主要有《中华人民共和国建筑法》、《中华人民共和国劳动法》、《安全生产法》、《建设工程安全生产管理条例》、《建设工程项目管理规范》、《建筑施工安全检查标准》、《建筑安全生产监督管理规定》、《建筑施工企业安全生产许可证管理规定》、《建筑工程施工现场管理规定》等。

（四）全员参与

工程安全不是仅靠各个单位或领导层的管理就能实现，它关系到项目所有建设人员的安全，因此需要确立全员参与的安全控制理念。以往的工程建设项目容易出现"重宣传口号、规章制度确定，轻实施落实"的情况。虽然工程安全的措施和规章制度早已确立，但仅仅停留在宣传和口号上，一线施工时难以落实到细节，造成安全隐患。因此需要确立全员参与的理念，工程安全关系到每一个建设人员，每一个人都必须将安全放在第一位，并且要切实参与到安全控制中来。从安全职能管理部门到专职安全管理人员，再到所有建设人员，形成有效的安全管理体系。实现安全管理纵向到底，横向到边，不留死角，达到隐患发现及时，处理正确迅速，形成适应建设生产特点的安全管理团队。只有这样，才能将安全控制的措施落实到每一个环节、每一个细节，保障工程安全。

（五）动态管理

本工程作为大型越江隧道工程，施工环境复杂多变，工程的安全风险或安全隐患随着时间推移、工程活动或环境的改变也在不断发生变化，因此需确立动态管理的安全控制理念。工程安全的风险和隐患时时发生变化，因此工程安全措施也需要因地制宜、因时制宜的发生变化，以达到实时进行安全控制的目的。这就要求做好动态监测，能够将工程安全信息实时反映给决策者和管理者，做出正确应对安全隐患的决策，保证工程安全的动态实现。安全事故的突发性、隐蔽性和时变性，决定了发生过程的动态性，决定了安全管理是一个动态过程，只有针对安全风险的时变性特点，做好安全管理各阶段的工作，才能有效保障工程安全。

（六）强化教育

安全控制必须确立强化安全教育的理念。安全教育不仅包括建筑工人的安全教育和培训，还包括安全管理部门人员的高等安全教育。建筑工人是施工一线的建设人员，加强安全教育的必要性毋庸置疑。安全教育可以将安全事故防患于未然，使每个建设人员都有很强的安全意识，真正参与到安全控制的工作中来。另外，必须加强安全管理部门人员的高等安全教育。安全管理部门是安全控制的核心部门，只有在核心部门进行系统地高等安全教育和培训，才能使安全教育在整个工程项目中推广开来。

钱江隧道工程地质条件和施工环境复杂，参与人员和工种众多，工程安全压力巨大。必须确立正确、有效的安全控制理念，才能确保工程建设万无一失。

9.2.2　钱江隧道工程安全控制组织体系

钱江隧道工程建设规模大，施工环境复杂，需要稳定、有力的安全控制体系。安全控制体系是安全控制措施有效执行的基础和保障。

（一）安全管理组织机构

钱江隧道施工建设安全管理涉及的单位主要包括业主、政府监管部门、监理单位、施工单位、施工监测单位和第三方监测检测单位。就组织间的关系而言，政府监管部门对业主及其他参加单位进行管理，业主与施工单位、监理单位、施工监测单位形成合同约束关系，施工监测单位提供施工监测服务，对施工单位负责。第三方监测检测单位需要约束和审核施工方的监测检测工作。各参加单位的安全职责如表 9.1 所示。

各参建单位的安全管理职责　　　　　　　　　　　表 9.1

序　号	参加单位	安全职责
1	政府监管部门	代表政府部门进行安全监督管理
2	项目业主	制定各参建单位安全管理职责和规章制度，统筹管理
3	施工单位	直接管理安全施工，承担施工过程中的安全风险

序　号	参加单位	安全职责
4	监理单位	监督施工单位按要求施工，保障工程质量和安全
5	施工监测单位	监测施工作业安全，及时反馈工程风险
6	勘察设计单位	仅对勘察设计阶段负责
7	第三方监测检测单位	施工过程监测，施工质量检测，保持工程质量和安全

钱江隧道工程项目安全生产管理由项目公司杭州建元隧道发展有限公司（以下简称项目公司）负责，参建施工单位具体落实，监理单位受项目公司委托进行安全生产检查、监督。

项目公司现场管理部和安保部是实施隧道工程安全生产管理的职能部门，行使钱江隧道工程施工全过程中的安全管理职责，负责协调、督促施工单位和现场监理，做好工程施工全过程的安全管理工作。

施工单位在施工前要根据工程环境和特点，进行风险辨识、策划，编制安全生产保证计划和工序岗位安全操作规程，明确项目经理和相关责任人员的安全管理责任，并加强工程施工中的监督、检查和整改，确保工程施工顺利进行。

（二）建立安全责任制和规章制度

建立、健全安全生产责任制。施工单位项目经理是施工现场安全生产的第一责任人，全面负责工程项目的安全生产工作。分管领导对安全生产负直接领导责任，从而做到一级抓一级、一级保一级、一级对一级负责。施工单位应按交通运输部的有关文件规定，成立由项目经理负责的安全生产管理小组，并按工程量（或总造价）配备足够的安全管理人员，建立安全生产管理网络，具体负责本项目的安全生产管理工作；按《施工现场安全生产保证体系》DGJ 08-903—2003 的标准，针对本工程特点建立安全生产保证体系；总承包单位应将分包单位的安保体系纳入其中，对施工现场的安全生产负总责。

（三）确立施工安全目标

本工程的各参建单位都根据工程实际情况和岗位职责确定了各自的安全目标，制定了安全管理要达到的标准。在安全控制体系的约束和指导下，严格执行工程安全控制措施，达到工程安全目标。同时，对安全目标层层细化，落实到人，使安全目标保质保量地完成。

（四）工程安全控制网络体系

本工程安全管理网络如图 9.1 所示，安全生产管理机构与职责见图 9.2。

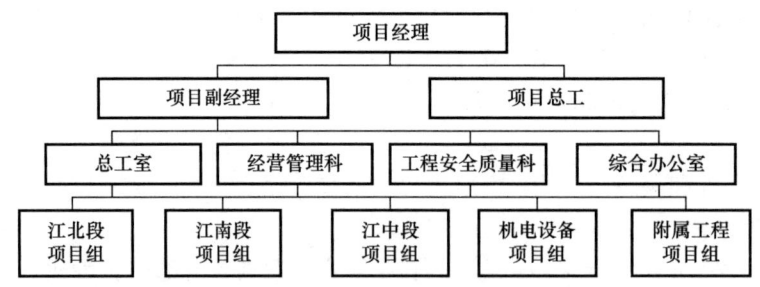

图 9.1　安全管理网络图

安全控制体系的补充内容主要如下：

（一）注重日常检查，消除现场安全隐患

工程建设过程中，日常安全检查是一项重要的内容，是抓好安全生产的重要手段，也是最直接、见成效最快的安全管理方式。日常检查有助于及时发现安全问题，及时消除安全隐患。根据施工情况，建立了定期检查和日常防范相结合的安全管理制度。重视每个施工环节，不留盲点，不留隐患，与主体安全控制体系共同组成了安全管理制度体系。

安全检查分为四个层次：第一，政府监管方面的检查，主要包括各级建设工程安全管理部门、行政主管部门、消防管理部门对工程项目的检查。第二，本工程业主单位、监理单位对施工现场的安全管理

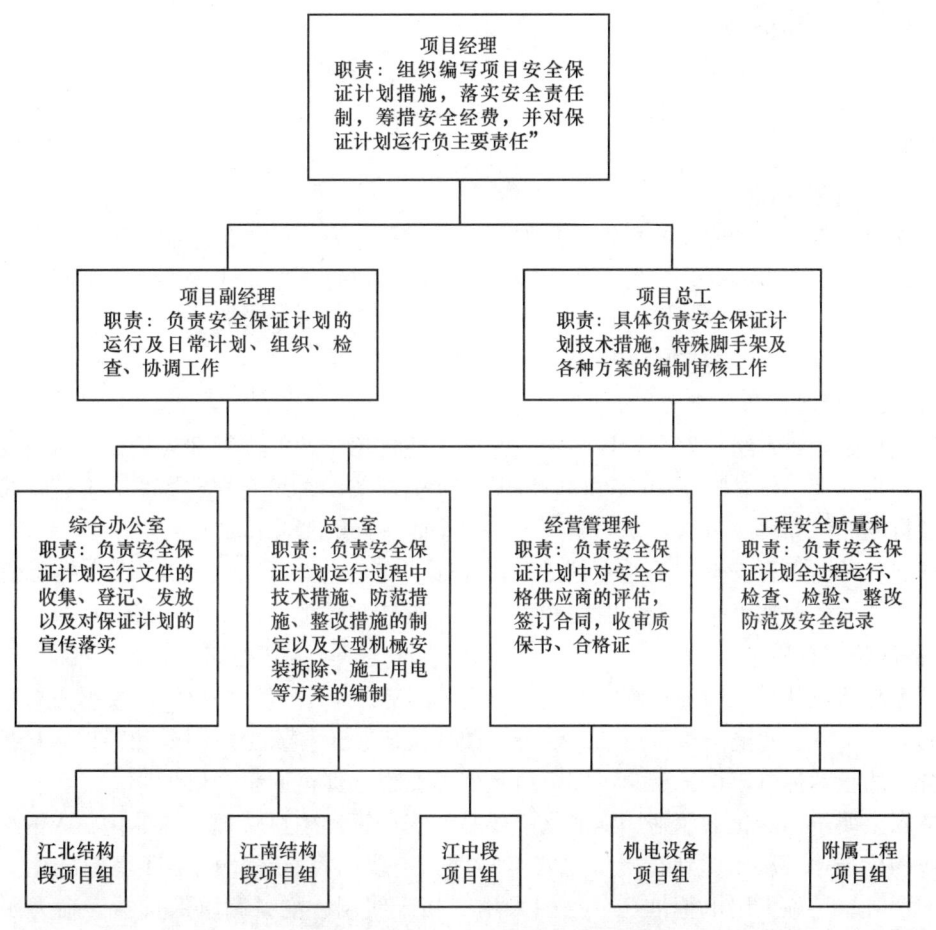

图 9.2　安全生产管理机构与职责图

监测。第三，施工单位对项目组织的安全管理检查。第四，施工单位项目部安全管理部门对施工现场一线的日常安全检查。其中，最关键、最直接的是最后一个层次的安全检查，它直接关系到安全措施的执行情况。

安全检查的主要内容有：第一，检查思想重视程度。检查本项目所有建设人员对安全工作的重视程度，还要检查安全生产法律、法规的贯彻情况。第二，检查安全保障体系和制度建设。本工程作为大型工程建设项目，必须对安全保障体系和相关安全生产制度建设进行检查，并且相关制度要得到严格执行。第三，检查施工现场安全隐患。安全检查的重点是安全隐患，很多安全事故的发生都是由于施工现场存在安全隐患。必须深入施工一线进行安全检查，不漏过每一个安全细节，比如施工人员安全防护设施是否佩戴、施工工序是否正确、安全监测是否规范等。对检查出的安全隐患要立即整改。第四，检查安全隐患整改落实情况。对检查出的安全隐患须记录在案，并继续检查其是否进行了整改，安全隐患是否彻底消除。第五，检查应急预案的建立和演练情况。安全管理工作必须防患于未然，必须建立应对突发安全事故的应急救援预案并进行实地演练。这是保证事故发生后开展应急救援的重要措施。第六，检查安全记录。安全记录主要包括各级安全技术交底、安全技术资料、深基坑等重大施工方案、安全教育记录等。安全记录是真实反映安全管理状况的证明，须真实记录，不得弄虚作假。

（二）编制应急预案

认真分析研究本工程所存在的危险源，对各危险源的风险系数逐项进行评估，在施工组织设计中编制安全技术措施。根据工程风险分析，针对有重大风险源的分部分项工程、工序、施工机械设备和各种灾害性天气等编制应急预案，并进行定期演练，增强抗风险能力。另外，对施工过程中可能发生的安全事故等紧急情况编制应急预案，确保事故发生时将损失减小到最低程度。

（三）开展安全专项治理

施工过程中，进行了施工用电、吊装安全、消防安全、盾构机使用、运输安全、防水安全等内容的专项治理。通过专项治理，将可能发生安全事故的隐患排除，发现问题及时整改，避免安全事故的发生。

（四）设立安全奖惩制度

为了提高隧道施工人员的安全积极性，确保员工和工程的安全，本工程制定了安全奖惩制度。对于连续一个季度无安全生产事故并且日常安全检查合格的班组进行奖励，对于发生事故或日常安全检查不合格、安全管理混乱、安全隐患严重的班组及责任人进行处罚。通过实施奖惩制度，充分激发了各个单位的安全管理积极性，增强了责任感，减少了安全隐患。

（五）促进安全管理经验交流

工程建设过程中，经常组织安全管理经验交流会，使各单位的安全管理人员能够进行交流，相互借鉴，共同促进安全管理工作。对于施工过程中的某一薄弱环节，组织召开现场临时会议，参会人员各抒己见，提出各自的建议和解决方法，使薄弱环节的安全隐患及时消除。

另外，开展各种与工程安全相关的主题活动，比如"安全生产月"活动、"安全样板班组"评选活动等。通过开展活动，增加了项目人员对安全控制的积极性和兴趣，取得了积极的效果。

（六）严格保障工程质量

严格保障工程质量就是保障隧道施工安全，没有质量就没有安全。如果施工质量不合格，将直接威胁隧道施工的安全，并且对隧道竣工后的运营安全造成隐患。工程安全控制要和工程质量控制结合在一起，相互融合，质量达标可以保证安全，安全得到保障后也会促进质量合格。

必须坚持安全质量标准化的原则。标准化主要是指安全管理中，管理的标准化、人的标准化、物的标准化、环境的标准化，从而达到高质量的安全管理。主要内容有：①施工环境标准化，比如现场围挡、安全防护栏等。②施工用电标准化，比如采用三相五线制、配备漏电保护器、动力照明用电分开等。③施工环节各验收标准规范化。安全质量标准化可以伸安全管理更加方便。

（七）对具有一定规模、安全重点控制部位、风险系数较大的分部分项工程编制专项安全施工方案，在施工中严格按安全生产保证计划和专项方案的要求组织实施。

9.3 钱江隧道安全防范和控制措施

安全防范和控制措施主要包括开工前的安全控制措施、施工单位安全控制措施、监理单位安全控制措施、监测单位的安全控制措施以及其他方面的安全控制措施。

9.3.1 开工前的安全控制措施

（一）对于承发包工程在开工前均对监理单位、施工单位进行严格的资质审查，签订安全监理协议书、安全生产协议书；加强人员队伍的管理，原则上人员不得随意调换，如确应工作需要调换人员的，不得低于原投标资质，并经项目公司审批，批准同意后方可调换；安全监理与安全员应具有一定的工作经验，原则上从事相关工作经历不得低于两年；施工单位必须持有安全生产许可证及保证"三类人员"上岗证齐全；并由施工总承包单位按合同约定缴付安全抵押金，项目监理要对分包队伍资质严格审核，严禁层层转包，"以包代管"，全面落实安全生产总承包负责制，确保安全。

（二）按照交通运输部关于《建筑施工企业安全生产管理机构及专职安全生产管理人员配备办法》配备专职安全管理人员，成立安全监督组，现场专职安全员主要职责是加强施工现场的安全管理力度，起到旁站、巡视、监督作用；施工单位进入施工现场后还应按规定办理外来务工人员综合保险或人身意外伤害保险。

（三）总承包单位必须成立有主要领导参加的"安全生产领导小组"，建立全覆盖安全生产管理网络，建立、健全安全生产责任制、各类安全操作规程、各类突发事件紧急应急预案，预案必须要有针对性、有效性、可操作性，并在项目实施过程中不断演练和完善，要制定相应的经济制约措施。安全生产管理责任要层层签约，从而保证安全教育、安全管理规章制度、安全生产措施的落实。安全生产工作的布置、交底、检查、落实、隐患整改等各项工作要做到及时到位，逐级负责，责任到人，使安全管理真正做到"纵向到底、横向到边"。

（四）施工单位在开工前要编制好施工组织设计，针对危险性较大的分部分项工程必须由项目专业技术人员编制专项安全技术方案，项目工程师审核后报施工单位的技术、安全、生产等主管部门进行审核，经单位总工程师批准（总工不得授权）后报项目专业监理工程师审核，经项目总监理工程师签字同意后方可施工，未按规定程序审批的项目不得施工；由专业分包单位编制的专项安全技术方案应经总承包单位审核并批准，审批人员与权限同前。

（五）分部分项工程施工作业前应对作业人员进行分部分项工程安全技术交底，交底均应有施工总承包单位与专业分包单位双方安全管理人员签字并归入内业管理台账，同时根据工程特点制定相应的安全技术措施，具体措施要有针对性、有效性、可操作性。施工前，项目分管安全负责人必须向全体施工人员进行安全生产总交底，应对机械设备安全、用电安全、防火防爆、高处作业、饮食卫生、季节性保护、个人防护用品使用、劳动者作息时间、职工的安全健康及对特殊工种人员提出具体的要求，均应有交底和被交底双方本人签字，归入内业管理台账。

（六）依据项目公司提供的相关地下管线资料，施工单位在开工前应主动请工程周边有关管线主管单位配合，建立地下管线监护交底卡，并摸清所有管线的种类、数量、埋深及走向，具体作业时要有切实可行的保护措施，对管线复杂、较危险的区域，应向管线单位及有关部门提出申请，要求派员到现场监护实施交接，确保不发生人身伤亡事故和影响社会、公众利益的管线事故。

（七）施工中的安全劳动防护用品，必须严格按当地政府有关文件要求实施，所有劳动防护产品必须是政府主管部门及行业协会指定推荐产品，并是其每年公告栏中推荐的产品，严格控制进货渠道，防止假冒伪劣产品流入施工现场，把好劳动防护用品、安全工具、器材的质量关。

（八）施工总承包企业必须建立健全《施工现场安全生产保证体系》DGJ 08-903—2003。凡从事钱江隧道工程建设的承包单位必须按要求建立现场安全生产保证体系，进行安全生产管理，工期超过 6 个月的，必须通过外审认证，对未经安全生产保证体系认证审核合格的单位，一律按责任违约给予经济处罚。

（九）总承包单位对分包单位的选择应在承包单位每年颁布的合格分包方名录中选择，如专业需要在名录外挑选的，必须对专业分包单位进行评价，并报主管部门批准后方可录用。同时督促分包单位事前填报《分包单位资格报审表》并附专业分包单位的《营业执照》、《资质证书》和《安全生产许可证》等；《分包单位资格报审表》中分包工程名称、工程数量、拟分包工程合同额等栏目应填写齐全，并与资质证书中的承包类别、承包工程范围相一致；专业分包单位施工前，总承包单位和分包单位必须签订《安全生产协议书》，做好分包单位进场施工的安全交底工作；危险性较大的分部分项工程施工前，应审核特殊工种作业人员操作证，必须确保人员、证件一致，并在证件有效期限内；工程施工前，检查施工单位的安全、质量管理人员对现场一线施工人员安全技术交底的书面记录和签字。对发现虚假交底、伪造记录、签字的，一律按责任违约进行经济处罚，并限时整改。

（十）危险性较大的分部分项工程实施过程中，总承包单位、监理单位专职安全生产管理人员必须进行全过程现场检查监管，严格按照《专项施工方案》组织施工；并采取巡视、旁站、检查（抽查）等方式进行跟踪监控。对关键工序应实施跟班检查，并留有记录。

9.3.2　施工单位安全防范和控制措施
9.3.2.1　施工单位安全管理职责

（一）严格执行《建设工程安全生产管理条例》中第四章的规定，施工单位全体参建者必须牢固树立"安全第一、预防为主、综合治理"和"安全责任重于泰山"的思想。施工单位必须严格按照投标承诺和施工组织设计中的安全技术要求组织施工，必须建立健全安全保证体系，加强现场管理，落实安全生产经费，加大安全投入，精心组织，精心施工，精心管理，确保国家财产和参建人员生命的安全。

（二）施工单位必须成立以项目经理为第一责任人的安全生产管理小组，明确安全主管人员，建立安全生产管理网络，建立逐级负责制，班组长是施工一线的安全生产责任人。落实各级安全生产责任制度。必须建立各项安全生产管理制度、内部考核与奖罚制度及各工序岗位安全技术操作规程，经常组织岗位人员进行安全操作技能和安全知识培训，经考核上岗，确保安全机构的正常运作。施工单位必须将安全管理机构组织名单以书面确认形式报项目公司。

（三）施工单位应按《施工现场安全生产保证体系管理资料》的要求，做好安全内业资料管理。

9.3.2.2 施工单位安全控制措施

（一）安全措施总体概要

（1）建立施工单位内部安全管理体系

施工体系的完善是做好隧道施工安全管理的关键。隧道施工安全管理体系一般由公司总部、项目经理部、基层单位组成。每个级别组织都建立了完备的安全管理部门。其中公司总部实现对安全工作的总体领导和部署，项目经理对工程安全直接负责，基层单位是安全控制措施的最终执行者。各级之间实现层层管理，下级对上级负责，最终保证将安全控制措施落到实处。

各级管理部门确定安全责任人，特别是基层单位，将施工过程中可能出现的风险隐患落实到人，不漏过每一个细节，以切实保障工程安全。各级人员的主要责任如下：①施工单位项目经理责任：项目经理是施工企业进驻现场的第一责任人，其首要责任是贯彻安全生产有关的法律法规、规章制度，建立项目部的安全管理制度和安全生产保障体系；其次是保证安全生产投入到位；第三是根据工程实际情况，组织技术人员制定切实有效的安全技术措施；第四是负责定期安全检查，排除安全隐患；第五是组织工人安全教育；第六是组织编制安全应急预案并组织演练；最后，在事故发生时，要积极组织抢救工作，保护好现场，在规定时限内上报，配合调查事故原因和处理工作，还要吸取经验教训，防止类似安全事故发生。②施工单位技术负责人职责：在项目经理的领导下，负责工程中的安全技术，结合工程特点制定操作性较强的安全技术措施；主持项目工程的安全技术交底，主持建设人员安全培训；参加安全检查工作，对存在的安全隐患从技术角度提出整改措施；事故发生后从技术角度分析原因，吸取教训，提出防范措施。③施工班组长的职责：施工班组长是安全措施的执行者、最基层指挥者，对本班组的安全工作负直接责任。其主要职责是贯彻执行项目部制定的安全生产技术措施、操作规程，做好对作业人员的安全培训和操作指导，与项目部技术负责人进行技术交底，检查班组的安全生产情况，施工人员安全防护用品的使用情况，消除安全隐患；发现重大问题立即上报；安全事故发生后积极合理救援等。

各级人员都必须落实自己的责任，完成自己的安全任务，保证整个工程的安全。

（2）确立完备的安全管理制度

安全管理制度是保证安全措施得到贯彻实行的重要保障，主要包括安全检查制度、例会制度、奖惩制度等。

钱江隧道工程建设过程中的安全检查由监理单位组织，项目公司监督，施工总承包单位参与，采取施工现场定期检查、不定期检查和施工单位自查、监理单位日常巡查等方式。通常以暗查为主。

① 监理单位每月进行一次定期检查，项目公司每季度进行一次评分检查，施工监理和施工总承包单位的有关人员同时参加检查。根据检查结果，每季度按钱江隧道工程检查考核有关规定进行奖罚。每月应组织总承包单位、监理单位的安全负责人和分管安全负责人共同进行安全专项检查。检查由监理单位安全总监牵头，对项目进行现场检查后进行会议通报和总结，提出下阶段的要求和整改措施，最后形成会议纪要下发给各相关单位。

另外，还要进行季节性、节假日安全检查，这主要是指在容易发生安全事故的季节和节假日等特殊时间段进行检查，如高温季节、汛期、台风期、寒冷季节等。检查出的安全生产隐患要立即排除。

② 项目公司根据工程施工中安全生产动态状况，进行不定期安全检查，检查结果列入安全生产评比考核范围。

③ 施工单位应制订安全生产自查自纠管理办法，将安全隐患消灭在萌芽状态。各项检查均要有书

面记录。

④ 监理及施工单位应坚持日常的安全巡视检查制度和对高危作业区域的旁站检查。施工单位应根据工程施工特点，列出危险源清单，编制具有针对性的安全技术措施，重点抓好对危险源的监测监控和督促检查，杜绝事故隐患，确保施工安全。

⑤ 采用内业与外场相结合的办法，对施工单位的内业资料进行检查，以确保资料的真实性和规范化。内业资料管理以安保体系管理资料为主。

⑥ 项目公司每月召开一次定期安全例会，施工单位项目经理和安全负责人、工程安全监理工程师必须参加。安全例会由监理单位组织和主持。安全例会通报上月安全中的问题及整改情况，部署下一步安全要求和具体工作。

⑦ 对于安全工作执行好的基层单位进行通报表扬和奖励，对于安全检查不合格、出现安全事故的基层单位和个人进行适当惩罚和批评，严重者交由司法机关处理。

（3）重视安全教育

安全教育的目的是提高安全管理人员、施工人员的安全素养，提高他们安全工作的自觉性，掌握安全生产的科学和技术知识。安全教育是预防安全事故发生、提高建设人员安全防范意识的重要手段。

本工程中安全教育分层次进行，第一个层次是各级安全管理人员的安全教育，让其牢固树立安全第一的观念。第二个层次是技术人员的安全教育，使其运用技术手段保障工程安全。第三个层次是一线施工人员的安全教育，必须使其重视安全生产，掌握各自岗位的安全操作规程，严禁违章作业。

本工程安全教育的内容主要包括以下几个方面：第一是思想政治教育，牢固树立"安全第一、预防为主、综合治理"的原则。第二是安全知识教育，包括工程项目的整体概况，项目安全管理体系，安全操作规程，紧急情况应对措施等。第三是安全工作经验和典型安全事故案例教育，让有经验的管理人员、技术人员和一线工人讲述自己的安全工作经验，结合典型安全事故案例，对安全控制措施进行深入剖析。

安全教育的主要形式有会议宣讲、课堂教育、宣传鼓动（安全广告、标语、宣传画等）、安全知识竞赛、现场参观学习、经验交流会等。

钱江隧道安全教育措施主要如下：

① 凡进入施工现场的人员均须进行岗前安全教育，登记造册，并建立"三级教育卡"。对外来劳务人员或转岗工人更应做好安全教育和培训工作。教育要结合工程实际情况，坚决杜绝"假、大、空"等条款内容。教育后进行书面和口头考试，建立工人教育档案。对接受教育的工人签发上岗证，未经教育培训的人员一律不准上岗。

② 每逢节假日或季节性转换，要做好安全教育工作，教育内容要具有针对性，并对教育内容和参与教育的人员做好记录。

③ 施工单位要编制各类人员年度（季度）安全教育培训计划，结合施工进度节点，合理安排职工进行安全教育培训、特殊工种审证及培训教育和其他安全宣传教育、竞赛活动等工作。

④ 施工现场要有浓厚的安全宣传气氛，有醒目的安全标语，安全警告标志牌和指示牌。生活区内要有黑板报和宣传栏；施工现场要按标准悬挂施工告示牌；会议室内要挂放安全生产管理目标牌、文明施工网络图、安全生产保证体系要素分配牌、安全生产管理网络图、劳动保护管理网络图；现场有"七牌二图"，办公区有工程管理相关图；生活区有"两通三无五必须"、"七不"宣传牌，卫生包干图和消防器材分布图。

⑤ 施工单位应针对隧道施工的特殊性，必须定期组织专题演练，如隧道工作井内的逃生、消防演练、人员伤害的救援等。

（4）安全资料管理

工程项目的安全资料是施工安全管理的重要组成部分。安全资料管理须做到三点。真实性：安全资料必须要真实地反映施工情况，不能随意记录、编造。及时性：安全资料必须随着工程进度同步更新，随时记录，资料不能与施工脱节；安全资料要按照有关规定分类存放和归档，以便于查阅。针对性：编制安全资料的最终目的是指导施工现场工程安全管理，因此具有很强的针对性，所以要求安全资料的编制要紧紧围绕工程安全这一中心。

（5）做好安全生产技术交底工作

安全技术交底首先是勘察设计、监理单位对施工单位进行交底，然后是施工单位内部项目安全技术负责人对生产一线的施工工人进行安全技术交底，使施工人员明确本作业的工序及安全操作要点。这是一项极其重要的安全技术管理工作，是保障工人安全的基础。

勘察设计单位交底主要是施工图交底，主要包括工程项目的基本情况、勘察中发现的主要不良地质问题以及需施工方必须注意的关键部位，设计方提出的必须注意的关键施工工序、方法等。

监理单位的安全技术交底主要是对隧道工程中，安全管理的环节、重点部位安全管理注意事项等。

施工单位内部技术交底主要包括：①工程项目施工组织设计交底。一般由施工单位项目技术负责人组织实施，交底的主要对象有：项目生产副经理、现场技术人员、施工员、安全员、质检员、分包单位有关负责人。交底的内容主要包括：工程项目的设计总体要求、主要施工方法、施工时的主要安全技术措施、施工中必须注意的重要事项、施工总体目标等。②专项工程施工方案技术交底。此交底由项目技术负责人组织实施，主要根据专项工程施工方案来进行。交底的对象包括：现场技术人员、施工员、安全员等。交底的内容主要有：施工图要求、施工工程技术难点、工期要求、主要施工方法和安全技术措施、工程验收要求、安全防护措施、特种作业等。③分项工程施工方案技术交底。此交底由施工员、安全员、专业工长等组织实施。交底对象是分项工程施工班组。交底内容主要有：分项工程的技术要求、施工工序、重点部位的施工方法、安全施工要领、技术标准。此交底是管理层向施工一线作业人员进行的具体技术、安全交底，是安全技术方案、完成施工员要求的直接保障。④工程中采用的新技术、新材料、新工艺、新方法的技术交底。钱江隧道工程建设过程中，采用了大量的新技术、新工艺，因此需要向专业技术人员、安全员、施工员进行技术交底。

施工技术交底和安全交底一般同时进行，施工员和安全员、生产班组长交底时，从各自不同角度进行。安全技术交底的目的是使施工一线人员了解所施工的工程规模、工程特点、操作规程、方法、要求、安全技术措施、安全注意事项等。具体应注意的事项主要有：①各级安全技术交底一般在项目开始施工前进行，各级交底内容和要求要保持一致，上一级的安全技术交底指导下一级，下一级的交底要比上一级更具体、更有操作性。②交底时应重点突出质量标准是安全保证主要措施，主要根据施工图、设备说明书、确立的安全技术措施等进行交底。③一线施工作业人员必须按照交底内容和要求进行施工，不得擅自变更施工工序、操作方法、安全措施等。确实有必要变更的时候要取得交底人的同意。若发现不按交底内容和要求进行施工的、有可能造成不良后果的，现场管理人员必须立即制止。④施工单位的项目负责人、技术负责人都要参加交底，并时刻关注安全交底的情况。⑤按照安全生产责任制，如果发生安全事故时，是由于安全技术交底的措施导致的，则由交底人负主要责任；如果是因为不按交底内容和要求违规操作导致的，则由施工负责人或操作人员负主要责任。⑥安全技术交底必须履行签字手续，文字记录必须存档。安全技术交底要包含安全救援预案、应急管理等内容。

（6）保证安全投入，做好安全保险

安全生产投入机制是进行安全生产活动的后盾和保障，是安全生产的基本保证。用于安全保障的资金投入要与工程合同总价成比例，并设保底线。该购置的安全防护工具必须购买，该增加投入的安全技术措施必须增加。资金使用情况严格控制和监管，并接受安全管理部门监督，以确保安全施工。

钱江隧道施工风险较高，因此还需实行工程保险制度，比如意外伤害保险等。这有助于保障建设人员的合法权益。

（二）深基坑施工安全措施

（1）基坑开挖前要做好勘察工作，查清地层情况、地下水位、不良地质作用、有无地下管线等。

（2）严格执行有关文件，做好深基坑开挖施工动态过程中的控制工作。严格按照已评审的施工组织设计、深基坑支护、降水、开挖专项施工方案实施施工，未取得专家审定的方案严禁施工。在施工中严禁随意更改施工方案。深基坑施工组织设计（或方案）必须编制有针对性的应急预案。

（3）降水期间，应对地下水的水位、流量和各降水设备运转情况进行观测，并做好记录。在基坑开挖前需超前 20 天排水固结，以提高土体强度，从而得以控制基坑土体位移及坑底回弹。坑内井点降水应在开挖前 20 天进行，设置降水观察井，降水深度应达到设计要求，并不得少于坑底以下 1m。降水期间应按照设计要求布置水位观测孔，对基坑内外的地下水位变化及邻近的建（构）筑物、地下管线的沉降进行监控，当建（构）筑物地下管线的变形速率或变形量超过警戒值时，须采取措施控制降水对周围环境的有害影响。应设置良好的排水措施。边挖土、边做好纵横向排水沟的开挖工作，设置定量的集水井并及时抽水，排除坑底积水。集水井距基坑挡墙内侧应大于 1/4 基坑宽度。必须在开挖前准备好排水设备，以保证开挖后开挖面不浸水，基坑周边必须有防止地表水流入的措施；同时必须查明并排除基坑开挖范围的贮水体、废旧水管等内的积水。当坑底面有被其下面的承压水顶破的工程地质问题时，必须加固坑底地基或降低坑底以下的承压水头，以保持坑底稳定。

（4）采用对撑的长条形深基坑，必须按设计要求分段开挖和浇筑底板，每段开挖中又分层、分小段，并限时完成每小段的开挖和支撑。大宽度、不规则基坑，应分层开挖，每层的开挖步骤应符合设计要求。坚持落实深基坑施工下达"作业任务单"和填写"开挖、支撑记录表"制度，及定期结合监测报表的分析优化施工参数的讨论会制度。

（5）挖土必须严格按设计确定的支撑位置和道（层）数，逐根逐层掏挖支撑槽，先支撑后开挖，绝不允许改变设计层高进行挖土支撑，当施工机具与层高不适应，则应调整合适的机具；如确实要改变开挖层高，一定要向设计办妥变更手续。严禁超挖，放坡要符合经验算的安全坡度，基坑纵向放坡不得大于安全坡度。必须进行人工修坡，并应对暴露时间较长或可能受暴雨冲刷的纵坡采用坡面保护措施，严防纵向滑坡。严禁坡顶和基坑周边超重堆载，基坑邻近地面不应堆放重物、杂物和其他散件，防止基坑底部隆起，并确保施工人员行走安全，严防杂物滚落及坑内伤害作业人员。开挖到距设计标高 30cm 后，要人工修整坑底，然后必须在设计规定时间内浇筑混凝土垫层（包括混凝土垫层以下的砾石砂垫层或倒滤层），垫层所用混凝土的强度以及达到设计强度的时间必须满足设计要求。开挖前必须备齐经检验合格的钢支撑、围檩、预应力设备、支撑配件以及支撑轴力测量等必需的器材和设备。

（6）建立支撑程序检查表，支撑装配的每道工序都必须经施工总承包单位的检查，检验合格后报监理单位审核，无监理单位确认不得进行后续开挖施工。必须严格坚持"先支撑后挖土"的原则，即不论在任何情况下都必须做到只有将支撑安设加力后，才可进行下一步开挖，平台标高在支撑底下 20～30cm，不宜过大。基坑支撑必须按设计做到及时、有效，严禁支撑上任意加载，以确保工程及周边环境的安全。支撑工作应做到及时和连续，即按图纸和施工要求，及时安装钢支撑，严禁基坑大面积开挖后再进行支撑。钢筋混凝土支撑（含混凝土角撑）宜采用早强混凝土，及早形成对称结构，达到设计要求强度后，方可进行该支撑面以下的土体开挖，拆除严禁采用爆破法，只允许人工分段凿除，吊运出坑外处理。基坑开挖前对开挖基坑四周设置可靠的安全栏杆（高度 1.2m 中间栏杆 0.6m）和配置标准的登高设施，禁止上下基坑设施搭设在钢支撑上，基坑四周应连续砌筑 8～20cm 高的砖或素混凝土防水踢脚，防止地表水流入基坑。溅落在钢支撑上的土必须及时清理，进行清土时必须对清理人员配备有效的防坠落安全措施。严禁人员在安装好的支撑上行走或站立，严禁悬挂重物及其他作业的受力支点。当支撑妨碍基坑开挖时，挖掘司机操作要谨慎，严格按照指挥人员的指挥进行操作，严禁对支撑进行撞击。起吊钢支撑时应严格遵守起重机的安全操作规定，吊臂活动范围内严禁站人，对较深的基坑，布设支撑时应设上、下两名指挥。不得随意在钢支撑或结构排架上堆放待装钢支撑、钢筋、木料、模板、钢管、扣件等物品，以防高空坠物伤人。

（7）地基加固存在对土体先破坏后加固的过程，同时也存在着对地层和环境的挤压和扰动作用，所以加固要添加速凝早强剂；要采用隔排跳孔；要合理选择压力、流量、速度等参数及施工先后顺序和加固方向等措施，控制对环境的负面影响。做好对附近建筑物、基坑边地下管线的沉降监测和连续墙的位移监测等工作，做好基坑侧壁土体位移监测、基坑渗漏水和基坑内外地下水位变化等监测，特别加强雨天及雨后的监测以及对各种可能危及支护安全的水害来源的监测，努力将深基坑的变形控制在允许范围之内。

（8）基坑周围内有足够的照明度，尤其是基坑内的照明覆盖应不存在暗角。基坑内施工脚手、模板排架、上下扶梯的设置搭设必须满足安全要求，应有专项施工方案并经严格检验合格后方可投入使用。基坑临边防护措施的设置必须及时牢靠，无总承包项目经理的批准，任何人不得擅自拆除。基坑四周作业平台和现浇梁上的临边防护必须及时安装到位，且安全可靠，符合规定。

（9）现场各方管理人员都必须每天阅读当日《监测报表》，出现不正常，应分析原因，及时指导施工；每周监理和监测单位要作与工况相应的分析报告；当出现报警值（或累计值）监理要组织分析讨论，提出对策意见；出现异常时，应暂停施工，及时处理。

（10）监理单位必须在深基坑施工过程中全方位进行监督与规范施工单位的施工行为，同时也要学好规范，熟悉图纸，规范自身的职业行为。对于基坑挖土、基坑支撑等关键工序或关键阶段，必须坚持进行旁站监督并及时阻止各类违章现象，做好旁站记录。

（三）盾构隧道施工安全措施

盾构段隧道施工安全的主要控制措施有：

（1）强化对盾构进出洞区的地基处理和加固，加固方法主要有高压旋喷或搅拌桩，以确保盾构进出洞区的施工安全。

（2）必要情况下对洞门进行强化密封，比如安装帘布橡胶板止水密封装置，洞门钢环内安装钢丝刷等。

（3）在关键部位进行盾构施工过程中，由安全管理责任人和专职安全员进行旁站、监控。

（4）进行压气作业时，尽量减少在不良地质条件下进入刀盘内，最好在基本可以自稳的地层中进行作业。更换刀具时要有预见性，施工时可根据地质条件，适当提前或推迟进入刀盘内。

（5）压气作业要选择经过专门培训、医疗检查通过的人员进行。压气作业时间不能过长。

（6）压气作业时要保证舱内外通信畅通，要选择无油型空压机以保证空气质量。要做好应急预案，医护人员要在减压舱内做好对伤员进行抢救的准备。

（7）进行刀具更换时，要确保地质稳定。地质条件不好时，可预先对开挖面地层进行加固处理，防止岩土掉块对作业人员的伤害。

（8）更换刀具前要将刀盘内的积土或淤泥、泥浆清理干净，搭设牢固的作业支架和平台，保证照明条件，为作业人员提供便利。刀盘内空气湿度大，对电器、电线的绝缘性要求高，需采用 24V 以下的电压。

（9）更换滚刀时要尽量借助机械装置安装和拆卸，如葫芦等起重装置和滑轨等移动装置，因为滚刀重量较大，边缘光滑，不易固定。

（10）要选派专业人员进行刀具更换，更换刀具前人员必须经过严格体检和耐压、耐高温生活测试。更换刀具时间不能过长，防止土体失稳。如果更换刀具时土体严重失稳，可暂停此次刀具更换，继续掘进数环后再进行更换。

（11）为防止刀盘意外转动对作业人员造成的伤害，在重新启动盾构机时必须再三确保刀盘内已没有作业人员和工具材料，最好实行重复挂牌清点制度，以确保万无一失。

（12）注浆时如果注浆管出口段发生堵塞，需要进行清理。清理时要选用结实、坚固的编织物或加帆布，并用钢丝绑扎，固定在管口，防止压力突然增大时砂浆在高压下击穿或顶开编织物，对人员造成伤害。管口堵塞时还会造成压力表失效，此时应暂停注浆，更换压力表，防止盲目注浆压力过大，造成管片开裂、错台或漏水，甚至将管片压落掉入隧道中。

（13）必须保障隧道施工时的运输安全，施工运输主要包括人员运输、管片运输、机械设备运输等。各类运输车辆的交通秩序必须严格管理，施工人员不得搭乘运输管片、机械设备的车辆。

（14）保障隧道内通风安全。由于隧道较长，自然通风不能满足要求，造成环境恶劣。主要表现为湿度大、温度过高或过低、噪声、粉尘过大以及有害气体等。其中对工人健康危害最大的是粉尘和有害气体。因此必须保障通风，使隧道内施工环境满足氧气浓度、温度、湿度的要求。要定期对洞内控制质量进行分析，主要评价指标为氧气浓度、有害气体含量、粉尘含量等。风速也必须定期检测是否达到标准。供风管线应铺设平顺，密封良好，并需经常检查维修。

（15）各类工程师、施工人员必须取得相应证书、经过专门安全培训后才能上岗，如安全总监、安全监理工程师。其中机械操作工、电工等技术性较强的工种，严禁无证上岗。

（16）施工前以及施工过程中要重视对各种大型施工机械的安全检查，比如盾构机安全、吊车安全、车辆安全等，如有安全隐患必须马上排除。

（17）要改善施工环境，加强对工人的劳动保护。工人自己也要做好个人安全防护措施，比如戴好安全帽、口罩；一些特殊工种，比如架子工、电焊工等更须做好专业的安全防护。这样可以防止隧道施工中机械释放的或地层中的有害气体或粉尘对工人身体造成伤害，预防职业病。

9.3.3　监理单位安全防范和控制措施

监理在工程施工过程中有着重要的作用。安全监理制度的建立，可以要求工程建设单位、施工单位和相关政府部门以及监理单位本身等，依法执行安全生产行为，从而减少安全事故的发生和生命财产损失，保证建设顺利进行。

9.3.3.1　监理单位安全管理职责

（1）严格执行国家安全生产方针、法律、法规及各项规范性文件、强制性标准，按照法律、法规和工程建设强制性标准实施监理，并对建设工程安全生产承担监理责任。

（2）根据《建设工程安全生产管理条例》第十四条规定，审查施工组织设计中的安全技术措施或专项施工方案是否符合工程建设强制性标准。监督施工单位按规定搭设安全防护设施，并督促实施。要求施工单位在施工前必须编制上报安全专项施工方案，并严格审批。

（3）实施监理过程中，发现存在安全事故隐患的，应当要求施工单位整改；情况严重的，应当要求施工单位暂时停止施工，并及时报告项目公司，施工单位拒不整改或不停止施工的，工程监理单位应当采取相应的处罚措施。

（4）检查分部分项工程的安全状况和签署安全评议意见，督促施工单位建立安全生产保证体系。

（5）对各类大、中型机具设备、船舶、压力容器、机动车辆，包括外借设备的进场，均要严格检验，安全防护装置不全、失效的不准进场。

（6）建立健全安全监理管理台账。

（7）把好施工单位的劳防用品、安全防护用品的质量关。

（8）监理人员必须加强现场巡视、旁站监督，及时制止各类施工违规违章行为。

9.3.3.2　监理单位安全控制措施

根据相关规范规定和钱江隧道工程的具体情况，监理单位为直线职能式组织机构，总监、专监、监理员按照各自分工各司其职，隧道、道桥、测量、试验、合同、安全，各专业分工协作，遵循公司内部管理制度，贯彻执行业主及行业主管部门各项规章制度，明确各级监理人员的责任，落实各项监理程序及工作制度，力争使监理工作规范化运行。运用巡视、旁站、工序验收（隐蔽工程验收）、工地会议、监理工程师通知（共发监理工程师通知单 55 份、安全监理通知单 52 份）、监理月报、周报、日志等各种监理工作手段开展全方位、全过程的监理工作。

监理办的自身的工作以《监理计划》、《公路工程施工监理规范》为总的指导性文件，制订各专业分项工程的《监理细则》（共编制 42 份）及《安全监理细则》（共编制 19 份），并按《细则》要求执行。同时要求施工方项目部编制各分部、分项工程《施工方案》及技术交底文件，将技术交底及安全交底工作贯彻到现场每个施工班组、每个施工人员，重点督促和监控施工方质保体系和安保体系的有效运行。

在日常监理工作中，监理办总监在工地时坚持每天巡视工作不少于 1～2 次，各专业监理工程师以日常巡视工地和工序验收把关相结合，由专业监理工程师组织监理员对关键工序进行全过程旁站监理。安全监理坚持每日全线巡查工地，对重大危险源进行重点监控，必要时进行旁站，安全检查记录当天归档。试验监理全面落实见证取样制度和监理抽检制度，坚持用数据说话，利用试验数据来指导施工，控制工序质量，同时也为工程质量评定提供了数据。监理办坚持工地例会制度并形成会议纪要，为有效处理施工中各种问题提供了信息交流平台。

工程安全监理要做到以下两点：

（一）理清工作思路，狠抓源头管理

安全监理是动态管理，表面看来是杂乱无章的，但任何事故隐患都是有源头的。安全监理方面，重点抓源头管理，抓住事故隐患源头，进行研究、分析、细化，使安全监理工作有章可循。针对本工程面广线长的特点，进行组织排查、分析划分危险源，制订《危险源监控计划》，编制《安全监理细则》，指导安全监理工作，使安全监理工作有条不紊顺利展开。

（二）健全组织机构，完善监理制度

在组建安全监理机构的同时，督促检查承包方的安保体系是否有效运转。要求安全监理人员的日常工作和项目部安全管理人员工作全面对接，形成统一的安全管理网络，做到上传下达，将安全工作做到"竖到底、横到边"，把安全风险控制到最低程度。对进入施工现场大型特种设备和特殊工种坚持执行两类"安全准入制度"，对进入施工现场大型特种设备实行"先验收、后使用"制度，对特殊工种实行持证上岗制度，坚持"先准入、后施工"。严格审查人员、机械及其证件，确保人证合一、机证合一。要求项目部对特殊工种进行体检，对不适合高空作业人员作退场处理，杜绝事故隐患。督促安全生产费使用计划的每月申报，监督安全生产费的使用落实情况，定期检查项目部安全生产费使用台账，保证安全生产费用的合理投入。建立人员设备台账，对申报的机械设备、特殊工种资料进行分类归档，并要求项目部定期校核、定期检修，保证机械设备正常运转，人员定期培训。坚持方案审批制度，始终坚持"先方案、后施工"的原则，对申报的安全专项施工方案严格审查，并提出合理化建议。结合方案到现场考察论证，确保方案有针对性、可操作性后，再批准实施。在安全专项方案实施过程中，安全监理每天会同项目部安全员，检查安全交底情况，要求安全交底要清晰，交底内容要齐全，交底签字要真实、有效。督促项目部完善危险源告知制度，使现场操作人员掌握安全隐患的识别方法、预防措施、突发事件的应急救援措施。在日常工作中严格要求施工方按方案组织施工，若发现违规作业时，及时予以制止，如有安全事故隐患立即书面通知整改，情况严重的要求暂停施工，向有关单位汇报。

监理工作主要要点有：

（1）在施工招标阶段，应协助业主做好对投标单位的资格评审工作，此外，要规范市场行为，防止恶性竞争。

（2）在施工准备环节中，监理人员应对影响施工的各项准备工作以及施工安全的各因素进行认真的审查，确保施工过程达到本工程的要求，切实保证工程安全。

（3）加强对监理人员的安全培训制度和改进相关的保障措施；建立和健全安全交底和安全旁站制度；做好安全检查和安全例会制度；实施安全审查备案制度；执行安全质量事故报告制度。

（4）实施安全工程监理工作相关保障体系；加强对监理人员的安全培训制度和相关的保障措施；提高安全监理人员专业水平；保证高空作业的安全；对各种设备进行周期性检查。

9.3.4 监测单位安全防范和控制措施

施工监测手段是安全管理措施的重要补充，对施工起到指导作用。通过监测基坑变形、支撑轴力、变形速率、管片等可以了解工程的安全状态，为下一步的施工措施、安全控制措施等提供指导。

本工程中采用了人工监测和自动监测。其中自动监测是主要手段，可以实现自动数据采集，通过对施工过程相关监测指标全天不间断跟踪监测，及时反馈信息，当监测值超过报警值时就好自动报警，提醒工作人员做好补救措施。其优点有：采集频率高；消除了偶然误差；数据的实时性；有利于运营后的隧道安全监测。但也有一些缺点，比如仪器价格昂贵；仪器所覆盖的范围有限；数据量大，处理不方便；在仪器受到干扰时，容易漏测数据等。此时就需要采用人工监测方法，它可以保障输入信息的正确性，可以对自动监测的数据进行准确性判断。人工监测是自动监测的重要补充。

本工程监测分为岸边段监测和江中段监测。

岸边段主要监测内容包括：围护桩身水平位移监测（测斜）；围护体顶水平位移监测；围护体顶沉降监测；支撑轴力监测；基坑外地下水位监测；地表沉降观测；立柱隆沉；坑底隆起监测；围护体结构应力；围护体内外水土压力等。

江中段监测内容包括：①陆地监测。周围地面垂直位移监测；土体水平位移；土体分层沉降；钱江两岸江堤垂直位移监测；建、构筑物垂直位移监测；管线垂直位移监测。②隧道本体监测。隧道垂直位移监测；隧道水平位移监测；管片变形（收敛）监测；管片内力；管片外侧土压力；管片裂缝。③钱塘江水域监测。河床垂直位移监测；水位变化监测。

各个监测项目的监测点布设要能抓住关键点，符合相关规范的要求，并且能为隧道施工的质量和安全服务。监测周期和频率应满足能系统反应监测对象所测项目的重要变化过程而又不遗漏其变化时刻的要求；监测工作应贯穿于基坑工程和地下工程施工全过程；监测期应从基坑工程施工前开始，直至地下工程完成为止；对有特殊要求的基坑周边环境的监测应根据需要延续至变形趋于稳定后结束。

当出现下列情况之一时，要提高监测频率：

（1）监测数据达到报警值。

（2）监测数据变化较大或者速率加快。

（3）存在勘察未发现的不良地质。

（4）超深、超长开挖或未及时加撑等违反设计工况施工。

（5）基坑及周边大量积水、长时间连续降雨、市政管道出现泄漏。

（6）基坑附近地面荷载突然增大或超过设计限值。

（7）支护结构出现开裂。

（8）周边地面突发较大沉降或出现严重开裂。

（9）邻近建筑物突发较大沉降或出现严重开裂。

（10）基坑底部、侧壁出现管涌、渗漏或流砂等现象。

（11）基坑工程发生事故后重新组织施工。

（12）出现影响基坑及周边环境安全的异常情况。

（13）当有危险事故征兆时，应实时跟踪监测。

监测数据可以动态反应工程状态的变化，反应隧道工程的安全状态。施工过程中要高度重视监理工作，做好日报、周报、监测报警等工作，发现异常情况及时上报并处理，确保工程安全。

9.3.5　其他安全防范和控制措施

9.3.5.1　临时用电安全管理

（一）严格执行《施工现场临时用电安全技术规范》JGJ 46—2005。

（二）临时用电设备在 5 台及以上或设备总容量在 50kW 及以上者，应编制《临时用电施工组织设计》。

（三）临时用电工程图纸应单独编制，临时用电工程应按图施工，如遇变更用电组织设计时应补充有关图纸资料。

（四）安装、巡检、维修或拆除临时用电设备和线路，必须由专职电工完成（电工必须持有关职业培训、考核主管部门颁发的有效证件）。电工作业必须佩戴必要的个人防护用品，电工的等级应同工程难易程度和技术复杂性相适应。现场的电器设备，输配电线路的安装、改装、维修、抢修必须配有至少2 名电工，做好监护工作。电工必须严格按"装得正确、用得安全、修得及时、拆得彻底"的 16 字方针进行操作。

（五）施工现场临时用电必须建立安全技术档案。制定电气安全操作规程、电气安装规程、运行管理规定、电气维修检查制度，电工交接班纪录、接地电阻和绝缘电阻测试纪录和各级漏电开关测试纪录。

（六）在施工现场专用的电源中性点直接接地的 220/380V 用电线路中必须采用 TN-S 接零保护系统（即五线制配电），严禁采用 TN-C 接零保护系统。严禁工作零线（N）与保护零线（PE）混接。

（七）架空线路必须采用绝缘导线与绝缘瓷瓶牢固绑扎，电缆干线必须采用五芯电缆。

（八）配电系统必须设置一级总配电箱、二级分配电箱、三级开关箱，实行"三级配电二级漏电保护"。每台用电设备必须有各自专用的开关箱，动力开关箱必须实行"一机、一闸、一箱、一漏"。除照明外，严禁用同一个开关箱直接控制二台及二台以上用电设备（含插座）。

（九）标准化安全电箱的管理。

（1）施工现场使用的电箱必须由市政行业推荐认可的合格满意产品。

（2）箱体必须采用耐高温、防雨水、耐腐蚀具有阻燃性的玻璃钢材料（厚度 4mm，箱内安装防护板），严禁使用铁壳箱体。

（3）箱体颜色要醒目，印有明显安全标志，门能锁，箱内印有电气接线图和使用说明，便于使用和维护检修，箱门上印有编号，便于使用管理。分配箱的中心点与地面垂直距离应为 1.4～1.6m，移动开关箱应装设在牢固、稳固的支架上，其中心点与地面垂直距离宜为 0.8～1.6m，配电箱放置或挂设，箱盖不可朝上，随意乱放。

（4）动力配电箱与照明配电箱应分别设置，当合并设置为同一配电箱时，动力和照明应分路配电，动力开关源和照明开关源必须分设。

（5）选用有隔离防护罩的电器元件或采取其他可靠绝缘措施，确实做到箱内安装板上带电裸线桩头不外露，防护面板应采用金属或非木质的防火绝缘板。

（6）保护接地（PE）或保护接零（N）应可靠有效，箱内应分别设接零、接地装置，可供接地保护系统或接零保护系统接线使用，切不可混接。

（7）电箱应实行两级漏电保护，对可能导致人体触电的电气设备的电源控制部分应安装漏电开关，电箱中漏电开关的选择和使用应符合以下要求：

① 选用的漏电开关，应是经国家电工产品委员会或其他法定单位认证的产品；末级选用的漏电开关的漏电动作电流不应大于 30mA，漏电动作时间不应大于 0.1s；

② 使用于潮湿或有腐蚀介质场所的漏电保护器应采用防溅型产品，其额定漏电动作电流不应大于 15mA，额定漏电动作时间不应大于 0.1s；

③ 总配电箱中漏电保护器的额定漏电动作电流与额定漏电动作时间的乘积不应大于 30mA/s。

（8）总配电箱的电器应具备电源隔离，正常接通与分断电路，以及漏电、过载、短路保护功能。

（9）加强日常检查、维护、保养工作。要建立专职电工和使用人安全责任制，并与经济挂钩；严禁违章在电箱内乱接、乱拉；严禁在电箱内放杂物。

（10）每个施工现场都必须配备漏电开关检测仪，定期用接地电阻测试仪器测量接地电阻。坚持每月至少用专用仪器测试漏电开关一次的制度，并做到测试有记录。

（十）重复接地和保护接地（零）措施。

（1）在施工现场专用变压器供电的 TN-S 接零保护系统中，电气设备的金属外壳必须与保护零线连接，保护零线应由工作接地线、配电室（总配电箱）电源侧零线或总漏电保护器电源侧零线处引出。

（2）当施工现场与外电线路共用同一供电系统时，电气设备的接地、接零保护应与原系统保持一致，不得一部分设备做保护接零，另一部分设备做保护接地。采用 TN 系统做保护接零时，工作零线（N线）必须通过总漏电保护器，保护零线（PE线）必须由电源进线零线重复接地处或总漏电保护器电源侧零线处，引出形成局部 TN-S 接零保护系统。

（3）TN 系统中的保护零线除必须在配电室或总配电室做重复接地外，还必须在配电系统的中间处和末端处做重复接地。

（4）在 TN 系统中，保护零线每一处重复接地装置的接地电阻值不应大于 10Ω，在工作接地电阻值允许达到 10Ω 的电力系统中，所有重复接地的等效电阻值不应大于 10Ω；

（5）防雷接地机械上的电气设备，所连接的 PE 线必须同时做重复接地，同一台机械电气设备的重复接地和机械的防雷接地可共用同一接地体，但接地电阻应符合重复接地电阻值的要求。

（6）活动房屋、金属屋架、电气金属构架、金属箱形（办公室、更衣室、工具间等）房间、钢轨道等必须接地，接地电阻应符合有关要求。

（7）相线、N 线、PE 线的颜色标记必须符合以下规定：相线 L1（A）L（B）2L（C）相序的绝缘颜色依次为黄、绿、红色；N 线的绝缘颜色为淡蓝色；PE 线的绝缘颜色为绿/黄双色。任何情况下上述颜色标记严禁混用和互相代用。

（十一）施工现场照明设施标准化。

（1）在一个施工作业场所内，应设一般照明、局部照明或混合照明，不得只装设局部照明。照度、照明器具和器材应符合国家有关标准规范。

（2）施工现场室外灯具高度不得低于 3m，室内灯具距地面高度不得低于 2.4m。灯具要放置稳固，金属外壳、灯架必须可靠接地保护，电源线不应有接头，电源端三级配电箱应装设漏电的动作电流小于等于 30mA，漏电动作时间小于等于 0.1s 的漏电保护器。灯具接线带电桩、电线不得外裸。

（3）潮湿高温、空间狭窄、触电危险性较大的施工场所，照明电源电压必须采用 36V 以下安全电压。为改善照明亮度，可采用 36V 照明，但必须配备 36V 电源专用箱。

（4）施工现场需大面积照明时，可采用镝灯照明，其高度宜在 5m 以上，整流器应单独放置，并有防雨措施，金属架体应作重复接地。

（5）对于夜间可能影响飞机或车、船通行的施工现场，在现场最高点或限位警戒位置，必须安装醒目的红色信号灯，其电源应确保不间断供电，设在施工现场电源总开关的前侧或采用直流电源，一旦施工现场因故停电但不影响红色信号灯供电。

（十二）施工现场电缆线路敷设规范化。

（1）电缆线应埋地或架空敷设，严禁沿地面明设，埋地电缆路径应设方位标志，严禁乱拖乱拉，如确需明设的，应做支架保护。

（2）室外电缆埋地敷设深度应符合标准要求，并应在电缆上下各均匀铺设不小于 50mm 厚的细砂，然后覆盖硬质保护层，过路时应有钢管保护。

（3）室外架空敷设电缆线路时，最大弧距地不得小于 2.5m。通过道路口架空高度应距地面 6m 以上，用钢丝绳攀挂，并设过路车辆限高警示标志。

（4）电缆接头应牢固可靠，不得受张力影响，应作绝缘包扎。

（十三）选用的电动建筑机械、手持式电动工具及其用电安全装置应符合相应的国家现行有关强制性标准的规定，并具有产品合格证和使用说明书。建立和执行专人专机负责制，并定期检查和维修保养，要有记录，不可带隐患或故障使用。夜间施工必须有电工值班保证现场有足够照明。

（十四）配电室应靠近电源，并应设在灰尘少、潮气小及振动少的地方，要有操作保养制度。现场与生活区要有安全用电的警示牌，配备消防器材。

（十五）加强安全用电培训教育。

（1）按照有关规定，组织电工、电焊工等特殊工种作业人员进行培训、复训和安全技术培训考核，增强安全意识，提高技术水平，自觉遵守各项电气安全技术规程和操作规程。

（2）对施工人员进行安全用电普及教育，熟悉了解安全用电常识，掌握触电急救知识。

9.3.5.2　消防安全管理

钱江隧道建设规模大，施工作业多、分散、变化大，工作人员专业技术水平良莠不齐，因此需特别重视消防安全管理。本工程中消防安全面临的主要问题有：①用火作业、用电作业、使用可燃材料作业频率高，用量大。②施工场地小，作业点布局复杂，障碍物多，不利于消防车通行。③隧道是线状建筑物，万一发生火灾将导致整条隧道受到严重影响。④一些施工工人容易忽视消防安全冒险作业，管理出现死角等问题。

本工程采用的主要防火措施主要有：

（1）把消防安全工作纳入工程招标。

（2）认真落实消防安全技术规范。

（3）加强施工现场内部动态管理，建立、健全消防安全生产责任制；抓好建筑从业人员的消防安全教育，提高他们的消防安全素质。

（4）明确消防安全监管责任，加强外部监督管理。

（5）注重消防安全检查，发现消防设备老化、损坏等安全隐患时立即下达整改通知单，及时整改。在整改后进行再次检查，查看整改工作是否达标。

（6）设置火灾自动报警系统，一旦发生火灾，火灾探测系统可以及时发出警报，使隧道内未发生火灾区段的工人及时撤离，做好防范准备。

（7）隧道内定点配备消防设施，在火灾较小的时候工人可以利用消防设施自行灭火。另外，要设置阶段防火安全门，防火门要按照国家防火要求进行设计和改装。防火门可以在发生火灾时降低火灾蔓延速度，减少损失。

（8）专门制定消防安全应急预案并实地演练。一旦发生火灾，应保证施工人员及时有效的处理，并尽快扑灭火灾，抢救人员和财产，从而将火灾造成的影响降到最低程度。

9.3.5.3 施工机械安全管理

（1）严格执行国务院《特种设备安全监察条例》（国务院令第373号2003年6月1日起施行）。

（2）凡进入施工现场的各类特种机械设备必须按规定取得市建委下属各检测单位的"设备检测报告"、"安装验收合格证"和"年度检验合格证"，对未通过检验合格的设备一律不得进入施工现场。

（3）凡从事钱江隧道工程建设的起重设备安装或使用的单位，必须执行对起重设备的安全管理，从事门式（或桥式）起重机安装拆卸的企业，应具有相应的专业资质，监理单位对特种、特殊设备必须严格把关，杜绝不合格设备进入施工现场，消除管理环节上的盲点。

（4）施工单位必须按照起重设备专项吊装方案进行吊装，严格执行"吊装令"制度，并按《市政、公路工程起重安全吊装动态过程控制检查表》进行控制。

（5）监理单位对施工现场各类特种设备应严格把关，严格执行机械设备和《专项施工方案》报审制度。并按国务院393号令《建设工程安全生产管理条例》和《杭州市建设工程安全监理实施意见》承担监理责任，坚决制止不合格特种设备进入施工现场。

（6）各类大、中型机具设备、压力容器、机动车辆，包括租赁设备的进场，均须严格验检。若安全防护保险装置不全或损坏、失灵的不准进场；进场的设备使用必须执行安全操作规程和配备必备的消防器材。

（7）各类有牌照的运吊设备、车辆均应牌照齐全，按规定期限参加验审，严禁超期限的设备在施工现场使用。

（8）机械操作人员必须认真遵守安全操作规程，穿戴好个人保护用品，持证上岗，每天作业要正确填写运转记录和例保记录。运吊设备上不准留滞闲人。

（9）各类运输吊装设备及车辆在使用过程中发生故障，应由专职操作人员、驾驶人员及时填写报修单，及时维修保养，不准带"病"违章作业，以免发生设备事故和人身伤害事故。凡已维修或已例保的运输吊装设备、车辆均应在设备台账中如实记载。

（10）现场的大、中型机具设备及车辆必须设有专人负责指挥和负责操作，严禁无证指挥、无证操作。

（11）大、中型机具设备使用前，应认真进行安全交底，并应配合做好管线保护、现场维护工作。大、中型机具设备的使用要密切注意环境、气候的影响，遇突发情况或台风、强对流、暴雨、暴热、严寒、灾害性天气均要有切实可靠的防护措施。租赁大中型机具设备，双方必须签订租赁协议，在安装、管理使用和维修方面，要明确各自的权力、义务和安全责任。

（12）机械操作人员、驾驶员应持证上岗，不经上级主管部门批准不得随意加班加点，做好季节性的劳动保护，保证精力充沛，做到上下班次有手续交接，认真做好安全交底。

（13）木工间、钢筋成形场所要有安全管理制度及安全作业规程，钢筋切断机、钢筋成形机、电刨、电锯等金属外壳均要有可靠的重复接地，所有机具传动部位的防护罩均需齐全可靠，砂轮机、焊机不准放于木工间内，木工间要有禁火、禁烟标志，电线不可随地拖拉，刨花必须每天清扫处理，并配有相应的消防器材。

（14）专门制定起重安全保障方案。施工现场起重吊装作业时，严禁起重机械驾驶人员擅自离岗，严禁起重机回转半径内有电线、钢丝绳、人员等，严禁无关人员进入起重吊装区域，要配备起重专业指挥，严禁在无指挥状态下进行起重吊装作业。另外，起重时严禁起重机超载，并且不能长时间悬吊重物。夜间吊装时要保证充足照明。突遇停电等故障时，要立即将重物放到安全地方。遇到大风、大雨等恶劣天气时须停止吊装作业，起重机械顺风平放大臂。

9.3.5.4　高处作业安全管理

（1）严格执行《建设施工高处作业安全技术规范》。

（2）高处作业的安全技术措施及其所需料具，必须列入工程项目的施工组织设计编制中。结构模板工程施工必须按图纸制定详细专项施工方案按规定程序进行报审，不得随意更改方案。

（3）地面与地下的脚手架搭设，均必须执行《建筑施工门式钢管脚手架安全技术规范》JGJ 128—2000 或《建筑施工扣件式钢管脚手架安全技术规范》JGJ 130—2001。

（4）所有预留洞口的安全防护措施必须及时到位，且可靠有效。

（5）临边与洞口的防护栏杆一律使用钢管设置，并刷上黑、黄醒目标识的油漆，不得用钢筋、毛竹、红白带或其他物品代替。

（6）所有施工脚手、临边与洞口的防护必须设立踢脚板，设置绿色密目网。

（7）凡±2m 以上作业在无其他防坠落可靠的安全措施情况下，所有作业人员必须正确系好安全带。

（8）脚手架作业、基坑内钢筋绑扎、模板搭设时必须设置有登高扶梯的人行通道。

（9）杜绝施工人员在钢支撑、翘头板上随意行走或施工作业的严重违章现象；杜绝随意翻越临边、洞口防护栏杆和在施工脚手、排架上攀爬的违章行为。

（10）工具应放入工具袋，传递物件严禁抛掷，严禁随意向下方抛掷物品。

（11）无总承包施工单位项目经理批准，任何人不得私自拆除安全防护设施。

（12）所有管理资料应及时纳入安全生产保证体系台账。

9.3.5.5　脚手架安全管理

（1）严格按照《建筑施工钢管脚手架安全技术规范》JGJ 128—2000 和《建筑施工扣件式钢管脚手架安全技术规范》JGJ 130—2001 进行施工作业。

（2）脚手架搭设人员必须是经过按现行国家标准《特种作业人员安全技术考核管理规则》GB 5036 考核合格的专业架子工，上岗人员应定期体检，合格者方可持证上岗。

（3）搭设脚手架人员必须戴安全帽、系安全带、穿防滑鞋。

（4）脚手架的构件质量应符合现行国家标准《金属拉伸试验方法》GB/T 228 的有关规定。严禁在钢管上打洞，旧扣件使用前应进行质量检查，有裂痕、变形的严禁使用，出现滑丝的螺栓必须更换；脚手架搭设必须严格按照专项施工方案由专职架设工进行搭设，搭设完毕，必须有专人验收挂牌后方准启用。

（5）作业层上的施工荷载应符合设计要求，不得超载，不得将模板支架、缆绳、泵送混凝土和砂浆的输送管等固定在脚手架上，严禁悬挂起重设备，安全网必须按有关规定搭设或拆除。

（6）脚手架必须设置纵、横向扫地杆。纵向扫地杆应采用直角扣件固定在距底座上不大于 200mm 处的立杆上，横向扫地杆亦应采用直角扣件固定在紧靠纵向扫地杆下方的立杆上。当立杆基础不在同一高度上时，必须将高处的纵向扫地杆向低处延长两跨与立杆固定，高低差不应大于 1m。

（7）剪刀撑的搭接长度不应小于 1m，应采用不少于 2 个旋转扣件固定，端部扣件盖板的边缘至杆距离不应小于 10cm。

（8）脚手架用于模板支撑时，负载应按现行国家标准《混凝土结构工程施工及验收规范》GB 50204 及《组合钢模板技术规范》GB J214 中的有关规定取值，并进行负载组合。编制承重脚手架专项安全技术方案，上报监理审批后方可施工。

（9）当有六级及六级以上大风和雾、雨、雪天气时应停止脚手架搭设与拆除作业，雨、雪后上架作业应有防滑措施，并应扫除积雪。

（10）脚手架使用中，应定期检查下列项目：

① 杆件的设置和连接，连墙件、支撑、门洞排架等的构造是否符合要求；

② 地基是否积水，座底是否松动，立杆是否悬空；

③ 扣件螺栓是否松动；

④ 高度在 24m 以上的脚手架，其立杆的沉降与垂直度的偏差是否符合要求；

⑤ 安全防护措施是否符合要求；

⑥ 是否超载。

（11）在脚手架使用期间，严禁拆除主节点处的纵、横向水平杆，纵、横向扫地杆和连墙件。

（12）不得在脚手架基础及其邻近处进行挖掘作业，否则应采取安全措施，如要进行挖掘作业应报监理审核同意后方可作业。

（13）临街搭设脚手架时，外侧应有防止坠物伤人的防护措施。

（14）在脚手架上进行电、气焊作业时，必须有防火措施和专人监护。

（15）搭设脚手架时，地面应设围栏和警戒标志，并派专人看守，严禁非操作人员入内。

（16）脚手架拆除应从上到下分层拆除，设置警戒区域，并设立专职人员监护。

9.3.5.6 特殊工种管理

（1）特殊工种人员包括机动船舶轮机作业人员、电工、焊工、架子工、起重工、起重挂钩指挥、潜水作业、压力容器操作、爆破作业、化学危险品保管、双头车司机、管片拼装工、盾构司机、起重机司机等，必须经培训合格持证上岗。必须认真审查特种作业人员的操作证件是否有效，无证或证书过期人员严禁上岗。

（2）特种作业人员应进行登记汇总，正确填写最近一次审证日期及下次复审日期，并且附上每位特种作业人员的证件复印件。

（3）加强对特种作业人员的安全教育，在特殊区域或特别危险场所工作，要先进行安全交底履行签字手续，并有可靠的对操作人员本人和对他人的安全防护措施。

（4）严禁特殊工种作业人员只挂名不跟班现象，或一名特殊作业人员同时监管若干个工地的现象。

（5）持外地特殊工种证件的人员，必须按规定经本市劳动局复审后方可上岗。

9.3.5.7 危险品安全管理

由于隧道施工的特殊性，钱江隧道工地现场有不同类型的危险品，主要包括氧气瓶、乙炔瓶、油库、油管、电缆等。危险品如果管理不当，会造成触电、爆炸、火灾等事故，严重威胁隧道安全。因此需注重对危险品的安全管理。主要管理措施有：①各件危险品需有专门责任人管理，将每一件危险品的安全责任落实到人。②危险品安全责任人需提前进行专门教育培训，培训内容主要包括危险品操作规程、运输规程、危险品存放方法、危险品安全事故应急处理措施等内容。培训合格颁发上岗证。禁止无上岗证的人员管理危险品。③危险品需做到专门存放，对于存放地点必须满足防治非专业人员接触、防火、防水、防电等安全要求。④实行危险品安全检查制度，安全检查须由施工单位安全负责人、建立单位安全负责人、班组长、危险品责任人进行，进行定期检查。如发现不按规章制度使用、存放危险品等安全隐患需立即整改。⑤编制危险品安全应急预案并实地演练。编制应急预案并实地演练可提供现场施工人员应急处理危险品安全事故的能力，在出现安全事故时能做到正确、安全、有序的处理，避免造成更大的事故。

9.3.5.8　外来劳务人员安全管理

（1）劳务工队伍是城市基础建设中一支不可缺少的力量，各单位必须充分注意到他们缺乏安全知识和自我保护能力的现状，应重点加强劳务工队伍的安全管理、安全培训、安全宣传教育、劳动保护等的工作。必须办理外来从业人员综合保险。

（2）劳务工队伍进场作业前，要对全体成员进行安全综合交底，要有书面记录、双方签证。同时要建立"三级教育卡"，明确三级教育内容，并要有教育者和受教育者签字，并建立动态花名册。

（3）劳务工班组必须定期每周开展一次安全学习交流活动，每天作业前要有针对性的安全交底，日常的安全检查及整改，均要有书面记录。在此基础上，要创造条件，帮助其开展创建安全合格班组的活动。

（4）新进劳务工或转岗劳务工必须经培训合格后方可上岗。

（5）不得随意安排劳务工加班加点而导致过度劳累，不可放任劳务工违章作业、冒险蛮干。劳动中应有必要的个人劳防用品和享受劳动保护待遇，特别危险处要派员进行重点监控。

（6）认真审查劳务工中的电工、焊工、架子工、起重工等人员证件是否有效，严禁无证上岗，严禁无证人员随便拆装、修理电器设施设备和机具设备。

（7）劳务工使用的手用工具、移动式电动工具、小型机具、碘钨灯电箱、氧气、乙炔瓶、草包、剩余少量柴、汽油等禁止混存一库，严禁带入宿舍。此类物品应归类分别入库，堆放整齐，设专人负责。

（8）劳务工宿舍要卫生整洁，物品堆放整齐，张贴卫生值日表，不准乱接乱拉电线，不准使用电热毯、电热杯、电炉、热得快、电熨斗和带有明火的各类电取热器等。

（9）劳务工食堂须有卫生许可证，炊事人员必须每年体检并有健康证，食堂要有卫生清洁值日制度，有排水系统、排气装置，要有灭蝇措施。食堂的生熟菜盘、砧板刀具以及生熟食品均要严格分开，每餐要有留样菜、食品采购进货记录，防止发生食物中毒事故。

9.3.5.9　季节性安全管理

（1）要注意节前节后（春节、元旦、劳动节、国庆节）及政府举办的重大活动前后的安全生产与文明施工。

（2）必须编制防台防汛和预防恶劣气候的应急预案，在防台、防汛期间（5～10月），做好台风气象预报收集工作。在台风来临之前，要加强值班，加强检查，落实好各类防汛防台工具和器材，落实抢险队伍对施工现场做好抗灾抢险的准备，遇事及时按规定汇报。

（3）梅雨季节要特别加强对施工用电的检查、维修，避免用电事故的发生。

（4）高温季节要注意工人的作业安排，采取相应的预防措施搞好防暑降温和食堂卫生、饮水卫生工作。

（5）冬季做好施工现场防冻保暖、防滑以及防火灾等措施，防止各类意外事故的发生。

9.3.5.10　安全伤亡事故管理

（1）施工现场发生职工伤亡事故、急性中毒事故，事故受伤者或最先发现事故的人应立即报告工地项目负责人或安全部门，工地项目负责人或安全部门接报后，应按规定用快速方法，立即向工地监理组、项目公司现场部和工程部报告（一般事故 24h 内、重伤、死亡 1h 内）。如发生重大、特大安全事故还必须同时报项目公司有关领导。

（2）施工单位负责人接到重伤、死亡、重大死亡事故报告后，应当立即报告上级主管部门和施工所在地区安监局、公安部门、工会、行业安监部门。

（3）现场监理组接报后应立即报总监办，总监办接报后应立即报项目公司有关领导和安保部主管安全人员（不论施工单位是否向项目公司报告与否）。

（4）一般的重伤、死亡事故，现场必须做好抢救人员和保护好现场工作，以防事故扩大，若发生触电事故应首先切断电源，若发生中毒事故，立即送卫生部门（医院）进行抢救，不可蛮干以免事故进一步扩大。

（5）重伤、死亡事故发生，施工总包单位按国务院75号令要及时组织成立事故调查小组，组织对事故技术、设备鉴定，查明事故发生原因，人员伤亡，经济损失情况；查明事故性质和责任人及单位，确定事故的责任者；提出事故的处理意见和防范措施的建议；20天内写出事故调查报告。

（6）事故调查小组必须坚持"实事求是、尊重科学"的原则，任何人或组织不得阻碍调查小组的正常工作。

（7）施工总承包单位必须建立绿色通道，联系好医疗和定点医院，以应付突发人身伤害事故。

9.4 施工期应急救援预案

应急救援预案是事故发生时进行紧急行动、采取救援措施的基本依据，是安全生产工作的重要组成部分。应急救援预案制定得好，准备得充分，救援就会及时，也就能减少损失和降低人员伤亡，为创建和谐社会添砖加瓦、作出贡献。为此，制定有效的应急救援预案，对到达现场后迅速、准确地展开救援，提高救援成功率具有非常重要的作用。

钱江隧道工程制定的应急救援预案主要内容如下。

9.4.1 成立应急救援小组

为保障钱江隧道在整个工程施工过程中的安全，将危险限制在最低限度，特成立抢险组织机构，并保持24h信息畅通。应急救援小组的组织机构的设置如图9.3所示，一旦出现险情时能够做到及时、迅速、有效抢险，将险情控制在最小范围，将损失减小到最少。

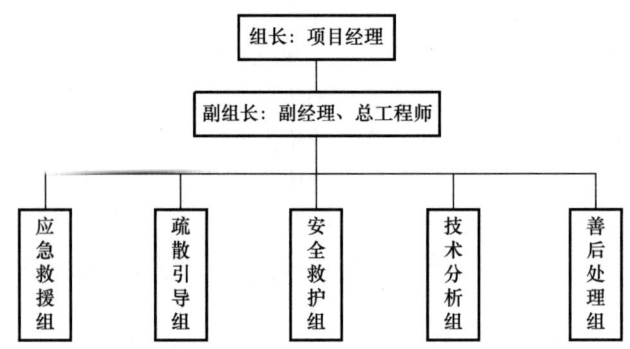

图9.3 应急救援领导小组的组织机构图

9.4.2 明确应急救援小组各部门的职责

组长：在钱江隧道施工的过程中如果发生塌方、涌水、透水、火灾等紧急事故时，迅速组织有关工程技术人员察看现场，商讨应急救援方案，及时发布各项救援抢险的指令。

副组长：迅速组织本工程的相关责任部门和应急抢险救援队，指挥各部门认真快速地落实应急施工方案和工程技术方案，并将有关事故救援进程及工程施工的相关情况迅速上报设计部门、监理单位。

应急救援组：主要由钱江隧道的工程管理部、综合办公室和项目部相关责任人员组成，由主管工程施工安全工作的副经理担任领导指挥，主要责任是查明险情发生的原因，提出应急抢险救援和工程施工的补救措施，将事故中在隧道里所有被困施工技术人员安全救出，除此之外，尽量将隧道各种施工机械设备抢出，竭尽全力降低事故带来的经济损失。

疏散引导组：主要由工程管理的综合办公室、测量队和项目部等有关负责人员组成，由办公室主任承担主要指挥责任。在事故发生之后维护事故现场的治安，指挥疏散，设立警戒线，保证事故现场救援工作顺利有序快速地进行。

安全救护组：主要由本工程的安全环保部和项目部有关责任人员组成，由安全环保部部长担当领导指挥的责任。协助医护人员将事故中受伤的施工技术人员送往附近的医院实施救治，同时负责应急救援车辆、资金的调度以及救援器材、抢险物资的供应。

技术分析组：由本工程的安全环保部、工程管理部、设备物资部等有关技术负责人员组成，发生事故后由总工程师负责带队收集有关设计方案、施工方案、工程日志等相关工程材料，对有关导致险情发生的各种危险源头进行技术分析、检测和试验，提交事故调查分析报告，同时，针对发生的事故提出合理、有效的事后处理措施。

善后处理组：由工程管理计划部、财务部等有关部门相关人员构成，工程计划部负责人负责处理事故中的伤亡人员家属的接待，财务部部长负责死亡人员的丧葬工作，确定抚恤金的赔付、丧葬等费用，计划部与财务部需一起协调处理事故善后的各项事宜。

9.4.3 应急物资和设备的准备工作

（1）应急照明灯、扒杆、扒钉、撬杠、各种应急救援药品、氧气瓶、钢管、软管、消防灭火器等。

（2）发电机、抽水机、空压机、电焊机、气割设备、喷射混凝土设备、有线或无线通信设备。

（3）指挥车、抢救用车、挖掘机、装载机、运输车辆。

应急救援处理程序如图 9.4 所示。

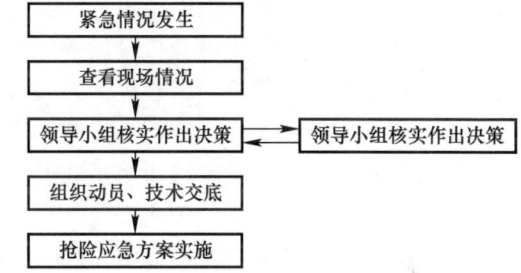

图 9.4 应急处理程序图

9.4.4 应急救援预案具体措施的制定

在紧急事故发生后，为快速及时地营救正在施工的施工人员，引导其疏散撤离事故发生现场，降低事故带来的经济上的损失、人员的伤亡和尽早控制事故的影响范围，对于钱江隧道工程的不良地质条件与水文地质条件可能会引起涌水、透水、塌方等事故，按照上图的应急救援的处理程序制定了以下几点救援措施，从而保证真正事故发生的时候能够将损失减到最小，使工程施工能够尽快地顺利恢复施工，从而在规定的工期内完成钱江隧道的施工。

（1）报警抢救：由险情或事故发生预兆的第一发现者口头或电话报警通知有关人员（应急小组的负责人、现场值班人员与施工的技术人员），并立即采取一些基本简单有效的措施进行扑救，防止事故进一步扩大。同时，项目的应急救援小组应立即启动相应事故应变措施，事故救援现场行动小组立即组织现场施工人员实施事故抢险，将受伤的工程施工技术人员撤离到安全地方，并立即拨打 120 向医院急救中心报警，对伤者进行及时的救治。

（2）疏散：应急救援的疏散引导组应对事故现场的场内外进行有效的隔离，确保在事故现场被困工程施工人员有序快速的疏散，坚决服从上级安全部门及应急救援小组领导的指挥，在 120 救护车未到现场之前，需在进出事故现场的马路上距离现场 50m 左右的范围内安排人员维护现场交通秩序，疏散人员，开辟通道，让 120 救护车能够顺利进入。安全救护小组指挥部分人员协助医务救护人员将事故中的伤员送至安全地方进行伤员抢救工作。

（3）善后处理：应急救援的善后处理组应当竭尽全力的协助医院对事故中的伤员进行救治，把人员伤亡的程度减少到最低，同时安抚伤员和伤员的家属，并对伤员的家属、亲属进行妥善安置处理。

（4）治理措施：技术分析小组在事故抢险救援结束后，应对事故发生的原因进行调查和分析，结合事故抢险救援的情况进行事后治理，并对事故发生的原因进行根治，要尽量确保以后不会再发生类似的险情，并对事故的发生原因、抢险救援工作以及事后的善后工作进行总结，向工程管理部门提交报告。

9.4.5 事故现场应急救援及抢险方针与原则

（1）坚持"以人为本"的指导方针，把保护人民群众的生命与财产安全作为事故抢险救援的首要任务，尽量减少因抢险救援的决策指挥失误而带来的不必要的额外的经济损失与人员伤亡。

（2）牢记"预防为主，常备不懈"的原则。做好应对工程施工生产的意外事故的思想准备、抢险救援预案准备、救援物资的准备，建立完善的信息回馈系统、防灾抢险体系，定期组织工程施工事故的应急抢险救援演练，增强安全管理人员、施工技术人员防灾抢险的意识和能力。

（3）对于工程施工安全生产事故执行分级管理、分级响应、统一指挥，根据工程施工事故的严重性、危害性以及紧急性，分级制定和启动抢险应急预案，明确处理主体和处置责任，明确事故责任人及应急救援小组的指挥权限。

9.4.6 加强宣传与管理

（1）要加强应急救援预案的宣传工作，使各级安全管理人员、施工一线人员熟悉应急救援的内容和方法，确保事故发生时救援工作、事故处理工作能安全、有序地进行。

（2）加强对隧道开挖后的险情排查及初始支护段的安全监察工作。着重搞好地质超前预报工作，及时对地质超前预报进行分析，掌握隧道施工前段的地质情况，同时，做好隧道施工现场应急救援物资日常的保护和保养工作。

（3）做好进、出洞施工工作人员及车辆设备的管理工作。工程项目部结合工程实际情况，在隧道口设立专门值班室，指定专门的值班人员实行24h轮流值班，加强对进入隧道的施工人员与设备的管理工作，所有出入隧道施工人员及机械设备，都要执行出入隧道挂牌或登记制度，从而明晰隧道内的施工人员及机械设备情况，严禁与工程施工无关的人员进入隧道。

（4）为了满足工程安全施工的需要，确保隧道内险情事故发生后，能够把事故的最新情况迅速地通报给洞外的项目部与抢险救援小组，隧道内每隔一定距离就要安装应急事故报警设备，并且与当地的通信运营公司签订协议，在隧道内安装信号发射器，确保隧道内有良好的手机信号。

（5）隧道内设置应急照明设施，确保突然停电或发生意外事故（火灾等）停电后，可以为工程施工人员疏散指引逃生的方向。一旦发生险情，工程项目部应急救援抢险预案将会在第一时间内立即启动。同时，项目部应当与施工现场周边的医院、安全监督管理局及公安局、消防队等相关部门和单位事先进行沟通，以便在发生突发事故后能快速地与外界取得联系，加快应急救援的速度，将损失减小到最低。

9.4.7 重视应急救援预案实地演练

经常性的进行各种事故应急救援演练，认真执行、落实施工安全生产法，以及国家有关安全生产的法律条文，坚持"安全第一，预防为主，综合治理"的方针，能迅速高效地处置施工安全生产中的各种事故，并在应急救援演练中发现现有救援预案的不足之处，且加以改进。建立切实有效的应急救援体系，最大程度降低施工安全生产事故造成的经济损失和施工人员的人身伤害。

工程项目部为了进一步提高突发事故应急抢险的反应能力，有序地实施开展事故应急救援预案工作，结合钱江隧道工程项目的实际特点，先后多次在工程现场成功地进行洞内火灾消防应急演练、洞内涌水安全事故应急救援演练、洞内施工人员的逃生演练和隧道塌方应急救援演练。另外，还根据工程实际需要不定时地在隧道内进行抽、排水试验，以检验隧道施工的质量。

应急救援演练严格按照应急救援小组编制的应急救援预案的各项要求组织开展，是钱江隧道项目应急救援预案系统启动、协调配合能力和救援实战能力的一个综合性的考验。

通过演练，一是检查应急救援预案是否具有实用性、可靠性，另外还有什么不足之处，从而尽可能地完善救援预案；二是通过应急救援演练使全体救援人员明确知晓自己的职责和应急救援的程序，同时也能提高应急救援队伍的协同作战和应急反应的能力；三是通过演练，提高全体施工人员对严重施工事故有深刻的认识，进而提高施工人员的防止事故、避免事故、抵抗事故的能力，提高对事故的警惕性，防止事故的发生，从而保证工程迅速而高质量地完成。

9.4.8 隧道透水事故的救援措施

当隧道某一点突然发生透水事故时，现场隧道施工人员除立即报告应急救援小组外，如果水势很猛、情况危急，需采取以下的应急救援措施。

（一）现场隧道施工人员的行动原则

突发事故时，现场施工人员尽量了解或判断事故的地点和灾害程度，在确保施工人员人身安全条件下，迅速开展应急救援，并且根据当时的具体情况，有秩序地沿着预先规定的逃生路线进行疏散。洞内施工人员万一来不及全部撤到安全地点，应保持冷静，保存体力，相信救援人员一定会把他们救出去，确保他们的人身安全。

（二）透水事故的抢救措施

（1）各级应急救援指挥领导应准确、及时地核查隧道内遇险的施工人员的人数，假如发现有施工人员堵于隧道里面，应首先完成施工人员解救工作。所以第一步要判断施工人员可能的躲避地点，根据事故估计的透水量和排水设备的排水能力，计算排除透水量所需要的时间。只要指挥正确、营救及时，就可以避免或减少施工人员的伤亡。

（2）立即启动应急救援排水泵，争取将水位降低到最低程度，从而争取较长的缓冲时间来营救被困人员。

（3）水文地质技术人员应分析判断透水的地点和可能的最大透水量，测量其透水量大小及其变化，随着抽排水的进行要密切观察隧道水位及地表水体的水位变化，从而确定透水量的发展趋势，进一步采取必要的措施，防止透水淹没整个隧道。

（4）检查维修所有排水设施和供电照明线路，如果透水事故中水中携带有大量泥砂时，应在隧道中分段修建临时挡墙，迫使泥砂沉淀。

9.4.9　隧道涌水事故发生原因分析及应急救援预案

（一）突发涌水事故发生的原因

隧道的地质及水文地质情况勘察与实际情况不符、在工程勘察时没有能探明工程施工区域的大型的地下径流、暗流等水文地质情况；在以后的施工过程中应该深入研究现有的水文地质报告，将施工过程中的水文地质情况与报告中的比较，如果发现异常或者与水文地质报告中的描述不符合时应当及时与勘察部门联系。

隧道施工过程中的地质超前预报不准确；由于各种地质超前预报手段存在局限性，应当采用和本工程相适应的地质超前预报手段，提搞预报的准确性。

由于雨期、汛期的到来，或者由于涨潮的原因，导致钱江水位及地下径流的水文分布发生大规模的变化，隧道施工区域水文地质情况与初期勘察时有了巨大的改变。

现场施工人员责任素质教育缺乏和事故防范意识不强、思想松懈、工作缺乏积极性，对涌水事故的发生前兆等观察和报告处理等不力。

（二）涌水事故应急救援要点

（1）隧道内施工中突发涌水事故时（涌水量大于 20L/s），立即启动应急救援程序。

（2）隧道内施工中发现大量涌水时，立即停止所有施工，所有施工人员都应该立即撤至洞外安全地点，并且马上通知项目部，成立应急救援小组，通知监理、业主和有关部门，并按事先制定的应急救援方案和突发事故处理程序上报上级主管部门。

（3）首先发现涌水施工人员应大声呼喊；通知施工现场安全员进行工程的全面警报，快速地组织现场施工人员紧急安全地疏散至安全区域，并立即使用有效抢险措施，进行施工现场涌水事故的应急处理，防止事故影响程度进一步发展扩大。

（4）抢救伤者和搬运遇难者，要预防突然将伤员搬运到新的环境中，对伤者造成新的伤害。伤员在等候医生救治或送往医院抢救过程中，要继续进行救治。在对昏迷伤员进行刺激时，要注意以防呕吐物重新吸入而阻塞呼吸道。

（5）尽快分析涌水事故的原因和分析涌水进一步发展的趋势，采取正确应急救援方案，防止涌水事故进一步扩大。要查清涌水事故发生后供电设施是否存在漏电等安全隐患。在进行隧道内的涌水抽出时，要注意是否仍有大量的水涌入。

9.4.10　隧道火灾的应急救援预案

隧道施工期间，由于隧道结构复杂、空间狭小、纵深较长、出入口数量少而封闭性比较强、施工技术人员众多、机械设备种类数量多，一旦发生火灾事故，往往会造成灾难性的后果。

隧道施工期间火灾原因是多方面的。隧道内一般比较潮湿，各种电气线路和设备的绝缘设备容易老化，造成短路等问题，引起火灾。机械中零件的摩擦起火、化油器起火等也可能引发火灾。隧道内通风量和风速比较大，一旦发生火灾，蔓延非常迅速。隧道内一般采用人工照明，光亮度较低，如果发生火灾或断电，隧道内将一片漆黑，使工人不易逃生。因为对火源、起火点难以判断，隧道内扑灭火灾比较困难。

隧道构造为狭长的管状空间，其建筑特点决定了其突发性火灾主要有以下几个特点：

（1）火灾燃烧蔓延速度快，持续时间长，控制难度大。

（2）火灾烟雾扩散快、毒性大、很难排出。发生火灾时，火灾区域会充满浓烟，能见度低。隧道有较强的封闭性，散热慢、温度较高。火灾产生的高温、有毒浓烟迅速积聚，很难排出，非常容易在瞬间使人中毒、窒息死亡。

（3）快速处置、疏散和营救被困人员难度大。因隧道处于封闭空间，其中有大量的大型施工设备，隧道内发生火灾等灾难性事故后，实际逃生通道非常狭窄，加之火灾产生的浓烟，难以疏散施工人员。消防救援人员也难以迅速到达现场实施救援工作。由于隧道中一直处于高温状态，有毒烟雾积聚，使得隧道内的照明系统、监控系统和自动报警系统等在短时间内就可能失效，不易观察到起火部位，使火灾扑救变得十分困难。

隧道火灾应急救援措施主要如下：

一旦发生火灾险情，应立即采取措施，执行火灾的应急救援预案，第一时间通知消防部门、120急救中心赶赴事故现场进行抢险救援。另一方面利用隧道内的监视系统、广播系统引导被困人员，指明逃生路线，及时疏散隧道中的被困人员；或及时告知被困人员逃生方法，利用灭火器进行自救，并尽早将其转移至安全区域。进入隧道内的救援人员应携带照明器材和防护用具，发现有伤员时应及时抢救（明显重伤的伤员应立即反馈给地面救灾指挥中心，等待有关医护人员到达现场后进行抢救）。此外，地方医疗部门在接到报警后应立即组织医护人员携带相应的医疗设备和急救药品，赶赴事故现场参与救援，同时还应做好重伤员接收的准备工作。

9.5 钱江隧道安全控制经验总结

钱江隧道工程是超大直径越江盾构隧道，工程建设中的安全控制管理理念、体系、技术措施等都取得了成功应用，现将相关经验简要总结。

（1）要坚持以人为本、安全第一、预防为主、综合治理、依法管理、全员参与、动态管理、强化教育的全新安全管理理念，将安全管理理念成功运用到管理体系设立、安全制度定制、安全技术措施制定、应急救援预案制定等具体内容中，全面指导安全管理控制工作。

（2）对安全工作要始终以如履薄冰的心态来对待，不能马虎大意，心存侥幸心理。要检查按规章制度施工、办事，坚持履行各项安全技术措施，切实保障工程安全。

（3）对于钱江隧道这种大型工程的安全管理，要联合各方，齐抓共管。政府部门、项目业主、设计单元、施工单位、建立单位、监测单位、施工班组等各方面要有机的统一成一个整体，共同协作，保障工程安全。

（4）要重视奖惩制度的执行，奖励先进，惩罚落后。奖惩不是目的，但奖惩可以激发各级管理人员和施工作业人员的积极性，提高他们的安全意识，减小事故发生的可能性，最终提高工程安全性。

（5）要坚持安全检查工作、例会制度，对于检查中发现的安全隐患绝不能心存侥幸而漏过，发现问题及时整改。例会上注重安全技术措施的传达、安全教育培训等工作。

（6）要重视应急预案的编制以及实地演练工作。应急预案不是摆设，不能制定好了之后束之高阁，必须进行演练。如果缺乏演练，万一发生安全事故，施工人员将失去秩序，造成更严重的后果。只有进行演练，才能让应急预案深入人心，减小事故造成的损失和影响。

钱江隧道工程已经顺利完工，期间没有发生重大安全事故，说明本工程采取的安全控制理念、体系、措施及应急救援预案是安全有效的，可以为后续其他类似工程提供借鉴。

第 10 章　钱江隧道质量管理与控制

钱江隧道是地质条件复杂、技术难度高、投资规模大、影响面广的重大交通工程项目，质量控制应秉承"百年大计、质量第一"的原则，以高度的责任感与严格的质量监控措施来实现质量目标，为社会发展和交通事业提供安全、舒适、环保的高品质工程产品。因此，在钱江隧道工程中，我们也秉承了这样的思想，积极执行质量管理与控制。

本工程中的质量控制与管理因工程本身的特点而具有其很强的特殊性。首先，钱江隧道地处浙江省杭州市钱塘江流域，必须将环境保护要求的特殊性考虑在内，对整个工程的质量控制提出严格要求，坚决杜绝质量事故的发生。杭州市作为浙江省的省会和经济、文化中心，长三角中心城市之一，同时也是重要的风景旅游城市和历史文化名城，自古有"上有天堂，下有苏杭"的美誉，市内有西湖、钱塘江、西溪湿地等众多自然景观，在钱塘江流域修建如此超大规模的江底隧道，一旦发生质量事故，势必对钱塘江流域的堤防、景观、旅游业等产生巨大冲击。

同时，作为浙江省交通规划中"两纵两横十八连三绕三通道"高速公路主骨架中的重要通道，钱江隧道工程的顺利开展以及按期、保质完工，将从根本上改变该区域的交通格局，对促进该区域交通、经济等的发展起到积极作用。然而，如果工程的质量得不到保证，将会对汽车通行效率造成影响，在整个高速公路网络中，成为影响道路通畅的瓶颈。

本章将系统介绍钱江隧道工程的质量管理与控制方面的内容。首先由工程所具备的特点和难点，通过具体分析，总结了钱江隧道质量控制方面存在的挑战；其次，提出了本工程中质量控制所遵循的理念以及一套完整的质量控制体系；再次，对质量控制体系中各个方面，从组织协调到具体的保障措施，加以具体的介绍；之后，简单介绍了基于本工程质量控制与管理的实践所做的研究与创新；最后，对本工程质量控制与管理的经验进行了总结。本章的具体内容如以下关系图所示（图 10.1）。

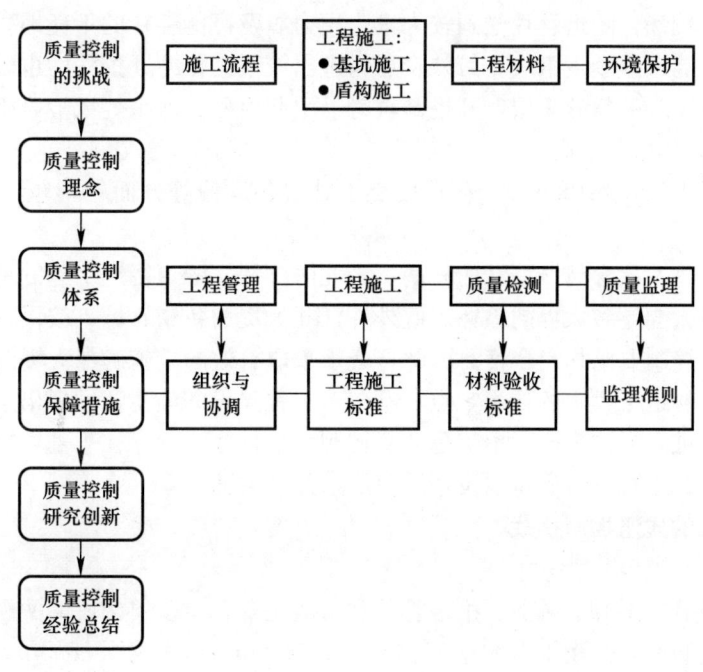

图 10.1　本章内容关系图

10.1　钱江隧道质量控制的挑战

钱江隧道工程具有"大、长、深"的三个特点，即隧道开挖直径达到 15.43m，是目前世界上最大直径的盾构法隧道；盾构机一次性连续掘进距离达到 3.2km，中间不设检修井；隧道在江底最深的埋深达到 23m。与一般的采用盾构法施工的中小型公路隧道相比，钱江隧道工程的实施中存在更多的技术难点，工程的质量也存在更多的隐患。但是工程的质量标准并不能因此而降低，这就对工程的质量控制和管理提出了挑战，为保证将该工程建设成为高质量的优质工程的目标得以顺利实现，就必须制定全面、合理、高标准的质量控制与管理体系。

钱江隧道的地层条件特殊、环境复杂、规模宏大、综合性强，对设计和工程质量都提出了相当大的挑战。通过对钱江隧道水文地质、周边环境、工程建设要求等情况的具体分析，可以将其存在的主要工程技术难点归为以下几点：

（一）地质条件复杂，施工及运营条件差

钱江隧道所处地区的工程地质条件差，土层复杂，多为淤泥质黏土、粉砂、砂质粉土，存在多处不良地质条件，场地区域内还存在活动断裂带，曾发生过 5 级地震，是浙江省地震活动相对较强的地区之一。同时钱塘江水系的高承压水性、高盐度性、潮汐特征，极易诱发流砂、管涌、震陷，这些都给盾构机选型、开挖面稳定性以及隧道的防水和防震可靠性提出了巨大挑战。加上钱江隧道位于强潮河口，河势多变，涌潮强，潮位高，对隧道长期稳定性提出挑战。

（二）盾构直径大、掘进距离长、埋深较深，施工难度很大

盾构直径超过 15m，为超大直径盾构，盾构施工操控难度大。相比于直径较小的盾构隧道，开挖面上的土层性质可能更为不均匀，上覆土层的厚度可能更小，对盾构掘进过程的开挖面的稳定性以及隧道轴线的沉降控制等要求存在很不利的影响。

盾构施工距离长（2×3245m），且中间不设检修井，因而对盾构设备的磨损问题必须采取有效措施，这就对盾构设备耐久性和可靠性提出了较高的要求。另外，长距离的掘进容易将原本微小的轴线偏差因距离影响而被放大，因而对轴线精度的控制也成为长距离盾构施工的难点之一。随着盾构掘进长度的增加，隧道施工需要的大型构件、盾构泥水平衡系统以及废弃土的运送距离也在随之增加，因此还需解决设备、构件、泥水与弃土长距离运输的问题。

盾构掘进时的埋深较深，隧道管片受到较大水土压力以及可能存在的不良地质条件的共同作用，一旦出现施工不当很有可能造成严重事故。另外，盾构进出洞段工作井开挖深度也较深，地质条件差，靠近钱塘江，且存在含承压水的粉砂土层，开挖基坑时易引起流砂、涌水等风险，施工难度大。

（三）废方处理难，环保要求高

盾构施工开挖方量大（1546128m³），存在废弃土处置和运输等方面的难题，若处理不当对环境影响和社会影响极大。

钱江隧道盾构施工将八次穿越钱塘江的江南、江北防洪堤，隧道掘进引起的地面沉降会对大堤产生一定的影响，如沉降过大会导致大堤的破坏。此外，江北大堤为鱼鳞石塘，按设计要求，江北防汛墙的沉降标准被定为 2cm，控制要求相当严格。因此，必须采取有效的措施确保大堤的安全。

上述特点作为钱江隧道工程中的技术难点，不仅对工程建设的施工技术提出了高要求，更是给工程的质量控制树立了高标准。具体来说，本工程质量控制中的挑战主要存在于基坑施工、盾构施工、盾构施工过程中的流程控制、工程材料质量以及环境保护这几个方面。

10.1.1　工程施工的质量控制挑战

（一）基坑工程

为了方便盾构的组装、拆卸、调头、吊运管片和出渣土等，位于盾构段的两端，钱塘江的江南和江北分别设置了两个工作竖井，江南工作井宽 25.4m，长 48.9m，最大挖深 28.3m，为盾构始发井；江北工作井长 23m，宽 45.8m，基坑最大挖深 26.8m，为盾构到达井。两工作井均属于超深基坑，采用超深

地下连续墙进行基坑围护，江南地下连续墙深达 49.5m，江北地下连续墙深达 54m。深基坑工程包括挖土、挡土、止水等多个环节，是一项复杂的系统工程，任何一个环节的失误都有可能导致施工失败，甚至造成巨大的事故和损失。同时，也可以说基坑工程的质量控制绝不是一个独立的问题，基坑工程若存在质量问题，不仅会对基坑施工的安全造成威胁，还会直接影响到盾构进出洞的施工，进而影响到盾构施工的进度。因而对于此类超深基坑的施工，更应加强对基坑工程施工质量的监管，针对施工过程中可能发生的问题进行全面的分析，做到提前预防和控制。

作为盾构机进出洞的部位，为了提高地基强度、防止沉陷、地下水突涌等工程灾害的发生，一般需要对盾构进洞与出洞区域及周围的土体进行加固。钱江隧道工程中，盾构工作井的长度大，深度深，且地质条件差，水文条件复杂，盾构出洞处隧道顶覆土 9.5m，处于浅覆土透水砂层，风险极大。因此土体加固和改良的效果是该阶段质量控制的难点和重点之一。

另外，由于地处鱼塘回填区，地质条件复杂，江南工作井主要穿越粉砂和粉质黏土层，江北工作井主要穿越淤泥质粉质黏土和粉质黏土层，地下连续墙的成槽过程容易出现塌孔现象，施工过程中必须加强对地下连续墙的垂直度和止水效果等质量的控制措施，这对于确保基坑安全和周边环境稳定，具有十分重要的意义。

（二）盾构施工

盾构法隧道工程是一项综合性施工技术，虽然随着隧道工程在我国的发展，在不断摸索和实践中已经形成了一套比较成熟的施工技术，并且在地铁等工程的建设中得到了广泛的应用。然而作为钱江隧道这类重大建设工程的主体，工程具有"大、长、深"的特点，较少有类似的工程经验作为参考。此外，钱江隧道穿越钱塘江，位于强潮河口，一方面河势多变，将会受到强潮的影响，对隧道施工的质量提出巨大挑战；另一方面，钱塘江还是杭州地区著名旅游景区，观潮景点，隧道穿越钱江两岸的堤坝，一旦工程的质量存在问题，不仅会对旅游业造成严重影响，甚至还会对防汛工作以及钱塘江两岸居民造成巨大威胁。这些无疑使得盾构施工的质量控制成为重中之重，必须对施工质量的控制提出更高的要求。

（1）盾构始发阶段

在盾构始发阶段，大型泥水平衡盾构进出洞施工的质量控制是最关键的环节之一。其中，止水装置是盾构进出洞顺利与否的关键，止水装置设置不当，泥水平衡体系将无法建立，从而会对前方土体带来较大扰动，地表因此会有较大的沉降甚至坍塌；另一方面，严重的漏浆会造成工作井内泥水大量淤积，正常施工无法得到保证。因此，对止水装置的质量控制是该阶段质量控制的难点与关键。

此外，盾构机的直径达 15.43m，是目前世界最大直径的泥水平衡盾构机，盾构机本身自重大，可达 2000t，对其的操作复杂，在进洞前对其位置、姿态等的调整和控制，以及对基座的质量提出了较大挑战。

（2）盾构掘进阶段

隧道掘进过程中，盾构机一次性连续掘进距离达到 3245m，其中绝大部分在钱塘江底进行，中间不设检修井，且盾构机在隧道内只能前进不能后退，必须一次性过江，存在的风险因素相当多，例如长距离掘进期间有可能较难更换刀具及盾尾刷，因此盾构机掘进过程中的质量控制也是隧道能否顺利施工的最基本保障。此外，在如此长距离的掘进施工中，即使微小的偏差也会随掘进长度的增加而被放大，因此还必须对隧道轴线的精度加以严格的监测和控制。

本工程在盾构进出洞段覆土浅，江南抢险河南侧的鱼塘最小覆土仅为 5.6m，江南抢险河处的覆土厚度也仅为 7.5m，为了保证盾构的顺利穿越，对抢险河南侧的鱼塘进行回填至地面标高并进行地基加固，因此在这些浅覆土地段，对地基加固效果以及盾构穿越过程中的切口水压、轴线控制、盾构姿态、掘进速度等必须进行严格控制。

另外，在盾构推进沿线上，东、西两线均需要穿越江南、江北大堤以及一条抢险河，其中，对江北大堤的保护尤为重要，需将江北大堤沉降值控制在 2cm 以内，抢险河区域隧道最小顶覆土约 7.3m，平均顶覆土约 8m，这些客观条件都给盾构的穿越带来很大的施工难度。因而，在掘进过程中，对土压力、切削土量、推进速度和推力、盾构机姿态等的实时监控和调整、科学管理及谨慎操作对于保证盾构施工的安全，保证隧道施工的质量也显得尤为重要。

10.1.2 施工流程的管理

由于本工程隧道段线路较长、工期要求紧，根据施工总体计划，采用了立体化、多工种同步施工的方法。盾构掘进和内部结构同步进行，盾构后车架系统中动力运输装置、隧道内管片水平运输设备安装隧道口字形构件，为内部结构施工提供便利，内部结构的施工又为盾构掘进提供更为宽广的运输条件，两者互为补充，较以往圆隧道内部结构的施工方式更能够节约工期、改善作业环境、加强资源利用。然而，在如此立体化、相互关联的施工工序中，有任何一个环节的质量出现问题，都会对其他环节以至对整个工程的质量造成影响，这就对施工过程中的质量控制提出了必须精确到每个施工环节的高要求。

10.1.3 工程材料的质量控制

工程材料的质量是形成工程实体质量的基础，材料质量不合格，工程质量也就不可能符合标准。加强材料的质量控制，是提高工程质量的重要保障。钱江隧道工程中盾构施工直径大、距离长，所需要的工程材料数量巨大，这就直接地反映出材料质量的控制性作用。就拿隧道工程中大量使用且对整个工程起到极其重要作用的预制管片来说，不仅要承载隧道外侧的土压、水压，直接支撑地层，防止渗漏，同时还要在盾构施工过程中承受施工荷载，这对管片的尺寸精度、结构性能和耐久性提出了很高的要求，因此管片的质量控制就显得尤为重要。又如工程中有大量需求的预制口字形构件来说，本工程中使用的口字形构件预制标准很高，如果尺寸参差不齐，不仅会造成拼接缝缝隙明显，影响到路面的铺筑和路面的使用寿命，还会影响到两侧后浇路面板的质量。另外，为了防止隧道运营中受循环荷载作用后产生纵横向不均匀沉降，进而影响到隧道的使用寿命，对工程材料耐久性的控制也显得尤为重要。所以必须通过设立严格的质量控制和验收制度，高度重视材料进场、施工过程中以及竣（交）工验收每个环节中对材料质量的检验与控制，严格把关，才能保证构件质量的稳定和工程质量的安全。

10.1.4 周边环境的保护

由于钱江隧道工程中盾构施工的线路长，盾构开挖方量超过 150 万 m^3，采用盾构法开挖隧道过程中会产生大量废浆、废水，在整个建设期间对周围环境的影响较大。考虑到杭州是全国重点风景旅游城市和首批历史文化名城，自古有"上有天堂，下有苏杭"的美誉，钱塘江更是宝贵的自然景观，因此钱江隧道工程必须格外注重对周边环境的保护，对工程排放的废弃物采取严格的质量控制，以防止对环境造成破坏。

由于盾构法开挖隧道时产生的废泥浆中含有大量的蒙脱石等黏土矿物和岩屑，稠度大，既不能直接排放，又难于自然沉降，如果施工现场废泥浆就地排放的话，那么排放的泥浆浸入工业场区或附近农田、灌溉渠道、河流，会直接污染环境和危害农作物生长。在废泥浆排放前必须经过处置过程，这也成了钱江隧道施工中的重要环节之一，若处理不当，不但影响施工，而且会造成环境污染或水质污染等二次公害，甚至会对钱塘江的水环境和周边生态环境造成破坏。因此，在泥浆余水的循环利用处理和脱水干化后泥土资源化处理处置的过程中，必须对处理工艺进行严格质量控制，对处理后排放物的各项指标进行严格质量监控，做到无害化排放。

10.2 钱江隧道质量控制理念和体系

10.2.1 钱江隧道质量控制理念

项目质量是建设工程企业的核心竞争力，实现工程质量验收合格率 100％更是特大型工程追求的共同目标。钱江隧道工程作为杭州市城市跨越式发展的标志性工程，依靠工程施工技术装备引领世界软土隧道施工技术新水平所具有的影响力，受到浙江省和杭州市社会各界广泛关注。因此，以"严格管理和施工行为，全面规范和提高安全、质量、文明施工等项目的管理水平，提升企业核心竞争力"为指导思想，按照《浙江省高速公路建设工程标准化工地管理规定》的要求、坚持"争创优良工程，提供优质服务"的质量方针和质量保证体系程序文件标准，将"创建标化工地，确保工程优良"作为钱江隧道工程的奋斗目标。此外，健全质量管理制度、注重细节管理，确保整个工程的高标准、高质量，也是钱江隧道工程管理中最重要的内容之一。

同时，作为上海长江隧道的姐妹隧道，两项工程具有很多相似之处，例如同样采用外径 15.43m 的盾构法技术施工，工程都具有"大、长、深"三个特点等。上海长江隧桥工程已于 2009 年顺利完工并通车，在工程施工过程中，质量管理体系运转正常，工程质量总体处于受控状态，质量平稳，按公路质量检验评定标准要求评定，结果全部达到合格标准。交通运输部在《2007 年度公路工程质量安全监督情况通报》中对上海长江隧桥工程的评价是：项目管理科学、制度健全、职责分明、质量管理成效明显。实践表明，工程质量的优劣与工程所遵循的质量控制理念和管理体系密不可分，在长江隧桥工程中所采用的先进质量控制理念和管理模式，帮助该工程取得了显著的成效。因此，钱江隧道工程中，针对本工程的特点和难点，并参考上海长江隧桥工程项目质量管理的实践经验，形成了钱江隧道工程的质量控制理念。

（一）源头控制

原材料的质量决定着工程的实体质量。隧道工程中所使用的材料和构件种类繁多，数量巨大，如何从源头开始加强对原材料供应和构件制作的质量控制，保证其按质、按量、按时供应，是保证钱江隧道工程整体质量的关键。为此，在钱江隧道工程质量管理中，一方面通过建立严格的材料检验和抽检制度，把关原材料及构件制作的质量控制，严禁将不合格材料应用到工程之中，从源头上杜绝质量问题的发生；另一方面，按照以工序保分项，以分项保分部，以分部保单位，以单位保总体的质量创优保障原则，执行"首件认可制"，对首件工程的各项质量进行全面评价，这样可以有效地预防和纠正后续生产过程中可能发生的类似质量问题。

（二）全员参与

除了对材料质量的控制之外，工程质量往往与参与工程建设的各类人员素质具有直接的关系，不同环节、不同阶段、不同施工场地的各类人员，对质量标准的理解和执行不同，将会造成不同水准的工程质量。因此，工程质量的高低，与组织者、管理者、建设者、监督者等人员群体对工程各个环节各阶段中质量的认识、态度和主观行为密切联系在一起。钱江隧道工程在质量控制中，非常注重发挥所有各类人员的主观能动性，项目公司通过对包括管理者、设计者、施工者、监理者等在内的全体参建单位人员进行专门的质量意识教育，特别是加强对劳务分包队伍人员上岗考核和教育培训，使得全员全面树立起质量安全意识，让质量安全成为每一个建设者和管理者的自觉行动，这就从根本上杜绝了重大质量事故的发生。

（三）全程监控

在把好质量控制头尾两关的基础上（头，指的是原材料质量控制，尾，指的是交工时的质量检测），对于隧道工程质量来说更重要的是隧道施工过程质量控制。它是通过检测的手段，获取各阶段各分项工程质量数据，经常性地规范施工，确保工序的合理、工艺的到位，使工程质量既能满足设计要求，又能节约施工成本。钱江隧道工程由于工期紧迫，必须采用立体化、多工种同步施工的方法，对施工工序和工艺都提出了挑战，如果在某一道工序的施工过程中出现了质量问题而没有被及时发现和处理，或将导致其他同时进行的工作也受到影响，造成恶性循环，事后返工所花费的人力、财力和物力往往较及时治理多上数倍。因此，强化工序质量控制和工艺把关，严格履行施工自检、监理抽检、业主巡查检验程序更显得十分必要，上道工序不合格坚决推倒重来，绝不进入下道工序。

（四）注重细节

作为钱江隧道工程的奋斗目标，"创建标化工地，确保工程优良"为工程建设者树立了以工程质量安全为中心的目标导向。然而，对于工程的管理者来说，在确保工程质量过关的基础上，应该朝向更高的目标而努力，那就是确保工程质量达到浙江省建设工程钱江杯奖要求，力争获得中国建筑工程鲁班奖。这不仅仅是一项工程建设项目的崇高荣誉，更是其项目建设品质的象征和保证，是对建设团队的认可。钱江隧道工程从建设的一开始，就确立了创建浙江省和国家优质工程的质量目标，并将这一目标贯穿于工程质量管理的全过程之中。正是这样高级别的质量目标，激励和促进着工程中每个环节、每位建设者和管理者的质量管理工作。

（五）建立联合奖惩制度

钱江隧道工程是一个庞大的体系，为了加强施工期间对所有环节的管理，我们以小组为单位，建立了联合奖惩制度，来起到小组成员间相互督促，各小组间相互监督，为了更好地完成工程目标而共同努力的目的。业主单位通过不定期组织对施工工程进行全面的质量检查以及进度检查，并由监理人员负责按照监理程序进行质量监督检查，对于严格按照设计标准、工程质量好的班组，给予一定的经济奖励，对检查出质量问题的，进行适当的经济处罚；对于准确按照施工合同约定的工程进度进行施工的班组，同样给予一定的经济奖励，对于工程进度严重滞后的，进行适当的经济处罚。

（六）强化责任意识

责任意识必须牢固树立在每一个工程人员的心中。钱江隧道工程中，我们通过完善责任制度，一方面，将责任落实到实处，一旦出现质量问题，能够立即找到相应的负责人员；另一方面，做到各级人员明确各自的责任，其中，公司总经理对公司所承建工程的质量负全面责任，总经理委托总工程师具体负责实施质量工作规划，制定质量管理目标，负责确定重点、重大工程的质量保证措施，总工程师领导质量管理部对工程质量进行具体工作，各项目部质量工程师全面负责本项目工程质量和产品质量。作业班组长主要抓好班组操作质量。

（七）强化技术保障

在某种程度上，设计、施工技术的水平也将影响到工程质量的好坏，因而强化技术保障是保证工程质量的一条重要途径。为了给隧道工程提供更加充足的技术保证，在钱江隧道的工程建设过程中，项目公司特别注重技术咨询与交流，一方面邀请国内外咨询公司对国外类似工程的设计、施工、管理等方面的经验进行介绍和指导，对隧道工程建设过程中可能会产生质量安全问题的环节进行技术咨询，例如关于盾构进出洞施工的关键技术、泥水平衡盾构开挖面稳定性控制技术、盾构泥水处理质量的控制和检测等；另一方面，邀请有丰富经验、从事多年隧道工作的技术人员以及科研机构和专业单位中高层次人员组成专家组，现场指导隧道施工，包括与施工单位针对工程中的一些难点问题进行专题性技术交流活动，使施工单位进一步完善施工方案和施工组织，促进了工程建设，提升了工程质量；审查施工单位的施工组织设计，提出合理化建议；针对隧道施工中的重点、难点环节进行技术交底，从而规范、改进施工工艺；参与隧道工程重点工序的质量检验、验收，严格控制每个阶段的工程质量均符合要求。

（八）突出质量控制的细节化和独立化

对一项大型建设工程来说，工程细节、关键部位的质量，直接关系着整个工程质量的安危。钱江隧道工程在施工管理中，对一些施工细节和关键地方，在实施施工单位自检、监理单位复检的基础上，公司委托了第三方机构进行独立复查，确保整个工程细节和关键部位始终处于质量受控状态之中，确保整个工程的质量安全。

（九）专门化管理

质量控制涉及工程建设的各个环节，需要进行统一化、专门化、标准化的管理，而拥有一个专门的管理机构或职能部门，是工程质量达标的重要保障。钱江隧道工程中专门为此设立了一个从事工程质量管理的职能部门——质量安全部，对工程材料、设计方案、施工现场、检验监理等环节，进行总体的质量目标策划和实施，确保工程质量的全面达标和创优。

10.2.2 钱江隧道质量控制体系

工程质量的控制是一个系统过程，工程质量的好坏是决策、勘察、设计、施工、监理等单位各方面、各环节工作质量的综合反映。要控制工程的质量，必须对包括施工操作、工程管理、质量检测和质量监理在内的各方面采取相应的控制措施以提高工程质量，避免质量事故的发生。

10.2.2.1 工程管理

工程建设项目管理是一个规模宏大、结构复杂、因素众多的综合性系统管理工程，要达到预期的工程质量标准，首先就需要有一个高效的管理团队，在有效的组织与协调机制下，带领各方面人员共同努力，用工作质量来保工程质量。在钱江隧道工程的项目管理中，我们就始终贯彻"追求卓越"的全面质量管理，同时也对施工流程进行优化管理。我们在项目管理的全过程中坚持这些思想，具体包括以下几个方面。

（一）合理施工

尊重科学规律，按建设和施工流程开展工程建设，是进行质量管理，保证和提高工程质量的前提。由于钱江隧道线路长、工期紧，根据施工总体计划，采用了盾构掘进和内部道路结构同步进行的施工方式。同步施工流程根据盾构推进速度及相关工艺要求，按 20～30m 划分施工段，盾构机掘进、口字件安装就位、压重块混凝土现浇施工、牛腿车道板施工、烟道板牛腿施工、烟道板安装、机电安装及内部结构装饰装修施工等流水作业。具体的同步结构施工流程如图 10.2 所示。为了使钱江隧道的施工过程按照流程顺利进行，在质量控制方面充分考虑了工程特点，合理规划，做到了在保证施工质量的同时，帮助提高工程效率。

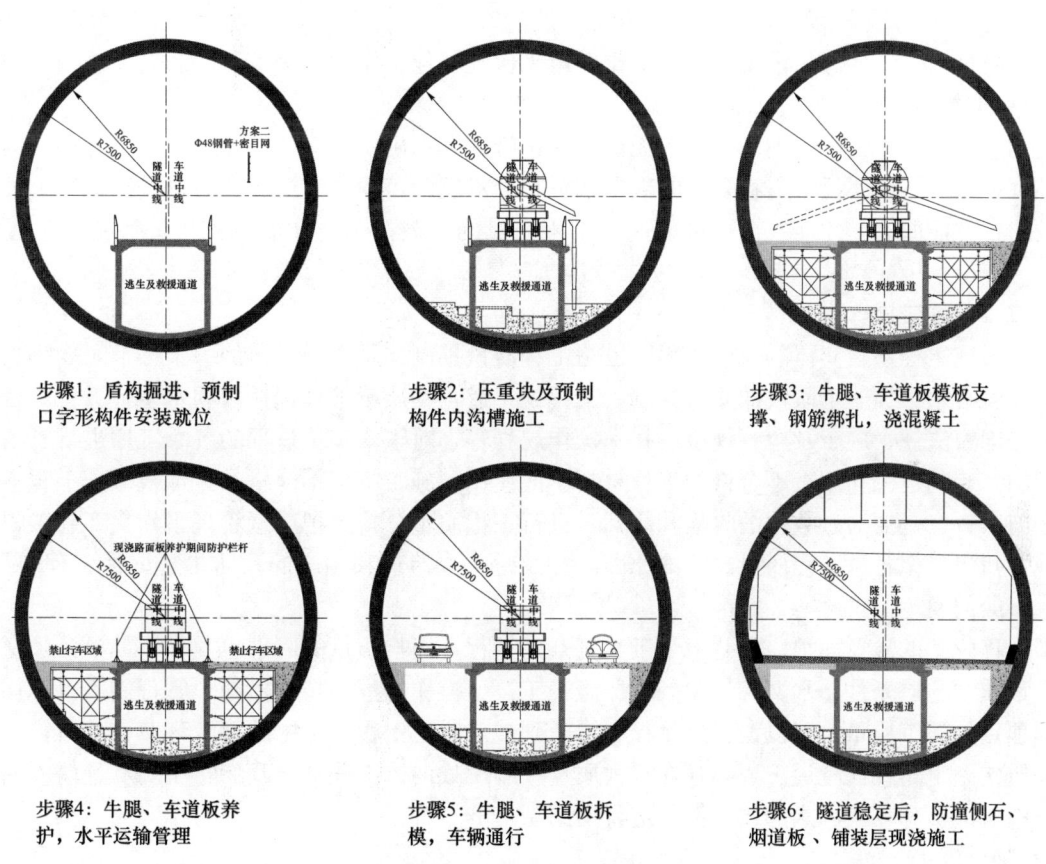

图 10.2 同步结构施工流程图

口字形构件的安装是同步施工中重要的环节。口字件安装就位精度决定了内部结构的精度，且口字件设计沿隧道轴线呈非完全对称形式，因此我们对构件安装前的各项工作以及构件安装的精度等与工程质量密切相关的环节都制定了具体的要求。预制构件安装就位前，必须先将隧道内的污泥和杂物清除掉，并将管片冲洗干净，拧紧管片纵环向螺栓。预制构件安装时，需要确认隧道轴线偏差在设计允许值范围内时才能进行安装，同时，口字形预制构件之间接缝还必须与管片环缝错开，在预制构件吊运到位，两块预制构件之间的凹凸槽位置对准后，再使用千斤顶微调纠偏。

压重块的施工质量及轴线、标高精度也将直接影响到后续各次施工的质量，因此施工前应准确测量，放出隧道中心轴线，水准控制点，每 5 环设置一轴线坐标及高程控制点并作明显标记。

牛腿、路面板整体现浇可加快施工进度，减少模板周转次数。防撞侧石外观平顺美观、过渡平缓，可以保证圆隧道内路面标高、坡度以及通行净高满足设计要求。在牛腿、路面板以及防撞侧石的施工过程中，质量控制主要针对路面板的标高以及路面的坡度，为此需长时间连续地对隧道沉降进行观测，由测量现场精确放出车道中心线及水准控制点进行控制以满足设计要求。

其他同步施工流程中的质量控制措施在10.4节中会有相应介绍。

（二）以预防为主

在钱江隧道工程的整个设计和施工过程中，各个分部或分项工程的质量都会受到设计与施工人员、工程材料、施工器械、施工工艺、检测手段和施工环境等因素的影响，任何因素的变化都会使得工程质量随之变化，进而导致不同质量问题的出现。因此，不能只寄希望于检查环节能够发现质量问题，相反，在设计和施工中的每一个环节都以"预防为主"进行质量控制才是质量管理的最重要的工作之一。

（三）为用户服务

"为用户服务"是全面质量管理的一个基本观点。我们提倡"为用户服务"，落实到钱江隧道实际工程中，就是用高质量的工程为国家现代化建设和提高人民的物质文化生活服务。同样，还可以将"下一道工序"作为"用户"，换言之，就是前一道工序是为后一道工序服务，也是为整个工程服务。因此就必须树立"质量第一"的思想，用每一项工作质量来保证其他工作和整个工程的质量。

（四）尊重数据

数据是对工程进行科学管理的依据。无论是质量管理和提出质量保证，还是建立工程项目的质量体系，都必须依靠能够切实反映工程实际的数据和资料。对反映工程质量情况的数据进行研究，发现影响工程质量的各方面原因，才能找出并采取保证工程质量的有效措施，才能达到保证和提高工程质量的目的。

10.2.2.2　施工操作

施工是形成工程项目实体的重要过程，也是工程质量控制体系中最关键的一个环节，要提高工程项目的质量，就必须狠抓施工阶段的质量控制。工程施工过程的质量管理包括两项基本任务：一是要按照设计要求和国家法规、施工及验收规范、技术操作规程等，对整个施工过程的各个工序进行有组织的工程质量控制，起到把关作用，不合格的工程材料不能使用到施工中，不合格的分部或分项工程不能转入下道工序施工；二是要通过数据的收集和统计，进行工程质量分析，把质量管理工作贯穿到工程施工的全过程中，找出产生各种工程质量缺陷的原因，并及时采取治理和相应的预防措施，使工程质量达标，避免质量事故的发生。

由于工程施工的涉及面很广，是一个极其复杂的过程，影响质量的因素也很多，如设计、材料、机械、人员素质、地质条件、水文和气象条件、施工工艺、操作过程、技术措施、管理制度等，均直接影响着工程项目的施工质量。可以说，质量控制渗透到钱江隧道工程施工中的每个环节。这里，考虑到基坑施工和盾构施工是钱江隧道工程中存在较大质量控制挑战的施工环节，我们将主要从这两方面以及在施工过程中对人员和环境因素的质量控制进行介绍。

（一）基坑施工

针对钱江隧道基坑施工中存在的难点和重点问题，为了安全、优质、按期完成施工任务，结合以往类似工程中的施工经验，我们采取了多种质量控制措施。

围护结构施工时，严格控制工序操作标准，并根据基坑开挖过程中渗漏水情况，适当增加注浆孔，进行注浆，以达到止水和施工精度的控制要求。

基坑开挖采用分段分层退挖方式，遵循"分部挖、少扰动、强支护、勤量测、速反馈"的原则，对地表沉降进行严格控制。

按设计及规范要求制定切实可行的防水层施工工艺和技术细则，处理好各个部位的防水施工，并加强对已施工防水层的保护，确保防水工作的质量。

对土体加固区域的加固效果进行严格的质量控制，通过监测数据的及时反馈、整理，预测发展趋势，判别土层的稳定性和加固状态，及时做出调整。

（二）盾构施工

钱江隧道的施工采用了目前世界最大直径的泥水平衡盾构机，作为最重要的施工机械之一，该盾构在技术上具有先进性，但是在操作和维护方面则具有较大的挑战。由于钱江隧道工程中，盾构机需要在较高水压下进行长距离作业，穿越钱江底部条件复杂的地层，施工难度较大，所以从施工前盾构机的选型，到施工中选择合适的参数、制定合理掘进方案、谨慎地控制操作等，以及各环节中的质量控制，对于防止盾构在掘进过程中出现工程事故，保证盾构施工安全都是必不可少的。

在盾构机出洞之前，需要进行泥水系统的运行调试，检测整个系统的工作状态是否符合推进需要，并反馈相关参数和技术指标，作为原始参考数据来指导出洞段的推进施工。另外，还需对同步注浆系统进行调试，检测整个系统的工作状态是否符合推进需要，并对所压注浆液的具体参数进行试验和总结。在各系统经盾构供应商联动调试并经相关部门验收合格后，方可开展盾构施工。

为了保证盾构机在掘进过程中正常运作，确保施工质量的可靠，我们为用于钱江隧道的盾构配置了钨合金的盘刀和滚刀，防止砂砾复杂地质条件下刀具快速磨损；采用了可靠的测定工作面水土压力的传感器和超前地震波探测系统，使其在掘进过程中能经受震动、潮湿、污染等恶劣条件而不丧失性能；进行了详细的浆液配比试验，选定合适的注浆材料及浆液配比，保证所选浆液配比、强度、耐久性等物理力学指标符合设计施工要求，并且制定了详细的注浆施工设计和工艺流程及注浆质量控制程序，以确保同步注浆的质量；对盾构掘进过程中的人员操作进行严格规范，以防止人为操作失误引起的工程事故。

在盾构进洞阶段的推进施工中，为使盾构进洞的姿态与接收基座配合良好，并保证盾构外壳与洞圈间隙足够，必须对隧道轴线和盾构姿态加以严格控制，确保盾构严格按照设计轴线推进，顺利准确进洞。

（三）人员

人，指的是直接参与施工的组织者、指挥者和操作者。人，作为控制的对象，是要避免产生失误；作为控制的动力，是要充分调动人的积极性，发挥人的主导作用。一件佳作的诞生离不开人的辛勤劳动。再先进的设计、再大胆的方案，如果管理层落实不力、一线人员不懂工艺，最终的结果肯定会与预想大相径庭。对此，钱江隧道工程中，在人力效能、人的潜力挖掘上采取了许多切实可行的方法。除了加强劳动纪律、职业道德、专业技术等方面的教育和培训之外，还根据钱江隧道的工程特点，从确保质量出发，在人的技术水平、人的生理缺陷、人的心理行为、人的错误行为等方面来控制人员的安排和使用。

概括起来，一是变管为带。业主不是简单地发号施令，而是定期前往施工现场检查、沟通，由项目工程师检查管理规范性、质量管理的程序和工人的熟练程度，发现问题后当场纠正，如果问题多次出现或多处有表现，则从管理层上找原因，根据问题严重程度，要求监理发监理联系单、整改通知单，直至停工令。二是严待管理人员，宽待操作人员。通常情况下，施工现场问题的根源往往在管理上，而操作人员大多是农民工，不能要求太严，而要讲人性化，最重要的是怎样管好农民工，使他们成为生力军。从上到下，一级盯一级，业主领导要求项目工程师必须具有一定的管理水平，布置的任务没完成、工作状况不明了，肯定会在大会上受到严厉批评，甚至是更严厉的惩罚。项目工程师对待工作自然会非常用心，把上级的这种管理力度扩展到监理和承包商。这种从上到下的紧张感使每个参建人员发挥出了潜力。

（四）环境

影响工程质量的环境因素有很多，包括工程技术环境，如工程地质、水文、气象等；工程管理环境，如质量保证体系、质量管理制度等；劳动环境，如劳动组合、作业场所、工作面等。环境因素对工程质量的影响具有复杂而多变的特点：例如水文地质条件就难以摸透，地层的突然变化，隧道周围地下水的储藏条件等，实际施工过程中都是难以掌握的，并且都会直接影响到施工的质量。又如前一道工序往往就是后一工序的环境，前一分项、分部工程也就是后一分项、分部工程的环境。

因此，钱江隧道工程根据工程特点和具体条件，不仅十分重视隧道的前期地质调查工作，防止出现大的病害，同时还开展了重大环境问题的专题研究。但由于隧道工程的环境状况不可能在前期工作中全部查清，因而在施工过程中要根据开挖的地质情况和量测数据，不断地根据环境的变化做出相应的调整。此外，还在施工现场建立文明施工和文明生产的环境，保持材料、工件堆放有序，道路畅通，工作场所清洁整齐，施工程序井井有条，为保障工程质量创造良好的环境条件。

10.2.2.3　质量检测

材料质量是形成工程实体质量的物质基础，是工程实体的物质构成，它包括四部分：原材料、半成品、成品和构件。对混凝土构件来说，水泥、黄沙、石子、外加剂是原材料，拌合好的混凝土是半成品，到达强度后的混凝土构件就是成品。材料质量不合格，工程质量也就不可能符合标准。加强材料的质量控制，是提高工程质量的重要保障。我们将材料的质量检测贯穿整个施工过程中，通过加强施工中各个环节对材料的检测来控制材料质量。

按照工序先后，工程检验可以分为：预检、中间检、验收检三个部分。按照检测对象分，预检和中间检主要检验对象为原材料、半成品及成品，均为广义上的产品，因此又可以叫做产品检验；验收检则主要针对完工的分项工程、分部工程等，因此也可以叫做工程验收。

（一）产品检验

（1）预检

预检指的是把施工中有可能产生的质量问题，采取一定的检测手段，及时发现，加以控制，从而避免问题的发生或使已经发生的问题得到及时处理。在钱江隧道的实际生产实践中，我们通过对隐蔽部位进行严格的隐蔽检查，使之符合设计图纸和规范要求，再进行下道工序施工；除通过对原材料、半成品、构件等的质量进行外观检查之外，还实施严格检测验收制度，使可能存在的质量问题消除在施工之前；通过执行"首件认可制"，对首件样品的质量严格把关，并以其质量作为标准进行施工，从而达到保证和提高工程质量的效果。预检充分体现了钱江隧道工程在质量检查中以预防为主的原则，在施工中将其摆于十分重要的位置。

（2）中间检

中间检查贯穿于钱江隧道工程每一个分项和每一道工序的施工之中，是一种动态控制或动态管理的方法，也是保证工程质量的重要环节。例如钢筋混凝土的施工，从模板的配制、安装，钢筋的加工、绑扎，混凝土的搅拌、运输、捣固和养护等每一道工序都要进行控制和把关。中间检查最主要的作用之一，就是要在工程的施工过程中，及时获取各项质量指标并以此判断质量问题。因此，在钱江隧道的施工过程中，在每一道工序、每一个分项质量的形成过程中，都及时收集各项表征质量的数据，通过整理、反馈，防止质量问题的发生、发展和形成。

（二）工程验收

工程验收不仅具有验收和把关的作用，在钱江隧道工程立体化、多工种同步的施工中，也是预防下一循环的施工中产生质量问题的重要途径。另外，对于管理者的要求不仅是要检查出工程的质量结果怎样，更重要的还应该找出产生质量问题的原因，这样才能为改进和提高后续工程的质量起到积极作用。

10.2.2.4　质量监理

建设监理的工作是在工程建设项目进行过程中采取有效措施确保实现合同约定的质量要求和质量标准，避免出现质量问题。建设监理的监督和监控工作贯穿于施工准备、施工过程、竣工等整个工程中，对工程最终的质量起到不可忽视的作用。因此，钱江隧道工程推行以动态控制为主的管理办法，主要抓住事先指导、事中检查、事后验收三个环节，对工程施工做到全过程、全方位的质量监控，我们具体从以下几个方面对监理人员进行严格、规范的管理。

（1）监理单位应根据所承担监理任务和监理合同的要求，向工程施工现场派驻相应的监理机构、人员和设备。

（2）监理单位必须严格执行有关公路工程建设的法律、法规、规章、技术标准和规范。严格履行监理合同，监督工程施工承包合同的实施。监理单位代表项目公司对施工质量实施监理，在施工阶段搞好施工质量的"事前、事中、事后"三方面的控制并对施工质量承担监理责任。各级监理人员在工程质量管理中要做到"严格监理、热情服务"，同时必须接受质监机构对监理资格、监理质量控制体系及监理工作质量的监督检查。

（3）监理单位应认真审查施工组织设计和技术措施；批准特殊技术措施和特殊工艺；监督合同中有关质量标准、要求的实施；纠正不符合工程设计要求、施工技术标准和承包合同的工程和施工行为；提出或审查设计变更；进行工程质量检测，参加工程质量事故处理和工程验收等。还应：①加强对施工单位自检体系工作质量的监督和管理，督促施工单位认真履行合同，对工程转包和非法分包及时进行查处。②监理必须对工程施工质量进行全方位监督管理与控制，要严把"开工审批关"、"施工过程检查旁站关"和"工序签字计量支付关"。监理工程师应当按照工程监理规范的要求，采取旁站、巡视和平行检验等形式，对工程实施全过程跟踪监理。③监理单位必须具备独立的试验室，并通过省、市质量监督部门的资质认证。④监理工程师应加强协调进度与质量关系的能力，并协助项目公司做好地方工作。⑤每月组织质量检查评比工作，项目监理办要做好工作日志，做到文字为凭、数据说话、检测定性。要加强监理档案资料的规范管理和对施工单位的档案资料管理工作的监督、检查、指导，负责工程施工档案整理的审核签证。工程完工后，做好监理工作总结，并对监理过程中的资料整理交项目公司归档。⑥项目监理办管理人员不得擅离职守，如有请假必须按《关于钱江隧道工程施工、监理、监测人员请假制度的规定》执行，对于擅离职守者，按监理合同予以处罚。

（4）未经监理工程师签字确认，建筑材料、建筑构配件和设备不得在工程上使用或安装，施工单位不得进入下道工序的施工。

（5）未经监理工程师签字将不进入工程量的计量程序，不进行中间验收或交竣工验收。

10.3　钱江隧道质量控制组织和协调

10.3.1　钱江隧道现场质量控制网络

组织是管理的一项重要职能，质量控制系统组织的功能是通过任务结构和权利关系，来协调工程项目施工中各方面的共同努力。

首先，决策层由总经理和公司总工程师组成，主要负责编制和制定隧道工程质量目标及各单位工程质量标准，对工程质量方针、质量目标进行决策，并明确各施工阶段达标要求，负责施工方案审批。

其次，管理层由公司质安部、工程部、材料设备部组成，作为工程质量的主管部门，负责将公司质量方针、质量目标分解成对执行层进行考核的指标；向政府或社会提供相关的验收材料和现场工程的联系与签证，向工程质量检查监督部门提供相关材料；执行有关质量工作的法规、条例、规范和指示；测量交底和复核、技术交底、材料检验和验收、成品半成品的验收；负责质量事故的处理，并将处理结果及时上报；负责组织工程质量检查和竣工验收，质量等级评定；制定具体施工质量管理制度、办法。

最后，执行层由分段和分项项目组组成，具体负责、落实各单项工程、分部工程质量目标。项目组作为隧道工程施工的执行部门，对分段、分项和分部工程的投资、进度、质量进行控制，向项目总部或公司管理部门负责，提交项目开、竣（交）工报告，编制施工组织设计或施工方案，测量复核，提交单项或隐蔽工程验收单，上报施工质量计划，并组织自检，合格后向项目管理总部提供相关资料并申请验收。

现场质量控制网络如图 10.3 所示。

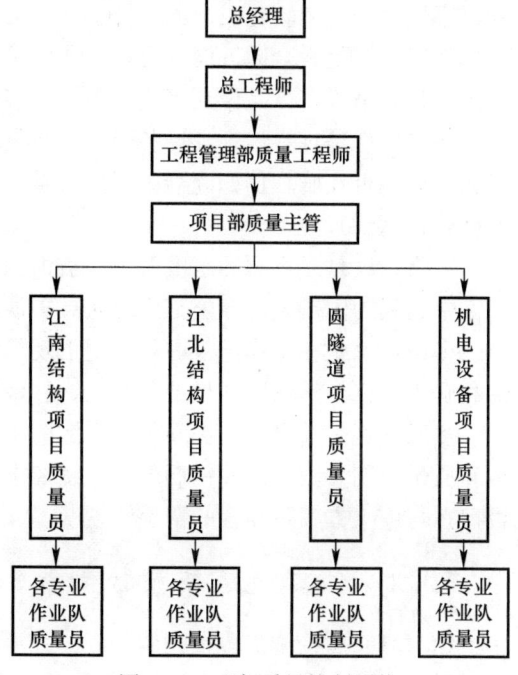

图 10.3　现场质量控制网络

10.3.2 钱江隧道质量控制的组织与协调

钱江隧道质量控制的特点是宏观与微观层面并重、技术与操作层面并举，实现了管理的立体化。宏观指标准、制度、程序、技术方案的制定，没有宏观指引，一切只能凭经验和习惯，无法适应现代化大工程的客观要求；微观指一线操作的规范和每道质检流程，是管理的最终落脚点，时刻关系到工程质量，作业层的水平真正体现着工程管理水平。

（一）宏观层面

在组织体系方面，我们坚持两个原则，"因岗设人"和"专岗专人"，根据工程动态需要设置岗位，确保迅速反应，不耽误工作。针对每个岗位设定岗位职责，并制成看板。例如，在施工现场安排总协调人员，并设有专人负责钢筋、混凝土、模板、质检、试验等。为确保监控到每个环节，专门设置钢筋施工员、混凝土拌合施工员、混凝土施工员、模板施工员、质检员、取样员、试验员、测量员、分部工程主管等。随着工作面的增减，施工现场对岗位的需求有所变化，人员调度、分配也随之动态变化。

在程序标准方面，我们着重程序标准的实施环节，制定了方案报审、变更设计、工程业务联系、检查与验收、监理的旁站与巡视、监理细则报批、开工报告、技术交底等程序，在签订合同与日常例会时不断强调遵循的规范和标准。但这仅仅是程序标准实施的开始，还有许多后续工作。主要从三个方面入手，一是制定表式汇编，就是将程序标准凝聚在一张张报审表、检验表的格式中，各方确认后，按照表式规范质量管理行为，形成工程档案资料；二是形成检查-整改机制，通过规范化的方式，将业主的工作力度深入到施工现场；三是守住单位工程开工审批关，开工审批单上要求的前提条件——比如施工组织设计审批完毕、设计交底完毕、材料供应商报审完毕、技术交底完毕等，只要有一项不符合要求，就不得开工。

在技术方案方面，好的技术方案会兼顾施工质量、效率、安全、经济，也就是施工可行性，因此技术方案也会关系到工程的成败。钱江隧道的工程特点和先进设计理念使得许多常规方法在此失效，必须通过技术创新找到解决难题的突破口。因此，我们在制定方案时进行了反复论证。我们的解决方案是成立由承包商总工为组长、包括业主项目工程师、驻地高监在内的技术攻关小组，小组内部发散性思维，业主总工和专家组作为领导小组成员提供指导。

（二）微观层面

微观方面的着力点在沟通交底和监督检查，因为把操作规程张贴在现场、把作业指导书发到工人手里很容易做到，但转化成个人的技术和能力就要难得多。工程部要求项目工程师、质量工程师自身必须熟悉程序、规范、合同、设计要求、方案以及施工现场的各岗位工作内容，作为监督检查和沟通交流的前提。具体来说，就是做到多看、多听、多记、多问。

多看，就是观察施工现场各岗位人员是否到岗，工序检查程序是否正常执行，监理是否认真履职，工艺细节是否正确（例如混凝土拆模后是否及时养护，模板表面是否清理干净，钻孔桩下钢筋笼前清孔效果是否达到）。

多听，就是以客观的态度，引导被询问的人畅所欲言，例如引导监理多谈谈施工管理问题，多谈谈工作中遇到的困难，引导施工管理人员多谈谈技术上的难点，如何更好解决，哪里还需加强。

多记，就是在工作记录中认真记下现场掌握的情况，不管是表现出来的还是潜在的，记下自己的分析和解决思路。然后同项目部负责人、驻地高监协商解决办法。明确后，复查执行情况和效果。

多问，就是通过广泛提问掌握真实的工程状况，询问工人接收过怎样的技术交底，询问监理工艺数据和质量控制参数（例如钢筋焊缝长度要求、混凝土振捣时间），询问施工管理人员质量控制措施（是否存在与施工方案不吻合的情况）。

10.4 钱江隧道质量控制和保障

10.4.1 盾构施工质量控制

盾构法隧道施工质量的重要指标包括：隧道实际轴线和设计轴线的一致性，隧道的综合防水能力，隧道施工对地层的扰动和对周边环境的影响等，其中隧道实际轴线与设计轴线的一致性是质量控制的重点。

为保证隧道施工质量达到相关标准，应严格控制盾构法施工的每道施工工序，保证各关键技术参数均能符合控制工程质量的相关标准。

因此，结合钱江隧道质量控制中遇到的挑战，对盾构法施工中容易出现的一些质量问题制定了对应的预防和治理措施，以保证钱江隧道的施工质量。

10.4.1.1　盾构进出洞质量控制

盾构进出洞是盾构法隧道施工中的一道关键工序。在进、出洞过程中，施工环节多，工作量集中，各工种交叉施工频繁，设备、人员众多，工作零乱，因此，加强质量管理和控制尤为重要。

（1）盾构基座变形

在盾构进出洞过程中，若盾构基座发生变形，则会导致盾构掘进轴线偏离设计轴线。为确保工程质量，保证盾构可以准确地按照设计轴线出洞，基座坡度严格按照设计坡度，并合理控制盾构姿态，尽量使盾构轴线与盾构基座中心夹角轴线保持一致；同时，盾构基座的底面与始发井的底板之间垫平实，保证接触面积满足要求。

（2）盾构进、出洞时土体大量流失

在盾构进出洞过程中，如果大量的土体从洞口流入井内，会造成洞口外侧地面大量沉降，导致严重后果和事故。因此，为保证工程质量和工程安全，根据钱江隧道现场土质状况，制定了合理的土体加固方案，提高洞口土体加固的施工质量，并在拆除封门前设置观察孔，检测加固效果，以确保在土体加固效果良好的情况下进行。并且，在出洞时，布置井点降水管，将地下水位降至能保证安全出洞水位。

（3）盾构进洞时姿态突变

盾构进洞后，最后几环管片往往与前几环管片存在明显的高差，影响了隧道的有效净尺寸。导致发生这种突变的可能原因有：①盾构进洞时，由于接收基座中心夹角轴线与推进轴线不一致，盾构姿态产生突变，盾尾使在其内的圆环管片位置产生相应的变化；②最后两环管片在脱出盾尾后，与周围土体间的空隙由于洞口处无法及时地填充，在重力的作用下产生沉降。

因此，为保证工程高质量完成，需避免这种情况的发生，做好相应预防措施，如：①盾构接收基座合理设计，使盾构下落的距离不超过盾尾与管片的建筑空隙；②将进洞段的最后一段管片，在上半圈的部位用槽钢相互连接，增加隧道刚度；③在最后几环管片拼装时，注意对管片的拼装螺栓及时复紧，提高抗变形的能力；④进洞前调整好盾构姿态，使盾构标高略高于接收基座标高。

10.4.1.2　盾构掘进质量控制

（一）掘进管理

根据理论计算结合实际施工效果及监测数据控制施工参数，实施动态参数控制管理，以保证工程质量。

（1）掘进速度

① 每环掘进过程中，掘进速度应尽量保持均匀，减少波动，以保证切口水压的稳定和送、排泥管的畅通，有利于工程质量的控制。

② 推进速度的快慢必须满足每环掘进注浆量的要求，保证同步注浆系统始终处于良好的工作状态，确保工程质量和工程安全。

（2）同步注浆

注浆的质量直接影响工程总质量和安全，本工程采用单液浆（配比见表 10.1），控制注浆压力和注浆均匀性。注浆量为一般为理论建筑空隙的 110%～140%（即 22.6～28.8m³）。

浆液主要材料配比（1m³）　　　　　　　　　　　　　　　　　　　表 10.1

浆液材料	黄砂	水	石灰	添加剂
用量	1180kg	250～300L	80kg	5～8kg

（二）轴线控制

轴线控制是隧道质量控制的重中之重，为确保实际轴线尽量与设计轴线一致，从确保长距离隧道的量测精度和盾构姿态控制两方面着手控制。

（1）确保长距离隧道的测量精度

采用GPS静态测量方式布设GPS控制网完成地面平面和高程控制测量工作；联系测量采用GPS控制点加高精度激光投点仪来实现。高程传递采用高程导入法，同平面联系测量一样，在掘进过程中安排多次高程传递工作；盾构推进过程中多次对井下导线进行复核，以减少已建隧道位移对测量精度带来的误差。

（2）盾构姿态控制

为便于轴线控制，将千斤顶设置分成不同区域。在切口水压正确设定的前提下，应严格控制各区域油压及千斤顶的行程，同时盾构司机根据盾构姿态监控系统提供的有关盾构空间位置及方位连续更新的信息，随时调整盾构推进方向及姿态，合理纠偏，做到勤纠，减小单次纠偏量，实现盾构沿设计轴线方向推进。

（三）隧道抗浮

根据大型泥水平衡盾构施工经验，盾构施工过程中将使临近盾构的隧道产生"上浮"。而一旦隧道上浮，则实际轴线就会偏离设计轴线，将影响工程质量，因此，需采取措施防止隧道上浮。

（1）隧道的纵向变形监测

通过监测使施工人员及时了解隧道位移量，以便及时采取相应措施，如调整注浆部位及注浆量，配制质量更好的浆液等。

（2）隧道抗浮措施

严格控制隧道轴线和地面沉降，加强同步注浆管理，当发现隧道上浮量较大，且波及范围较远时应立即对已建隧道补压浆。确保每环管片之间紧密连接，在管片脱出盾尾后重新拧紧所有纵环向螺栓，并及时铺设隧道道路预制构件。

10.4.1.3 管片拼装及防水质量控制

（一）管片质量要求

管片是盾构隧道的重要物质基础，质量要求必须严格控制。在其投入使用前，必须按照相关国家规范、地方规范、设计要求等对管片质量进行检验，包括管片尺寸、强度、抗渗漏、氯离子扩散系数等方面。同时，在管片试生产期间，须选用不同钢模生产的管片进行混合试拼装，保证每套钢模生产的管片之间的拼装精度都能达到设计要求，满足盾构推进的需要。

本工程预制管片具有的工艺特点详见表10.2，因此质量要求需要更加严格。

超大型管片生产工艺特点　　　　　　　　　　　　　　　　表10.2

工艺内容	超大型管片工艺特点	超大型管片工艺研究及解决方法	取得的效果
钢模设计	混凝土收缩量与体积成正比，超大直径管片收缩量增加	通过长期数据统计，分析管片收缩量，制定钢模合理公差带，设计中将采用这一参数	钱江隧道钢模已全部完成，管片精度符合要求
混凝土原材料	必须掺用多种胶凝材料	采用矿渣粉和粉煤灰组成矿物掺合料，降慢水化热进程和混凝土的自收缩	多种混凝土原材料工程运用中效果显著，保证了混凝土的质量
混凝土配合比设计	设计强度高，抗渗性能高，耐久性要求高，属于高性能混凝土	根据大体积混凝土特性，使用复合矿物掺合料、高效减水剂、控制水泥浆浆量	在钱江隧道管片运用中，管片强度高富余量大，抗渗及耐久性符合要求
混凝土浇筑	不易均布，密实度难控制	①分区域布料，先两侧后中间，多分层；②保证振动棒的有效振动频率；③快插慢拔	预制的管片外观质量良好，密实程度好

工艺内容	超大型管片工艺特点	超大型管片工艺研究及解决方法	取得的效果
管片起吊专用设备	管片体积大，自重重，安全性要求高	根据大型管片几何形状和受力情况，设计制造专用起吊工具：单臂侧向吊、双臂侧向吊、自落式水平吊、真空吸盘、横担式钢筋笼水平吊等	利用大型管片起吊专用设备，管片起吊平稳快捷，在多个大型隧道管片工程中，管片吊运质量得到保证
管片裂缝控制	管片体积大，水化热温度高，裂缝控制难度大	混凝土坍落度偏差小于 1cm，严格控制收水，加强养护措施（①加盖塑料薄膜；②温水喷淋养护）	在钱江隧道管片预制中，管片裂缝一直控制良好，没有出现直接影响管片内在质量的裂缝
管片养护	管片体积大，温差大，低温蒸养，不同蒸养节奏养护难度大	管片蒸养温度控制在不大于 55℃ 内，管片脱模后，进行降温，控制在温差范围内后进养护池养护，出池后再进行湿润养生护	在大直径管片预制中，蒸养方案可行；钱江隧道管片预制过程中养护得当，管片养护质量得到保证

（二）管片拼装及防水

管片拼装的质量是影响隧道质量的重要方面，管片防水的能力是衡量隧道质量的重要指标；同时，二者还是工程安全的重要保障，因此，要严格控制管片拼装的质量和做好管片防水的措施。

本工程选用通用楔形管片错缝拼装。由于本工程盾构直径大，管片拼装处在最高 15m 高的空间作业，单块管片的最大重量约 16.3t，这无论在技术上、质量上，还是在安全方面的难度都非常高。另外，预制构件的吊装要求与圆隧道有良好的接触面，因此必须重视管片拼装，重点做好隧道防水、整圆度等方面的控制，以保证技术、质量、安全方面的要求。

管片拼装方面，为快速、方便地拼装衬砌管片，管片拼装机采用真空吸盘式夹持装置，拼装平稳、可靠，拼装机具备六个自由度，均可由人工操控（具备有线控制和无线遥控功能），各动作均为无级调速。

管片防水方面，采用压缩永久变形小、应力松弛小、耐老化性能佳的三元乙丙橡胶与遇水膨胀橡胶复合而成的特殊断面的弹性密封垫，外端为遇水膨胀止水条，以双道防线加强防水。在管片拼装时，要做好管片接缝防水涂料的粘贴工作，如发现成环隧道接缝渗水，可利用管片注浆孔及时注浆或压注聚氨酯，以封堵渗水通道。

不过管片的拼装和防水并不是独立的，而是相互交织的，管片的拼装质量影响其防水性能，管片的防水性能是其拼装质量的一部分。管片的拼装及其防水的质量控制，具体的可以从管片选型和拼装操作两方面来说。

（1）管片选型

通用楔形管片的合理选型（旋转角度）至关重要，一方面，为隧道轴线精度的控制奠定基础，另一方面，通过管片的精确定位，还有利于减少隧道渗漏量、避免管片碎裂等，提高隧道施工的整体质量。管片的选型可以结合《盾构隧道施工智能化管片选型》软件，并依据前一环盾构姿态及管片姿态，结合与设计轴线的拟合度，准确选择下一环管片的旋转量。整个拼装过程中，应及时根据当前盾构姿态、管片超前量等数据，合理选择管片旋转角度，以保证工程质量。

（2）拼装操作

拼装流程：

管片拼装流程图见图 10.4。

拼装操作需严格按照拼装流程走，任何一个环节的失误或瑕疵都可能造成严重的工程质量问题和工程安全问题，因此必须严格执行。

控制要点：

① 严格进场管片的检查，破损、裂缝的管片不用。下井吊装管片和运送管片时应注意保护管片和

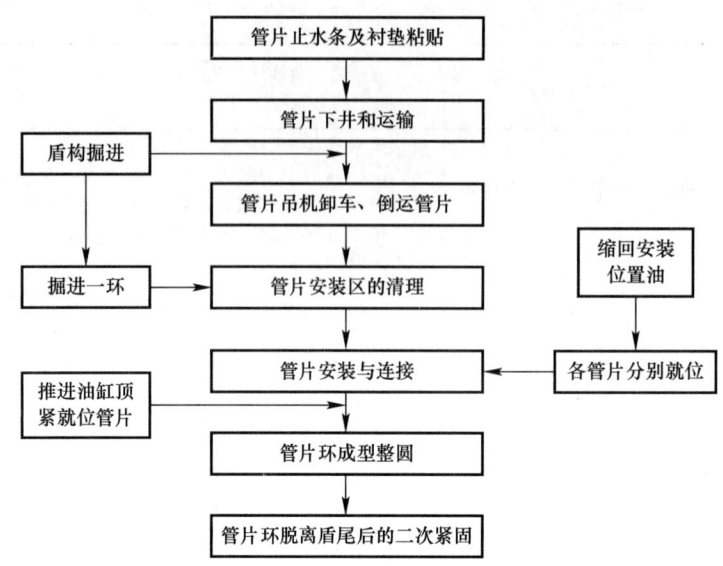

图 10.4 管片拼装流程图

止水条，以免损坏。

② 止水条及衬垫粘贴前，应对管片接触面进行彻底地清洁，以确保其粘贴稳定牢固。施工现场管片堆放区应有防雨淋设施。粘贴止水条时应对其涂缓膨剂。

③ 确认下井管片是否与工程师下达的管片指令类型相同。

④ 管片连接螺栓、垫圈、螺栓孔密封垫圈及吊装孔封堵塞等数量是否齐全，质量是否完好。

⑤ 管片安装前应对管片安装区进行清理，清除如污泥、污水，保证安装区及管片相接面的清洁。

⑥ 管片拼装过程中隧道轴线和高程控制满足要求。

⑦ 安装管片到位时，动作应平缓，避免撞击已定位管片。

10.4.1.4 口字构件和烟道板安装质量控制

（一）预制构件的生产制作

预制构件是工程的重要物质组成部分，其质量直接关系到工程的质量，因此必须严格按要求生产制作以保证工程质量。

（1）流程：在钢筋成型车间内完成构件钢筋笼的制作，由台车运至 35t 行车处，吊入钢筋笼，立模加固，浇捣混凝土，收水、喷淋养护，达到强度要求后拆模，改用养护硬化剂养护。4 天后吊运到养护区继续养护，达到 100% 强度后，移至储备区等待使用。

（2）技术参数：①口字件：混凝土采用 C40。②烟道板：混凝土采用 C40，掺加聚丙烯纤维；掺加量 2.5kg/m³，束状单丝。

（二）预制构件的安装

预制构件的安装质量是工程质量的重要方面，且其质量还会影响后续工程的质量，因此必须把好质量关，严格执行安装标准和要求。

（1）口字构件的安装

预制构件安装就位前，必须先将隧道内的污泥和杂物清除掉，并将管片冲洗干净，拧紧管片纵环向螺栓；实测隧道轴线与设计轴线偏差；放样复核定位隧道中线位置。因为口字件安装就位精度决定了内部结构的精度，且口字件设计沿隧道轴线呈非完全对称形式，因此口字件就定位显得比较关键，直接关系到隧道工程的质量。

预制构件安装时，确认隧道轴线偏差是否在设计允许值范围内，如果在控制范围内可按相对位置就定位；口字形预制构件之间接缝宜与管片环缝错开（变形缝位置处除外）；为确保弧形底部与管片充分接触，预制构件弧形底可设置 3 块定位块并铺设砂浆垫层，确保受荷载均匀传递；预制构件吊运到位，

2 块预制构件之间的凹凸槽位置对准后，可用千斤顶微调纠偏。

（2）烟道板的安装

待路面结构及烟道板牛腿施工完成并达到设计强度后，在隧道内架设特制的行车，行车必须满足吊装烟道板自重，由于烟道板长度较大，需提升烟道板到牛腿上方并旋转 90°后平行放下。

根据排烟设计，每 60m 设置现浇烟道板，面积约 10m（长）×11m（宽），需等到预制烟道板安装完毕后，在预留的孔洞位置架设脚手架、立模、浇筑混凝土。同时要保证下部道路的畅通，需在脚手架下部采用钢结构设置通道。考虑到脚手架的重复性，脚手架采用活动的门式钢结构形式。该部分混凝土结构为封闭的结构，只有下部一个预留孔，需从下部上穿后浇筑混凝土，难度较大，需要制作特殊的混凝土浇筑设备。

10.4.1.5　注浆质量控制

（一）同步注浆

同步注浆将浆液同步注入管片和开挖洞身之间的环形间隙之中，可以提高隧道的防水性，防止施工区域地表沉降；同时，由于充填及时，对刚拼好的几环管片的支撑和承托作用加强，减小了管片移动的可能性，从而减少管片在推力作用下开裂和错台的可能。因此，为保证隧道质量需控制好同步注浆。

本工程在施工时采取推进和注浆联动的方式。同步注浆应及时、量要充足，防止地面沉陷。由于隧道距离长，每环注浆量大，浆液输送考虑采用专用车输送至工作面。每环同步注浆量为理论建筑空隙的 110%～140%（即 22.6～28.8m³）。

盾构推进同步注浆采用注浆量和注浆压力双参数控制，保证填充效果。同步注浆管路采用内置式，压注点为 6 点，每个注浆点可单独控制注浆压力和注浆量并有压力和流量及注浆总量显示，通常情况下同步注浆采用自动控制，施工人员通过盾构施工监控室随时掌握同步注浆情况，并根据盾构推进速度调整压浆流量，注浆压力在达到设定值后系统会自动暂停该路的同步注浆，待压力下降后自动恢复注浆。这样可以防止盲目注浆，影响已建隧道。

同步注浆系统配备备用注浆管路，在原有注浆管堵塞或失去功能后能及时将同步注浆管路切换至备用注浆管，保证盾构正常施工。

（二）壁后补压浆

壁后补压浆是充填土体与管片圆环间的建筑空隙、控制地层变形和减少后期变形的主要手段，也是盾构推进施工中的一道重要工序。壁后注浆主要用于建筑物和地下管线的土体加固，即减小对周围环境的影响，隧道施工对周围环境的影响也是反映隧道施工质量的重要指标。

在本工程中主要是江北大堤和江南大堤，当盾构穿越后，根据沉降情况，采取壁后补压浆的方法加固土体，直至稳定。另外当隧道自身发生位移变形等情况时，也需要采取补压浆措施进行控制。

具体压浆视实际情况从管片注浆预留孔中注入地层，若效果不佳，可以从压浆孔向外打设压浆管压注。

补压浆浆液采用双液浆，其配比根据实际情况适时调整。

10.4.2　基坑施工质量控制

基坑施工的质量直接关系到整个项目的顺利开展，因此必须对其进行严格的质量控制，以保证工程质量和工程安全。

基坑施工主要包括基坑围护、基坑降水、基坑开挖、基坑支护和基坑监测五方面内容，因此，其质量控制也是从这五方面着手。

10.4.2.1　基坑围护质量控制

基坑围护形式的选择必须根据基坑开挖深度、地质情况、场地条件、环境条件以及施工条件，通过多方案比选确定，所采用的围护结构应质量可靠、技术可行、施工方便、经济合理。根据施工图设计，基坑围护结构有地下连续墙、SMW 水泥土搅拌桩、搅拌桩重力式挡墙、放坡开挖（江北）四种形式。其中，地下连续墙是最主要的围护结构，因此也是质量控制的重点。

地下连续墙的施工流程见图 10.5。

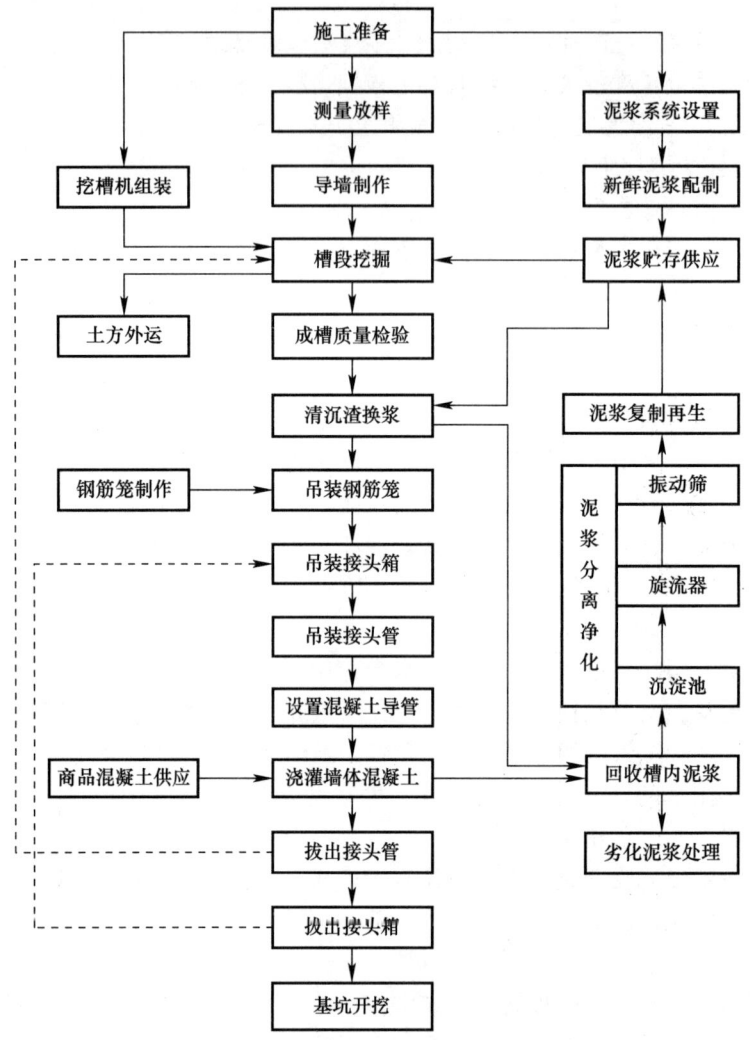

图 10.5　地下连续墙的施工流程

地下连续墙的施工要点：

（1）由于地质条件复杂，江南工作井主要穿越粉砂和粉质黏土层，江北工作井主要穿越淤泥质粉质黏土和粉质黏土层，地下连续墙的成槽过程容易出现塌孔现象，所以需要合理选择成槽设备，以保证地下连续墙的质量。本工程配备德国利勃海尔 HS855HD 型成槽机和宝峨 SG35 型成槽机进行地下墙成槽施工。

（2）为了保证本工程地下墙的墙体质量，所有钢筋笼都将采用整幅一次吊装就位。由于整钢筋笼是一个刚度极差的庞然大物，起吊时极易变形散架，发生安全事故。为此，根据以往成功经验，采取以下技术措施：①钢筋笼上设置纵、横向起吊桁架和吊点，见图 10.6，使钢筋笼起吊时有足够的刚度防止钢筋笼产生不可复原的变形。②对于端头井拐角幅钢筋笼除设置纵、横向起吊桁架和吊点之外，另要增设"人字"桁架和斜杆进行加强，以防钢筋笼在空中翻转角度时发生变形。拐角幅钢筋笼加强方法示意图见图 10.7。

（3）对于深度超过 30m 的地下墙，为了提高地下连续墙的成槽效率，采取在反力箱的位置钻先导孔的技术措施，通过钻孔可以使液压抓斗的斗齿直接伸入孔内进行成槽，还可确保成槽端头的垂直度要求。钻先导孔选用 GPS20 型钻机正循环钻进，反循环清孔，反循环清孔时要求将孔内泥浆全部置换成膨润土泥浆，钻进深度略深于地下墙深度，钻孔孔径等于地下墙厚度，垂直度 1/500。

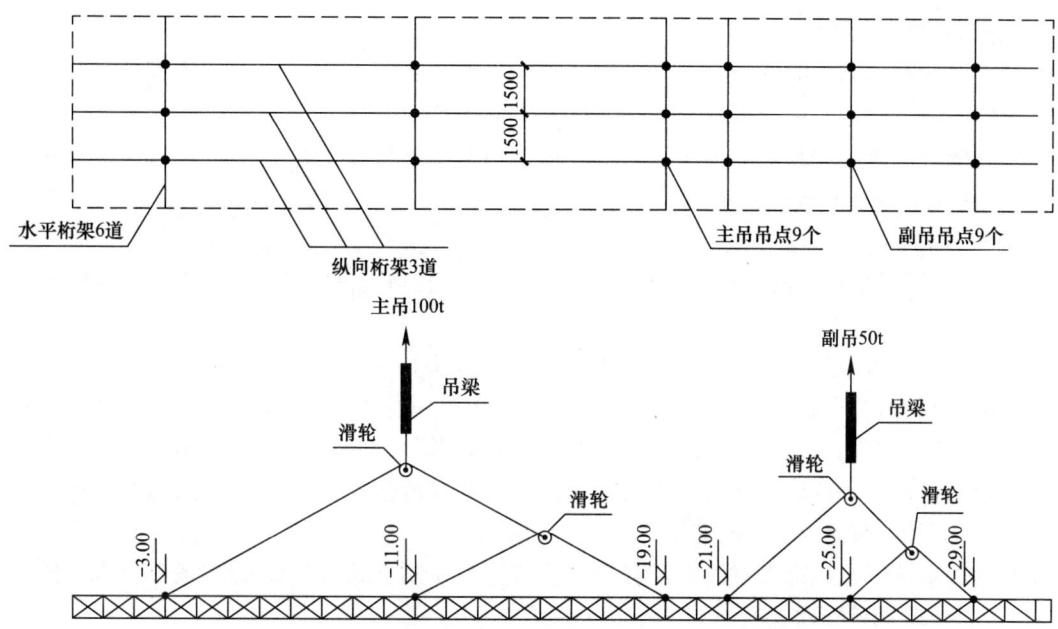

图 10.6　钢筋笼上纵、横向起吊桁架和吊点设置示意图

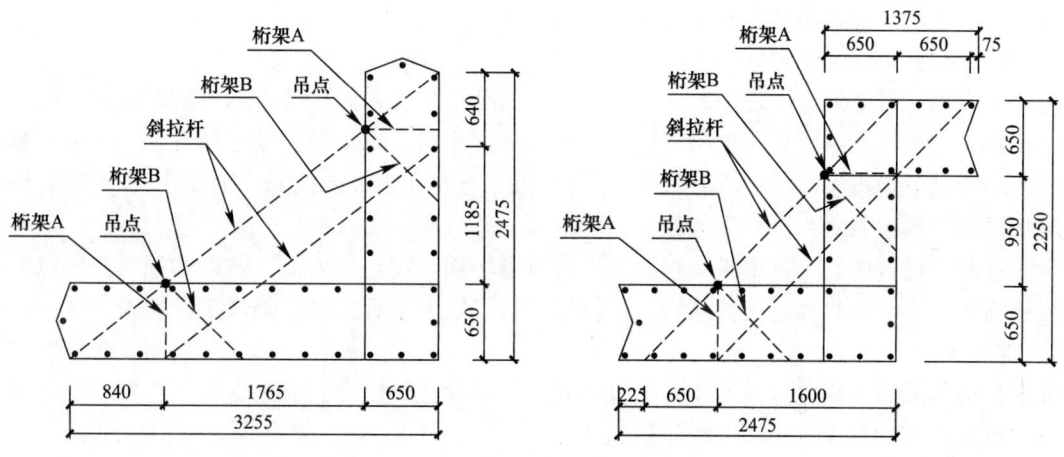

图 10.7　拐角钢筋笼加强方法示意图

（4）为控制地下连续墙的质量，在③2 层粉砂内进行预降水处理，降低③2 层粉砂层内水头高度，保证槽壁稳定。故采用喷射井点进行降水。

（5）由于本工程超深，各道工序施工时间长，往往虽然在扫孔、清孔后沉渣及泥浆各项指标满足要求，但是放钢筋笼、反力箱、导管等工序及在混凝土浇灌过程中，悬浮在泥浆中的砂又会沉下去，增加沉渣的厚度，沉渣厚度增加会增加地下墙接头、墙体夹泥的风险，增加混凝土浇灌的困难。因此为减少砂颗粒沉淀形成沉渣，保证地下连续墙的质量，必须要调整泥浆指标，增加泥浆悬浮砂的能力，对此确定槽泥浆黏度不少于 30s，另外加强清孔和扫孔力度，保证槽底泥浆相对密度小于 1.17，减少沉渣厚度。

10.4.2.2　基坑降水质量控制

基坑降水是为后续基坑施工做准备打基础。同时，基坑降水会导致地面沉降，对周边环境造成影响，因此，基坑降水的质量不仅影响基坑施工的质量，而且关系整体工程的质量。

（1）基坑降水的目的：

① 加固基坑内和坑底下的土体，提高坑内土体抗力，从而减少坑底隆起和围护结构的变形量，防

止坑外地表过量沉降。

② 有利边坡稳定，防止纵向滑坡。

③ 疏干坑内地下水，方便挖掘机和工人在坑内施工作业。

④ 及时降低下部承压含水层的承压水水头高度，将其降至安全的水头高度，以防止基坑底部突涌的发生，确保施工时基坑底板的稳定性。

（2）预防沉降的措施：

① 布置好沉降观测点，施工期间每天进行两次观测，沉降速率及累积沉降量严格按照设计要求控制。

② 在降水运行过程中随开挖深度加大逐步降低承压水头，避免过早抽水减压。留出未进行抽水的井（以基坑中心部位最具代表性）作为观测孔，在不同开挖深度的工况阶段，合理控制承压水头，在满足基坑稳定性要求前提下，防止承压水头过大降低，这将使降水对周边环境的影响减少到最低限度。

③ 采用信息化施工，对周边地面、邻近建（构）筑物进行位移监测，发现问题及时处理，调整抽水井及抽水流量，指导降水运行和开挖施工。

④ 及时整理基坑开挖和降水时的水位资料，位移监测资料必须及时送交现场项目部，绘制相关的图表、曲线，必要时调控降水运行。

⑤ 存在离基坑较近的重要建（构）筑物时，可在邻近建（构）筑物一侧设置几口观测井，必要时可以进行注水回灌。

10.4.2.3　基坑开挖与基坑支护质量控制

（一）基坑开挖

基坑开挖应用"时空效应"理论原理，遵循"分层分段挖土，做到随挖随撑限时完成"的原则。具体到本工程就是①基坑沿纵向分段分层开挖。开挖第一层土时，每小段长度不超过 12m。②在第二道及以下各道土层开挖中，每小段长度不超过 6m。各小段土方要在 16h 内挖完，随即在 8h 内安装好小段支撑，并施加好轴向预应力。

因为基坑开挖过程中，　且围护结构发生失稳或者坍塌，将造成人员、财产的损失。所以，应该尽量减少坑壁临空时间，及时加上支护结构，以保障工程安全和工程质量，降低工程风险。

（二）基坑支护

基坑支护必须及时安装，且其安装必须符合规定，以保证坑壁得到有效支护，否则，坑壁失稳坍塌后果严重，直接危害到工程安全和工程质量。

钢支撑的安装和使用须符合以下规定：

（1）按每根钢支撑总长度的不同，配用一端固定段及一端活络段或两端活络段。在两支承点间，中间段最多不超过 3 节。钢支撑配置时将考虑每根总长度（活络段缩进时）比围护结构净距小 10～30cm，钢支撑在使用前进行地面拼装，并检查拼装质量。

（2）钢支撑安装前，在围护结构墙或围檩上安装支承牛腿（也可在支承端板上焊接支承件）。钢支撑采用两点吊装，吊点一般在离端部 0.2L（L 为钢支撑长度）左右为宜。钢支撑吊装就位时必须保证两端偏心块全为下偏心。

（3）钢支撑安装的容许偏差应符合下列规定：

① 支撑两端的标高差不大于 20mm 及支撑长度的 1/600；

② 支撑挠曲度不大于支撑长度的 1/1000；

③ 支撑水平轴线偏差不大于 30mm；

④ 支撑中心标高及同层支撑顶面的标高差不大于 ±300mm。

（4）钢管支撑连接螺栓一定要全数连接上，以免影响钢支撑的拼接质量。

（5）支撑安装完毕后，其端面与围护墙面或围檩侧面应平行，并且及时检查各节点的连接状况，经确认符合要求后方可施加预应力。施加预应力后，再次检查并加固，其端板处空隙用微膨胀高强度等级水泥砂浆或细石混凝土填实。

（6）对施加支撑轴向预应力的液压装置要经常检查，使之运行正常，使量出的预应力值准确，每根支撑施加的预应力值要记录备查。

（7）钢支撑两端应有可靠的支托或吊挂措施，严防因围护变形或施工撞击而产生脱落事故。

10.4.3　产品检验和工程验收

工程检验直接对产品质量和工程质量进行检测和评定，是保障工程质量的重大举措和制度安排。按照工序先后，工程检验可以分为：预检、中间检、验收检三个部分。按照检测对象分，预检和中间检主要检验对象为原材料、半成品及成品，均为广义上的产品，因此又可以叫做产品检验。产品检验贯穿整个施工过程，从原料到半成品，再到成品，每一个施工环节都需要进行产品检验以保证工程质量。验收检则主要针对完工的分项工程、分部工程等，因此也可以叫做工程验收。

（一）产品检验

产品检验指用工具、仪器或其他分析方法检查各种原材料、半成品、成品是否符合特定的技术标准、规格的工作过程，是对产品或工序过程中的实体进行度量、测量、检查和实验分析，并将结果与规定值进行比较和确定是否合格所进行的活动。

产品检验主要包括两个方面：①对原材料、外购件、外协件和其他物资的采购情况进行监督，包括检查采购程序的执行情况，生产厂商的相关资质情况和产品合格证明，以及所购产品的实体质量，如对水泥、钢筋、橡胶止水条、螺栓、胶粘剂等的测试；②对自制的产品（成品、半成品）的各种性能进行检测和评定，包括对生产流程、生产工艺等的执行情况的检视。

（1）产品检验制度

由于产品检验涵盖所有原材料、半成品、产品，业主单位要求根据相关国家标准和行业规范，制定《试验检测管理细则》，明确了首次进场原材料检验项目、原材料抽检比例、半成品抽检比例、半成品标准试验、成品检测比例等。除了按照《试验检测管理细则》严格要求之外，还应严抓薄弱环节。我们认为制样、取样关系到样品的代表性，但往往是管理的盲点，因此将制样、取样作为控制要点，发现违规制样、取样无人监管的情况立即严肃处理；对于有一定监管难度的材料，业主直接监督试验监理取样，由质量安全部送交业主指定的检测单位进行检测。

为了进行各种工程材料的检测工作，钱江隧道工程还设立了专门的试验室用以开展试验检测工作，并为试验室配备了合格的计量仪器和试验员，建立了完备的管理制度。在经过行业主管部门现场审查合格，取得试验室资格证之后，才允许开展试验检测工作。

（2）预制构件检验

钱江隧道采用盾构法施工，需要使用到大量的预制构件，包括作为隧道道路结构的预制口字形构件和作为隧道衬砌的预制钢筋混凝土管片构件等。就拿预制管片来说，不仅要承载隧道外侧的土压、水压，直接支撑地层，防止渗漏，同时还要在盾构施工过程中承受施工荷载，这对管片的尺寸精度、结构性能和耐久性提出了很高的要求，因此管片的质量控制就显得尤为重要。钱江隧道工程中对于各种预制构件采取了严格的质量验收制度，对构件施工流程中的关键步骤实行三方验收：一是根据业主、监理协商确定模板、钢筋、混凝土工程的质量控制内容以及各项实测项目的标准值或允许误差，由此制定过程控制表，施工中对各个环节按照控制表的项目进行验收，对每个关键工序进行把关；二是对施工中每个钢筋笼的绑扎，每次模板的拼装，每个混凝土构件的浇筑都由业主、施工单位、监理三方签字验收，真正做到层层把关，一旦出现问题方便追究，从制度上确保了质量控制的基础。

这里举钢筋骨架、模板制作过程和混凝土浇筑、养护过程这两个例子，来说明构件施工过程中的质量控制，分别如图 10.8 和图 10.9 所示，图中圆形图框代表质量检测环节。钢筋骨架、模板制作过程中，材料进场后、钢筋断料后、钢筋弯曲弯弧后、制成成品后均需进行材料检验，而混凝土浇筑、养护过程中，对于原材料、钢筋合拢精度、制成的混凝土、混凝土 28d 龄期强度以及成品的质量均经过质量检测，这表明对构件的质量控制贯穿于整个施工过程中。

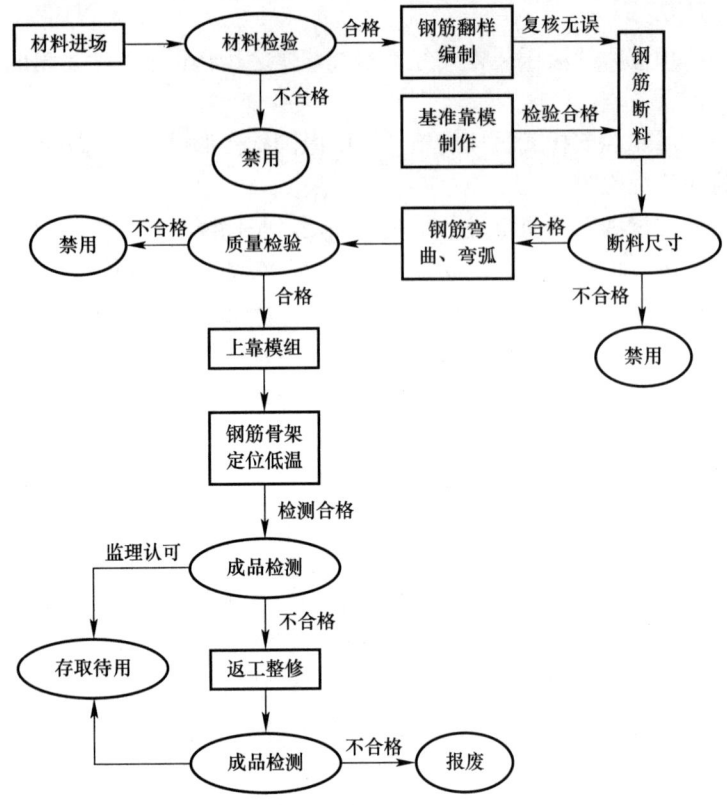

图 10.8　钢筋骨架、模板制作过程

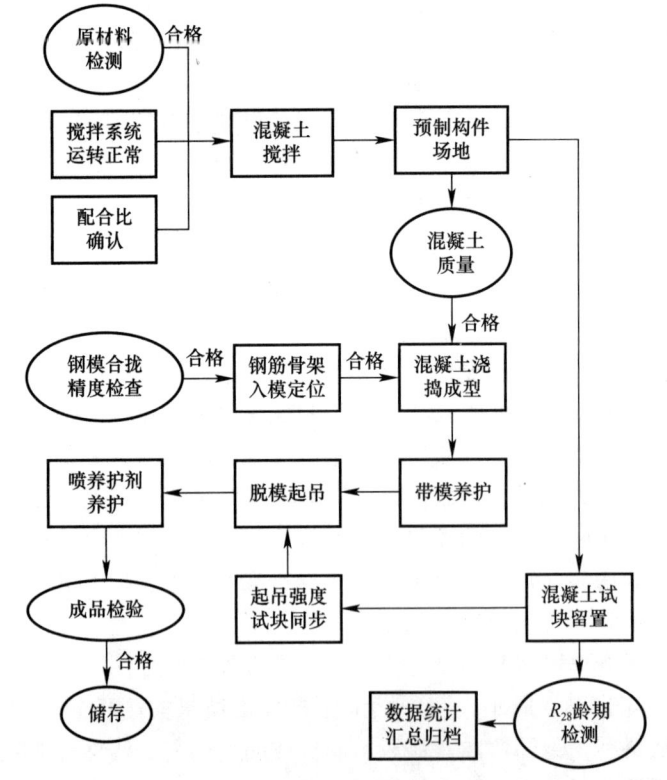

图 10.9　混凝土浇筑、养护过程

（二）工程验收

工程验收是施工全过程的最后一道程序，也是工程项目管理的最后一项工作。它是建设投资成果转入生产或使用的标志，也是全面考核投资效益、检验设计和施工质量的重要环节。

工程验收是指建设工程依照国家有关法律、法规及工程建设规范、标准的规定完成工程设计文件要求和合同约定的各项内容，建设单位已取得政府有关主管部门（或其委托机构）出具的工程施工质量、消防、规划、环保、土地、档案、交通等验收文件或准许使用文件后，组织工程验收并编制完成《建设工程竣工验收报告》。

为了加强钱江隧道实施过程中的技术管理和质量控制以及交（竣）工验收时的质量检验和评定，编制、审议并批准了《钱江隧道质量检验标准》。

验收标准详细地规定了各分项工程的质量检验内容，使技术管理、质量控制及施工验收能够有充分的依据。

标准规定：

（1）根据建设任务、施工管理和质量检验评定的需要，应在施工准备阶段按本标准将建设项目划分为单位工程、分部工程和分项工程。施工单位、工程监理单位和建设单位应按相同的工程项目划分进行工程质量的监控和管理。

（2）分项工程质量检验内容包括基本要求、实测项目、外观鉴定和质量保证资料四个部分，只有在其使用的原材料、半成品、成品及施工工艺符合基本要求的规定，且无严重外观缺陷和质量保证资料真实并基本齐全时，才能对分项工程质量进行检验评定。

（3）涉及结构安全和使用功能的重要实测项目为关键项目（表格中含有△标志），其合格率不能低于 90％，机电工程为 100％，属于机械或金属工厂（场）加工制造的构件为 95％，且检测值不得超过规定极值，否则必须进行返工处理。

（4）实测项目的规定极值是指任一单个检测值都不能突破的极限值，不符合要求时该实测项目为不合格。

（5）分项工程的评分值满分为 100 分，按实测项目采用加权平均法计算。存在外观缺陷或资料不全时，应予减分。

$$分项工程得分 = \frac{\sum[检查项目得分 \times 权值]}{\sum 检查项目权值}$$

分项工程评分值＝实测项目中各分项工程得分之和－外观缺陷减分－资料不全减分

10.4.4　建设工程监理

建设工程监理是对工程各施工环节全方位、全过程的监督和检查，是保证工程质量的重大举措和制度安排。

监理的职责就是在贯彻执行国家有关法律、法规的前提下，促使甲、乙双方签订的工程承包合同得到全面履行。建设工程监理的主要目的在于确保施工安全、质量、投资和工期等满足业主的要求。

根据监理委托合同和《公路工程施工监理规范》的要求及钱江隧道工程的具体情况，监理办为直线职能式组织机构，总监、专监、监理员按照各自分工各司其职，隧道、测量、试验、合同、安全，各专业分工协作，遵循公司内部管理制度，贯彻执行业主及行业主管部门各项规章制度，明确各级监理人员的责任，落实各项监理程序及工作制度，力争使监理办的工作职能始终在规范化、程序化、标准化的轨道上运行。

钱江隧道工程推行以动态控制为主的管理办法，主要抓住事先指导、事中检查、事后验收三个环节，对工程施工做到全过程、全方位的质量监控，从而有效地实现工程的全面质量控制。各环节监理人员质量控制的主要内容如图 10.10 所示。

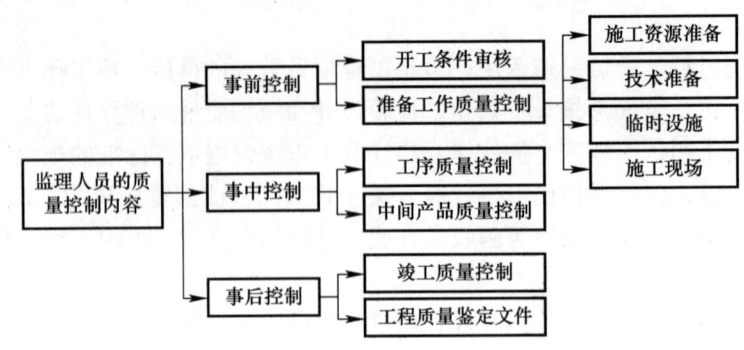

图 10.10　监理人员的质量控制内容

具体的质量监理职责有：

（1）审查工程分包

加强对施工单位工程分包的管理，按合同规定对工程分包计划和协议进行审查，报建设单位批准。发现有非法分包、转包时，应责令施工单位纠正并报告项目公司。

（2）审批施工测量放线

监理工程师应检查施工单位使用的测量仪器是否按规定进行了校准，审查其提交的施工测量放线数据、图表及放线成果并予以批复。监理工程师应对从基准点引出的工程控制桩进行复测，对施工放线的重点桩位 100％复测，其他桩位不低于 30％抽测。

（3）审批工程原材料与混合料

审查施工单位申报的原材料、混合料试验资料，对原材料应独立取样进行平行试验；对混合料可在施工单位标准试验的基础上进行试验验证，必要时做标准试验，在合同规定的期限内予以批复。监理工程师应对施工单位申请使用的商品混凝土或商品混合料配合比进行审查，并进行试验验证。

（4）审查施工组织及人员配备

分项工程开工前，监理工程师应审查该分项工程的施工组织，包括项目负责人、技术负责人及质量、安全、环保等施工管理、自检人员及主要施工操作人员的配备是否符合合同要求并满足施工需要。

（5）审查施工机械设备

监理工程师应审查施工单位进场的施工机械设备是否满足合同要求，重点审查机械设备是否满足施工质量、安全、环保、进度等要求。检查施工单位使用的测试仪器、仪表是否按规定进行了校准。监理工程师应核查施工单位提供专用工具、备品、备件的质量、数量是否符合合同约定。监理工程师应审查进场的设备、材料是否符合合同要求，是否具有产品检验合格证、质量检验单和出厂合格证；进口设备、材料还应提交商检部门的检验合格证书；进场的计算机平台软件应具有软件拷贝、说明书和最终用户的授权文件。经监理工程师检验不合格的设备、材料、软件，必须清退出场，不得在工程中使用。施工单位如使用合同约定外的施工机械设备，监理工程师应要求施工单位另行提出使用申请。对施工现场不具备检测条件或无法进行现场检测的主要设备、材料，监理工程师应到生产厂监督检测。监督检测频率不得低于 15％，当设备数量少于等于 3 台件时宜逐台检测。

（6）审查施工方案及主要工艺

监理工程师应审查施工单位提交的分项、分部工程的施工方案及主要工艺，对技术复杂或采用新技术、新工艺、新材料、新设备的工程，应根据试验工程结果进行审批。监理单位应审批施工单位提交的机电工程应用软件的需求分析、概要设计、详细设计和测试大纲。应用软件必须经测试合格后，方可进行安装。项目监理办应按合同要求配备机电工程监理的常规检测仪器、仪表，并制定进场计划。

（7）审批分项、分部工程的开工申请

监理工程师应要求施工单位提交分项、分部工程的开工申请，审查其是否具备开工条件，以确定是否批复其开工申请。

（8）验收构、配件或设备

对施工单位外购或订做用于永久工程的构、配件或设备，监理工程师应要求施工单位提交产品合格证和自检报告。审核施工单位使用的施工机具是否符合合同约定。可采用常规仪器设备进行检测的，监理工程师应按不低于施工单位自检频率的 20％ 进行抽检，合格后方可准予使用。

（9）巡视

重点巡视正在施工的分项、分部工程是否已批准开工；质量检测、安全管理人员是否按规定到岗；特种作业人员是否持证上岗；现场使用的原材料或混合料、外购产品、施工机械设备及采用的施工方法与工艺是否与批准的一致；质量、安全及环保措施是否实施到位；试验检测仪器、设备是否按规定进行了校准；是否按规定进行了施工自检和工序交接。

（10）旁站

监理人员应对试验工程、重要隐蔽工程和完工后无法检测其质量或返工会造成较大损失的工程进行旁站。旁站项目完工后，监理工程师应组织检查验收，验收合格方可进行下道工序施工。

（11）抽检

监理工程师应按规定重点对施工过程中使用的水泥、钢材、沥青、石灰、粉煤灰、砂砾、碎石等主要原材料及各种混合料进行抽检，抽检频率应不低于施工单位自检频率的 20％，其余材料应不低于10％；对已完工程实体质量的抽检频率应不低于施工单位自检频率的 20％。

（12）关键工序签认

完工后无法检验的关键工序，须经监理工程师签认，并留存相应的图像资料，未经签认不得进行下道工序施工。施工单位按测试大纲完成自测并提交自测报告后，可由监理工程师主持现场系统检验测试。受条件限制无法进行的单机测试项目，可使用厂验检测数据。监理工程师应对系统测试的各项指标是否合格作出结论。监理工程师应对施工单位安装完工并自检合格的单位、分部或分项工程设备、线缆安装的质量、数量、位置、工艺进行验收。经验收合格的工程由总监理工程师签发安装验收合格证书；未经安装验收或验收不合格的工程，不得进行调试工序。

（13）质量事故处理

当发生可由项目监理办处理的质量缺陷、质量隐患时，监理工程师应立即向施工单位发出工程暂时停工指令，并要求其立即书面报告质量缺陷、质量隐患的发生时间、部位、原因及已采取的措施和进一步处理方案；监理工程师应对处理方案进行审核后报项目公司批准，对处理方案的实施进行监理并予以验收，处理合格、隐患消除的可发出复工指令。

当发生不属于项目监理办处理的质量事故时，监理工程师应要求施工单位按规定速报有关部门。监理机构应和施工等单位一起保护事故现场，抢救人员和财产，防止事故扩大，积极配合调查。对加固、返工或重建的工程，除特殊规定外，应视同正常施工工程进行监理。

项目监理办应建立专门台账，记录质量事故发生、处理和返工验收的过程和结果。

（14）中间交工验收

监理工程师收到分项工程中间交工申请后，应检查各道工序的施工自检记录、交接单及监理工程师签认的关键工序的交接单；检查分项工程的质量自检和质量等级评定资料；检查质量保证资料的完整性。

应按合同规定对交工的分项工程进行质量等级评定并签发《中间交工证书》。

（15）质量评定

监理工程师应按有关规定及时对已完工程进行质量评定。

10.4.5　废弃物排放控制

工程废弃物的排放将会严重影响周边环境，而施工对周边环境的影响也是衡量工程质量的一个十分重要的指标。因此，必须十分注意工程废弃物的排放，严格控制废弃物的处理质量。

（一）施工废水的管控

本工程施工期主要污染源为基坑开挖、地下连续墙施工、SMW 施工等过程中所产的含大量悬浮物的泥浆水。泥浆中含有大量的蒙脱石等黏土矿物和岩屑，稠度大，难于自然沉降，如果施工现场废泥浆就地排放的话，那么排放的泥浆浸入工业场区或附近农田、灌溉渠道、河流，会直接污染环境和危害农作物生长。因此，含泥量较多的水不能直接排放，必须先经过处理即流入布置在基坑、施工便道旁的沉淀池内，经过二次沉淀处理后外排，严禁直接外排。

（二）施工振动的管控

隧道施工主要振动源包括空压机、镐头机、重载汽车、挖掘机、振动棒以及冷冻法施工时的冷冻设备等。

施工振动的控制：

（1）如施工引起的振动可能对周围的房屋造成破坏性影响，将向周围居民分发"米字格贴"，避免因振动而损坏窗户玻璃。

（2）为缓解施工引起的振动而导致地面开裂和建筑基础破坏，可采取设置防震沟或放置应力释放孔等措施。

（3）运输车辆进出口保持平坦，减少由于道路不平而引起的车辆颠簸噪声和产生的振动。

（4）禁止在施工作业过程中从高空抛掷钢材、铁器等施工材料及工具而造成的人为噪声。

10.5　钱江隧道质量控制研究与创新

钱江隧道工程作为杭州市城市跨越式发展的标志性工程，依靠工程施工技术装备引领世界软土隧道施工技术新水平所具有的影响力，受到浙江省和杭州市社会各界广泛关注。工程质量控制又是建设项目的重中之重，其涉及工程建设的各个环节，需要进行统一化、专门化、标准化的管理。同时新技术、新工艺的应用也给钱江隧道的工程质量控制提出了巨大的挑战。因此，在借鉴以往工程质量控制经验的基础上，提出高标准、严要求的质量控制理念，制定全面的质量控制体系，优化组织协调，并针对隧道工程具体项目实现了质量控制技术创新，通过这些措施，保证了钱江隧道工程的质量安全。

10.5.1　有机结合以往先进管理经验，创新质量管理理念

作为上海长江隧道的姐妹隧道，两项工程具有很多相似之处。上海长江隧桥工程已于2009年顺利完工并通车。在工程施工过程中，质量管理体系运转正常，工程质量总体处于受控状态，质量平稳，按公路质量检验评定标准要求评定，结果全部达到合格标准。长江隧桥成功的质量控制管理模式对本项目具有很强的参考意义，本项目充分吸收了长江隧桥系统化、标准化、严格化的管理理念，并在此基础上加强了质量控制管理标准，以达成我们"追求卓越"的质量控制目标。具体表现为：

（1）建立联合奖惩制管理制度，质量奖惩主体由个人为单位升级为以小组为单位，增强了组员的责任心，充分调动了主观能动性，人员由原来的"被动控制工程质量"演变为"主动工程质量把关"，这对于工程质量标准的贯彻实施至关重要。

（2）突出质量控制的细节化和独立化，工程细节、关键位置的质量直接关系到整个工程质量的高低。针对钱江隧道项目中的施工关节点以及关键结构实施"三方检查"制度，即在实施施工单位自检、监理单位复检的基础上，公司委托了第三方机构进行独立复查，确保整个工程细节和关键部位始终处于质量受控状态之中，确保整个工程的质量安全。

10.5.2　建立全阶段、全方位的质量管理体系

工程质量的控制是一个系统过程，工程质量的好坏是决策、勘察、设计、施工、监理等单位各方面、各环节工作质量的综合反映。要控制工程的质量，必须对包括施工操作、工程管理、质量检测和质量监理在内的各阶段采取相应的控制措施以提高工程质量，避免质量事故的发生。

除在各阶段进行质量控制外，本项目质量检验对象涵盖范围广：材料检测包括原材料、构件体等各种成品半成品检测，并建立了一套预检、中间检、验收检验的多层次的检验系统以保证材料的质量；施工中的质量控制包括施工管理中的质量控制和施工操作中的质量控制，重点关注施工风险极高的施工节点的质量控制问题。

10.5.3 立体化的质量控制管理模式

钱江隧道质量控制的特点是宏观与微观层面并重、技术与操作层面并举，实现了管理的立体化。宏观指标准、制度、程序、技术方案的制定，没有宏观指引，一切只能凭经验和习惯，无法适应现代化大工程的客观要求；微观指一线操作的规范和每道质检流程，是管理的最终落脚点，时刻关系到工程质量，作业层的水平真正体现着工程管理水平。

（1）宏观层面：坚持"因岗设人"和"专岗专人"，着重程序标准的实施环节，制定了方案报审、变更设计、工程业务联系、检查与验收、监理的旁站与巡视、监理细则报批、开工报告、技术交底等程序，在技术方案方面，成立攻关小组，并请专家进行现场指导。

（2）微观层面：微观方面的着力点在沟通交底和监督检查，工程部要求项目工程师、质量工程师自身必须熟悉程序、规范、合同、设计要求、方案以及施工现场的各岗位工作内容，作为监督检查和沟通交流的前提。具体来说，就是做到多看、多听、多记、多问。

10.5.4 针对工程特点进行相关技术研究

工程质量控制离不开技术保障，对工程技术的不断研究使工程质量更可控、更安全。

（一）钱塘江流域高盐度地质条件下的混凝土耐久性技术

高盐度地质条件下混凝土的耐久性直接关系到工程的质量和安全。目前，关于钱塘江水中混凝土的抗腐蚀性研究得比较多，但是对于钱塘江流域的地下水对混凝土的腐蚀性研究，特别是深度在江底约20m 范围内的混凝土耐久性研究还比较少。钱江隧道位于钱塘江入海口，地下水的含盐量较大，属于高盐度地区。在该地区进行地下结构施工，须充分了解地下水的成分以及地下水对混凝土的耐久性的影响，以保证工程安全。

（二）隧道超深基坑围护体系防渗及施工技术

隧道超深基坑围护体系的防渗直接影响着隧道工程质量的可控度和工程安全的可靠度。在钱塘江流域，钱江隧道的基坑深度28.3m，仅次于已建的庆春路隧道（29.4m）。钱江隧道岸边段主要为透水性强的粉砂层和强度低、含水量高、灵敏度高的淤泥质软土，因此，需对隧道超深基坑围护体系及防渗技术研究，确保工程质量可控、安全可靠。

10.6 钱江隧道质量管理基本经验

只有有力的质量管理与控制，才能有效地保障工程质量与安全。通过对钱江隧道质量管控工作的总结回顾，归纳提炼了几点质量管控方面的基本经验，供大家参考借鉴，共同提高质量管控的水平。

（1）质量管控的立体化。宏观与微观层面并重、技术与操作层面并举，实现管理的立体化。将标准、制度、程序、技术方案的制定作为宏观指引，以适应现代化大工程的客观要求；把一线的操作规范和质检流程作为管理的最终落脚点，用一线作业的水平体现工程管理的水平。

（2）联合奖惩的制度化。施行联合奖惩制度，将质量奖惩主体由个人升级为小组，增强了组员的责任心，充分调动了主观能动性，人员由原来的"被动控制工程质量"进化为"主动工程质量把关"，使工程质量得到有力保障。

（3）工程施工的细节化。针对施工项目中的关键结构实施细节化管理，施工任务和质量责任到岗、到人，保证每步施工的可追溯性，以便精细化的定点式管理，确保工程质量。

（4）施工流程的标准化。拒绝凭经验和习惯进行盲目操作，每步施工都有相应程式化的流程，按部就班有据可循，减少影响工程质量的偶然因素和人为因素，降低出现施工质量问题的风险。

（5）质量检查的独立化。工程质量需经过三道独立检查：施工单位的自检，监理单位的复检，第三方单位的独立复查。通过施行"三方检查"制度，确保整个工程始终处于质量受控状态之中，确保整个工程的质量安全。

附 10.1　工作井的验收标准

如工作井的验收标准，对其分一般规定、工作井总体、钢筋制作及安装、结构混凝土、结构防水、地下连续墙六个方面进行了规定。

（1）一般规定

① 工作井结构尺寸、结构裂缝、结构表面平整度均应满足设计及规范要求。

② 现浇结构不应有影响结构性能和使用功能的尺寸偏差。混凝土设备基础不应有影响结构性能和设备安装的尺寸偏差。

（2）工作井总体

① 基本要求

A. 工作井施工应严格按照设计图纸、施工规范和有关技术操作规程要求进行。

B. 底板干燥无水。

C. 工作井内排水系统不淤积、不堵塞，确保排水通畅。

② 实测项目

见附表10.1

工作井总体实测项目　　　　　　　　　　　　　　附表 10.1

项　次	项　目	允许偏差（mm）	检查方法和频率	权　值
1△	工作井轴线偏位（mm）	8	钢尺检查；每20m检查一处	2
2	工作井底板高程	±30	水准仪；每20m检查一处	1
3	工作井净高	不小于设计	钢尺检查；每20m检查一处	1
4	净总宽	不小于设计	钢尺检查；每20m检查一处	1
5	预留洞中心线位置	15	钢尺检查；每20m检查一处	1

注：此表出处《混凝土结构工程施工质量验收规范》GB 50204—2002、《公路工程质量检验评定标准》JTG F80/1—2004。

③ 外观鉴定

工作井内没有渗水现象，视其严重程度，不符合情况时扣5～10分。

（3）钢筋制作及安装

① 基本要求

A. 钢筋、机械连接器、焊条等的品种、规格和技术性能应符合国家现行标准规定和设计要求。

B. 受力钢筋同一截面的接头数量、搭接长度、焊接和机械接头质量应符合施工技术规范要求。

C. 钢筋安装时，必须保证设计要求的预埋件位置和钢筋根数。

D. 受力筋应平直，表面不得有裂纹及其他损伤。

② 实测项目

见附表10.2。

钢筋制作及安装实测项目　　　　　　　　　　　　附表 10.2

项　次	检测项目		规定值或允许偏差	检查方法和频率	权　值
1△	受力钢筋间距（mm）	两排以上排距	±5	尺量：每构件检查2个断面	3
		同排　墙、梁、板	±10		
		同排　柱	±20		
2	箍筋、横向水平钢筋间距（mm）		±10	尺量：每构件检查5～10个间距	2
3	钢筋骨架尺寸（mm）	长	±10	尺量：按骨架总数的30%抽查	1
		宽、高或直径	±5		
4	弯起钢筋位置（mm）		±20	尺量：每骨架抽查30%	2
5△	钢筋保护层厚度（mm）	墙、柱、梁、底板	5	尺量：每构件沿模板周边检查8处	3
		板	3		

注：此表出处《公路工程质量检验评定标准》JTG F80/1—2004、《混凝土结构工程施工质量验收规范》GB 50204—2002。

③ 外观鉴定

A. 钢筋表面无铁锈及焊渣，不符合要求时减 1～3 分。

B. 多层钢筋网要有足够的钢筋支撑，保证骨架的施工刚度，不符合要求时减 1～3 分。

（4）结构混凝土

① 基本要求

A. 混凝土所用的水泥、水、骨料、掺合料和外加剂等符合设计及规范的要求。

B. 混凝土的配合比、原材料的计量和搅拌符合设计及规范的要求。

C. 防水混凝土所用材料必须符合《地下防水工程质量验收规范》GB 50208—2002 中 4.1 节的规定。混凝土的抗渗性能符合设计要求。

D. 预埋件的数量、位置和固定应满足设计和施工技术规范的规定。

E. 施工缝的位置和处理应按设计要求和施工技术方案进行。

F. 不能出现空洞和露筋现象。

G. 结构尺寸符合设计要求。

② 实测项目

见附表 10.3、和附表 10.4

内衬墙、中隔墙混凝土实测项目　　　　　　　　　　　　　　　　　　　　　附表 10.3

项　次	检查项目	规定值或允许偏差	检查方法和频率	权　值
1△	混凝土抗压强度	符合设计要求	按《公路工程质量检验评定标准》JTG F80/1—2004 附录 D 及相关规范检查	3
2△	混凝土抗渗强度	符合设计要求	参照《地下防水工程质量验收规范》GB 50208—2002 进行	3
3	截面尺寸（mm）	+8，−5	钢尺检查；每 10m2 点	2
4	中隔墙轴线偏差（mm）	10	钢尺检查；每 10m1 点	2
5	平整度（mm）	8	2m 靠尺和塞尺检查；每 10m2 点	1
6	垂直度（mm）	8	2m 靠尺检查；每 10m2 点	1

注：此表出处《混凝土结构工程施工质量验收规范》GB 50204—2002。

底板、顶板混凝土实测项目　　　　　　　　　　　　　　　　　　　　　　　附表 10.4

项　次	检查项目	规定值或允许偏差	检查方法和频率	权　值
1△	混凝土抗压强度	符合设计要求	按《公路工程质量检验评定标准》JTG F80/1—2004 附录 D 及相关规范检查	3
2△	混凝土抗渗强度	符合设计要求	参照《地下防水工程质量验收规范》GB 50208—2002 进行	3
3	底（顶）板顶面标高（mm）	±10	水准仪，每 10m 测 2 点	2
4	底（顶）板底面标高（mm）	±10	水准仪，每 10m 测 2 点	2
5	平整度（mm）	8	2 米靠尺和塞尺检查，每 10m 测 2 点	1

注：此表出处《混凝土结构工程施工质量验收规范》GB 50204—2002。

③ 外观鉴定

A. 混凝土表面密实，每延米的隧道面积中，蜂窝、麻面和气泡面积不得超过 0.5%。不符合要求时，每超过 0.5% 减 0.5～1 分；蜂窝、麻面深度超过 5mm 时不论面积大小，发现一处减 1 分。深度超过 10mm 时应处理。

B. 结构轮廓线条顺直美观，混凝土颜色一致。不符合要求时减 1～3 分。

C. 施工缝平顺无错台。不符合要求时减 1～2 分。

D. 混凝土因施工养护不当产生裂缝，每条裂缝减 0.5～2 分。裂缝宽度超过 0.15mm，必须处理。

（5）结构防水

① 基本要求

A. 防水材料的质量、规格、性能等必须符合设计和规范要求。

B. 防水混凝土结构的变形缝、施工缝、后浇带等细部构造应按《地下防水工程质量验收规范》GB 50208—2002 有关规定进行质量验收。

C. 防水卷材铺设前要对基面进行清扫，保证清洁平整，不得有尖锐突出物。

D. 防水层施工时，基面不得有明水，如有明水应采取措施封堵或引排。

E. 卷材防水层和涂料防水层的施工应符合《地下防水工程质量验收规范》GB 50208—2002 中有关规定。

F. 防水涂料厚度应满足设计或《地下防水工程质量验收规范》GB 50208—2002 中的有关规定。

G. 防水层及其转角处、变形缝、穿墙管道等细部做法必须符合设计要求。

H. 细石混凝土保护层的厚度符合设计和《地下防水工程质量验收规范》GB 50208—2002 中的有关规定。

② 实测项目

见附表 10.5。

外防水实测项目　　　　　　　　　　　　　　　　　　　　　　　　　　　　　　附表 10.5

项　次	检测项目	规定值或允许偏差	检查方法和频率	权　值
1	搭接宽度（mm）	≥100	尺量，全部搭接均要检查，每个搭接处检查 3 处	1
2	涂料厚度（mm）	符合设计要求	针测法或割取 20mm×20mm 实样用卡尺量，每 100m² 抽查 1 处，每处 10m²，且不得少于 3 处	1

注：此表出处《地下防水工程质量验收规范》GB 50208—2002。

③ 外观鉴定

A. 防水层表面平顺，无折皱、无气泡、无破损等现象，与基层密贴，松紧适度，无紧绷现象。不符合要求时每处减 1～3 分。

B. 接缝、补眼粘贴密实饱满，不得有气泡、空隙。不符合要求时每处减 1～3 分。

（6）地下连续墙

1）地下连续墙钢筋

① 基本要求

A. 钢筋的规格、品种、数量和制作加工等必须符合国家现行标准和设计要求。

B. 吊点、焊点应牢固，并应保证钢筋笼起吊刚度。

C. 钢筋笼应设定位垫块，设置符合设计要求。

D. 预埋件应与主筋连接牢固，外露面包扎严密。

E. 钢筋笼内预埋件的数量、位置、材质、尺寸符合设计要求。

② 实测项目

见附表 10.6。

地下连续墙钢筋笼实测项目　　　　　　　　　　　　　　　　　　　　　　　　附表 10.6

项　次	检测项目	规定值或允许偏差	检查方法和频率	权　值
1△	钢筋笼长度（mm）	±50	每钢筋笼检查 5 点，用尺量	3
2	钢筋笼宽度（mm）	±20	每钢筋笼检查 5 点，用尺量	1
3	钢筋笼厚度（mm）	0，−10	每钢筋笼检查 5 点，用尺量	1

项 次	检测项目	规定值或允许偏差	检查方法和频率	权 值
4△	主筋间距（mm）	±10	每钢筋笼检查 5 点，用尺量	2
5	分布筋和箍筋间距（mm）	±20	每钢筋笼检查 5 点，用尺量	1
6	预埋件中心位置（mm）	±10	每钢筋笼检查 5 点，用尺量	1

注：此表出处《地下铁道工程施工及验收规范》GB 50299—1999（2003 版）。

③ 外观鉴定

A. 钢筋表面无铁锈及焊渣，不符合要求时减 1～3 分。

B. 多层钢筋网要有足够的钢筋支撑，保证骨架的施工刚度，不符合要求时减 1～3 分。

2）地下连续墙混凝土

① 基本要求

A. 混凝土所用的水泥、砂、石、水、外掺剂及混合材料的质量和规格必须符合有关规范的要求，按规定的配合比施工。混凝土氯离子扩散系数指标符合设计要求。

B. 墙体的深度和宽度必须符合设计要求。

C. 每一槽段成槽后，必须采取有效的清底措施，并测量槽深、槽宽及倾斜度，符合设计和施工技术规范要求后，方可灌注水下混凝土。

D. 相邻两槽段墙体中心线在任一深度的偏差值不得超过 60mm。

E. 水下混凝土应连续灌注，严禁有夹层和断墙。

F. 灌注水下混凝土时，钢筋骨架不得上浮。

G. 应处理好接头，防止间隔灌注时漏水漏浆。

H. 墙顶应无松散混凝土。

② 实测项目

见附表 10.7。

地下连续墙混凝土实测项目　　　　　　　　　　　　　　　　　　　附表 10.7

项 次	检测项目	规定值或允许偏差	检查方法和频率	权 值
1△	混凝土抗压强度（MPa）	在合格标准内	按《公路工程质量检验评定标准》JTG F80/1—2004 附录 D 及相关规范检查	3
2△	混凝土抗渗强度	符合设计要求	参照《地下防水工程质量验收规范》GB 50208—2002 进行	3
3	轴线位置（mm）	30	全站仪或经纬仪：每槽段测 2 处	1
4	倾斜度（mm）	0.5%墙深	测壁（斜）仪或垂线法：每槽段测 1 处	1
5	沉淀厚度	符合设计要求	沉淀盒或标准测锤：每槽段测 1 处	1
6	外形尺寸（mm）	+30，−0	尺量：检查 1 个断面	1
7	顶面高程（mm）	±10	水准仪：每槽段测 1～2 处	1

注：此表出处《公路工程质量检验评定标准》JTG F80/1—2004。

③ 外观鉴定

A. 墙体的裸露墙面应平整，外轮廓线应平顺，槽段内无突变转折现象。不符合要求时，减 1～3 分。

B. 槽段之间连接处在基坑开挖时应不透水、翻砂。不符合要求时，应进行处理，并减 1～3 分。

第11章　钱江隧道工程运营安全管理

11.1　概述

运营管理系统有两个方面的含义：一是指日常运营管理，也可理解为非事故时的运营管理；二是应急状态下的运营管理，也就是发生事故时的运营管理。运营公司应制订日常运营管理计划并使之制度化，以便实施正常情况下的交通和设施运营管理。在正常情况下，隧道的运营是按部就班的程式化管理，一般不需要处理大的决策性问题，需要特别重视的是应急状态下的隧道运营管理。

运营管理模式，是指由各个专业组成的完整的运营管理体系，由谁管理、如何管理的一整套方式、程序等。管理模式的选择无疑是影响设施运营服务质量、企业的经营收益和设施管理效率的一个重要方面。钱江通道及接线工程采用 BOT 的建设运营模式，BOT 是"build—operate—transfer"的缩写，意为"建设—经营—转让"，是私营企业参与基础设施建设，向社会提供公共服务的一种方式。我国一般称其为"特许权"，是指政府部门就某个基础设施项目与私人企业（项目公司）签订特许权协议，授予签约方的私人企业来承担该基础设施项目的投资、融资、建设、经营与维护，在协议规定的特许期限内，这个私人企业向设施使用者收取适当的费用，由此来回收项目的投资或融资、建造、经营和维护成本并获取合理回报；政府部门则拥有对这一基础设施的监督权、调控权；特许期届满，签约方的私人企业将该基础设施无偿或有偿移交给政府部门。此种运营模式可以有效利用市场资金，利于引进先进设备。与此同时，政府的监督调控权可以保证运营质量以及使运营管理向着服务大众的方向发展。现将运营管理单位的义务以及职权总结如下：

（1）浙江省隧道管理运营单位对隧道的管理运营期限暂定为 25 年，自 2014 年 1 月 1 日起计算。运营单位需设置管理机构，配备专职管理人员，制定并严格遵守隧道各项管理制度，保证隧道安全畅通。此外，根据需要，配置隧道交通、消防、通信、监控、应急处置等设施、设备。

（2）隧道安全保护控制区包括隧道两岸段上方垂直区域和结构边线两侧各 10m、水中段上方垂直区域和结构边线上下游各 50m 范围；隧道安全保护影响区为隧道两岸段安全保护控制区外 100m、水中段安全保护控制区外 200m 范围。隧道管理运营单位应定期在隧道安全保护控制区和影响区范围内进行巡查，及时发现、制止影响隧道及其附属设施安全的违法行为。

11.2　隧道运营期日常管理

隧道运营期管理主要包括运营期隧道的日常养护方案、车辆安全检查以及路政管理，同时设置监控指挥中心实施监控交通状况并进行调控，并在出现紧急情况时联动通信系统、报警系统进行事故报警，监控指挥中心同时具有监测隧道健康状况、隧道内设备健康状况的功能。

11.2.1　隧道日常养护方案

钱江隧道养护工作必须贯彻"预防为主，防治结合，安全至上"的工作方针，采取预防性、经常性的保养和维修措施，使公路隧道始终处于良好的技术状况。严格执行隧道养护管理的各项规章制度，采取科学有效的管理手段和技术措施，对所辖的隧道及时组织实施检查、检测和养护维修，确保公路畅通和安全。

11.2.1.1　隧道的检查

（一）土建结构

检查分为三类：日常检查、定期检查及专项检查。

（1）日常检查：要求每周一次，主要是及早发现早期破损、显著病害或其他异常情况，并做出处治。检查部位为：洞口、洞门、衬砌、路面、工作井、交通标志、排水设施、内装等。

（2）定期检查要求不少于每年一次，对土建结构的基本技术状况进行全面检查。

（3）专项检查是根据定期检查和特殊检查的结果，对破损或病害进一步查明其详细情况而进行的更深入的专门检测。

（二）机电设施

检查重点为：供配电设施、照明设施、消防设施、通风设施、污水处理设施、监控设施等。

（1）供配电设施的日常、定期检查：日常检查由钱江隧道管理公司持有电工证的专业人员，配备专门的电工检修工具，针对变压器、高低压配电柜、变电室内相关设备的外观，观察有无异常、异响、发热、火花、气味等现象，及时消除设备故障，并做日常情况记录；定期检查委托有资质的电力专业队伍来进行。确保电力设施的正常运行。

（2）照明设施主要包括灯具、托架、标志及照明线路，其检查分为日常检查、经常性检查。日常检查要求隧道管理人员要每天通过步行或养护巡查车对机电设施外观进行一般性检查。经常性检查要求对机电设备的运转或损伤情况进行检查，破损零部件及时维修或更换。

（3）监控设施是指光度仪、烟雾浓度探测仪、CO 检测仪、交通量检测仪、车高仪、摄像机、音区广播、可变信息板、限速标识设施、信息处理设施以及控制软件等。应对监控设施的使用功能进行一般的外观巡检，发现异常应立即处理。

11.2.1.2　隧道的保洁

隧道保洁应制定相应的保洁计划、保洁周期和保洁方法，具体标准见附表 11.1。

（一）保洁方法

（1）隧道保洁原则上应以机械保洁为主，人工为辅。人工保洁应采取相应的安全保障措施。

（2）机械保洁应根据隧道的特点和所处的地理位置，制定机械清扫行走线路。

（3）保洁作业前应对保洁机械作全面检查，确保机械完好并做好记录。

（4）保洁作业时，应选择在交通量较小的时段进行。不得在同一隧道内的两侧同时进行清扫保洁。

（5）保洁开始前和保洁结束后，保洁作业人员应向隧道监控中心报告，隧道监控中心应对隧道保洁全程监控，应在情报板上显示相应的提示内容，有广播系统的应开启广播。

（6）清扫或清洗人员作业时应身穿带有反光安全标志的服装，携带通信工具，保持与隧道监控中心联系。

（二）保洁标准

（1）路面应保持干净、整洁，无垃圾和杂物碎片，两侧明沟内不应有残留垃圾等物品。

（2）交通事故造成的隧道路面污染和堆积物应及时清扫或清洗干净。

（3）路面被油类物质或化学物质污染时，应清洗干净，如有必要可用中和剂或其他材料处理后再用清水冲洗。

（4）机械清扫作业时其行驶速度应保持在 5～10km/h，吸嘴高度应与路面保持 10cm 间距。

（5）横截沟内不应留有大块硬物、塑料制品，积泥厚度应不大于 2cm。

（三）保洁周期

（1）隧道内路面应每天夜间 21：00～5：00 进行清扫，清扫的垃圾要及时清除出洞外。

（2）隧道内边沟的垃圾应每天夜间 21：00～5：00 进行清理，确保隧道清洁、边沟畅通。

（3）隧道内侧的墙壁瓷砖应每月冲洗不少于 1 次。

（4）隧道内排水设施：雨水泵应半年清理一次，清理工作应每年不少于 2 次，在汛期前、汛期后分别进行，如有车辆运输砂石料且漏撒严重，应增加排水设施清理次数，以保证排水畅通。江中泵应每季度清理 1 次，确保隧道废水排出畅通。工作井废水泵应每季度清理 1 次。

（5）隧道内标志、标线应定期进行清洁维护，保持其清晰、醒目，保证其正常使用功能。

11.2.1.3 隧道的保养与维修

（一）土建结构的保养与维修

保养与维修工作主要包括经常性和预防性的保养和轻微损坏部分的维修工作。

（1）洞口：两侧排水沟及洞口上方截水沟使用功能要保持完好，洞口圬工体表面平整，无渗水、灰缝脱落现象，各种病害要及时处治。

（2）洞身：内衬砌出现的瓷砖起层或剥落，应及时清除起层瓷砖，进行加固处理，如有渗漏水，要先将水导入边沟排出。

（3）路面：边沟的盖板、地漏子，就近在隧道管理所储备一定数量的备件，一旦损坏，及时更换，保证洞内行车安全。

（4）交通标志：应保持外观完整、清晰醒目，其位置要适当，传递交通信息准确无误。

（二）机电设施的维护保养

根据机电设施的复杂程度、工作量来配备养护人员，养护人员要培训上岗，能熟练掌握设施的使用要领和技术特性。

（1）基本要求

① 安排专职人员每天对隧道，工作井机电设备进行巡视，并做好记录，及时发现问题，解决问题。

② 对所有机电设备进行分类，按照性能分解到每周、每月、每季进行维护保洁。确保设备运行正常。

③ 对重要设备做到定期维护，有问题及时解决，对未解决问题要及时上报，并说明原因。

（2）保养周期

① 对隧道、工作井、轴流风机、射流分解、通风机等通风设备每季度维护、保洁 1 次。

② 对隧道雨水泵、江中泵、工作井废水泵、污水泵等设备做到每天巡视、记录。每季度保养 1 次。

③ 对隧道摄像机、喇叭、紧急电话、监测设备等做到每天巡视，有问题及时解决。

④ 对工作井 UPS 设备、EPS 设备每季度充、放电维护 1 次。

⑤ 对隧道 LED 等每周检查、维护 1 次，对安全通道、电缆通道、工作井照明设备每月检修 2 次。

⑥ 对隧道消防系统、喷淋系统、消防泵房设备每月维护 1 次。

11.2.2 车辆安检与路政管理

隧道管理运营单位自管理运营之日起，负责隧道范围内的通行管理，维护车辆通行秩序，保证车辆通行安全。具体管理应按照以下准则执行：

（1）隧道为 24h 通行高速公路隧道，限制时速为 80km/h。

（2）隧道通行时间内禁止行人和下列车辆通行：①自行车、电动自行车、畜力车、残疾人机动轮椅车、板车、手推车等非机动车；②摩托车、拖拉机、农用车、货车和轮式、履带式专用机械；③超过隧道限载量（即 50t）、限高度（即 5m）、限宽度（即 3.5m）标准的车辆；④危险化学品车辆；⑤隧道管理运营单位认为可能危及隧道安全畅通及设施完好的其他车辆。

（3）车辆通过隧道应当遵守下列规定：

① 按照交通标志、标线限速行驶，开启前照灯、示廓灯和后位灯，禁止使用远光灯，禁止随意变更车道；

② 禁止超车、倒车、掉头、逆行和违法停车；

③ 前后车保持 50m 距离；

④ 禁止使用任何号、哨、笛或其他发声器具；

⑤ 禁止空挡滑行。

（4）隧道管理运营单位应当履行下列管理职责：

① 在隧道范围设置足够的，经公安交通管理部门同意并符合国家标准的交通设施和标志，并视车辆通行情况和疏解交通的需要，设置临时性交通标志；

② 装置用于管理、控制隧道范围内车辆通行的设施、设备；

③ 当发生车辆故障或交通事故时，提供救援服务；

④ 设置充足的消防器材，并落实消防应急措施。

公安机关交通管理部门应当加强隧道的交通安全管理宣传，与隧道管理运营单位建立联动机制，根据隧道道路和交通流量的实际情况，依法采取疏导、限制通行、禁止通行等管制措施，确保隧道安全。

（1）对交通事故，由公安交通管理部门认可的工作人员进行现场勘察，隧道管理运营单位负责配合，并向公安交通管理部门提供与交通事故有关的记录和资料。

（2）隧道路面、相关设施严重损坏，或者遇有恶劣天气、火灾、重大交通事故、地质灾害等严重影响隧道安全通行的情况，隧道管理运营单位向公安机关交通管理部门提出，隧道可以实行暂时交通管制。实行交通管制时，隧道运营单位应当按照公安机关交通管理部门的要求及时发布交通管制信息，车辆和人员应当服从指挥，有序疏散。

11.2.3　监控指挥中心

隧道的运营监控是通过中央计算机系统综合调控交通监控系统、设备监控系统、通信系统、闭路电视监视系统及交通流视频监视系统、火灾自动报警（FAS）系统等各项子系统来实现的。确保了杭州钱江隧道的正常运营，提高了钱江隧道的安全性和应急应变能力，有效降低了营运成本，提高了管理水平及服务品质。中央计算机系统是隧道运营的监控指挥中心，它具备信息采集、数据处理、事件响应、事件处理、图形显示、统计查询、系统自诊断、信息共享等基本功能。通过统一集成平台将各系统操作界面加以集成，通过统一数据库系统收集和管理所有监控信息，提高运行效率，实现信息共享。

监控系统的运营模式是一套智能化综合操作模式，包括交通管理模式（分正常、短暂应变、长期性交通措施、超速预警、违规处理、超高检测、事故检测等）、环境管理模式（分空气质量检测及调控模式、照明检测及调控模式等）、火灾报警及联动模式等。为使钱江隧道交通安全、运营可靠，监控系统能昼夜不间断工作，正常情况下，系统对全线各部位设备的状态进行实时监控，异常情况下采用自动、人工方式按预案对事件进行响应。

11.2.3.1　交通管理模式

（1）系统通过区域控制器、车辆检测器、超高车辆检测器等现场设备，实时、准确地获取各车道交通运行参数，经预处理后，通过现场光环网送至交通监控计算机，并存入数据库。交通参数检测包括：每一车道交通流量（辆/h）、速度（km/h）、占有率（％）、车距（m）、排队长度（m）。

（2）通过中央计算机网络得到其他机电系统的如 CO/VI 检测、火警、交通事故、供电故障等现场数据信息及历史交通参数，按照确定的模型推断出隧道内各区段的交通状态（正常、拥挤、阻塞），并提供预先设定多种不同的交通控制模式供操作员参考、使用，还提供经分析处理后的控制决策；由区域控制器执行命令，通过信号灯、可变情报板、限速标志对车辆的运行实施动态诱导控制；同时将相关的交通信息上网发布。隧道内可变情报板可与火灾报警系统联动，实时发布救援、疏散信息。

（3）交通流视频检测是一套独立于区域控制器控制的交通检测系统。通过实时图像监视，给出控制交通的命令。如遇车辆停止、交通堵塞、行人进入隧道、车辆逆行、火灾等突发状况时，系统能及时报警，自动录像，大大提高事故的应急处理能力，减少了事故发生后带来的损失；通过交通事故再现可及时判断事故产生的原因，正确做出合适的事故救援方式。系统存储的交通事故再现信息还可作为事故责任判定的依据。

11.2.3.2　环境管理模式

（一）空气质量检测及调控模式

通风监控分正常和异常工况，当隧道内发生异常情况时，通过对异常情况的监控，使异常情况的规模得到控制，并尽快恢复正常的营运环境。

（1）正常运营模式：通风控制程序采用自动与手动相结合的方式，具有远程（中央控制室）和就地（隧道内）二级监控功能。一方面可根据 CO 浓度、VI 烟雾浓度、风向风速仪及交通量等综合数据，与预设置或历史等指标比较，决定风机开启的数量，在现场设备网上实现自动调节风量，以达到环保的标准；另一方面也可不考虑 CO、VI 浓度及交通量的变化情况，而是按时间段（如白昼与夜晚，节假日与平时）预先编成程序来控制风机。当自动控制出现异常情况时，可通过手动模式实现控制。

（2）异常运营模式：当隧道内出现交通堵塞时，执行堵塞通风模式，设备监控系统根据交通监控系统送来的交通信息，对风机实现监控；当隧道内发生火灾时，通风控制程序设计提供了紧急运行模式，设备监控系统能根据 FAS 火灾信息，确定火灾地点，使隧道内风机自动执行防烟排烟模式，并停止隧道内非消防风机运行。

（二）照明检测及调控模式

在照明监控中，既要保证隧道的舒适度、亮度要求，又要充分节约能源、降低运行费用。隧道基本照明控制采用时控、就地和遥控三种方式；出、入口照明采用照明控制仪进行光控、就地控制和遥控。根据洞外环境亮度、交通量的变化，按白天（晴朗）、傍晚（多云）、阴雨天、重阴、夜间、深夜六级标准对洞内照度进行控制。晴朗的白天基本照明和加强照明灯具全部开启，傍晚或多云天气加强照明灯减半，阴雨天加强照明灯开启 1/4，重阴天加强照明灯开启 1/8，夜间加强照明灯全部关闭，深夜交通量小时基本照明灯具减半。当隧道正常照明供电出现故障时，该区域的应急照明立即投入运行；当隧道发生火灾时，按事件控制程序关闭有关区域的照明设备，应急照明和疏散指示系统起到诱导疏散作用。

11.2.3.3 火灾报警及联动模式（FAS）

本系统具有报警、显示及联动等功能，且为独立系统。通过 FAS 工作站的网卡，将确认报警信息送往中央控制系统，可在综合屏上显示，并作为相关系统及消防设备联动的依据。火灾报警的地址信息与相应的风机、广播音区、水喷雾分区、摄像机对应起来。

（一）报警

监控中心接受隧道内的火焰探测器、线性感温探测器以及手动报警按钮等自动和手动报警信号；接受隧道工作井及管理中心内管理用房智能光电式感烟、感温探测器和手动报警按钮等自动和手动报警信号；接受隧道内变电所、泵房以及管理用智能光电式感烟、感温探测器和手动报警按钮等自动和手动报警信号。

（二）联动

消火栓泵、水喷雾泵、泡沫泵、专用排烟轴流风机、电动排烟口、电动卷帘门为火灾专用设备，由 FAS 直接联动。其中消火栓泵、水喷雾泵、泡沫泵、专用排烟轴流风机除采用总线编码模块控制外，还在中央控制室设置手动直接控制装置。

11.3 应急预案机制和理念

钱江隧道运行事故应急预案的编制目的在于能迅速、有序、高效地组织应急行动，最大限度地减少隧道运行事故及其造成的人员伤亡和财产损失，提高钱江隧道运行的整体防护水平和抗风险能力，保障安全运行。

在钱江隧道运营管理中心的突发事件应急救援体系的总体框架下，依托应急联动工作机制，充分发挥钱江隧道运管中心的应急联动中心功能，坚持"以人为本、科学决策，统一指挥、快速反应，预防为主、防救结合，协同应对"的原则。

11.3.1 应急预案核心要素

预案包括以下 12 个核心要素。

（1）预案启动：确定预案的启动条件及启动程序。

（2）现场指挥与控制：以事故发生后确保公众安全为主要目标，按照应急预案的响应程序指挥、协调救援行动，合理使用应急资源，使事故得到迅速有效控制。

（3）预警与通知：是应急救援迅速启动的关键，接到报警后的初步分析，筛选掉不正确的信息，落实事故的地点、时间、类型、范围，初步分析事故趋势。

（4）警报系统与紧急通告：事故被确认后立即通报应急指挥中心，及时向公众和各救援单位发出应急警报，建立通信程序。

（5）通信：确保报警和通信器材完好，并能正确使用报警和通信器材，保持信息渠道 24h 畅通。

（6）事态监测：监测和分析事故造成的危害性质和程度，以便提高或降低应急警报级别，并采取相应的对策评估。

（7）人员疏散与安置：应使所有公众熟悉报警系统、逃生线路、避难所和总体疏散程序，准确估计事故影响范围、人员影响区域以便组织疏散、撤离，积极搜寻、营救受伤及受困人员，建立现场危险品泄漏时人员的避难所。

（8）警戒与治安：为保障救援工作顺利开展，救援现场要设定警戒区域，实施交通管制，保障救援队伍、物质供应、人员疏散的交通畅通。

（9）医疗与卫生服务：应急救援中的医疗与卫生服务，由专业并接受过急救和心脏恢复培训的人员，事先组成医疗救援小组，在当地卫生部门的配合下，及时地提供应急需要的医疗设备和急救药品。

（10）应急人员安全：应急救援行动的原则应是优先确保公众和救援人员的安全，严禁冒险指挥，防止造成次生灾害。

（11）公共关系：在重大事故中应明确应急过程中的媒体及公众发言人，协调外部机构，及时与各部门和相关社会服务机构联系。

（12）善后复原：在应急救援完成后，应尽快组织善后复原工作。

在研究确定以上 12 个核心要素的内容之后，需通过预案的推演，将这些要素串接成一个可执行的应急计划。

11.3.2　应急预案主要流程

11.3.2.1　应急组织机构组建

（一）应急处置指挥部

一旦发生重大和特别重大隧道运行事故，钱江隧道运管中心根据上级主管部门的建议和应急处置需要，成立钱江隧道运管中心突发隧道运行事故应急处置指挥部，实施对重大和特别重大隧道运行事故应急处置的统一指挥，必要时设立现场指挥组，现场指挥组在应急处置指挥部的统一指挥下，具体组织实施现场应急处置工作。应急行动结束，该应急处置指挥部及现场指挥组报请上级主管部门及市政府批准后解散，转入常态管理。

（二）专家机构

组建隧道运行事故专家组，并与其他专家机构建立联络机制。发生隧道运行事故时，根据处置需要，确定人选建立现场专家组，负责提供应对隧道运行事故的决策咨询建议和技术支持。

11.3.2.2　预警信息发布

（一）监测预报

（1）运用现代化信息技术，逐步建立隧道运行数据库和分析评价体系。

（2）依据钱江隧道运行养护管理单位所建立的隧道的检查、检测制度，组织开展相关设施经常性检查、定期检测和特殊检测。每年组织隧道的检查、检测，确定各类设施的完好状况，作出客观评价，并编制评估报告。

（3）养护单位及监测单位对责任区域内的隧道道路运行事故相关信息的汇总、收集和研究，及时作出预报，重要信息要及时报送。

（4）监控中心负责汇总、收集和研究相关信息，及时作出预报，并责成有关单位加强重要地段、重大节假日、重要会议期间和重大社会活动、灾害性气候期间的监测预报。

（二）预警级别与发布

（1）预警级别：按照各类隧道运行事故的发生、发展规律和发展趋势，结合气象台、市防汛指挥部等部门和单位发布的预警信息，隧道运行事故预警级别分为四级：Ⅰ级（特别严重）、Ⅱ级（严重）、Ⅲ

级（较重）和Ⅳ级（一般），依次用红色、橙色、黄色和蓝色表示。

（2）预警信息发布

依据本预案和有关规定，明确预警的工作要求、发布程序、责任部门和监督管理措施，并按权限及时发布预警信息。

预警信息可以通过电话、广播、情报板、通信、信息网络以及警报器、宣传车等方式发布、调整和解除。

（3）预警级别调整：根据隧道运行事故的发展态势和应急处置进展情况，预警信息的发布或授权发布部门可视情对预警级别作出调整。

（三）预警预防行动

（1）监控中心根据本预案和有关规定，明确报警、接警、处警的部门和第一响应队伍，明确进入预警的相关部门、程序、时限、方式、渠道、要求，落实预警的监督措施。

（2）进入预警期后，钱江隧道监控中心的应急联动指挥中心可采取相关预防性措施，并及时向上级主管部门报告相关情况。

11.3.2.3 应急处置

（一）信息报告与通报

（1）运行养护管理单位一旦发现隧道运行事故或接到报警信息后，要按照预案和报告制度的规定，在立即组织抢险救援的同时，及时掌握和汇总相关信息，并向有关部门报告。

（2）在监测到重大隧道运行事故后，应立即通知事故处理部门或专业人员出警并向联动单位发出报警，必须在1h内向上级直属部门报告，在2h内做书面报告。特别重大、特殊情况信息，必须立即报告。

（3）信息报送时限要即刻及时。发生隧道运行事故后，实行首报、续报和终报制度。

（4）加强与消防、交警、医院、公安、广播通信等单位系统的沟通与协作，建立突发隧道运行事故信息通报、协调渠道。一旦出现隧道事故，根据事故影响范围及态势来评估应急处置的需要，并及时予以通报、联系和协调。

（二）先期处置

（1）隧道运行事故发生后，钱江隧道运管中心将立即组织有关应急力量开展救助，实施处置，及时排除故障，防止事态扩大。

（2）钱江隧道监控中心的应急联动是通过组织、指挥、调度、协调各方面应急力量和资源，采取必要措施，对隧道事故实施先期处置，并确定事故等级，同时按规定程序，通知相关责任单位。当发展态势或次生事故灾害不能得到有效控制时，向上级单位及部门提请更高级别的应急联动请求，提出启动相应应急预案处置规程以及应急等级、范围的建议。

（3）隧道事故发生后，钱江隧道监控中心根据自身职责和规定权限启动相应应急预案，组织人员开展救助，防止出现事故"放大效应"和次生、衍生、耦合事件的发生，控制事态并及时向上级报告。

（三）应急响应

隧道运行事故响应及事故损失程度划分等级：Ⅰ级、Ⅱ级、Ⅲ级和Ⅳ级，分别应对特别重大、重大、较大和一般隧道运行事故。

（1）Ⅰ、Ⅱ级应急响应

发生特别重大、重大隧道运行事故，启动Ⅰ、Ⅱ级响应，钱江隧道运管中心视情况向上级部门请示成立应急处置指挥部，由应急处置指挥部组织、指挥、协调、调度本单位应急力量和资源，统一实施应急处置，并协调和请求各有关部门和单位及应急力量及时赶赴事故现场，按照各自职责和分工，密切配合，共同实施应急处置。应急处置指挥部应将隧道事故及处置情况及时报告上级部门。

（2）Ⅲ、Ⅳ级应急响应

发生较大和一般隧道运行事故，由钱江隧道运管中心决定响应等级，启动Ⅲ、Ⅳ级响应，组织、指挥、协调、调度相关应急力量和资源实施应急处置，各有关部门和单位，按照各自职责和分工，密切配合，共同实施应急处置。各有关部门和单位应及时将处置情况报告钱江隧道运管中心；超出其应急处置能力时，及时向钱江隧道运管中心上报请求支援。

各类隧道运行事故的实际级别与响应等级密切相关，但可能有所不同，根据实际情况确定。响应等级一般由低向高递升，出现紧急情况和严重态势时，可直接提高相应等级。当隧道运行事故发生在重要地段、重大节假日、重大活动和重要会议期间，其事故应急处置的响应等级视情况相应提高。

（四）现场处置

重大、特别重大隧道运行事故发生后，建立由钱江隧道运营管理中心最高领导及联动单位最高领导组成的现场指挥部。特殊情况下，相关现场指挥可由钱江隧道运营管理中心的上级单位指定。必要时，可确定有关专家参与现场指挥部工作，提供辅助咨询和决策建议。

（五）信息共享和处理

（1）共享机制

隧道运行事故信息共享和应急传递机制的建立健全。明确常规信息和现场信息采集的范围、内容、方式、方法、传输渠道及要求，信息分析和共享的方式、方法、报送、反馈程序及有关信息公开的规定。

（2）报送

编制信息报送流程图，明确上下信息报送接口、反馈程序，做到流程封闭"有报必有销"。

（3）信息分析和共享

建立和完善隧道运行事故信息资源库，对各类信息进行汇总、分析、总结，建立信息评估制度。隧道运行事故的相关单位通过信息网络等方式，实现信息共享。

（六）信息发布

（1）隧道运行事故的信息发布应及时、准确、客观、全面，并根据处置情况搞好后续信息发布。

（2）发生重大、特别重大隧道运行事故时，由运营管理中心或更高一级部门在受影响的区域范围内进行信息发布。发生一般、较大隧道运行事故时，由运管中心对外发布信息。

（七）应急结束

隧道运行事故应急处置结束，或现场危险状态消除并得到控制，由负责决定、发布的钱江隧道运管中心或现场指挥责任人视情况宣布解除应急状态，转入常态管理。

11.3.2.4　后期处置

（一）善后处置

隧道运行事故应急处置终结后，运管中心应迅速采取措施，并与有关单位联动，组织实施安置、安抚、赔偿等善后事宜。

（二）保险

各隧道运行事故处置单位应为所属应急救援人员购买保险。保险机构在隧道运行事故发生后，按照有关规定，应尽快介入核查，合理评估人员伤亡和财产损失情况，支付相应的保险金。

（三）调查与评估

（1）重大、特别重大隧道运行事故处置完毕，钱江隧道运行养护管理中心应继续跟踪和掌握隧道的设施损坏情况，收集和汇总有关信息，编制事故报告及时向上级部门报告，并向有关部门进行通报。

（2）钱江隧道运行养护管理中心作为责任单位，要对钱江隧道的重大、特别重大隧道运行事故进行综合评估。

（3）事故调查处理应按照实事求是、尊重科学的原则，及时、准确地查明事故原因，客观地确定事故责任，提出整改与防范措施，并对事故责任单位和有关责任人提出处理建议。

11.3.2.5　应急保障

各部门要按照职责分工和预案要求，与相关单位建立起密切的联动机制，切实做好应对隧道运行事故的人力、物力、财力、交通运输、医疗卫生及通信保障等工作，保证运营事故发生时的应急救援、受害人员的救治以及隧道功能设施修复与恢复工作顺利进行。

（一）应急队伍保障

（1）隧道运行事故应急处置单位或部门应根据本预案，在职责范围内，建立相应的工作机制和应急抢险队伍。

（2）建立健全隧道运行事故应急处置专业队伍，并配备相应的专业施工设备，负责市属隧道设施的应急抢险抢修。

（二）通信保障

隧道运行事故应急部门应配备有线、无线相结合的通信设备，加强通信设施维护，建立相应的通信网络，确保通信畅通。

（三）运输保障

运管中心及养护单位应根据各自职责，配备相应的交通运输工具，确保应急处置交通运输需要。

（四）物资保障

各隧道运行事故应急机构应按照本预案，在职责范围内配备必需的物资、设备，并保持良好状态。在应急处置中，钱江隧道运管中心可向市应急主管部门申请依托市应急联动中心平台，在全市范围内紧急调用相关物资、设备和场地。

（五）经费保障

隧道运行事故常态管理所需的经费，要有相应的年度财政预算。应急处置所需的经费，由主管部门依据应急预案和规定予以安排。

（六）技术支撑

（1）依靠科技，探索和建立早期预警、先期处置、隧道分析评价体系和专家咨询辅助决策系统，为有效处置隧道运行事故提供有力的技术支撑。

（2）隧道运行和养护管理单位应研究制订特大型隧道应急处置专业预案。

11.3.3　钱江隧道应急预案后评估

11.3.3.1　总体原则

应急预案的总结评估工作，是应急处置工作的一个重要环节，也是及时总结经验教训，改进工作方法，完善钱江隧道高质量的应急预案和提高应急处置能力的一项重要工作。

应急预案后评估工作应坚持"客观、公正、科学"的原则，力求准确、精简、高效。

11.3.3.2　评估目的和方法

（1）通过评估，判断应急预案的质量和效率，发现存在的问题，总结经验教训，寻找有效的解决手段，为下一轮应急处置工作提供有效借鉴信息；修订完善钱江隧道突发事件各专项应急预案，进一步健全应急管理体系和运行机制。

（2）对承担钱江隧道突发事件应急处置工作的部门和个人表现给予客观公正的评价，并以此作为突发事件应急处置工作奖惩的重要依据。

（3）评估工作应坚持定性评估与定量评估相结合，以定性评估为主；坚持专家评估与专业技术人员评估相结合，以专家评估为主的方法进行评估。

11.3.3.3　评估内容程序

（一）评估内容

（1）钱江隧道突发事件的起因、性质、影响、后果、责任。

（2）钱江隧道突发事件预测、预警的及时和准确性、预防措施的有效性、应急决策的科学性、指挥和行动协调能力、应急保障能力、现场处置能力、恢复重建能力。

（3）钱江隧道突发事件管理体制、组织机构设置和运行机制的合理性、有效性。

（4）总结钱江隧道突发事件处置中的正面经验和负面教训。

（5）概算突发事件处置取得的效果和付出的代价，以及应急投入与收益比差。

（6）对参与钱江隧道突发事件应急处置的部门和个人给予客观公正的评价。

（7）各方面对钱江隧道突发事件应急管理的认识程度、观念和理念。

（二）评估程序

（1）参与钱江隧道突发事件处置和应急救援全过程，搜集评估信息。

（2）钱江隧道突发事件处置结束后，应急预案评估小组召开评估会议，对评估信息汇总分析，集体讨论得出评估结论。

（3）评估小组向业主和上级相关部门提交评估报告。

（4）对评估工作进行小结。

11.3.3.4　评估报告内容

（1）钱江隧道突发事件的发生时间、空间、成因，危害强度、危害范围、人财物损失、危机影响诸情况的详细描述。

（2）钱江隧道突发事件应急预案的具体执行情况，各项应急对策的有效性评判；应急预案个案案例经验的总结，存在的不足和应当吸取的教训，并提出预案修订相关建议。

（3）钱江隧道突发事件处置管理全过程，包括各级应急管理工作责任人对突发事件的监测预警、预防措施，贯彻执行上级应急指示和命令，处置程序、采取方法、时机把握、应急成本和最后结果以及管理漏洞的详细描述。

（4）对整个突发事件管理中的成效和不足的总结，为完善钱江隧道突发事件管理工作提供有效对策建议。

（5）对参与钱江隧道突发事件应急处置工作的部门和个人的评价意见。

11.3.3.5　评估结果处理

（1）钱江隧道应急预案评估小组向业主提交突发事件处置总结报告和应急预案修改建议。

（2）由业主审定总结报告并做出预案修改决定。

（3）应急预案评估小组协同并指导各专项预案制定部门修改预案，并报业主同意后，由业主办公室予以印发。

（4）以后评估结论为案例，加强钱江隧道应急管理工作理论研究，为隧道和的突发事件预案演练提供参考依据。

（5）业主根据评估小组对突发事件处置工作参与部门和个人的评价，做出相应的奖惩处理。

11.4　钱江隧道应急预案

钱江隧道共有五大应急预案，分别为：钱江隧道防汛防台应急处置预案、钱江隧道火灾应急处置预案、钱江隧道紧急逃生应急处置预案、钱江隧道牵引排堵应急处置预案和钱江隧道设备设施抢修应急处置预案。

11.4.1　钱江隧道防汛防台应急处置预案

预案实施主要参与人员：当班在岗人员、防汛防台工作小组等。

预案实施主要物资：雪糕筒、潜水泵等。

预案实施主要车辆：巡检车等工程车辆。

以上为主要参与的人员、物资、设备，在预案实施过程中可根据实际情况做相应调整。

11.4.1.1　预警分级

（一）台风预警分级：

台风蓝色预警信号：24h 内可能或者已经受热带气旋影响，沿海或者陆地平均风力达 6 级以上，或者阵风 8 级以上并可能持续。

台风黄色预警信号：24h 内可能或者已经受热带气旋影响，沿海或者陆地平均风力达 8 级以上，或者阵风 10 级以上并可能持续。

台风橙色预警信号：12h 内可能或者已经受热带气旋影响，沿海或者陆地平均风力达 10 级以上，或者阵风 12 级以上并可能持续。

台风红色预警信号：6h 内可能或者已经受热带气旋影响，沿海或者陆地平均风力达 12 级以上，或者阵风达 14 级以上并可能持续。

（二）暴雨预警分级：

暴雨蓝色预警信号：12h 内降雨量将达 50mm 以上，或已达 50mm 以上，可能或已经造成影响且降雨可能持续。

暴雨黄色预警信号：6h 内降雨量将达 50mm 以上，或已达 50mm 以上，可能或已经造成影响且降雨可能持续。

暴雨橙色预警信号：3h 内降雨量将达 50mm 以上，或者已达 50mm 以上，可能或已经造成较大影响且降雨可能持续。

暴雨红色预警信号：3h 内降雨量将达 100mm 以上，或者已达 100mm 以上，可能或已经造成严重影响且降雨可能持续。

11.4.1.2 组织机构

（1）防汛防台领导小组由公司总经理负责，各有关责任人参加。

（2）以养护管理部为主体结合日常维修、抢修工作组成防汛防台工作小组及抢险队伍。

（3）抢险队伍由公司副总经理（或总工程师）负责，以养护管理部有关技工为主体组成防汛防台抢险队伍。

（4）制定抢险队伍的联络网络，落实地址、电话以便及时传递信息，确保万无一失，安全度汛。

（5）如图 11.1 为防汛防台组织机构图。

（6）在防汛防台领导小组领导下，建立以中控室为核心的内部信息网络。网络信息图见图 11.2。

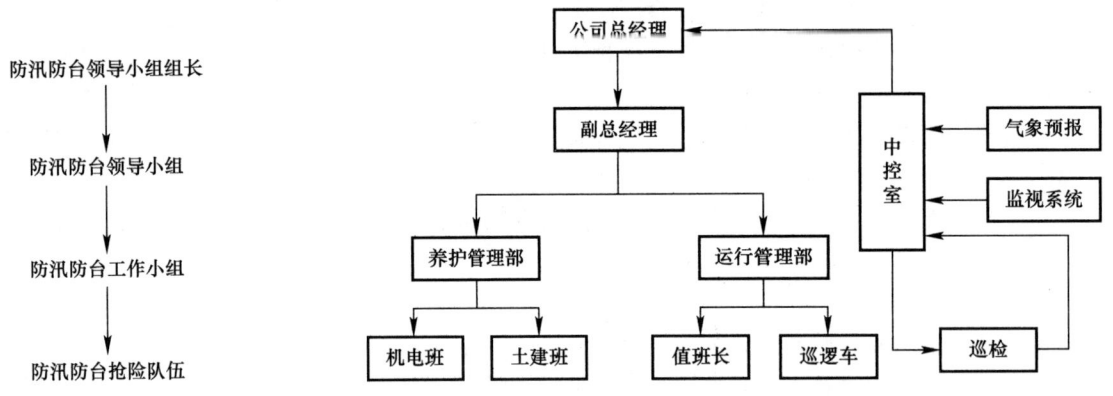

图 11.1 防汛防台组织机构图

图 11.2 防汛防台内部信息网络

11.4.1.3 工作流程

（一）发布蓝色预警信号

（1）值班长通知各岗位做好检查巡视工作。

（2）交通监控员及时收听气象局发布的突发天气预警变化情况，并做好记录。

（3）电力监控员检查隧道排水设备运行情况。

（4）巡检员加强隧道范围巡视，确保设备设施安全。

（二）发布黄色预警信号

（1）值班长及时通知防汛防台领导小组。

（2）交通监控员在情报板上发布预警信息，严密监控隧道车辆通行情况。

（3）电力监控员严密监控隧道排水系统，确保隧道排水畅通。

（4）巡检员清点防汛防台物资，时刻准备进入隧道抢险。

（三）发布橙色预警信号

（1）值班长通知应急抢险小组人员，要求 1h 内赶到隧道参与抢险工作。

（2）交通监控员严密监控隧道内车辆、设施情况，发现异常及时汇报值班长。

（3）电力监控员随时检查隧道排水情况，水位居高不下手动开启多台排水泵进行排水。

（4）巡检员带好抢险物资进入隧道，听从值班长命令排除积水。

（5）抢险小组人员接到值班长通知后，1h 内赶到隧道投入抢险工作。

（四）发布红色预警信号

（1）抢险领导小组组长到场后，值班长移交指挥权，指挥长依据隧道情况，请求消防、交警等相关部门支援，在隧道积水影响隧道通行时及时上报请求暂时封闭隧道。

（2）交通监控员动态监控隧道内车辆及抢险人员，发现异常情况及时汇报。

（3）电力监控员监控隧道设备情况，特别是排水系统和电力系统，发现异常情况及时处理并汇报。

（4）巡检员、抢险小组人员听从总指挥命令进行抢险工作。

（五）预警信号撤销

（1）巡检员、抢险小组人员巡视隧道查看设备设施情况，损坏的及时修复并汇报指挥长。

（2）电力监控员查看各系统正常，特别是排水、电力系统，有异常情况及时汇报指挥长，要求相关人员抢修。

（3）交通监控员利用监视器巡视隧道情况，有异常及时汇报。

（4）隧道设备设施满足正常通行时，指挥长要求隧道内人员撤离，交通监控员将隧道信号灯、情报板等恢复正常状态。

（5）电力监控员将排水、电力系统恢复正常状态。

（6）隧道恢复正常通行，指挥长将指挥权移交值班长。

（六）汇总总结

各部门人员参与预案汇总总结。

11.4.1.4　汛期应急要求

（1）加强设备的日常维修保养。每年雨季前将各类水泵、排水管道、阀门、各水泵控制柜进行一次维修保养，确保隧道内所有排水设备设施正常工作，排水正常。

（2）汛期前对各泵房内的集水池、井及隧道内横截沟污泥作一次清泥疏通工作，除按日常维修计划进行外，在汛期增加清除密度。另外，加强对设施的检查。

（3）对地面管辖范围内的窨井、下水道全面清除污泥，加强检查力度，一旦发现问题及时组织力量清理。

（4）对隧道内各漏水点作详细的普查，特别对隧道内和房屋的原渗漏点和影响安全用电的位置重点检查，发现问题，及时采取措施。

（5）做好汛期物资准备，确保安全度汛。储备应急用的潜水泵、排水管、足够的草包、蛇皮袋、铁锹以及晚间施工所用的防爆手电筒等。

11.4.2　钱江隧道火灾应急处置预案

预案实施主要参与人员：当班在岗人员、义务消防员等。

预案实施主要物资：消防器材、雪糕筒、红白警示带、毛巾等。

预案实施主要车辆：巡检车等工程车辆。

以上为主要参与的人员、物资、设备，在预案实施过程中可根据实际情况做相应调整。

11.4.2.1　火灾等级分类

特别重大火灾：造成 30 人以上死亡，或者 100 人以上重伤，或者 1 亿元以上直接财产损失的火灾。

重大火灾：造成 10 人以上 30 人以下死亡，或者 50 人以上 100 人以下重伤，或者 5000 万元以上 1 亿元以下直接财产损失的火灾。

较大火灾：造成 3 人以上 10 人以下死亡，或者 10 人以上 50 人以下重伤，或者 1000 万元以上 5000 万元以下直接财产损失的火灾。

一般火灾：造成 3 人以下死亡，或者 10 人以下重伤，或者 1000 万元以下直接财产损失的火灾。

11.4.2.2　火灾救急指导思想

发生火灾后，钱江隧道运营管理公司立即组织应急力量开展自救，实施处置，及时扑灭火灾，防止事态扩大。

（1）迅速组织自救处置；

（2）现场安全控制，火灾与车辆安全距离；

（3）协助交通，指挥弃车逃生和疏散；

（4）协助消防，提供救援通道和需要的设备，协助现场人员抢救；

（5）协助现场勘察，提供相关资料；

（6）做好信息上报；

（7）做好现场设施设备被损统计、取证、上报工作；

（8）事后总结、完善。

11.4.2.3　火灾紧急处理

（一）紧急处理程序图（图 11.3）

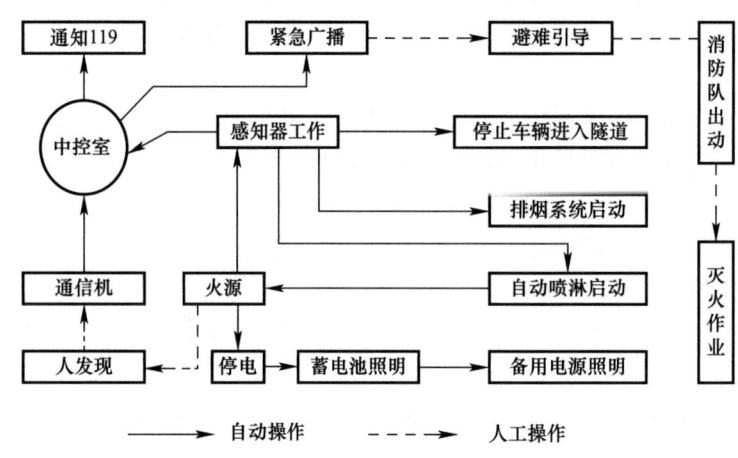

图 11.3　火灾紧急处理程序图

（二）紧急处理组织保证图（图 11.4）

当发生下列情况时，领导小组必须到达现场。

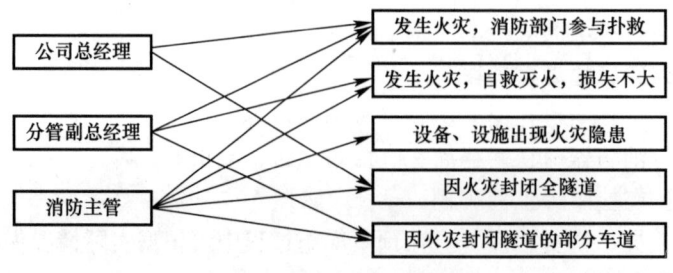

图 11.4　紧急处理组织保证图

（三）紧急处理人员分工图（图 11.5）

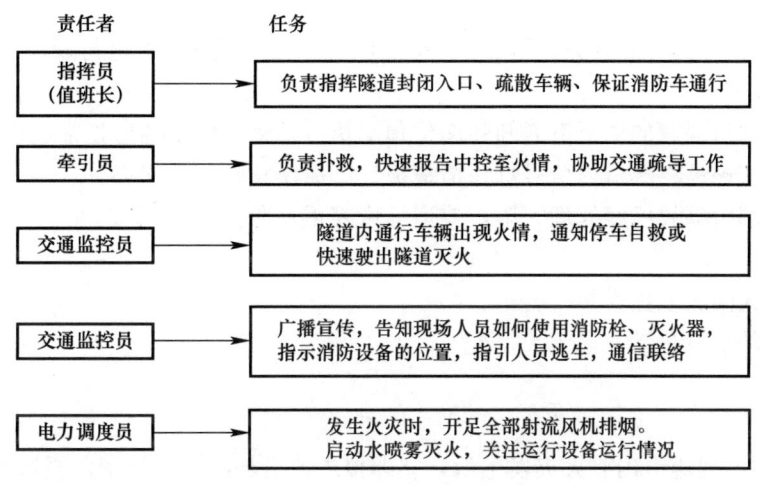

图 11.5　紧急处理人员分工图

11.4.2.4　主要岗位工作

值班长：

（一）确认工作

（1）发现火情通过监视器确认火场情况，判断火灾类型，无法通过监视器确认的通知巡检员前往查看。

（2）确认火灾后立即拨打 110、119 报警电话，说明起火具体位置和情况。

（二）启动工作

（3）火灾在初始阶段，通知巡检员在保证自身安全的情况下，赶到现场，利用现场消防设备积极参与灭火，控制火灾蔓延，并保持与中控室的联系。

（4）通知各部门隧道×线×位置发生火灾，启动火灾应急预案，要求相关道口劝阻车辆进入隧道，并为消防救援车辆进入隧道预留车道。

（5）通知并监督交通监控员更改相应隧道的情报板、信号灯，播放广播，及时做好相关记录。

（6）通知电力监控员查看排风、消防系统，确保正常启动。

（7）通知公司各领导，简要汇报事件情况。

（8）值班长做好监督、协调工作，并及时确认人员工作情况及进度。

（三）执行过程

（9）通知巡检员到达现场后协助疏散现场车辆和人员，并对逃生人员指引逃生方向。

（10）巡检员在现场利用红白带和安全桶划定安全区域。

（11）通知电力监控员对事故地点附近的用电设备进行监控，防止由于火灾引起的电源短路而造成隧道供电跳闸。

（12）通知人员到变电所巡视，发现问题及时汇报中控室。

（13）交警、消防人员到达现场后根据要求及时移交指挥权，积极配合做好工作（具体灭火工作参照交警、消防部门相关预案）。

（14）做好各方面的协调联系工作。

（15）在预案的执行过程中按照上级部门的要求及时报告事件的进展情况。

（四）结束工作

（16）事件处理完毕后得到有关部门的许可确认火灾应急抢险预案执行完毕，通知巡检员对隧道内进行巡视。确认无人员、车辆逗留，并报告巡视结果。

（17）通知电力监控员查看隧道内设施设备是否恢复正常。查看事故区域电力设备及供电情况并报告。

（18）在征得公安、消防部门同意后，组织人员对隧道火灾事故地点进行及时清扫整理，对故障设备进行及时的维护维修。

（19）征得相关部门同意的情况下通知各岗位预案执行结束，恢复隧道正常通行。

（20）通知交通监控员将隧道内信号灯、情报板、广播恢复到正常状态。

（21）汇报上级部门事故已经处理完毕，隧道已恢复正常通行。

（五）总结工作

（22）填写《重大问题上报表》。

（23）参与预案的汇总总结。

交通监控员：

（一）确认工作

（1）通过监视器发现隧道内有火灾发生后，立即报告值班长，同时严密监视该地区情况。

（2）严密监控，及时做好记录工作。

（二）启动工作

（3）得到值班长指令后，更改相应隧道入口的情报板"隧道内发生火灾，请驾驶员听从指挥"，更改隧道内情报板"听从指挥，快速撤离"。更改相应隧道入口、车道信号灯为红灯，在隧道内播放火灾预案的广播。

（4）做好一切相关情况记录。

（三）执行过程

（5）协助值班长做好指挥工作，通知相关人员隧道内火灾情况及人员逃生方向。

（6）做好隧道内动态监控工作，在监视器上对隧道内情况特别是火灾发生地点进行重点查看，同时关注逃生人员的状况，记录逃生人员数量，及时向值班长汇报隧道内情况。

（四）结束工作

（7）火灾扑灭后通过监视器对隧道内情况进行巡视，查看有无影响隧道通行的情况，并将巡视结果及时汇报值班长。

（8）在得到值班长预案结束的指令后，立即恢复隧道内的信号灯、情报板、广播到正常状态，执行完毕后报告值班长。

（五）总结工作

（9）参与预案的汇总总结。

电力监控员：

（一）确认工作

（1）当电力监控员发现消防主机有火灾报警后，立即报告值班长，并确认相关位置用电设备情况。

（二）启动工作

（2）查看隧道内用电设备的情况，特别是事件发生地点的设备情况，报告值班长。

（3）及时查看所有相关消防设备（风机、消防泵等）是否已经启动并工作状况正常。

（4）消防设备未自动启动，则手动开启射流风机进行隧道排烟。开启逃生通道风机，防止烟雾进入逃生通道。

（三）执行过程

（5）指挥巡检员到现场扑救，防止火势扩大，确保隧道内人员安全。

（6）确保消防系统正常工作，严密监控事故地点照明、通风、水泵供电情况，必要时断开非重要设备的电源开关，防止火灾引起的电源短路造成跳闸事故。

（7）开启变电所风机，防止烟雾进入变电所。

（8）协助值班长确保各方面信息及时沟通。

（四）结束工作

（9）得到值班长预案结束的指令后，立即通知相关人员查看所有电器开关是否正常，对相关开关和线路进行检查，确认一切正常后恢复相关设备供电，执行完毕后报告值班长。

（五）总结工作

（10）参与预案的汇总总结。

巡检员：

（一）确认工作

（1）当得到隧道内有火灾报警后，巡检员立即根据值班长指令，驾驶巡检车在确保自身安全的情况下进入现场，确认火灾情况，并及时将现场情况报告中控室。

（2）在现场指引逃生人员，汇报逃生人员数量，并利用红白带和雪糕桶划定安全区域。

（3）在确保自身安全的情况下，利用隧道内消防设备对火灾进行扑救或者控制，防止火情蔓延，并将火灾情况及时汇报值班长。

（4）对抢险物资进行整理，及时将物质运送到现场。

（二）启动工作

（5）在确保自身的安全下，协助隧道内人员的疏散工作。

（6）在确保自身安全情况下对火灾进行扑救控制，同时保持与中控室联系，汇报现场情况。

（三）执行过程

（7）公安、消防人员到场后听从指挥做好各项配合工作。

（四）结束工作

（8）在得到值班长预案结束的指令后配合公安、消防部门对隧道内进行巡视、取证，检查隧道内有无人员、车辆逗留，并将结果及时汇报值班长。

（9）对使用的物质进行清点，并将结果汇报中控室。

（10）得到值班长恢复隧道通行的指令后，协助交警恢复隧道车辆的通行。

（五）总结工作

（11）参与预案的汇总总结。

安全员：

（一）启动工作

（1）在得知火灾应急预案启动后，立即带赶往现场，查看现场情况。

（二）执行过程

（2）监督、参与灭火工作。

（3）根据抢险物资的使用情况及时做好抢险物资的及时补充。

（三）结束工作

（4）在火灾结束后配合相关部门做好对现场的取证工作。

（5）在得到预案结束的报告后，及时回收抢险物资并清点数量及时上报。

（6）对应火灾损坏的设备及时登记上报，进行采购确保隧道主要设备在最短的时间能恢复正常工作。

（四）总结工作

（7）参与预案的汇总总结。

11.4.2.5　火灾应急要求

（一）原则

隧道发生火灾，值班长为指挥长，可调动当班人员进行灭火抢险，必要时调动支援组人员。巡检员为现场指挥员。总值班长在场则由其负责指挥或指派现场指挥员。如事态发展难以控制，报告公司总经理，由公司总经理指派抢险支援组人员进行支援。

（二）信息上报

按首报、续报、终报制度进行事件处置上报，事件结束后由钱江隧道运营管理公司编写事件处置报告上报业主方、市政养护公司、浙江省路网监测中心和应急联动中心。

（三）理赔

（1）损坏设施设备的赔偿

事件处置结束后，钱江隧道运营管理公司应在对设施设备作出检查评估的同时，向相关责任人提出设施设备损坏的理赔申请。

（2）应急救援人员伤亡保险的赔偿

按有关规定，尽快做好应急救援人员伤亡保险的赔偿。

11.4.3　紧急逃生

预案实施主要参与人员：当班在岗人员等。

预案实施主要物资：雪糕筒、红白警告带、撬棒等。

预案实施主要车辆：巡检车、工程车辆等。

以上为主要参与的人员、物资、设备，在预案实施过程中可根据实际情况做相应调整。

当监控员或巡检车发现隧道内发生紧急情况需要组织有关人员逃生时，立即报告值班长，值班长确认后通知交警、隧道在岗人员，交通监控员做好具体情况记录。接值班长命令后，各岗位人员做好人预案启动准备。

11.4.3.1　组织网络图

紧急逃生组织网络图如图 11.6 所示。

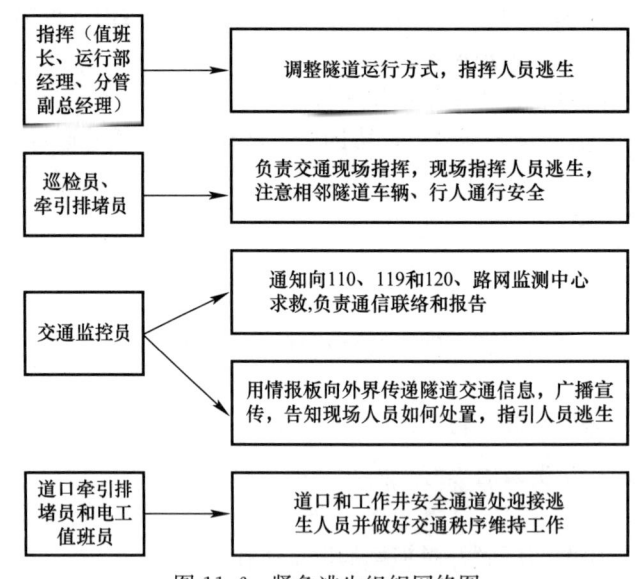

图 11.6　紧急逃生组织网络图

11.4.3.2　紧急逃生分类

（1）单孔隧道内发生火灾，火灾无法立即得到扑灭或有可能造成人员伤亡。

（2）单孔隧道内发生恶性交通事故，造成车辆无法移动，有关人员需立即离开隧道。

（3）单孔隧道因其他突发事件造成隧道内车辆无法移动，有关人员需立即离开隧道。

11.4.3.3　主要岗位工作

值班长：

（一）确认工作

（1）当得知隧道内发生需紧急逃生事件时，及时利用隧道内监视器确认，并通知巡检车、交警等相关人员，说明事件发生位置、波及范围、隧道内车辆运行情况。

（2）通知各部门领导，通知交通监控员严密注意隧道内情况，通知巡检员加强保护工作。

（二）启动工作

（3）通知各岗位人员隧道×线×位置发生紧急事件，启动紧急逃生应急预案，要求相关人员配合交警对隧道进行封闭、劝阻车辆进入隧道，为急救抢险车辆进入隧道预留相应的车道。并监督、协调、确认各岗位工作执行情况。

（4）监督交通监控员更改隧道进口情报板；更改隧道内交通信号灯；打开隧道内广播，通知隧道内人员向安全地方撤离。监督交通监控员做好时间、人员等相关记录。

（5）通知电力监控员查看电脑监控，确认消防喷淋装置、排风系统、水泵系统、照明系统等工作情况。

（6）通知应急中心，南北接线，公司各领导，简要汇报事件情况，安排人员赶往现场并及时通知抢险救援小组成员。

（7）通知巡检员带好相关设备赶往现场，做好监督、协调工作，并及时确认各岗位人员工作情况及进度。

（三）执行过程

（8）通知巡检车到现场后在确保自身安全的情况下打开相应的逃生通道、安全门，协助交警疏散现场车辆和人员，并对逃生人员指引就近逃生方向、维护现场秩序。

（9）通知巡检员在确保自身安全情况下协助困在车内的人员打开车辆门窗进行逃生。

（10）通知巡检员用红白警告带和雪糕筒封锁发生突发事件的隧道口，禁止车辆进入，并在道口迎接逃生人员，做好秩序维持工作。

（11）通知交通监控员播放广播"请勿擅动隧道内设施设备，尽快撤离隧道"，并密切监视隧道内人员逃生情况。

（12）通知电力监控员对事故地点附近的用电设备进行监控，并根据实际情况开启风机。

（13）通知变电所内人员加强巡视工作，发现问题及时汇报中控室。

（14）交警、消防人员等到达现场后根据要求及时移交指挥权，积极配合做好工作。

（15）做好各方面的协调联系工作。

（16）在预案的执行过程中按照要求及时报告事件的进展情况。

（四）结束工作

（17）事件处理完毕后得到有关部门的许可，确认事故预案执行完毕，通知巡检车对隧道内进行巡视、取证。确认无人员、车辆在隧道内逗留，并将巡视结果报告值班长。

（18）通知电力监控员查看隧道内设施设备情况，消防系统、水泵系统、水喷淋系统已正常关闭。查看电力设备及供电情况。

（19）通知交通监控员将隧道内信号灯、情报板、广播恢复到正常状态。通过摄像头查看隧道内情况。

（20）征得相关部门同意的情况下通知各岗位预案执行结束，恢复隧道正常通行。

（21）通知应急中心，南北接线事故已经处理完毕，隧道已恢复正常通行。

（五）总结工作

（22）填写"重大问题报告"。

（23）参与预案的汇总总结。

交通监控员：

（一）确认工作

（1）通过监视器发现隧道内发生需要紧急逃生的事件后，立即报告值班长，同时严密监视该地区情况。

（2）及时做好时间、人员、事件等的有关记录工作。

（二）启动工作

（3）更改相应隧道入口的情报板"隧道内发生紧急事件，请驾驶员听从指挥"，更改隧道内情报板"听从指挥，快速撤离"。更改相应隧道入口、车道信号灯为红灯，在隧道内播放紧急逃生预案的广播，通知隧道内驾驶员及乘客根据现场情况进行自救和互救，切勿擅动隧道内设施设备，并按照要求进行逃生。

（4）做好一切相关情况记录。

（三）执行过程

（5）协助值班长做好指挥协调工作，通知相应道口人员隧道内情况及人员逃生方向。

（6）做好隧道内动态监控工作，在监视器上对隧道内情况特别是事件发生地点进行重点查看，同时关注逃生人员的状况、人数，及时向值班长汇报隧道内情况。

（四）结束工作

（7）逃生结束后通过监视器对隧道内情况进行巡视，查看有无特殊情况，并将巡视结果及时汇报值班长。

（8）在得到值班长事件结束的指令后，立即恢复隧道内的信号灯、情报板、广播到正常状态，执行完毕后报告值班长。

（五）预案的总结

（9）参与预案的汇总总结。

电力监控员：

（一）确认工作

（1）当确认隧道内发生紧急事件时，立即确认相关位置用电设备情况。

（二）启动工作

（2）查看隧道内用电设备的情况，特别是紧急事件发生地点的设备情况，报告值班长。

（三）执行过程

（3）配合值班长、交通监控员做好监控、指挥沟通工作。

（4）通知相关人员加强事故地点照明、通风、水泵供电电源巡视，确保隧道照明系统供电。

（5）密切关注隧道内逃生情况，必要时开启相关通风、消防喷淋等设备。

（四）结束工作

（6）得到值班长事件结束的指令后，立即查看所有用电设备情况，并确认所有设施设备是否正常。

（7）通知相关人员查看所有设施设备是否正常，并及时汇报值班长。

（五）总结工作

（8）参与预案的汇总总结。

巡检员：

（一）确认工作

（1）当得到隧道内发生紧急情况需要立即组织逃生时，巡检员立即根据值班长命令驾驶巡检车在确保自身安全的情况下进入现场，在事件发生点后方安全位置（视具体情况）进行确认工作，并及时将现场情况报告中控室。

（二）启动工作

（2）巡检员配合交警维持现场交通，听从交警指挥做好隧道的封道准备工作，配合交警做好车辆劝阻工作。

（三）执行过程

（3）巡检员协助逃生人员打开安全门、逃生通道，并指引正确的逃生路径，同时保持与中控室及时联系，汇报现场情况。

（4）密切关注现场人员逃生情况，如有人擅动隧道设施设备及时制止。

（5）为消防车、救护车的进入隧道预留相应的车道，并配合交警进行现场指挥。

（四）结束工作

（6）巡检员在得到值班长事件结束的指令后对隧道内进行巡视、取证，检查隧道内有无人员、车辆逗留，关闭逃生时打开的所有通道，并将结果及时汇报值班长。

（7）在得到预案结束的命令后，对使用的物资进行清点，并将结果汇报中控室。

（8）得到值班长恢复隧道通行的指令后恢复道口的雪糕桶，协助交警恢复隧道车辆的通行。

（五）总结工作

（9）参与预案的汇总总结。

11.4.3.4　紧急逃生要求

（1）突发事件紧急逃生启动原则：以人为本，最大限度地保证人员生命和财产安全。

（2）逃生指引方向为就近、安全离开隧道方向。

（3）开始逃生与逃生结束时逃生人员必须吻合，否则隧道不得恢复正常通行。

11.4.4　牵引排堵

预案实施主要参与人员：当班在岗人员。

预案实施主要物资：雪糕筒、千斤顶等。

预案实施主要车辆：巡检车等工程车辆。

以上为主要参与的人员、物资、设备，在预案实施过程中可根据实际情况做相应调整。

11.4.4.1　交通事故分级

轻微事故：指一次造成轻伤 1～2 人，或者财产损失机动车事故不足 1000 元，非机动车事故不足 200 元的事故。

一般事故：指一次造成重伤 1～2 人，或者轻伤 3 人以上，或者财产损失不足 3 万元的事故。

重大事故：指一次造成死亡 1～2 人，或者重伤 3 人以上 10 人以下，或者财产损失 3 万元以上不足 6 万元的事故。

特大事故：指一次造成死亡 3 人以上，或者重伤 11 人以上，或者死亡 1 人，同时重伤 8 人以上，或者死亡 2 人，同时重伤 5 人以上，或者财产损失 6 万元以上的事故。

11.4.4.2　组织机构

（1）牵引排堵领导小组由公司总经理负责，各有关责任人参加。

（2）以运行管理部为主体结合交警、设施管理员组成牵引排堵工作小组。

（3）牵引排堵工作小组由运行部经理负责，运行管理部经理负责对本预案进行逐步优化。

（4）运行管理部牵引督导负责对道口牵引排堵员进行培训，收集各种常见车辆车型抛锚情况，制定牵引方案。

（5）各当班中控交通监控员负责对隧道内车辆行车情况的监视。

（6）在牵引排堵领导小组领导下，建立以中控室为核心的信息网络，见图 11.7。

（7）牵引排堵工作分工

① 交通监控员进行交通监控，通过闭路电视，不间断监视车道内行车情况和环境，及时发现车道内的行车异常、阻塞现象，传递车辆抛锚、事故信息并做好配合工作。

② 道口牵引排堵员负责做好各项牵引排堵工作。

11.4.4.3　主要岗位工作

值班长：

（一）确认工作

（1）当接到隧道内有车辆停留影响隧道正常通行事件发生

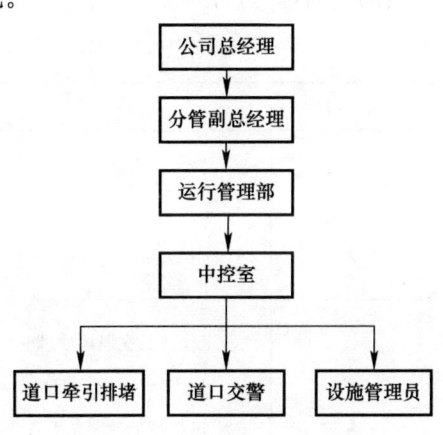

图 11.7　牵引排堵信息网络

时，及时利用隧道内监视器确认，判断抛锚或事故，及时通知巡检员、牵引驾驶员做好准备工作。

（2）通知交通监控员变更信号灯、情报板，在车辆停留处播放广播，要求车辆立即驶离隧道，并做好记录。

（3）通知电力监控员依据实际情况变更设备运行状态。

（二）启动工作

（4）发现车辆不能自行驶离隧道，立即通知巡检员、交警隧道×线×位置发生车辆抛锚（事故），要求立即赶往现场。

（5）监督交通监控员更改广播，提醒过往车辆谨慎驾驶，通知隧道内停留车辆驾驶人员不要下车，隧道工作人员马上就到。监督交通监控员做好相关记录。

（三）执行过程

（6）要求巡检员、交警到达现场后，通知驾驶员车辆能开动的先驶离隧道，出隧道后再进行处理，不能开动的要求驾驶员进入车内，等待牵引。侧翻车辆，要求驾驶员在安全位置等待，并对现场进行临时封道处置。

（7）要求巡检员查看现场情况，查看隧道设施、设备有无损坏，如有损坏通知值班长。

（8）通知路政、养护车辆（有侧翻车辆）到达现场后做好相关记录，养护车辆到达后对侧翻车辆进行清理。

（9）通知牵引车进入隧道进行牵引，巡检员配合养护车辆清理散落物。

（四）结束工作

（10）接到巡检车、养护车辆、交警离开隧道，车辆牵引结束后，通知各部门人员预案执行结束。

（11）通知交通监控员将情报板、信号灯、广播恢复正常。

（12）通知电力监控员将隧道设备设施恢复正常工作状态。

（13）监督交通监控员将事件登记。

（五）总结工作

（14）要求填写《重大问题上报表》。

（15）参与预案的汇总总结。

交通监控员：

（一）确认工作

（1）交通监控员在监视器中发现隧道内有车辆停留，判断是抛锚或事故后立即通知值班长。

（2）做好相应的记录。

（二）启动工作

（3）接到启动预案的命令后，将道口情报板改为"隧道内有车辆抛锚（事故），谨慎慢行"。将相应车道的交通信号灯改为红灯。打开广播，播放广播见表11.1。

启动预案后播放内容   表11.1

步骤	时间要求	播放要求	播放内容
1	一分钟之内	对抛锚点、事故点按现场情况宣传广播，相同广播内容重复五次	隧道发生车辆抛锚（事故）⋯
2	工作人员正赶往现场时	对抛锚点、事故点至堵塞点依次重复广播，直至工作人员到现场	工作人员正赶往现场⋯
3	工作人员在现场处理时	继续对抛锚点、事故点至堵塞点依次重复广播，直至事故点撤离	工作人员正在现场处理⋯
4	事故现场处理完毕后	继续对抛锚点、事故点至堵塞点依次重复广播，直至恢复正常通车	事故现场已处理完毕⋯

（三）执行过程

（4）密切注意隧道内车辆通行状况。

（5）做好各时间段的记录。

（四）结束工作

（6）当巡检车、交警、牵引车离开隧道后，查看隧道内车辆通行状况，及时汇报值班长。

（7）将隧道情报板、交通信号灯、广播恢复正常状态。

（8）做好登记工作。

（五）总结工作

（9）参与预案的汇总总结。

电力监控员：

（一）确认工作

（1）协助交通监控员做好工作。

（二）启动工作：

（2）查看隧道内 CO/VI 情况，打开相应的排风风机。

（3）配合值班长、交通监控员工作。

（4）值班长如进入隧道，代理值班长工作。

（三）执行过程

（5）密切注意隧道内设施设备情况，发现问题及时报告值班长。

（6）协助值班长、交通监控员做好工作。

（四）结束工作

（7）按照 CO/VI 数值，关闭相应的排风风机。

（8）查看隧道内设施设备情况，有异常及时报告值班长，要求相关人员进行抢修。

（五）总结工作

（9）参与预案的汇总总结。

巡检员：

（一）前期工作

（1）当得到隧道内有车辆停留的通知后，做好进入隧道的准备工作。

（2）在值班长指令下，驾驶巡检车在确保自身安全的情况下赶到现场，做好现场的车辆指挥。

（二）启动工作

（3）到达现场后进行取证，如有设施设备损坏立即报告值班长。

（4）巡检员在现场维持交通，和中控室保持联系。

（三）执行过程

（5）车辆需要牵引或车辆侧翻，及时汇报值班长，牵引车、养护车到场后，配合做好施救工作。

（6）对损坏设备进行维修，保证设备能正常工作。

（7）在牵引车离开后对路面快速进行清扫，完毕后离开现场并报告中控室。

（四）结束工作

（8）车辆离开隧道后，报告中控室车辆牌号，如设备设施损坏的配合路政进行赔偿收费，事后报告中控室。

（五）总结工作

（9）参与预案的汇总总结。

牵引员：

（一）前期工作

（1）当得到隧道内有车辆停留的通知后，做好进入隧道的准备工作。

（二）启动工作

（2）在值班长指令下，驾驶牵引车在确保自身安全的情况下赶到现场。

（3）到达现场后依据规定进行牵引，如牵引困难或牵引时间长，及时汇报值班长。

（4）和中控室保持联系。

（三）执行过程

（5）牵引车开始牵引前再次确保达到牵引要求。

（6）按要求进行牵引。

（7）在牵引车到位、牵引开始、离开隧道及时汇报中控室。

（四）结束工作

（8）将车辆牵引至指定地点后，卸下车辆及时返回岗位，并汇报中控室。

（五）总结工作

（9）参与预案的汇总总结。

11.4.4.4 牵引排堵要求

（一）对抛锚事故应全过程监视、录像，做好抛锚车牵引情况记录。

（二）在牵引完毕后，负责与牵引人员校对牵引情况，包括：牵引到位时间、牵引开始时间、牵引完毕时间、被牵引车辆情况等。

（三）不同情况下的牵引方法：

（1）在一般情况下发生的抛锚车（如："三无"车辆、一般有制动的机械故障车辆）用托架牵引抛锚车。

（2）对那些无法用硬牵引杆牵引的抛锚车辆，如：方向失灵、制动咬死、前后轮脱落以及事故后严重受损的车辆等必须实施托架式硬牵引。

（3）如遇交警指定用软牵引、硬牵引杆等特殊情况可听从交警指令采用软牵引、硬牵引杆牵引。

（四）借道行驶规范：

（1）一般情况下，牵引车辆后在右道行驶，不准随意频繁借道行驶。如前方受阻，在确保行车安全前提下可借道行驶。

（2）在执行任务时，如要借道行驶需提前发出灯光和声光信号，副牵引员可通过广播指挥在相关车道上的车辆让行，主牵引员待确认安全后，方可借道行驶。

（3）牵引车到达抛锚点，如需超越抛锚车，停靠在其前方时，副牵引员需下车指挥。

11.4.5 设备设施抢修

预案实施主要参与人员：当班在岗人员等。

预案实施主要物资：电力备用设施设备、雪糕筒、红白警告带等。

预案实施主要车辆：巡检车等施工车辆。

以上为主要参与的人员、物资、设备，在预案实施过程中可根据实际情况做相应调整。

为确保钱江隧道设备、设施的正常运转和隧道的安全畅通，结合钱江隧道的特点，特制定本应急预案。当系统设备发生严重故障，现场人员无法修复时，启动本预案。

11.4.5.1 组织结构

（一）设备、设施抢修领导小组由公司总经理负责，各有关责任人参加。主要负责各班组之间的配合协调，抢修人员的落实及对抢修过程的监控。

（二）以养护管理部为主体的抢修工作小组由公司副总经理或总工程师任组长，负责对发现的故障快速到位修复，保证隧道供电、照明、通信、广播、信号等设备完好。

（三）人员分工

（1）指挥：公司总经理负责调动抢修工作小组成员。

（2）现场指挥：副总经理或总工程师负责现场指挥和应急物资调配。

（3）总工程师负责技术支持。

（4）专业主管负责班组人员调度。

（5）专业维修班组负责实施抢修。

抢修流程见图 11.8。

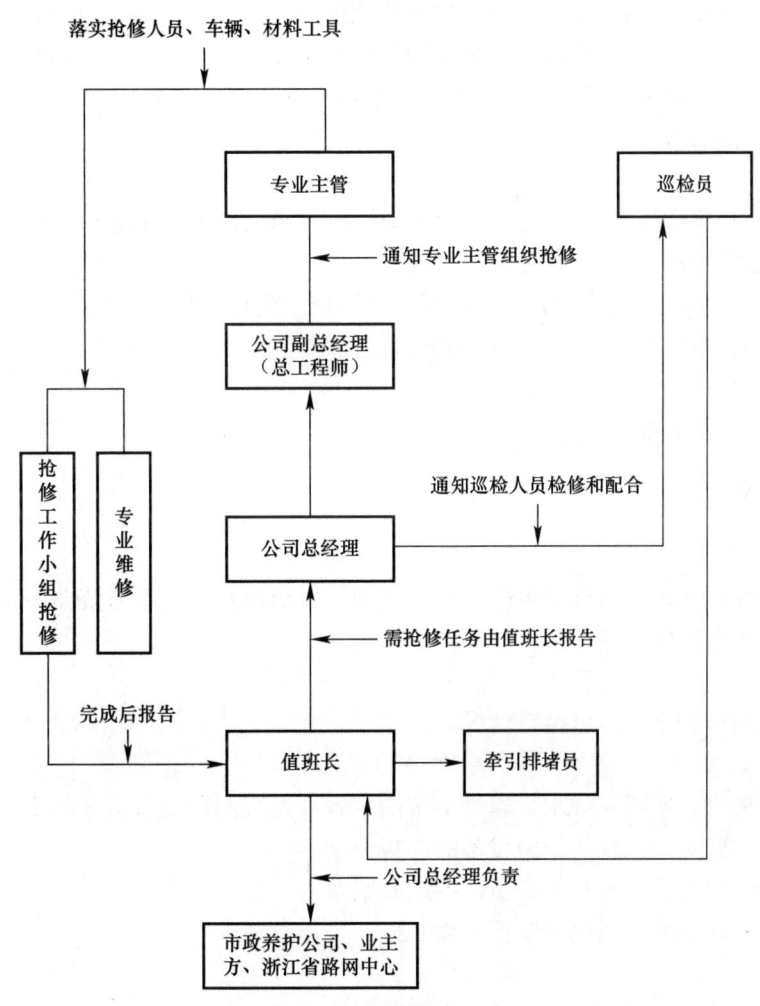

图 11.8 设备抢修流程图

11.4.5.2 主要岗位工作

值班长：

（一）确认工作

（1）当得知设备设施发生故障，影响隧道正常通行时，及时获取有关故障实际情况和原因，填写"设备、设施故障报修单"。

（2）通知交通监控员加强对道口、隧道内的监控工作，通知各相关人员做好启动应急预案准备工作。

（二）启动工作

（3）通知巡检员组织抢修人员，同时值班长通知相应各岗位人员，做好监督、协调，确认各岗位工作执行的情况。

（4）确认隧道设备设施故障是由何种原因造成的，内部原因要求养护部维修员查明原因，确保隧道最低通行条件的前提下，进行抢修并汇报修复用时，外部原因在 1h 以内能恢复的要求养护部确保隧道最低通行条件。

（5）监督交通监控员更改隧道情报板、信号灯、广播，并通知道口保卫做好道口的秩序维护工作。

（6）通知电力监控员配合巡检员、抢修人员工作。

（7）通知总经理、分管副总经理简要汇报事件情况。

（三）执行工作

（8）配合各部门做好隧道内人员、车辆和物资的调度工作。

（9）监督交通监控员对过往车辆的安全情况做好监控工作。

（10）在预案的执行过程中根据上级的要求及时报告事件的进展情况。

（11）做好其他方面的协调工作。

（四）结束工作

（12）得到设备设施抢修结束的通知后，通知巡检员、交通监控员对隧道、电力监控员进行巡视和察看，确认隧道内设施设备正常，车辆无异常情况。

（13）通知交通监控员将隧道信号灯、情报板、广播恢复到正常状态。

（14）通知领导及各部门预案执行结束，隧道恢复正常通行。

（五）总结工作

（15）填写《重大问题上报表》。

（16）参与预案的汇总总结。

电力监控员：

（一）确认工作

（1）当发现并得知隧道设备设施发生故障时，立即汇报值班长，查看系统监视屏，并通知巡检员前往现场确认，联系相关单位确认情况。

（二）启动工作

（2）密切关注隧道内的设备设施抢修情况。

（三）执行工作

（3）加强对隧道电力、照明、排水、通风系统的察看，发现问题及时报告值班长。

（4）通知巡检员加强对隧道相关设施设备的巡视力度。

（5）配合养护部抢修工作，与相关人员保持适时联系。

（6）配合交通监控员做好隧道内的监控工作。

（四）结束工作

（7）得到值班长抢修预案结束的命令后，查看各系统情况，发现问题及时报告值班长。

（8）恢复相关的设备，执行完毕后报告值班长。

（五）总结工作

（9）参与预案的汇总总结。

交通监控员：

（一）确认工作

（1）当发现得知隧道设备设施发生故障时，加强隧道内车辆的监控，及时联系巡检员做好进入隧道车辆驾驶人员的安全告知工作，如实报告值班长，同时密切关注隧道内的情况。

（二）启动工作

（2）及时做好实施抢修过程的记录工作。

（3）及时更改情报板"隧道正在施工，机动车进入隧道，减速慢行，注意安全"、信号灯做相应更改，广播的内容"隧道施工，过往车辆注意安全"，执行完毕后报告值班长。

（三）执行过程

（4）协助值班长做好指挥工作，通知巡检员做好进入隧道机动车的安全告知工作。

（5）密切做好隧道内机动车的动态监控工作，特别是施工现场附近，发现问题及时报告值班长。

（四）结束工作

（6）得到值班长抢修预案结束的命令后，通过监视器对隧道内情况进行巡视，察看有无机动车滞留隧道内，隧道内照明设备是否正常，并将监控巡视结果和统计结果及时汇报值班长。

（7）恢复隧道内的信号灯、情报板、广播至正常状态，执行完毕后报告值班长。

（五）总结工作

（8）参与预案的汇总总结。

巡检员：

（一）确认工作

（1）得知隧道设备设施发生故障时，进入现场确认故障。

（二）启动工作

（2）在得到值班长指令后立即驱车送养护部人员前往隧道现场进行设备设施的检查、抢修。

（三）执行过程

（3）按照要求及规定做好现场安全保护措施，同时做好隧道的巡视工作，发现问题及时报告中控室。

（4）配合做好接送养护部人员工作。

（四）结束工作

（5）对隧道内进行巡视，检查隧道内有无滞留物，设施设备是否正常，并将结果及时汇报值班长。

（6）在得到预案结束的命令后，加强对隧道周边巡视，并将结果汇报中控室。

（五）总结工作

（7）参与预案的汇总总结

养护部人员：

（一）确认工作

（1）得知隧道设备设施发生故障时，了解隧道设备设施故障情况。

（二）启动工作

（2）在得到值班长指令后立即前往隧道现场进行设备设施的检查、抢修。

（三）执行过程

（3）按照要求及规定做好现场安全保护措施，发现问题及时报告中控室。

（4）对故障设备设施进行抢修。

（四）结束工作

（5）现场调试修复后的设备设施，并将结果及时汇报值班长。

（6）清理工具，做好"落手清"工作，离开隧道。

（五）总结工作

（7）参与预案的汇总总结。

11.4.5.3　设备、设施抢修要求

（1）在岗人员发现设备故障，巡检员到现场进行功能性检修。无法排除故障应报告值班长，由值班长填写"设备、设施故障报修单"报修。

（2）重大故障发现后，采取有效措施，防止其扩大成事故并报告值班长。

（3）值班长指挥巡检员和其他当班人员进行紧急处置，保障隧道正常运行最低的设备运行标准。

（4）抢修人员应在 1h（休假日 2h）内到达现场处理。

（5）若条件许可并经指挥同意，应以抢修形式连续作业，直至处理完毕。无法修复时，可先采取临时应急措施，降低其危害安全的程度，请维修人员进行检修，之后按设计要求恢复正常状态。

（6）设备抢修完毕后，应立即组织人员进行临时措施的恢复，恢复设备正常工作状态。

11.5　安全宣传

安全宣传工作是预防交通事故、隧道火灾事故等发生的重要措施，是搞好钱江隧道安全管理工作的前提，也是钱江隧道安全管理的根本。因此必须做好钱江隧道运营安全教育宣传工作。

钱江隧道安全宣传工作要坚持以下原则：

（一）要提高宣传工作的感染力

一般安全宣传工作比如发放安全手册、悬挂横幅等不能给参与者留下很深刻的印象。其根本原因是缺乏感染力。提高感染力的有效措施是进行人性化宣传，比如人性化的宣传标语、公益广告等。人性化的宣传标语比起生硬的警示语更有感染力，更能打动人心，提高广大参与者的行动自觉性。

（二）安全宣传工作要有针对性

钱江隧道安全宣传工作涉及面广，因此工作重点要随时间、宣传对象等的不同有所侧重。这就要求安全宣传工作要分层次，因时制宜，有明确的针对性。第一是要根据不同季节开展安全宣传。钱江隧道安全运营有明显的季节特点，每个季节的气候、车辆出现习惯有明显差异，诱发交通事故的原因也不同。因此，须针对不同季节，采取相应的宣传措施、方式和内容，提升安全宣传工作的时效性。第二是要根据不同宣传对象开展有针对性的安全教育。比如私家车、大客车、大货车司机有不同的驾驶技巧和驾驶习惯，也有不同的驾驶安全规则，需对他们进行不同的安全宣传工作。

（三）要坚持安全宣传的持续性和全社会化

钱江隧道安全宣传工作不是一朝一夕的事，它伴随着隧道的运营而一直持续下去。另外，宣传的对象也要面向全社会，提高全社会的安全意识。只有坚持可持续性和全社会化，才能切实提高钱江隧道运营的安全性。

钱江隧道安全宣传的工作的主要内容如下：

（一）安全宣传的主要对象

安全宣传的主要对象是车辆司乘人员，隧道维修和管理人员等。司乘人员是隧道的使用主体，直接关系到隧道交通事故和火灾事故，必须对他们进行安全宣传。隧道维修和管理人员是隧道的日常维护人员，关系到隧道的安全养护，因此其安全宣传教育也是必不可少的。

（二）安全宣传教育的主要方式

隧道运营安全宣传的主要方式有：①电视广播；②网络媒体；③报纸杂志；④教育培训；⑤宣传手册、⑥VCD光盘。其中电视广播、网络、报纸杂志等是最广泛的宣传方式，可以使大部分司乘人员得到隧道运营安全的相关信息。此方式容易使司乘人员、隧道管理人员等容易接受隧道安全教育。教育培训是专门组织人员进行安全教育和宣传，主要方式比如通过驾驶证考试培训、对隧道管理和维修人员进行安全技术培训等。宣传手册和VCD光盘主要是在隧道入口处对司乘人员散发隧道安全宣传手册和光盘，使其了解隧道安全相关知识，比如禁止携带危险品进入隧道，禁止超速、超载等，避免交通事故和安全事故的发生。

（三）安全宣传的主要内容

隧道运营安全宣传的主要内容包括：①公路隧道的结构特点；②公路隧道行车的车速、车距、超车规定；③公路隧道的报警系统；④公路隧道的消防设施；⑤公路隧道火灾的规律；⑥公路隧道火灾的危害；⑦公路隧道的逃生系统；⑧公路隧道的灭火救灾程序；⑨公路隧道火灾时的应对措施，包括报警、灭火、自救、逃生等。

对司乘人员需着重进行以下内容相关的教育：①安全驾驶。安全驾驶主要包括不超速、不超载、不疲劳驾驶、保持安全距离、禁止违章停车等。在钱江隧道内行驶时，由于隧道长、视野窄，因此必须严格做到不超速、保持安全距离行驶。另外，疲劳驾驶也是造成交通事故的重要原因，因此车辆司机需保证休息时间，避免疲劳驾驶。一般隧道内不允许停车。当车辆发生故障必须停车时，需在车辆前后做好警示标识，防止发生交通事故。②隧道火灾预防、应急处理和逃生措施。钱江隧道长度大，并且为线状密闭形态，一点发生火灾，后果将非常严重。因此必须做好火灾的预防宣传工作。主要包括禁止携带危险品，运输易燃、易爆品的车辆需进行专门检查，必要时护送过隧道或禁止过隧道等措施。另外，要对进入隧道的司乘人员做好火灾应急处理措施和逃生措施的安全宣传，确保人员安全，减小事故造成的损害。

对隧道管理和围护人员也要进行专门的安全宣传教育，主要内容包括：隧道日常维护要点、安全隐患排查要点、交通事故应急处理措施、火灾事故应急处理措施等。特别要做好安全隐患的排查，对于日常巡查中发现的安全隐患一定不能漏过，要进行立即处理，并做好安全隐患的记录，上报钱江隧道运营安全管理部门。

钱江隧道安全宣传工作需要政府相关管理部门的重视，在全社会进行广泛宣传。着重利用电视广播、网络等覆盖面广的媒介，对全社会的司乘人员进行安全宣传。钱江隧道管理部门内部要做好隧道管理和围护人员的安全宣传和教育，提升隧道维护水平，保障隧道运营安全。

11.6　运营环保与节能

隧道工程能耗点主要分布在供电照明、通风、给排水及消防设备等方面，其中通风设备、供电照明是维持隧道正常运营必须高频率使用的设备，因此这两种运营设备系统设计是否合理、使用是否恰当决定着整个工程的能耗大小。

11.6.1　通风系统节能

通风系统的目的在于稀释或排出车辆尾气中的有害物质，防止有害物质对隧道内司乘人员和隧道养护人员的健康造成威胁，并保持隧道内良好的能见度。

（1）隧道通风消耗的能量为风机运行时消耗的电能，而隧道配备的风机功率从大的方面主要与通风方案有关，从小的方面主要与隧道所处位置的常年风向以及隧道壁面的光滑程度有关。对通风存在较大影响的是外界自然风。外界自然风风向与隧道内设计气流方向一致时产生推力，反之产生阻力。由于在实际情况下，自然风向经常变化，难以完全保持一致，一般在设计时作为阻力考虑。但本隧道处在江边，掌握常年风向的规律后可以灵活开启运营风机和火灾备用风机顺风换气，同时最大限度地利用同向行车隧道车辆活塞效应诱导的自然通风，以节省能源。在隧道设计中主要的阻力除了自然风阻力外，就是通风阻抗力，隧道壁面的光滑程度决定了阻力的大小，通过增加壁面光滑程度，可以减小通风阻抗力，从而降低需要的风机压力，达到降低需要的风机功率的目的。

（2）采用计算机系统，根据隧道内空气污染状况（如 CO 浓度和空气清晰度等），自动调节风机运行台数，降低通风系统运行能耗。

（3）选择高效率轴流风机与射流风机。

（4）控制风机开启数量或采用变频技术，合理减小风机用能。钱江隧道采用控制风机开启数量的方式，通过监控系统，根据交通量、监测的污染物浓度及时调整风机开启台数，达到节能、环保的目的。

11.6.2　供电照明系统节能

照明系统的作用是为车辆提供照明，确保驾驶员安全、顺利地通过隧道。照明系统根据设计速度、交通形式和隧道结构等提供一定的路面亮度。照明系统包括基本照明、入口照明、出口照明等。钱江隧道供电照明系统节能措施主要有：

（一）合理用电原则

合理的供电系统和控制方式是节约能源的最有效的措施。本设计各变配电所较靠近负荷中心，低压母线设无功功率补偿装置，大大降低电能损耗。动力、照明配电系统根据负荷性质、用途分回路供电，隧道通风机可根据隧道内空气的质量进行自动控制，有效地节约了能源。

（二）节能措施

（1）隧道入口段照明采用天然光过渡与人工光过渡相结合的混合光过渡形式，以构筑物形式降低驾驶员进入隧道时的视野亮度，由此可以降低人工光过渡照明的入口起点照明亮度。

（2）设置智能照明控制系统，采用"照明控制仪"对入口及出口的加强照明灯具的点、面进行自动控制，以降低非必需时段开启照明所带来的不必要的照明能耗。

（3）采用高光效的灯具和照明线路及元器件，在确保行车安全的条件下，降低照明线路的无功损耗，以提高照明光效。通过设置绿色节能电源稳压装置，高压钠灯采用节能型电感镇流器，采用 T5 或 T8 系列荧光灯配电子镇流器等措施，以实现降低照明用电能耗。隧道照明灯具内设电容补偿器，以提高功率因数，减少无功损耗，有效节能。

（4）在其他电气设备的选用上采用高效、低耗、长寿命的设备。本设计通过选用低能耗干式变压器，并合理选择变压器容量、优化配电方案和对单台较大容量用电设备配置软起动等措施，可以很好地达到节约能源的效果。通过采用低压集中电容自动补偿装置，以提高功率因数，减少无功损耗，有效节约能源。

11.6.3 监控系统节能

监控系统以确保隧道运营、人身安全及提高车辆通过能力为目的，具有疏解交通、防灾、消灾及节能的功能。监控系统各子系统在满足系统要求的前提下，选用各类节能型设备。

此外，监控系统通过采集各类信息，根据各种工况及联动预案，有效实现对风机、泵机、照明、供电等各种机电设备的自动控制和科学管理，有效降低隧道的营运成本，提高隧道的安全性和应急应变能力，从而提高了隧道的管理水平及品质且达到节能的目的。

监控系统集图像、语音、控制数据于一体化的综合监控联动预案，为钱江隧道的智能化设计提供参考，充分利用和挖掘信息资源，实现高度集中控制和子系统之间密切连锁控制，减少以往自动化信息孤立所造成的能源浪费。

附 11.1

钱江隧道日常保洁计划表   附表 11.1

编制部门：养护管理部						路段：钱江隧道		
类别	序号	项目	内 容	频率要求	单 位	工程量	标准/要求	实施时间
一、专业保洁								
钱江隧道	1	路面	清扫（冲洗路面）	1次/天	次	365	无积尘、无杂物堆积	每天1次
	2		捡拾路面抛洒物	1次/天	次	365	无大块废弃物	每天1次
	3		"U"形辅道路面洒水	15次/年（按实）	次	15	温度大于35℃对桥面进行降温	7～9月
	4		黄泥带冲洗	30次/年（按实）	次	30	雨后24h保证桥面无黄泥带	雨后24小时
	5		油带清洗	1次/月	次	12	清洁、6h内第一次处理，1月内无油污痕迹	每月1次
	6		连接通道	1次/月	次	12	无积尘、无杂物堆积	每月1次
	7		管廊通道、逃生通道保洁	1次/年	次	1	无积尘、无杂物堆积	7月
二、其他保洁								
隧道主体设施	1	敞开段	大理石侧墙及中隔墙保洁	1次/月	次	12	表面清洁、无积灰	每月1次
	2		遮阳板保洁	1次/年	次	1	表面清洁、无积灰	5月
	3	工作井	工作井内部保洁	1次/月	次	12	无积尘、无杂物堆积	每周1次
	4	装饰层	防撞侧墙清洗	1次/月	次	12	干净、整洁、无污垢、污染、油污和痕迹	每月1次
	5		装饰板清洗	1次/月	次	12	外观整洁、无明显痕迹	每月1次
隧道附属设施	1	风塔	风塔内通道保洁	1次/月	次	12	无尘积、无杂物堆积	每月1次
	2	诱导标志	保洁	2次/月	次	24	外观整洁、无明显痕迹	每月上下旬
	3	龙门架	保洁	1次/季	次	4	表面无污染、无积灰	3、6、9、11月

续表

			编制部门：养护管理部					路段：钱江隧道	
类　别	序　号	项　目	内　容	频率要求	单　位	工程量	标准/要求		实施时间
二、其他保洁									
隧道附属设施	1	排水设施	边沟清扫	1次/天	次	365	无残留垃圾等物品		每天1次
	2		隧道敞开段及附近路基盖板水沟清理	1次/月	次	12	不留有大块硬物、塑料制品，积泥厚度≤2cm		每月1次
	3		横截沟清理	1次/月	次	12	不留有大块硬物、塑料制品，积泥厚度≤2cm		每月1次
	4		江中泵房水池清理	1次/月	次	12	整洁、完好		每月1次
	5		工作井废水泵水池清理	1次/季	次	4	整洁、完好		3、6、9、12月
	6	排水设施	移动潜水泵水池清理	1次/季	次	4	整洁、完好		3、6、9、12月
	7		工作井存水泵水池	1次/季	次	4	整洁、完好		3、6、9、12月
	8		雨水泵水池清理	1次/季	次	4	整洁、完好		3、6、9、12月
	9		集水池	1次/年	次	1	整洁、完好		4月
特殊条件保洁	1	冬季除冰	清除路面、广场、辅道等关键部位积冰	按实、按需	次	按实	密切关注天气情况，按需求及时清除道路积冰保证道路安全畅通		冬季
	2	事故后清扫	清扫事故现场遗留垃圾	按实	次	按实	无遗留垃圾、干净、无二次事故隐患		全年
	3	台风、汛期保洁	清除路面、广场、辅道等关键部位垃圾、保证道路畅通	按实、按需	次	按实	密切关注天气情况，按需求及时清理排水设施保证排水通畅、道路安全畅通		夏、秋季

附录 工程大事记

◆2003 年 7 月 1 日、8 月 31 日 杭州市政府、市交通局分别组织了钱江隧道线位方案论证会。

◆2003 年 11 月 17 日 浙江省交通厅主持召开"杭州湾萧山通道工程通行净尺度和技术要求论证报告"审查会。

◆2004 年 11 月 杭州市交通局主持召开桥梁与隧道方案比较专题报告评审会。

◆2005 年 9 月 浙江省发改委组织召开"杭州市区钱塘江越江通道近期建设规划"专家评审会。

◆2006 年 4 月 18 日 杭州、嘉兴、绍兴交通局联合召开钱江通道及接线工程预可行性研究隧道方案专题预审查会。

◆2006 年 8 月 11 日 杭州市交通集团公司召开项目公司组建会。

◆2007 年 1 月 30 日 钱江隧道建设项目合作框架协议签字仪式(杭州市交通局局长王水法和上海隧道工程股份有限公司董事长陈彬在签字席上签字,建立了本项目的友好合作关系)。

◆2007 年 11 月 21 日 钱江隧道试验井初步设计审查会在杭州金溪山庄举行。

◆2008 年 1 月 8 日 钱江隧道试验井开工典礼,市委书记王国平、市长蔡奇等相关领导出席典礼,杭州市交通局、杭州市公路局等相关主管部门领导应邀参加,并共同为钱江隧道工程奠基。

◆2008 年 10 月 16 日 浙江省发改委下发浙发改函〔2008〕229 号《省发改委关于钱江通道及接线工程项目核准批复的函》,标志着钱江通道及接线工程项目正式核准。

◆2008 年 10 月 29 日 杭州市委书记王国平一行莅临指导钱江隧道项目工程。

◆2008 年 12 月 18 日 钱江隧道主体工程开工仪式在钱江隧道江南工作井举行,市委书记王国平、市长蔡奇等相关政府领导出席仪式,杭州市交通局、杭州市公路局等领导应邀参加,上海隧道工程股份有限公司董事长陈彬做了重要发言,王书记宣布钱江隧道工程正式开工。

◆2009 年 2 月 18 日 钱江隧道工程金融服务商洽会在杭州建元隧道发展有限公司大会议室举行,来自中国银行、工商银行、农业银行、浦东发展银行、招商银行等沪、杭两地多家银行代表参加了本次商洽会。

◆2009 年 5 月 12 日 钱江隧道初步设计评审会在萧山索菲特世外桃源度假酒店举行,邀请相关方面专家及各级相关单位参加,对本项目初步设计方案提出了宝贵的意见和建议。

◆2009 年 7 月 1 日 钱江隧道 25.4 亿元银团贷款合同签订。

◆2009 年 7 月 5 日 钱江隧道试验井最后一块顶板浇注完成,标志着钱江隧道江南工作井主体结构的基本完工。

◆2009 年 7 月 17 日 钱江隧道补充初步设计评审会在萧山索菲特世外桃源度假酒店举行,钱江隧道初步设计方案获得通过。

◆2009 年 8 月 6 日 钱江隧道盾构吊装仪式在江南工作井举行,浙江省交通运输厅厅长郭剑彪,副厅长徐纪平等一行人莅临参加并正式揭幕吊装仪式,郭厅长针对夏季高温问题对工地工作者进行了慰问并分发了慰问品。随后在工地会议室,一同听取了钱江隧道工程建设情况的汇报。

◆2009 年 9 月 3 日 杭州市市长蔡奇率领市区两级政府的有关领导赴钱江隧道项目建设工地视察并听取了相关工程的进展情况,蔡市长也对本项目寄予了厚望并提出了宝贵的建议。

◆2009 年 10 月 13 日 浙江省总工会领导莅临钱江隧道建设工地指导,随后在钱江隧道会议展示厅内听取了施工、业主单位针对工程概况的介绍,提出了宝贵的意见,对该项目也给予了高度的重视和评价。

◆2009 年 10 月 16 日 上海城建集团总裁张焰一行在隧道股份总经理杨磊的陪同下参观了钱江隧道建设工地并参观了钱江隧道会议展示厅，听取了越江一部及杭州建元隧道发展有限公司相关领导的工作情况汇报，会后并给予了评价及针对相关问题的应对意见及建议，对整个钱江隧道项目寄予了厚望。

◆2009 年 11 月 5 日 钱江隧道及接线工程过江隧道段施工监理开标工作在浙江省招标投标交易中心召开，英泰克工程顾问（上海）有限公司在此次投标中成功中标，成为钱江隧道段施工监理单位。

◆2009 年 12 月 22 日 钱江隧道及接线工程过江隧道段第三方监测在浙江省招标投标交易中心顺利开标，上海新地海洋工程技术有限公司在此次投标中成功中标，成为钱江隧道段第三方监测单位。

◆2009 年 12 月 26 日 钱江隧道"钱江通泰号"盾构始发仪式在杭州钱江隧道江南工作井施工现场顺利举行。

◆2010 年 1 月 25 日 杭州市交通工程质量安全监督局下发杭交监发【2010】10 号关于印发钱江隧道试验井项目交工质量监测意见书的函，标志着钱江隧道试验井项目符合技术标准及设计和规范要求，符合交工验收条件，于 2010 年 2 月 3 日召开了交工验收会议，顺利完成了钱江隧道试验井的交工验收。

◆2010 年 3 月 23 日 杭州建元隧道发展有限公司在杭州天元大厦组织召开了钱江隧道防灾及救援专题设计评审会，对中铁第四勘察设计院集团有限公司和浙江省交通规划设计研究院共同完成的《钱江通道及接线工程钱江隧道防灾及救援专题设计》进行了审查。

◆2010 年 4 月 19 日 钱江通道西线盾构出洞施工。

◆2010 年 5 月 24 日 杭州市委书记黄坤明一行莅临指导钱江隧道项目工程并听取了相关工程的进展情况。

◆2010 年 6 月 8 日 杭州市副市长沈坚一行视察钱江隧道工地现场，随后在钱江隧道展示厅会议室内由杭州市交通局局长陈伟，上海隧道工程股份有限公司总经理杨磊，上海建元投资有限公司总经理宋晓东共同签署了钱江隧道投资协议书。

◆2010 年 6 月 16 日—6 月 23 日 钱江隧道工程盾构顺利通过抢险河。

◆2010 年 6 月 29 日、30 日 在杭州举行钱江隧道工程咨询顾问组专家聘任仪式暨召开专家咨询顾问组第一次会议。

◆2010 年 11 月 4 日 钱江隧道工程参建单位在江南工地隧道内进行消防演练。

◆2010 年 11 月 7 日 钱江隧道盾构到达西线最低点第 643 环。

◆2010 年 11 月 10 日 浙江省省副省长王建满率省发改委、省交通运输厅、省公路局及杭州市交通相关部门领导一行赴钱江隧道工地考察调研。

◆2010 年 12 月 21 日 钱江隧道江北工作井封底。

◆2012 年 3 月 20 日 钱江隧道东线盾构顺利穿越江北明清大堤。

◆2012 年 10 月 23 日 浙江省委常委、杭州市委书记、杭州市人大常委会主任黄坤明，杭州市委常委、常务副市长杨戊标，杭州市委常委、秘书长许勤华等领导率市人大、杭州市政协、杭州市发改委、杭州市交通运输局等单位相关负责人对钱江隧道工程进行了现场检查，杭州市交通运输局党委书记、局长范建军等人陪同。

◆2013 年 1 月 18 号 钱江隧道东西双线全线贯通。

参 考 文 献

[1] 任宏等. 工程管理概论. 北京：中国建筑工业出版社，2007.

[2] 湖南省邵怀高速公路建设开发有限公司. 隧道施工管理实施指南. 北京：人民交通出版社，2007.

[3] 谷雨. 城市轨道交通工程建设质量管理体系研究 [D]. 北京交通大学，2006.

[4] 王青. 地铁建设项目进度管理研究 [D]. 中国海洋大学，2012.

[5] 刘先明，戴晓虹. 成渝高速公路隧道运营与管理 [A]. 国际隧道研讨会暨公路建设技术交流大会论文集（下册）[C]. 北京：人民交通出版社，2002.

[6] 陈涛. 钱江隧道立体化施工技术 [J]. 施工技术，2011，24：57-60.

[7] 周文波. 盾构进出洞施工风险分析及防治 [A]. 中国土木工程学会. 地下工程建设与环境和谐发展——第四届中国国际隧道工程研讨会文集 [C]. 中国土木工程学会，2009：10.

[8] 曹文衔. 从建设工程的行业特点看如何提高我国建设工程企业的科技创新能力 [J]. 工程质量，2007，08：42-44.

[9] 何川，封坤. 大型水下盾构隧道结构研究现状与展望 [J]. 西南交通大学学报，2011，01：1-11.

[10] 梁广彦，章仁财. 钱江隧道超深基坑施工技术研究 [A]. 中国土木工程学会. 地下工程建设与环境和谐发展——第四届中国国际隧道工程研讨会文集 [C]. 中国土木工程学会，2009：9.

[11] 常鸽，李春杰，丁光莹，万波，汤渊，李晓曼，陈亚利. 钱江隧道盾构废弃泥浆的混凝分离 [J]. 环境工程学报，2012，10：3752-3756.

[12] 万波，陈益人，傅磊. 钱江隧道盾构掘进废浆零排放压滤处理技术初探 [A]. 中国土木工程学会、上海土木工程学会、上海城建隧道股份有限公司. 地下交通工程与工程安全——第五届中国国际隧道工程研讨会文集 [C]. 中国土木工程学会、上海土木工程学会、上海城建隧道股份有限公司，2011：6.

[13] 孙文昊. 钱江通道及接线工程钱江隧道设计综述 [J]. 现代隧道技术，2011，06：82-87＋93.

[14] 周书明，潘国栋. 水下隧道风险分析与控制 [J]. 地下空间与工程学报，2012，S2：1828-1831.

[15] 洪丽娟，刘传聚. 隧道火灾研究现状综述 [J]. 地下空间与工程学报，2005，01：149-155.

[16] 刘鹏举，李刚，彭伟. 隧道火灾研究现状与发展 [J]. 中国科技信息，2008，02：35-36＋38.

[17] 盛昭瀚，游庆仲，程书萍，姚蓓. 苏通大桥工程系统分析与管理体系 [M]. 北京：科学出版社，2009.

[18] 胡春风. 自然辩证法导论 [M]. 上海：上海人民出版社，2006.

[19] 黄融. 世界最大共轨合建隧桥工程——上海长江隧桥建设与运营管理 [M]. 北京：人民交通出版社，2011.

[20] 林春培，张振刚，田帅. 基于企业技术能力和技术创新模式相互匹配的引进消化吸收再创新 [J]. 中国科技论坛，2009，09：47-51.

[21] 杨艳芳. 谈建设项目决策分析与评价 [J] 山西建筑，2003，9（29）：94-95.

[22] 崔蔚菁. 投资项目决策技术与决策科学化 [J]. 管理论坛，2006（1）：31-34.

[23] 屈滨. 建设项目方案比选研究 [D]. 天津大学：管理与经济学部，2010：18-19.

[24] 冯婧. 基于全寿命周期的建设项目设计方案比选研究 [D]. 中南大学：土木工程规划与管理，2008：44-45.

[25] 许爱青. 投资项目决策知识体系理论与方法研究 [D]. 昆明理工大学：企业管理，2003.

[26] 邢艳. 钱塘江越江通道桥隧方案技术经济比较分析及实证研究 [D]. 浙江大学：建工学院，2006：25-30.

[27] 刘国彬，王卫东主编. 基坑工程手册 [Z]. 北京：中国建筑工业出版社，2009.

[28] 中国土木工程学会，同济大学编. 地铁及地下工程风险管理指南 [S]. 北京：中国建筑工业出版社，2007.

[29] 中国土木工程学会，同济大学编. 城市轨道交通地下工程建设风险管理规范 GB 50652—2011 [S]. 北京：中国建筑工业出版社，2011.

[30] 陈龙. 城市软土盾构隧道施工期风险分析与评估研究. 同济大学博士论文. 上海，2004.

[31] Faber，M. H. Risk and Safety in Civil Engineering. Lecture Notes on Risk and Safety in Civil Engineering. 2001.

[32] Ang，A. H-S.，and Tang，W. H. Probability concepts in engineering planning and design，Volume II- Decision，risk，and reliability，Wiley，New York. 1990.

[33] International Tunneling Association, Working Group No. 2. Guideline for Tunnelling Risk Management [S], 2002.

[34] 潘学政, 陈国强, 彭铭. 钱江特大隧道盾构推进段施工风险评估 [J]. 地下空间与工程学报, 3 (7): 1245-1253, 2007.

[35] 赵挺生, 王欣, 唐菁菁等. 建设工程安全生产管理理念创新研究 [J]. 土木工程学报, 2010, 43 (增): 379-383.

[36] 王淑嫱. 轨道交通工程施工安全监控管理信息系统设计与应用研究 [D] [博士学位论文]. 武汉: 武汉理工大学, 2010.

[37] 文建平, 向国金. 铁路隧道工程安全管理 [J]. 技术与市场, 2011, 18 (7): 381-382.

[38] 赵富, 杨增来. BT 模式下的轨道交通工程安全管理 [J]. 市政技术, 2010, 28 (增 2): 20-23.

[39] 张秋福. 郑州地铁工程项目施工安全管理研究 [D]. 南京理工大学, 2011.

[40] 何赟龙. 论公路隧道施工中的安全管理 [J]. 科技传播, 2010, 8 (下): 87-88.

[41] 安政翊, 季玉国. 大型越江盾构隧道施工安全与风险管理探讨 [J]. 探矿工程 (岩土钻掘工程), 2008, (12): 78-83.

[42] 于彤. 工程安全管理及其相关行政法律制度研究 [D]. 太原: 太原理工大学, 2009.

[43] 王健. 盾构隧道施工安全管理 [J]. 现代隧道技术, 2006, 43 (5): 81-83.

[44] 刘昕, 李平. 隧道工程安全防护技术 [J]. 建筑安全, 2010, (10): 9-12.

[45] 叶思维. 隧道工程建设中的安全监理工作研究 [J]. 四川建筑, 2007, 27 (2): 228-229.

[46] 刘林昌, 谢建新. 监理对地铁工程安全管理的风险控制 [J]. 铁道标准设计, 2008, (12): 266-269.

[47] 刘天水, 王翠微. 建筑工程施工中安全监理的安全控制措施 [J]. 城市建筑, 2013, (16): 164.

[48] 钟山. 盾构法隧道施工监测数据处理与预警、报警研究 [D]. 上海: 同济大学, 2006.

[49] 武丽洁. 建设工程施工消防安全管理 [J]. 消防技术与产品信息, 2012, (增): 57-58.

[50] 王伟民. 长距离越江隧道工程施工盾构机烟气模拟安全研究 [C]: 第十届中国科协年会, 郑州, 2009.

[51] 秦小龙. 隧道施工安全管理的控制要点 [J]. 科技情报开发与经济, 2008, 18 (11): 226-227.

[52] 朱海明, 葛金科. 多工作面的电力隧道顶管工程安全管理及防范措施 [J]. 2009, 26 (6): 86-89.

[53] 王东洲, 凌涛. 明月山特长隧道事故应急救援预案编制与研究 [J]. 河南科技, 2003, (5): 122-123.

[54] 程润江. 浅谈隧道施工安全管理 [J]. 中国高新技术企业, 2010, (9): 110-111.

[55] 翁树雄. 乌池坝特长隧道施工生产安全事故应急救援管理探讨 [J]. 华南港工, 2008, (3): 65-67.

[56] 翁树雄. 乌池坝特长隧道施工涌水安全事故应急救援探讨 [J]. 西部探矿工程, 2009, (2): 148-151.

[57] 万少波, 汤卫华. 公路隧道灾害应急救援处置对策探讨 [C]: 2012 中国消防协会科学技术年会论文集 (上): 356-359.

[58] 李洪涛. 浅谈高速公路隧道火灾事故预防和应急救援 [J]. 北方交通, 2009, (6): 136-138.

[59] 陈涛. 钱江隧道立体化施工技术 [J]. 施工技术, 40 (355): 57-60.

[60] 丁光莹, 万波. 钱江隧道超大直径盾构施工的关键技术及挑战 [J]. 第五届中国国际隧道工程研讨会论文集. 上海, 2011: 126-131.

[61] 过震文. 上海长江隧桥工程建设管理实践 [J]. 上海公路, 2010, 62-66.

[62] 黄春金. 工程监理中质量管理的研究与应用 [D]. 西安: 西安建筑科技大学, 2007: 28-34.

[63] 姬娟. 浅谈旧关隧道建设中的质量管理措施 [J]. 科学之友, 2008, 26: 55-56.

[64] 李涛. 盾构隧道混凝土管片预制工艺及质量控制 [J]. 工程材料与设备, 2011, 29 (3): 125-127.

[65] 刘健. 工程建设监理质量控制综述 [J]. 铁道标准设计, 2003 (增刊): 212-214.

[66] 孟胜宾. 地铁隧道盾构法施工质量控制重点及措施 [J]. 山东交通科技, 2008, 3: 13-26.

[67] 杨太华. 越江隧道工程施工质量管理模式探讨 [J]. 交通科技, 2004, 3: 118-119.

[68] 姚敏. 建筑工程质量控制研究 [D]. 西安: 西安建筑科技大学, 2004: 16-30.

[69] 于桓飞. 建设监理在水利工程施工质量控制中的作用探讨 [D]. 杭州: 浙江大学, 2006: 21-40.

[70] 章良. 上海长江隧道工程口字型构件制作和质量控制 [C]. 2007 第三届上海国际隧道工程研讨论文集. 上海, 2007: 940-949.

[71] 周文波. 盾构法隧道施工技术及应用 [M]. 北京: 中国建筑工业出版社, 2004.